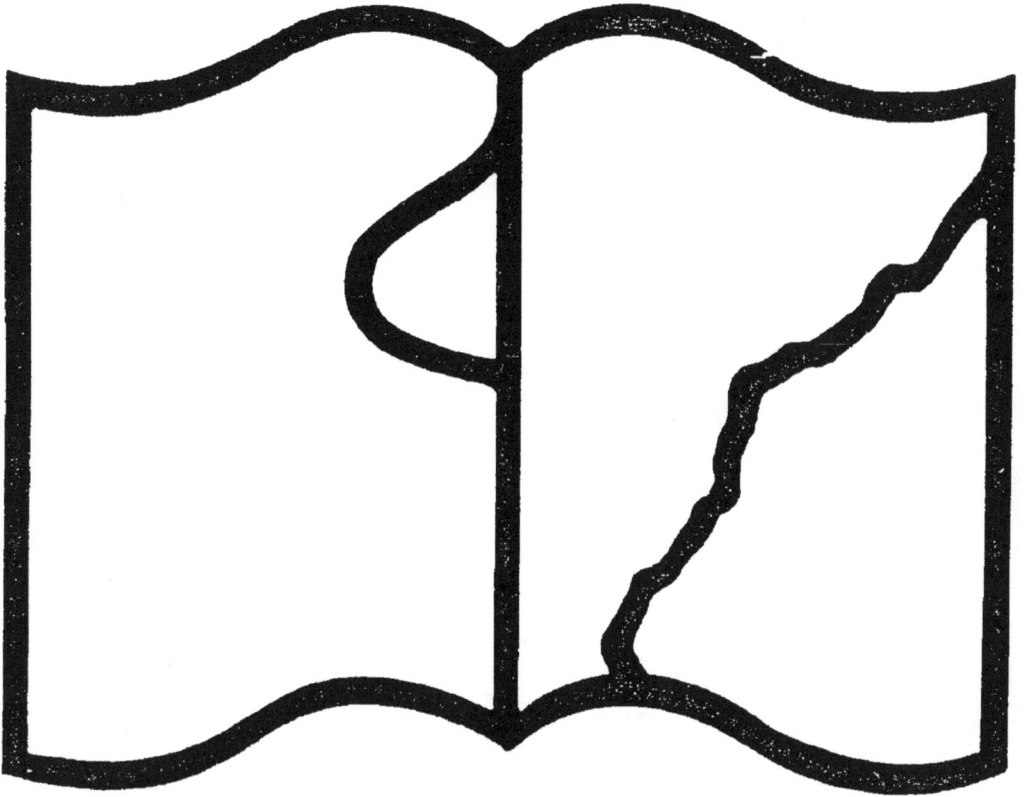

Texte détérioré — reliure défectueuse

NF Z 43-120-11

RECUEIL COMPLET

DES

TRAVAUX PREPARATOIRES

DU

CODE CIVIL.

IMPRIMERIE D'HIPPOLYTE TILLIARD,

RUE SAINT-HYACINTHE-SAINT-MICHEL, N° 30.

RECUEIL COMPLET

DES

TRAVAUX PRÉPARATOIRES

DU

CODE CIVIL,

COMPRENANT SANS MORCELLEMENT ; 1° LE TEXTE DES DIVERS PROJETS ;
2° CELUI DES OBSERVATIONS DU TRIBUNAL DE CASSATION ET DES TRIBUNAUX
D'APPEL ; 3° TOUTES LES DISCUSSIONS PUISÉES LITTÉRALEMENT TANT DANS LES
PROCÈS-VERBAUX DU CONSEIL-D'ÉTAT QUE DANS CEUX DU TRIBUNAT, ET
4° LES EXPOSÉS DE MOTIFS, RAPPORTS, OPINIONS ET DISCOURS TELS QU'ILS
ONT ÉTÉ PRONONCÉS AU CORPS LÉGISLATIF ET AU TRIBUNAT ;

PAR P. A. FENET,

AVOCAT A LA COUR ROYALE DE PARIS.

TOME QUATRIÈME.

PARIS,

VIDECOQ, LIBRAIRE, PLACE DU PANTHÉON, 6,

PRÈS L'ÉCOLE DE DROIT.

1836.

OBSERVATIONS

DES

TRIBUNAUX D'APPEL.

TOME DEUXIÈME.

RECUEIL COMPLET

DES

TRAVAUX PRÉPARATOIRES

DU

CODE CIVIL.

OBSERVATIONS

DES TRIBUNAUX D'APPEL.

N° 16. *Observations du tribunal d'appel séant à* LIMOGES.

LE tribunal d'appel séant à Limoges applaudit, comme la France entière, au travail des rédacteurs du projet d'un nouveau Code civil. Le jour où une loi uniforme fera cesser la diversité des Coutumes sera une des époques les plus intéressantes de l'histoire de la république. Après avoir nommé des commissaires, et entendu leur rapport sur cet important ouvrage, le tribunal a cru devoir présenter au Gouvernement les observations suivantes. Quoiqu'elles soient principalement relatives à des points de droit observés dans son ressort, le tribunal ne les a adoptées que parce qu'elles lui ont paru d'un intérêt général. Sans doute, chaque partie de la France eût désiré que les Coutumes qui la régissaient fussent devenues la loi de toute la république : il est si doux de conserver les usages auxquels on est attaché depuis sa naissance ! Mais, lorsqu'il s'agit de soumettre à la même loi trente millions d'hommes, l'intérêt du plus grand nombre doit l'emporter sur celui de quelques individus; et, pour donner à un grand peuple des lois dignes de lui, il n'y a d'autres convenances à observer que d'asseoir sa législation sur les principes qui tendent à rendre les hommes meilleurs, et à leur faire aimer leur patrie, en les faisant jouir, dans la vie privée, de tous les avantages que l'état social peut procurer.

com.
Le tribunal se permettra d'abord, sur la méthode suivant laquelle les matières sont classées, une observation qui peut paraître minutieuse, mais que les hommes accoutumés à feuilleter les livres de droit trouveront utile. En laissant subsister la division par livres, titres et chapitres, le tribunal croit qu'il serait à propos que le nouveau Code n'eût, depuis le commencement jusqu'à la fin, qu'une seule série de numéros. Pothier, dans la plupart de ses ouvrages, a suivi cet ordre, qui est également observé dans plusieurs lois nouvelles, notamment dans celle du 3 brumaire, sur les délits et les peines : il est extrêmement commode pour vérifier les citations; car, au lieu de chercher d'abord le livre, ensuite le titre, puis le chapitre, et enfin l'article, l'indication du numéro suffit pour faire trouver en un instant la disposition citée.

Dans plusieurs articles, le projet du nouveau Code veut que les parties soient réglées par l'usage des lieux; mais le tribunal pense qu'il vaudrait mieux fixer uniformément les choses que l'on soumet à l'usage, qui n'est qu'un recueil de faits parmi lesquels il s'en trouve, presque toujours, quelques-uns de contradictoires. Pour les constater, il faut recourir à la preuve testimoniale, très-dispendieuse, et sujète à beaucoup d'inconvéniens. D'ailleurs, les tribunaux seraient souvent obligés de rendre, à la même audience, des jugemens différens sur des procès ayant le même objet; et, quoique la loi eût été observée dans leurs décisions fondées sur les usages locaux, elles seraient improuvées par tous les hommes peu instruits devant lesquels la prononciation en serait faite. L'autorité que le projet veut donner aux usages est une condescendance pour les habitudes particulières ; mais les avantages qui doivent résulter d'une législation uniforme pour toute la France feront recevoir le nouveau Code avec plus de plaisir, si on est sûr d'y trouver la règle de sa conduite, quelle que soit la partie du territoire de la république où on veuille fixer son domicile.

LIVRE PREMIER.

TITRE Ier. — CHAP. II. — Sect. 1re.

Art. 7. Il aurait été peut-être à propos de déclarer si l'étranger plaidant en France est tenu de donner caution ; s'il y est tenu, tant en défendant qu'en demandant ; s'il doit en être dispensé lorsqu'il possède des immeubles en France. **16**

Art. 24 et 28. L'article 24 porte « que la mort civile ne **29** « commence que du jour de l'exécution du jugement. » Ces mots, *de l'exécution*, ne se trouvent point dans l'article 28. Ne serait-il pas à propos de les y ajouter, pour concilier cet article avec l'autre ?

TITRE IV. — CHAPITRE II.

SECTION 1re.

Les dispositions contenues dans cette section fixeront la jurisprudence, qui était si différente sur cette matière. L'article 13 de ce titre paraît bien favorable aux héritiers présomptifs qui ont obtenu la jouissance provisoire des biens de l'absent ; il les décharge de rendre compte des fruits échus pendant leur jouissance, si l'absent ne reparaît qu'après dix années révolues de l'envoi en possession ; et l'absent ne peut espérer, en ce cas, qu'une somme convenable pour subvenir à ses premiers besoins. On aurait cru que son absence ne devait pas le priver de ses revenus, en déduisant les frais d'administration. l. 1er. tit. 4- ch. 3- s. 1re. **127**

SECTION II.

Ibid.-
sec. 2.
Les articles compris sous cette section regardent l'absent comme devant être réputé mort depuis son départ. On aurait cru que, pour produire cet effet, il aurait fallu un certain intervalle, surtout lorsqu'il s'agit de l'intérêt des créanciers de l'absent. Suivant la jurisprudence du ci-devant parlement de Bordeaux, l'absent était présumé vivant, à l'effet de succéder, pendant dix ans, à compter du jour de son départ ou de la dernière nouvelle ; et la garde provisoire de ses biens n'était accordée qu'après ce temps.

138
Art. 26. La même observation que sur l'article 13 se présente sur cet article.

TITRE VI.

296-
297
Art. 50. Les suites du divorce sont si funestes aux enfans, qu'on ne peut l'admettre que comme un mal nécessaire pour prévenir de plus grands maux. Ainsi, il est à propos de restreindre l'exercice de ce droit, et de ne point favoriser l'inconstance de l'époux, qui n'a rompu ses nœuds que pour en former d'autres qu'il croit plus agréables. Il paraîtrait donc convenable de ne permettre au divorcé de se remarier que trois ans après la prononciation du divorce.

TITRE VIII.

384
Art. 12. On demande si le père devenu veuf ne doit pas conserver l'usufruit des biens de ses enfans ; et si, pour le lui conserver, il n'est pas nécessaire de supprimer dans cet article ces mots : *constant le mariage.*

TITRE IX.

427
Art. 46. Le tribunal paraîtra peut-être avoir eu en vue son intérêt personnel, en observant qu'il serait à propos de placer les juges dans le nombre des exempts de tutelle ; mais il est certain que cette exemption, qui avait lieu précédemment, est fondée sur de très-justes motifs, et que les juges

dont la résidence se trouvera fixée, par leurs fonctions, à une grande distance du lieu où les affaires du mineur exigeraient leur présence seront forcés de négliger les devoirs de leur place ou ceux de la tutelle.

Art. 68. Cet article ne doit-il pas souffrir quelques exceptions, soit en faveur des ascendans, soit en faveur des tuteurs illettrés ? 451

Art. 94 et 95. Si les tuteurs étaient dispensés de payer les intérêts des sommes moindres que celles exprimées dans ces articles, on blesserait les intérêts des neuf dixièmes des citoyens : s'il est avantageux à ceux qui ont de grandes fortunes que leurs fonds ne soient placés qu'en grosses sommes, cet avantage ne doit pas faire oublier le tort qu'éprouveraient les citoyens dont le patrimoine est très-modique ; cette classe, infiniment plus nombreuse, mérite autant d'égards que l'autre. Il ne faut donc pas que le tuteur d'un homme peu riche puisse garder une grosse somme sans la faire fructifier. Ainsi, il y a lieu de substituer tout au plus la somme de cinq cents francs à celles mentionnées dans lesdits articles. 455-456

Art. 101. Il paraît nécessaire d'ajouter à cet article que toutes ventes, cessions de droits et fermes, consenties, après l'expiration de la tutelle, en faveur du ci-devant tuteur, par celui qui a été sous sa puissance, sont pareillement nulles, si le compte n'a pas été rendu en ladite forme. C'est une juste conséquence des lois, qui ont prohibé tous dons et avantages de la part du mineur en faveur de son tuteur. Le mineur auquel il n'a pas été rendu compte ne connaît ni l'étendue ni la valeur de ses droits, tandis que le tuteur en est parfaitement instruit ; ainsi, le mineur ne peut manquer d'être dupe dans les transactions de ce genre. D'ailleurs, tant que le compte n'est pas rendu, la tutelle ne peut être considérée comme entièrement finie, relativement au bien du mineur ; et il est moral d'employer tous les moyens pour mettre le tuteur dans la nécessité de rendre son compte. 472

Art. 107. Cet article accorde au mineur émancipé la pleine 482 administration de ses biens, et lui permet même de recevoir et donner décharge d'un capital mobilier. On croirait, au contraire, qu'il conviendrait de lui interdire la liberté de recevoir ses capitaux.

484 . **Art. 110.** Cet article paraît devoir être modifié; il change l'ancienne jurisprudence, en accordant au mineur la liberté indéfinie de disposer de ses immeubles, par contrat de mariage, en faveur de la personne à laquelle il s'unit. Loin que cette liberté soit d'aucun avantage au mineur, elle sera pour lui l'occasion de faire un mauvais mariage, et d'être séduit par ceux qui voudront le dépouiller. Cette disposition contrarie celle de l'article 56 du titre X du livre III, qui prohibe la communauté universelle entre époux dont l'un est mineur. Il serait à propos de limiter la liberté accordée au mineur de disposer par contrat de mariage, au quart de ses immeubles; alors, il faudrait modifier l'article 9 du titre X du livre III *.

TITRE X. —CHAP. III.

l. 1er-
til. II-
ch. 3.   Ce chapitre parle du conseil volontaire : il suppose que ce conseil ne peut être demandé que par celui qui croit en avoir besoin; et ceux qui croient ne pas en avoir besoin sont souvent ceux à qui il serait le plus nécessaire. Ne conviendrait-il pas d'autoriser les parens à requérir la nomination d'un conseil pour celui de leurs parens dont la dissipation serait notoire? Cette mesure deviendrait d'autant plus nécessaire, qu'il paraît qu'il n'y aura plus lieu à l'interdiction pour cause de prodigalité.

LIVRE II.

TITRE II.

558   **Art. 17.** Il s'élève souvent des contestations entre les possesseurs d'étang et ceux des héritages riverains, pour déterminer l'étendue de leurs propriétés respectives. Les tribunaux

---

* Voyez l'art. 1398 du Code civil.

nomment alors des experts; et comme il n'existe point de loi, ni peut-être de texte de Coutume qui indiquent comment ces experts doivent opérer, la plupart fixent l'étendue de l'étang au point où l'eau parvient lorsque sa surface est aussi haute que la chaussée : d'autres se règlent par la hauteur du déchargeoir ; et comme il est toujours moins élevé que la chaussée, les deux résultats diffèrent infiniment. Il serait nécessaire que la loi fît cesser ces difficultés, qui ont lieu presque toutes les fois que les propriétaires d'étangs veulent les convertir en pâturages, ou que ceux auxquels appartiennent des terrains incultes, situés près des étangs, veulent les mettre en valeur.

TITRE III.

Art. 9. Cet article n'accorde point de récompense, de part ni d'autre, pour raison des frais de labour et de semences; mais il ne prévoit pas le cas où les biens auraient été travaillés par un colon, à moitié fruits ; et il paraît qu'en ce cas on devrait obliger, soit l'usufruitier qui entre en jouissance, soit le propriétaire qui reprend son fonds après l'usufruit fini, à souffrir le partage des fruits avec le colon. 585

Art. 34, 35 et 36. Ces trois articles imposent au propriétaire du fonds grevé d'usufruit une obligation qui paraît bien rigoureuse, celle de débourser son propre argent pour payer des charges ou des dettes, dans un temps où il ne jouit de rien. Si, pour s'en affranchir, il proposait à l'usufruitier de vendre lui-même une partie des biens sujets à l'usufruit, ou de lui laisser la liberté d'en vendre jusqu'à concurrence de ce qui serait nécessaire pour payer les charges ou les dettes, il semble que l'usufruitier ne pourrait pas se refuser à la proposition, et cela s'accorderait avec la disposition des lois romaines : *Æs alienum ex bonis deducetur*, dit la loi dernière, ff. *de usu et usufruc. legato.* 612

TITRE IV.

Art. 4. Il est très-ordinaire que les cours d'eau se divisent 644 entre plusieurs particuliers, dont l'un doit s'en servir tel jour, et s'en priver tel autre jour en faveur des prés inférieurs au sien. Dans quelques cantons où les eaux sont peu abondantes, des propriétaires de moulin ont construit des étangs d'où l'eau ne parvient au moulin qu'après avoir passé sur les fonds d'autres citoyens, qui ne peuvent s'en servir, pour l'irrigation de leurs héritages, lorsque tout son volume est nécessaire pour faire tourner le moulin. Il est donc à propos d'ajouter, à l'article 4 du titre IV du livre II, cette modification . *s'il n'y a titre contraire, ou possession immémoriale;* sans cela, un très-grand nombre de prés et quelques moulins perdraient les deux tiers de leur produit.

683   Art. 36. Il serait utile d'ajouter à cet article qu'à égalité de distance de la voie publique, le passage sera pris, s'il y a plusieurs voisins, dans l'héritage de celui dont le fonds est le moins précieux.

691   Art. 42. Cet article fait un changement considérable à la jurisprudence des pays de droit écrit, où l'on jugeait constamment que les servitudes discontinues pouvaient s'acquérir par une possession immémoriale. La plupart des propriétaires n'ont pas d'autre titre pour établir des servitudes dont ils jouissent. La loi ne peut pas leur enlever un droit acquis, parce qu'elle ne peut pas avoir d'effet rétroactif. Il peut arriver, néanmoins, que les preuves dépériront : quelles précautions prendre pour éviter cet inconvénient, et pour conserver des droits acquis? Faudra-t-il qu'ils fassent reconnaître leurs droits, ou qu'ils les réclament en justice? Quelle foule de procès!

LIVRE III.

TITRE Ier.

889   Art. 214. Cet article décide une question qui a été très-controversée ; mais il semble que, pour maintenir l'égalité dans les partages, et empêcher les cohéritiers de chercher à

se tromper, il eût été à propos de dire que l'action en rescision aura lieu pour lésion du tiers au quart contre le premier acte passé entre cohéritiers, quand même on lui aurait donné la forme de vente. Il est très-peu d'exemples où celui qui a acheté les droits de son cohéritier ait été dupe de sa spéculation, tandis qu'on voit sans cesse des cohéritiers qui profitent de l'inexpérience ou des besoins d'argent qu'éprouve leur cohéritier, pour se faire céder ses droits à très-vil prix : l'acquéreur sait bien en quoi consistent les charges auxquelles il s'expose. La clause des risques et périls n'est employée que pour rendre plus certaine la spoliation du vendeur ; la loi doit venir à son secours, pour rétablir l'égalité, qui, dans ces circonstances, est le vœu de la nature.

TITRE II.

Art. 12. Le consentement donné par le fils à un acte passé 1114 avec son père paraîtrait devoir être déclaré nul, toutes les fois que l'acte cause quelque préjudice au fils. On ne doit pas seulement le regarder comme un effet de la crainte révérentielle, mais encore comme le résultat d'une crainte plus puissante, c'est-à-dire, de la privation des biens du père, qui pourrait, par voie indirecte, frustrer de sa succession le fils qui aurait manqué de complaisance. Les auteurs, en parlant de cette crainte, la définissent ainsi : *ne pater pejus faceret*. Il est donc juste et très-moral de changer la disposition de cet article.

Art. 51. Au lieu de ces mots : *qu'un tiers paie*, insérés dans 1155 cet article, on proposerait de substituer ceux-ci : *qu'un tiers est obligé de payer*.

Art. 67. Le dernier *alinéa* de l'article 67 du titre II du livre III a besoin d'explication ; car, il semble dire que, dans 1172 les dispositions testamentaires, la condition contraire à la loi ou aux bonnes mœurs n'est pas nulle, tandis qu'on a, sans doute, voulu dire qu'elle ne rendait pas nulles les dispositions testamentaires.

1174   **Art. 69.** On a bien tenu, de tout temps, que l'hypothèque qui dérive d'une obligation conditionnelle ne remonte qu'au jour de l'accomplissement de la condition, lorsque c'est une condition potestative, dont l'exécution dépend de la volonté de l'une ou de l'autre des parties, parce que, si l'on faisait remonter l'hypothèque au jour de l'obligation, il dépendrait du créancier ou du débiteur de nuire aux droits d'un tiers qui aurait contracté avec le débiteur dans l'intervalle : c'est ce qui résulte de la loi *Qui balneum,* § *Ampliùs,* ff. *qui potior. in pignore habeantur.* C'est ce qu'enseigne d'Héricourt, en son Traité de la vente des immeubles, section II, n° 17. C'est ce qu'on peut induire également de la disposition contenue dans l'article 44 du titre VI de ce troisième livre.

Mais ici, dans l'article 69 du titre II, on va bien plus loin. On décide que l'obligation est nulle, lorsqu'elle a été contractée sous une condition purement potestative, et l'on n'aperçoit pas la raison de cette disposition, parce que, tout autant que les droits des tiers ne sont pas blessés, et lorsqu'il ne s'agit que de l'intérêt des contractans, on ne voit aucun inconvénient à conserver une obligation contractée sous une condition potestative, même de la part de l'une des deux parties contractantes. On peut bien dire qu'il n'y a pas d'engagement, si l'exécution en est laissée à la volonté de celui qui en est chargé ; mais je puis stipuler que Titius me paiera une telle somme si je fais le voyage de Rome ; et, quoiqu'il dépende de moi de faire ou de ne pas faire ce voyage, l'obligation en est-elle moins valable ?

1242   **Art. 136.** Dans le cas de cet article, si la saisie ou opposition est faite au préjudice du créancier auquel le débiteur a eu la facilité de payer malgré cette saisie, n'est-il pas juste que le créancier réponde de l'événement de la saisie ? Si la facilité du débiteur l'expose à payer une seconde fois, ce sera la dette propre de son créancier qu'il paiera, et, s'il paie la dette propre de son créancier, il doit bien, sans doute, avoir la répétition de ce qu'il aura payé.

Art. 150 et 151. Quoique l'art. 150 dise que les offres doi- 1258
vent être faites à la personne du créancier ou au domicile 60
par lui élu, ce qui est conforme aux principes, il semble nécessaire de faire cesser l'ambiguité que pourrait faire naître
le rapprochement de l'article 140 et du n° 6 de l'article 151
du même titre. Le premier porte que, hors les deux cas y exprimés, le paiement doit être fait au domicile du débiteur,
et le n° 6 de l'article 151 veut que les offres soient faites au
lieu où le paiement devait être exécuté. L'équivoque cessera
en ajoutant au n° 6 ces mots : *lorsque le lieu est désigné dans la
convention.*

TITRE IV.

On ne trouve dans ce titre aucune disposition qui per- liv. 3-
mette d'accorder la contrainte par corps, pour dépens, en tit. 16
matière civile, mais bien pour restitution de fruits et dommages et intérêts. Les dépens, qui sont la peine des témé-
raires plaideurs, ne devraient-ils pas avoir la même faveur,
au moins lorsqu'ils s'élèvent à une somme assez considérable ?

On ne trouve non plus aucune disposition qui permette
d'accorder la contrainte par corps contre les tuteurs et curateurs contre lesquels elle avait lieu après les quatre mois par
l'art. 3 du titre XXXIV de l'ordonnance de 1667, et même
contre tous ceux qui avaient administré le bien d'autrui, suivant *Jousse, Rodier, Serpillon,* sur ce même article.

On ne doutait pas non plus que les cautions judiciaires ne 2060
fussent bien sujètes à la contrainte par corps, et la nouvelle 50
loi n'en parle pas.

Elle ne parle pas non plus des folles-enchères; et, si la
contrainte par corps n'a pas lieu en ce cas, n'est-il pas à
craindre que des gens sans aveu ne se jouent de tous les engagemens qu'ils pourraient contracter en justice ?

Il est bien nécessaire de préciser tous les cas où la contrainte par corps peut avoir lieu ; sans quoi les juges, les no-

taires et les greffiers se trouveraient souvent exposés aux peines prononcées contre eux par les articles 2 et 5 de ce titre IV.

TITRE VI.

2121   Art. 18 et 28. Puisqu'il n'y a d'hypothèque légale que dans les cas déterminés par la loi, ainsi qu'il est dit dans l'article 18, il est bien essentiel de n'omettre aucun cas où cette hypothèque légale devrait avoir lieu.

L'art. 28 établit cette hypothèque légale en faveur des communes et des établissemens publics sur les biens des receveurs et comptables, du jour où ils sont entrés en fonctions; mais les particuliers ne devraient-ils pas avoir la même hypothèque pour l'assurance des sommes qu'ils auraient été obligés de verser dans les mains de ces receveurs et comptables, comme s'il s'agissait d'une consignation faite par autorité de justice?

Celui qui a fait les affaires d'autrui en vertu d'une procuration, et qui a été dans le cas de faire des avances, n'aura-t-il d'hypothèque que du jour qu'il aura obtenu un jugement portant condamnation contre le mandant, ou une reconnaissance, par acte public, de sa part? Ne devrait-on pas lui accorder l'hypothèque légale du jour de la procuration, ou au moins du jour qu'il a commencé de gérer?

Et si ce mandataire se trouve reliquataire, ses biens ne seront-ils hypothéqués que du jour de la clôture de son compte? ne devraient-ils pas l'être du jour de la procuration, ou au moins du jour où il a commencé de gérer?

Le fidéjusseur lui-même, qui est si favorable, quand il poursuit le remboursement de ce qu'il a été contraint de payer, n'aura-t-il hypothèque que du jour de la condamnation qu'il aura obtenue? ne serait-il pas juste de faire remonter cette hypothèque au jour du cautionnement?

On ne parle pas ici de l'hypothèque de l'exécuteur testamentaire, de celle du tuteur qui se trouve en avances envers son mineur, de celle du cohéritier sur les biens de son cohéritier, soit pour la restitution des fruits que celui-ci aurait perçus à son préjudice, soit pour le remboursement de sa portion des dettes payées à l'acquit de la succession, soit pour la garantie des héritages échus en son lot, dont il aurait souffert l'éviction.

On ne touche pas une autre question sur laquelle *Mornac* (*ad tit.* ff, *de pignoribus*) disait qu'il aurait été à souhaiter qu'il fût intervenu une loi pour la décider, celle de savoir de quel jour l'hypothèque est acquise sur les biens d'un coupable ; si c'est du jour du crime commis, ou seulement du jour de la condamnation. On ne fait, sur tout cela, que proposer des doutes, et ces doutes cesseront dès que la loi aura parlé.

Art. 45. Le principe consacré par cet article paraît très-juste, malgré la jurisprudence contraire des parlemens de Rouen et de Bretagne, observée par *Basnage* (Traité des hypoth. chap. III, n° 3). liv. 3-
tit. 18-
ch. 3-
s. 3.

Mais en serait-il de même s'il s'agissait d'un acte consenti par le tuteur sans l'intervention du mineur qui l'aurait pourtant ratifié en majorité ? Il semble qu'en ce cas l'hypothèque ne devrait remonter qu'au jour de la ratification ; et tel est le sentiment de *Valin*, sur la Coutume de La Rochelle, art. 24, n° 169.

Art. 52. La disposition de cet article prive le créancier du droit que plusieurs Coutumes lui donnaient de poursuivre son paiement sur les biens aliénés par son débiteur, en accordant au tiers-détenteur la faculté d'exiger la discussion préalable des autres biens qui sont dans la possession du principal obligé. Il serait à propos d'astreindre le tiers-détenteur à fournir les frais de cette discussion : cela se pratiquait dans le ressort de plusieurs parlemens. 2170

Art. 56. Cet article soumet à la discussion les biens de tous les coobligés ; peut-être faudrait-il ajouter : *et ceux des cautions*, conformément à l'authentique *Hoc si debitor*, Cod. *de pignorib. et hypoth.* ap-
2171

TITRE VII.

2134-
2135

Art 17. Suivant cet article, toutes personnes, même les mineurs, les interdits, les femmes en puissance de mari et sans qu'elles aient besoin d'autorisation, les absens, les agens ou préposés du Gouvernement, et les administrateurs des communes et de tous les établissemens publics, sont tenus, sous peine de déchéance, de former opposition entre les mains du conservateur des hypothèques, à l'effet de conserver leurs priviléges et hypothèques. Cet article réserve un recours contre ceux qui, étant chargés de l'administration des biens, auraient négligé de former opposition; mais il n'arrivera que trop souvent que ce recours deviendra inutile.

L'article 8 de l'édit du mois de juin 1771 contenait une disposition à peu près semblable; mais, suivant l'art. 32 de ce même édit, il n'était pas nécessaire de former opposition pour les hypothèques des femmes sur les biens de leurs maris, pendant la vie desdits maris, non plus que pour celles des enfans sur les biens de leurs pères, pour raison des douaires non ouverts.

L'on jugeait aussi que le défaut d'opposition ne nuisait pas à l'hypothèque des mineurs sur les biens vendus par le tuteur, comme l'observe un des commentateurs de cet édit, sur l'art. 8; et toutes ces exceptions, surtout celle accordée aux femmes mariées par l'art. 32, étaient fondées sur des motifs bien légitimes, pris du défaut de liberté des femmes mariées, des mineurs, des enfans, quand il s'agit de la conservation de leurs droits vis-à-vis des maris, des tuteurs, des pères, qui administrent leurs biens, et de la crainte de troubler l'union des familles.

On aurait cru que les mêmes exceptions devaient se trouver ici.

TITRE VIII.

2213

Art. 12. Pourquoi imposer au créancier qui veut faire

procéder à une saisie sur la tête d'un héritier ou d'une veuve commune l'obligation de faire déclarer exécutoire contre eux le titre émané du défunt ou du mari? Il est vrai que. la déclaration du mois de février 1549, et la Coutume de Paris, dans l'art. 168, prescrivent cette formalité ; mais l'ordonnance de 1539, art. 72, contient une disposition contraire ; et peut-être serait-il plus avantageux d'adopter la disposition de cette loi, afin d'éviter des frais inutiles. Il est vrai que l'héritier et la veuve commune peuvent renoncer, l'un à l'hérédité, et l'autre à la communauté, et s'affranchir par là du paiement ; mais rien n'empêche qu'ils ne proposent cette exception après le commandement qui leur est fait. La jurisprudence du ci-devant parlement de Bordeaux était conforme à l'ordonnance de 1539 : il paraît que cette jurisprudence va souffrir un changement par cet art. 12, portant qu'on ne peut saisir sur l'héritier ou sur la veuve commune, qu'après avoir fait déclarer exécutoire contre eux le titre émané du défunt ou du mari ; savoir s'il ne conviendrait pas mieux d'adopter pour toute la France la disposition de l'art. 72 de l'ordonnance de 1539 *.

Art. 13. Suivant cet article, le cessionnaire n'a pas besoin de faire déclarer exécutoire, à son profit, le titre qui lui a été cédé et transporté, il suffit qu'il ait fait signifier au débiteur l'acte de cession ou transport. La Coutume de Bourbonnais, en l'article 127, contient la même disposition : *Auroux des Pommiers,* sur cet article, n° 6, exige, après *Dumoulin,* qu'il y ait quelque intervalle entre la signification de la cession et l'exécution ; et la raison en est donnée par *Boucheul,* sur l'article 405 de la Coutume de Poitou, n° 42 : c'est afin que le débiteur ait le temps de s'éclairer de la vérité et validité de la cession. Peut-être conviendrait-il d'adopter cette modification, et de déterminer, dans cet article 13, l'intervalle qu'il faudrait laisser entre la signification de la cession et l'exécution ; un intervalle de trois jours pa-

221

* Voyez l'art. 877 du Code civil.

raîtrait suffisant : *paulò antè executionem*, dit *Dumoulin* dans sa note sur l'article 127 de la Coutume de Bourbonnais, ce qui suppose un intervalle très-court ; et si le débiteur était fugitif, ce serait une raison pour abréger cet intervalle, ou plutôt pour ne pas l'exiger en ce cas : ce qui s'accorde encore avec la doctrine de *Dumoulin*.

TITRE IX.
CHAPITRE II.
SECTION Ire.

1 T. 3-
. tit. 2-
ch. 3-
s. 1re.

Les quatre articles qui composent cette section déterminent la portion de biens dont on peut disposer : ce sont ceux qui, vraisemblablement, donneront lieu à plus d'observations. Les uns trouveront qu'on n'a laissé que trop de liberté aux donateurs ; les autres diront, au contraire, que cette liberté a été resserrée dans des bornes trop étroites ; et cette dernière proposition nous paraît vraie.

Nous ne dirons pas qu'on doive laisser aux donateurs une liberté illimitée de disposer de leurs biens : ce serait autoriser l'exhérédation, dans tous les cas où il plairait à des parens de se servir de ce glaive ; et quelle que soit ordinairement la tendresse des pères et mères pour leurs enfans, quelque confiance qu'on puisse y mettre, nos législateurs n'ont pas cru devoir laisser entre leurs mains une arme dont ils pourraient faire un usage trop dangereux. L'article 15 du titre VIII du livre Ier porte que les pères et mères ne peuvent exhéréder leurs enfans.

Mais en respectant cette décision, nous voudrions trouver le juste milieu où l'on pourrait se placer pour la concilier avec le droit de propriété ; et n'est-ce pas donner atteinte à ce droit sacré de dire à un citoyen qui possède des biens à juste titre, des biens qui sont souvent le fruit de ses sueurs : « Il vous est permis de disposer d'un quart de vos biens ; la « loi a disposé des autres trois quarts ; il ne vous est pas « permis d'y toucher? »

Mais si ce citoyen en a besoin pour lui-même, s'il perd une partie de sa fortune par des événemens imprévus, s'il tombe dans un état de langueur qui rende ses revenus insuffisans pour fournir à ses besoins, et qui l'oblige d'ébrécher ses capitaux, la loi lui laisse, dans tous les cas, la liberté d'aliéner une partie et même la totalité de ses biens ; elle ne le soumet même à aucune inquisition sur la nécessité de l'aliénation ; elle autorise les aliénations faites à titre onéreux, et ne permet pas aux parens d'inquiéter les acquéreurs, ni de scruter les causes de l'aliénation : or, celui qui veut exercer une libéralité est-il moins favorable que l'égoïste, qui n'est occupé que de lui-même, et qui ne vend souvent que pour se procurer des plaisirs ? S'il est permis de vendre et non de donner, n'arrivera-t-il pas tous les jours, comme il est arrivé, que, pour se dégager des entraves que présente la loi, on aura recours à des ventes ou autres actes simulés ? Et de là qu'arriva-t-il ? c'est que la prohibition ne sera que pour les ames timorées qui se feront un scrupule de contrevenir à la loi, et que les autres trouveront le moyen de s'en débarrasser. Qu'arrivera-t-il encore ? c'est que des parens aimeront mieux dissiper leur bien que de le réserver pour des parens qu'ils en croiront peu dignes, et qu'ainsi la loi prohibitive, qu'on a crue salutaire, ne produira que de mauvais effets.

Le droit de propriété, dira-t-on, n'est que pour les vivans ; on ne peut pas l'étendre au-delà des bornes de la vie, et c'est l'étendre au-delà que de permettre à un propriétaire de se choisir un héritier, de régler l'ordre de sa succession, qui ne doit s'ouvrir qu'après sa mort.

Mais le propriétaire qui se choisit un héritier, qui règle l'ordre de sa succession, n'attend pas que la mort l'ait surpris pour faire ce choix, ce réglement ; il dispose étant encore vivant ; et tandis qu'il est vivant, il peut exercer tous les droits que lui donne sa propriété, et l'un de ces droits est de pouvoir choisir un héritier : *Dicat testator et erit lex.* Borner le droit de propriété à pouvoir disposer de ses biens par des actes entre vifs, c'est presque le réduire à un simple usufruit ; c'est beaucoup diminuer de la valeur de ce droit, et l'on voit en effet que plus les lois ont étendu la faculté de disposer, plus les biens ont acquis de valeur. D'ailleurs, la prohibition contenue dans les articles que nous examinons ne porte pas seulement sur les dispositions à cause de mort ; elle comprend également les donations entre vifs, et on ne peut pas dire à celui qui donne entre vifs que la mort a éteint son droit de propriété.

Il est vrai que, dans ces articles, nous trouvons un peu plus de liberté que dans les lois précédentes des 5 brumaire et 17 nivose an 2 ; mais on ne peut pas se dissimuler que cette liberté ne soit encore trop resserrée. Il faut considérer, d'ailleurs, que c'est une grande consolation pour un mourant, de pouvoir faire un héritier, de pouvoir choisir parmi ses parens celui ou ceux en qui il aura plus de confiance, et sur lesquels il pourra se reposer du soin de remplir ses volontés. Bien loin qu'il puisse en résulter quelque inconvénient, soit dans la famille, soit vis-à-vis de ceux qui ont à discuter avec la succession, on sent très-bien que c'est un moyen de simplifier les affaires, et d'éviter beaucoup de frais, de faire que les actions actives et passives résident sur une seule tête ; alors les procès se terminent bien plus aisément que lorsqu'il faut appeler un grand nombre d'héritiers.

C'est pour cela qu'en fixant la légitime à une certaine quotité, on tenait que c'était une quotité de biens, et non pas une quotité de l'hérédité, au moyen de quoi l'exercice des actions ne regardait que l'héritier.

C'est pour cela aussi qu'au lieu de déterminer la portion de biens dont on peut disposer on proposerait de déterminer la portion qui devrait être réservée, soit aux enfans, soit aux ascendans, soit aux frères et sœurs, pour leurs légitimes.

913 La novelle 18 avait fixé cette portion, pour les enfans, au tiers, lorsqu'ils étaient au nombre de quatre ou en moin-

dre nombre , et à la moitié lorsqu'ils étaient plus de quatre ;
et, en cela, il y avait un inconvénient que tous les auteurs
avaient remarqué , et qui consistait en ce que la légitime
d'un enfant qui n'avait que trois frères ou sœurs , était moindre que celle de l'enfant qui en avait quatre.

On pourrait faire disparaître cet inconvénient, en déci-
dant que , dans tous les cas, la légitime des enfans demeure-
rait fixée à la moitié des biens : ainsi les pères de famille
pourraient disposer librement de l'autre moitié ; ils pourraient choisir un héritier , et en le choisissant ils lui trans-
mettraient les actions actives et passives de l'hérédité ; les
légitimaires auraient le choix de s'en tenir à ce qui leur aurait été laissé pour leur légitime , ou d'y renoncer pour demander cette légitime telle qu'elle serait fixée par la loi : on
ne verrait plus tant de procès dans les familles ; on revien-
drait à l'ordre qui avait été observé dans les pays de droit
écrit , et dont la sagesse est recommandée par une expérience
de bien des siècles.

En fixant à la moitié la légitime des enfans , on pourrait 915
réduire au tiers celle des ascendans, qui n'est pas , à beaucoup près, aussi favorable ; et d'ailleurs , le nombre des enfans est ordinairement plus grand que celui des ascendans.
L'article 61 de l'ordonnance de 1735 avait également fixé
cette légitime au tiers.

Accordera-t-on une légitime aux frères et aux sœurs ? La 916
loi *Fratres, 27,* Code *de inoffic. test.*, le § 1er *Inst. eodem tit.*
ne leur en accordaient que dans un cas : savoir, lorsque le
défunt avait institué une personne notée d'infamie : mais il y
avait peut-être en cela trop de rigueur ; et puisque , par
l'art. 46 du tit. Ir du liv. III , les frères et sœurs et leurs descendans sont appelés à la succession *ab intestat*, conjointement avec le père et la mère , puisqu'ils succèdent pour une
moitié, et même pour les trois quarts, lorsque le père ou la
mère est prédécédé, on pourrait bien les appeler aussi à partager , dans la même proportion , le tiers destiné pour la lé-

gitime des ascendans. On ne fait toujours ici que proposer des doutes, et on les soumet aux lumières supérieures des membres de la Commission.

S'il était possible d'adopter le changement qu'on propose, c'est-à-dire de laisser aux donateurs et testateurs la liberté de disposer librement de leurs biens, en réservant aux enfans et autres légitimaires la portion qui serait déterminée pour leur légitime, il faudrait bien décider aussi, en conformité de la loi *Quoniam in prioribus*, 32, et la loi *Scimus*, 36, § 1, *Code de inoffic. test.*, que la portion destinée pour la légitime ne peut point être grevée d'usufruit, ni d'aucune autre charge ni condition.

Si cependant le donateur faisait au légitimaire un avantage bien au-dessus de sa légitime, comme s'il lui léguait les trois quarts de ses biens en propriété, en ce qu'il ne commencerait à en jouir qu'après un certain temps, ou après la mort de certaine personne à qui il en léguerait l'usufruit, le légitimaire serait-il obligé de se soumettre à la charge où lui serait-il libre de la rejeter jusqu'à concurrence de sa légitime, et de ne s'y soumettre que pour l'excédant de la légitime? Cette question a partagé le sentiment des auteurs, et elle se présente si souvent qu'il serait bien à souhaiter qu'elle fût décidée par une loi.

917   L'article 17 de ce titre IX est dans le cas où l'on ne fait que déterminer la portion disponible, et non la portion légitimaire; il porte que la donation en usufruit ne peut excéder la quotité dont on peut disposer en propriété : mais si l'on s'en tient à déterminer la portion disponible, celui qui ne fait que disposer de l'usufruit ne doit-il pas avoir plus de liberté que celui qui dispose de la propriété? et l'héritier qui contesterait la disposition, et qui demanderait la réduction de l'usufruit, ne devrait-il pas indemniser le légataire de la privation de son usufruit, si mieux il n'aimait lui abandonner tous les biens libres? Cet article paraît contenir une décision contraire : mais il s'éloigne, en cela, de la

résolution de d'Aguesseau lors de l'arrêt du 3 avril 1699, de l'avis de Ricard, de Ferrière, de Boucheul, de Valin sur la Coutume de La Rochelle, art. 44, n° 97 ; et quoique tous les auteurs ne soient pas trop d'accord sur cette question, on ne croirait pas que, dans ce cas, on dût s'écarter des intentions du testateur, parce qu'on ne fait aucun tort à l'héritier légitime, dès qu'on lui laisse le choix ou d'exécuter la disposition, ou d'abandonner tous les biens libres.

SECTION II.

Si l'on adopte le changement proposé, les articles contenus sous cette seconde section deviendront inutiles.

liv. 3-
tit. 2-
ch. 3-
sec. 2.

CHAPITRE III.

Art. 32. La matière des substitutions était si vaste, si 896 compliquée, elle faisait naître tant de procès, qu'on ne peut qu'applaudir aux lois qui les ont abolies. C'est ici qu'il faut reconnaître qu'aucun homme n'a, par un droit naturel et inné, le pouvoir de commander après sa mort : tandis qu'il possède ses biens, il doit pouvoir indiquer la personne ou les personnes à qui il veut les transmettre ; mais dès qu'ils sont sortis de ses mains, dès que la mort l'en a dépouillé, son empire est fini, et c'est mal à propos que, par des substitutions, on étendait cet empire de génération en génération.

Mais parce qu'un donataire, un héritier, un légataire, auront été grevés de substitution, faut-il qu'ils perdent le fruit de la disposition ? Telle est la rigueur de cet article 32 ; et peut-être qu'en cela cet article devrait souffrir une modification. Ce même article 32 veut que, dans toute disposition entre vifs ou à cause de mort, les conditions impossibles, celles qui sont contraires aux lois ou aux mœurs, soient réputées non écrites : ne devrait-on pas appliquer la même décision à la substitution dont l'héritier, le donataire ou le légataire auraient été grevés, et, en regardant la substitution comme non écrite, conserver l'institution, la donation ou le legs, et laisser les biens libres sur la tête de celui qui en aurait été grevé.

TITRE XI.

1599   Art. 17. Cet article paraît peu utile à conserver ; et si l'on estime qu'il doive être maintenu, on demande si la vente de la chose d'autrui, et qualifiée telle dans le contrat, n'oblige pas au moins le vendeur à la restitution du prix ?

1647   Art. 68. Il y a bien de la différence entre la perte de la chose vendue, arrivée par cas fortuit, et celle arrivée par suite de la mauvaise qualité qu'elle avait lors de la vente. Il est juste que, dans ce dernier cas, la perte soit supportée par le vendeur, qui doit se reprocher d'avoir vendu une chose dont il connaissait la défectuosité ; mais la perte arrivée par cas fortuit est toujours pour le compte du propriétaire : *Res sua domino perit.* Il paraîtrait donc surprenant qu'on voulût la faire supporter au vendeur, qui a été dépouillé de sa propriété par la vente ; on s'éloignerait en cela de la disposition des lois romaines, *l.* 1 *Cod. de periculo et commodo rei venditæ*, § 3, *Inst. de empt. vend.*

1643   Art. 74. Après ces mots : *si l'acheteur est troublé*, ne conviendrait-il pas d'ajouter ceux-ci, *ou a juste sujet de craindre d'être troublé ?* On propose cette addition, parce qu'il pourrait très-bien se faire que, de concert avec le vendeur, celui qui aurait une action hypothécaire ou en révendication à exercer en suspendrait l'exercice jusqu'à ce que le prix eût été payé, et que par là il rendrait la garantie inutile.

TITRE XIII.

1766   Art. 41. Cet article ne peut guère trouver d'application que dans les pays de grande culture, où il est d'usage que les fermiers demeurent chargés de garnir les biens compris dans leurs baux, des bestiaux et ustensiles nécessaires à leur exploitation. Dans les autres pays, c'est le propriétaire qui, en affermant, confie à son fermier les bestiaux et ustensiles nécessaires, à la charge, par le fermier, d'en remettre pour la même valeur à la fin de son bail : mais, dans ces pays, il convient bien, sans doute, de permettre la résiliation du bail, dans le cas où le fermier divertirait les bestiaux.

Art. 56. Après le mot *locataire*, on croit qu'il faudrait 1743 ajouter, *qui a un bail authentique, ou dont la date est certaine :* l'article s'accorderait avec le 63ᵉ du même titre, concernant les biens ruraux. Il ne serait pas inutile d'exprimer aussi que le vendeur qui n'a pas averti l'acquéreur que la chose était affermée sera tenu de lui payer, par manière d'indemnité, une somme équivalente au tiers ou à telle autre quotité du montant des loyers à courir.

Art. 66. L'intérêt de l'agriculture exigerait que le fermier 1778 fût obligé de laisser les pailles et engrais, quand même il ne les aurait pas reçus lors de son entrée, sauf à lui en payer, dans ce dernier cas, la valeur à dire d'experts.

TITRE XIV.

Art. 5. L'ordonnance de 1673 n'obligeait à rédiger par 1834 écrit que les sociétés générales, de sorte qu'on pouvait prouver, par témoins, les sociétés particulières, appelées, par les commentateurs de cette loi, *sociétés anonymes.* Il y a de grands inconvéniens à exiger que ces sociétés soient rédigées par écrit. Il arrive presque à chaque foire que des citoyens achètent en commun des bestiaux; ils ont rarement le temps et la facilité de faire des actes de société : si cet article subsiste, la gêne qu'il imposera pourrait nuire au commerce, qu'il faut toujours favoriser. Ainsi, il est à propos d'ajouter à cet article : *à moins qu'il ne s'agisse d'une société anonyme, particulière et momentanée, contractée entre marchands pour objets de commerce.* On préviendrait quelques procès en exprimant, dans le même article, que la société, quoique non rédigée par écrit, est obligatoire lorsque les parties conviennent de son existence.

TITRE XVIII.

liv. 3-
tit. 17

A la suite de ce titre, on aurait désiré de trouver un autre titre, pour déterminer les principes relatifs aux contrats d'antichrèse ou engagement, si toutefois il est dans l'intention des législateurs de conserver cette espèce de contrat ; et, dans le cas contraire, il faudrait le prohiber par un article exprès.

liv. 3-
tit. 15

On aurait désiré aussi d'y voir rappelés les principes relatifs aux transactions.

TITRE XX.

2245

Art. 27. Le délai de l'assignation porté dans cet article, est trop court, il faudrait qu'il fût au moins d'un mois. On doit donner copie du procès-verbal du bureau de paix, et les secrétaires de ces bureaux ne sont pas toujours diligens ; quelquefois les parties sont éloignées de la résidence des huissiers. D'ailleurs, le temps qui s'écoulera entre la comparution au bureau de paix et l'assignation sera souvent employé par des amis communs à rapprocher les parties, et à leur éviter un procès qui devient plus difficile à arranger lorsque les gens d'affaires en sont saisis.

Telles sont les observations que nous avons cru devoir faire sur le projet qui nous a été adressé ; quelle que soit leur influence sur la rédaction définitive du nouveau Code, nous le recevrons avec le respect dû aux vertus et aux lumières des hommes célèbres qui ont été jugés dignes de commencer un ouvrage aussi important, et de ceux qui auront la gloire de le terminer : nos études constantes tendront toujours à en saisir le sens et à en pénétrer l'esprit, pour en faire la plus juste application ; heureux si notre zèle à rendre la justice contribue à faire aimer un Gouvernement qui est devenu l'objet de l'admiration de tous les peuples.

N° 17. *Observations présentées par les commissaires nommés par le tribunal d'appel de LYON.*

LIVRE PRÉLIMINAIRE.

TITRE Ier.—*Définitions générales.*

Art. 4 et 5. Les principes contenus dans ces deux articles sont vrais à l'égard des peuples qui, ne s'étant jamais donné une loi générale et uniforme sur tous les objets civils, sont forcés de recourir aux lois des autres peuples, à celles qui leur sont propres, à leurs coutumes, à leurs usages, aux décisions de leurs jurisconsultes, à l'équité naturelle, source de toutes les lois.

Mais lorsque les Français, indignés de n'avoir pas une législation nationale, fatigués des lois romaines, étrangères à leurs mœurs et à la plupart de leurs relations, d'un amas de coutumes et d'usages bizarrement incohérens, de leurs propres lois insuffisantes et souvent obscurcies par les lois romaines, les usages et les coutumes, des funestes effets de la jurisprudence diverse dans les tribunaux, variables suivant les circonstances, et toujours d'un arbitraire effrayant, demandaient à grands cris, depuis plusieurs siècles, un code complet et uniforme; lorsqu'une révolution que dicta le désir de se régénérer par des lois sages et dirigées pour l'utilité commune, a renversé l'édifice abhorré de la jurisprudence ancienne; lorsque déjà plusieurs législateurs se sont occupés d'en établir une nouvelle, serait-il possible qu'on laissât subsister encore les lois romaines, les Coutumes, les usages, les statuts locaux, les réglemens, qu'ainsi le nouveau Code jeté au milieu de ce chaos, ne fût qu'un embarras, un malheur de plus?

C'est cependant ce que présagent les articles 4 et 5 rapprochés de la dernière disposition du projet: c'est ce qui effraie tous les bons citoyens; leurs vœux, leur but, en de-

com. du tit. prél.

mandant un Code , est et a toujours été que les lois romaines, les Coutumes, les statuts, la jurisprudence, fussent absolument abrogés par la publication du Code civil ; que ce Code fût seul la règle des droits et des devoirs du citoyen.

Cela n'est ni impossible, ni même difficile ; les anciennes lois, cette foule de dictionnaires qui existent, les journaux des arrêts des parlemens, font connaître toutes les questions que les différens contrats ont fait naître, et le projet de Code civil prouve la possibilité d'abroger toutes les lois antérieures, puisqu'il y a à peine cent articles à y ajouter pour composer la législation la plus complète.

Art. 7. La loi n'annonce rien , elle prononce, et la loi civile ne promet pas des récompenses.

Le principe que la loi ne statue point sur des faits individuels doit sans doute être dans l'esprit du législateur , et quelquefois dans la conscience du juge ; mais n'est-il pas dangereux de l'énoncer dans un Code civil? ne pourrait-on pas en abuser , en soutenant, dans chaque affaire, que le fait est individuel , et forme une exception à la loi générale?

La loi civile ne se rapporte pas aux biens pour l'utilité commune des personnes, mais *aux propriétés pour l'utilité individuelle de chaque propriétaire.* Tous les publicistes, tous les philosophes , sont d'accord que la sûreté des personnes et la maintenue des propriétés furent la cause des sociétés civiles ; que, par conséquent, la garantie des droits et de la propriété de chaque individu est le principe constitutif de l'ordre social , et doit être le but des lois.

Justinien a dit, au commencement des Institutes , que les trois principes fondamentaux du droit, et, par conséquent, l'objet spécial d'un Code civil , sont,

1° Le maintien des bonnes mœurs , *honestè vivere ;*

2° La garantie de chaque individu contre les torts ou les lésions que l'avidité des autres pourrait lui faire éprouver, *neminem lædere ;*

3° La maintenue de la propriété et la jouissance dans leur

plénitude, des droits qui en résultent, c'est-à-dire, le mode de l'acquérir, de la transmettre, et la faculté d'en jouir librement et intégralement, *jus suum cuique tribuere.*

TITRE II. — *Division des lois.*

Art. 1er. Dans un Etat vaste et fertile, entouré de mers, qui possède des colonies, où presque toutes les relations naissent de l'agriculture et du commerce, soit de mer, soit de terre, peut-on regarder les lois rurales et commerciales comme étrangères au Code civil ?

La propriété fut le prix de la culture ; la première société civile fut l'association des cultivateurs d'un territoire ; les premières relations furent les échanges du produit de chaque propriété : donc les lois rurales sont un objet et même le premier objet du Code civil.

Le commerce, soit de terre, soit de mer, consiste dans le transport des produits de l'agriculture, ouvrés ou non ouvrés : donc les relations commerciales sont un Code civil.

S'il faut des réglemens pour les manufactures, ils ne doipas être insérés dans le Code, parce qu'ils sont essentiellement variables ; mais tout le reste lui appartient.

En fait de lois maritimes, le service militaire, la construction, l'entrée, la sortie des bâtimens de commerce, les armemens, les prises et autres matières semblables, ne sont pas du droit civil ; mais les louages d'ouvrage, le fret, les assurances, les avaries, le jet et la contribution, les bris et échouemens, les testamens faits sur mer ; tout ce qui concerne les propriétés des particuliers ; tous les objets des relations commerciales et civiles font nécessairement partie d'un Code civil.

Le projet même du Code civil démontre la vérité de cette assertion, puisqu'il contient toutes les bases et une grande partie des décisions du droit rural et commercial, soit de terre, soit de mer, et qu'il suffira d'y ajouter quelques articles pour compléter cette partie de la législation.

L'enregistrement des actes, l'insinuation des donations, les formalités pour acquérir ou conserver les priviléges et les hypothèques;

La préférence accordée à l'impôt, et sa prescription, quoique tenant aux lois fiscales, intéressent trop essentiellement les propriétés et les relations respectives, pour qu'elles ne soient pas comprises dans le Code civil.

Dans les lois militaires même, tout ce qui concerne les relations civiles des militaires, leurs priviléges, leurs testamens, est du droit civil, auquel la levée, la composition des corps, la discipline, la paie, sont seules étrangères.

L'ordre judiciaire, qui renferme la création des tribunaux, la division et les limites de leur pouvoir, le choix et les pouvoirs des juges, appartient au droit public ; il est fixé par la Constitution.

L'organisation judiciaire, c'est-à-dire, le nombre et la composition des tribunaux, leur territoire, leur service, l'établissement et les fonctions des officiers de justice établis près d'eux, sont l'objet des lois réglementaires, variables comme la population et les événemens.

Les lois sur la manière de procéder dans les différens tribunaux civils sont encore un objet de lois particulières, et que l'expérience peut faire varier;

Mais la nature des actions, la péremption des instances, la prescription des appels, les lois relatives à l'admission ou au rejet des témoins, les prises à partie, les actions contre les greffiers, avoués, notaires, huissiers, etc., dans le cas où ils sont responsables, font essentiellement partie du Code civil.

Il en est de même de beaucoup de lois sur les mœurs et la paix publique, telles que les lois sur le divorce, le mariage, la filiation, la puissance paternelle, la minorité, les femmes, etc.; les successions, même dans leurs rapports avec les droits du sang et l'esprit de famille; les lois sur la possession, le bornage, etc. etc.

D'ailleurs, le Code civil tout entier doit avoir pour objet, dans chaque disposition, le rétablissement et le maintien des mœurs et de la paix publique.

La disposition de cet article est donc contraire à l'essence du Code, qui doit contenir tout ce qui règle les droits et les relations civils des citoyens, à raison de quelque objet que ce soit; sans cela, 1° ce ne serait point un Code civil, mais un rassemblement de lois sur quelques matières; 2° il serait possible que les lois séparées fussent incohérentes, et même quelquefois contraires aux principes posés dans le premier rassemblement.

Si le morcellement proposé dans cet article était une suite de la division des attributions des différens ministères, on observerait que toute la législation civile est et doit être essentiellement dans l'attribution du ministre de la justice, puisqu'elle est la base des jugemens des tribunaux : on observerait encore que la division du travail entre les ministres n'altère point l'unité du Gouvernement, base fondamentale de la Constitution française. Il peut demander à chaque ministre son projet sur la partie relative à son ministère, et faire refondre le tout dans un seul ouvrage, qui sera alors, et ne peut être sans cela, un Code civil.

On ne peut, on ne doit pas craindre de retarder de quelques instans la publication d'un Code, pour le rendre complet, digne de la nation française et de ceux qui la gouvernent.

Art. 2 et 3. On cherche en vain, dans cet article, la démarcation expresse et exacte du droit public et du droit privé, des lois et des réglemens; démarcation très-difficile, peut-être impossible, et cependant d'une absolue nécessité, si ces articles subsistent; démarcation qu'on devrait peut-être abandonner aux controverses des publicistes, loin d'en faire la matière d'une loi.

TITRE III. — *De la publication des lois.*

Subordonner l'exécution des lois à leur publication, par ₁

vingt-neuf tribunaux d'appel, et encore par d'autres autorités qu'on ne dénomme pas, n'est-ce pas donner à cette exécution vingt-neuf époques différentes, et même cent vingt-
neuf, si les autorités non dénommées sont les préfectures?
N'est-ce pas autoriser un citoyen qui part en poste de Paris
au moment de la publication d'une loi, à la violer impunément jusqu'à la frontière, autant de fois qu'il change de ressort ou de territoire?

Une pareille disposition est évidemment contraire à l'unité
de la législation, unité qui est cependant la base fondamentale
de la Constitution et du Code civil, unité qui exige que la loi
soit exécutoire au même instant dans tout le territoire continental de la république.

L'enregistrement était nécessaire pour rendre la loi exécutoire lorsque les tribunaux avaient le droit de la vérifier :
aujourd'hui qu'ils n'ont plus de part à la législation, qu'ils
sont tenus de l'exécuter au moment où elle leur est connue, ne pourrait-on pas, en laissant subsister l'obligation
aux tribunaux et aux autres autorités compétentes d'enregis-
trer la loi au moment de sa réception, la déclarer exécutoire
dans tout le territoire continental de la république, à une
époque unique, déterminée par le temps nécessaire pour la
transmettre à son extrémité, par exemple, vingt ou trente
jours à dater de la promulgation faite par le premier consul,
et fixer, pour son exécution au-delà de la mer, un délai à
compter de son enregistrement par l'autorité administrative
du territoire?

Mais, quelque parti que l'on prenne, il est d'une nécessité absolue de rétablir l'affiche de chaque loi dans toutes les
communes; le législateur, qui ne doit présumer un fait vrai
que lorsqu'il est possible et probable, ne peut pas supposer
qu'une loi soit publique dans les Alpes de l'arrondissement
de Bonneville, contigues au Valais, parce qu'elle a été lue
à l'audience d'une section du tribunal d'appel de Lyon : ceux
qui croiraient les affiches inutiles ignorent sans doute avec

quel empressement les cultivateurs vont, le jour de leur repos, chercher, sur la place publique, s'il y a quelque affiche; avec quelle attention les passans lisent les placards
affichés dans les plus grandes communes. Ainsi, le Gouvernement d'une grande nation ne doit pas être arrêté, quand il
s'agit d'objets aussi essentiels, par une économie mesquine
et funeste.

L'un des commissaires est d'avis que les lois doivent être
enregistrées dans tous les tribunaux, et spécialement dans ceux
de première instance, à la diligence du commissaire, qui les
fera afficher, sous peine de destitution, et que c'est depuis
l'affiche seulement que la loi est exécutoire.

TITRE IV. — *Des effets de la loi.*

Art. 3. Pour que cet article ne puisse jamais masquer une ap- 2
rétroactivité, il est important de fixer les bornes dans lesquelles doit se renfermer une loi explicative.

Art. 5. Le mobilier d'un Français qui se trouve en pays 3-3ᵉ
étranger doit être réglé par les lois du pays où il est, conformément à la maxime adoptée dans l'article suivant; et ces
deux articles devraient se trouver dans les différens titres qui
y sont relatifs.

Tant qu'on n'aura pas déterminé quelles sont les lois qui
appartiennent au droit public, cet article est inutile, et peut-
être très-dangereux.

Art. 9. La peine de nullité ne doit pas être restreinte à la 6
contravention aux lois prohibitives et dispositives. La loi qui
statue que l'enfant conçu pendant le mariage a pour père le
mari, les lois qui fixent la forme des actes, la loi qui déclare
que l'homme frappé de telle condamnation est mort civilement, et toutes les lois impératives et statutaires, doivent être
aussi inviolables que les lois qui prohibent.

Tous les contrats possibles entre deux individus, influent
plus ou moins directement, plus tôt ou plus tard, sur d'autres citoyens, héritiers, créanciers, cessionnaires; on croi-

rait donc utile de substituer à l'article 9 les dispositions suivantes :

« On ne peut jamais déroger à la loi, dans quelques ter-
« mes qu'elle ait été conçue, à moins qu'elle ne l'ait expres-
« sément permis. »

Ce principe, analogue à ce qui est porté au titre *des contrats de mariage*, est d'autant plus admissible, que la sagesse
des rédacteurs du Code n'y a inséré aucune disposition qui
pût gêner la liberté des conventions licites ; et que lorsqu'une
disposition est susceptible d'être modifiée par la volonté de
l'homme, ils ont eu soin d'y ajouter : *à moins qu'il n'y ait été
dérogé par la convention*.

Un commissaire est d'avis qu'aucune loi n'emporte peine
de nullité, à moins qu'elle ne l'ait expressément prononcée.
Sans cela, les lois faites et à faire jeteraient le trouble au
lieu de mettre l'ordre.

TITRE V. — *De l'application et de l'interprétation des lois.*

4 et
5

Prohiber aux juges la législation, sous la forme de dispositions générales, c'est consacrer le principe fondamental de
la division des pouvoirs législatif et judiciaire ; mais reconnaître, comme principe fondamental à l'article 2, que le
juge a l'interprétation par voie de doctrine ; déclarer, dans
l'article 11, que, dans les matières civiles, le juge, à défaut
de loi précise, est un ministre d'équité ; prononcer, dans
l'article 12, que celui qui refuse ou diffère de juger, sous
prétexte du silence, de l'obscurité ou de l'insuffisance de la
loi, est coupable, n'est-ce point autoriser formellement les
usurpations du pouvoir judiciaire sur le pouvoir législatif ?
n'est-ce point consacrer cet arbitraire si odieux et si funeste, source des plaintes et de l'indignation qui anéanti-
rent si facilement les anciens tribunaux dès les premiers
instants de la révolution ? c'est certainement supposer que
tous les hommes sont également capables de discerner les
vrais principes de l'équité naturelle ; et malheureusement

l'expérience a démontré que cette supposition est une erreur.

Si, dans chaque tribunal, la raison naturelle doit suppléer à la loi, pourquoi voyait-on autrefois une si grande diversité de jurisprudence sur les mêmes points, entre les différens tribunaux, et même entre les chambres d'un même parlement? et lorsque la raison naturelle du tribunal de première instance, du tribunal d'appel et du tribunal de cassation, aura produit trois jugemens disparates, comment décidera-t-on lequel des trois est l'expression de l'équité?

Les dispositions du projet de Code, et les observations des tribunaux d'appel et de cassation, émanent également de juges instruits par le travail et l'expérience, également guidés par l'impulsion de leur conscience, tous animés du même amour de la justice, du même zèle pour le bien public ; chacun émet avec confiance son opinion comme l'expression de l'équité, et cependant, les opinions sont, à beaucoup d'égards, absolument divergentes.

Cette diversité des opinions, la diversité des décisions qui en résultent, forcèrent d'établir des lois, et en prouvent à chaque instant la nécessité. Si les juges pouvaient prononcer sur les conventions comme ministres d'équité, il faudrait que chaque citoyen pût deviner, au moment où il contracte, quelle sera l'impulsion de la raison naturelle des juges qui prononceront sur l'exécution de son contrat.

Aussi, tous les juges, tous les législateurs, ont tenu pour principe fondamental que l'équité naturelle, absolument nécessaire aux juges pour l'application de la loi, ne peut pas être la règle unique, la règle fondamentale de leurs décisions ; qu'il faut un régulateur général et commun des jugemens ; que ce régulateur est la loi, qui seule peut être regardée comme l'expression certaine de l'équité, et que le juge doit être esclave de la loi.

Les Anglais regardent ce principe comme le palladium de leur liberté civile.

L'Assemblée constituante s'empressa de le consacrer en France, en statuant que « les juges s'adresseront au Corps-« Législatif toutes les fois qu'ils croiront nécessaire soit d'in-« terpréter une loi, soit d'en faire une nouvelle. »

On ne voit aucun motif de rétracter ce principe ; il en existe de puissans pour le maintenir et pour rejeter les dispositions proposées dans ce titre, dispositions d'ailleurs peu concordantes avec l'art. 3 du titre IV, qui suppose des lois explicatives, lois qui ne pourraient être portées que sur le référé des tribunaux, à raison de l'obscurité ou de l'insuffisance des lois existantes.

Ces référés seront sans doute rares dans les temps paisibles d'un ordre légal, surtout lorsque le Code aura statué, comme on a droit de l'espérer, sur tous les contrats connus ; et si des circonstances imprévues en produisaient de nouveaux, on a démontré que c'est au législateur, et non aux juges, qu'il appartient d'y statuer.

Réflexions générales sur ce livre.

titre prél.

Toutes les maximes contenues dans ce livre préliminaire, même les moins contestées, sont certainement des abstractions *métaphysico-légales* essentiellement sujètes, comme tout ce qui est métaphysique, à controverse, à discussion, à interprétation. Il peut être utile aux publicistes de les développer, aux législateurs de les méditer ; mais il est très-dangereux de les ériger en principes, et de les consacrer dans un Code.

Le chancelier *de l'Hôpital* disait : « La loi commande ; elle « n'est pas faite pour instruire, elle n'a pas besoin de con-« vaincre. »

Si le Gouvernement adoptait le principe de ce grand homme, ce livre préliminaire se réduirait aux seules dispositions impératives, incontestables et nécessaires sur la publication, les effets et l'abrogation des lois.

LIVRE Ier. — *Des personnes.*

TITRE Ier. — *Des étrangers en général.*

Art. 8. Le tribunal français qui prononce sur un acte 15 consenti en pays étranger, doit juger selon les lois du pays où l'acte a été contracté.

Art. 9 et 10. N'est-ce pas trop étendre l'inviolabilité des représentans des nations étrangères? Un ambassadeur qui aurait renouvelé le crime de *Christine* assassinant *Monaldeschi,* qui se serait rendu coupable d'empoisonnement, de viol, etc., pourrait-il rester au milieu des Français impuni, et fier de son impunité? S'il acquérait des biens en France, pourrait-il être jugé autrement que par des lois françaises? s'il avait emprunté, employé des ouvriers, pourrait-il se jouer de ses créanciers? Ces inconvéniens ne seraient-ils pas encore plus graves si ces priviléges s'étendaient à tous ceux qui sont de sa suite ?

(l. 1er. l. 1er. fin du c. 1er.)

Ne pourrait-on pas statuer qu'en cas de crime ils seraient arrêtés et renvoyés dans leur pays pour être jugés ; que les ambassadeurs seraient tenus de déposer un état nominatif des gens de leur suite ; que, pour toutes les affaires civiles, ils pourraient être traduits devant les tribunaux français? On exigeait autrefois que les étrangers qui formaient des demandes à des Français donnassent caution pour le paiement des condamnations qui pourraient intervenir contre eux, *judicatum solvi.* A-t-on omis cette disposition, ou a-t-on voulu l'abolir ?

CHAP. III. — SECT. II. — De la mort civile.

Art. 16. La mort civile doit être restreinte au seul cas où 22 le crime a été reconnu par des jurés ; c'est ce qui résulte expressément de la Constitution, qui ne reconnaît point d'autre jugement criminel.

Les jugemens des commissions militaires ou autres tribunaux spéciaux que les circonstances forcent d'établir, frappent l'individu, s'ils peuvent l'atteindre.

Leur effet doit être limité à la peine qu'ils infligent, et ne peut pas s'étendre au-delà.

25   **Art. 29.** La mort civile est une fiction légale de la mort naturelle : or, un mort ne peut pas être plus mort qu'un autre ; donc la loi ne peut pas établir deux espèces de mort civile ; dès qu'elle est prononcée, elle doit produire le même effet à l'égard de ceux qu'elle frappe.

Ibid.   **Art. 30, 31, 32, 33, 34.** Il n'est pas au pouvoir du législateur de dissoudre, malgré les époux, le mariage légalement contracté, parce que la loi, essentiellement constante et perpétuelle dans son vœu, ne peut pas anéantir, contre la volonté des contractans, l'engagement qu'elle a elle-même formé : donc, si l'époux condamné paraît innocent aux yeux de l'autre époux, si ce dernier veut vivre avec lui, le mariage subsiste ; mais la mort civile doit entraîner, de plein droit, la séparation des biens, l'ouverture des gains de survie, et être placée au nombre des causes déterminées de divorce.

Le projet prohibe au mort civilement de transmettre, à titre de succession, les biens qu'il laisse à son décès, d'en faire aucune disposition à cause de mort, etc., etc., etc.

Mais, 1° puisqu'il lui est prohibé de disposer, sa succession arrive naturellement à ses parens suivant l'ordre établi par la loi ; il est donc capable de la transmettre et seulement incapable de disposer ;

2° Si, depuis sa mort civile, il a eu des enfans de son épouse légitime, ces enfans ont certainement les droits des enfans légitimes sur les biens qu'il a acquis postérieurement à cette époque ;

3° Si, depuis la dissolution du mariage, il a eu des enfans d'une femme libre, il est évident qu'étant, suivant l'art. 31, capable de tous les actes du droit naturel et des gens, il peut les reconnaître ; et, par conséquent, ces enfans naturels reconnus ont toujours, sur les biens acquis postérieurement à la mort civile, les droits accordés par la loi à la filiation naturelle ;

4° S'il a contracté un nouveau mariage devant un officier civil qui ignorait son incapacité, cet acte légal doit produire, à l'égard de l'épouse de bonne foi et des enfans, tous les effets civils ;

5° Comment est-il possible que le mort civilement puisse ester en jugement sans curateur en défendant, et non en demandant? s'il est incapable d'ester en justice, il doit l'être dans tous les cas.

On pourrait faire plusieurs autres objections : toutes ces difficultés, toutes celles de l'ancien droit, naissent de la difficulté d'établir une ligne exacte de démarcation entre les actes du droit civil proprement dit, et les actes du droit naturel et du droit des gens. On propose de réduire l'incapacité de la mort civile aux dispositions suivantes :

« Ils sont privés de tous les droits de citoyen français; ils
« sont incapables de rendre témoignage et d'affirmer en
« justice ; d'être nommés tuteurs et de concourir à une no-
« mination de tutelle; d'ester en jugement sans l'autorité
« d'un curateur ; d'exercer les droits de la puissance pater-
« nelle et l'autorité de mari; de succéder *ab intestat;* de re-
« cevoir et de donner, soit par disposition entre vifs, soit
« par disposition à cause de mort : ils peuvent seulement re-
« cevoir, par l'une ou l'autre de ces dispositions, des dons
« ou pensions alimentaires, réduits à ce qui est indispensa-
« ble suivant leur âge et leurs infirmités, pour leur assurer
« les choses nécessaires à la vie. Dès l'instant de leur mort
« civile, leur succession est ouverte, et, s'ils sont époux,
« il y a lieu à la demande en divorce ; la séparation de biens
« est de plein droit, ainsi que l'ouverture aux gains de sur-
« vie ; le tout comme s'ils étaient morts naturellement : ils
« demeurent capables de tous les actes qui sont de droit na-
« turel et des gens ; mais ceux qu'ils contractent ne peu-
« vent avoir d'effet que sur les biens acquis depuis la mort
« civile. »

Art. 35. On voit avec douleur le Code civil, destiné à ré- ap-25

gir à perpétuité la nation française, ériger en principe que
la loi politique pourra, à l'avenir, prononcer des confiscations.

On est loin de revenir sur le passé ; les Français veulent
et doivent l'oublier : mais le législateur doit se rappeler sans
cesse que la confiscation, inventée par des barbares avides,
introduite par l'oppression dans quelques provinces de la
France, était prohibée dans la plus grande partie de son
vaste territoire, qui regardait la maxime : *confiscation n'a
pas lieu*, comme un de ses priviléges les plus précieux ; que
l'assemblée constituante, dans ses plus beaux jours, abolit
la confiscation dans tout le territoire français ; que, lorsqu'une politique atroce et sanguinaire crut trouver dans la
confiscation un moyen de remplir le trésor public, elle créa
des crimes pour dépouiller la vertu de sa propriété, fit tomber les têtes des hommes les plus précieux et les plus re-
grettés, pour arracher leur patrimoine à leurs familles éplo-
rées ; que le résultat de cette effroyable mesure fut le trouble
dans la nation, la dévastation du territoire, la désorganisa-
tion de l'ordre social, et, au bout de quelques mois, le renversement du pouvoir tyrannique qui l'avait établie ; qu'à
l'instant de sa chute, les confiscations qui avaient été prononcées furent révoquées par le pouvoir vengeur qui l'avait
anéanti.

Le législateur doit considérer que la peine de la confiscation des biens d'un coupable, frappant uniquement les innocens qui lui survivent, est souverainement injuste ; que la
première cause de la société civile étant, sans contredit, la garantie par tous à chacun de sa propriété individuelle, toute
altération, à plus forte raison, toute confiscation de la propriété particulière, est une infraction formelle à la base essentielle et fondamentale du pacte social ; que, par conséquent, la confection du Code civil étant le moyen conservateur de la propriété individuelle, il répugne à l'essence de
ce Code qu'on y trouve le mot de *confiscation*, et qu'il puisse

en supposer la possibilité ; que , si les circonstances qui bri-
sèrent le lien social qui unissait les Français à l'époque de la
révolution, purent , dans ce moment de dissolution du corps
politique, provoquer des confiscations, la rénovation du
corps social doit en provoquer la prohibition expresse et absolue pour l'avenir ; que ce n'est que lorsque la confiscation
aura été absolument abolie en France , lorsqu'elle sera effa-
cée du Code français, qu'on pourra regarder la révolution
comme finie ; que, tant qu'il y aura possibilité à confiscation,
il y aura possibilité à révolution ; que la stabilité de l'ordre
étant essentiellement liée à la stabilité des propriétés, l'abolition de la confiscation pour l'avenir peut seule consolider le
nouveau pacte social ;

Qu'ainsi il est de la justice et de la gloire du Gouvernement actuel de supprimer l'article 35 , et d'y substituer la
disposition consolante et réparatrice : *la confiscation n'aura
plus lieu en France.*

TITRE II. — *Des actes destinés à constater l'état civil.*

Art. 4 et 5. *Voir,* relativement aux procurations , les ob- 36
servations générales à la fin de ce titre.

Art. 6. Les témoins ne doivent-ils pas être citoyens fran- 37
çais ?

Art. 13. Le président ne peut être remplacé que par le 41
juge désigné par la loi.

Art. 14. Il est dangereux que les registres de l'état civil 43
soient dans la maison de l'officier civil au pouvoir de ses héritiers ; ils doivent, comme les minutes des greffes et de l'administration départementale, être renfermés, sous sa responsabilité , dans le dépôt public déterminé par la loi, et, sans
doute, à la maison commune.

Art. 19. Peut-on supposer qu'il n'y ait jamais eu de re- 46
gistres ? S'il y a eu omission de porter un acte de naissance
ou de décès dans les registres, procédera-t-on comme dans
le cas de leur perte ou de leur non existence ?

47-59   Art. 20 et 25. *Voir* les observations générales à la fin de ce titre.

62   Art. 27, 28, 29. 1° On pense que la mère non mariée ne devrait pas être contrainte de se nommer dans l'acte de naissance de son enfant : on reviendra sur cette observation importante dans la suite des discussions de ce titre, et sur le second chapitre du titre II ;

2° Si le père n'est ni au lieu de la naissance de l'enfant, ni dans son domicile, ne peut-il pas faire cette reconnaissance devant l'officier de l'état civil du lieu où il se trouve, ou donner une procuration pour la faire ?

3° D'un autre côté, il est prohibé à la mère non mariée de déclarer le nom du père, s'il n'est pas présent ; enfin, contre le droit actuel, qui ordonne que la reconnaissance soit faite conjointement par le père et la mère, on autorise leur reconnaissance séparée.

Mais, s'ils reconnaissent séparément, ne pourra-t-il pas arriver qu'un enfant reconnu par trois ou quatre pères n'en ait aucun si la mère ne veut point les nommer, et même qu'il s'en trouve un cinquième qui sera le seul légal, s'il plaît à la mère d'en désigner un nouveau ? En donnant ainsi à un homme le pouvoir de reconnaître l'enfant de la première fille devenue mère qu'il rencontrera sous ses pas, n'est-ce pas autoriser expressément l'allégation d'une fausse paternité ?

1° Il serait préférable, conformément au droit actuel, de permettre à la mère de nommer le père de l'enfant, quoique absent, en ordonnant que, jusqu'à la reconnaissance du père, cette déclaration sera regardée comme non écrite, et ne pourra former aucun titre ni commencement de titre ;

2° D'ordonner que, lorsque la mère n'aura point dénommé le père dans l'acte de naissance de l'enfant, ils ne pourront le reconnaître que par un seul et même acte, lors duquel l'un d'eux, ou tous deux, pourront se faire représenter par un fondé de procuration.

Art. 3o. 1° Le transport chez l'officier civil et chez l'offi- 58
cier de police de l'enfant, qui a un besoin plus pressant de
secours que d'actes, peut et doit naturellement le faire arriver mort à l'hospice.

2° L'intervention de l'officier de police est vraiment effrayante. Renouvellera-t-on les poursuites odieuses des filles
déhontées, des agens de la police et des anciens tribunaux criminels, enfin, les concussions criantes et multipliées qui en
étaient la suite ?

3° En recherchant une maternité dont le sentiment de
l'honneur a voulu anéantir la trace, portera-t-on le poi-
gnard de l'infamie dans le cœur d'une fille qui pleure une
première faute, et qui ne veut plus en commettre ? cher-
chera-t-on à dévoiler les secrets odieux de l'inceste et de
l'adultère ? s'efforcera-t-on de mettre au jour des turpitudes
et des faiblesses, sur lesquelles les mœurs et la philanthropie
doivent jeter un voile impénétrable ? serrera-t-on une fille
plus infortunée que coupable, et dont on doit toujours respecter le malheur, entre le déshonneur et l'infanticide ?

Et, lorsque vers le milieu du dix-huitième siècle, la Prusse
donna l'exemple de recevoir dans les hôpitaux tous les enfans
qui y étaient portés, sans s'informer de qui ni d'où ils pro-
venaient, et que, loin de poursuivre les auteurs de leur exposition, elle fit donner une étrenne à ceux qui les appor-
taient ; lorsque la France se hâta de suivre cet exemple de
sagesse et de philantropie ; lorsqu'à l'époque de la révolution, tous les hôpitaux recevaient des enfans, sans recherche,
sans information ; lors même que les mères qui y accouchaient
étaient dispensées de se nommer ; dans le dix-neuvième siècle, rétrogradera-t-on pour se jeter dans les abus odieux et
funestes d'une police inquisitionnelle ?

Il faut à l'enfant qu'on expose, 1° un toit nourricier qui le
conserve à la vie ; 2° une éducation qui en fasse un homme et
un citoyen, et pour cela il lui faut un hospice ; 3° les moyens
d'être retrouvé par les auteurs de ses jours, si leur position

les met dans le cas de le réclamer. Pour les lui procurer, il n'est pas nécessaire de recourir à la police, toujours essentiellement inquisitionnelle, et qui ne doit jamais s'immiscer dans les secrets de la nature.

Il est donc essentiel de statuer dans cet article : 1º le transport le plus prompt de l'enfant dans l'hospice le plus voisin ;

2º D'ordonner un procès-verbal qui constate le jour, l'heure, le lieu où il a été trouvé, son âge présumé, son sexe, la description exacte de ses vêtemens, les signes de reconnaissance qu'on aurait pu y joindre, tout ce qui peut tendre à constater son identité, afin que l'hospice puisse le rendre si jamais il est redemandé ;

3º De faire une prohibition absolue soit aux administrateurs et agens de l'hospice, soit à ceux qui ont trouvé l'enfant, et à qui que ce puisse être, de prendre aucuns renseignemens, de faire aucunes recherches, de recevoir aucunes déclarations sur l'origine de l'enfant et sur les auteurs de son exposition ;

4º D'enjoindre aux agens de l'hospice de présenter de suite cet enfant à l'officier civil, de lui donner un nom et un prénom, et de joindre, à l'acte qu'il dressera, une expédition, ou au moins une copie certifiée du procès-verbal.

L'entretien de ces enfans est une charge de la société générale, une dette du Gouvernement ; il doit constituer les hôpitaux des enfans-trouvés de manière qu'après avoir pris les plus grands soins pour assurer la vie et l'identité des enfans, leur éducation physique et morale soit soigneusement surveillée, qu'ils soient élevés à la campagne pour être plus sains et plus robustes, exercés aux travaux de l'agriculture, et, si un vice de conformation les rend absolument inhabiles à la vie agricole, qu'ils soient instruits dans un métier.

Tout cela exige de l'argent, et la dotation des hospices est faible ; mais cette considération, qui n'arrête aucun Gouvernement dans l'exercice de ce devoir essentiel et sacré, ne peut pas arrêter le Gouvernement français : d'ailleurs, on indiquera, dans la suite de ces observations, des moyens simples et faciles d'y pourvoir.

Art. 36 et 37. Les signatures des actes d'opposition au mariage, et le *visa* de l'officier civil, doivent être exigés à peine de nullité ; et, quant à la procuration, on doit exiger les formes indiquées par l'art. 5. 66

Art. 40. Le jugement du tribunal civil sera-t-il en dernier ressort ? Qui prononcera la peine de destitution ? 68

Art. 45. Ce jugement sera-t-il sujet à l'appel ? Si l'homologation est accordée à ce jugement, fera-t-il preuve, contre la famille, de l'état de celui qui l'aura obtenu ? 72

Art. 54. A la forme, l'officier civil étant dans la classe administrative, faudra-t-il obtenir de l'administration supérieure sa destitution et son renvoi au tribunal ? l. 1er. tit. 2- lin du ch. 3 et 52.

Au fond, l'acte ne doit-il pas être reporté sur le registre des mariages à sa date ? Mais, par quelle formalité constatera-t-on que le mariage a été célébré, qu'il a été inscrit sur une feuille volante, et non sur le registre ? Tout cela est difficile à prouver ; et, quelque mode qu'on adopte, il peut donner lieu à des abus.

Mais, si on adopte un mode pour réparer l'omission d'inscription des actes de mariage dans les registres, ou de leur soustraction, ne doit-on pas aussi en adopter un pour l'omission ou la soustraction de tous les autres actes de l'état civil ?

Art. 55. La transcription des jugemens qui prononcent le divorce doit, sans doute, être faite sur les registres des mariages de l'année, pour qu'elle puisse se trouver sur les trois doubles qu'exige la loi ; mais, en ce cas, la mention ne pourra être faite que sur un seul des trois registres sur lesquels la célébration est inscrite, puisque les deux autres doivent être l'un au greffe du tribunal, et l'autre au chef-lieu du département. Le tribunal ne pourrait-il pas être autorisé à commettre un greffier pour les faire ? ap- ce ch. 3.

81   Art. 60. Les recherches ordonnées sur le lieu de naissance et domicile du décédé, et les dispositions de l'article suivant, pourront, aux yeux de quelques officiers civils, restreindre les dispositions de cet article à ceux qui seront trouvés morts hors de chez eux. Ne serait-il pas important, surtout dans les cas de mort imprévue d'un domicilié, de prescrire à l'officier civil de vérifier, en se transportant chez les domiciliés pour s'assurer de leur décès, s'il y a des indices de mort violente; et, en ce cas, de ne permettre l'inhumation qu'après le procès-verbal de l'état du cadavre?

42   Art. 67. Ces mots, *on a tel égard que de raison, aux abréviations et aux dates mises en chiffres*, paraîtront, aux scribes, déroger à la disposition formelle précédente; *rien n'y doit être mis par abréviation ni aucune date en chiffres*. D'ailleurs, ces mots, *tel égard que de raison*, ne décident rien, et la loi doit toujours statuer.

51   Art. 68. La loi doit prononcer sur le fait, et non sur la possibilité. La même responsabilité doit frapper contre les greffiers et archivistes, dépositaires des autres doubles de registres.

101   Art. 74. Quelle pièce devra-t-on rapporter à l'officier civil, pour lui prouver que le jugement est passé en force de chose jugée?

Observations générales sur les actes de l'état civil.

44   1° Il est important que les procurations données pour faire des déclarations devant les officiers de l'état civil ne puissent jamais être délivrées en minutes ou brevets; et que leurs expéditions représentées à l'officier de l'état civil, demeurent toujours annexées à la minute de l'acte.

   Cette observation s'appliquant à une multitude d'articles, il serait nécessaire d'y statuer par une disposition générale.

60-
61-
87   2° Il est encore important que tous les actes servant à constater l'état civil qui se passent sur mer ou dans l'étranger soient rapportés sur le registre de l'état civil du domicile

de l'individu qu'ils concernent, et que l'expédition de l'acte reçu sur mer et dans l'étranger soit annexée à ce registre.

Ce serait un autre objet de disposition générale.

3º Le projet de Code ne détermine point quelles sont celles des formes qu'il prescrit dans ce titre, dont l'omission entraînera la nullité de l'acte : est-il annulé par toutes? ne l'est-il par aucune? l'est-il par quelques-unes seulement? Ces questions intéressent trop essentiellement l'état des hommes pour ne pas être redécidées par la loi. *l. 1er. tit. 2. fin du c. 1er.*

4º Serait-il impossible de prendre une mesure pour que les ministres, les conseils d'administration des corps de terre et de mer, les capitaines de navires, les officiers civils qui inscrivent les actes de décès de ceux qui meurent hors de chez eux, soit en voyage, soit sur mer, soit dans les prisons ou sur l'échafaud, fissent connaître les actes de décès aux municipalités des domiciles des décédés? Serait-il impossible d'étendre cette mesure aux commissaires des relations commerciales pour les Français qui meurent dans l'étranger? *l. 1er. tit. 2. ch. 4.*

La multitude de Français absens de leurs foyers depuis la révolution, et de ceux qui s'absenteront encore quand les colonies seront ouvertes, et que le commerce aura repris son activité, font sentir l'importance de cette précaution. On assure que l'amirauté d'Angleterre prescrit, à cet égard, des soins si exacts et si multipliés, qu'il est possible d'y retrouver les traces du décès ou de l'existence du moindre matelot et du moindre passager.

TITRE III. — *Du domicile.*

Art. 5. L'intention de changer de domicile ne doit-elle pas être constatée par une déclaration à la municipalité? 104

Art. 10. La citation au dernier domicile, sujète à de très-grands abus, souvent irréparables, peut-elle avoir lieu dans le cas où il y a une résidence de fait? ne doit-elle pas être restreinte au seul cas où il n'y a point d'habitation connue? *l. 1er. fin du tit. 3.*

TITRE IV. — *Des absens.*

116   Art. 2. Il paraît que l'absence devrait être constatée par une enquête faite par le tribunal de première instance, contradictoirement avec le commissaire du Gouvernement, et que cette enquête doit être double si les deux domiciles de l'absent étaient situés dans le territoire de deux tribunaux différens.

120   Art. 9. Ces mots : *les parens au degré successif,* ne doivent-ils pas s'appliquer exclusivement à ceux qui étaient les héritiers présomptifs de l'absent à l'époque de sa disparition ou de ses dernières nouvelles, puisqu'ils sont appelés par l'article 18 à recueillir définitivement sa succession ?

126   Art. 12. Puisqu'il s'agit de conserver la valeur de son mobilier, s'il revient, le mobilier modique doit être vendu comme le précieux.

127   Art. 13. Une somme convenable, accordée à l'absent sur ses propres biens pour subvenir à ses premiers besoins en cas de retour, paraît une restitution bien modique. Ne devrait-on pas lui assurer au moins le montant de cinq années de son revenu ?

125   Art. 14, 15 et suivans. Que les héritiers présomptifs de l'absent prescrivent contre tous les tiers, comme l'absent l'aurait fait lui-même, cela est juste ; qu'ils puissent même prescrire contre ses enfans inconnus par trente ans de leur majorité depuis la mort de leur père, cela paraît possible : mais que, tandis que la loi répute que l'absent doit vivre jusqu'à ce qu'il ait atteint cent ans, les héritiers présomptifs, qui, par l'envoi provisoire, ne sont que des dépositaires, puissent prescrire contre celui qu'ils doivent croire vivant, et attendre toujours jusqu'à ce qu'il ait atteint sa centième année ; cette disposition, contraire à l'ancien droit, paraît bien contraire au principe qui veut que celui qui ne jouit pas à titre de propriétaire, le dépositaire, ne puisse jamais prescrire.

Toute exception de prescription contre l'absent doit donc être expressément prohibée à ses héritiers présomptifs, à quelque degré qu'ils soient. On ne parle pas de ses enfans et descendans, parce qu'on est convaincu qu'on n'a pas entendu par cet article les autoriser à prescrire, en aucun cas ni par aucun laps de temps, contre les auteurs de leurs jours.

Art. 21. Les légataires, les donataires de l'absent, etc. 123 doivent être autorisés à exercer provisoirement leur droit, suspendu jusqu'à son décès, dès l'instant où les héritiers présomptifs ont pu obtenir l'envoi en possession provisoire, lors même qu'ils n'ont pas voulu le demander.

Art. 22. Les héritiers présomptifs ne doivent-ils pas être 134 recevables à défendre les droits de l'absent aussitôt qu'on agit contre lui ? Ne doit-on pas leur réserver le droit d'opposition et d'appel contre les jugemens prononcés contre l'absent, soit qu'il eût laissé une procuration ou non pendant un certain laps de temps depuis leur envoi en possession provisoire ?

Art. 27. On prouvera, au titre *du divorce*, que l'absence l. 1er tit. 4- doit être placée au nombre de ses causes déterminées. ch. 3- com. Art. 28. Si la loi ne permet pas le divorce pour cause d'ab- des. 3. sence, puisqu'on suppose la possibilité d'un nouveau ma- 139 riage de l'époux délaissé, il est essentiel de fixer le sort des enfans qui seraient nés de cette union résolutoire, dans le cas où elle serait dissoute par le retour de l'absent. Sans doute ils devront jouir de tous les effets d'un mariage de bonne foi ; mais il est essentiel de le dire. *

Art. 31. Si personne n'a été chargé du soin des enfans par 142 l'absent, que deviendront-ils pendant les six mois d'intervalle que la loi met entre l'absence et l'assemblée du conseil de famille pour déférer leur surveillance ? **

Art. 33. Quelle que soit cette mesure, elle doit être fixée l. 1er par la loi. Il est bien important que jamais les administra- fin du teurs de la chose publique ne s'ingèrent dans l'administration tit. 4.

---

* *Voyez* au Code civil les art. 201 et 202.
** *Voyez* l'art. 114 même Code.

des biens des particuliers : leurs soins doivent être restreints à la surveillance. La municipalité pourrait proposer un régisseur au tribunal, qui le commettrait et pourrait l'exclure suivant les circonstances. Il serait important d'insérer dans le Code la loi qui ordonne aux municipalités d'envoyer aux tribunaux un tableau des défenseurs de la République, et aux tribunaux de leur nommer un conseil.

TITRE V. *Du mariage.*

144   Dans les climats brûlans, où les facultés physiques sont plus tôt développées et plus tôt anéanties, on a pu présumer la puberté des femmes à douze ans, et des hommes à quatorze ; mais, dans le territoire français, froid dans quelques parties et plus ou moins tempéré dans les autres, où, dans le fait, il est rare que les filles aient acquis leur puberté à treize ans et les garçons à quinze, où, quand même la puberté serait certaine dans le plus grand nombre des individus, des époux de cet âge seraient toujours des enfans, incapables de se conduire comme époux, incapables de s'astreindre aux devoirs de père et de mère, de régir leurs maisons et leurs biens, l'époque légale du mariage doit donc être reculée jusqu'à ce que l'éducation physique et morale soit finie, le tempérament formé et l'esprit cultivé ; jusqu'à ce que le mari soit capable d'occupations sérieuses, et sa femme du soin de sa maison. Confiera-t-on une femme, le soin d'une famille, à celui à qui la loi ne confie pas même l'administration de ses revenus ? Ce ne serait donc pas trop retarder l'époque du mariage que de la fixer à quinze ans pour les femmes, à dix-huit ans pour les hommes.

Un contrat aussi important doit encore plus être réglé par la capacité morale que par les facultés physiques ; cependant un des commissaires adopte l'article.

ap-
146   Art. 7. Les formes pour constater que les sourds et muets sont capables de manifester leur volonté ne sont pas encore prescrites par la loi : puisqu'on en fait un article du Code, il

n'est pas possible de les supposer ; il faut qu'elles soient déterminées.

Art. 9. Conformément aux observations qu'on a faites sur
les effets de la mort civile, on demande la radiation de
l'article 9.

ap-
147

Art. 10. Jusqu'à présent des raisons physiques avaient décidé à mettre une différence entre les deux sexes à l'égard des
mariages contractés sans le consentement des ascendans. Les
lois françaises le permettaient aux filles à vingt-cinq ans, et
aux garçons à trente. Les mêmes motifs subsistant toujours,
puisqu'ils sont pris dans la nature même, on pourrait permettre ce mariage aux femmes à vingt-deux ans, aux hommes à vingt-cinq.

148

Art. 13 et 14. Qu'on assujétisse les descendans à attendre
jusqu'à 25 ans le consentement des auteurs de leurs jours ; la
reconnaissance qu'ils doivent à leurs bienfaits et à leur tendresse, la confiance que doit avoir la loi dans l'amour paternel, le respect filial, l'union qui doit régner entre les ascendans et les époux de leurs enfans, tout l'exige.

150

Mais quel droit peut avoir un collatéral de s'immiscer
dans le mariage de son parent majeur de vingt-un ans, par
conséquent citoyen et maître de ses droits ? A quel titre le législateur peut-il le forcer de soumettre son union à ceux
qu'elle prive de l'espoir de lui succéder ? Ne serait-il pas à
craindre qu'aucun militaire, en temps de guerre, aucun
homme d'un tempérament faible, ne puisse, avant l'âge de
vingt-cinq ans, se marier sans avoir épuisé le délai prescrit
par ces deux articles ?

160

On propose donc, par ces motifs, de restreindre aux mineurs les dispositions de ces deux articles, et, en ce cas, de
prohiber absolument le mariage, si la famille n'y consent pas.
Un commissaire, cependant, est d'avis des articles 13 et 14.

Art. 17 et 18. Peut-être serait-il important d'ajouter les
mots : *légalement reconnu*, pour prévenir les recherches souvent calomnieuses, et toujours scandaleuses, que la haine ou

161-
162

l'avidité pourrait faire d'une paternité ou d'une maternité ignorée ou supposée.

l. 1ᵉʳ-til. 5-fin du c. 1ᵉʳ. Art. 19. Sur quel fondement la législature peut-elle s'arroger le droit d'empêcher un citoyen de se marier à telle époque de sa vie qu'il veut, pourvu qu'il remplisse les formalités qu'elle a prescrites? La morale, l'équité, bases nécessaires de toutes les lois, ne lui ordonnent-elles pas au contraire de réparer, au moins dans les derniers momens, l'injustice et l'immoralité de sa vie antérieure? Comment, d'ailleurs, déterminer si l'homme était atteint ou non de la maladie à l'époque du mariage? Si elle n'a commencé que dans l'intervalle des publications où le mariage était déjà conclu et arrêté, où il n'y manquait que les formes, sera-t-il nul? N'est-il pas possible que le mariage lui-même ait déterminé la maladie et hâté la mort? et que deviendra l'enfant conçu dans l'intervalle du mariage au décès?

Pourquoi ravir aux enfans légitimés par ce mariage l'état que leur devait leur père, et qu'il leur a donné? La loi doit-elle livrer à des consultations de médecin, toujours conjecturales, et souvent contradictoires, le sort si intéressant des individus innocens qui survivent?

Il n'est plus en France de considérations tirées de l'inégalité des rangs: on ne peut pas en faire résulter de l'inégalité des fortunes.

Y eût-il eu concubinage antérieur, l'intérêt des mœurs est qu'il soit réparé. Peut-on le rappeler lorsqu'il est effacé par les nœuds sacrés du mariage? peut-on l'opposer quand il n'existe plus? Est-il un seul instant où la loi qui autorise, favorise et doit favoriser la légitimation des enfans par un mariage subséquent, puisse l'annihiler? Est-il un seul instant où il puisse être prohibé d'être juste, de rendre hommage aux bonnes mœurs, de suivre le vœu de la nature, de toutes les lois et de tous les cultes?

Ainsi, dans un pays libre, quand un mariage a été contracté par des personnes capables, avec les formalités vou-

lues par la loi, on ne peut rien exiger de plus ; et le mariage
est toujours valable , à quelque époque qu'il soit fait.

Ce principe est d'autant plus admissible dans le Code que
les formalités prescrites pour les publications des mariages
entraînent environ vingt jours d'intervalle entre la convention du mariage et sa célébration : si l'on adoptait l'article ,
il y en aurait quarante. On demande sa radiation.

Art. 30. Si , comme on l'a démontré , le consentement de 174
la famille n'est pas nécessaire pour un majeur de vingt–un
ans, le premier alinéa doit être rayé ou du moins restreint
aux mineurs.

Quant au second , c'est une arme dangereuse dans les
mains des collatéraux. Si la démence est réelle , les collatéraux ne doivent pas attendre l'instant du mariage pour provoquer l'interdiction. Cet article doit être restreint au cas où
la procédure pour l'interdiction serait déjà commencée.

Art. 31. L'élection de domicile et le *visa* par l'officier pu- 176
blic de la dénonciation qui lui est faite doivent être exigés à
peine de nullité.

Art. 32. Peut-être devrait-on laisser une matière aussi im- 177-
portante dans l'attribution ordinaire des tribunaux de pre- 178
mière instance et des tribunaux d'appel, en ajoutant seulement qu'elle sera appelée et jugée le jour de l'échéance,
sans même attendre les délais fixés pour la levée et le jugement des défauts.

Les opposans qui succombent doivent toujours être con- 179
damnés à des dommages et intérêts.

Art. 34. La radiation du chiffre 9 dans cet article et dans 184
les suivans est une suite des observations qu'on a faites sur
cet article et sur la mort civile.

Art. 38. On observe sur le second et le troisième alinéas , 184-
1° que, si le mariage du sourd et muet a été fait, à leur 185
égard, dans les formes voulues par la loi, le père et la mère
ne peuvent pas l'attaquer ; 2° que la bigamie n'intéressant
que le conjoint du premier mariage et ses enfans , eux seuls

doivent être recevables à l'attaquer ; enfin, que le mariage avant la puberté, n'a pas pu être fait sans le consentement des père et mère ou du tuteur.

18)   Art. 39. Les collatéraux ne peuvent point avoir de droit dans le cas de l'article 5 ; il n'appartient qu'à la personne ravie, forcée ou trompée : tout au plus pourraient-ils exciper de ce droit en suivant la procédure qu'elle aurait commencée.

Ils ne peuvent pas plus en avoir que les pères dans les articles 7 et 8.

Il est surtout étonnant qu'on admette les collatéraux à contester le mariage, seulement après sa dissolution : c'est au contraire pendant la vie des époux, et lorsqu'ils peuvent se défendre (surtout dans le cas d'une union prétendue incestueuse), que les collatéraux pourraient réclamer ; mais, après la mort, peut-on être admis à attaquer l'état de celui qui ne peut le défendre ; à priver de leur état des enfans qui le possèdent de bonne foi, qui, certainement ne sont pas complices des fautes des auteurs de leurs jours, qui ignorent leurs moyens de défense ? Si la nullité est fondée, le silence perfide qui les a laissé naître n'est-il pas une sorte de complicité ?

Si on admet l'action des collatéraux, si on admet une action quelconque en nullité de mariage, elle doit être exercée pendant sa durée, absolument éteinte et prohibée après sa dissolution.

ap-   Art. 41. L'article 40 ayant statué que le défaut de réhabi-
193   litation n'autorise point les époux ni les tiers à en demander la nullité, il est donc essentiellement valide, et l'amende est la seule peine de l'omission des formes. Il est donc inutile et même dangereux de dire que la réhabilitation le valide. Il est, par conséquent, nécessaire d'ajouter à l'art. 40 que le défaut de réhabilitation n'autorise pas le ministère public à demander sa nullité.

210   Art. 54. Quel serait le sort d'un père ou d'une mère

obligé d'aller, dans le domicile de l'enfant ingrat, manger le pain qu'il avait la cruauté de refuser, et que la justice l'a forcé de donner !

Jusqu'à présent, le père ne pouvait pas être forcé d'aller vivre chez son fils.

Art. 60. Eh quoi! si un père et une mère, par des raisons 33ı que la loi n'a pas prévues, ou par une manie ou un oubli dont les enfans ne doivent pas être les victimes, ne les reconnaissent pas dans l'acte de célébration de leur mariage, ils ne pourront plus être reconnus et légitimés!

Mais, 1° la loi peut-elle fixer une prescription à l'exercice des droits les plus sacrés de la nature?

2° Lorsque la loi, sur la présomption que ce mariage, précédé de la naissance de quelques enfans, avait été arrêté avant leur conception, reporte, à leur égard, l'époque de sa célébration avant celle où ils furent conçus; lorsque cette présomption est fondée sur le vœu de la nature, de la justice et de la vérité; lorsqu'elle est adoptée par tous les peuples policés et par les lois religieuses de tous les cultes, l'omission de cette énonciation dans l'acte de célébration sera irréparable, et ces enfans, réellement légitimes, ne seront jamais légitimés ni reconnus! Cette décision, dont on ne peut deviner le motif, paraît bien étonnante.

3° Cette disposition concorderait mal avec les recherches auxquelles le projet de Code, dans le titre *de la paternité et de la filiation*, autorise les enfans pour se faire rendre l'état qu'on leur aurait ravi.

Art. 63. Cet article ne fait que démontrer toujours davantage l'injustice de l'art. 19. Quoi! parce que des enfans auront eu le malheur de perdre leur père quelques jours plus tôt, il faudra encore qu'ils perdent leur état! On demande la radiation de cet article par les motifs énoncés sur l'art. 19. l. 1ᵉʳ·tit. 5-fin du ch. 5.

Art. 64. Le mari peut-il forcer sa femme à le suivre du sol 214 continental dans le sol colonial, ou du sol colonial dans le sol continental?

218- Art. 67. Ce jugement doit être rendu par le tribunal as-
219 semblé en audience publique.

L'intervention du commissaire du Gouvernement, toujours nécessaire dans les objets qui intéressent les femmes
mariées, l'est encore plus lorsqu'elles agissent contre leurs
maris.

220 Art. 68. La femme marchande publique doit obliger son
mari, non-seulement lorsqu'il y a communauté, mais encore lorsqu'elle n'est ni séparée de biens, ni jouissant en
paraphernal. Dans ces trois cas, le mari peut disposer des
profits et même des fonds du commerce de sa femme, qu'elle
acquiert pour lui.

227 Art. 75. On a déjà proposé, au titre *de la mort civile*, on
proposera encore, au titre *du divorce*, que la mort civile
n'opère pas la dissolution de fait et absolue du mariage, mais
soit seulement une cause de divorce.

228 Art. 76. Dès que la loi fixe l'époque à laquelle un enfant
sera réputé ou non un enfant du mariage, quel motif peut-
elle avoir de prohiber à la veuve un second mariage avant
l'année ? est-ce parce que la femme romaine devait pleurer
son mari pendant un an? Mais, 1° la loi ne peut ni prescrire
la douleur, ni punir l'indifférence : d'ailleurs, dans ce systême, le mari devrait aussi pleurer sa femme, et la loi devrait être commune aux deux époux.

2° La loi romaine ne punissait la dureté du cœur de la
veuve que par la privation de ses gains de survie : les Romains n'avaient pas imaginé de prononcer la nullité de ce
mariage précoce, et par là de punir le second mari et ses
enfans.

En France, il est de fortes raisons pour ne pas punir la
veuve qui se remarie dans l'an du deuil. La veuve d'un artisan, la veuve d'un colon partiaire, est forcée, pour conserver à ses enfans les moyens de subsistance, l'éducation, et
dans l'avenir la profession de leur père, de se marier sur-le-
champ à un homme du même état, qui conserve l'atelier,

ou la culture de la portion de fruits. On demande la suppression de l'article, ou du moins la restriction du délai à trois
ou quatre mois. S'il subsiste en tout ou en partie, il faut statuer si sa violation entraînera la nullité du mariage précoce ;
quand et par qui cette nullité pourra être provoquée.

TITRE VI. — *Du divorce.*

Ce titre fournit encore une preuve frappante de la diver- L. 1er-
sité des opinions, et de la diversité des opinions qui en ré- tit. 6
sultent, et, par conséquent, confirme les observations
qu'on a faites à cet égard sur le titre préliminaire.

Art. 3. Tous les commissaires du tribunal d'appel de Lyon 229-
ont adopté les causes du divorce déterminées par cet article ; 230
mais tous sont d'avis de rayer, 1° le paragraphe relatif à l'a-
dultère de la femme et du mari, et d'y substituer :

Le déréglement des mœurs notoire de l'un des deux époux;

2° De rayer *l'attentat de l'un des époux à la vie de l'autre,* 231
et d'y suppléer, en divisant le premier alinéa, *les sévices gra-*
ves (l'attentat à la vie y serait certainement compris);

3° De rayer *la diffamation publique,* et d'y substituer *les* 231
injures graves.

On ajouterait : « les mauvais traitemens, et la conduite
« habituelle de l'un des époux envers l'autre, qui rend à ce-
« lui-ci la vie commune insupportable ;

« L'abandonnement du mari par la femme, ou de la fem-
« me par le mari. »

Tous demandent qu'il soit ajouté à ces causes : 1° *la mort* 232
civile de l'un des époux ;

2° *La condamnation de l'un des deux époux à des peines af-* Ibid.
flictives et infamantes ;

3° *L'absence de l'un des époux depuis plus de cinq ans, sans* ap-
qu'on ait reçu de ses nouvelles depuis ce temps. 232

Deux seulement sont d'avis d'ajouter aux causes du divorce
l'impuissance ; mais l'un d'eux qualifie cette cause *défaut de*
procréation d'enfant. Tous d'eux pensent que cette action doit

être suspendue pendant les trois ou quatre premières années du mariage.

Deux, et ce ne sont pas les mêmes, demandent qu'on ajoute aux causes autorisées par la loi *le désaveu fait par le mari de l'enfant né avant le cent quatre-vingt-sixième jour du mariage.*

258   Deux encore adoptent, comme très-sage, la mesure proposée des jugemens à huis clos en matière de divorce, et pensent qu'il est inutile de motiver leur opinion, soit sur le divorce, soit sur le jugement à huis clos, les motifs sortant de la chose même.

L'un d'eux ajoute que c'est la seule manière, dans des affaires de ce genre, de respecter la décence publique, en substituant, pour ainsi dire, une magistrature familière à l'éclat scandaleux de l'audience. L'autre trouve la mesure des jugemens à huis clos dangereuse et funeste, et croit qu'il est très-nécessaire d'exprimer les motifs, soit sur les différentes causes de divorce, soit sur la manière de les juger.

Projets et motifs de l'un des commissaires.

l. 1er-   Il ne s'agit plus de discuter aujourd'hui la question si long-
tit. 6.   temps agitée, et surtout dans le siècle dernier, de l'admission ou du rejet du divorce; les lois l'ont admis, le Code le maintient; il ne reste qu'à fixer les causes qui peuvent l'autoriser, et la manière de les constater.

Là où il n'y a pas de lois écrites, par la seule impulsion de la nature un homme et une femme s'unissent; un enfant est conçu: d'abord l'espoir de le voir naître, ensuite le plaisir de se voir revivre dans ce gage de leur amour, la tendresse qu'il inspire, le soin de pourvoir à sa nourriture, la naissance intermédiaire d'autres enfans, le concours des deux époux pour les besoins communs, resserrent leurs liens; et, lorsque leurs enfans n'ont plus besoin d'eux, ils ont toujours besoin l'un de l'autre; l'intérêt de tous deux et l'habitude les attachent pour la vie.

Mais, si le vœu de la nature dans la reproduction des êtres ne peut pas s'accomplir, s'ils deviennent insupportables l'un à l'autre, ils se séparent, ils se fuient; et chacun va chercher dans une nouvelle union le bonheur qu'il n'a pu trouver dans la première : voilà l'ordre de la nature.

Dans les lieux où les lois sont écrites, le législateur rend nécessaire le lien volontaire de la nature; il le déclare indissoluble dans son vœu. Mais jusqu'où cette indissolubilité doit-elle s'étendre dans le fait? jusqu'à quel point la loi peut-elle contrarier la nature? Voilà le problême.

Il est certain que, dans les pays policés, l'éducation, les principes de morale, l'opinion publique, l'intérêt pécuniaire, les agrémens de la vie, peuvent faire supporter les ennuis, les dégoûts que donnent à l'un des époux la violence et la bizarrerie de l'autre; à plus forte raison leur faire supporter mutuellement des torts respectifs. Ainsi, quand il n'y a pas d'autres motifs, le divorce, soit d'un commun consentement, soit pour incompatibilité d'humeur, doit être proscrit dans la société civile.

Mais s'il n'est pas né d'enfans du mariage pendant un espace de temps suffisant pour en faire perdre l'espérance; si, par conséquent, le but essentiel et fondamental de l'union des époux, qui est aussi le vœu de la nature et de la société, n'est pas accompli, le mariage doit être dissous.

ap-232

Les lois religieuses et civiles de tous les peuples et de tous les pays ont consacré ce principe. Le droit canonique prononce en ce cas la nullité du mariage, et la qualifie *nullité pour cause d'impuissance*. Le droit civil la laissa poursuivre devant les prêtres; ils imaginèrent, pour la constater, des épreuves bizarres, et toujours incertaines. L'aventure singulière d'un homme déclaré impuissant, et qui eut sept enfans d'une autre femme, et la satire de *Boileau*, décidèrent le parlement à supprimer cette épreuve. On y substitua des examens et des discussions, toujours malhonnêtes, indécentes, et dont les résultats ne pouvaient être que des présomptions et des conjectures. La loi de 1792, sur le divorce, ne parla point de cette action; mais elle se trouvait heureusement remplacée par le divorce d'un commun consentement, ou par incompatibilité d'humeur.

Le projet de Code civil abroge ces deux causes de divorce, et ne parle pas de l'impuissance : cependant, le législateur ne peut pas violer le vœu fondamental du mariage, le vœu de la nature et de la société; il ne peut pas, nouveau Mézence, condamner un être vivant à mourir dans les bras d'un être mort. Toutes les fois que deux époux ne peuvent point avoir d'enfant l'un de l'autre, ils n'ont pas pu se marier : les formalités civiles supposaient la capacité du mariage; s'il n'a pas pu être consommé, elles sont nulles, et comme non avenues; ceux qu'elles ont désignés pour époux ne sont pas époux : le mariage n'existe pas. L'impuissance est donc nécessairement une cause de dissolution, ou au moins de divorce.

Pour renfermer cette action dans les bornes que la bienséance exige, on pourrait ordonner que, lorsque la femme n'a point accouché, soit à terme, soit avant le terme, pendant trois ans au moins (délai adopté par les lois canoniques), pendant quatre ou six ans au plus (terme le plus long que la morale puisse exiger de la patience), chacun des deux époux pourra demander le divorce.

Cette cause doit être restreinte, 1° au cas où, par l'âge de la femme au moment du mariage, il était possible qu'elle eût des enfans;

2° On a prouvé, sur l'article 30 du titre Ier *de la mort civile*, qu'il n'est pas au pouvoir du législateur de dissoudre le mariage quand il a été légalement contracté. Ce contrat appartient exclusivement aux deux époux : la fiction de la loi qui suppose la mort ne peut pas, à leur égard, remplacer la mort naturelle, si le condamné paraît innocent aux yeux de son époux. Si l'aveuglement de l'amour le décide à partager son sort, le mariage subsiste, et subsisterait toujours, malgré les dispositions de la loi, si elle était portée : ainsi, la mort civile doit incontestablement être placée au nombre des causes qui autorisent le divorce.

3° On doit y ajouter (et le Code l'a omise) la condamnation de l'un des époux à des peines afflictives ou infamantes : cette cause de divorce fut adoptée par la loi de 1792 et par les projets postérieurs de Code civil ; elle doit subsister, puisqu'elle tient au sentiment de l'honneur, sentiment cher et précieux à la nation française, et que la loi doit s'efforcer de maintenir. 232

4° Le Code civil omet encore dans les causes de divorce, quoiqu'elle y fût antérieurement comprise, l'absence, sans nouvelles, de l'un des époux, pendant cinq ans. ap-232

Dans l'ordre de la nature, l'union aurait certainement été dissoute par l'absence, et l'époux abandonné aurait formé un autre lien : la loi écrite peut-elle le forcer à attendre cent ans ?

L'absent n'a pas le droit de priver, par le secret de sa retraite, la patrie des citoyens que lui donnerait l'autre époux : empêcher un individu de se marier, c'est nuire non-seulement à lui, mais à des tiers ; c'est multiplier les enfans abandonnés, ou au moins les enfans naturels. D'ailleurs, quelle différence peut-on établir entre l'époux abandonné et l'époux délaissé par l'absence, sans même que l'absent donne des nouvelles qui permettent de le rejoindre, ou de lui faire les trois sommations prescrites en cas d'abandonnement ? Les cinq ans d'absence équivalent bien aux trois sommations ; l'un et l'autre cas produisent les mêmes chagrins, les mêmes inconvéniens, les mêmes privations ; ils doivent donc donner les mêmes droits au divorce.

5° Le Code décide en principe, titre VII, article 3, que l'enfant né avant le cent quatre-vingt-sixième jour du mariage n'est point l'enfant du mariage. Dans les articles suivans, il autorise le mari à le désavouer ; il fixe le délai et le mode de l'exercice de cette action : il est évident qu'il résulte de ce désaveu légal, l'injure la plus grave que le mari puisse 231 faire à la femme, ou la preuve complète que la femme a trompé le mari. Ainsi, soit que le désaveu soit juste ou injuste, il doit produire nécessairement des querelles continuelles, une antipathie, une haine, qui ne permettent plus aux deux époux de vivre ensemble ; il doit donc être une cause de divorce.

230   6° Le Code réduit la demande en divorce de la femme, pour cause d'adultère du mari, au seul cas où il tient sa concubine dans la maison commune.

Quoi ! un mari, dont la famille occupe le premier étage d'une maison, pourra avoir sa concubine au second ou de l'autre côté de la rue ; il pourra porter dans ce ménage clandestin ses soins, ses affections, ses dépenses, y consommer sa fortune ; la femme verra sa rivale ornée des parures les plus brillantes, au sein des plaisirs et de l'abondance, tandis qu'elle sera, avec ses enfans, dans le dénuement le plus absolu, et elle ne pourra pas secouer une chaîne dont le poids n'est plus partagé !

Que le mari soit le chef de sa famille, l'administrateur des biens, que la femme soit tenue de le suivre et de déférer à sa décision, c'est une suite nécessaire de leur union, c'est le prix de la fidélité du mari ; cette fidélité est de l'essence du mariage : elle seule maintient le lien conjugal : l'adultère le rompt.

Le mariage est un contrat mutuel : il entraîne, par conséquent, une réciprocité de droits et de devoirs. Si l'un des deux contractans peut, à son gré, exercer les droits et se jouer des devoirs, l'autre n'est plus époux, il est esclave.

Cet article, joint à celui qui permet de reconnaître les enfans adultérins et incestueux, tendrait à autoriser la pluralité des femmes : l'épouse serait la femme du premier ordre, les concubines celles du second ; et partout où il y a pluralité de femmes, il n'y a point de mariage : il n'y a que despotisme et servitude.

Et quand même l'immoralité aurait introduit cet abus

dans la classe riche et oisive d'une nation, la loi qui régénère, loin de le permettre, ou même de le tolérer, doit le
proscrire formellement, pour l'empêcher de pénétrer jusqu'à la classe laborieuse. D'un autre côté, l'adultère de la
femme ayant des conséquences bien plus funestes, comment
la loi exigerait-elle, pour que le mari pût s'en plaindre,
qu'il fût accompagné d'un scandale public, ou prouvé par
des écrits émanés d'elle? La femme qui aurait la prudence
de ne jamais écrire à son amant, et l'adresse de couvrir ses
intrigues des voiles du mystère, pourrait donc, à l'abri de
la loi, se jouer des justes poursuites de son mari, trop certain de son injure, que la loi le mettrait dans l'impossibilité
de prouver!

La loi de 1792, frappée de l'indécence, du scandale et de
la difficulté d'*une preuve d'adultère,* n'avait pas employé cette
expression, et y avait substitué *le déréglement de mœurs notoire;* et le Code civil devrait encore moins articuler formellement la cause d'adultère, puisqu'à l'article des enfans il en
rejète l'exception.

Les deux projets postérieurs n'avaient parlé ni d'adultère, ap-
232
ni de déréglement de mœurs; mais ils admettaient le divorce
pour incompatibilité d'humeur et de caractère : genre d'action qui, subordonnée uniquement à des délais d'épreuve,
suppléait heureusement à l'action pour cause d'adultère, sans
en avoir les inconvéniens.

7° Le projet place l'attentat d'un époux à la vie de l'autre 231
époux au nombre des causes du divorce; et dans l'article 27
du titre suivant, il défend à l'époux demandeur la poursuite
par la voie criminelle, mais il la permet à l'accusateur public; et cela était nécessaire, puisqu'aucun attentat à la vie
ne peut être articulé dans les tribunaux, sans qu'il soit poursuivi par la vindicte publique. Cependant, il résulte de cette
disposition, que l'époux qui ne peut pas accuser directement
devient, par le fait de la loi, dénonciateur direct, et, par
conséquent, accusateur indirect; qu'en articulant un atten-

tat imaginaire, s'il surprenait la crédulité de l'accusateur public, il exposerait impunément son époux aux désagrémens et aux dangers d'une procédure criminelle. La loi de 1792, et les deux projets qui l'ont suivie, n'avaient pas prononcé les mots *d'attentat à la vie;* sans doute les législateurs, à cette époque, pensaient qu'un pareil forfait ne pouvait pas même être supposé par la loi.

C'est encore un inconvénient très-grave auquel parait le divorce pour incompatibilité d'humeur.

231   8° Le projet de Code fait de la diffamation publique une cause de divorce ; il en résulte l'inconvénient d'obliger le demandeur à rappeler l'injure qui lui a été faite, et à la rendre publique, et d'autoriser, d'exciter même le défendeur à l'aggraver, en soutenant qu'elle est fondée.

231   9° Un article porte : « les sévices et mauvais traitemens, « et la conduite habituelle des époux l'un envers l'autre, qui « rend à celui-ci la vie commune insupportable. »

Si le *et* est disjonctif, c'est le divorce pour cause d'incompatibilité d'humeur ;

Si le *et* est conjonctif, combien de temps devront avoir duré les soufflets, les coups de poings, les coups de pieds, les coups de bâton, les injures, la privation de toutes les choses nécessaires à la vie, pour que la conduite soit réputée assez habituelle pour autoriser le divorce ?

231   10° Cet article et le précédent qualifient délit et crime les causes de divorce, qui ne sont, hors l'attentat à la vie, ni des crimes ni des délits, puisque la loi défend aux époux de s'accuser. Elle ne peut pas, à leur égard, qualifier de crime des causes pour lesquelles elle n'accorde qu'une action civile : sans doute, c'est l'expression d'une sainte animadversion contre le divorce ; mais la loi est impassible : elle ne s'irrite jamais, elle ne qualifie pas *crime* ce qu'elle ne poursuit que par la voie civile ; il faut ou classer le divorce dans les actions criminelles, ou supprimer de la législation civile les qualifications sans acception dans l'espèce, et qui n'auraient

certainement aucun effet ni pour prévenir le divorce, ni sur l'opinion publique.

Quant à la forme de divorce, la procédure commence devant un seul juge, ensuite elle arrive au tribunal ; mais l'instruction se fait à huis clos : les parties et les témoins sont entendus secrètement ; le jugement, rendu en secret, se prononce en public ; les procès-verbaux, déposés au greffe, y demeurent secrets ; en un mot, toute la procédure paraît secrète.

Mais, 1° qu'est-ce qu'un secret sur des faits, toujours publics avant la procédure secrète, livrés à une foule de témoins, aux huissiers, aux jeunes commis du greffe, aux clercs des avoués qui y sont sans cesse ? c'est un secret que tout le monde sait : ce n'est plus un secret, et le but est manqué.

2° Pourquoi priver des lumières et de l'assistance d'un défenseur l'époux honnête, simple et timide, hors d'état de résister à l'astuce, à la loquacité d'un adversaire adroit et perfide ?

3° On ne voit pas de divorce dans la classe des citoyens laborieux, dans les classes où il existe encore de la vertu : quelques libertins, quelques brutaux, des femmes déhontées méritent-ils qu'on leur fasse l'honneur de créer une procédure extraordinaire pour cacher leur sottise ou leur turpitude, toujours connue et même publique avant l'éclat, surtout lorsque l'altération des formes ordinaires peut avoir des suites extrêmement funestes ?

4° L'expérience a prouvé le danger des jugemens secrets : la sûreté des citoyens exige que le juge lui-même soit jugé par l'opinion publique ; que la crainte de voir dévoiler son injustice le retienne sous l'empire de la loi, s'il était capable de s'en écarter.

Le secret des jugemens mène à l'arbitraire, et l'arbitraire ôte en confiance au juge tout ce qu'il lui donne en autorité ; il inspire la crainte, et perd l'estime et le respect.

Aussi, dès les premiers instans de la révolution, toute la France demanda, et la loi prononça que les jugemens seraient publics et motivés. Ce fut un des plus grands bienfaits de la régénération politique. Pour ne pas porter la plus légère atteinte à un principe si essentiel, la loi, dans les cas de divorce, d'inconduite des enfans, ou d'autres cas semblables qui intéressent directement l'honneur et la réputation des individus, et ne tiennent qu'indirectement à l'ordre social, établit les conseils et les tribunaux de famille. Les deux projets de Code antérieurs à celui qu'on discute les maintenaient ; et c'est pour les supprimer, sans qu'il puisse exister aucun motif décisif de retour à l'un des plus dangereux abus que ce nouvel ordre eût réformé, qu'on propose les jugemens secrets ! D'autres cas, et il en est de bien plus importans que le divorce, entraîneront d'autres exceptions. On se trouvera livré de nouveau à l'arbitraire, aux erreurs, aux atrocités même qui avaient excité tant de plaintes, contre lesquels tant d'auteurs avaient si éloquemment écrit avant la révolution. Qu'on se rappelle les sarcasmes de Thalie, qu'on relise les Mémoires de Beaumarchais, et les ouvrages éloquens de Dupati et de tous les grands publicistes, et l'on verra combien il est dangereux d'admettre des rapporteurs maîtres de la cause dans des rapports faits clandestinement en la chambre du conseil, à l'abri des réclamations des défenseurs et de la censure du public.

Cet objet intéresse essentiellement le Gouvernement. Le choix des juges lui est confié, il règle les formes des jugemens ; si la justice est mal administrée, le citoyen mécontent l'en accuse. Les dernières années du règne de Louis XV en ont fourni la preuve incontestable.

233   Plus on réfléchit sur le danger des moyens qu'on propose pour prévenir la publicité des procédures de divorce, moyens mille fois plus funestes que les prétendus scandales et les désagrémens qu'on veut éviter à des individus qui n'en valent pas la peine, plus on est convaincu que, puisqu'on recon-

naît que le divorce, dans certaine circonstance, est de droit naturel, et doit être autorisé par le droit civil, le parti le plus sage est d'admettre la demande en divorce, pour cause d'incompatibilité absolue des époux.

On ne dit pas *incompatibilité d'humeur*: ce mot indique trop la simple fantaisie; mais incompatibilité absolue, expression qui indique toutes les causes nécessaires de divorce, sans en caractériser aucune.

Si cette cause est admise, dès lors il devient inutile d'exprimer les causes de divorce indéterminées, qui seules donnent lieu à des contestations.

Dès lors, il n'existe plus d'action pour cause d'attentat d'un époux à la vie de l'autre, d'adultère, de déréglement de mœurs notoire, d'impuissance, de sévice grave, de diffamation; plus de querelles judiciaires, plus d'état public; tout se passe et se termine dans le secret de la conciliation; et les conciliateurs eux-mêmes peuvent ignorer l'atrocité ou la faiblesse qui provoque la demande, si l'époux demandeur s'obstine à les leur taire.

Et qu'on ne craigne pas que cette mesure prudente multiplie les divorces : en prolongeant les délais d'épreuve, en attribuant la présidence des assemblées au juge-de-paix, essentiellement conciliateur par la Constitution, en imposant des conditions au choix des parens et des amis, on préviendra tous les inconvéniens. La crainte de l'inconstance de l'objet d'un nouvel amour pendant la durée des épreuves, un long espace de temps qui amortit les passions les plus violentes, les principes des cultes, l'opinion publique, l'amour des enfans, la nature elle-même, dont le vœu est la perpétuité du mariage, y mettront de puissans obstacles; il ne sera demandé que dans les cas rares et malheureux où la loi en reconnaît la nécessité.

Et encore, lorsque la demande aurait été formée, il reste l'espoir que la famille assemblée pourra réunir les époux; et c'est encore un des avantages de l'action en divorce pour *in-*

5.

compatibilité absolue, sur l'action en divorce poursuivie en jugement.

Quand un époux s'est livré à l'éclat d'une procédure, quand il a articulé contre son époux des griefs injurieux, que le jugement ait été public ou secret, il est moralement impossible qu'ils se réunissent ; et quand même le jugement aurait proscrit la demande en divorce, quand même il aurait ordonné à l'époux demandeur de rentrer dans le mariage commun, est-il au pouvoir du juge, du législateur, de la loi elle-même, de faire exécuter ce jugement ? Est-il en son pouvoir de substituer, dans un cœur, l'amour à la haine, la confiance à la défiance, l'union à l'antipathie ?

Par tous ces motifs, on propose de remplacer l'article 3 par les dispositions suivantes : « Les causes qui donnent lieu
« au divorce sont :

1º « La mort civile de l'un des époux ;

2º « La condamnation de l'un des époux à des peines af-
« flictives ou infamantes ;

3º « L'abandonnement du mari par la femme, ou de la
« femme par le mari ;

4º « L'absence depuis cinq ans de l'un des époux, sans
« qu'on ait pu recevoir de ses nouvelles ;

5º « Le désaveu fait, par le mari, de l'enfant né avant le
« cent quatre-vingt-sixième jour du mariage :

6º « L'incompatibilité absolue des époux. »

Aucune demande en divorce fondée sur d'autres motifs que ceux ci-dessus exprimés ne sera reçue. En admettant ces dispositions, la législature du divorce devient infiniment simple.

Les cinq premières causes sont prouvées par des titres authentiques.

La sixième est portée devant une assemblée de famille, présidée par le juge-de-paix, composée de parens ou d'amis tous mariés et non divorcés ; les amis ne pourraient être choisis que parmi des citoyens placés sur la liste communale , en suivant la marche fixée par la loi de 1792 ; mais il y aurait un intervalle d'un an entre la prononciation du divorce et la dernière assemblée.

On objectera peut-être que l'époux qui aurait obtenu le divorce ne pourrait plus conserver les dons contractuels qui lui auraient été faits par l'autre époux, dont les torts ne seraient pas également prouvés ; mais c'est un avantage de plus en faveur de ce mode. En effet, le désir de frustrer un époux des avantages qu'on lui a faits, ou de les conquérir, peut souvent exciter et encourager au divorce ; quand aucun des deux époux ne pourra y gagner, quand tous deux ne pourront qu'y perdre, ils seront moins tentés de divorcer ; et la pension accordée à l'époux indigent, sur les biens de l'époux riche, est un secours légal et suffisant.

Ainsi, le divorce pour incompatibilité absolue remplit le vœu de la nature et de la loi, écarte des tribunaux, des discussions, des idées, des expressions qui choquent la délicatesse française, et évite aux individus la publicité de leurs torts, sans altérer le principe de la publicité des jugemens, palladium sacré et inviolable de la sûreté des citoyens, de la justice des jugemens et de l'honneur des tribunaux.

Nota. Ici finit l'opinion isolée de l'un des commissaires.

Art. 32. On propose d'ajouter à la fin : « Et néanmoins, 267
« s'il se présente des circonstances assez fortes contre le
« mari, et assez puissantes en faveur de la femme, pour
« exiger qu'elle lui soit confiée, le tribunal peut l'or-
« donner.

« Il fixe, par le même jugement, la somme que le mari
« doit payer chaque mois à la femme, pour l'entretien des
» enfans pendant la durée du procès. »

Art. 42. La présomption légale de la réconciliation, si la I. 1er.
femme devient enceinte, serait bien dangereuse dans le cas tit. 6-
ch. 2-
où le mari demande le divorce pour déréglement de mœurs fin de
sec. 3.
notoire, et même pour tout autre motif ; avec un adultère
de plus , la femme serait sûre du gain de sa cause : il est donc

essentiel qu'elle rapporte d'autres preuves que sa grossesse de sa réconciliation et de sa réunion avec son mari.

Tout le reste de ce chapitre est inutile, puisque le titre VII a pourvu à l'état des enfans ; et qu'il suffit d'assimiler la demande en divorce, suivie de séparation, à la dissolution du mariage.

3o1   Art. 53. Ne conviendrait-il pas plutôt d'abandonner la quotité de la pension à la sagesse des juges ?

3o3   Art. 57. Sans doute on doit lire : *à l'un et à l'autre.*

TITRE VII. — *De la paternité et de la filiation.*

314   Art. 6. Si le mari ne sait pas écrire, la preuve du fait sera-t-elle admissible ?

317   Art. 9. La loi ne doit pas fournir des armes à l'avidité des collatéraux, et même des gendres et des frères, dans le cas d'un second mariage. Si le mari est mort sans avoir fait ce désaveu, personne n'a droit de le faire. La présomption de la loi doit être en faveur de la chasteté de la femme et de l'état de l'enfant, et le silence du mari la confirme : ainsi, l'article doit être rayé.

323   Art. 13. L'article 17 est sans doute une restriction de l'article 13 ; alors, si celui-ci subsiste, il serait important d'y ajouter : *à moins qu'il n'y ait une possession d'état conforme à son inscription.*

324   Art. 15. Les cas de suppression d'état, d'inscription sous de faux noms de père et de mère, d'exposition, d'abandon d'un enfant légitime, sont si contraires aux sentimens de la nature, si rares ; et l'abus qu'on peut faire de pareilles actions, et de l'intervention du commissaire ou de ses substituts, présente tant de dangers, dont il y a plus d'un exemple, qu'il serait peut-être de la sagesse du législateur de réduire la preuve de la filiation aux registres civils, à la déclaration du père et de la mère, et à la possession d'état.

Si, malgré ces observations, la loi permet de fournir d'autres preuves, il est essentiel que le commencement de preuves par écrit ne puisse émaner que des père et mère ou de ceux qui les représentent. Ces mots : *émanés de quelque partie engagée dans la contestation, ou qui y auraient intérêt si elle était vivante*, sont trop vagues : la chicane et l'intrigue en abuseraient aisément, en amenant, sous prétexte de complicité dans les contestations, pour y faire des déclarations combinées, de perfides fauteurs de l'action supposée.

Art. 18, 19 et 20. Si ces actions sont admises, il serait infiniment dangereux de laisser juger par le directeur du jury et le tribunal criminel l'action préjudicielle, le délit, et encore l'état de l'enfant. 326-327

L'action préjudicielle doit appartenir aux tribunaux civils de première instance et d'appel.

Le jugement du délit doit seul appartenir aux tribunaux criminels.

Le jugement de l'état de l'enfant, qui peut encore être incertain, quoique le délit soit constant, puisque l'identité peut être contestée, doit revenir aux tribunaux civils.

Art. 21. Deux commissaires trouvent l'article bon ; l'autre demande pourquoi une action si dangereuse sera-t-elle seule imprescriptible, pourquoi, si elle est interdite aux héritiers de l'enfant, quand il n'a pas réclamé dans les cinq ans après sa majorité, ne lui serait-elle pas interdite à lui-même après ce laps de temps ? Il est si important qu'une action qui peut porter tant de troubles dans les familles soit exercée dans un temps rapproché, où il est plus facile de vérifier les faits, qu'elle soit dirigée pendant la vie des prétendus auteurs du délit, pour qu'ils puissent s'y défendre ! 328

Si on laisse subsister cette action, elle doit appartenir aux enfans légitimés par mariage subséquent, et non reconnus dans l'acte de célébration. On s'en réfère, à cet égard, aux observations faites sur l'art. 6 du titre V, *du mariage.*

Art. 22. Si cette action est admise, elle ne doit passer aux héritiers qu'autant qu'elle a déjà été intentée. 329

En conséquence, on demande la radiation des art. 22 et 23. 330

Substituer : « L'action ne peut être intentée par les héri-
« tiers de l'enfant qui n'a pas réclamé; ils peuvent seulement
« la suivre lorsqu'elle est commencée, et non abandonnée
« par l'enfant. »

341   Art. 26. Les réflexions qu'on a faites dans les précédens
articles sur le danger de permettre des recherches aux enfans,
ou sous leur nom, pour prouver leur légitimité ;

Les observations importantes, proposées sur l'art. 30 du
titre II, contre les inquisitions de la police pour découvrir
les auteurs de l'exposition des enfans, s'adaptent expressément aux recherches de la maternité. Toute action doit être
déniée, à moins que l'acte de naissance ne contienne expressément le nom de la mère. Cet acte de naissance doit
être exclusivement la preuve de la filiation.

Si on autorise un autre commencement de preuves par
écrit, à moins que ce ne soit une reconnaissance de la mère
elle-même, la méchanceté, la haine, la vengeance, aigui-
sent leurs poignards ; la calomnie déshonore la fille vertueuse, qui fut toujours chaste : on déchire le cœur d'une infortunée, qui, malgré une faiblesse heureusement ignorée,
conserve l'honneur, et rentre dans les sentimens de l'austère
vertu ; on porte le trouble dans le sein des familles : dans
l'une, on ravit à une femme le cœur de son mari, on l'avilit
aux yeux de ses enfans, en prouvant qu'elle fut déjà mère
avant de devenir épouse ; dans l'autre, on dévoile l'adultère,
dans une troisième, l'inceste ; et des crimes, que la loi veut
ignorer pour ne pas les punir, deviennent la matière d'une
discussion civile ; et, en serrant sans cesse une fille entre l'a-
néantissement du fruit de ses amours et la crainte de leur publicité, la loi elle-même l'entraîne à l'infanticide, si le soin
de sa réputation l'emporte d'un seul instant sur l'amour maternel.

Les recherches de la maternité naturelle peuvent avoir des
suites si funestes contre un sexe dont la pudeur est la première vertu et l'honneur le premier bien, qu'il serait peut-

être de la sagesse du législateur de rejeter la maxime proposée dans cet article, et d'admettre la maxime contraire :

« La loi n'admet point la recherche de la maternité non avouée. » Alors tout le système de la législation porterait sur ces points :

1° L'enfant avoué par la mère est son fils naturel.

2° L'enfant avoué par le père et par la mère, est le fils naturel de tous deux.

3° La reconnaissance du père seul ne produit aucun effet à son égard, ni à celui de la mère, dont il hasarde la nomination, à moins qu'elle n'ait été précédée ou qu'elle ne soit accompagnée de la reconnaissance de la mère. 336

4° Toutes recherches de paternité ou de maternité naturelle sont abolies. 340-341

Ces maximes peuvent paraître dures pour les enfans ; mais les maximes contraires présentent tant de dangers dans leurs conséquences, tant d'incertitude dans les preuves, tant d'arbitraire dans les jugemens, que, puisque le législateur est forcé de choisir entre l'honneur de la mère et l'intérêt de l'enfant, c'est sans doute l'honneur de la mère qui doit l'emporter. Le premier intérêt de l'enfant est de vivre : en prohibant ses recherches on prévient l'infanticide ; et l'intérêt d'être fils nature lest si mince (puisqu'on les exclut de la famille civile), que l'enfant de la patrie, élevé dans les hospices avec soin, et susceptible par la Constitution française d'arriver à toutes les fonctions publiques, sera peut-être plus heureux que l'enfant naturel reconnu.

D'ailleurs, il faut croire à l'amour maternel, à l'amour paternel, à ce sentiment le plus puissant peut-être qui soit dans la nature : mais il faut aussi que la reconnaissance puisse se faire dans tous les temps, à toutes les époques de la vie ; qu'il n'y en ait aucune où il soit prohibé de rendre hommage à la vérité et de suivre le vœu de la nature.

Art. 32. A-t-on entendu que la reconnaissance civile pût être faite ailleurs que par-devant un officier de l'état civil ? 334-62

Elle doit toujours être inscrite sur les registres, à la date où elle est faite, et rapportée en marge de l'extrait de naissance.

OBSERVATIONS GÉNÉRALES.

335   1° Enfant *adultérin et incestueux.*

La loi, en accordant, au titre *des successions*, des alimens aux enfans naturels, adultérins ou incestueux, ajoute à ces mots : *légalement reconnus.* Serait-il possible que la loi autorisât la déclaration publique et authentique de l'inceste et de l'adultère ?

Ce ne sont pas précisément les actions immorales qui anéantissent les mœurs lorsqu'elles deviennent ensevelies sous le voile d'un mystère impénétrable : le mystère lui-même est un hommage aux mœurs ; ce n'est pas même leur publicité ; si l'opinion publique les flétrit, si elle voue au mépris les êtres immoraux : mais, si l'opinion publique, si la loi elle-même les tolère, si elle n'en proscrit pas les fruits, l'immoralité triomphe, la vertu est dédaignée ; bientôt, par une contagion funeste, il n'y a plus de mœurs, plus de vertu : et qu'est-ce qu'une nation sans vertu et sans mœurs ?

Il est donc impossible que la loi autorise une mère, une sœur, à consigner authentiquement, dans les registres publics, leur turpitude incestueuse ; un père, un frère, à faire constater par l'officier civil qu'il est le frère de son fils, le père de son neveu ; un libertin, à publier légalement et impunément qu'il est capable d'adultère. La loi peut tolérer une faiblesse, elle ne peut pas supposer un crime ; s'il existe, elle doit le punir.

On demande qu'il soit ajouté à ce titre la disposition suivante :

« La loi prohibe la reconnaissance des enfans adultérins « et incestueux : celles qui pourraient être faites seront nul- « les, comme non avenues, et ne pourront donner aucune

« action ; elles seront biffées à la diligence du commissaire
« du Gouvernement.

« Le père ou la mère qui les auront faites seront con-
« damnés correctionnellement à six mois de détention, et à
« une amende égale à deux années de leur revenu.

« L'officier civil qui les aurait sciemment reçues sera
« destitué et condamné à six mois de détention. »

C'est un motif de plus de doter les hospices, et de les diriger sur les principes de la philantropie la plus vigilante et
la plus éclairée ; c'est un motif de plus de prohiber les recherches de la paternité et de la maternité.

2° *Adoption.* Les lois antérieures avaient établi l'adoption : l. 1ᵉʳ.
beaucoup d'enfans ont été adoptés ; cependant le Code ne tit. 8.
prononce rien sur l'adoption. Il est nécessaire qu'il statue , c. 1ᵉʳ.
et , s'il la rejète, qu'il fixe l'effet des adoptions déjà faites.

TITRE VIII.— *Puissance paternelle.*

Art. 1ᵉʳ. On propose d'ajouter après ces mots : *par ma-*   372-
riage, ceux-ci : *ou par émancipation volontaire;* de poser les   et
principes de cette émancipation , et d'en fixer le mode. Il est   l. 1ᵉʳ.
                                                                   tit. 10-
une foule de cas où il peut être utile au père d'émanciper , et   ch. 3.
à l'enfant d'être émancipé ; la loi romaine admettait cette
émancipation à tout âge.

Art. 2. Le droit donné au père peut avoir des dangers ;   375
mais les dangers de la licence des enfans sont encore plus
graves et plus multipliés , surtout tant qu'il existera des maisons de jeu , écoles de tous les vices et de tous les crimes , et
où la jeunesse se perd entièrement.

Cependant, ce droit du père et de la mère doit être modifié   377
au cas où l'enfant est mineur et non marié. Un majeur , par
conséquent citoyen , devenu chef de famille ; un mineur ,
devenu chef de famille , sont nécessairement hors de la puissance paternelle.

Il faut surtout, pour l'exécution de cet article , établir des
maisons de correction, où l'enfant reçoive des instructions

de morale et de travail : sans cela c'est une peine de détention, et non pas un moyen de correction ; et, si l'enfant
était confondu dans les prisons ordinaires avec les prison-
niers pour délit ou pour dette, il sortirait plus vicieux et
plus disposé à devenir criminel ; le remède serait souvent
plus funeste que le mal lui-même.

380   Art. 6 et 7. Les funestes effets des seconds mariages pour
les enfans d'un premier lit sont trop ordinaires pour qu'on
n'applique pas les dispositions de ces deux articles aux pères
remariés.

381   Il paraît nécessaire qu'on appelle au conseil de famille les
parens du père, si c'est la mère qui exerce le droit de détention, et les parens de la mère, si c'est le père qui se plaint ;
ces parens et amis doivent être choisis par le juge, âgés de
trente ans au moins, et pères de famille.

383   Art. 11. Si les père et mère des enfans naturels, légalement reconnus, sont mariés, ils ne peuvent user de ce droit
qu'avec l'autorisation d'un conseil de famille.

Nota. Cette réflexion ne s'applique point au cas où le père
de l'enfant naturel aurait épousé sa mère, puisqu'alors l'enfant serait légitime.

384.
387-
389   Art. 12. Il paraît essentiel de diviser cet article, et de faire
de la deuxième partie une disposition précise. « Dans tous
« les cas, l'enfant acquiert pour lui et dispose librement des
« biens qu'il peut se procurer par son industrie hors de la
« maison paternelle. »

384-
386   Art. 13. Il est inconvenant, funeste et dangereux qu'un
second mari puisse avoir l'administration et la jouissance des
biens des enfans de sa femme, destinés uniquement à leur
nourriture, à leur éducation, et dont l'excédant doit tourner
à leur avantage. Ainsi, s'il y a communauté, si même la
femme remariée ne s'est pas réservée la jouissance séparée
des biens de ses enfans, la famille assemblée doit leur donner un tuteur.

Peut-être même la loi devrait-elle, dès l'instant d'un second mariage , priver l'époux remarié de cette puissance qui lui donnerait le droit de porter les revenus de ses enfans dans une famille étrangère , et les restreindre aux sommes nécessaires pour l'entretien et l'éducation des enfans dont il disposerait sans rendre compte.

Et sans doute le législateur entend que , soit que la femme qui a convolé soit séparée de biens , soit qu'il y ait communauté , le mari est toujours responsable des capitaux. 395

Art. 17. Chaque descendant ne doit prendre dans les biens de l'enfant dissipateur que la portion que lui assignerait la loi si l'enfant dissipateur avait été propriétaire. l. 1er. fin du tit. 9

Art. 18. En cas d'extinction de la postérité , l'enfant dissipateur doit rentrer de plein droit dans la totalité des biens compris dans la disposition officieuse ; il doit être défendu aux descendans d'en aliéner aucune partie , sous quelque prétexte que ce soit..

Aucun créancier ne doit saisir , personne ne doit donner à terme à un dissipateur ; on doit surtout prohiber la saisie de ce qui est nécessaire à la subsistance de la famille.

Art. 21. En cas de retour , les créanciers doivent reprendre l'exercice de leurs droits sur la totalité des biens , soit meubles , soit immeubles.

TITRE IX. — *Minorité , tutelle.*

Art. 5. Il paraît nécessaire d'ajouter à cet article : « à l'exception , 1° des biens que les enfans acquièrent par leur industrie , hors la maison paternelle ; 2° des biens dont la jouissance a été prohibée aux père et mère. » 390-387

Art. 6. Même observation à l'égard de la prohibition. Un commissaire observe qu'il serait juste qu'après le prélèvement de ce qui peut être nécessaire pour la nourriture et l'éducation de l'enfant , si les biens sont grevés de dettes , l'excédant de leur revenu fût employé à les payer. Le père ne peut jouir que des biens de ses enfans ; et l'enfant n'a de biens que ce qui lui reste après le paiement de ses dettes. 384

395   Art. 10. L'époux qui veut se remarier doit nécessaire-- ment indiquer la personne qu'il veut épouser ; ses qualités morales doivent influer sur l'avis du conseil de famille : il pa- raît encore important que, si c'est le père qui se remarie, le conseil de famille soit composé de parens de la mère, et respectivement des parens du père, si c'est la mère qui con- voque ; qu'on n'y admette point d'homme remarié.

Nota. Voir les observations sur l'art. 31, relativement à la formation des conseils de famille.

398   Art. 16. Le choix du tuteur étant au moins aussi essentiel que la donation testamentaire, doit être astreint aux mêmes formes, et exiger 1° quatre témoins ; 2° que deux au moins signent ; 3° que, si les deux autres et le déclarant ne sa- vent ou ne peuvent signer, il en soit fait mention ; 4° qu'elle ne puisse être révoquée que dans les mêmes formes.

402   Art. 20. Ajouter à cet article que, si l'ascendant préféra- ble, d'après les dispositions précédentes, est remarié, le conseil de tutelle pourra lui préférer un des autres ascendans non remarié, de quelque sexe qu'il soit.

406   Art. 23. Étendre cette disposition à tous les parens qui ré- sident dans la même commune, si elle est divisée en plu- sieurs arrondissemens.

406   Art. 26. En ce cas, le juge-de-paix doit convoquer le conseil de famille.

411   Art. 27. Il faut cinq jours au moins, sans compter le temps nécessaire pour le voyage.

S'il existe dans le territoire continental de la République des ascendans, des pères, des oncles, des neveux ou des cou- sins germains, des parens, en un mot, en faveur desquels la loi prononce l'indisponibilité de la succession, le juge-de- paix doit toujours les faire appeler : il n'a point droit de ju- ger, avant l'assemblée, s'ils sont propres ou non à remplir les fonctions de tuteur.

416   Art. 30. Peut-être suffirait-il que le juge-de-paix fût présent et pût insérer, dans le procès-verbal, toutes les

observations qui lui paraissent utiles au bien du mineur.

Cette voix délibérative et même prépondérante établit un droit nouveau dont on voit moins les avantages que les inconvéniens.

Art. 31. Quand on a vu la manière scandaleuse dont se composent trop souvent les conseils de famille en n'appelant que des affidés ou des complaisans, disposés à sanctionner tout ce que le convoquant propose, et excluant ceux dont on craint le zèle, les lumières, et quelquefois la probité, en ramassant dans les rues les premiers qu'on trouve pour les compléter; quand on les a vus souvent devenir, par un coupable abus, un moyen légal d'éluder la loi, et de ruiner ceux qu'elle doit défendre, on est convaincu qu'il est essentiel de les régulariser et d'en fixer légalement la composition.

La tutelle est l'une des obligations essentielles qui dérivent du contrat social, puisque tous les citoyens sont obligés de garantir la sûreté, les droits et la propriété de chacun : ils sont surtout tenus de défendre celui que la faiblesse de son âge et de son esprit expose sans défense à toutes les atteintes qu'on veut lui porter. Mais, comme la société générale se forme d'une infinité d'associations particulières qui naissent des liens du sang, des rapports de l'amitié, des relations du voisinage, ce sont les parens, les amis, les voisins, qui sont les premiers tenus de satisfaire à cette obligation générale ; mais, parmi ceux qui peuvent avoir avec l'incapable les relations de l'amitié, du voisinage, la loi doit préférer ceux qui ont reçu des preuves de la confiance publique. Quant au nombre, on observe, 1° qu'ils devraient être en nombre impair pour atténuer la prépondérance du juge-de-paix ; 2° que le nombre de six paraît petit : l'usage du département du Rhône exigeait douze délibérans.

On propose la disposition suivante : « Le conseil de famille « est présidé par le juge-de-paix du domicile du mineur ou « de l'incapable. Il est composé :

1° « De ses ascendans, que la section III appelle à la tutelle légitime ;

2° « De ses frères, oncles, neveux, cousins germains et
« alliés au même degré ;

3° « Du tuteur nommé conformément à la section II. »

Tous les parens dénommés dans les 1er et 2e alinéas sont
tenus, sous peine de responsabilité, d'assister au conseil de
famille en personne ou par un fondé de leur pouvoir rédigé
en acte authentique, dont il reste minute, et dont l'expédition reste annexée à la délibération du conseil de famille.

« A défaut ou en remplacement des parens indiqués dans
« les 1er et 2e alinéas, on appelle, soit des parens d'un degré
« plus éloigné, soit les amis ou voisins que le juge-de-paix
« désigne ;

« Il ne peut les choisir que parmi les citoyens inscrits sur
« la liste des notables communaux, ou qui ont rempli des
« fonctions publiques, ou qui ont les qualités requises pour
« être jurés ;

« S'il y a discordance dans les avis, le juge-de-paix in-
« sère dans le procès-verbal chaque opinion, ses motifs, et
« le nom de ceux qui l'ont émise. »

409   Art. 33. Le juge-de-paix doit nécessairement ordonner
que les ascendans, ou oncles ou frères, et même les cousins
germains, soient cités.

445   Art. 34. Il peut y avoir des exclusions relatives à des con-
trariétés d'intérêts, à la proximité de parenté, etc., qui ne
compromettent ni l'honneur ni la capacité de celui qui est
exclu. Il paraît donc que le mot *exclu* devrait être remplacé
par le mot *destitué*. Si la destitution était ignorée, opérerait-
elle la nullité ?

417   Art. 37. Les administrateurs particuliers, s'ils ne sont pas
au nombre de ceux qui sont nécessairement appelés à la tutelle et à la nomination du tuteur, suivant les 1er et 2e alinéas
de l'art. 31, ne peuvent-ils pas être salariés comme aujourd'-
hui les tuteurs à gage? Il est essentiel de le décider; et cela

paraît juste et même nécessaire, lorsqu'il s'agit de gestions considérables et difficiles. La loi peut et doit forcer d'être tuteur ; mais elle ne peut ni ne doit contraindre à abandonner le soin de ses propres affaires, à régir celles pour lesquelles on n'a pas assez de capacité.

Art. 38 et 39. Dans le cas où il y a des biens en France et dans les colonies, ne devrait-on pas ordonner que l'administration de la personne appartiendra au tuteur choisi au lieu du domicile ; que, s'il est en France, il y aura des administrateurs dans chaque colonie ; que, si le domicile est dans les colonies, le tuteur sera dans les colonies et l'administration en France ; qu'ils seront choisis dans le lieu où il se trouve des parens du degré fixé dans les articles précédens ; et, s'il n'y a point de parens, dans le lieu où le colon défunt faisait ses retours ? 417

Art. 40. Les administrateurs à gage, s'ils sont admis par la loi, ne doivent-ils pas être subordonnés aux tuteurs ? 417

Les tuteurs et administrateurs particuliers ne doivent-ils pas être assujétis, pour l'emploi des fonds, à se conformer aux décisions du conseil de famille du domicile du mineur, qui doit être réputé le principal siége de la fortune, et, à cet effet, à envoyer chaque année leur compte au tuteur ?

Art. 44. La notification de la nomination de la tutelle doit être assujétie au *visa* du juge-de-paix ou de l'officier municipal. ap-
418

Art. 45. La succession du tuteur doit être responsable de la reddition des comptes et du reliquat. 419

Art. 46. Les juges des tribunaux civils et criminels, qui ont chaque jour des fonctions publiques à remplir, qui, même hors de leurs fonctions, doivent leur temps, chez eux, à l'étude des affaires, à la confection des rapports dont ils sont chargés, à qui la loi prohibe de s'éloigner sans congé du lieu où siège le tribunal, paraissent devoir être dispensés de droit des tutelles. Cette exemption est évidemment aussi nécessaire que celle du conseil des prises, tri- 427 bunal momentané, qui n'existe qu'avec la guerre maritime.

431   Art. 47. La dispense de la tutelle cesse certainement pour l'avenir ; mais elle doit subsister pour les tutelles déjà déférées.

439   Art. 53. On doit exiger pour la nouvelle assemblée, dans laquelle le tuteur nommé proposera ses excuses, la convocation de ceux qui composaient le conseil de famille qui l'a choisi.

444   Art. 55. Il paraît que tous ceux dont cet article prohibe la nomination à la tutelle devraient aussi être exclus du conseil de famille.

448   Art. 61. Le tribunal ne doit-il pas ordonner aussi la convocation d'un nouveau conseil de famille, désigner ceux qui y seront appelés, et le juge-de-paix le plus voisin devant lequel il sera convoqué?

450   Art. 65. La prohibition au tuteur de prendre à ferme les biens du mineur doit être absolue, sans que le conseil de famille puisse y déroger.

453   Art. 71. S'il y a des dettes, le père et la mère doivent être astreints à vendre, et à employer le produit à leur paiement.

454   Art. 72. Il faut que la nécessité de disposer du mobilier du mineur et l'emploi soient parfaitement prouvés, et qu'à défaut, le conseil de famille et le tuteur en soient responsables.

455   Art. 78. On ne peut permettre d'autre emploi que par privilége ou hypothèque : on doit préférer les acquisitions d'immeubles ; c'est le droit actuel, et il est bon.

457   Art. 82. 1° Puisque des réparations ruinent quelquefois les majeurs, elles ruineront certainement des mineurs, si on ne prend pas des précautions pour les restreindre à ce qui est indispensable, en faire fixer le coût au juste prix, et surveiller l'exécution.

2° Un enfant qui n'a rien se procure une profession en travaillant pour le maître qui la lui apprend ; il n'est donc pas nécessaire d'aliéner les biens du mineur pour lui en donner une ; et, quant à l'établissement, il vaut mieux attendre la majorité que d'aliéner : pour peu qu'on ait vécu, on a vu tant de mineurs ruinés sur des prétextes même spécieux, que la loi, loin d'en fournir les occasions et les moyens, doit s'efforcer de les prévenir.

Art. 84. Si on rejète, comme on a lieu de l'espérer, les saisies réelles, la forme de la vente par expropriation forcée est préférable à toute autre pour l'aliénation des immeubles du mineur. 459

Si, cependant, on veut adopter pour cette expropriation une forme particulière, on ne peut pas admettre l'adjudication chez un notaire, où celui qui poursuit la vente aurait trop d'influence, où il est trop facile de supposer des formes sans les avoir remplies. Il faut nécessairement qu'elle soit faite à l'audience publique du tribunal civil les jours indiqués pour les ventes, et précédée d'affiches et de publication.

Art. 85. Les intérêts doivent toujours être au taux fixé par la loi. 457 40

Art. 88. Si on n'admet pas les propositions faites d'assujétir les pères et mères à employer, soit le mobilier, soit l'excédant du revenu de leurs enfans au paiement des dettes dont il sont grevés, du moins leur jouissance devra-t-elle cesser dès l'instant où les créanciers auront formé demande. l. 1er- t. 10- ch. 2- fin de sec. 8

Art. 92. La responsabilité des parens, l'intérêt des mineurs, exigent que cet article soit supprimé, et remplacé par une disposition contraire : « Le conseil de famille ne « peut, en aucun cas, et sous aucun prétexte, dispenser « le tuteur de la reddition du compte annuel. » 470

Si les biens sont de peu d'importance, le compte sera plus facile ; si la tutelle est chargée et difficile, le compte est plus nécessaire. Si l'on craint les frais, il faut le simplifier, le permettre même sur papier simple. Il est très-

important d'ajouter à l'obligation du compte annuel , celle
d'en déposer un double au greffe de la justice de paix qui
a déféré la tutelle , pour qu'on puisse y recourir dans tous
les cas.

455　　Art. 94. Le tuteur doit être tenu d'employer dès qu'il y a
mille livres.

471　　Art. 96. Les pièces, sans être authentiques, doivent nécessairement être probantes.

474　　Art. 99. A l'égard des intérêts , l'équité exige la réciprocité entre le mineur et le tuteur. Si l'intérêt du mineur
exige des avances , il ne faut pas que le tuteur en perde
l'intérêt.

471-
473　　Art. 100. Les comptes annuels doivent être annexés au
compte général.

Des appels qui peuvent être aussi importans devraient
être jugés par cinq juges, en appelant deux suppléans, jusqu'à ce que le Gouvernement puisse augmenter le nombre
des juges des tribunaux de première instance.

472　　Art. 101. Il faut qu'une expédition du compte soit annexée
au traité.

t. 1er-
t. 10-
ch. 2-
fin de
sec. 4　　Art. 102. Ceux qui ont dû concourir aux délibérations,
comme ayant été dûment appelés, doivent, sans contredit,
être responsables; mais ceux qui , ayant concouru, ont proposé un autre tuteur que celui qui a été nommé, un autre
avis que celui qui a entraîné une perte pour le mineur, peuvent-ils être responsables de ce qui a été fait contre leur
gré? et le juge-de-paix qui , par sa voix délibérative ou prépondérante, aurait fixé le choix du mauvais tuteur, ou du
mauvais parti, peut-il être dispensé d'en répondre?

La responsabilité de l'insolvabilité du tuteur survenue depuis la dation de tutelle ne doit-elle pas être restreinte à
trois cas? 1° si, d s l'instant de l'insolvabilité survenue, ils
n'ont pas fait nommer un autre tuteur ; 2° s'ils ne lui ont pas
fait rendre le compte annuel ; 3° s'ils n'ont pas veillé au
placement des deniers.

Art. 105. On ne saurait trop dire que la maison de cor- 468
rection doit être une maison d'éducation.

Art. 107 et 108. Un long bail est une aliénation ; et avec 481
quelques pièces d'or, quelques augmentations sur un prix
déjà vil, il serait trop facile de dépouiller le mineur émancipé
d'une partie de ses revenus. Le mineur ne peut donc pas être
autorisé à passer des baux pour plus de six années.

La loi ne peut l'autoriser à recevoir des capitaux ni à em- 482
prunter ; c'est assez qu'elle lui confie, trois ans avant sa ma- 483
jorité, l'administration de ses revenus pour le préparer à
l'administration de ses capitaux.

On propose de supprimer la fin de l'art. 107, 108, 109, ibid.
et d'y substituer :

« Le mineur ne peut point s'engager valablement par
« promesses ou obligations, ni donner décharge d'un capital
« mobilier, sans l'autorisation expresse du conseil de fa-
« mille, qui doit, s'il l'accorde, veiller à l'emploi des
« deniers.

« Toutes les quittances de capitaux dont il donne dé- 484
« charge, tous les emprunts qu'il fait sans cette autorisation, 2°
« sont nuls, à défaut, par ceux qui ont prêté ou payé, de
« prouver que l'argent qu'ils lui ont confié a tourné à son
« profit ; s'ils ne prouvent l'emploi utile que d'une partie,
« ils n'auront d'action qu'à concurrence de ce qu'ils auront
« prouvé. »

Art. 110. Si les donations entre vifs sont permises par 484
contrat de mariage, celles du mineur doivent être subor- 1°
données à l'autorisation du conseil de famille.

Art. 111. Pour exercer un art et un métier, il ne faut que 487
des bras, et le mineur n'a pas besoin d'être réputé majeur.

Quant au commerce, l'expérience a prouvé que, pour le
faire avantageusement, il faut des lumières et de l'expérience ; que l'ardeur, la confiance, l'imprévoyance des jeunes gens, leur font souvent faire des opérations commerciales
funestes pour eux-mêmes, pour les autres, et pour le com-

merce en général : il n'y a d'ailleurs pas trop de trois ans
pour que le mineur apprenne à se défier de la ruse et de la
mauvaise foi à laquelle la jeunesse a le bonheur de ne pas
croire. Ainsi, la majorité étant fixée à vingt-un ans, on demande la suppression de l'article.

l. 1ᵉʳ-
t. 10-
fin du
ch. 3.

Art. 112. Pourquoi jusqu'à vingt-cinq ans, puisque
l'homme est majeur à vingt-un ?

Art. 113. Le compte de tutelle doit être annexé à la
délibération.

Art. 114. Qui peut demander cette nullité ? ce droit sera-
t-il accordé à d'autres qu'au pupille, à ses parens, et auxquels? sera-t-il accordé aux subrogés tuteurs ?

Cette nullité sera-t-elle couverte par un laps de temps ,
par la conception d'un enfant depuis le mariage?

Si elle n'est pas couverte par la conception ou la naissance
de l'enfant, le mariage ne devrait-il pas au moins produire
à son égard les effets du mariage de bonne foi?

La solution de ces questions est nécessaire, si le principe
est admis?

Mais il est une opinion directement contraire aux principes tendant, 1° à ce que les mariages indiqués dans l'article 112 soient absolument prohibés jusqu'à l'âge de vingt-
cinq ans ;

2° Que, si ce mariage est contracté auparavant, l'un et
l'autre époux puissent demander la nullité pendant cinq ans ,
que les enfans n'aient pas même les droits des enfans
naturels.

TITRE X. — *De la majorité et de l'interdiction.*

496　Art. 12. On exigea toujours, avant l'audition des témoins,
l'examen de l'état physique et moral du malade par des
officiers de santé, qui en font au tribunal un rapport écrit
et affirmé.

Si l'état de démence ou de fureur est tel qu'il exige des
remèdes et la séquestration du malade , il est impossible qu'il

vienne à l'audience, et qu'il soit présent à l'audition des témoins.

L'usage actuel est que le tribunal commette un de ses
membres et nomme d'office deux officiers de santé pour examiner l'état physique et moral du malade. Les officiers de
santé, après avoir prêté leur affirmation, dressent leur rapport ; le juge interroge, et fait dresser par le greffier procès-verbal des réponses.

Le prévenu de démence ne paraît et ne peut paraître à
l'audience que lorsque la démence est incurable et sans fureur : qu'il y paraisse ou qu'il n'y paraisse pas, on ne voit
point de motifs pour autoriser l'instruction à huis clos ; elle
aurait beaucoup de dangers dans cette espèce si l'intrigue ou
l'avidité voulait surprendre une interdiction injuste.

Dans l'ancienne jurisprudence même ces causes-là se
plaidaient en public.

Le commissaire qui a donné son opinion contre les jugemens à huis clos au titre *du Divorce* y persiste dans les cas
d'interdiction.

LIVRE II. — *Des biens, et des différentes modifications de la propriété.*

TITRE Ier. — CHAP. Ier. — *Des immeubles.*

Les ponts et les canaux navigables, autrefois construits
aux frais du Gouvernement, étaient des propriétés nationales. Dans le dernier siècle, le canal de Languedoc fut établi
aux frais d'un particulier ; depuis, ces entreprises se sont
multipliées ; le Gouvernement désire de les multiplier encore : déjà elles composent une partie considérable des fortunes ; et, cependant, aucune loi précise ne classe, ne règle
ce genre de propriété. Peut-être n'est-il pas impossible de
décider les questions qu'il fait naître par les lois existantes ;
mais ces applications d'un cas à un autre entraînent toujours
des doutes, une variété, un arbitraire dans les jugemens,

infiniment nuisibles aux citoyens. Il est donc essentiel de fixer dans le Code civil, 1° si les ponts et canaux navigables, concédés à des particuliers ou à des compagnies, soit à perpétuité, soit à temps, et les mines concédées de même à d'autres qu'au propriétaire du fonds, sont meubles ou immeubles;   .

Les constructions des ponts, des canaux navigables, et des exploitations des mines, étant inhérentes au sol, doivent être réputées immeubles, soit que les concessions soient perpétuelles ou temporaires, puisque l'usufruit des choses immobilières est réputé immeuble;

529   2° Si, lorsque les associations pour ces entreprises ónt été formées par actions, ces actions sont mobilières ou immobilières;

Les actions formées pour ces entreprises, n'étant qu'une mise de fonds avec espoir dans les profits et risques de la perte, doivent être classées parmi les biens mobiliers, comme les avances, les produits des canaux et des ponts : le minérai, dès qu'il est séparé de la mine, doit, comme les fruits, être réputé meuble;

3° Par quel principe doivent se régler les droits des associés et des créanciers de ces entreprises.

L'administration, la dissolution, la liquidation de ces associations, doivent se régler suivant les principes des sociétés. On y reviendra dans les observations sur ce titre.

518   Art. 4. On propose d'ajouter après le mot *bâtiment : les ponts, les canaux navigables concédés à perpétuité.*

524   Art. 5. Ces objets, malgré leur destination, ne sont pas immeubles, ni toujours réputés immeubles, puisque le propriétaire peut les séparer de l'immeuble à volonté, les vendre, les échanger, les louer, sans que les créanciers hypothécaires ou même privilégiés sur l'immeuble puissent s'y opposer ni les suivre.

Il faut donc les réputer immeubles, à cause de leur destination, seulement pendant qu'ils y sont inhérens, et limitativement dans le cas d'expropriation forcée , de vente et échange , usufruit , donation entre vifs ou testamentaire , de baux à ferme ou à portion de fruits , à moins qu'il n'en ait été fait une réserve expresse.

On propose , 1° de restreindre la disposition de cet article au cas précité ;

2° D'ajouter à la nomenclature des choses mobilières ré- 525 putées immeubles dans ces cas :

« Les lambris , boiseries, peintures , glaces , trumeaux , « tableaux, lorsqu'ils ne peuvent être détachés sans être « fracturés ni détériorés , ou sans briser et détériorer la par- « tie du bâtiment à laquelle ils sont incorporés ;

« Les tuyaux destinés à la conduite des eaux, tant qu'ils 523- « sont incorporés et employés à cet usage ; les statues en ni- 525 « che ou sur piédestal ;

« Les semences données en charge aux fermiers et aux co- 524 « lons partiaires par leurs baux ;

« Les animaux qui leur ont été livrés pour la culture ;

« Les outils aratoires ;

« Les ruches d'abeilles ;

3° Pour lever tous les doutes à raison de l'exercice des priviléges et hypothèques , de porter cet article dans le cha- pitre II.

Art. 6. On a peine à concevoir comment l'on pourrait 526 réputer immeubles les actions qui tendent à revendiquer un immeuble. Elles ne sont point un immeuble , mais un espoir incertain, un droit litigieux à sa propriété. Ces actions ne sont point susceptibles d'hypothèques ; le propriétaire d'une telle action peut l'anéantir par un simple désistement, la céder , la transporter à son gré comme une simple créance , comme une rente constituée ou viagère , sans aucune autre formalité, sans aucun droit de suite par ses créanciers.

On pense donc que cet article ne peut être relatif qu'à la communauté, pour l'excepter du mobilier, qui y entre de droit.

En ce cas, il faudrait retrancher *les actions* de cet article, et les porter au chap. II, et à l'art. 15, en laissant subsister l'exception ordonnée au titre *de la communauté*.

D'un autre côté, il serait important d'ajouter à cet art. 6 *les ponts, canaux navigables et mines concédés pour un temps déterminé*.

519   Art. 7. Réduire cet article à ces mots: *Les moulins à vent et à eau, fixés sur piliers et faisant partie de la maison sont immeubles*.

531   Ajouter la deuxième disposition à l'article 16 du chapitre II.

522   Art. 10. Le mot *métayer* désigne ici le cultivateur à moitié fruit, qu'on appelle *granger* dans les départemens du ressort de Lyon, *bordier* ailleurs; et le Code, dans la suite, substitue au mot *métayer* celui de *colon partiaire*. Il est à désirer que, dans la totalité du Code, le même mot exprime toujours la même chose. Dans la suite de ces observations, on emploiera le mot de *colon partiaire*, qui se trouve dans le titre du *bail à cheptel* et autres titres relatifs à l'exploitation des fonds ruraux.

On observe encore que ce fermier étant astreint, dans le titre *du cheptel*, à rendre les animaux en même nombre et qualité, sauf à recevoir ou à payer la plus ou moins-value, les animaux livrés au fermier avec estimation doivent être réputés immeubles dans les cas détaillés à l'art. 5: c'est le motif qui a décidé à les y ajouter.

Quant aux animaux donnés à cheptel à d'autres que le fermier ou granger, ils doivent être portés après l'article 17 du chap. II.

525   Art. 11. Cet article et le précédent doivent être portés au chap. II, suivant les observations sur l'article 5.

Les statues dans les niches, et, par conséquent, les statues sur piédestaux dans les jardins et bosquets, qui souvent valent plus que l'immeuble et n'y sont point incorporées, que le propriétaire peut enlever sans briser ni détériorer, ne peuvent, en aucun cas, être réputés immeubles, et sont né-cessairement dans la classe des meubles précieux.

Les tuyaux, que le propriétaire peut enlever à son gré, 523 qu'il enlève nécessairement s'il perd les eaux, doivent être compris dans la nomenclature de l'article 5.

Art. 15. Ajouter : *les actions qui tendent à revendiquer un* 529- *immeuble, les actions dans les entreprises des ponts, canaux na-* 526 *vigables et exploitations de mines.*

Art. 16. Après *moulins à eau sur bateau et autres usines,* 531 ajoutez : *non fixés par des piliers, et ne faisant point partie de la maison, les moulins à bras.*

Après l'article 17, ajouter : *le minérai extrait des mines, les* 532 *pierres et autres substances terrestres extraites des carrières, tou-tes les productions de la terre, lorsqu'elles sont détachées, les animaux donnés à cheptel et à d'autres que les fermiers.*

Ajouter encore : *tous les objets énoncés ou ajoutés à l'ar-ticle 5, avec l'exception des cas d'expropriation, vente, etc. qui y sont détaillés.*

Art. 19. Ajouter : *les rentes et actions, bijoux, cabinets de* 533 *tableaux, de physique, de chimie, d'histoire naturelle, les biblio-thèques, les collections de gravures et de médailles, les statues ou autres morceaux de soulpture.*

Ces objets sont trop importans pour être compris dans l'expression vague de *meubles*, et trop multipliés pour ne pas exiger un article dans la loi.

Art. 22. Ajouter à l'exception tous les articles compris 536 dans l'article 19.

Art. 23. Dans tout Etat où la justice est la base des lois, 537 dans un Etat surtout qui se régénère, c'est-à-dire, qui, re-jetant les lois fondées sur le droit du plus fort, veut revenir aux seuls principes du droit primitif, aux principes de la raison naturelle, fondés sur l'égalité des droits et sur la ré-ciprocité, la nation, les établissemens publics, les com-munes, ne peuvent point avoir de priviléges ni de droits particuliers.

Leurs biens sont soumis aux mêmes lois que ceux de tous les autres citoyens; leurs procès doivent être jugés par les mêmes tribunaux, avec les mêmes formalités, et par les mêmes principes.

C'est seulement pour l'aliénation et l'administration de ces biens que la loi peut, sans blesser l'égalité des droits, établir des formes purement tutélaires et préservatrices de la déprédation et de la négligence des administrateurs; mais ces formes, purement régulatrices de l'administration, ne peuvent être dirigées que contre l'administrateur, et jamais contre le citoyen qui contracte et doit pouvoir contracter de bonne foi, avec autant de sécurité, lorsqu'il traite avec la nation, que s'il traitait avec tout autre particulier.

Elles doivent être à peu près les mêmes que celles adoptées par la loi pour l'administration et la vente des biens des mineurs; adjudication des baux, adjudication des propriétés aux enchères, c'est à quoi cela se réduit.

Mais, ces formes, quelles qu'elles soient, sont une partie intégrante et nécessaire du droit civil, puisqu'elles font partie des contrats civils des citoyens.

Quant aux acquisitions, on ne doit pas perdre de vue les dangers et les abus de la main-morte. Il est malheureusement nécessaire que les établissemens publics puissent acquérir, puisqu'on a perdu l'occasion de doter ceux qui existent, puisque même quelques-uns ont perdu une partie de leur dotation, puisqu'il est essentiel d'en établir de nouveaux; mais les dotations et les fondations doivent avoir des bornes.

La nation et les communautés ne doivent acquérir que ce qui leur est absolument nécessaire, que des objets tels que ceux qui sont rappelés dans les articles suivants, et tous les biens d'un autre genre que la nation possède : ces objets même, lorsqu'ils cessent d'être utiles à leur destination, doivent être vendus et remis dans le commerce.

Tous les biens appartenant à la nation, aux communes,

aux établissemens publics, coûtent beaucoup d'entretien, rendent peu, sont, en général, plus mal cultivés, plus mal régis, privent la nation des profits qu'elle en retirerait par l'impôt, par leur circulation dans le commerce, et les citoyens qui pourraient les acquérir, d'une propriété.

Le mode d'acquérir doit être le même pour la nation, les communes et les établissemens publics, que pour les autres citoyens; et lorsqu'un citoyen est forcé de céder sa propriété pour l'utilité publique, les formes coactives de cette vente doivent être réglées avec une telle équité, que le citoyen ne puisse jamais être lésé.

On demande donc qu'au lieu de ce qui se trouve dans cet article, on y pose les maximes :

1º « Que les biens de la nation, des communes et des éta-
« blissemens publics, sont régis par les mêmes lois et les
« mêmes formes que ceux des citoyens; »

2º « Que la nation et les communes ne peuvent acquérir
« que ce qui leur est absolument nécessaire, et doivent ven-
« dre tout ce qui ne l'est pas; »

3º On demande enfin « que les formes pour l'administra-
« tion et l'aliénation de ces biens, et pour l'acquisition des
« objets nécessaires à la nation, soient fixés par le Code. »

Art. 24. En voyant cet article établir en principe que la nation a droit de rentrer dans des biens et droits, on se rappelle avec amertume les inquiétudes et les dépenses, les maux et les pertes, la ruine même, qu'ont éprouvés, dans d'autres temps, une foule de citoyens, par les recherches des biens domaniaux, îles, îlots, etc.

ap-
537

On se demande quel droit la nation veut rétablir ou reprendre, dans quels biens elle peut avoir le droit et l'intention de rentrer. Sans approfondir cette question, dont la seule énonciation fait sentir toute l'étendue et toute l'importance, on se contentera d'observer que le plus grand intérêt, le premier devoir du Gouvernement est d'assurer la stabilité des propriétés des citoyens; que leur instabilité est mille fois

plus funeste , ôte au Gouvernement mille fois plus de pro
duits réels qu'il ne pourrait en tirer de quelques propriétés
qu'il remettrait dans ses mains ; qu'ainsi il lui est utile, il est
surtout d'une nécessité indispensable de supprimer la fin de
cet article , et d'y substituer une disposition qui assure « que
« la nation ne rentre jamais dans les propriétés qu'elle a alié-
« nées avec les formes voulues par la loi. »

539   Art. 26. On a déjà prouvé , sur l'article 35 du titre Ier du
livre Ier, que la nation ne peut jamais confisquer ; et sur l'article 24 de ce titre , qu'elle ne doit jamais posséder que les
objets compris dans l'article 25.

Les mêmes raisons militent pour qu'elle ne puisse jamais
hériter ; et c'est encore une maxime essentielle à consacrer
dans le Code.

Mais, dira-t-on , à qui appartiendront donc les biens désignés dans l'article 26 ?

1° Il n'est point de biens vacans ; tous sont cultivés ou
possédés par quelqu'un , soit qu'il en soit le maître , soit qu'il
s'en soit mis en possession ; et comme la propriété est le prix
du travail, comme la possession est un titre valable, tant
qu'aucun propriétaire ne réclame, ils appartiennent à celui
qui les possède , les soigne , les cultive ; la nation n'a aucun
droit de l'y troubler ; et si l'on a entendu parler des marais,
pâtis, landes, et autres terrains absolument incultes, qui
n'ont point de propriétaire connu, ce sont des biens communaux, ce fut l'usage de tous les temps ; il avait été adopté par
le Code *Cambacérès*.

2° Quant aux biens de ceux qui décèdent sans héritiers, il
faut d'abord appeler aux successions tous ceux qui peuvent y
avoir quelque droit ; et, s'il n'en existe aucun, c'est aux
hospices des enfans trouvés qu'ils doivent être dévolus, jusqu'à ce que les héritiers se présentent. C'est un moyen de
pourvoir à leur dotation et de les mettre à même de supporter les charges que la législation doit leur imposer. On dé-
taillera cette proposition au titre *des successions.*

3o Quant aux successions abandonnées, elles appartiennent aux créanciers, et doivent être administrées par un curateur à la succession vacante, dont ils préféreront toujours l'administration à celle de la régie nationale ; et, s'il restait encore quelque chose d'une succession abandonnée, l'hospice des enfans trouvés en serait le dépositaire?

Art. 3o. Après ces mots : *simple jouissance*, ajouter : *ou des droits d'usage*. 543

TITRE II. — *De la pleine propriété.*

Art. 1er et 2. La loi du 28 septembre 1791 porte, art. 1er : 544-545
« Le territoire de la France, dans toute son étendue, est
« libre comme les personnes qui l'habitent : ainsi toute pro-
« priété territoriale ne peut être sujète envers les particuliers
« qu'aux redevances et aux charges dont la convention n'est
« pas défendue par la loi ; et, envers la nation, qu'aux con-
« tributions publiques établies par le Corps législatif, et aux
« sacrifices que peut exiger le bien général, sous la condi-
« tion d'une juste et préalable indemnité.

Art. 2. « Les propriétaires sont libres de varier à leur gré
« leur culture et l'exploitation de leurs terres, de conserver
« à leur gré leur récolte, et de disposer de toutes les pro-
« ductions de leurs propriétés, dans l'intérieur et au-dehors,
« sans préjudicier aux droits d'autrui, et en se conformant
« aux lois. »

Ces deux articles exprimaient formellement le vœu unanime de la nation française pour la plénitude de la propriété ; et il fut émis sans contradiction, sans réclamation, dans le temps le plus tranquille de la révolution.

Il s'agit d'examiner si le projet de Code contient les mêmes dispositions dans les articles 1 et 2 destinés à remplacer ceux de 1791 ; et cet examen est important, parce que le maintien de la plénitude de la propriété doit être le guide et la base fondamentale des lois.

Art 1er. 1o Il ne dit pas un mot de la liberté du territoire. 544

2º On ne trouve , ni dans ce chapitre , ni dans aucune autre partie du Code , aucune des dispositions qui dérivent de
la liberté du territoire , et notamment celle qui veut que les
propriétés territoriales ne puissent être sujètes envers les
particuliers qu'aux charges et redevances dont la convention
n'est pas défendue par la loi.

3º Quant aux expressions du projet de Code , on remarque
que la *propriété* ne donne pas , mais *est le droit de jouir et de
disposer de sa chose.*

4º Cet article n'annonce point , comme l'art. 2 de 1791 ,
la liberté qu'ont les propriétaires de varier à leur gré la culture et l'exploitation de leur fonds , de conserver à leur gré
leur récolte , de disposer de leur propriété dans l'intérieur et
au-dehors. Il est difficile de trouver tous ces droits assez clairement énoncés dans ces mots : *jouir et disposer de sa chose,*
surtout lorsqu'on lit à la suite ceux-ci : *pourvu qu'on n'en fasse
pas un usage prohibé par les lois et les réglemens.*

Les lois et les réglemens pourront-ils prohiber une culture , en ordonner une autre? pourront-ils prohiber la libre
disposition , la libre circulation des denrées, leur vente au-
dessous du prix fixé? Quand on a vu toutes les absurdités de
l'epoque du *maximum* , quand on voit tous les projets de ces
agriculteurs de cabinet qui ne veulent pas comprendre que
laisser faire et *laisser passer* sont les meilleurs réglemens qu'on
puisse faire en matière d'agriculture et de commerce , on est
effrayé de ces prohibitions réglementaires annoncées par le
Code. On réclame les deux dispositions de la loi de 1791 ,
que le propriétaire n'est tenu envers les particuliers qu'à ne
pas préjudicier aux droits d'autrui , et , envers la nation,
qu'aux contributions. Les réglemens même sur l'administration et la coupe des bois ne conviennent qu'aux forêts nationales ou communales. Le propriétaire se dégoûte d'une propriété assujétie à des inspections , à des formes, à des réglemens : il s'efforce de l'anéantir pour y substituer une culture
dont il dispose librement. Si on recherchait les causes de la

destruction des forêts en France, on les trouverait peut-être dans le Code des eaux et forêts.

Art. 2. 5° La loi de 1791 et l'art. 2 du projet de Code pro- 545 noncent également les sacrifices que peut exiger le bien général : mais le projet promet l'*indemnité* ; la loi de 1791 assure l'*indemnité préalable*. Il est d'une exacte équité que celui qu'on force à un sacrifice soit indemnisé avant d'être dépouillé ; et il est absolument nécessaire que cela soit ordonné par une loi, pour prévenir les exactions, les violences et les retards des agens du fisc.

Art. 7. Il serait important d'ajouter *qu'il cesse d'être de* 550 *bonne foi dès que l'erreur ou le vice lui sont connus.*

La bonne et la mauvaise foi seraient définies.

Art. 9. 1° Il est nécessaire d'exprimer ici ce qu'on entend 552 par *mines :* le sens de ce mot doit être restreint aux métaux, et ne comprend pas les pierres à bâtir, la chaux, les carrières, même des marbres, la craie, le gypse ou plâtre, la marne, le sable, la tourbe, les charbons fossiles et autres matières semblables.

2° Même en ce qui concerne les mines de métaux, il est important 1° de consacrer le principe que le propriétaire a le droit de les exploiter, et qu'il est toujours préféré pour l'exploitation à celui qui, à défaut par lui d'exploiter, en demande la concession jusqu'à ce qu'il l'ait obtenue ; 2° de fixer, d'après une évaluation proportionnelle de la propriété stérile tant qu'on n'exploite pas, des dépenses qu'il en coûte pour exploiter, et du risque que court l'exploitant, le genre et la quotité d'indemnité qui doit être payée au propriétaire par le concessionnaire.

On ne peut laisser aux réglemens que ce qui est relatif au mode de l'exploitation.

3° Il est encore important de statuer sur ce qu'on appelle un *trésor*, c'est-à-dire, un ancien dépôt d'argent ou d'autres choses précieuses mises dans un lieu caché, que quelque événement ou quelque fouille fait découvrir sans qu'on puisse

IV. 7

savoir quel en est le maître. Cet article statuant que la propriété territoriale s'étend depuis le sol jusqu'aux entrailles de la terre, et embrasse par conséquent tout ce qui s'y trouve renfermé, accorde implicitement le trésor au propriétaire du sol par droit d'accession et d'incorporation : mais il est nécessaire que le principe soit clairement décidé, parce qu'autrefois le fisc s'en était arrogé un tiers par le droit du plus fort. Depuis la révolution cet usage est aboli. Le Code *Cambacérès*, duquel plusieurs de ces observations ont été et seront encore tirées, Code clair, précis, méthodique, et le premier en France qui ait embrassé l'universalité du droit civil, contient sur ces trésors les dispositions suivantes :

« Celui qui trouve un trésor dans son propre fonds en ac-
« quiert la propriété.

« Il n'est permis à qui que ce soit de faire des recherches
« dans le fonds d'autrui sous prétexte d'y chercher un trésor.

« Un trésor trouvé dans le fonds d'autrui se partage entre
« celui qui l'a trouvé et le propriétaire du fonds. » *

4° La clarté, la salubrité des maisons, n'exigent-elles point de la part de tous les propriétaires des communes populeuses une convention sur la hauteur des constructions, que le Code pourrait rédiger en ces termes :

« Nul ne peut élever, dans les places et les rues, une
« construction qui excède le double de leur largeur. »

559 · Art. 18. Si *la motte ferme* est portée sur un champ inférieur, elle doit rester au propriétaire de ce champ pour l'indemniser ; à moins que le propriétaire de *la motte ferme* ne préfère de l'enlever en indemnisant encore du tort qu'elle aura causé. On propose d'ajouter à cette disposition, au lieu de ces mots : *sur un champ inférieur*, ceux-ci : *près d'un champ inférieur ou sur la rive.*

560 Art. 19. La raison naturelle et l'équité attribuent les îles, îlots et attérissemens qui se forment dans les rivières navigables, comme l'article suivant les leur attribue dans les riviè-

---

* Voyez l'art. 716 du Code civil.

res non navigables, aux propriétaires riverains des deux côtés, 1º parce que les îles ne se forment jamais qu'aux dépens des propriétés riveraines des fleuves, 2º parce que l'espoir ou la réalité de l'accession éventuelle est une indemnité du dommage probable.

On ne voit aucun motif dans l'ancienne jurisprudence, qui les attribuait au fisc, que le droit du plus fort ; et, si on réfléchit aux maux, aux pertes qu'ont coûté dans l'ancien régime à une foule de citoyens les recherches sur les îles et îlots, on est affligé que, dans la régénération des lois, on les lui attribue encore.

Si cet article pouvait subsister, la multitude des propriétaires actuels à titres très-légitimes exigerait qu'on ajoutât : *s'il n'y a point de propriétaire ou de possesseur.*

L'équité dicte encore une autre disposition : « Si un ter-« rain détaché d'un héritage par l'impétuosité du fleuve de-« vient île, elle continue d'appartenir au propriétaire de cet « héritage. »

L'utilité publique en exige une troisième :

« La nation dispose, moyennant une juste et préalable in-« demnité, des îles ou des portions d'îles qu'il est nécessaire « de détruire pour la commodité de la navigation. »

Art. 20. Rayer ces mots : *à partir du fil de l'eau.* Le fil de 561 l'eau est trop variable, trop incertain, pour servir de régulateur. Dans les grands fleuves, il revient presque toujours du côté de la colline la plus escarpée.

Art. 22. Sans doute on a entendu donner l'ancien lit au 563 propriétaire du fonds qu'elle a occupé par sa nouvelle invasion.

On a oublié de statuer : 1º « Les rivières et ruisseaux non « navigables et flottables appartiennent aux riverains des « deux bords. »

On a supposé cette propriété par les lois de cette distinction, qui en sont la conséquence : on ne l'a point énoncé.

2º « Le propriétaire riverain d'un fleuve ou d'une rivière « navigable ou non navigable, ne peut faire, même sur son

« fonds , aucun nouvel ouvrage qui nuise soit au public , soit
« aux propriétés tant d'une rive que de la rive opposée. »

564	3° A l'art. 24 : « L'essaim d'abeilles appartient au pro-
« priétaire de la ruche tant qu'il le poursuit ; dès qu'il en a
« abandonné la poursuite , il appartient à celui sur le fonds
« duquel il s'est arrêté, et qui l'a recueilli. Il en est de même
« de tous les animaux sauvages, s'ils s'échappent.

5° « Les animaux domestiques, quand même ils se sont
« mêlés dans un autre troupeau , doivent être rendus, s'ils
« sont reconnus et réclamés. »

TITRE III. — *Du droit d'usufruit , usage, habitation.*

581	Art. 4. Ajouter : *il ne peut être établi qu'au profit des person-*
« *nes vivantes.*

A la vérité , l'art. 39 porte que l'usufruit cesse par la mort
de l'usufruitier ; mais cette disposition serait aisément élu-
dée s'il était permis d'établir un usufruit au profit des personnes à naître : on verrait perpétuer la division de l'usufruit et de la propriété, qui est toujours funeste ; on verrait
déguiser sous le nom d'usufruit une foule de contrats qu'il a
été essentiel de prohiber.

ap-	Art. 5. On ne voit pas trop comment on peut accorder
581	l'usufruit à des communes ou à des établissemens publics. De
pareilles concessions sont toujours funestes. Comme l'article
40 en réduit la durée à 30 ans, cet article est moins dangereux.

585	Art. 9. On propose de changer la fin de cet article, et de
statuer , au contraire , qu'au commencement de l'usufruit , il
y aura , de part et d'autre , récompense de labour , de semence et de tous autres frais de culture des fruits qui sont à
recueillir , et que les impositions seront supportées en proportion du temps de la durée de l'usufruit.

On est parti , dans la disposition de l'article et dans les
suivans , de la supposition que le fonds soumis à l'usufruit
était toujours ou cultivé par le propriétaire , ou donné à

ferme. Cependant, il est un autre genre de culture très-commun, et qui le deviendra bien davantage, si tous les articles proposés à l'article *baux à ferme* pouvaient être adoptés : c'est la culture à portion de fruits, où, s'il existe un colon partiaire au commencement ou à la cessation de l'usufruit, les fruits ne peuvent pas appartenir au nouveau possesseur, sans récompense des labours et des semences, puisqu'il en appartient déjà une portion au premier cultivateur.

On ne le peut pas davantage, quand même l'ancien propriétaire aurait cultivé lui-même, parce qu'il reste à payer les cultivateurs à gage, le forgeur, le charron, etc. Il paraît donc qu'il conviendrait d'assujétir le nouveau possesseur à laisser à l'ancien la moitié des fruits, pour l'indemniser des frais de culture, à la charge par lui de les supporter. C'est ce qu'on juge ordinairement dans les tribunaux ; c'est la base des expertises ; c'est ce qu'on nomme au palais *le droit de colon*. Pour les semences, elles doivent être inhérentes à l'immeuble.

Les impositions doivent être supportées de jour à jour, à proportion de la durée de l'usufruit.

On s'est étendu sur cet article, parce qu'on aura plusieurs fois besoin de s'y référer dans la suite.

Les articles 11 et 12 résultent suffisamment et clairement 586 de l'article 10 : ainsi, ils sont inutiles.

Art. 14. Il faut ou ne point donner d'exemple, ou ajouter 587 aux meubles meublans le linge, les vases vinaires, les outils d'agriculture, etc.

Art. 19. L'usufruitier doit être autorisé à prendre dans les 593 bois ceux qui sont nécessaires pour la réparation des outils aratoires, et pour les réparations auxquelles il est tenu.

Art. 23. Cet article exige, relativement aux mines et carrières, les explications déjà demandées sur l'article 9. De 598 tout temps l'usufruitier possesseur à titre onéreux ou gratuit a été autorisé à jouir des carrières. Celles de marne, de gypse, de plâtre, de tourbe, et même de pierres à chaux, sont nécessaires et même utiles à l'agriculture.

Celles de sable, de pierres à bâtir et à chaux, sont nécessaires aux réparations.

Celles de charbon de terre ou fossile, houille, lorsqu'elles sont découvertes à l'ouverture de l'usufruit, en font partie.

En général, il n'y a que la découverte des carrières et le produit des mines de métaux qui soient prohibés à l'usufruitier par la jurisprudence actuelle.

602　　Art. 27. Les baux à ferme, le séquestre, les placemens, les ventes, doivent être faits de gré à gré entre le propriétaire et l'usufruitier, ou, à défaut de conciliation, judiciairement, en présence de l'usufruitier ou lui dûment appelé, à la diligence du propriétaire et aux frais de l'usufruitier.

606　　Art. 31. Jusqu'à présent on avait compris dans les grosses réparations le rétablissement en entier des chaussées et cornets de descente des eaux pluviales, des éviers, des fosses d'aisance, des tuyaux servant à la conduite des eaux et des chaussées d'étang, les grosses roues et les meules de moulin.

612　　Art. 34. Qu'est-ce donc que les charges qui peuvent tomber sur la propriété? Sans doute il n'est pas entré dans la pensée du législateur de supposer qu'on pût jamais revoir les emprunts forcés, les taxes sèches sur les propriétaires: mais cette expression a besoin d'être éclaircie et restreinte au cas qu'on a voulu prévoir; et ce sont ces dispositions et plusieurs autres, qui font naître ces craintes et demander les explications sur lesquelles on a insisté dans les articles 1 et 2 du titre Ier.

618　　Art. 39. L'article de *l'abus* doit être retranché; il ouvre un moyen funeste de fatiguer un usufruitier, de le ruiner en frais sans motifs ou pour le plus léger prétexte.

D'ailleurs, il est inutile, puisqu'il y a caution pour les dégradations et le dépérissement, s'ils étaient réels.

Lors même qu'on serait fondé à les articuler pendant la durée de l'usufruit, ce ne serait pas une cause d'extinction.

mais un motif de séquestre ou de forme, comme le défaut
de donner caution.

TITRE IV. — *Des servitudes.*

Art. 3. « Et pour animer les moulins et usines. »   641

Art. 4. Quelle est l'acception de ces mots : *une eau courante* 644
qui n'est pas dans le domaine public ? se restreignent-ils au
fleuve ou rivière navigable et flottable ?

Celui qui borde un chemin peut prendre les eaux à leur
passage devant son fonds, pour l'irrigation de sa propriété.

On a omis, dans cet article, de statuer qu'il n'est pas libre
à celui dont l'eau traverse l'héritage, d'augmenter la rapi-
dité des eaux, ni de les retenir de manière qu'elles puissent
soit cesser de suivre leur cours ordinaire, soit porter dommage par leur irruption subite.

Art. 3, 4 et 5. Il est essentiel pour prévenir mille difficul- 641-
tés, mille injustices, des voies de fait, et peut-être des   642
malheurs, d'ajouter des dispositions tutélaires et conserva-
trices de ce qui existe. La lecture du projet de Code a excité
des craintes. En vain a-t-on représenté à des hommes instruits que ce titre ne devait s'appliquer qu'à l'état naturel, et
point du tout au cas où il existe des services fonciers ; ils ont
persisté à craindre qu'on n'en abusât pour anéantir des moulins, des manufactures importantes, des prairies, en leur en-
levant les eaux.

En conséquence, on propose les dispositions suivantes :

« Les dispositions des articles 4 et 5 ne s'appliquent pas
« dans le cas où il y a soit un titre, soit une possession con-
« traire. La possession doit être appuyée d'ouvrages à main
« d'homme, et remonter à un temps suffisant pour que la
« prescription soit acquise. Celui qui possède ainsi l'écluse,
« déversoir ou autre ouvrage à main d'homme, qui porte
« les eaux dans son pré, son moulin ou autre usine, est
« censé propriétaire desdits ouvrages et du canal intermé-
« diaire.

« Celui sur les fonds duquel ces travaux sont assis, ne
« peut attenter ni à l'écluse ni au canal, ni déranger le cours
« des eaux.

« Celui à qui appartient le canal servant à conduire les
« eaux est réputé propriétaire, de chaque côté, d'une par-
« tie de terrain égale dans sa largeur à la moitié de la pro-
« fondeur du canal.

« Celui qui a un canal découvert ou des cornets souter-
« rains formant une conduite d'eau qui remonte jusqu'à la
« source placée dans le fonds d'un autre a droit de prendre
« les eaux, et le propriétaire du fonds ne peut ni l'arrêter
« ni la détourner à son préjudice. »

650   Art. 9. Pourquoi renvoyer des principes généraux qui
tiennent essentiellement à la propriété à des lois ou réglemens dont l'unique objet doit être d'en régler l'exécution?
Ces lois consistent en quelques articles bien simples.

1° « Le propriétaire des bords d'un fleuve ou rivière na-
« vigable doit y laisser un espace suffisant pour le service
« public. Cet espace est de six mètres (environ vingt pieds)
« de largeur du côté par où se tirent les bateaux, et de trois
« mètres à l'autre bord. Il est défendu au propriétaire rive-
« rain du côté du tirage des bateaux, de planter dans cet
« espace aucun arbre ou haie, et d'y élever aucun mur ou
« édifice qui puisse gêner ce tirage.

2° « Les propriétaires sont tenus de céder le terrain né-
« cessaire pour faire un grand chemin ou chemin de com-
« munication, des ponts, des canaux navigables, moyen-
« nant une juste et préalable indemnité.

3° « Lorsque des matériaux sont nécessaires pour les
« grandes routes ou pour les travaux d'utilité publique, les
« propriétaires voisins dans les fonds desquels ils se trou-
« vent sont tenus de souffrir que les matériaux soient pris
« dans leurs fonds, après néanmoins qu'on leur aura réa-
« lisé la juste et préalable indemnité tant du dommage fait
« à la surface que de la valeur des substances à extraire.

4° « Le propriétaire riverain d'un chemin vicinal est tenu
« de l'entretenir en état ; à défaut, il est tenu de livrer pas-
« sage sur.son fonds joignant le chemin , jusqu'à ce qu'il
« soit rétabli. »

Art. 13. A la suite de cet article, on propose d'ajouter :
Nul ne peut être contraint à clore son héritage , ou à contribuer à 654
la première formation de la clôture de son voisin. *

Art. 22. Après l'article 22 on propose d'ajouter : « Tout 663
« propriétaire peut élever un mur ou un bâtiment sur la li-
« gne qui forme l'extrémité de son héritage ; mais il ne peut
« le disposer de manière à nuire à son voisin , soit par l'é-
« coulement des eaux , soit autrement.

« Tout propriétaire est tenu , moyennant une juste et
« préalable indemnité , de laisser passer et établir sur son
« fonds les échelles et échafauds nécessaires pour réparer
« ou construire les murs de clôture ou de maisons, et les
« toits de son voisin.

« Nul ne peut creuser un fossé dans son héritage , sans
« laisser entre le fossé et l'héritage voisin un espace égal à
« la profondeur du fossé. »

Art. 26. Tout ce qui concerne les haies et la distance à la- 670
quelle les arbres doivent être plantés étant omis dans le Code, et
suiv.
on propose d'ajouter : « Nul ne pourra planter à l'avenir 671
« sur son héritage une haie vive , qu'à la distance de six dé-
« cimètres trois quarts (deux pieds) du fonds de son voisin.

« Toute haie entre deux héritages est présumée mitoyenne, 670
« s'il n'y a titre ou marque du contraire.

« Si le propriétaire de l'un des deux héritages a joui de la *ibid.*
« haie pendant le temps nécessaire pour prescrire , il est
« propriétaire de la haie, quand même le propriétaire du
« fonds voisin allèguerait , après que la prescription est ac-
« quise , l'existence d'une borne qui paraîtrait lui donner la
« propriété ou la copropriété de la haie. Nul ne peut planter 671
« des arbres sur son héritage qu'à la distance de six mètres

* Voyez l'art. 663 du Code civil.

« et demi du fonds de son voisin, si ce sont des noyers,
« chênes, châtaigniers, ormes, frênes, tilleuls, peupliers,
« aunes, bouleaux, trembles, et autres arbres de bois dur
« ou de bois blanc, portant un grand ombrage ; et à la dis-
« tance de trois mètres, si ce sont des cerisiers, pommiers,
« poiriers, abricotiers, etc., à la seule exception des aman-
« diers, pêchers et saules, qui peuvent être plantés à cinq
« pieds.

« Demeurent exceptés, 1° les arbres d'espalier, qui peu-
« vent être placés contre le mur mitoyen ;

« 2° Tous les arbres fruitiers, nains ou à mi-vent, qui
« peuvent être placés à deux pieds de l'héritage voisin ;

« 3° La vigne, qui peut être plantée à un pied de la vigne
« voisine ;

« 4° Les arbres qui sont plantés ou élevés de bois à bois,
« qui peuvent être placés ou rester près de la limite ;

« 5° Les arbres qui sont plantés au bord des ruisseaux et
« des chemins de communication et vicinaux, qui peuvent
« être plantés à l'extrémité de l'héritage, à quelque distance
« qu'il soit de celui dont le chemin ou le ruisseau le sépare.

« Quant aux arbres à planter le long des grandes routes,
« on doit se conformer aux réglemens de la voirie.

672 « Le propriétaire voisin a la faculté de couper les branches
« et les racines qui s'étendent sur son terrain. »

674 Art. 27. Ces objets n'ont jamais été matière de réglement ;
ils ne peuvent pas l'être, et tiennent essentiellement à la propriété ; ils ont toujours été décidés soit par la Coutume écrite,
soit par le droit romain. Tout, à cet égard, se réduit à la
maxime suivante :

« Celui qui veut faire creuser, près de l'héritage de son
« voisin, un puits, citerne, mare, réservoir, fosse d'ai-
« sances, puits perdu pour des eaux de cour ou ménagè-
« res, qui veut y construire une forge, four ou four-
« neau, y adosser une étable ou un magasin de sel, ou
« matières salées ou corrosives, est tenu de laisser une

« distance de deux mètres (six pieds), à moins qu'il ne
« fasse, du côté de l'héritage voisin, un mur ou contre-mur
« suffisant pour empêcher que ces ouvrages ne soient nui-
« sibles au voisin. »

Art. 30 et 31. Jusqu'à présent, les hauteurs exigées par 677-
l'art. 30 n'ont pas été parfaitement observées dans le dépar-   678
tement du Rhône ; et, quant à l'article 31, on y tenait pour
maxime que ce principe n'avait son application que lorsque
les vues droites portaient sur le jardin ou sur la cour du voisin, et ne s'appliquait point lorsqu'elles portaient sur des
terres, des prés, des vignes, et autres cultures éloignées des
maisons.

Cet usage a été confirmé par plusieurs arrêts du parlement
de Paris, qui ont maintenu de pareilles vues. Les vues actuelles pourront-elles subsister, ou seront-elles comprises
dans la prohibition ?

Art. 35. L'indemnité doit être préalable.   682

Art. 36. On demande qu'il soit ajouté : *Si le fonds n'est* 683
devenu enclavé que par vente, échange ou partage, ce sont les ven-
deurs ou copartageans qui sont tenus de fournir le passage.

La multiplication des passages pour la subdivision des propriétés, le terrain qu'ils enlèvent à l'agriculture, le tort qu'ils
font aux récoltes, sont des motifs pour ajouter encore :

Si le passage accordé au fonds enclavé cesse d'être nécessaire
par sa réunion à un fonds aboutissant à un chemin, il sera sup-
primé ; s'il a été payé une indemnité, le prix en sera rendu.

Observations générales sur cet article, et sur les servitudes ou ser-
vices fonciers.

Art. 39. 1° Aucune disposition du Code n'emploie la dis- 687
tinction des servitudes rurales ou urbaines, pour fixer la
manière d'acquérir les servitudes, d'en user et de les étendre : en conséquence, on demande la suppression des deux
derniers,

Premièrement, comme inutiles : secondement, comme

pouvant abusivement servir à renouveler une distinction et
des principes que le projet de Code n'adopte pas.

2° Le Code ne prend aucune précaution contre le rétablissement des servitudes féodales ; cette question a été trop
éclaircie pour qu'on puisse supposer qu'on a eu intention de
les permettre. L'expérience a trop prouvé que les leçons du
passé sont souvent perdues pour l'avenir ; il est donc essentiel de les prohiber dans la suite. En conséquence, on propose de substituer à l'article 39 les dispositions suivantes :

« Les servitudes ne peuvent être établies que pour l'usage
« des bâtimens ou pour celui des fonds de terre ; elles peu-
« vent être établies pour un temps limité ou à perpétuité.

« La loi prohibe toute stipulation de servitude ou services
« personnels, et toute stipulation de services d'animaux.

« Néanmoins, en cas de bail à ferme ou à portions de
« fruits, il est permis de réserver, pour l'usage de la pro-
« priété ou pour celui du propriétaire ou de l'usufruitier,
« des services des fermiers et colons, et des animaux à eux
« remis.

« La loi prohibe toute servitude ou service foncier au
« *profit* d'un individu.

« Nul ne peut posséder le droit de chasse ou le droit de
« pêche sur le fonds d'autrui.

« Nul ne peut acquérir le droit de vaine pâture ou pâtu-
« rage sur le fonds d'autrui, même pour les animaux d'un
« domaine ; nul ne peut se réserver ce droit sur le fonds dont
« il aliène la propriété, à quelque titre que ce soit.

« Les droits de vaine pâture ou pâturage, stipulés entre
« particuliers par des titres, sont essentiellement rachetables
« à dire d'experts.

« La loi prohibe la stipulation, au profit de quique ce
« soit, d'aucun droit, prestation ou service, quel qu'il puisse
« être, en cas de mutation ou de translation de la propriété,
« à quelque titre que ce soit.

« Nul ne peut, en aliénant son fonds, se réserver le droit

« d'y rentrer en cas de revente, soit en remboursant le prix
« auquel il l'a vendu, soit en payant le prix stipulé dans le
« contrat du nouvel acquéreur.

« Toutes stipulations contraires aux dispositions de cet
« article sont nulles et comme non avenues ; elles ne peu-
« vent produire aucun effet ni donner aucune action, pas
« même en supplément ou remboursement de prix : le no-
« taire ou officier public qui les aurait reçues sera condamné
« correctionnellement à la destitution, et à une amende dou-
« ble du montant de son cautionnement. »

3º Le Code ne prononce pas sur les servitudes prohibi- 689
tives, telles que celles de ne pouvoir bâtir sur un fonds, de
restreindre les constructions à une hauteur déterminée, de
ne pouvoir planter, etc. Il en existe ; elles sont quelquefois
très-importantes : il est nécessaire de les régler.

4º On a omis absolument les lois sur les servitudes qui ré- 664
sultent de la division d'une maison entre plusieurs copropriétaires ; dont les uns ne possèdent qu'un étage, d'autres,
qu'une seule chambre ; quelques-unes de ces divisions résultent des partages ; d'autres s'établissent par des ventes de
portions de maisons qui se subdivisent encore. Il est des communes où l'on vend les maisons en détail ; l'un achète les bou-
tiques, un autre, le second, un autre, le troisième étage,
d'autres, des parties de chaque étage.

Quelles sont les obligations qui résultent de ces indivisions
pour la communauté des cours, l'entretien et le rétablissement des escaliers, des murs de face ou de refend, des puits,
des toits, des chaussées et cornets de descente des eaux pluviales et ménagères, et des fosses d'aisance ?

LIVRE III.

TITRE Ier. — *De la manière d'acquérir la propriété.*

DISPOSITIONS GÉNÉRALES.

Art. 2. Il est impossible de renvoyer à des réglemens les 713-
716

objets compris dans cet article ; on a déjà proposé des mesures, 1º à l'égard des biens vacans, sur l'art. 26 du tit. 1er
du liv. II ; 2º à l'égard de l'invention du trésor, sur l'article 9
du même titre.

715   3º L'Assemblée constituante «.déclara la faculté de chas-
« ser ou de pêcher inhérente au droit de propriété, comme
« l'exercice d'une légitime défense.

   « Elle autorisa le propriétaire à chasser ou à faire chas-
« ser, en tout temps, dans ses lacs et étangs, dans ses pos-
« sessions séparées, par des murs et haies vives, des héri-
« tages d'autrui, et même dans ses bois et forêts.

   « Elle autorisa le propriétaire, et même le simple pos-
« sesseur ou fermier, à détruire le gibier dans ses récoltes
« non-closes, en se servant de filets et autres moyens qui ne
« puissent pas nuire aux fruits de la terre.

   « Elle prohiba à toute personne de chasser sur le terrain
« d'autrui sans son consentement. »

   Ces principes incontestables, cette déclaration du droit de
la propriété, font nécessairement partie du Code civil.

   Les peines plus ou moins graves, à raison soit de la violation de la propriété en chassant sur le fonds d'autrui, soit
à cause du bris des clôtures ou du dommage qu'on peut faire
aux récoltes, appartiennent seules au Code de police.

   4º La pêche appartient de droit, comme résultant de la
propriété, à chaque propriétaire, dans la partie de ruisseau ou rivière non navigable et non flottable qui borde
ses fonds. Cette disposition fait nécessairement partie du
Code civil.

   Mais comme l'exercice de tout droit de propriété est limité à ce qui ne peut pas nuire au droit d'autrui, il doit être
prohibé soit d'empoisonner les rivières, soit de pêcher dans
le temps du frai. C'est dans le Code de la police que les peines doivent être prononcées.

   Quant aux fleuves ou rivières navigables ou flottables, la
pêche est un droit de tous les riverains, comme indemnité

du dommage éventuel de l'accroissement du fleuve et de l'i-
nondation : mais encore, comme les fleuves appartiennent à
la nation, touslescitoyens ont dr oit à la pêche, par une
suite du droit de cité ; mais toujours par les mêmes principes, la police peut et doit fixer le temps et le mode d'y pêcher, pour la conservation de l'espèce et des propriétés riveraines.

5° A l'égard des bris et naufrages, il appartient à la police
de fixer les précautions à prendre pour sauver et conserver,
et l'époque de la réclamation ; mais il appartient au Code exclusivement de déterminer à qui appartiendront les effets
sauvés et non réclamés.

Ils se divisaient autrefois entre le roi, le seigneur et l'a-
miral ; ceux qui avaient sauvé, gardé, conservé, n'avaient
que leur salaire ou vacations : il paraît qu'aujourd'hui, à
défaut de réclamation, les choses sauvées doivent leur appartenir. C'est une question de propriété d'autant plus inhérente au droit civil, qu'elle est applicable dans les fleuves et
les rivières, soit aux naufrages qui y arrivent aussi, soit aux
débris de bateaux, de maisons et de bâtimens amarinés par
les bateliers ou riverains, et non suivis ni réclamés.

6° Celui qui a trouvé une chose perdue ou abandonnée
doit faire tout ce qui est possible pour en découvrir le maître ; mais, s'il ne le trouve pas, il en demeure possesseur
jusqu'à ce que ce maître paraisse et prouve son droit.

Voilà le principe que le droit civil doit constater ; et c'est
à la police à déterminer les formes de publication de l'objet
perdu, et la peine imposée à celui qui le recèle en ne pu-
bliant pas qu'il l'a trouvé.

7° Le jet et la contribution appartiennent au droit civil
comme les avaries, puisqu'il peut y avoir des jets et contributions dans le commerce de terre, à l'égard des marchandises transportées par eau. D'ailleurs, le commerce maritime
doit aussi faire partie du Code civil, puisque la plus grande
partie de ses relations sont de citoyen à citoyen, et qu'une

grande partie des négocians et des capitalistes de l'intérieur y sont intéressés.

TITRE Ier. — *Des successions.*

ap-719 Art. 3. Un Gouvernement juste et humain peut-il imposer une peine à celui qui n'est pas encore convaincu, et la faire supporter aux femmes, aux enfans, qui ne sont pas même accusés?

D'ailleurs on a vu, dans ces temps qu'il faudrait effacer des fastes de l'histoire, séquestrer pour confisquer, et tuer pour avoir la confiscation.

Les mêmes motifs qui militent contre la confiscation doivent faire abolir le séquestre national, et délaisser les biens de l'accusé aux héritiers présomptifs, qui, suivant le Code, doivent les avoir en cas de mort civile.

Ibid.   Art. 6. A supprimer pour les mêmes motifs. D'ailleurs, quand même le séquestre subsisterait, il ne doit jamais être pour la République un moyen d'acquérir; elle doit rendre, dans tous les cas, soit à l'accusé, s'il est déclaré innocent; soit à la famille, s'il est déclaré coupable.

720 Les articles 7, 8, 9, 10 et 11 fixent enfin la jurisprudence sur la présomption de survie. Tous les cas sont prévus; mais il serait plus simple, plus décisif de les réduire tous au principe duquel dérive leur décision :

« Si plusieurs individus respectivement appelés à la suc-
« cession l'un de l'autre périssent dans un même événement,
« il faut admettre la présomption qui donne ouverture à la
« succession, dans l'ordre de la nature, suivant lequel le
« plus jeune survit au plus âgé, et est appelé à recueillir la
« succession. »

723 Art. 12. On pourrait abuser de cet article pour soutenir l'opinion déjà hasardée, que, puisque la loi défère les successions, elle peut les ôter.

Ce n'est pas la loi qui défère la succession, c'est la nature. Avant qu'il y eût des législateurs et des lois civiles, les en-

fans succédaient aux pères dans le champ qu'ils avaient fertilisé.

On demande la suppression de ces mots : *la loi défère les
successions*, et que l'article commence par ceux-ci : *la loi
règle l'ordre de succéder entre ceux*, etc.

N° 3. On a déjà prouvé que *la République* ne doit jamais
hériter. On propose de remplacer ces mots par ceux-ci :
*l'hospice des enfans trouvés le plus voisin du lieu de la situation
des biens.*

Art. 14. Substituer *l'hospice* à *la République.*   724

Art. 15 , n° 2. Ajouter à ces mots : *l'enfant mort-né*, ceux- 725
ci : *quand même il aurait donné quelques signes de vie;* addition
nécessaire pour prévenir les procès que feraient naître les
suppositions d'une vie instantanée , et les faux témoignages
dont elle serait appuyée.

N° 4. *L'enfant né avant cent quatre-vingt-six jours :* ajouter ,
depuis la célébration du mariage. C'est sans doute l'esprit de
cet article : s'il en était autrement, comment pourrait - on
fixer l'époque de la conception ?

Art. 23. Dans une espèce qui tient si essentiellement aux 728
mœurs, il ne suffit pas de dispenser , il faut dire : « La dé-
« nonciation est prohibée aux descendans contre les ascen-
« dans, aux ascendans contre les descendans. »

Art. 25. Ajouter : « mais l'indigne n'a pas sur cette suc- 730
« cession les droits de la puissance paternelle. »

Art. 27. Retranchez *néanmoins* , qui tend à altérer le sens. 733

Art. 34. La fin de cet article change le droit actuel, sui- 740
vant lequel la représentation et la division par souche avaient
lieu seulement lorsque les descendans se trouvaient en degrés inégaux , parce qu'en ce cas le fils qui concourait avec
les enfans de son frère mort avant le père commun ne devait pas avoir moins que si son père eût vécu; mais (toujours
suivant le droit actuel) lorsque tous les enfans du défunt
étaient morts avant lui, leurs descendans se trouvant entre
eux en degrés égaux , succédaient à l'ascendant de leur chef,

IV.   8

et non par représentation ; par conséquent, par tête et non par souche.

Cet article statue le contraire ; il les fait succéder *par représentation et par souche.*

On ne conçoit pas le motif de cette abrogation du droit ancien, qui était plus conforme aux droits de la nature, qui tend à l'égalité de partage, lorsqu'il y a égalité de droits et de degrés.

L'un des commissaires est d'avis d'adopter l'article.

742 Art. 36. Pourquoi restreindre au premier degré la représentation des enfans des frères?

Il n'y a pas plus de motifs pour l'accorder au premier degré qu'au second ; et, puisque la loi se décide à l'admettre, elle doit étendre la faveur à tous les descendans des frères. L'unique effet de la restriction serait de dépouiller les branches aînées au profit des cadettes.

Mais ce qui a droit d'étonner, c'est que le même projet, qui exclut les petits-neveux de la représentation dans cet article, les appelle expressément dans l'article 46, pour exclure les ascendans.

743 Art. 37. Revoir l'observation sur l'art. 34.

745 Art. 39. On éviterait l'équivoque qui peut résulter du faux placement de la virgule, et on fixerait mieux le sens, en ajoutant après ces mots, *par tête : lorsqu'ils viennent de leur chef.*

Revoir encore l'observation sur l'article 34.

Liv.3- Art. 41. On est forcé d'anticiper ici la discussion de l'ar-
t. 1er- ticle 161 du titre *des donations;* tous deux sont corrélatifs, et
ch.3- tous deux introduisent sur les secondes noces un droit nou-
fin de veau qui paraît infiniment funeste : il est donc nécessaire de
s. 3. rappeler ici tous les principes sur cette matière importante.

Les lois romaines étaient portées en haine des secondes noces ; elles furent plus ou moins modérées par la jurisprudence des anciens parlemens. Enfin l'édit des secondes noces statua :

« Au regard des biens à icelles veuves acquis par dons et
« libéralités de leurs nouveaux maris, elles seront tenues de
« les réserver aux enfans communs d'entre elles et leurs ma-
« ris de la libéralité desquels iceux biens leur seront adve-
« nus : le semblable voulons être gardé ès biens qui sont
« venus aux maris par dons et libéralités de leurs défuntes
« femmes, tellement qu'ils n'en pourront pas faire don à
« leurs secondes femmes, mais seront tenus de les réserver
« aux enfans qu'ils ont eus des premières. »

Depuis la révolution, la loi de nivose an 2 introduisit un
nouveau droit, préférable peut-être à toutes les législations
qui l'avaient précédé, en ce qu'il extirpe la racine des abus,
et prévient tous les inconvéniens.

L'art. 13, appliqué par l'art. 14 aux dispositions à venir,
porte : « Néanmoins, s'il y a des enfans de leur union ou
« d'un précédent mariage, les avantages singuliers ou réci-
« proques entre époux, au cas qu'ils consistent en une sim-
« ple jouissance, ne pourront s'élever au-delà de la moitié
« du revenu des biens délaissés par l'époux décédé ; et s'ils
« consistent en des dispositions de propriétés soit mobilières
« soit immobilières, ils seront restreints à l'usufruit des
« choses qui en seront l'objet, sans qu'ils puissent excéder
« la moitié du revenu de la totalité desdits biens. »

Le projet de Code abolit tout à coup le droit romain et
l'ancien droit français, et la loi si sage de nivose, et leur
substitue la disposition suivante :

Art. 41 de ce titre. « Il en est de même.... c'est-à-dire,
« les enfans d'un même père ou d'une même mère qui a con-
« volé, succèdent également aux biens dont la disposition
« et l'aliénation sont interdites à l'époux qui a convolé à de
« secondes ou ultérieures noces, par l'article 161 du titre
« des Donations, dans le cas où il existe des enfans du mariage
« qui a occasioné cette réserve. »

L'article 161 du titre des Donations, ci-dessus rappelé,
porte « L'homme ou la femme qui convole à de secondes

« ou subséquentes noces, ayant enfans ou descendans d'un
« précédent mariage.... ne peut disposer, à titre gratuit ni
« onéreux, des immeubles qu'il a recueillis à titre de don de
« son époux ou de ses époux précédens, tant que les enfans
« issus des mariages desquels sont provenus ces dons exis-
« tent; sauf ce qui a été dit, au titre *des successions,* sur le
« partage desdits biens. »

En réunissant ces deux articles, qui complètent le projet
de législation à l'égard des biens recueillis, à titre de don,
d'un époux prédécédé, par l'époux survivant qui a convolé,
quand il existe des enfans de leur mariage, il en résulte,
1° que l'époux survivant peut anéantir les dons mobiliers et
en disposer à son gré ; 2° que les immeubles qu'il est forcé de
réserver appartiennent, non pas aux enfans de l'époux qui
les a donnés, mais à tous les enfans de l'époux survivant,
sans distinction.

Ce nouveau droit, contraire à toutes les législations connues, ne peut pas devenir le droit français.

1° Quant au mobilier, plus le commerce et les arts prendront d'accroissement et acquerront de splendeur, plus il y
aura de richesses mobilières. Elles font déjà la plus grande
partie de la fortune, souvent même l'unique fortune des artistes et des artisans, des marchands, des commerçans de
terre et de mer, des banquiers, capitalistes, et des rentiers :
elles doivent donc absolument être réservées comme les dons
immobiliers; elles ne doivent jamais devenir la proie d'un
autre époux, ni tomber dans sa communauté.

2° Lorsque les lois romaines établirent des peines contre
les secondes noces, elles attaquèrent la liberté naturelle. Les
seconds mariages doivent être libres: quelquefois ils sont
utiles, et même nécessaires; mais jamais la loi ne peut permettre, encore moins prescrire, un préjudice évident au
droit d'autrui, une violation expresse des droits de la nature ;
et ce préjudice, cette violation, résulteraient évidemment de
la disposition qui forcerait l'époux survivant de laisser les

biens de son époux prédécédé à des enfans à qui ils n'appartiennent pas, et de les ravir à ceux à qui le vœu de la nature, les mœurs, l'équité, et l'intention de l'auteur de leurs jours, en assuraient la propriété. Certainement, si l'époux prémourant avait pu prévoir que ses biens seraient ravis à ses enfans, et transportés à ceux d'un autre, il n'eût point donné de propriété à l'époux survivant.

La loi qui défend d'imposer aux bienfaits des conditions contraires aux bonnes mœurs, et qui, en réputant contraires aux bonnes mœurs celles qui tendent à gêner la liberté des mariages, empêche de prononcer la révocation de ces bienfaits en cas de noces ultérieures, rend cet ordre de succéder encore plus funeste, puisqu'elle serre l'époux qui dispose, entre la nécessité de ne rien donner, ou de les laisser passer à des étrangers, au préjudice de ses enfans, dans le cas d'un convol.

On présume que le principe de cette disposition étonnante de l'article 41 se trouve dans les articles 153 et 154 du titre *des Donations*, qui permettent aux époux de se donner respectivement entre vifs par contrat de mariage ; d'où l'on aura conclu que, puisque l'époux prémourant aurait pu ôter tout droit à ses enfans sur la portion disponible de ses biens en la donnant à un étranger, il avait bien pu la leur ôter en la donnant à l'époux survivant ; qu'ainsi, c'était faire reste de droit aux enfans, que de leur assurer une portion, en cas de second mariage.

Mais, 1° l'étranger aurait pu rendre aux enfans ce qu'il avait reçu de leur père ; et l'article prohibe à l'époux survivant de le leur rendre en entier, et le force à le partager entre eux et les enfans des mariages subséquens.

2° Quand on donne à un étranger, on consent à enlever à ses enfans : quand on donne à un époux, on compte sur sa tendresse pour les gages de l'amour même qui décide le don ; on ne regarde le don qu'on lui fait que comme un moyen intermédiaire de le leur transmettre, comme un retard et ja-

mais comme une exclusion de transmission. Il ne paraît donc
pas qu'il puisse exister aucun motif d'adopter ce changement
de droit, contre lequel la nature, la morale, l'équité, la
tendresse paternelle et le vœu présumé de l'époux qui n'est
plus, réclament également.

On demande le maintien de la loi de nivose, qui, en cas
de convol, réduit à l'usufruit, s'il y a des enfans, tous les
dons de propriété. C'est la disposition la plus sage ; elle
n'ôte rien à l'époux survivant, puisqu'elle lui laisse la jouissance tant qu'il existe ; elle prévient jusqu'à l'idée de dépouiller ses enfans ; parce qu'il ne peut pas songer à donner,
on ne peut pas lui demander ce qu'il ne possède pas : elle
conserve, par conséquent, aux enfans tout ce qu'ils ont droit
de prétendre.

On demande que cette disposition s'étende au mobilier.

Si la propriété a été donnée, dans le cas où tous les enfans
mourraient avant l'époux survivant, il resterait propriétaire ;
en conséquence, on demande la radiation de l'article 41.

On proposera dans la suite, sur les différens chapitres
auxquels elles appartiennent, les dispositions nécessaires à
la conservation des droits des enfans.

Il est encore important de statuer, dans le cas du convol,
que l'époux survivant ne succédera point en propriété, mais
seulement en usufruit, aux enfans de l'époux prédécédé,
tant qu'il existera des enfans de ce mariage.

748-
750
Art. 46. Il ne paraît ni naturel ni juste, il est évidemment
contraire à la règle fondamentale de l'ordre de succéder
établi par le Code, qui divise toutes les successions en deux
lignes, l'une paternelle, l'autre maternelle, que les frères
consanguins excluent les ascendans maternels, que les frères utérins excluent les ascendans paternels. On demande que
les ascendans, lorsqu'il n'y a point de descendans d'eux dans
leur ligne, y succèdent préférablement aux frères de l'autre ligne.

750
Art. 49. S'il n'y a point de frères, et qu'il n'y ait que des

neveux ou petits-neveux, les neveux exclueraient-ils les petits-neveux? Certainement cela ne serait pas juste. Cette
question milite en faveur de l'observation que l'on a faite
sur l'article 36.

Art. 55. Les enfans légitimes composent exclusivement la
famille civile; mais l'enfant naturel reconnu est incontestablement de la famille naturelle: ainsi, puisque la loi permet
de reconnaître les enfans naturels, toutes les questions relatives à leurs droits sur les biens de ceux qui leur ont
donné la vie se réduisent à décider jusqu'à quel point la
famille civile peut en exclure la famille naturelle. ₇₅₇₋

Certainement, dans l'ordre de la nature, tous auraient
des droits égaux : or, le Code assigne à l'enfant naturel le
tiers de ce qu'il aurait eu s'il avait été légitime; est-ce lui
donner assez? Dans le cas le plus avantageux, celui où le
père ne laisserait que deux enfans, l'un légitime, l'autre naturel, l'enfant naturel aura le huitième de la succession.

Dans le cas où il y aura beaucoup d'enfans, par exemple, s'il y en a dix, il n'aura qu'un quarantième : c'est sans
doute bien peu.

Mais surtout la réduction de tous les enfans naturels,
en quelque nombre qu'ils soient, au quart de la succession,
dans le cas où il n'y a ni ascendant ni descendant légitime,
paraît absolument contraire, non-seulement aux principes
de la nature, mais encore à ceux de l'équité, auxquels les
enfans naturels ont droit comme tous les autres citoyens:

Contraire à l'équité; parce que, si les enfans naturels sont
nombreux, ils auront moins en ce cas que si leur père eût
laissé un descendant légitime;

Contraire à la nature, parce qu'il est bien sensible que,
dans le cœur du père et dans l'ordre naturel, sa famille naturelle doit l'emporter sur la famille collatérale, quoique
civile.

On propose donc d'accorder en ce cas, à tous les enfans
naturels, la moitié de la succession à partager entre eux.

761   Art. 58. L'enfant naturel admis à succéder ne doit point être sujet, sur sa petite portion, à d'autres rapports que ceux auxquels sont soumis les autres enfans ; par conséquent, on demande la suppression de cet article.

ap-
761   Art. 61. Il faut bien prévenir les mauvaises contestations des enfans naturels ; mais il ne faut pas autoriser les enfans légitimes à leur ravir ce que la loi leur assure, en leur ôtant le pouvoir de le réclamer et ce serait le leur ôter, que de les assujétir à faire, sans moyens, les avances des frais, et de les réduire, pendant la contestation, à une provision arbitraire. On propose donc de substituer aux deux derniers alinéas de cet article :

« Les frais de cette liquidation sont supportés en définitif « par celui qui succombe.

« L'héritier est tenu de payer par provision les trois « quarts de la somme offerte, ou de relâcher les trois-quarts « des fonds offerts. »

Section II du chapitre IV du titre Ier, traitant des droits des enfans naturels, adultérins ou incestueux, à supprimer en entier.

La morale, l'ordre social, la loi, ne permettent pas de supposer qu'il en existe, ou du moins qu'on en puisse reconnaître : on l'a prouvé dans les observations à la fin du chapitre III *des enfans nés hors mariage*, titre VII *de la paternité et de la filiation*.

765-
766   Art. 70. Les successions des enfans naturels ne sont pas des successions régulières ; il paraîtrait donc convenable de commencer par cette section le chapitre V *des successions irrégulières*.

On a prouvé, sur l'article 26 du titre Ier du livre II, que la nation ne doit jamais hériter. Ainsi, on demande que, dans tous les articles de ce chapitre où on lit *la République*, on substitue : *l'hospice des enfans trouvés*. Mais, avant la République ou les hospices, il est d'autres héritiers.

L'enfant naturel, qui n'est que de la famille naturelle de

son père , commence lui-même une famille civile ; c'est dans ce principe qu'on propose l'ordre de succession suivant :

SECTION Ire. — Ordre de succession aux biens des enfans naturels.

« 1° Leurs enfans légitimes et leurs enfans naturels pour
« les quotités établies pour les successions régulières.

Ici finit la succession régulière et légitime ; ici commence la succession naturelle.

« 2° A défaut de leurs enfans ou descendans légitimes ,
« leurs enfans naturels, et les descendans de ceux-ci, sui-
« vant l'ordre établi pour les successions , leur succèdent
« pour la quotité fixée par l'article 55 , élevée à la moitié si
« le défunt a laissé un époux survivant. S'il n'en a point
« laissé , ils succèdent pour le tout.

« 3° A défaut d'enfans naturels de l'enfant naturel , ou de 767
« leurs descendans, son époux survivant lui succède pour
« le tout.

« 4° A défaut de descendans légitimes, à défaut d'enfans 765
« naturels et de leurs descendans , à défaut d'époux survi-
« vant , ses père et mère naturels lui succèdent.

« 5° Les frères et sœurs légitimes ne tiennent point par la 766
« famille civile à l'enfant naturel ; sa famille civile com-
« mence dans lui : ils ne lui tiennent que par la famille natu-
« relle, que , par conséquent, ils ne peuvent pas exclure ; la
« succession doit être déférée tout entière à sa famille na-
« turelle.

« A défaut d'enfans ou descendans légitimes ou naturels ,
« d'époux survivant , de père et de mère de l'enfant naturel,
« sa succession est dévolue à ses ascendans, à ses frères et
« sœurs, et à ses parens tant légitimes que naturels, suivant
« les règles établies dans la section VI du chapitre III.

« 6° S'il ne reste aucun parent naturel et légitime, la suc-
« cession passe en entier à ses légataires particuliers , par
« accroissement.

« 7° Lorsqu'il n'a laissé ni parens ni légataires, sa suc- 768

« cession appartient à l'hospice des enfans trouvés le plus
« voisin. »

SECTION II. — De la succession d'un époux à un autre.

La succession des enfans naturels étant fixée ci-dessus
dans un article précédent, cette section ne s'applique qu'aux
enfans légitimes.

767   Art. 75, section Ire. « Lorsque le défunt n'a laissé aucun
« parent légitime, sa succession est déférée pour le tout à
« son époux survivant.

Art. 76. « Lorsque le défunt n'a laissé ni parent légitime,
« ni époux survivant, sa succession appartient à ses légatai-
« res particuliers, par droit d'accroissement.

Art. 77. « Lorsque le défunt n'a laissé ni parent légitime,
« ni époux survivant, ni légataire, sa succession appartient
« à ses parens naturels, suivant les règles établies dans la
« section VI. »

Que la famille naturelle ne puisse jamais succéder au préjudice de la famille civile, c'est une suite du respect que le
législateur doit avoir pour les mœurs et l'ordre social, dont
la dignité du mariage est la base fondamentale : mais, lorsque la famille civile n'existe plus, la nature et, par conséquent, la famille naturelle, doit reprendre ses droits.

768   Art. 78. « Lorsque le défunt n'a laissé aucun des héritiers
« ci-dessus appelés par la loi, la succession appartient aux
« hospices des enfans trouvés ; la succession mobilière ap-
« partient à l'hospice le plus voisin du domicile ; et la suc-
« cession immobilière, à l'hospice le plus voisin du lieu de
« la situation des immeubles.

« L'hospice le plus voisin du domicile est seul chargé de
« l'acceptation et de la liquidation de la succession : le paie-
« ment des dettes se prend, par contribution, sur les meu-
« bles et les immeubles. »

Cet ordre de succession n'est peut-être pas excellent :
mais tout ordre de succession qui tend à exclure la Répu

blique est, quel qu'il soit, préférable à celui qui l'appelle.

Art. 77, devenant 79. Ajoutez : *ou tout autre héritier irré-* 770
gulier. *

Art. 78, devenant 80. A *la République* substituer : *l'admi-* 768
nistration de l'hospice des enfans trouvés le plus voisin du do-
micile.

Ajouter : « Nonobstant cet envoi en possession , tout hé- ap-
« ritier appelé par la loi est admis à se présenter avant le 770
« terme fixé pour que la plus longue prescription soit ac-
« quise; et, s'il justifie de sa qualité, l'hospice lui rend les
« capitaux et les immeubles de la succession , mais il garde
« les fruits. »

Art. 82. En cas de contrariété d'avis entre les héritiers , 782
qui fera cet examen? qui décidera? ne vaut-il pas mieux
dire :

« Ceux qui veulent accepter acceptent; la portion de
« ceux qui refusent leur appartient.

Art. 105. Le tribunal *accorde ou refuse.* 798

Art. 108. Entend-on , par la fin du second alinéa , abolir 802
la maxime : *semel hœres, semper hœres ?*

Art. 112. Au lieu de *causée,* pourquoi ne dirait-on pas: 805
qu'ils ont pu éprouver par sa négligence ?

S'il y a des créanciers privilégiés ou opposans , il doit être
tenu de vendre sur le champ les meubles pour les payer sur
leur prix, du moins à concurrence.

Art. 113. Tout héritier bénéficiaire ne doit vendre les im- 806
meubles que suivant le mode qui sera prescrit pour les expropriations forcées ; et l'acquéreur ne doit payer son prix
qu'après avoir rempli les formalités prescrites pour purger
les hypothèques.

Art. 114. La portion du prix des immeubles qui excède le 807
montant des créances hypothécaires doit rester entre les
mains des acquéreurs, pour être distribuée aux créanciers
privilégiés et chirographaires ; soit volontairement , soit ju-

* Voyez l'art. 773 du Code civil.

diciairement : l'héritier ne peut retirer que ce qui reste
après le paiement des dettes et charges. Ainsi, en distribuant
sur-le-champ le prix des meubles vendus, il peut se dispenser
de donner caution.

807   Art. 115. Le prix des meubles seulement, puisque celui
des immeubles doit rester entre les mains des acquéreurs, et
porter intérêt jusqu'au paiement : et pourquoi ce dépôt, qui
coûte toujours des frais, et dont les créanciers perdent l'intérêt? n'est-il pas plus simple de payer sur-le-champ à ceux
qui sont opposans?

808   Art. 116. Il paraît que le créancier ne peut être déchu,
sur le prix des meubles, que par le paiement du reliquat,
ou, tout au plus, par le jugement de distribution.

liv. 3-   Art. 120. Les comptables fournissent un cautionnement
t. 1er-
ch. 5-   en argent et un cautionnement en immeubles ; le Gouver-
fin de   nement a un privilége sur leurs meubles et sur les immeubles
s. 3.
qu'ils acquièrent après leur entrée en exercice, et l'hypothèque sur les immeubles qu'ils possédaient auparavant ; les
héritiers ne continuent pas les perceptions; elles sont confiées
à un préposé jusqu'à ce que le comptable soit remplacé ;
l'héritier bénéficiaire doit compte : que peut donc avoir à
craindre le Gouvernement de l'acceptation bénéficiaire ?
Aurait-il plus d'avantage avec un curateur à la succession
vacante dispendieux et plus négligent? ou voudrait-on établir une main-mise nationale sur les biens de tous les comptables?

D'ailleurs, dans tout Gouvernement fondé sur la justice,
la loi doit être la même pour le Gouvernement que pour les
autres créanciers et les autres débiteurs. La liquidation d'un
comptable doit être la même que celle des autres citoyens ;
et le Gouvernement ne doit pouvoir exercer ses priviléges et
ses hypothèques que comme tout créancier peut exercer les
siens.

Il y a lieu d'espérer que cet article sera rayé, et que le
Gouvernement français donnera à tous les Gouvernemens de

l'univers l'exemple de la déférence aux lois, comme il donne celui de l'administration la plus sage et la plus éclairée.

Art. 121. *Le tribunal de première instance de l'arrondisse-* 812 *ment dans lequel la succession est ouverte.*

Ce tribunal est seul compétent ; cette nomination excède les pouvoirs du juge-de-paix.

Une loi très-sage, et très-importante à conserver, a aboli les jugemens d'hôtel, c'est-à-dire, rendus par un seul juge ; source de surprises, d'abus, et même d'injusti-ces, qui faisaient souvent naître un procès sur un procès, par la différence des ordonnances. Tout jugement doit, conformément à la loi actuelle, être rendu par le tribunal en audience publique ; c'est la loi, c'est l'usage depuis 1791, et l'expérience a prouvé qu'il devait être conservé.

Art. 122. *Par le tribunal,* au lieu de ces mots, *par le juge.* 812

Art. 123. Le tribunal saisi du procès ne peut pas nom- ap-mer, et doit renvoyer par-devant le tribunal de l'ouverture 812 de la succession : il ne peut pas plus y avoir multiplicité de curateurs, que multiplicité de successions d'un seul dé-funt.

Art. 124. Ajouter : « Il est astreint, pour la vente des 813-« meubles et des immeubles, le recouvrement des dettes 814 « actives, le paiement des dettes passives, aux mêmes de-« voirs et aux mêmes formalités que les héritiers bénéfi-« ciaires.

« Il est tenu de donner caution : à défaut, les créanciers « peuvent faire déposer le produit des meubles vendus et « du recouvrement des dettes actives.

« Il rend compte, et paie, à première réquisition, les « créanciers ou ayans-droit, suivant la distribution qui est « faite entre eux par le tribunal.

« Si, dans les trois ans, il ne s'est présenté aucun hé-« ritier, il rend son compte à l'hospice le plus voisin du « domicile du défunt, et verse le reliquat.

« S'il se présente, avant le terme fixé pour que la pres-

« cription soit acquise, des héritiers qui justifient de leurs
« qualités, le capital et les immeubles leur sont rendus,
« sans paiement d'intérêt ni restitution de fruits. »

819 Art. 132. Le juge-de-paix ne peut-il pas, ne doit-il pas
apposer les scellés d'office, conformément à ce qui est
prescrit, art. 26, tit. IX, liv. Ier ?

820 Art. 133. Permission du tribunal.

821 Art. 134. La disposition doit être générale ; ainsi, il faut
rayer : *sur la demande des héritiers ou d'un créancier ;* à ce
mot : *les autres,* substituer : *tous ;* rayer encore : *alors.*

823 Art. 135. Cet article et tous ceux qui le suivent, jusqu'à
la fin exigent une observation déjà faite, et que son importance engage à répéter.

D'abord, un juge paraît fort inutile dans la plupart des
fonctions qu'on lui assigne.

En second lieu, point de juge-commissaire, toujours le
tribunal ; point de chambre de conseil, toujours rapport
public, audience publique : sans cela, arbitraire, déconsi-
dération des juges, point de régénération de l'ordre judiciaire.

ap-
827 Art. 142. Rayer : *si un seul des cohéritiers l'exige.* Dès
qu'il y a licitation, les étrangers doivent être appelés.

832 Art. 147. Cet article est très-important ; mais il est encore très-important de prévenir la subdivision excessive
des terres labourables : il en résulte qu'il est beaucoup de
fonds où la charrue ne peut pas tourner une multitude de
passages qui sont perdus pour l'agriculture. On propose
d'ajouter : *Si, par l'événement du partage d'une terre laboura-
ble, le lot d'un des copartageans se trouvait réduit à vingt-cinq
ares, le fonds ne sera pas partagé.*

831 Art. 156. Il était important de faire revivre cette ancienne disposition de toutes les législations, si nécessaire
pour maintenir la paix dans les familles, pour écarter ces
vampires qui cherchent à se glisser partout où il y a quelque chose à dévorer. Cette loi d'ailleurs n'avait jamais été

abrogée ; mais une jurisprudence erronée en empêchait, depuis quelques années, l'exécution dans quelques parties de la république.

Art. 173. D'après les observations présentées sur l'arti- ap-857
cle 41 du titre Ier, on propose, au lieu de ces mots : *une part d'enfant moins prenant*, ceux-ci : *l'avantage permis par la loi.*

Art. 174. 1° Il faut que les dettes aient été légalement 851
contractées ; 2° il est juste, et, par conséquent, néces-saire, d'excepter les dettes dont aurait pu être chargée une succession échue à l'enfant pendant sa minorité, et que le père ou la mère aurait acquittées avec les revenus.

Art. 177. La période qui commence par ces mots : *la* 854
prohibition d'avantager, doit former un article de loi séparé. On doit y expliquer si, pour établir la fraude, il faut néces-sairement la lésion énormissime, c'est-à-dire, la simulation de paiement, ou la lésion d'outre-moitié, ou la lésion du quart, comme dans les partages, ou enfin une lésion quel-conque.

On doit expliquer si l'exception de fraude aura son appli-cation dans les baux à ferme ou à loyer ; si elle sera prouvée par les paiemens faits par anticipation, ou par la vilité du prix ; si les baux passés à un successible ne doivent pas, dans tous les cas, être bornés à un certain nombre d'années après la mort du bailleur ; si les paiemens par anticipation ne doi-vent pas être regardés comme nuls.

Art. 186. Il serait important de déclarer commun aux 865
créanciers de l'héritier donataire ce qui est ordonné à l'égard des créanciers hypothécaires du copartageant par l'art. 203.

Art. 189. Ajouter à ces mots : *l'estimation portée en l'acte*, 868
ceux-ci : *faite sans fraude.*

Art. 194. Ajouter à ce mot : *personnellement*, ceux-ci, *soit* 877
purs et simples, soit bénéficiaires.

Art. 198. Rayer ces mots : *même contre la République.* 878

Il doit être posé en principe que la République, pour

toutes les actions qu'elle exerce ou qu'elle soutient, pour toutes les propriétés qu'elle possède, qu'elle vend ou qu'elle acquiert, en un mot, pour tous les actes du droit civil, est soumise aux mêmes lois que les citoyens.

882   Art. 203. Le partage, pour être consommé à l'égard des tiers, doit être fait par acte public, ou reconnu soit en justice, soit par-devant notaire.

On a déjà observé, art. 186, que celui-ci doit être déclaré commun aux créanciers du donataire devenu héritier.

883   Art. 204. *Ou qui lui sont restés par l'effet de la licitation :* addition nécessaire pour lever les doutes, à raison des hypothèques personnelles de ses cohéritiers sur leurs portions qu'il acquiert.

887   Art. 212. La lésion de plus du quart ne doit être exigée que relativement au partage des immeubles.

Toute lésion, en fait de partage ou de meuble ou d'argent, est une erreur de calcul ; et l'erreur de calcul est toujours essentiellement réparable, quelque légère qu'elle soit.

888   Art. 213. La licitation judiciaire doit être exceptée, et n'est soumise, pour la rescision, qu'aux mêmes règles qui seront établies pour les ventes judiciaires.

OBSERVATION GÉNÉRALE.

liv. 3-
tit. 1-
ch. 6-
fin de
sec. 5

Il paraît de la plus grande importance de fixer un espace de temps par lequel on prescrirait contre les demandes en rescision en matière de partage. *Voir* les observations sur la section IX *des conventions en général ,* titre III, livre II. *

TITRE II. — *Des contrats ou des obligations conventionnelles en général.*

liv. 3-
tit. 3.

OBSERVATIONS GÉNÉRALES.

Le Code civil a omis :

1º La définition des actions personnelle, réelle et mixte, possessoire et pétitoire ;

2º Les fautes très-graves, graves et légères, les cas où la

* Voyez l'art. 1304 du Code civil.

faute est excusable, les cas où elle rend celui qui la fait, responsable de l'événement ;

3° Les qualités requises pour porter témoignage en matière civile ;

4° La définition de l'erreur de fait, de l'erreur de droit, de l'erreur dans la chose, et de l'erreur dans la personne ;

5° Les principes sur la simulation : et, cependant, il y a une foule de dispositions qui annullent des actes pour cause de simulation. Il est vrai qu'il est difficile de prévoir tous les cas ; mais on peut établir des règles générales : jusqu'à présent *Dauti* a guidé les jurisconsultes.

7° Les principes généraux sur les subrogations légales et conventionnelles, espèce de contrat très-multiplié et très-nécessaire. *

On trouve bien quelques dispositions éparses qui prononcent des subrogations légales, ou qui indiquent une subrogation conventionnelle ; mais elles ne contiennent point sa définition, la manière de l'obtenir, ses effets ; elles n'embrassent pas tous les cas, et ne suffisent pas pour les décider.

Deux ou trois principes généraux, desquels on pourrait tirer toutes les règles générales, seraient bien préférables à des dispositions particulières, que d'ailleurs elles n'exclueraient pas.

DISPOSITIONS PRÉLIMINAIRES.

Art. 3. Rayer *égal* : dans le contrat aléatoire, le risque doit toujours être respectif ; il peut ne pas être égal. 1104

Art. 7. *A l'erreur de fait* : il est de principe que l'erreur de droit n'excuse pas ; et elle devra bien moins excuser, lorsqu'un Code écrit en français avec clarté et précision, et embrassant toutes les parties, mettra tout individu à portée de connaître les lois. 1109

Art. 19. Ajoutez : « si celui pour qui on s'est fait fort re- 1120

---

* Voyez le § 2, au livre III, tit. III, ch. 5, sect. 1re du Code civil.

IV. 9)

« fuse d'exécuter la promesse, elle est annulée ; mais celui
« qui s'est fait fort est condamné aux dommages-intérêts. »

1124 Art. 21. Le Code n'a point encore défini le mot *impu-
bère* : sans doute il comprend tous les mineurs non émancipés.

1125 Art. 22. Après ces mots : *par eux*, ajoutez : *et leurs héritiers ;* cette action est transmissible tant que le délai de la
restitution n'est pas expiré.

1132 Art. 30. A ces mots : *La convention n'en est pas moins valable quoique la cause n'en soit point exprimée*, substituer :
« La convention dont la clause n'est pas exprimée ne peut
« produire aucun effet, à moins que la cause ne soit prou-
« vée ; elle sert de commencement de preuve par écrit. »

Si on est dispensé d'exprimer la cause d'une convention,
comment reconnaître si elle est illicite ou fausse ? Ce paragraphe détruirait les dispositions précédentes, qui sont très-
importantes, et donnerait d'ailleurs ouverture aux donations déguisées, aux fraudes de toute espèce.

1135 Art. 33. Avec l'extension que pourraient donner aux stipulations l'équité et l'usage ; il n'y a point de convention
qui ne puisse devenir indéfinie, et assujétir le contractant à
une obligation dont il n'avait pas même l'idée, qu'il aurait
peut-être expressément refusé de souscrire. Une convention
ne peut pas avoir d'autres suites et produire d'autres effets
que ceux que la stipulation et la loi lui donnent, d'autres
effets que ceux qui sont nécessaires pour son exécution.

1140 Art. 38. Cet article peut être bien dangereux à cause de la
facilité d'antidater, résultant du délai accordé aux notaires
pour l'enregistrement.

Pour la préférence entre deux acquéreurs, on devrait considérer encore la priorité de l'enregistrement, la prise de
possession, l'exécution du contrat.

Quant aux créanciers, il n'y a point de saisie réelle qu'on
ne pût anéantir avec une vente datée de la veille. La saisie,
les poursuites, l'adjudication même, peuvent se faire tant

que l'acquéreur n'a pas fait dénoncer son contrat aux créanciers, ne leur a pas ouvert la voie des enchères autorisées par la loi sur les expropriations volontaires.

Les inconvéniens résultant de cet article doivent contribuer à maintenir la nécessité de la transcription du contrat. On reviendra sur les objets de cet article, qui sont de la plus haute importance, dans les observations préliminaires sur le titre VI, et le projet qui est à la suite.

On demande la radiation de cet article, d'ailleurs très-compliqué par la multitude des dispositions, dont chacune sera portée au chapitre auquel elle est relative.

CHAPITRE II, SECTION II. — *De l'obligation de faire ou de ne pas faire* : ajouter : « Les règles établies dans cette « section ne dérogent point à ce qui est réglé *à l'égard* « *des servitudes*, ou service foncier, dans le titre IV du li- « vre II. » liv. 3-til. 3-ch. 3-fin de sec. 3.

Sans cette précaution, il n'y a point de service foncier qu'on ne se crût autorisé à anéantir avec des dommages et intérêts.

Art. 45, 46, 47, 48 et 49. Le principe qui a dicté ces articles est le même qui a dicté l'art. 20 du titre V *du mariage*, livre Ier, relatif aux stipulations de sommes à payer à titre de peine ou de dédit, insérées dans les promesses de mariage, la section VI du présent titre sur les obligations pénales, et beaucoup de dispositions éparses dans le Code. 1149-1150-1151-1152.

Ce principe, quoique adopté dans tous les temps par toutes les législations et la jurisprudence universelle, éprouve des contradictions ; ses détracteurs opposent :

1° Qu'il est essentiel de maintenir et d'assurer l'exécution fidèle et sévère des contrats ;

2° Que les parties ont mieux connu que les tribunaux ne pourront jamais le connaître, l'effet que produirait, à leur égard, l'inexécution totale ou partielle de la convention, ou le retard de son exécution ;

3° Qu'elles ne peuvent pas se plaindre de suivre la loi qu'elles se sont elles-mêmes imposée ;

4° Que si on pouvait mettre le ciseau dans la convention, la juste réciprocité, base essentielle des contrats, exigerait que le juge pût augmenter la somme, si elle est trop faible, comme on l'autorise à la modérer, si elle est excessive.

Les défenseurs du principe répondent :

1° Que les clauses pénales ne sont pas précisément un contrat, mais une stipulation ajoutée à la loi qui ordonne l'exécution des conventions ; et que la loi étant réputée la sagesse universelle, il ne doit pas être permis de vouloir être plus sage qu'elle, de créer des peines là où elle n'en a pas prononcé, d'aggraver celles qu'elle prononce ;

2° Que, puisque la loi annulle des conventions qui n'ont pas une cause licite, qui contiennent des avantages indirects ou des conditions impossibles, qui sont contre les bonnes mœurs, elle peut et doit, par identité de raison, annuler les conventions extravagantes, au nombre desquelles se place de droit la soumission volontaire à des peines dont l'excessivité et la disproportion avec le tort qui en est le prétexte, prouvent évidemment qu'elles sont l'effet d'une passion qui égare, d'un espoir qui séduit, ou d'une imprévoyance absurde ;

3° Que toute stipulation d'une peine excessive porte en elle-même la démonstration de l'erreur et de la lésion de celui qui l'a consentie, du dol, de l'artifice, de l'injustice de celui qui l'a exigée ; qu'ainsi elle doit être nulle de plein droit, comme doivent être annulées celles qui, par l'événement de l'action en restitution, sont prouvées être infectées de ces vices ;

4° Que les clauses pénales excessives ne méritent pas de faveur, parce qu'on ne les emploie que pour consolider des stipulations inégales, injustes, ruineuses, surprises ou extorquées : qu'en tout cas celui qui les a exigées ne peut pas se plaindre de leur modération, puisqu'il savait qu'elles étaient prononcées d'avance par la loi.

Ne pourrait-on pas, pour concilier le respect dû aux stipulations, avec la justice qui doit en être la base, faire, des principes sur les clauses pénales, une disposition générale sur les conventions?

On pourrait dire :

« L'inexécution, en tout ou en partie, d'une convention, « et le retard de son exécution, entraînent contre celui « qui manque ou diffère de l'exécuter, à moins qu'il ne « justifie que l'exécution ne lui a pas été possible, des « dommages et intérêts, soit qu'ils aient été stipulés ou « non.

« Toute stipulation d'une somme déterminée à titre de « peine, de dédit, de dommages et intérêts, est réputée « non écrite : le juge la taxe en raison de la perte que ce- « lui qui réclame l'exécution a faite, et du gain qu'il a man- « qué de faire, suivant les principes établis par la loi sur les « différens cas. »

Les dispositions générales qu'on aurait ainsi adoptées, dirigeraient les modifications et interprétations faites dans les différentes parties du Code où ce principe s'applique.

Dans l'un et l'autre système, on proposerait de substituer aux articles 45, 46, 47, 48 et 49 la disposition suivante : « Les dommages et intérêts dus aux créanciers, sont en gé- « néral de la perte qu'il a faite ou du gain qu'il a manqué « de faire par des événemens prévus ou qu'on a dû prévoir « lors de la convention.

« Lorsqu'ils ont été fixés par la convention, le juge ne « peut pas allouer une plus forte somme. »

Deux des commissaires demandent la radiation du dernier paragraphe de l'article 49, *Le juge peut au contraire, etc.*

Art. 51. Ajouter à cet article : « Il n'est point d'intérêts d'in-   1155 « térêts, à l'exception des deniers pupillaires, lorsque ceux qui

« se trouvent entre les mains du tuteur sont arrivés à la
« somme fixée par la loi.

« Mais les sommes dues, etc.

« Il en est de même des intérêts qu'un tiers paie pour
« un débiteur à son créancier, des intérêts des dots, des
« portions héréditaires, des prix d'un immeuble, ou d'une
« universalité de meubles, tels que, vente de fonds de
« boutique etc. »

1156 Art. 52. On observe que deux contractans ont des con-
versations préliminaires, et prennent des avis dont leur
convention est le résultat écrit: c'est le sens des termes dans
lesquels la convention est rédigée, c'est leur similitude avec
ce dont ils sont convenus qui les décide à contracter ainsi.

1° C'est le sens grammatical des termes qu'on doit suivre
en l'interprétant; sans cela on autoriserait le juge à imposer
par interprétation aux contractans une autre obligation que
celle qu'ils ont consentie;

2° On ne peut interpréter que dans le cas où le sens
grammatical présente quelque chose d'obscur et de douteux;
on propose de rayer et de substituer:

« On doit, dans les conventions, rechercher quelle a été
« la commune intention des parties contractantes, pour in-
« terpréter ce que le sens grammatical peut présenter d'ob-
« scur et de douteux. »

Art. 54. On propose d'ajouter à cet article une disposition sur l'acception des termes:

« Les termes susceptibles de deux sens doivent être pris
« dans le sens que présente leur acception la plus ordinaire
« dans le pays où on a contracté: si cette acception ne peut
« pas fixer l'interprétation, ils doivent être pris dans le
« sens qui convient le plus à la matière du contrat. »

1159 Art. 55. Il paraît 1° que l'interprétation par usage local
doit être restreinte au seul cas où on ne peut pas interpréter par les règles précédentes.

2° Où l'usage local serait relatif à la matière de l'acte, « s'il

« est impossible de découvrir l'intention commune des con-
« tractans par les règles précédentes, on peut l'interpréter
« par l'usage du pays où l'acte a été passé, s'il y existe un
« usage local relatif à la matière du contrat. »

Quant au paragraphe qui permet de suppléer, dans le
contrat, des clauses d'usage, quoique non exprimées, on
demande qu'il soit rayé.

S'il doit s'entendre des clauses de style, il est inutile.

S'il s'applique à toutes les clauses d'usage dans certains
lieux et dans certains contrats, il est possible que l'intention
des parties ait été formellement contraire : dans tous les cas,
c'est ajouter à l'acte, c'est en faire un nouveau ; addition,
innovation, qui ne doivent pas être permises aux juges, qui
ne sont pas au pouvoir du législateur.

Art. 56. C'est une règle générale qui doit précéder toutes 1161
les autres.

Après toutes ces règles, il est utile d'en ajouter une, généralement reçue :

« Les expressions dont il est impossible de découvrir le
« sens sont rejetées comme si elles n'avaient pas été
« écrites. »

Art. 67. 1° Dans le dernier alinéa, l'expression, *il en est* 1171
autrement, présenterait le sens que la condition elle-même
n'est pas nulle ; elle doit être remplacée par ces mots, *elle*
n'annulle pas les dispositions testamentaires. 2° Il est essentiel
de déterminer quelles sont les conditions que la loi regarde
comme impossibles et contraires aux bonnes mœurs.

Art. 70. Le mot *vraisemblablement* doit être supprimé, 1175
comme tendant à altérer la convention et à la soumettre à
l'arbitraire.

Art. 73. Au lieu de ces mots, *a un effet rétroactif*, il pa- 1179
raîtrait préférable de dire, *l'accomplissement de la condition*
se reporte pour l'exécution.

On a peine à comprendre l'article 76 : peut-être a-t-on 1181
voulu dire que, quoique l'événement fût arrivé et certain au

moment de la convention, la convention était valable si l'é-
vénement était inconnu aux deux parties; mais, dans ce cas,
la disposition doit être claire ; et il doit y être ajouté une
autre disposition pour annuler la convention , si l'une des
deux parties était instruite de l'événement.

1185   Art. 8o. Il faut au mot *condition* ajouter *suspensive ;* et à
la fin de la phrase, lire, *retarde seulement l'exécution.*

1188   Art. 83. Pour rendre la disposition exacte et juste, il
faudrait qu'elle dît, *lorsqu'il est en état de faillite ouverte ou
que ses biens sont en discussion.*

1193   Art. 88. Rayer *par la faute du débiteur.* Dès qu'il a promis
de deux choses l'une , s'il ne peut pas livrer la première ,
il faut qu'il livre l'autre.

liv. 3-   CHAPITRE III , SECTION IV. — Cette section ne peut pas
tit. 3-
ch. 4-   s'appliquer aux sociétés générales et libres, parce que leurs
sec. 4.   obligations doivent être versées uniquement dans la caisse
sociale : en conséquence, on déclare qu'on n'a jamais vu ,
ni à Lyon , ni dans les départemens environnans, aucune
obligation solidaire entre plusieurs créanciers. Si cependant on croit devoir insérer dans le Code les principes
de ce contrat, il est essentiel de décider si la compensation,
dans cette espèce, peut avoir lieu pour le tout entre le débiteur et l'un des créanciers solidaires.

1200   Art. 93. 1° La régularité de la définition exige qu'au lieu
de ces mots : *peut être obligée,* on lise : *soit obligée par la
convention ou par la loi.*

2° Le dernier membre de la période n'entre point dans
la définition de la solidarité ; c'est une disposition particulière , une loi séparée.

202   Art. 96. La rédaction du deuxième alinéa peut jeter de
l'obscurité sur le principe ; on pourrait dire : « La solida-
« rité ne se présume point ; il faut qu'elle soit expressément
« stipulée ou prononcée par une disposition expresse de la
« loi. »

1208   Art 99. Le dernier alinéa, trop indéfini, exclut des excep-

tions dont jusqu'à présent le codébiteur avait pu exciper ;
on propose de dire : « Il peut opposer les exceptions de
« compensation de paiement et autres semblables, quoi-
« qu'elles soient purement personnelles à quelques-uns des
« obligés ; mais il ne peut pas opposer celles qui résultent
« de leur incapacité. »

Art. 100. Dès qu'ils sont débiteurs solidaires de la chose,   1205
c'est une malheureuse nécessité qu'ils *soient aussi solidaire-*
ment tenus des dommages et intérêts, sauf leur recours contre
celui dont la faute y a donné lieu.

La disposition actuelle de l'article est plus conforme aux
principes de l'humanité et à la faveur de la libération ;
mais on la croit contraire à l'essence du contrat ; et, dans
des temps où la valeur des choses varie, elle peut autoriser
beaucoup de fraudes.

Art. 103. On propose de retrancher le mot *unique* : soit   1209
que le débiteur soit héritier unique ou cohéritier, le principe
est toujours vrai.

Art. 104. On a toujours tenu que le créancier dans ce   1210
cas ne perd son action solidaire que contre le codébiteur dont
il reçoit divisément la part ; cette restriction doit être exprimée.

SECTION V. — On propose d'employer, dans toute cette   liv. 3-
section, les mots *divisibles* et *indivisibles*, qui signifient la   tit. 3-
même chose, sont moins scientifiques, et plus connus.   ch. 4-
                                                          sec. 5.

Art. 109 et 110. On pense que la définition étendue dans   1217-
ces deux articles doit être réduite aux trois premières lignes   1218
de l'art. 109. Les derniers mots : *n'est pas susceptible de divi-*
sion par parties, expriment tout ; le reste ne servirait qu'à
faire naître des doutes et des controverses.

Art. 115 et 116. Il est important d'expliquer que c'est,   1222-
dans l'un et l'autre cas, *sauf le recours contre les roobligés.*   1223

Art. 117. Chaque héritier ne peut pas exiger à son profit,   1224
mais seulement au profit de l'hérédité.

La dernière disposition doit être positive, et non pas négative.

ap-
1229 Art. 123. On s'en réfère à la discussion sur l'article 49 du
titre II de ce livre, qui contient soit les objections qu'on
propose contre le deuxième alinéa de l'article 123, soit la
défense de cet article.

1230 Art. 124. Les adversaires du principe opposent, sur cet
article, qu'il est beaucoup de cas où le débiteur étant loin du
créancier, il n'est pas possible de le mettre en demeure, et
où, par la nature même de la convention, telle que les lettres de voiture, les engagemens de délivrance de marchandises à jour fixe, les dommages et intérêts doivent être en-
courus par le seul fait de l'inexécution.

On leur répond, 1º que le premier cas est prévu par l'exception prononcée dans l'article même : *à moins que l'obliga-*
tion principale ne soit de telle nature qu'elle n'ait pu être remplie
utilement par le créancier que dans un certain temps ;

2º Que, dans tous les cas, la peine ne doit pas excéder la
perte qu'a soufferte le créancier, et le gain qu'il a manqué
de faire.

Deux commissaires demandent qu'on excepte expressément les lettres de voiture.

1234 Art. 128. L'obligation ne s'éteint pas par la cession de
biens judiciaire, puisque, si le débiteur en acquiert de nouveaux, le créancier peut y exercer ses droits.

L'obligation ne s'éteint pas par la demande en nullité,
mais seulement par la nullité prononcée.

1238 Art. 133. On propose de mettre : « Le paiement d'une
« somme, fait en argent par celui qui n'en était pas proprié-
« taire, ne peut être répété contre le créancier qui l'a reçue
« de bonne foi. »

Il suffit que le créancier ait reçu l'argent de bonne foi
pour qu'il le garde; et il ne peut pas avoir reçu de bonne foi
d'un incapable.

1241 Art. 136. Ajouter : « à moins que le débiteur ne soit forcé

« de payer une seconde fois le montant au saisissant ou op-
« posant. »

Le créancier doit certainement garantir le débiteur, s'il
est tenu de payer une seconde fois.

Art. 142. Après le mot *accessoire*, ajouter : *à l'égard du* 1251
créancier seulement, et rayer tout le reste.   3ᵉ

Les codébiteurs sont tenus, de droit, de rembourser au
codébiteur payant les portions de la dette qu'il a avancées
pour eux.

Art. 151. 1ᵉʳ *alinéa*, 2ᵉ ligne. *Ou, en cas d'incapacité, à ce-* 1258
lui qui a pouvoir.

Cette disposition doit être restreinte à ce seul cas : on ne
peut pas faire une procédure d'offres réelles avec un simple
fondé de procuration.

3ᵉ *alinéa*. Ajouter à la fin : *sauf à parfaire pour les frais seu-*
lement.

Cette restriction est de l'essence du contrat.

7ᵉ *alinéa*. Rayer : *et étant en usage de les faire*.

L'usage ne peut ni ôter ni donner des droits à un fonctionnaire public : ses droits dérivent de la loi qui a créé ses fonctions, et subsistent autant que la disposition de cette loi.
D'ailleurs, que signifie ce mot : *officier ministériel ?* Il n'a pas
de sens déterminé par la loi. Autrefois, des offres réelles
pouvaient être faites par des huissiers et des notaires, mais
les huissiers les faisaient presque toutes. Il est essentiel que
le Code désigne précisément à quels officiers publics cette
forme d'actes est attribuée.

Art. 152. Dans le droit romain, dans le droit français, 1259
dans la jurisprudence, il est absolument nécessaire, pour la
validité de la consignation, qu'elle soit faite en exécution
d'un jugement rendu partie présente ou dûment appelée.

La consignation entraîne trop de pertes et a trop de dangers, soit pour le créancier, soit pour des tiers qui ont des
droits à exercer contre lui, pour qu'on puisse changer l'ancien droit et permettre la consignation spontanée.

1271   Art. 156. Ajouter à la fin du troisième alinéa : « à moins
« que le nouveau créancier n'ait été subrogé au droit de l'an-
« cien. »

1281   Art. 158. Ce principe est général : *Tout créancier, même
solidaire, etc.*

1273-   Art. 159 et 160. Rayer ces deux articles : le premier, parce
1274 qu'il est absolument vague et insignifiant, jusqu'à ce qu'on
ait expliqué à quel signe on doit reconnaître la volonté d'in-
nover ; le deuxième, parce qu'il est directement contraire
aux principes, puisque, toutes les fois qu'un nouveau
créancier est subrogé à l'ancien, il n'y a point de novation.

    Les obscurités de cette section résultent de ce qu'il n'y a
point de titre sur la subrogation, d'où l'on puisse tirer des
exceptions à la novation.

liv. 3-   Art. 165. On propose de rayer le deuxième alinéa, et
tit. 3-
ch. 5- d'y substituer :
fin de
sec. 2-   « Pour que la délégation soit parfaite, il faut le concours
et
1271 « du déléguant et du délégué, et du créancier qui accepte
2° « le nouveau débiteur. »

    Cette addition est nécessaire, puisque, sans cela, la dé-
légation n'est pas valable ; il n'y a point de délégation. La
suppression du deuxième alinéa actuel est aussi nécessaire,
parce que, si la délégation est parfaite, le principe est
faux, et directement contraire à la disposition de l'article
suivant ; et, si la délégation n'est pas parfaite, la disposition se trouve dans l'article 167.

1276   Art. 166. Ajouter au commencement : *Lorsque la délégation est parfaite, le créancier, etc.*

1282   Art. 168. Ajouter à la fin : *le titre sous seing privé de l'obligation.*

1284   Art. 169. Même addition : sans cette restriction il y aurait
contradiction avec l'article 170.

1296   Art. 180. Rayer en entier l'article. Si la dette s'éteint, il
n'y a pas de frais de remise ; et la disposition de cet article
se trouve directement contradictoire au suivant.

Art. 185. Le troisième alinéa est directement contraire à la maxime généralement reçue : *res perit domino*. Si le créancier est déjà propriétaire de la chose, si elle périt pour le propriétaire, pourquoi le débiteur lui rendrait-il son argent ; lorsqu'il n'y a eu ni faute, ni dol, ni retard de sa part? Le contrat d'abandonnement est et peut être d'usage entre tous les créanciers et tous les débiteurs, soit que les dettes proviennent de relations commerciales ou de relations agricoles, d'entreprises ou d'autres causes quelles qu'elles puissent être. Ainsi, quand même il pourrait y avoir un Code de commerce séparé, le contrat d'abandonnement devrait nécessairement faire partie du Code civil.

Mais, on ne saurait trop le répéter, il faut nécessairement que le Code de commerce fasse partie du Code civil. D'ailleurs, pour terminer la partie de la cession volontaire, il ne s'agit que d'ajouter trois ou quatre articles :

1° Pour déterminer l'effet de la cession relativement aux débiteurs, si elle est révocable en payant, et si elle continue à avoir son effet contre les héritiers du débiteur ;

2° Si la pluralité des créanciers, calculée d'après la quotité des créances, est toujours coactive pour les créanciers qui n'ont pas adhéré, soit qu'ils soient privilégiés, hypothécaires, ou seulement chirographaires, lorsqu'on leur réserve les droits résultant de leurs priviléges ou hypothèques ;

3° Quels sont les devoirs des syndics ou directeurs des droits des autres créanciers ; et ils sont bien simples :

Tout recouvrer ; vendre le mobilier dans les mêmes formes, et le distribuer de la même manière que les héritiers bénéficiaires ou les curateurs aux successions vacantes ; vendre les immeubles dans les formes prescrites pour l'expropriation forcée ; faire les distributions mobilières aux créanciers tous les trois mois, et les distributions immobilières, ou volontairement, si le traité l'autorise, en faisant homologuer, ou judiciairement; communiquer aux créanciers l'état de situation tous les trois mois; rendre compte en forme à premiere réquisition.

1270   Art. 191. L'humanité exige que, sur les biens survenus au débiteur depuis la cession, on lui laisse des alimens.

Ibid.   Art. 192. Déterminer quelles sont les créances à l'égard desquelles la loi n'accorde point de bénéfice de la décharge de contrainte par corps.

Quelques personnes, convaincues qu'un homme en prison n'est bon à rien, ne produit rien, et que tout le droit qu'un créancier, quel qu'il soit, peut avoir sur son débiteur, est, dans la plus grande rigueur, de le dépouiller de tous les biens qu'il a et qu'il peut acquérir, instruites par l'histoire que la rigueur des créanciers fut souvent funeste à plus d'un Gouvernement, notamment à Rome, pensent que la cession de biens doit libérer de la contrainte par corps, en matière civile comme en matière de commerce; que tout au plus pourrait-on la laisser subsister à titre de peine contre les débiteurs qui seraient coupables d'un *quasi-délit*, et qu'encore la durée de cette peine devrait être déterminée à un temps fixe, au terme de cinq ans fixé par la loi actuelle sur la contrainte par corps. Elles pensent que le cas du quasi-délit devrait être borné au stellionat, et à l'emploi illicite des deniers confiés à la garde du débiteur : tel serait le cas de ceux qui ont le maniement des deniers publics, de ceux à la garde desquels sont confiés des dépôts nécessaires ou judiciaires, ou forcés par la loi.

Et tout cela prouve encore davantage la nécessité de ne pas diviser en deux Codes des objets corrélatifs, où l'exception doit être analogue et connexe à la disposition.

1304   Art. 193. On propose au plus vingt ans; on discutera cette matière au titre *des prescriptions.*

Ibid.   Art. 194. Il paraît que dans les cas où la restitution procède d'erreur et de violence ou de dol, elle ne doit durer que quatre ans (terme adopté déjà dans plusieurs dispositions de ce Code), ou cinq ans au plus : ce terme suffit sans doute pour qu'on ait reconnu ou dû reconnaître l'erreur de fait et de dol ; et , quant à la violence , si l'on peut présumer qu'elle dure quatre ans, on pourrait ne les faire courir que depuis qu'elle a cessé. Mais il est d'autres observations importantes.

Il est essentiel, comme on la dit au chapitre *du partage,* de fixer un terme, une prescription aux actions en rescision des partages. Il faut bien maintenir l'égalité entre cohéritiers ; mais il faut aussi assurer, autant que la justice le permet, la stabilité des propriétés, prévenir des demandes en rescision qui n'auraient pour cause que les améliorations d'un nouveau propriétaire. A-t-on voulu laisser cette action subsister aussi long-temps que les actions en nullité des contrats? ce terme serait bien long.

L'assimilera-t-on, lorsque le partage a été fait entre majeurs, aux demandes en rescision de vente? elle devrait alors être fixée à quatre ans. L'assimilera-t-on aux demandes en restitution? elle doit avoir leur terme. Quel qu'il soit, il faut que cette action en ait un.

Quant au mineur, s'il a consenti avant son émancipation, l'acte est nul, et la prescription doit être celle des actions en nullité. S'il a consenti depuis son émancipation, il faut distinguer : ou c'est un acte au nombre de ceux qui lui sont prohibés, et alors il est nul comme celui du mineur non émancipé : ou il est au nombre de ceux qu'il lui est permis de consentir, et alors, attendu son âge, la lésion doit donner ouverture , en sa faveur, à la restitution.

On conçoit d'autant moins la restriction de la lésion au 1306 mineur non émancipé, dans l'article 196, que dans l'article suivant on lit : « A l'égard du mineur en général, la « moindre lésion suffit, lorsqu'elle se trouve dans l'acte « même. »

Art. 200. On demande la radiation de cet article. On a 1308 prouvé, article 111, titre IX du livre Ier *des personnes,* qu'il était inconvenant d'autoriser les mineurs à faire le commerce.

1311   Art. 203. On doit, au contraire, réserver les mêmes délais pour être restitué contre la ratification, qu'on accorde à la restitution des majeurs. Il est si facile d'abuser un jeune homme de vingt-un ans et un jour ; et la ratification a tant de force, d'après les dispositions de l'article 31 ci-après, qu'à l'égard des actes souscrits en minorité, la ratification ne doit être regardée que comme un premier acte.

1316   Art. 206. Il paraît nécessaire d'ajouter à la fin de cet article : « suivant les règles et dans les cas qui seront expli-« qués ci-après. »

liv. 3-tit. 3-ch. 6-s. 1re.   Art. 207. On demande la radiation de ces mots : *et cette preuve est plus ou moins, etc.*, jusqu'à la fin de cet article.

Une copie ne peut faire preuve qu'autant qu'elle est dans les formes exigées dans la distinction 4 ci-après ; et alors elle n'est point une simple copie.

1320   Art. 210. On demande la radiation du 3e alinéa de cet article : il peut avoir les plus dangereuses conséquences. Il convertit en convention un simple terme énonciatif ; il en fait un contrat ; tout ce qu'il peut avoir d'utile et de juste est relatif au commencement de preuve par écrit, et se trouve dans l'article 237, avec lequel, par conséquent, i forme un double emploi.

1325   Art. 215. Le troisième alinéa, n'admettant point de réciprocité, ne pouvant pas en ordonner, est injuste, puisqu'il engage l'une des parties envers les autres, qui ne sont point engagées envers elle. On propose d'y substituer la disposition suivante :

    « Néanmoins, malgré le défaut d'originaux doubles, tri-« ples, etc., si l'acte a été exécuté en tout ou en partie, il « règle tout ce qui a été fait : il est nul pour le surplus et « pour l'avenir. »

Art. 216. La première partie de cet article doit porter 1326
la peine de nullité..

Quant à l'exception qui forme la 2ᵉ partie, elle doit être
supprimée : la loi ne doit admettre aucune distinction, dans
les engagemens, à cause des professions.

D'ailleurs, ceux qu'on excepte sont ceux à qui la disposition de la loi est le plus nécessaire, puisque ce sont ceux
qu'il est plus facile d'abuser ; et l'expérience l'a trop prouvé
pour que cette exception puisse subsister.

Art. 220. Rayer le mot *bourgeois*, qui n'a plus d'accep- 1329
tion en français ; substituer *consommateur*.

Art. 222. Ajouter : « Sont exceptés les registres des maî- 1331
« tres dans leurs rapports avec leurs domestiques, journa-
« liers, métayers, colons partiaires, apprentis, compa-
« gnons ; à la charge, par les maîtres, d'en affirmer la
« sincérité. »

Art. 224. On demande la suppression de cet article. Si 1333
les deux doubles des tailles et les échantillons sont respectivement produits, il est inutile ; si un seul pouvait faire
foi, il serait injuste et dangereux.

Art. 225. Après le mot *copie*, ajouter : *et les expéditions.* 1334

L'expérience a prouvé qu'il existe trop souvent des expéditions différentes de la minute ; on a même vu deux
parties produire, l'une contre l'autre, deux expéditions du
même acte qui différaient entre elles ; et, comme certains
praticiens prétendent qu'on ne peut pas exiger, par la voie
civile, la vérification de l'expédition sur la minute, il est
important que le mot *expédition* se trouve dans cet article,
qui statue que la représentation du titre original pourra
toujours être exigée. Il est encore essentiel que les expéditions soient comprises dans les dispositions relatives aux
copies dont le titre original n'existe plus.

On peut cependant admettre une exception, lorsque
l'expédition est signée par un notaire décédé depuis plus de
cent ans, dont le protocole est adhiré.

1341   Art. 232. Plusieurs sont d'avis qu'il doit être passé acte de toutes choses, et, par conséquent, rejètent l'exception qui admet la preuve au-dessous de 150 francs.

Ils se fondent sur la nécessité des écritures pour prévenir les procès, sur l'incertitude et les dangers de toute espèce que présentent les preuves testimoniales, enfin, sur ce que le procès qui résultera d'une pareille demande suivie d'enquête coûtera à celui qui le gagnera plus que la somme en litige, et ruinera celui qui succombera : ils ajoutent que, pour ces petits objets, tout doit être tranché par l'affirmation décisive. Le petit nombre, qui est de l'avis de l'exception, se fonde, 1° sur ce que, surtout parmi les cultivateurs, il se fait une multitude de petites affaires de bonne foi, pour lesquelles on n'a pas le temps et on ne prend pas la précaution d'écrire, et dont l'objet, malgré sa modicité, forme souvent la majeure partie de la fortune des créanciers; 2° sur ce que, pour diminuer les frais, on pourrait n'admettre, comme autrefois, la preuve que pour les sommes au-dessous de cent francs, et en attribuer la compétence en dernier ressort au juge-de-paix.

Quant à l'exception relative au commerce, la preuve de la convention n'a jamais lieu qu'autant que le défendeur avoue ou que le demandeur prouve en même temps un fait inhérent à la convention, tel que la dation de terres, un paiement à compte, ou un commencement de délivrance. On persiste, d'ailleurs, toujours à demander que la loi relative au commerce soit fondue dans le Code civil.

Si on prohibe la preuve de la convention au-dessous de cent cinquante francs, les quatre articles suivans doivent être rayés.

1348   L'article 239 doit être rayé : si sa disposition est adop-
4° tée, il n'est point de fortunes à l'abri des fripons. Un imposteur, et malheureusement il en existe beaucoup, en mettant à profit ou préparant un cas fortuit, et en obtenant, moyennant salaire ou partage, la preuve testimoniale de

quelques créances de 4 à 500,000 francs chacune, aurait bientôt plusieurs millions.

On a vu former à Lyon la demande d'une promesse de 200,000 francs par un homme qui n'avait rien, et qui se vantait d'en avoir dans son porte-feuille beaucoup d'autres des personnes les plus riches de la ville. La promesse fut déniée ; l'écriture fut déclarée ne pas être de la main de ceux qui paraissaient l'avoir signée ; les autres promesses n'ont pas paru. S'il n'eût fallu à cet homme qu'un cas fortuit et des témoins qui eussent vu le titre, il s'emparait légalement, sans complices et sans risques, de toutes les fortunes qu'il enviait. Le créancier légitime qui a le malheur de perdre son titre par un cas fortuit a toujours à s'imputer de n'avoir pas exigé un titre authentique dont il aurait retrouvé la grosse chez le notaire. D'ailleurs, il pourra demander l'affirmation des débiteurs, et, s'ils sont marchands, le compulsoire de leurs livres.

Cet article doit donc être supprimé, et remplacé par une disposition portant :

« La preuve de la perte d'un titre par suite d'un cas fortuit, imprévu, et résultant d'une force majeure, n'est pas admissible s'il n'existe pas un commencement de preuves par écrit de la créance (encore, ce commencement de preuves par écrit peut être très-dangereux) ; sauf à celui qui prétend être créancier, à déférer à ses prétendus débiteurs l'affirmation litis-décisoire, et à demander le compulsoire de leurs livres, s'ils sont marchands. »

Art. 240. La forme de la preuve testimoniale appartient à la procédure judiciaire ; mais les qualités nécessaires aux témoins pour que leurs dépositions soient admises, les conditions à remplir pour que la preuve soit acquise, appartiennent au Code civil. *liv. 3- lit. 3- ch. 6- fin de sec. 2.*

Art. 241 et 246. Le Code civil établit des présomptions légales, non-seulement dans l'article 242 de cette section, mais encore sur l'état des enfans nés pendant le mariage, *1349- 1354*

10.

ou ayant le cent quatre-vingt-sixième jour depuis la célébration, ou après le deux cent quatre-vingt-sixième jour après la dissolution, sur les avantages indirects, sur l'adhésion d'hérédité, sur la remise de la dette, sur les notes de libération qui se trouvent dans les papiers des créanciers, sur la renonciation au divorce et aux nullités de mariage, sur la survie du dernier de plusieurs individus péris par le même accident, sur les droits de celui qui possède, etc.

De manière qu'après avoir vérifié les auteurs sur cette matière, on ne trouve point d'autre espèce où les présomptions légales aient été jusqu'à présent admises dans le droit civil, et aient pu l'être, que celles qui sont adoptées par la loi *Procula*, et par les commentateurs de cette loi. Ces présomptions se tirent, 1º des relations d'affaires qu'il y a eu entre le débiteur et le créancier, des comptes réglés entre eux, des quittances données pour d'autres dettes par le créancier au débiteur, depuis l'échéance de l'engagement, sans que jamais le créancier en ait demandé le montant, ni fait aucune réserve dans les actes qu'il a passés ; et d'une cumulation de présomptions si fortes et si nombreuses, que, quoique aucune d'elle ne soit une preuve formelle du paiement, leur réunion force les juges à croire qu'il est impossible que l'engagement ne soit pas éteint. Il ne s'agit donc que de décider si les présomptions de libération pourront éteindre un engagement existant entre les mains du créancier et de ses représentans, soit comme preuve complète de l'extinction de la créance, soit comme commencement de preuve par écrit, pour admettre la preuve testimoniale ; et si on l'admet, d'en faire une loi. Mais, soit qu'on l'admette, soit qu'on la rejète, il est absolument nécessaire :

1º De supprimer les articles 241 et 246, qui sont vagues, insignifians, et tendent à introduire dans les jugemens un arbitraire effrayant, et destructif de tous les titres ;

2º De statuer, au contraire, que, hors les cas prévus et

déterminés par la loi., on n'admettra aucune présomption contre les titres écrits.

Art. 248. L'expérience a montré tant d'abus dans les inductions tirées des actes de procédure, qu'on pense qu'il est nécessaire d'ajouter au dernier alinéa ces mots : 1356

« Ou les aveux formels faits dans des actes de procédure « signifiés et signés par la partie ou par un fondé de pouvoir « spécial. »

Section V du Chapitre V. — Il est nécessaire, 1° de déterminer, par une disposition préliminaire, la formule de l'affirmation judiciaire, et de pourvoir à ce que la base fondamentale du serment, qui prend pour témoin Dieu même, ne contrarie pas les différens cultes ; liv. 3- Ibid. sec. 5

2° De déterminer une peine pour la fausse affirmation ou parjure.

TITRE III. — *Des quasi-contrats.*

Art. 13 et 14. Il paraît qu'après ces mots : *celui qui l'a reçu*, on devrait ajouter : *en paiement*. On propose encore d'ajouter, à l'article 14 : 1379-1380

« Sauf le recours du propriétaire pour l'excédant de va- « leur, s'il y a lieu, contre celui qui avait remis la chose. »

Art. 20. Rayer tout l'alinéa qui commence par ces mots : *la responsabilité ci-dessus*; il fournit trop d'excuses. Les parens et les instituteurs doivent veiller sur les enfans; ils doivent surtout prévenir leurs fautes par une bonne éducation : et quant aux artisans, ils doivent surveiller leurs apprentis, remplacer les pères par l'instruction et les bons exemples; rendre à leurs parens les sujets incorrigibles. Jamais on ne rétablira les mœurs que par une juste sévérité contre ceux qui doivent les inspirer. 1384

Art. 21 Le propriétaire qui perd son bâtiment, est certainement malheureux; on ne peut pas lui supposer l'intention de nuire; il a pu *ignorer*; il faudrait donc ajouter : *s'il a été averti par les voisins, les locataires ou la police.* 1386

TITRE IV. — *De la contrainte par corps.*

Art. 1, 2 et 3. On est surpris de voir la contrainte par corps prononcée pour inexécution d'un jugement civil ; et si cette disposition pouvait être adoptée, on le serait bien davantage de voir qu'elle puisse être prononcée sur simple pétition, sans que celui qui est condamné à cette peine grave ait été entendu ni même appelé, sans qu'on dise combien de jours durera cette peine ; lorsqu'enfin on n'explique ni de quelle formalité devra être revêtu le procès-verbal qui produira cet effet, ni quels seront les faits nécessaires pour constater le refus de vider les fonds, ni après quel délai et quelles sommations préliminaires ce procès-verbal pourra être dressé.

Au surplus, on n'insiste pas sur l'illégalité de cette procédure, parce qu'on ne présume pas que la contrainte par corps puisse être adoptée dans ces deux cas.

1° En ce qui touche le refus de vider les fonds, la loi a établi des huissiers pour faire exécuter les jugemens. Elle leur a permis de prendre des recors, d'appeler des gendarmes, pour que force reste à la loi : voilà donc l'exécution du jugement assurée, sans avoir recours à la contrainte par corps.

Si le condamné fait rebellion, le Code criminel fixe la manière de procéder contre lui, et détermine la peine de son délit. Mais cette peine n'est prononcée que lorsque la preuve du délit est acquise, lorsque les circonstances qui aggravent ou atténuent sont parfaitement connues, lorsque l'accusé a été entendu ou légalement appelé pour proposer ses défenses : tandis que, dans le projet proposé, il pourrait être la victime d'un refus supposé, soit pour l'empêcher de se pourvoir en cassation, soit pour consommer son malheur et sa ruine.

2° En ce qui concerne les restitutions de fruits et les dommages et intérêts, il est de principe qu'ils n'entraînent pas

la contrainte par corps en matière civile ; et cela est fondé
sur de puissans motifs : pourquoi le retard de payer leur don-
nerait-il un caractère de délit ?

Qu'on saisisse, qu'on vende les meubles du plaideur condamné ; qu'on saisisse ses revenus, qu'on vende ses immeubles, c'est tout ce que la législation civile peut permettre ;
c'est tout ce qu'il faut pour être payé, s'il reste des ressources
au plaideur condamné ; mais s'il n'a rien, lui ôter jusqu'au
moyen de travailler, le punir de son indigence par la perte
de sa liberté, c'est une rigueur barbare que la loyauté, la
générosité française ne peuvent pas adopter au dix-neuvième
siècle.

8ᵉ *alinéa*. Toutes ces raisons militent, et d'autres encore, 2062
contre la contrainte par corps du fermier. Lorsqu'il sera en
prison, qui conduira sa charrue ? qui veillera sur ses récoltes ? qui cultivera ses champs ? que deviendra sa ferme ? A
quoi est bon un cultivateur, un chef de culture, lorsqu'il est
en prison ? Sa détention est nuisible à l'agriculture, à la
ferme, au propriétaire lui-même ; et lorsque la loi défend
de saisir les animaux de labour, les outils aratoires, comment permettrait-elle de saisir la personne du cultivateur ?
Enfin, comment le même projet de loi qui prohibe à tout
Français de se soumettre à la contrainte par corps, excepte-
t-elle le seul fermier, celui en faveur de qui, au contraire,
l'affranchissement aurait dû être formellement prononcé ?

Le fermier débiteur du prix de son bail n'est pas un dépositaire nécessaire qui se rende coupable par le seul usage des
deniers confiés à sa garde : il doit, au contraire, en faire
emploi, pour les augmenter par la reproduction ; c'est sur
cette reproduction qu'il doit payer. Quand on traite avec un
fermier, la confiance est déterminée par son assiduité, son
intelligence, son habileté dans la culture, ses avances, ses
cautions, quelques paiemens par anticipation ; on ne doit
pas compter sur son emprisonnement, qui détruirait l'effet
du bail.

Enfin, une considération commune aux trois articles précédens, c'est que la contrainte par corps serait d'autant plus rigoureuse à leur égard, que, suivant la disposition postérieure, ils ne pourraient pas même s'affranchir par la cession de leurs biens.

2062   9ᵉ *alinéa*. Dans ce cas, la contrainte par corps est juste contre le fermier, parce qu'il est dépositaire infidèle. On observe :

1° Que, par identité de raison, elle doit être étendue au métayer et colon partiaire, dans ces mêmes cas ;

2° Que le moyen d'y échapper, qu'on leur ouvre à la fin de l'article, est trop étendu et leur donnerait trop de moyens de consommer leur infidélité ; on propose d'y substituer : « à moins qu'ils ne prouvent qu'ils leur ont été enle-
« vés par un cas fortuit qu'ils n'ont pas pu prévoir, ou une
« force majeure qu'il n'a pas été en leur pouvoir d'em-
« pêcher. »

2060- Il paraît qu'on devrait ajouter aux cas où la contrainte
6°-
7° par corps a lieu, qu'elle doit être prononcée :

« Contre les greffiers, notaires et huissiers, pour la re-
« présentation de leurs minutes, et des titres et pièces dont
« ils auront donné leur chargé ;

« Contre les avoués, pour la restitution des titres dont ils
« auront donné leur chargé.

ap- Art. 7. Le mode d'exécution, ses effets, etc., doivent être
2067
statués par la même loi qui prononce. Autre motif pour ne pas séparer la loi du commerce.

Il est bien facile d'adapter la loi sur la contrainte par corps, du 15 germinal, et la loi interprétative du..............
relative à la contrainte par corps contre les étrangers.

Mais, ce qui est important, avant toute exécution, c'est d'établir des prisons pour les détenus pour dettes, dans lesquelles ils ne soient ni mêlés avec les accusés, encore moins avec les criminels condamnés, ni traités avec les mêmes rigueurs ; dans lesquelles ils puissent travailler, voir leurs conseils, recevoir les secours et les consolations de leurs amis.

Art. 8. C'est une maxime sacrée et inviolable, que nul 2068
ne peut être condamné sans avoir été entendu ou légalement
appelé : comment donc, dans une matière aussi rigoureuse,
aussi peu favorable que la contrainte par corps, où l'humanité et l'intérêt public veulent que tout soit en faveur du débiteur, renverser tous les principes en faveur du créancier?

L'opposition anéantit le jugement par défaut; à l'instant
où elle est signifiée, il n'existe plus : comment pourrait-on
en ordonner l'exécution provisoire ?

L'emprisonnement peut causer des maux irréparables : il
anéantit le crédit du débiteur ; son commerce, sa manufacture, ses exploitations sont perdus ; il détruit sa fortune ; il
plonge sa famille dans la misère ; il le livre aux horreurs du
désespoir : comment donc une loi pourrait-elle, par provision, lui faire de si grands maux ? quel est le cautionnement, quels sont les dommages capables de les réparer si
l'emprisonnement est révoqué?

Tous les principes de justice et d'humanité sollicitent la
suppression de cet article.

TITRE V. — *Du cautionnement.*

Art. 5. Il doit être, au mot *exprès*, substitué *expressément* 2015
stipulé. Point de cautionnement sans stipulation expresse.

Art. 18, 2ᵉ *alinéa*. Ajouter à la fin : « et même lorsque le 2032
« débiteur dissipe son bien, et qu'il y a un juste sujet de   2ᵃ
« craindre qu'il ne devienne insolvable. »

C'est l'avis d'*Argou* et des meilleurs auteurs : on a même
vu soutenir que la caution pouvait à volonté, et sans exprimer de motifs, forcer le débiteur à lui rapporter la décharge
de son cautionnement ; le Code l'assujétit à le laisser subsister pendant dix années ; il est donc juste de lui donner l'action
toutes les fois qu'il y a des motifs.

Art. 25. La contrainte par corps ne peut être ordonnée 2040
par le juge que dans les cas où elle est expressément établie

par la loi. Or, le projet de Code, ni aucune loi en général, n'ont établi la contrainte par corps contre les cautions fournies pour l'exécution d'un jugement.

La loi ne peut ordonner la contrainte par corps que dans deux cas :

1° Comme peine civile contre les dépositaires rétenteurs ;

2° Lorsqu'on a eu plus de foi à la personne du débiteur qu'à sa fortune.

La caution n'est dans aucun de ces deux cas ; elle fait un acte de bienfaisance : on suit la foi de ses immeubles.

Tout se réunit pour faire supprimer ce qui concerne la contrainte par corps à la fin de cet article : s'il est admis, on ne trouvera jamais de cautions solvables et honnêtes ; on n'aura que des cautions à gage.

A-t-on voulu parler des cautions des jugemens en matière de commerce ? alors il faut faire une exception ; et c'est encore une preuve que les lois de commerce doivent être insérées dans le Code civil.

2019 Art. 26. Ne devrait-on pas se restreindre aux immeubles situés dans l'arrondissement du tribunal d'appel ?

TITRE IX. — *Des donations entre vifs et du testament.*

901 Art. 4, *deuxième alinéa.* Rayer *la preuve par témoins*, jusqu'à la fin de l'alinéa.

Jamais cette action n'a été admise : les parens devaient provoquer l'interdiction avant la donation ; s'il était vrai que l'individu fût dans le cas d'être interdit, ils devaient le demander. Ce serait ouvrir trop de moyens à l'injustice que de donner à l'interdiction une époque qui remontât au-delà de la demande en interdiction.

904 Art. 5. Rayer depuis ces mots : *et jusqu'à concurrence.*

Le mineur émancipé âgé de dix-huit ans a toujours pu disposer à cause de mort comme le majeur : on ne lui a jamais interdit que les actes qui le ruinent.

Art. 7. Après ces mots : *par le juge,* ajouter : *lorsqu'elle est* 905
séparée de biens.

La femme ne peut pas diminuer sa fortune tant qu'elle est
à la disposition du mari.

Art. 11. Cet article doit être rayé. ap-
905

Qui peut avoir le droit de scruter la conduite intérieure
des individus , de s'immiscer dans le secret de leurs maisons ,
de leurs liaisons ou de leurs plaisirs , de diffamer deux êtres
dont l'un ne vit plus ?

Tout individu , de quelque sexe qu'il soit , qui aura été lié
d'amitié avec un individu d'un sexe différent , sera , dès qu'il
aura reçu une marque de sa reconnaissance , taxé de concubinage , pour le dépouiller d'un bienfait mérité. On entas-
sera dans un procès scandaleux la calomnie , la corruption
des témoins , toutes les infamies que peut suggérer l'avidité.

Dans l'ancien droit , cette action était extrêmement limitée ; rarement elle a produit des effets justes et utiles , et
toujours ils ont été funestes. Elle doit être abolie comme
contraire à l'honnêteté publique et à la liberté civile.

Art. 12. La loi (on l'a déjà prouvé) ne peut pas connaître avant
des bâtards adultérins ou incestueux ; cet article doit encore 908
être supprimé.

Art. 13. A rayer. Quand la loi a fixé la quotité qu'elle ré- 908
serve aux héritiers légitimes , elle ne peut plus gêner la liberté de la disposition de la portion qu'elle a déclarée disponible.

Elle peut encore moins la gêner au préjudice des sentimens de la nature.

En permettant de reconnaître les enfans naturels , il ne
faut pas les frapper d'une incapacité. Que la loi détermine
à une moindre somme leur portion de droits dans la succession de leur père , qu'elle les prive des droits légitimes de la
famille civile , cela est juste : ils n'en sont pas ; mais , qu'elle
les prive d'une faculté naturelle qu'elle accorde à tout indi-

vidu, quelqu'étranger qu'il soit au testateur, à un inconnu, à un domestique, c'est une injustice évidente.

913-
915-
916 Art. 16. Il y a sur cet article une grande variété d'opinions.

Un commissaire désirerait que la portion disponible soit fixée à la moitié, si le donateur laisse des descendans; aux trois quarts, s'il laisse des ascendans, des frères et des sœurs, et qu'à défaut de parens dans ces degrés, les donations puissent épuiser tous les biens.

Il se fonde sur la liberté que doit avoir l'homme de disposer de ce qu'il a acquis ou conservé; liberté qu'il croit essentielle au maintien de l'autorité paternelle, qu'il soutient inhérente au droit de propriété, et très-utile, surtout dans une ville de commerce, pour encourager au travail et à l'économie.

Un autre commissaire pense que l'article est bon tel qu'il est.

Un troisième préfère la loi de germinal an VIII; en y ajoutant ce que porté le projet de Code en faveur des ascendans, sur le motif qu'elle remplit mieux le vœu de la nature dans toutes ses décisions, et qu'il est juste et nécessaire de conserver les fortunes des individus à leurs familles, pour y maintenir l'union, la concorde, les rapports, les relations de service mutuels.

Mais si l'on veut absolument s'écarter de cette loi, au moins faut-il, comme on l'a déjà observé sur l'article 46 du titre Ier du livre III, que toutes les décisions soient coordonnées sur la base fondamentale qu'on a adoptée pour l'ordre de succéder : or, cette base est la division de la succession entre les deux lignes, et, dans chacune, la succession entre les parens suivant leur proximité.

Pourquoi, puisqu'il est incontestable que les oncles sont, dans l'ordre de succéder, aux mêmes degrés que les neveux, ne pas appeler les oncles lorsqu'on appelle les neveux; pour décider l'indisponibilité? pourquoi n'empêcheraient-ils pas la disponibilité comme les neveux, avec qui ils doivent partager, s'il en existe? pourquoi, lorsqu'on les appelle pour la responsabilité des tutelles, les exclure lorsqu'il s'agit de succéder?

On cherche en vain les motifs de cette incohérence dans les différentes parties du nouveau droit qu'on veut introduire, de cette espèce d'animadversion contre les oncles.

Si elle est fondée sur ce que les neveux tiennent lieu d'enfans, on doit observer aussi, par identité de raison, que les oncles ont tenu lieu de pères, et que la loi doit considérer et inspirer également la reconnaissance et l'affection; et, puisque les oncles et les neveux sont en égal degré, puisqu'ils sont également responsables de la nomination du tuteur et des événemens de la tutelle, les droits du sang, l'équité et les convenances se réunissent pour les faire concourir.

D'ailleurs, dès qu'il ne s'agit que du quart, pourquoi en exclure les petits-neveux, qui représentent les neveux qu'on appelle? pourquoi en exclure les cousins-germains? Quand ils sont d'un âge rapproché de celui du testateur, ils ont vécu avec lui comme frères: ils sont aussi nominativement responsables de la nomination et des événemens de la tutelle.

Enfin, pourquoi encore, lorsqu'il ne s'agit que d'un quart, ne pas appeler les cousins issus de germains? Dans l'usage ordinaire, la parenté subsiste avec affection et rapports jusqu'à ce degré; ce n'est que dans un plus grand éloignement que le souvenir s'en efface, que les rapports se perdent.

Veut-on voir se renouveler les plaintes des parens contre la bizarrerie, le caprice, et quelquefois même la vanité ridicule d'un testateur qui laisse ses parens dans l'indigence pour enrichir des gens qui rient de sa sottise en jouissant de son bienfait?

Art. 19. Il faut lire *donataire* au lieu de *donateur:* cette faute est répétée plusieurs fois dans l'imprimé.

Art. 29, 30, et 31. Sans doute ces articles ne s'appliquent *qu'aux biens faisant partie de la donation*, ou il n'est question que d'une action hypothécaire pour remboursement ; en ce cas :

1º Cela devrait être clairement expliqué ;

2º Cette action doit être subordonnée aux lois relatives aux hypothèques.

900 Art. 32. Sur le premier alinéa, un commissaire désirerait que le Code expliquât quelles sont les dispositions contraires aux lois et aux mœurs ; si ce sont celles qui ont été prohibées par la loi de 1792 et par les lois postérieures ; s'il est possible d'en admettre d'autres : ces éclaircissemens lui paraissent nécessaires, pour que le donateur connaisse la limite de son pouvoir, et pour que les jugemens en cette matière ne soient pas arbitraires.

896 Dans le deuxième alinéa, est-ce la disposition ou la donation qui est annulée ?

898 Dans le troisième alinéa ; il n'est pas possible que le Code ait entendu l'appliquer à une disposition entre vifs ; cependant le mot *disposition à cause de mort* n'y est pas.

910 L'article 33 est susceptible de beaucoup de difficultés.

1º Qui délivrera aux pauvres le legs qui leur aura été fait ? On propose que, si le testateur n'a pas fixé le mode de délivrance, elle soit faite par les héritiers, sur l'indication du maire, dont la présence à la distribution et le certificat tiendront lieu de quittance.

2º Il est impossible que le Gouvernement puisse entrer dans le détail de la confirmation ou du rejet d'une foule de petits legs de 50 francs, de 100 francs, etc.

Il faut donc que ce soit l'hospice, ou l'établissement d'utilité publique, qui soit reconnu et autorisé par le Gouvernement à recevoir des dons, et non pas que chaque don soit confirmé.

3º C'est ici le véritable point de la difficulté. Quelle quotité de sa fortune un citoyen pourra-t-il donner à des hospices, à des établissemens d'utilité publique? quel genre de biens pourront-ils recevoir ?

Sur la quotité, on se rappelle que le fanatisme et la vanité enrichirent autrefois une multitude d'établissemens publics de dons immenses ; qu'on vit des êtres faibles, par l'espoir de l'avenir, des êtres orgueilleux, jouissant imaginairement de leur épitaphe, dépouiller leur famille, quelques pères même leurs enfans, pour doter fastueusement des hôpitaux ou des colléges.

On se rappelle que les lois furent obligées de permettre aux hospices et aux établissemens publics de vendre ; qu'enfin la fameuse loi de 1747 finit par défendre aux gens de main-morte d'acquérir ;

Que les parlemens, soit avant soit depuis cette loi, modéraient les dons trop immenses faits à des établissemens publics ; et que le Gouvernement, pénétré de la sagesse de cette mesure, tolérait l'arbitraire des jugemens ; que la richesse des hospices des pauvres a fait souvent de véritables pauvres, d'une foule de citoyens ; qu'enfin, dans le temps où les administrations, confiées à la sagesse, à l'humanité et à la probité des citoyens, étaient purement paternelles et philanthropiques, les administrateurs, dirigés par l'opinion publique, se crurent plus d'une fois obligés de réparer l'iniquité des testateurs, en accordant des pensions ou des secours aux parens indigens que les bienfaiteurs de leurs pauvres avaient indignement oubliés ; et que cet acte de justice ne fut jamais désapprouvé par le Gouvernement qui existait alors.

D'autres se fondent sur la liberté civile, sur cette maxime du droit romain : *le testateur parle, et sa volonté est une loi ;* sur la nécessité de soutenir les hospices et les établissemens publics, surtout après des temps où plusieurs ont beaucoup perdu ; sur l'impossibilité où serait aujourd'hui le Gouvernement de fournir à leurs besoins les plus urgens et les plus indispensables, encore moins à tout ce qu'exigeraient l'humanité, la-générosité et la grandeur de la nation française.

Les premiers sont d'avis que permettre aux pauvres, aux hospices, aux établissemens publics, de recevoir un dixième de la fortune des citoyens qui ont des descendans ou des ascendans, et un quart de celle des autres, c'est compléter le sacrifice que les sentimens de la nature peuvent faire à la bienfaisance.

Les seconds veulent qu'on puisse leur donner toute la portion disponible de sa fortune.

D'autres encore voudraient fixer, dans tous les cas, le don le plus fort à la moitié de la portion disponible de la fortune.

Sur le genre de biens qu'on peut leur donner, les premiers considèrent que les propriétés immobilières, quels que soient le zèle et les connaissances des administrateurs, sont toujours mal et dispendieusement cultivées et régies quand elles appartiennent au public; que la propriété de tous, en absorbant ce qui pourrait être la propriété de plusieurs, arrête les mariages, et, par conséquent, la population; que la diminution de la culture, qui entraîne celle du commerce, la cessation de la circulation des immeubles, la privation des droits de tout genre que le fisc pourrait en retirer, sont infiniment plus funestes à la nation, que ces secours extraordinaires donnés aux établissemens publics ne peuvent lui être utiles.

En conséquence, ils sont d'avis qu'il importe de les déclarer incapables de recevoir des immeubles par donations entre vifs ou testamentaires, et de les restreindre aux dons en argent ou en meubles.

Les seconds veulent qu'ils puissent tout recevoir, tout acquérir, tout posséder, parce qu'ils ont besoin de tout. Mais ils désirent qu'il soit ajouté à la loi qui les autorisera à recevoir des dons, que, lorsqu'un établissement sera suffisamment doté, le Gouvernement pourra le déclarer, par un arrêté, incapable de recevoir à l'avenir.

C'est au Gouvernement à décider ces questions importantes de droit public ; mais il était du devoir de ceux à
qui on demandait des observations sur un projet de Code
de les proposer.

Au reste, toutes les opinions se réunissent pour que, s'il
a été donné à la main-morte une portion aliquote de la
fortune, elle ne puisse demander ni le partage ni la licitation des immeubles, et que les héritiers aient le droit de la
lui payer en argent, d'après l'estimation des biens et la composition de la succession.

Art. 41. Après *donataire*, il est nécessaire d'ajouter *s'ils*   948
savent signer, et d'ordonner que, s'ils ne le savent pas, il soit
fait mention de leur déclaration.

Art. 46. Il est des statuts qui exigent, pour qu'un citoyen   931
se dépouille de ses biens de son vivant, la présence de ses
parens et du juge. On pense que la loi doit exiger au moins
un notaire et quatre témoins signataires : cet acte n'est pas
assez urgent, et il est trop dangereux qu'on en abuse, pour
qu'on ne prenne pas toutes les précautions qui peuvent prévenir des abus.

Art. 60. On demande qu'il soit ajouté deux autres cas :   955
1° « Si le donataire refuse des alimens à son bienfaiteur
« tombé dans l'indigence ; 2° s'il attente directement ou in-
« directement à son honneur ou à sa liberté individuelle,
« même par des actes autorisés par la loi. » Ces deux preuves d'ingratitude sont trop évidentes pour être discutées.

Art. 68. Le motif des lois qui, depuis près de vingt-cinq   960
siècles, autorisaient la révocation des donations par la survenance d'enfans, était qu'on devait présumer que celui qui
avait donné désespérait d'être père, parce qu'il est contre
la nature qu'un père dépouille son fils pour enrichir l'é-
tranger.

Sans doute, le motif du projet pour abolir l'ancien droit
est que le père pouvant disposer d'un quart de sa fortune,
même lorsqu'il a des enfans, à plus forte raison était-il juste

de valider des donations antérieures, sur la foi desquelles le donataire lui-même a fait des entreprises, a fondé des établissemens.

Les défenseurs de l'ancien droit pourraient ajouter que, si l'on consulte la nature, la justice, son propre cœur et l'expérience, on sera convaincu que celui qui se dépouillerait lui-même ne dépouillerait pas ceux à qui il a donné le jour; qu'on répugne à soumettre les autres aux privations qu'on s'impose; qu'enfin, ce qui suffisait pour nourrir un seul individu est toujours insuffisant pour nourrir une famille; et que ce serait un contraste bien révoltant de voir le donataire dans l'aisance, et le donateur et sa famille dans la pénurie.

Cette dernière réflexion réunit toutes les opinions, pour que, si la donation est maintenue, au moins le donataire soit obligé de rapporter chaque année les trois quarts des fruits, sauf à statuer, après la mort du donateur, sur la réduction du capital.

CHAPITRE V. — De la forme des testamens.

liv. 3-
tit. 2-
ch. 5. On observe sur ce chapitre que le Code emploie indifféremment les mots *testamens*, *donations testamentaires*, *donations à cause de mort*, *donations par testament*, pour exprimer un seul et même acte; il serait à désirer qu'il n'employât qu'un seul et même mot.

971 **Art. 70.** On a proposé déjà l'abolition de ce ridicule et dangereux usage de se contenter, pour la validité d'un acte, de deux notaires, dont l'un signe ce qu'il ne peut pas même voir, sur la foi de son collègue, que quelquefois il ne connaît pas encore. Cette observation s'étend à une foule d'articles de cette section.

On ajoute que, sans rappeler la leçon que donne à tous les législateurs le *Légataire universel,* on a tant d'exemples de citoyens qui n'ont jamais connu leur testament, sans parler de ceux qui étaient morts, ou privés de leurs facultés intellectuelles, avant qu'on les fît tester, qu'on ne saurait trop prendre de précautions pour constater un acte aussi important.

On propose donc quatre témoins qui sachent toujours signer ; et, si le testateur ne peut ou ne sait signer, un cinquième témoin, toujours signataire. 971-974

Les hommes qui savent écrire sont ordinairement plus éclairés, plus instruits, et moins faciles à se laisser surprendre, que celui qui, ne signant pas, ne croit jamais se compromettre ; et, puisque la loi exige une survie, on ne sera plus assez pressé pour prétexter la difficulté d'avoir des témoins qui sachent signer ; on se donnera le temps de les appeler.

Art. 72. On demande qu'il soit ajouté, comme dans l'article précédent, *disposition écrite en entier, datée et signée par le testateur.* 979

L'impossibilité de parler n'empêche pas d'écrire, puisque la loi veut qu'il écrive ce qu'il aurait dû dire.

Art. 74. La survie du testateur après son testament était exigée par les Coutumes ou statuts de plusieurs départemens ; elle était désirée par tous. On observe seulement que le délai de six jours est bien court : on désirerait vingt jours ; est-ce trop pour qu'un malade ait repris assez de force pour rétracter ce qu'on lui aurait arraché ou surpris, s'il s'en souvient, s'il est instruit ; ou pour apprendre qu'il a testé, s'il l'ignore ? D'ailleurs, la nécessité d'une survie de vingt jours empêche même de tenter la supposition d'un testament ; on craint que ce testateur ne survive pas, ou qu'il sache, s'il survit ; et on ne hasarde pas un crime qui peut être inutile et puni. liv. 3-tit. 2-ch. 5-fin de s. 1re.

Art. 76. Après *accident*, ajouter : *postérieur au testament.* *Ibid.*

Art. 77. *La république* remplacée par *les hospices.* *Ibid.*

Art. 98. Dans le cas où l'héritier se trouve dans un degré où la loi ne lui a point réservé de portion héréditaire, si les dispositions du défunt absorbent tout, faudra-t-il qu'à la 1016 douleur d'être privé de la succession, il soit obligé d'ajouter le désagrément et la dépense de délivrer les legs? et s'il n'a rien, lui fera-t-on encore payer l'acte qui le dépouille? D'ailleurs, on pourrait, par ces frais, excéder la portion disponible. On propose la rédaction suivante :

« Les frais de la demande en délivrance et ceux de l'en-
« registrement sont à la charge du légataire; néanmoins,
« le donateur peut en charger l'héritier, pourvu que les
« frais, joints à la donation, n'excèdent pas la portion dis-
« ponible. »

ap-
1017   Art. 100. Exiger l'enregistrement et l'inscription de l'acte, sans préjudice de la réparation des patrimoines. Aucun acte ne peut être exécutoire sans enregistrement; aucune hypothèque ne peut frapper les immeubles du débiteur sans inscription.

1019   Art. 102. Si la chose léguée a été échangée depuis la disposition, la chose reçue en échange appartiendra-t-elle au légataire?

1023   Art. 106. Cette disposition ne souffre point de difficulté pour le domestique; le legs est évidemment rémunératoire et le service prouvé; mais, quant à tout autre, quel peut être le motif de s'écarter de la maxime de droit, *nemo liberalis nisi liberatus*, dictée par les anciens jurisconsultes romains, et adoptée par les jurisconsultes français? Ils pensaient qu'on devait présumer qu'un homme sage avait voulu d'abord affranchir sa succession, et non pas la grever d'un legs, outre sa dette; et que, s'il avait une intention contraire, il devait l'exprimer.

Cependant, on substitue dans le Code, aux principes anciens, un principe contraire; au moins devrait-on distinguer.

Le légataire peut avoir une créance consentie par le testateur, qui, par conséquent, lui est parfaitement connue.

Le légataire peut avoir une créance dont le testateur ne soit tenu que comme succédant au fait d'autrui. Est-il sûr, en ce cas, que, s'il eût connu la dette, il eût voulu y ajouter un bienfait, et grever doublement son hérédité? Enfin, le légataire peut avoir un droit litigieux à exercer, dont la demande n'est point encore formée, que le testateur ignorait, ou sur lequel il a cru plus prudent de garder le silence.

Pourra-t-on présumer que s'il eût prévu le procès, il eût fourni les avances pour l'intenter ; qu'il eût voulu faire un présent à sa partie adverse? Et, si l'on suppose qu'il l'a prévu, n'est-il pas évident qu'il a voulu le prévenir, l'étouffer sous le poids du bienfait? Dans ces deux cas, le légataire ingrat pourra-t-il élever la contestation, et recevoir le legs?

Il serait certainement plus sage de s'en tenir à l'ancienne jurisprudence, et de dire :

« Le legs fait au créancier est censé fait en compensation « de sa créance : le legs fait au domestique n'est pas censé « fait en compensation de ses gages. »

Art. 119. Dans tous les cas, un tiers comptable doit faire apposer le scellé, ne fût-ce que pour son intérêt et pour son honneur. On demande la radiation de ces mots : *s'il y a des mineurs, interdits ou absens.* 1031

Art. 124. La survie doit être exigée pour la révocation du don, comme pour le don lui-même; il peut y avoir, dans les deux cas, même surprise, même manœuvre, mêmes abus. 1035

Art. 126. La révocation doit être expresse. 1037

Art. 144. Pour discuter cet article, qui mérite un sérieux examen, il est nécessaire d'en calculer d'abord le résultat arithmétique. 1079

Le calcul ne portera pas sur les principes de la loi de nivose, qui exigeait une égalité absolue.

La latitude que le projet donne au père eût été, en ce cas, une indemnité de la faculté de tester.

On ne prendra pas pour base la loi de germinal, qui, lorsque le père avait plus de quatre enfans, ne lui permettait de disposer que d'une portion égale à celle de l'un d'eux : la faculté de léser aurait eu de graves inconvéniens ; mais cependant moins que dans le projet de Code. Toutes ses dispositions sont liées ; c'est donc d'après ce projet qu'il faut calculer.

On suppose un père qui a dix enfans, et un bien de 24,000 francs.

Il donne à l'un son quart disponible ; il use de la faculté de léser tous les autres, que lui donne l'article.

En partageant également, chaque enfant aurait eu. . . . . 2,400 fr.

Si le père eût simplement donné à un autre le quart disponible, l'enfant non avantagé aurait eu. 1,800

Si le père use de la faculté de léser du tiers au quart, il faut déduire. 575

Il lui restera la moitié de ce que lui assignait la nature. 1,225

D'un autre côté, l'enfant avantagé
aura le quart disponible. . . . . . 6,000 fr.
Sa portion légale. 1,800
Les neuf lésions de ses frères. . . 4,725

En total, il aura. . . . . . . 12,525 fr.

Il aura dix fois plus que chacun de ses frères : il aura 626 francs de rente ; les enfans lésés auront chacun 61 francs de revenu.

Il pourra sans travail subsister aisément à la campagne et dans plus d'une cité. Si l'un des enfans lésés est pupille, il faudra recourir à la bienfaisance pour compléter chaque année sa nourriture et ses vêtemens ; s'il est estropié, il ira mendier à la porte de son frère.

Cette disposition est-elle dans l'ordre de la nature ? est-elle propre à maintenir l'union dans les familles, à former des frères et des sœurs un faisceau que rien ne puisse rompre ? Veut-on voir renaître ces procès affligeans où un frère arrachait à l'autre, avec des arrêts, des alimens déjà dévorés par la justice?

Sans doute on a voulu faire de l'autorité paternelle le grand ressort de la morale publique; et cette vue est sage: mais, qu'on ne s'y trompe pas, l'injustice toujours produit l'indépendance; et, si l'on veut rendre l'autorité paternelle puissante et respectée, il faut la forcer d'être sage et juste. Or, la loi ne force pas les pères à la justice, si elle leur permet, par une disposition, de soustraire adroitement à leurs enfans ce qu'elle leur assure par l'autre; elle ne les force pas à la sagesse, si elle leur permet de jeter eux-mêmes dans leurs familles les semences d'une division éternelle.

On objectera que tous les pères sont justes: on convient qu'ils doivent l'être. Mais que résulterait-il de cette supposition? que, s'il a lésé un de ses enfans, sa disposition a été captée, suggérée, dictée, inspirée par la prévention ou par des passions; qu'ainsi ce n'est plus la disposition paternelle; qu'il faut l'anéantir.

On conclut de ces réflexions que, quoique le vœu de la nature fût pour l'égalité, l'intérêt de la société, le maintien de l'autorité paternelle, les mœurs, tout concourt à faire accorder aux ascendans la disposition libre d'un quart de leur bien; qu'on peut encore leur donner le choix du genre de biens dans lequel chacun des enfans aura sa portion héréditaire, pour leur laisser le moyen de perpétuer dans leur famille la possession de la maison qu'ils ont bâtie; mais que c'en est assez, et que les mêmes principes exigent qu'on leur impose la nécessité de la plus stricte justice, et, par conséquent qu'on leur prohibe toute lésion, même la plus légère, au préjudice d'enfans de leurs enfans; que c'est même là le plus sûr moyen de rendre stables les partages qu'ils dictent, et, par conséquent, le vœu de la loi.

On a déjà observé qu'il ne peut jamais y avoir de lésion en matière de mobilier; que toute lésion à cet égard est une

erreur de calcul, et, par conséquent, toujours essentiellement réparable.

On pense que cette disposition devrait être placée à la fin
de ce chapitre ; elle s'appliquerait aux deux genres de partages : en conséquence, on propose les changemens suivans :

A l'art. 144, substituer : « Le partage fait par l'ascendant
« ne peut être attaqué que dans le cas où l'un des copartagés
« allègue et offre de prouver que la part qui lui est assignée
« ne le remplit pas en totalité de celle que la loi lui assure
« dans la portion non disponible.

« S'il l'établit, le partage est nul pour le tout, et les
« biens sont divisés également entre tous les copartagés.

Art. 146. « L'action ci-dessus ne pourra être intentée sur
« le fondement qu'un des copartagés n'a dans son lot qu'une
« nature de biens au lieu d'une autre, pourvu que ce qui
« lui a été assigné dans le partage, soit en mobilier, soit
« en immeubles ruraux ou de ville, soit en argent, soit en
« usines, actions, rentes, dettes actives, ou autre genre de
« propriétés quelconques assignées par la volonté de l'as-
« cendant, égale en valeur l'intégralité de sa part légale
« dans la portion non disponible.

Art. 147. « Cette action se prescrit par deux ans de majo-
« rité, à compter de l'ouverture de la succession.

1080   Art. 148. « L'enfant qui attaque le partage fait par l'as-
« cendant doit avancer les frais de l'estimation, et doit les
« supporter en définitif, ainsi que les dépens de la contesta-
« tion, si la réclamation n'est pas fondée.

Art. 149. « La garantie des lots pour les partages énon-
« cés au présent titre est la même pour les partages énoncés
« au titre *des successions*.

Art. 150. « Dans tout partage, l'égalité la plus absolue
« doit être observée à l'égard des effets mobiliers ; toute
« lésion serait une erreur de calcul, et doit être réparée. »

Le commissaire qui a opiné pour que la portion disponible fût portée à la moitié déclare qu'il n'a adopté les changemens ci-dessus proposés que dans le cas où son opinion sur la quotité disponible serait adoptée : dans le cas contraire, il vote pour la rédaction du projet de Code, qui fait compensation.

Art. 154. On a prouvé sur l'art. 41 du titre III, sect. III, *de la succession des descendans*, combien les donations entre vifs, par contrat de mariage, présentaient de dangers, dans le cas de convol ; ce ne sont pas les seuls : on sent aisément combien il est facile à la beauté d'abuser de la passion d'un vieillard amoureux, à la jeunesse d'arracher des dons à la faiblesse d'une vieille insensée ; combien, à l'époque du mariage, l'ivresse du moment peut dicter de sacrifices, comment une femme adroite peut forcer son mari à lui fournir des moyens de demander le divorce ; comment enfin, la mort de l'époux donataire peut dépouiller l'époux donateur, et porter ses biens, de son vivant, dans une autre famille. Quand on s'unit, on croit, en donnant, avoir tout gardé ; si on se désunit, on se trouve avoir tout perdu. L'espoir des bienfaits maintient les égards ; leur réalité les fait trop souvent oublier : la loi doit prévenir l'ingratitude. Ces réflexions décident à proposer une disposition contraire à celle du projet.

Substituer à l'art. 154 : « Toute donation, même entre « vifs, faite par contrat de mariage, est toujours censée « faite sous la condition de la survie du donataire, et, tant « qu'il existe des enfans du conjoint donateur, n'a d'effet « que pour l'usufruit seulement. »

Art. 155. La fin de cet article, depuis ces mots, *sauf qu'elle n'est point, etc.* doit être rayée, puisque, comme on croit l'avoir démontré, la donation d'un époux à l'autre, non-seulement est aussi transmissible que toute autre donation aux enfans issus du mariage, mais encore doit leur être nécessairement et expressément réservée.

Art. 156. 1° La donation d'un époux à un époux doit être

restreinte à la portion disponible ; encore est-ce beaucoup permettre : le donateur, ruiné en capitaux et en usufruits, ne pourra donc plus récompenser un service, laisser des alimens à un vieux serviteur, à un ami? Une exception, une réserve quelconque ne serait-elle pas nécessaire?

2° Puisque le projet de Code, plus conforme, à l'égard des ascendans, au vœu de la nature et de la raison, que les lois de nivose et de germinal, puisées dans le systême féodal, qui voulait que les fiefs ne pussent pas remonter, a enfin accordé une portion héréditaire aux pères et aux aïeuls, comment pourrait-il en laisser l'usufruit à l'époux survivant, avant lequel, suivant l'ordre de la nature, ils doivent descendre au tombeau.

Enfin, on a prouvé qu'il était sage de réduire les dons entre époux à l'usufruit tant qu'il existe des enfans : il est évident qu'ils ne peuvent absorber les deux tiers de la part légale des enfans ; que c'est bien assez qu'ils en absorbent un tiers.

On propose la rédaction suivante :

« L'époux peut, soit par contrat de mariage, soit pen-
« dant le mariage, pour le cas où il ne laisserait point
« d'enfans ni descendans, donner à l'autre époux, en pro-
« priété, toute la portion disponible de ses biens, et en
« outre l'usufruit de la totalité de la portion dont la loi pro-
« hibe la disposition au préjudice des héritiers, à l'excep-
« tion néanmoins de l'usufruit de la portion que la loi ré-
« serve aux père, mère, et autres ascendans.

« Et pour les cas où l'époux donateur laisse des enfans
« ou descendans, il ne peut donner à l'autre époux que l'u-
« sufruit de la moitié de ses biens seulement ; et si les dis-
« positions, à quelque époque qu'elles aient été faites, con-
« tiennent des dons de propriétés soit mobilières, soit
« immobilières, ils seront restreints, tant qu'il existera des
« enfans ou descendans de l'époux donateur, à l'usufruit des
« choses qui en seront l'objet, sans que la totalité des usu-

« fruits donnés puisse excéder la moitié du revenu de la to-
« talité des biens.

« Cet usufruit se prend d'abord sur le quart disponible. »

Art. 157. On a prouvé qu'il était nécessaire de ne per- 1095
mettre le mariage qu'à l'âge de dix-huit ans : cet article ne
pourrait s'appliquer qu'aux filles ; c'est à elles à recevoir
des dons, et non pas à en faire, partant, l'article rayé.

Art. 158. Si l'on adopte la proposition ci-dessus que ap-
toutes les donations entre époux sont toujours subordon- 1095
nées à la survie de l'époux donataire, l'article doit être
rayé ; l'époux mineur doit, comme tout autre, pouvoir tout
donner.

Art. 161. On a trop discuté sur l'article 41 du tit. I er du 1098
liv. III, le dernier alinéa de cet article, pour y revenir.

Si on adopte le principe que toutes les donations entre
époux sont réduites à l'usufruit tant qu'il existe des enfans
ou descendans de l'époux donateur, il est à rayer en entier ;
mais, quelque parti qu'on prenne à cet égard, il est essentiel de comprendre dans la disposition les biens mobiliers.
Plus le commerce et les arts augmentent, plus il y aura de
richesses mobilières : elles font déjà la plus grande partie
de la fortune des artistes, des banquiers, marchands, capitalistes, artisans, etc.

Observations sur ce chapitre.

Le Code ne présente aucune disposition en faveur de l'é- liv. 3-
poux pauvre et sans fortune à qui l'époux survivant n'a tit. 2-
rien donné, ni par contrat de mariage, ni par disposition à fin du
cause de mort. Les lois romaines avaient accordé à la femme ch. 9.
pauvre le quart des biens de son mari, soit en usufruit, soit
en propriété, suivant les circonstances : les tribunaux des
départemens qui étaient régis par le droit romain ont plusieurs fois accordé ce secours à des veuves.

Il est affreux pour l'époux qui vivait dans l'opulence ou
même dans la médiocrité de se trouver tout à coup réduit

à la pauvreté, souvent dans un âge qui ne lui permet plus de travailler, ou au sortir d'une position qui lui en a fait perdre l'habitude.

Quand même l'époux prémourant aurait eu des sujets de mécontentement, ce serait une barbarie de sa part de plonger l'époux qui lui survit, dans les horreurs de l'indigence; et aujourd'hui que la loi permet le divorce, on ne peut plus lui en supposer de graves. Il faut réparer les torts de l'ingratitude, de l'injustice, et même de l'insouciance.

Les droits et les devoirs des deux époux étant les mêmes dans le mariage, tout devant être égal dans l'union conjugale, on pense que, pour ce secours alimentaire, il ne doit être établi aucune distinction entre les époux des deux sexes.

En conséquence, on propose la disposition suivante :

« Dans le cas où un époux qui survit n'aurait pas une for-« tune suffisante pour subsister dans un état analogue à la « fortune qu'il partageait avec l'époux prédécédé, il aura, « à titre de pension alimentaire, le quart du revenu des « biens de l'époux prémourant, s'il laisse des enfans, et la « moitié s'il n'en a point laissé. »

CHAPITRE IX.

liv. 3-
til. 2-
fin du
ch. 9.

On observe, 1° que, si on admet sur les hypothèques le projet proposé, toute donation d'immeubles entre vifs doit être transcrite, pour avoir effet contre les tiers * ;

2° Que, comme on l'a déjà dit, aucun acte passé dans l'étranger ne peut acquérir d'authenticité en France que par son dépôt chez un notaire public.

On observe encore, sur l'art. 18, qu'il ne statue rien à l'égard des biens situés en France donnés par un étranger à un Français, ni des biens situés en pays étranger donnés par un Français. Il est nécessaire de prévoir ces deux cas, qui peuvent se présenter, et qui, à raison des lois qui règlent

* Voyez l'art. 939 du Code civil.

les personnes et les domiciles, seraient d'une très-grande difficulté.

TITRE X. — *Du contrat de mariage.*

Art. 6. Rayer cet article, ou en faire une règle générale. 1396 On a déjà prouvé qu'il n'y a pas deux espèces de majorité; qu'il ne peut pas plus y avoir de différence dans le droit entre un majeur de vingt-un ans et un de vingt-cinq, qu'entre un de vingt-cinq et un de trente.

Un commissaire est d'avis que l'article est bon.

Art. 53. Cette obligation doit être déclarée un devoir in- ap- dispensable du juge-de-paix. 1442

On propose que la rédaction porte : *doit, sur la dénoncia-tion, ou même d'office.*

Art. 56. La mort civile doit produire absolument les ap- mêmes effets civils que la mort naturelle; par conséquent, 1442 elle doit, comme on l'a déjà dit au titre *de la mort civile*, et donner ouverture aux gains de survie : on propose donc 1452 une disposition absolument contraire :

« La dissolution de communauté opérée par la mort ci-
« vile donne ouverture aux gains de survie en faveur de
« l'autre conjoint. »

Art. 57. Il est nécessaire d'y retrancher un mot et d'en 1443 changer un autre :

« Toutes les fois que la dot est en péril par la mauvaise
« gestion du mari. »

Art. 60. Entend-on préjuger, par la fin de cet article, 1445 que tout tribunal de commerce a de droit le même arrondis-sement que le tribunal civil?

Art. 63. On a rappelé, au titre *du Privilège sur les meu-* ap-*bles*, la nature et les effets du privilége que les femmes ont, 1445 dans la plus grande partie de la France, sur les meubles de et leurs maris : mais que les biens soient mobiliers ou immobi- 1452 liers, il est d'une justice évidente, d'une absolue nécessité, d'assurer les gains de survie de la femme ; en conséquence,

on propose de substituer à cet article les dispositions suivantes, absolument conformes à la jurisprudence:

« La séparation de biens ne donne point ouverture aux
« droits de survie de la femme, mais à leur liquidation et à
« l'assurance de leur paiement éventuel.

« Ils sont liquidés avec la dot et les reprises de la femme ;
« elle les reçoit en donnant caution de les rapporter en cas
« de survie de son mari, et d'en payer l'intérêt annuel jus-
« qu'à cette époque ; si mieux n'aiment les créanciers du
« mari, ou le mari lui-même, lui donner caution qu'elle en
« sera payée au décès de son mari, si elle lui survit. »

1446   Art. 64. Cet article est de la plus grande importance, et
mérite, de la part du législateur, un sérieux examen, surtout
pour l'intérêt des pays de commerce.

Une femme avait, avant de se marier, des engagemens
personnels, ou bien elle s'est obligée conjointement avec son
mari ; il tombe en déconfiture : la femme, par l'instigation
de son mari, par un intérêt quelconque, même pour favoriser les créanciers qui n'ont pas son engagement, ne demande
point de séparation de biens.

Ses créanciers personnels, ou ceux à qui elle s'est engagée, pour prévenir la perte du gage de leur créance, pour
réaliser les avantages que leur assurait l'engagement de leur
débitrice, demandent sa séparation de biens, la liquidation
et le paiement de ses droits, pour être payés eux-mêmes sur
leur produit.

On leur oppose que la femme n'étant point séparée, le
mari est maître de tous ses biens par la loi ; qu'elle seule peut
demander à être séparée ; qu'ainsi ils sont non recevables
dans leur action ; et c'est là le principe qu'adopte le projet de
Code.

Dans une cause de la plus grande importance, on soute-
nait au tribunal de la conservation de Lyon, pour les créanciers, que tout créancier est autorisé par la loi à exercer
tous les droits de son débiteur ; qu'il ne peut pas être au

pouvoir du débiteur de renoncer à ses droits légitimes, d'en
suspendre l'exercice en fraude des droits de ses créanciers,
évidemment pour leur faire perdre leur créance ; que puisque la loi veut que le mari soit maître de tous les biens mobiliers de la femme pendant la durée du mariage, admettre
en principe que les créanciers ne peuvent pas demander la
séparation de biens, la liquidation et le paiement des droits
dotaux, ce serait annihiler par le fait l'engagement légal de
la femme, lui permettre de manquer, en vertu d'une loi, à
ce qu'elle a promis en vertu d'une autre.

La conservation autorisa les créanciers de la femme à demander la séparation de biens, la liquidation de ses droits,
et à exercer son privilége pour leur recouvrement, à l'effet
d'être payés sur leur produit.

Après une plaidoirie solennelle, ce jugement fut confirmé par le parlement de Paris ; et toujours on a regardé,
à Lyon, ce point de jurisprudence comme constant et invariable.

Cependant, on oppose encore que la séparation de biens
tenant à l'état de la femme, à sa personne, on ne peut pas
la soustraire, malgré elle, à une tutelle sous laquelle elle veut
rester.

Ne pourrait-on pas concilier ce dernier principe avec celui qu'invoquent les créanciers, en ajoutant à l'article :

« Néanmoins, en cas de faillite et de déconfiture du mari,
« les créanciers personnels de la femme peuvent exercer ses
« droits jusqu'à concurrence du montant de leur créance. »

Deux commissaires sont d'avis de l'article 65 : l'autre ob- 1447
serve que jusqu'à présent on avait toujours regardé comme
un principe invariable, que la séparation de biens étant un
droit personnel à la femme, l'affranchissement de la tutelle
à laquelle elle est soumise par la loi, les créanciers du mari
ne pouvaient pas la contester ; que leur présence, leurs
contestations en prouvaient la nécessité, puisqu'elles con-
stataient les dettes du mari, et, par conséquent, le péril de

la dot ; qu'ainsi leur droit d'intervenir devait se borner à contester la liquidation : en conséquence, il propose, au lieu de ces mots : *et la contester*, ceux-ci : *et contester la liquidation de ses droits.*

ap-
1450

Art. 69. Un commissaire propose d'ajouter, à la fin de l'article : « suivant les modifications exprimées dans l'ar-« ticle II, sec. II, chap. XIX, *de l'hypothèque légale*, tit. VI « du liv. III. »

Le motif de cette addition est qu'il y a plusieurs cas, notamment celui de séparation de biens, où la femme n'a hypothèque sur les biens de son mari, pour son remploi, que du jour de l'acte.

1451

Art. 70. Ajouter : « en ce cas, la séparation est rayée du « tableau prescrit par l'art. 60. »

ap-
1453

Art. 72. Quel est cet *on* qui examine et qui adopte ? est-ce le tribunal, sont-ce les héritiers ? On propose de rayer *on examine*, etc., et d'y substituer : « ils peuvent se diviser : « ceux qui veulent accepter, acceptent ; ceux qui veulent re-« noncer, renoncent. Le sort de la portion de ceux qui re-« noncent est fixé par l'article 91. »

1484

Art. 98. Pour lever tout doute, ajouter à la fin de l'article : « jusqu'à concurrence de l'émolument de la femme, « ou de celui de son héritier. »

1531

Art. 114. Cet article étant expressément sous le titre *des conventions exclusives de toute communauté*, on est surpris de voir le troisième alinéa finir par ces mots : *après la dissolution de la communauté.* Il paraît qu'on devrait lire : *après la dissolution du mariage ou la séparation de biens.*

1534

Art. 115. Il est arrivé qu'une femme, après s'être réservé un paraphernal, a laissé son mari l'administrer et en passer les quittances ; au moyen de cet excédant de revenu, le mari fournissait à toutes ses dépenses, lui faisait tenir une maison considérable, donner des fêtes ; et, lorsque les capitaux du mari, outre les revenus et le paraphernal, avaient été consommés pour l'agrément de la dame, on l'a vue demander à

son mari compte de vingt-cinq à vingt-six ans de jouissance de ses paraphernaux. On propose : « Si la femme a laissé re-
« tirer les revenus de ses paraphernaux, en tout ou en par-
« tie, par son mari, elle n'est pas recevable, après le laps
« de deux années, à la répétition des revenus antérieurs,
« qui sont censés avoir été employés de son consentement,
« si le mari affirme qu'il les a employés à la dépense de sa
« femme et dans le commun ménage. »

Art. 123. Ne faut-il pas ajouter : *pendant la durée du ma-riage ?* Si cet article restait illimité, ne contrarierait-il pas essentiellement les principes sacrés de la propriété, dont les droits peuvent être suspendus dans la personne de l'épouse propriétaire, tant qu'elle est sous la puissance de mari, mais qu'elle doit reprendre dès qu'elle recouvre sa liberté ; sans cela, cette femme souscrirait son interdiction irrévocable.

Art. 139. Un commissaire observe que, si, avant son ma- 1513
riage, le futur époux déclaré franc et quitte a réellement contracté des engagemens ignorés ou connus de ses parens, ou s'il en contracte de simulés qui absorbent la totalité de leur fortune, il sera légalement investi de l'universalité des biens de son parent, dont cependant la loi réservait une partie à ses frères, à ses sœurs, à des parens au même de-gré. Cette loi serait trop contraire à la justice, et à l'esprit général du Code pour rester indéfinie ; ce commissaire pro-pose :

« La stipulation par laquelle un parent déclare un des
« conjoints franc et quitte ne peut avoir son effet sur la
« portion non disponible des biens du déclarant, le recours
« ne peut s'exercer que sur la portion disponible et sur la
« part que le conjoint a droit de prendre dans la portion non
« disponible. »

Art. 155. Deux commissaires observent que c'est une 1525
bonne clause pour la jeunesse, un moyen sûr et légal de dé-pouiller la famille du vieil époux : sous l'apparence d'un contrat aléatoire, c'est une véritable donation, même dans

le cas de la communauté légale, puisque le mobilier des deux conjoints, soit actuel, soit à venir, y entre de droit ; c'est même une donation universelle, si toute la fortune est mobilière. Ce serait un mode établi par une loi interprétative, de violer la loi fondamentale, qui prohibe la faculté de disposer d'une portion de sa fortune : elle n'est pas juste, et, par conséquent, ne peut être permise que pour les profits éventuels de la communauté.

Ils proposent d'ajouter à la fin de l'article : « sauf les mo-
« difications suivantes :

« 1° La loi prohibe cette clause si l'un des deux conjoints
« a des enfans ou descendans de mariages antérieurs ;

« 2° La loi prohibe cette clause, soit que l'un des époux
« ait des enfans ou n'en ait pas, si la communauté est une
« communauté universelle de biens présens et à venir, si
« même elle est une communauté universelle de biens pré-
« sens, ou une communauté universelle de biens à venir ;

« 3° Cette stipulation, quelque étendue que les conjoints
« lui aient donnée, quelle que soit la nature de leur com-
« munauté, n'a aucun effet sur les biens qui appartiennent
« aux conjoints à l'époque du mariage, ou sur ceux qui lui
« échoient pendant la durée de leur communauté ; elle est
« restreinte aux biens que la communauté a acquis. »

Un commissaire est d'avis de laisser subsister l'article tel qu'il est ; mais il adopte la première modification.

1526   Art. 156. On ne trouve nulle part, dans le Code, le cas dans lequel un époux divorcé ne peut rien donner à son nouvel époux.

liv. 3-
tit. 6.

TITRE XI. — *De la vente.*

OBSERVATIONS GÉNÉRALES.

La vente des meubles et la vente des immeubles n'ont de commun que les principes généraux : *nécessité d'une chose vendue, prix fixe, consentement des contractans ; res, consensus, pretium*. Mais dans l'application de ces principes presque tout diffère : la vente mobilière n'a point de suite, *vilis est rerum mobilium possessio;* la vente immobilière entraîne, au contraire, des suites ; c'est elle qui a forcé le législateur à cette foule de lois sur la distinction des biens, les priviléges, es hypothèques, les propriétés, les ventes forcées, etc. Il paraîtrait donc nécessaire, après avoir posé les principes généraux communs aux deux espèces de ventes, de diviser les principes d'application à chacune.

Il est vrai que le droit romain et, à son imitation, les auteurs, les ont confondus ; mais il en est résulté des confusions, des interversions, des difficultés, des embarras, pour ceux qui contractent.

Si le Code continue à les confondre, les mêmes inconvéniens se perpétueront à l'avenir.

Art. 2. Une translation de propriété immobilière, de laquelle il résulte pour l'État un nouveau propriétaire, qui doit lui payer des droits pour la garantie de sa propriété ; pour les tiers, un nouveau débiteur, un nouveau créancier, soit de sommes, soit de prestations ou services fonciers, un nouveau voisin ; pour des communes, un nouveau membre : un acte qui oblige l'acquéreur et le vendeur respectivement à une multitude de clauses et de conditions dont la force n'est jamais si bien sentie que quand on les voit rédigées ; qui exige des précautions, et des termes pour le paiement ; qui enfin, sous tous les points de vue, doit être classé parmi les actes les plus importans, ne peut pas être assimilé à une vente de choses mobilières, qui n'a, comme le dit l'article, d'autre suite que la délivrance et le paiement. 1582-1583

La loi doit donc exiger, pour la validité des ventes d'immeubles à l'égard des tiers, qu'elles soient rédigées en actes authentiques, revêtus de toutes les formes qu'elle prescrit pour l'authenticité parfaite ;

Et à l'égard des contractans, qu'elles soient rédigées par écrit synallagmatique, contenant la désignation de la chose,

et le prix, et même les époques du paiement, et les conditions respectives.

Peut-être pensera-t-on que la nécessité d'un acte par
écrit pour la validité de la vente est établie par la loi, qui
ordonne de rédiger acte par écrit de toute convention excédant la somme de 150 francs, et par celle qui défend d'admettre la preuve testimoniale d'aucune convention excédant cette somme, à moins qu'il n'y eût un commencement
de preuve par écrit.

Mais, 1° il y a des ventes de fonds de 150 francs et au-
dessous; et c'est aux conventions des indigens que la loi doit
apporter le plus d'attention, pour prévenir des contestations
dont les frais excèdent le capital.

2° La loi actuelle prohibe la preuve au-dessus de 100 fr.;
et cependant on a vu des contestations pour vente verbale
d'immeubles de dix mille francs et plus.

On a vu un soi-disant acquéreur citer le prétendu vendeur au bureau de paix; des juges prendre des réponses faites
au bureau de paix, comme un commencement de preuves
par écrit; des témoins entendus de part et d'autre, variant
et divaguant sur le prix, le terme et les conditions, quelquefois même sur la consistance de la chose; et sur cela,
un jugement basé sur les témoignages qui paraissaient les
plus précis et les plus nombreux, régler le prix et les conditions d'une vente qui n'exista jamais, condamner le prétendu vendeur à en passer acte malgré lui.

A la vérité, le tribunal d'appel et le tribunal de cassation
réforment : mais, d'un côté, si le premier juge a pu ordonner, le second peut confirmer; de l'autre, l'un des plaideurs, et quelquefois tous deux, n'en sont pas moins
ruinés.

Il est donc essentiel de convertir en loi précise ce principe résultant de la nature de la propriété immobilière, de
l'ensemble des autres lois; principe d'une nécessité évidente, adopté par tous les Gouvernemens qui ont des lois

écrites, et notamment par les constitutions de *Charles-Em-manuel*, roi de Sardaigne, publiées à Turin en 1760.

« Toute vente mobilière est accomplie dès qu'on est
« convenu de la chose et du prix, quoique la chose n'ait pas
« encore été livrée, ni le prix payé.

« Toute vente d'immeuble verbale est nulle, et ne peut
« produire aucun effet, même à l'égard des contractans ; il
« ne peut en être reçu aucune preuve testimoniale, même
« quand il y aurait eu commencement de preuve par écrit.

« Aucune vente d'immeuble ne peut avoir d'effet, à l'é-
« gard des tiers, qu'autant qu'elle est revêtue des formes
« exigées par la loi pour l'authenticité des actes enregistrés,
« et du jour seulement où l'acte a été transcrit au bureau
« des hypothèques. »

Art. 3. « La vente, etc. »   1584

Art. 4. Cet article est contraire à la disposition géné- 1585-
rale de l'art. 2 ; cependant, son espèce ne peut pas former 1586
une exception : dès que le nombre des choses, ou la quantité
de graines, de litres, d'ares même en fait d'immeubles, et
le prix de chacun, sont convenus verbalement ou par écrit
suivant la nature de la chose vendue, la vente est parfaite ;
il n'y a plus qu'à compter, mesurer et payer.

On propose donc de rayer cet article et le suivant.

Art. 8 et 9. C'est une maxime constante dans le droit 1589-
français, consacrée par la jurisprudence, que la promesse 1590
de vente n'est point une vente, et n'oblige qu'à des dommages et intérêts ; le droit français n'admet point les distinctions subtiles du droit romain, entre la dation et la nondation d'arrhes.

Ce principe et cette jurisprudence sont fondés en raison
et en équité.

En fait de marchandises, si le vendeur avait eu la chose
en sa possession, s'il eût été sûr de pouvoir livrer, il aurait
vendu ; il ne se serait pas borné à promettre : mais dans
l'espoir de trouver, quelquefois de recevoir la chose qui lui

est promise, il se contente de promettre; cependant il ne trouve ou ne reçoit pas.

Il en est de même à l'égard d'un immeuble : un propriétaire a besoin de vendre ; il y est déterminé ; mais il y a des conditions sur lesquelles on n'est pas parfaitement d'accord ; il est des tiers qu'il doit consulter, avec lesquels il doit se concilier préalablement ; il espère y parvenir, tout régler, tout aplanir : l'événement trompe ses espérances.

Il en est encore de même de l'acquéreur : dans l'intervalle, les fonds qu'il destinait à l'acquisition lui sont enlevés, et par les circonstances il est forcé de changer d'avis.

En ce cas, les uns et les autres ont prévu que le contrat pourrait ne pas être exécuté; ils ont voulu ne s'assujétir qu'à des dommages; ils se sont contentés de pouvoir les exiger : s'ils eussent voulu un contrat invariable, ils auraient dressé un acte de vente formel ; ils ne se seraient pas contentés d'une promesse.

La vente et la promesse de vendre sont donc deux contrats différens.

On pourrait comparer la promesse de vendre à une vente sous une condition résolutoire, mais non écrite, et sur laquelle chacun garde et consent que l'autre garde son secret.

La dation d'arrhes ne peut rien changer à la nature et à l'essence du contrat; elle ne peut produire d'autres effets que la fixation des dommages.

On propose les dispositions suivantes :

« La promesse de vente ne vaut pas vente; chacun des « contractans est maître de s'en départir.

« Celui qui s'en départ est condamné à des dommages et « intérêts.

« S'il y a eu des arrhes données, elles déterminent les « dommages.

« Si celui qui les a données refuse d'exécuter, il les perd : « si le défaut d'exécution provient de celui qui les a reçues, « il est condamné à restituer le double.

« S'il n'y a point eu de dation d'arrhes , les dommages et
« intérêts sont fixés par le tribunal compétent. »

Art. 11. Ajouter : *nommé par la convention. Il ne peut être* 1592
remplacé que du consentement mutuel.

Art. 13. Ajouter à la fin : *et les droits des créanciers, en cas* 1595
de fraude.

Art. 14. Ajouter : *les suppléans.* Rayer, à la fin, ces mots : 1596
devant eux.

Substituer : *devant le tribunal dont ils sont membres, ou près
duquel ils exercent leurs fonctions.*

Art. 15. La dignité, l'honneur de la magistrature fran- 1597
çaise , l'intérêt, le repos de tous les citoyens , exigent que
cet article soit étendu à l'universalité de l'ordre judiciaire,
et que son exécution soit garantie par une clause pénale.

« Aucun juge, suppléant, commissaire ou substitut du
« commissaire du Gouvernement , greffier, huissier, défen-
« seur et avoué, dans quelque tribunal de la république
« qu'ils exercent leurs fonctions , ne peut prendre aucune
« cession des procès, droits et actions litigieux, soit que
« la contestation soit ouverte dans quelque tribunal de la
« France que ce soit, soit qu'elle ne soit pas commencée
« ou qu'elle soit suspendue, à peine de nullité de la cession
« et des procédures, de dépens, dommages et intérêts, et
« d'une amende égale au prix de la cession , qui sera pro-
« noncée en faveur de celui contre qui l'action serait exer-
« cée. Ces peines seront prononcées par le tribunal saisi
« de la contestation , sur la demande de la partie, et , à son
« défaut, sur la réquisition d'office du commissaire du Gou-
« vernement.

« Sont exceptées les cessions reprises sur un étranger,
« en qualité de cohéritier, en exécution de l'art. 19 ci-après ;
« les cessions d'un cohéritier à un cohéritier, d'un associé
« à un associé , qui seront régies par les lois relatives à ces
« contrats. »

Art. 28. Ajouter : *reçu du contrat, de ses accessoires et de* 1608 *l'enlèvement, sont à la charge de l'acheteur, s'il n'y a eu stipulation contraire.*

C'est la loi actuelle, c'est l'usage ; il n'y a point de motif d'y déroger ; au contraire, il est juste et dans l'essence du contrat.

1613   Art. 34. Sur ces mots, *si, depuis la vente, l'acheteur est tombé en état de faillite ou de déconfiture*, on observe que jamais on a exigé que le commerce de l'acheteur fût anéanti pour dispenser le vendeur de la délivrance ; il n'y aurait pas eu de procès ; il n'en survient que lorsque des circonstances postérieures au marché ôtent la confiance. Si l'acheteur récrimine, les juges prononcent comme un jury d'équité si les circonstances sont ou non suffisantes pour autoriser le refus de délivrer.

On propose de rayer : *si, depuis la vente, l'acheteur est tombé en état de faillite ou de déconfiture*, et d'y substituer :

« Si, depuis la vente, il est survenu à l'acheteur des
« événemens tels que le vendeur se trouve en danger im-
« minent de perdre le prix. »

1614   Art. 35. Cet article serait en contradiction avec les dispositions du Code, au titre *du privilège sur les meubles*, qui établissent sur les récoltes, les ustensiles et les meubles, un privilège pour le paiement des semences, frais de récolte, ustensiles, marchands de meubles, etc. Ce privilège est consacré dans toute la république par l'opinion générale et les jugemens des tribunaux : la nécessité d'assurer les cultures le créa, et doit le maintenir.

On propose de rayer depuis ces mots : *quoique les fonds, etc.*, et de substituer : « à la charge des impositions
« de l'année, du droit colonique, des frais de culture, du
« prix de semence, s'ils sont dus ; sauf son recours contre
« le vendeur, dans le cas où il aurait déclaré les avoir
« payés. »

1615   Art. 36. Cet article présente des difficultés ; les mots, *accessoires, destinations, à usage perpétuel*, ont besoin d'être déterminés, en y ajoutant :

« On ne peut réputer accessoires ou destinés à un usage « perpétuel, que ce qui est déclaré tel par les lois, au titre « *de la Distinction des biens.* »

Art. 44. Après *concurrence*, ajouter : *des valeurs.*   1623

Art. 5o. *Excepté que l'acquéreur, etc.*, substituer : « excepté 1629 « qu'il soit prouvé par le contrat que l'acquéreur a connu, « lors de la vente, etc. »

Art. 53. Celui qui dégrade est responsable, soit qu'il ait 1632 profité ou non du dommage qu'il a causé, qu'il l'ait fait par méchanceté, par impéritie ou par caprice : le mal existe, il doit se réparer. On propose de rayer ces mots : *et qu'il en ait tiré un profit.*

Art. 58. **Deux commissaires conçoivent difficilement** 1637 comment le vendeur, qui, dans le cas d'éviction totale, n'est tenu, par l'art. 51, qu'à la restitution du prix, peut, dans le cas de l'éviction partielle, être assujéti au remboursement d'un prix arbitraire ; il n'en doit pas moins les restitutions de fruits, les frais et les dommages : les deux cas sont semblables quant à leur cause et quant à leurs effets ; il n'y a de différence dans l'éviction, que du tout à une partie de la chose ; il ne doit y avoir de différence dans le remboursement, que du tout à une partie du prix.

On propose : « Si, dans le cas de l'éviction d'une partie « de la chose, la vente n'est point résiliée, la valeur de la « partie évincée est remboursée à l'acquéreur proportion- « nellement au prix total de la vente. »

Art. 61. Un commissaire est d'avis de l'article. Sur quel 164o fondement peut-on autoriser un procès pour décider si les raisons que le vendeur aurait pu donner étaient bonnes et valables ? Quand le jugement a passé en force de chose jugée, sa décision est incontestable ; la loi la compare à la vérité : comment donc provoquer un autre jugement pour décider si la cause a été bien ou mal instruite, bien ou mal plaidée, bien ou mal jugée ?

D'ailleurs, en n'appelant pas son garant, en lui ravissant les moyens de maintenir sa vente, de prévenir le jugement, par une transaction ou par un sacrifice, l'acquéreur a pris sur lui le péril de l'éviction ; il en a déchargé le vendeur; il a renoncé à son action ; il n'en a plus contre lui.

Rayer : *si celui-ci prouve qu'il existait des moyens suffisans pour faire rejeter la demande.*

1641   Art. 62. Peut-être faudrait-il lire : *Le vendeur est tenu de la garantie à raison des qualités nuisibles.*

Mais ce qui est important, c'est de rayer depuis ces mots : *tels sont le mauvais goût*, jusque et compris : *le tout néanmoins suivant les circonstances, et les usages des lieux.*

On fait un Code pour convertir en lois les bons usages, pour abolir les usages vicieux; donc la loi ne doit pas rejeter les citoyens dans le vague de l'arbitraire, anéantir sa disposition sage et expresse, en renvoyant à un usage peut-être mauvais, et toujours moins précis, moins certain : d'ailleurs, les principes posés dans cet article sont si sages, d'une justice si évidente, qu'on ne doit pas les modifier, les obscurcir, les affaiblir par des explications inutiles, qu'on pourrait regarder comme des restrictions, par un renvoi à des usages qui sont inutiles, s'ils sont conformes à la loi ; qui doivent être abrogés, s'ils leur sont contraires.

1647   Art. 68. *Si la chose*, ajouter, *vicieuse.*

1648   Art. 69. Il faut un terme fixe : rayer ces mots : *dans un bref délai, suivant la nature du vice redhibitoire, et l'usage du lieu où a été faite la vente;* y substituer : *dans la décade de la délivrance.*

1652   Art. 73. *Si la chose vendue*, ajouter, *et livrée;* ajouter encore à la fin : *interpellation judiciaire faite après l'échéance.*

1655-   Art. 76. Il est possible qu'on accorde quelque délai au
1656   débiteur ; la rareté de l'argent l'excuse.

Il est malheureux d'être dans l'impuissance de payer ; l'humanité réclame en sa faveur : mais l'acquéreur n'est jamais excusable ; il ne doit point acquérir sans avoir son argent prêt : il jouit des fruits ; le vendeur est dépouillé ; souvent il est poursuivi , ruiné par les créanciers dont les poursuites l'ont forcé de vendre ; et la justice souffrirait que, dans cet espace de temps, si funeste pour lui, son acquéreur recueillît les revenus, gardât le prix, et insultât au malheur qu'il cause !

La vente est résolue de plein droit à défaut de paiement du prix, puisque le prix est la condition essentielle et substantielle de la vente.

En conséquence, on demande la radiation de ces deux articles ; et on propose pour les remplacer :

« La vente est résolue de plein droit faute de paiement « du prix dans le terme convenu, si le vendeur le demande, « soit que cette stipulation ait été insérée dans le contrat, « soit qu'elle ait été omise. La résolution sera prononcée « aussitôt après la sommation de payer faite par le vendeur « depuis l'échéance : le juge ne peut point accorder de délai « à l'acquéreur qui ne réalise pas le paiement à l'instant de « la citation.

« Lorsque la vente est résolue, l'immeuble rentre dans la « propriété du vendeur exempt de toutes les charges et hy- « pothèques dont l'acquéreur l'aurait grevé ; sauf le privi- « lége de ceux qui ont prêté des deniers pour payer une « partie du prix au vendeur, s'il a consenti à leur subroga- « tion.

« Le vendeur restitue le prix qu'il a reçu, à la déduction, « 1° des frais et coût du contrat, s'il les a avancés ; 2° « des dégradations, si l'acquéreur en a fait ; 3° des dépens « auxquels la poursuite a donné lieu ; 4° des dommages et « intérêts qui sont arbitrés par le juge.

« Le vendeur qui rentre dans sa propriété par résolution « de sa vente à défaut de paiement du prix ne paie qu'un

« droit fixe , soit pour l'enregistrement, soit pour la radia-
« tion de la transcription du contrat.

« Il est libre au vendeur d'exercer l'action résolutoire : il
« peut, s'il le préfère, poursuivre son paiement contre l'ac-
« quéreur, par les voies déterminées au titre *de l'Expropria-*
« *tion.* »

1660   Art. 81. Ajouter un troisième alinéa : « Pendant toute la
« durée du terme , le vendeur a le droit d'exercer cette fa-
« culté, nonobstant toute stipulation contraire. »

1662   Art. 83. Deux commissaires adoptent l'article : un autre
observe que l'ancien droit autorisait le juge à donner un
délai, et même à le proroger; que le vendeur n'était déchu que par le jugement du tribunal d'appel. C'était peut-
être une trop grande faveur : ne pourrait-on pas, en laissant
subsister la prohibition de prolongation, faite au juge par
l'article précédent, ajouter à l'article « que l'acquéreur
« demeure propriétaire incommutable à l'instant où il a
« dénoncé au vendeur, après l'échéance du terme, que la
« faculté de racheter ne subsiste plus? »

1667   Art. 88. On ne croit pas possible d'adopter la disposition
de cet article, quoiqu'elle soit en entier tirée du droit romain. L'acquéreur n'avait point de mandat pour ajouter à la
propriété; il lui était libre de se laisser dépouiller par
l'effet de la licitation ; il ne lui était pas libre de grever son
vendeur de la nécessité d'un remboursement plus considérable, de le forcer à acquérir malgré lui.

On peut penser que l'acquéreur est resté adjudicataire
pour la garantie de son prix ; mais il avait son action contre
son vendeur, et il doit s'imputer d'avoir voulu courir ce
risque , en achetant une chose indivise.

Il serait plus simple et plus juste de statuer :

« Si la chose vendue est une partie indivise d'un héritage,
« en cas que la licitation en soit provoquée par les autres
« copropriétaires contre l'acquéreur, le vendeur a l'option
« d'autoriser l'acquéreur à l'acheter pour son propre

« compte, à la charge de la reprendre en remboursant la
« totalité du prix à l'échéance fixée pour le terme de rachat,
« ou d'exercer sur-le-champ la faculté de rémérer, ou d'y
« renoncer absolument.

« Il est tenu d'opter dans trois jours, à compter de celui
« de la sommation qui lui est faite par l'acquéreur : à dé-
« faut d'option, l'acquéreur a le droit d'enchérir ; et, s'il
« reste adjudicataire, le vendeur sera tenu de retirer le
« tout, s'il veut user du pacte de réméré. »

Art. 90 – 91. Ne serait-il pas plus simple, plus conforme **1669-1670**
aux principes, qui ne permettent pas de diviser l'action et le
fond malgré les parties, de statuer, soit dans le cas de plusieurs vendeurs, soit dans le cas de plusieurs cohéritiers
d'un seul vendeur, que chacun ne peut exercer l'action en
réméré que pour la totalité de l'objet vendu ; sauf aux autres
covendeurs ou cohéritiers à reprendre sur celui qui l'a
exercée leur portion, dans le terme fixé par le contrat ?

Art. 93. Il paraît que, si la chose vendue est échue au lot **1672**
de l'un des héritiers, l'action ne peut être exercée que
pour le tout.

Art. 94. Les créanciers peuvent exercer tous les droits de **ap-1672**
leurs débiteurs : on ne voit pas de motifs pour les exclure
de l'exercice de l'action de rémérer, s'ils le croient nécessaire et même utile à leurs paiemens.

On propose au contraire :

« Les créanciers du vendeur peuvent exercer la fa-
« culté de rémérer qu'il s'est réservée ; il ne peut la vendre
« ou la céder à qui que ce soit. »

Art. 95. Ajouter : « à la charge des frais de culture, du **Ibid.**
« droit colonique, et des impositions, à concurrence du
« temps. »

Art. 96. « On propose d'ajouter : « La simple faculté de **ap-1673**
« rémérer n'est pas immeuble ; elle n'est pas susceptible
« d'hypothèque. »

Les créanciers hypothécaires sur l'immeuble vendu y ont

exercé et peuvent y exercer leurs droits hypothécaires. Si l'immeuble rentre dans les mains de leur débiteur, il sera hypothéqué; mais la faculté d'exercer l'action ne peut pas plus être susceptible d'hypothèque qu'une obligation, une créance, une somme d'argent destinée à acquérir.

OBSERVATION GÉNÉRALE.

Ce contrat est un véritable prêt sur gages, et cache presque toujours une usure odieuse.

Il serait peut-être avantageux de le supprimer, si l'on admet l'antichrèse ou gage immobilier, qui le remplacerait d'une manière plus juste et plus avantageuse, pusique l'excédant des fruits sur l'intérêt s'imputerait sur le capital, puisqu'encore le débiteur pourrait toujours rentrer jusqu'à la vente du gage, et le faire porter, par l'adjudication, à sa juste valeur.

1676   Art. 104. Ajouter à la fin de l'art. 104 : « et contre les « femmes communes ou non communes, dont la ratifica-« tion est exigée, du jour de leur ratification faite en ma-« jorité. »

ap-
1676   Ajouter encore : « Toute ratification ou traité, même « expressément stipulé, sur la lésion, passé avant l'échéance « des quatre ans ci-dessus fixés pour la restitution, ne peut « empêcher l'exercice de cette action, et n'a d'autre effet « que de joindre au prix primitif de la vente les sommes « reçues par le vendeur en vertu de ces traités.

« Néanmoins, si, après contestation en cause sur la de-« mande formée en rescision pour la lésion de plus de moi-« tié, le vendeur a traité, il est non recevable à exercer de « nouveau l'action. »

liv. 3-
til. 6-
fin du
ch. 7.   Ajouter à la fin du chap. VII : « L'action en rescision de « la licitation peut être exercée pour cause de lésion de « plus de moitié, si l'adjudicataire est un étranger.

« Elle peut être exercée pour cause de lésion de plus du « quart, si l'adjudicataire est copropriétaire. »

Au premier cas, c'est une vente ; au deuxième , c'est un partage moyennant retour du lot tout entier.

La différence de nom ne peut pas en mettre dans l'exercice du droit que la loi accorde au vendeur ou au copartageant.

Art. 111. Ajouter à la fin : « L'exploit de cette significa- 1690 « tion doit être signé par le débiteur , et, en cas d'absence « ou refus, par le juge–de paix de son domicile , auquel il « en sera laissé copie. »

Cet acte est trop décisif ; ses suites, contre lesquelles il n'y a ni recours ni remède , sont trop importantes pour ne pas prendre cette précaution.

Art. 114. Il paraît que, pour rendre cette disposition plus 1695 précise , il faudrait rayer ces mots : *ne s'entend que de la solvabilité actuelle, et ne s'étend pas au temps à venir, etc.*, et y substituer : « Cette promesse ne s'entend que de la solvabi- « lité au moment de l'échéance, et ne peut s'étendre plus « loin , si le cédant ne l'a expressément stipulé. »

Art. 119. Rayer le deuxième alinéa. Le créancier ne peut 1701 pas avoir plus de droit que son débiteur, de troubler l'union et le repos d'une famille ; de dévorer une hérédité par une discussion : qu'il fût créancier ou non du cédant, il n'en est pas moins cessionnaire d'un droit litigieux , et par conséquent dans le cas de la loi.

Rayer le troisième alinéa ; il paraît inutile : on ne conçoit pas même dans quel sens cette disposition a pu être faite.

Si l'acquéreur du droit litigieux est seul propriétaire de l'héritage soumis à son action, tout est terminé ; personne n'a intérêt, n'a droit d'exciper contre lui de la disposition de l'art. 117. S'il n'est que copropriétaire d'une partie , il est ou cohéritier ou associé, et les règles de ces contrats rendent son acquisition commune à ses copropriétaires, s'ils le veulent.

TITRE XII. — *De l'échange.*

1703 Art. 2. Après *consentement*, ajouter : « donné dans les
« formes prescrites pour la vente. »

A la fin, ajouter :

« Cet acte n'est sujet qu'à un droit fixe ; le droit propor-
« tionnel ne peut être établi que sur la soulte. »

TITRE XIII. — *Du louage.*

1712 La nation, les communes, les établissemens publics, contractent, dans leurs baux, avec des citoyens ; ils ne peuvent
donc pas avoir d'autre droit que les citoyens entre eux. La
loi doit être égale pour tous : à la vérité, elle peut, elle doit
fixer la forme et la durée de ces baux, comme elle fixe la
forme et la durée des baux des biens légalement soumis à
l'administration de ceux qui n'en sont pas propriétaires ;
mais ces exceptions au droit commun doivent être statuées
par la loi, comme celles des baux des mineurs, des femmes,
doivent être insérées dans le Code, parce qu'elles établissent
des rapports avec les citoyens, et ne peuvent jamais être
l'objet de lois isolées, ni de réglemens variables. Ces réglemens ne peuvent statuer que sur la composition des administrateurs, leur choix, la forme de l'administration, leurs
devoirs, les peines de leur infraction.

On demande donc, 1° que tout ce qui est relatif à la
forme et à la durée des baux des biens appartenant à la nation, aux communes et aux établissemens publics, soit fixé
par le Code ;

2° Que tout ce qui regarde leur exécution, soit soumis
aux mêmes lois que l'exécution des baux des autres citoyens ;

3° Qu'on ne renvoie aux réglemens que ce qui peut con-
cerner les administrateurs et la police des administrations.
Le Code pourrait ordonner :

« Les baux des biens de la nation, des communes et des

« établissemens publics, ont la même durée que ceux des
« mineurs.

« Si l'administration qui en est chargée juge qu'il est
« utile de les passer pour un plus long espace de temps, afin
« d'obtenir des fermiers, des constructions, des réparations
« ou des améliorations, elle doit obtenir préalablement l'au-
« torisation du Gouvernement ; et en ce cas les affiches
« doivent annoncer les charges et la durée du bail.

« Dans tous les cas, ces baux se donnent à l'enchère,
« après trois affiches imprimées, de décade en décade, dans
« le lieu où les biens sont situés, et dans celui où siège l'ad-
« ministration.

« L'apposition de chaque affiche est certifiée par le maire
« ou, à son défaut, par l'adjoint municipal du lieu où elles
« sont apposées.

« L'enchérisseur dont l'enchère n'a pas été couverte pen-
« dant la durée d'une bougie allumée depuis qu'il a enchéri,
« est adjudicataire.

« Néanmoins, si les administrateurs trouvent l'offre trop
« inférieure à la véritable valeur, ils peuvent renvoyer l'ad-
« judication à un autre jour.

« En ce cas, elle est indiquée par une seule affiche.

« L'adjudicataire est tenu de donner caution, dans la dé-
« cade, à la forme de la loi : à défaut par lui de fournir ce
« cautionnement, le bail est adjugé de nouveau, à sa folle-
« enchère, après une seule affiche.

« Si le bail contient des charges de réparations, construc-
« tions ou améliorations, leur confection doit être constatée
« par des procès-verbaux dressés par le juge-de-paix du lieu
« de la situation des biens, assisté de deux experts, l'un
« choisi par l'administration, et l'autre par l'adjudicataire,
« en présence d'un administrateur à ce délégué par délibé-
« ration de l'administration. »

Art. 15. Ajouter, « et aux dommages et intérêts, qui sont ap-
1717

« arbitrés par le juge suivant les circonstances et la perte
« que souffre le propriétaire. »

On sentira la justice de cette addition, si on considère que
le dommage du propriétaire résulte du changement de volonté du locataire, de sa rupture arbitraire d'un contrat
bilatéral.

ap-
1718

Art. 17. Cet article, rédigé tel qu'il est, d'une manière
indéfinie, présente des difficultés de la plus grande importance, que les rédacteurs du Code ont trouvées si fortes,
qu'ils n'ont pas voulu les résoudre, et en ont renvoyé la solution au Gouvernement.

Il est donc nécessaire de réunir, s'il est possible, toutes
les réflexions que peuvent faire naître les deux systêmes de
la briéveté ou de la longueur indéterminée de la durée des
baux.

Deux commissaires observent :

1º Le contrat de bail ne peut pas être rescindé pour cause
de lésion, parce qu'il est une vente des fruits de chaque année, et que la rescision n'a pas lieu en vente de fruits. Donc,
puisque, comme l'annonce le discours préliminaire, *l'office
de la loi est de protéger le citoyen contre la fraude d'autrui;*
puisque le devoir de cette protection tutélaire a inspiré au
législateur les actions en rescision de vente on de partage,
le même principe doit prescrire la briéveté des baux, pour
que la fraude de l'un et la perte de l'autre ne se perpé-
tuent pas.

2º Par l'effet du bail, la propriété est à l'un, les fruits
sont à l'autre : c'est donc une division temporaire de la propriété ; et toute division de la propriété lui est toujours essentiellement funeste, et entraîne sa dégradation.

La cause nécessaire de cet effet, justifiée par l'expérience,
c'est que le propriétaire, tranquille sur la foi du produit
annuel qui doit lui être compté, néglige sa propriété, la
perd de vue, ne songe qu'à percevoir le revenu, et le con-
somme sans en sacrifier la moindre partie à l'amélioration,

et même aux réparations les plus nécessaires. Le fermier, de son côté, ne fait point d'avance foncière, point d'avance primitive; il se borne aux avances annuelles, parce qu'il n'est pas propriétaire; trop souvent même, si l'immeuble est considérable, il confie sa culture à des colons, à moitié fruits, et prend tout ce qu'il peut sans faire aucune avance : un homme qui a les fonds et l'intelligence nécessaires pour faire des avances, achète un terrain, et les fait chez lui pour transmettre le sol à ses enfans, ou en disposer à sa volonté.

Si la vérité de ces réflexions n'était pas évidente, on y ajouterait l'expérience de tous les temps et de tous les lieux. Qu'en parcourant les départemens on examine la culture, on connaîtra que tous les fonds appartenant aux grands propriétaires opulens de la capitale, livrés à des fermiers, sont toujours dans un état de dégradation; qu'on n'y fait ni défrichement ni augmentation; que même, si le fermier a une propriété voisine, il soustrait les engrais provenant du domaine affermé, et les porte chez lui.

3° Quand même on supposerait que le fermier fera des améliorations, l'équité n'exigerait que la durée du temps nécessaire pour l'en indemniser; or, s'il défriche un champ pour y semer du grain, avant deux ou trois ans il a retiré avec usure son avance : au bout de peu d'années, la fertilité prodigieuse du nouveau sol est épuisée; il est réduit à la production d'une terre de sa qualité, anciennement labourée. S'il plante une vigne, au bout de sept à huit ans il a recouvré ses dépenses; il a du profit : avant quinze ou dix-huit ans il faut commencer à la renouveler en provignant; par conséquent, elle est déjà en partie épuisée, quelque bon que soit le terroir à la culture.

Fait-il des prairies artificielles? leur plus longue durée est de douze à quinze ans. Il n'existe donc aucun motif tiré de l'intérêt de l'agriculture, de la nécessité d'indemniser le fermier de ses avances, même réelles, qui puisse faire étendre la durée des baux.

13.

4° Et si le bail a été adroitement escroqué à vil prix ; si, suivant l'usage ordinaire, le fermier ne fait ni avances, ni améliorations, ni changemens utiles dans l'état des fonds, le propriétaire, lié par un contrat indissoluble, languit dans la pénurie, tandis que son fermier s'enrichit.

5° Le prix des denrées varie sensiblement à peu près de dix en dix années, suivant la marche croissante ou décroissante du commerce et l'augmentation ou la diminution du numéraire, qui en sont la suite inévitable.

Ainsi même, dans un bail fait de bonne foi et à juste prix, c'est un risque que courent le fermier et le propriétaire ; et ce risque ne doit pas être éternel, croissant toujours à l'avantage de l'un et au préjudice de l'autre.

6° Si le propriétaire ou le fermier viennent à mourir, qu'on considère les effets de la durée d'un long bail à l'égard de leurs héritiers. Si c'est le fermier qui meurt, la ferme sera-t-elle vendue, licitée ou partagée entre ses héritiers ? Dans les trois cas, voilà le propriétaire forcé à des relations, à une confiance avec des hommes qu'il n'a jamais connus, avec lesquels il n'a jamais voulu contracter ; et, si c'est le partage qui s'opère, c'est un genre de difficulté presque interminable. Seront – ils solidaires ? fardeau énorme pour chacun ! L'obligation sera-t-elle divisée ? quel risque de perte pour le propriétaire ! Bientôt il faudra une législation aussi étendue, aussi compliquée que l'étaient, pour les subdivisions du cens, les lois du régime féodal.

Et si c'est le propriétaire qui meurt, ses cohéritiers, fussent-ils pauvres, fussent-ils cultivateurs de profession, seront forcés de rester dans une indivision funeste, de se partager les faibles produits du bail, et d'employer à la culture d'un fonds étranger, même au service de leur fermier, leurs bras, qui auraient amélioré leur fonds, et les auraient fait vivre dans l'aisance, s'ils eussent pu consacrer leurs travaux à la culture de ce fonds, malheureusement affermé.

7° Et encore, si le bail excédait le temps fixé pour la prescription, dans le cas où il viendrait à se perdre, et le fait est possible, l'aliénation temporaire des fruits entraînerait la perte de la propriété.

Plus on y réfléchit, plus on est convaincu que la longue jurisprudence qui avait fixé en France les baux à neuf ans était fondée sur de puissans motifs ; qu'on ne doit s'en écarter que lorsque le fermier est obligé à des défrichemens, à des améliorations dispendieuses ; qu'encore, en ce cas, ils doivent être restreints au temps utile pour indemniser avec profit le fermier, de ses avances et de ses travaux ;

Que le système des baux à tout terme, sous des apparences spécieuses, et dont les agriculteurs seuls peuvent discerner la frivolité et le danger, ne tend qu'à renouveler le système féodal, à avilir la propriété, à ruiner les propriétaires, comme le furent jadis les grands seigneurs quand ils échangèrent contre un cens invariable, leur revenu susceptible d'accroissement.

Ces raisons militent encore avec plus de force contre les baux emphythéotiques et les baux à rente foncière : outre les inconvéniens de la diminution de la propriété, de sa division en domaines directs et en domaines utiles, des divisions et subdivisions même du domaine utile par les morts, partages et ventes des tenanciers ; de l'aliénation absolue du sol, et souvent avec une vilité de prix qui devient irréparable ; des solidarités, de la susceptibilité d'hypothèques, et de tous les embarras innombrables de législation prévus par les rédacteurs du Code, ils ont surtout le danger réel d'arrêter toute réparation.

Le tenancier à bail à rente foncière, obligé de prélever sur les fruits l'impôt et le paiement annuel de la rente, était presque toujours dans l'impossibilité de faire des avances d'améliorations : la même cause produira, à l'avenir, les mêmes effets qu'elle a toujours produits.

Le seul moyen qui pût militer en faveur du bail à rente foncière, ce serait l'intérêt du cultivateur robuste et intelli-

gent qui veut acquérir, et n'a pas le capital nécessaire pour
payer; et celui du propriétaire indolent, ou incapable des
soins d'une culture, qui veut s'assurer un revenu fixe sans risquer la perte de son capital.

La vente en rente constituée peut les satisfaire également
tous deux : l'un sera propriétaire sans débourser, et, cependant aura toujours la faculté essentielle et inviolable de
pouvoir se libérer à volonté ; l'autre s'assurera un revenu
fixe, sans risque et sans embarras.

Il suffit, pour cela, d'ajouter à l'article de la loi, qui,
malgré la faculté substantielle au contrat de rembourser la
rente, permet de stipuler que le rachat ne sera pas fait avant
un délai qui ne peut excéder dix ans, une exception en faveur du vendeur d'immeubles, qui stipulera que le rachat ne
pourra pas être fait pendant sa vie ; et de permettre de stipuler les rentes constituées en denrées, quand elles ont pour
cause la vente d'un immeuble rural.

On proposera sur cet objet des dispositions au titre *des
Rentes constituées.*

On propose ici, sur les baux, les dispositions suivantes :

« Tous les baux seront stipulés pour un temps limité.

« Les baux perpétuels, soit à portion de fruits, soit à
« rente foncière, en argent ou en denrées, sont prohibés ;
« ceux qui seraient faits vaudront comme contrat de vente :
« le propriétaire sera réputé vendeur, le preneur sera ré-
« puté acquéreur ; il lui sera libre de rembourser le ven-
« deur à telle époque que bon lui semblera.

« Le bail ne peut excéder neuf années, si le fermier n'est
« pas assujéti à des défrichemens ou améliorations.

« Si le fermier s'oblige à défricher ou améliorer, soit par
« plantations, soit par constructions, leur durée pourra
« être stipulée pour vingt ans.

« Le prix des baux des biens ruraux peut être stipulé ou
« en argent ou en denrées,

« Si le prix du bail est stipulé en denrées, le preneur
« sera tenu de les fournir de la bonne qualité marchande et
« recevable dans le commerce, suivant l'usage du pays.

« Le contrat de bail n'est pas susceptible de rescision pour
« cause de lésion. »

Un commissaire, qui partage l'opinion de ses collègues
sur tous les autres articles de cette proposition, est d'avis
que la durée des baux peut être portée à quarante ans.

Ses motifs sont qu'une longue jouissance peut seule déterminer des améliorations considérables, des défrichemens,
des plantations de vignes et de bois, des travaux pour l'irrigation, enfin l'établissement de diverses espèces de manufactures, attendu que souvent l'homme qui veut les faire,
n'aurait pas les moyens d'acheter le sol et de faire les avances
considérables d'un premier établissement; que le bail de
quarante ans lui procure ces avantages.

Il observe encore que les Anglais doivent peut-être l'amélioration de l'agriculture à l'usage des baux d'une plus longue durée que ceux de France; et qu'aujourd'hui que le préjugé qui flétrissait par la dérogeance la profession de fermier ne subsiste plus, si on ne l'avilit pas par la contrainte
par corps, elle pourra être exercée en France par des
hommes qui auront de l'aisance et de l'instruction.

Art. 21. Il est dangereux de faire une exception pour les 1774
terres labourables. 1° En général, tout bail non écrit devrait être sans effet pour l'avenir; 2° dans presque tous les
domaines, les soles sont égales; 3° il est dangereux d'é-
riger en loi l'usage des soles, dans un temps où les sociétés d'agriculture s'occupent de les faire disparaître, pour
leur substituer l'alternat des différentes récoltes, et faire
ainsi porter les terres tous les ans, en variant le genre des
productions. On propose:

« Le bail sans écrit d'un fonds rural est censé fait pour
« un an. »

Art. 25. La loi d'octobre 1791 avait statué : « La tacite 1238-
1776

« réconduction n'aura plus lieu, à l'avenir, en bail à ferme
« ou à loyer des biens ruraux. »

Cette loi avait été dictée par les abus et les dangers de la
tacite réconduction : elle parut sage lorsqu'elle fut promulguée ; elle n'a point entraîné d'inconvéniens depuis :
cependant on en propose une directement contraire ; on
ne cherchera pas les motifs pour lesquels on la rapporte
aujourd'hui.

La loi est bonne lorsqu'elle régularise les relations des
citoyens, et les provoque à mettre de l'ordre dans leurs affaires, à ne pas laisser aller les choses demain comme
elles allaient hier, parce qu'elles n'avaient pas été autrement depuis quelques années.

Mais, si l'on se décide à préférer, aujourd'hui, la tacite réconduction, on observe que la préjuger par le seul séjour
du fermier au-delà du délai usité dans le lieu pour la sortie, c'est punir un acte honorable de bonté et de complaisance ; c'est forcer les propriétaires à avoir un huissier la veille du jour de l'expiration, pour chasser le fermier
qui ne part pas.

On pense qu'on devrait à cette disposition substituer
celle-ci :

« Si le fermier continue sa jouissance pendant un laps de
« temps suffisant pour faire présumer le consentement du
« bailleur sans, etc. »

1738-
1759   Art. 26. On fait la même observation sur la tacite réconduction du locataire : quant à l'époque de cette sortie,
comme il est d'usage, dans les grandes communes, de
donner un délai pour le transmarchement des meubles, on
propose de substituer à ces mots : *après l'expiration du bail
par écrit*, ceux-ci : « après l'expiration du temps accordé
« par l'usage des lieux, pour la sortie du locataire et le
« transmarchement des meubles. »

1754   Art. 43. Lire *ces*, au lieu de *des*.

1734   Art. 50. Il n'est pas possible d'établir une solidarité entre

des locataires choisis sans la participation, et souvent contre
le gré les uns des autres, par un propriétaire ou un locataire général, qui ont pu leur permettre des professions
dangereuses, capables de communiquer le feu, à qui souvent, malgré le besoin d'un foyer, ils ne donnent pas même
une cheminée. On propose : « S'il y a plusieurs locataires
« dans une maison, le premier chez lequel le feu s'est dé-
« veloppé en est responsable, s'il ne prouve pas que le feu
« a été communiqué à son appartement par l'appartement
« d'un autre locataire ; auquel cas, ce dernier en est seul
« tenu. Si aucun ne peut prouver dans l'habitation duquel
« le feu a commencé, ils sont tenus des dommages chacun
« pour sa part et portion. »

On propose d'ajouter un article conforme à la jurispru- 1753
dence universelle, et très-essentiel pour prévenir des difficultés renaissantes de chaque terme :

« Le propriétaire n'a d'action contre les sous-locataires
« que jusqu'à concurrence de ce dont ils sont redevables
« aux locataires à l'instant où l'action du propriétaire est in-
« tentée, pourvu qu'ils n'aient point fait de paiemens par
« anticipation ou en fraude de l'action du propriétaire. »

Art. 52. Assez et trop long-temps on s'est joué dans les tri- 1741
bunaux des stipulations résolutoires du bail ; on s'est permis
d'en juger l'intérêt, d'en adopter, d'en modifier ou d'en refuser les conditions au gré des juges.

Il est temps qu'un pareil abus finisse ; que les propriétaires, les fermiers, les cultivateurs à portion de fruits,
soient tenus de respecter la foi des contrats, et d'exécuter
strictement leurs conditions respectives : en conséquence, la
fin de l'article restreignant les cas de résolution à l'inexécution des obligations légales contenues dans les sections précédentes, on propose d'y ajouter :

« Il se résout encore par l'inexécution des conditions sti-
« pulées dans le bail. Celles qui sont stipulées à peine de
« résolution, et même chacune d'elles, si la résolution a été

« stipulée par une clause générale, ne peuvent être réputées
« comminatoires. Leur inexécution entraîne de droit la ré-
« solution du bail ; le juge ne peut pas la refuser ni la modi-
« fier. »

1742   Art. 54. Cette disposition est trop indéfinie ; elle exclurait
la résolution en cas de mort, quand même elle aurait été
convenue ; on croit nécessaire d'y ajouter :

« Néanmoins, s'il est stipulé dans le bail qu'il sera résolu
« par la mort soit du preneur, soit du bailleur, soit de
« tous deux, le bail sera résolu de plein droit par la mort
« prévue dans la stipulation. »

C'est ici le cas de décider si, à la mort d'un fermier, la
ferme peut être divisée entre ses héritiers : cette question
a été annoncée dans la discussion sur l'art. 17. On propose
de statuer :

« Tout bail à ferme d'un domaine est indivisible, à
« moins qu'il n'y ait stipulation contraire, soit entre des
« cofermiers, soit entre les héritiers d'un fermier : ils se-
« ront toujours tenus d'exploiter en commun, et d'ameublir
« les fruits de tous les fonds dans les bâtimens du domaine
« affermé.

« Si la ferme contient plusieurs domaines, ils pourront
« se diviser l'exploitation des différens domaines, de ma-
« nière que chacun d'eux exploite un domaine tout entier ;
« mais, en ce cas, ils seront tenus de conserver la division
« des fonds entre les différens domaines, telle qu'elle était
« au commencement du bail, et d'ameublir dans chaque
« domaine les fruits de tous les fonds qui y étaient annexés.

« Dans tous les cas, ceux des héritiers des fermiers qui
« exploitent en commun, étant associés, sont tenus solidai-
« rement du paiement du prix, et de l'exécution des clauses
« du bail : ceux des héritiers qui n'exploitent pas, ne sont
« tenus que comme héritiers. »

1743-   Art. 56 et 57. Deux commissaires sont d'avis des disposi-
1762   tions de ces deux articles ; leurs motifs sont :

Quant à la loi *œde*, que le propriétaire en louant a vendu sa jouissance : cette jouissance est devenue une propriété du locataire ; la lui ôter, c'est attaquer le droit de propriété.

Quant au nouvel acquéreur, le locataire ou le fermier, ayant obtenu antérieurement la cession de la jouissance, doit être préféré au nouvel acquéreur dont les droits sont postérieurs.

L'intérêt général et bien entendu de la propriété exige que les conventions faites pour en tirer parti par des baux et conventions soient exécutées fidèlement : la possibilité de la non-exécution en diminue la valeur.

Ils ajoutent 1° que ce serait peut-être un effet rétroactif, de donner aux baux actuellement existans cette faculté qu'ils n'avaient pas par les lois anciennes ;

2° Que, pour éviter les difficultés, il conviendrait de ne donner cette fixité qu'aux baux qui auraient des formes authentiques ; autrement, le vendeur pourrait nuire à l'acquéreur postérieurement à la vente.

Le troisième commissaire, qui est d'un avis opposé, observe, au contraire, que la loi *œde* avait limité le droit qu'elle accordait au propriétaire d'occuper sa maison au cas où elle était nécessaire à son habitation ; que la jurisprudence avait pris, pour constater cette nécessité, la précaution d'exiger son affirmation et son occupation réelle pendant toute la durée que devait avoir le bail, et l'avait encore assujéti à indemniser le locataire par l'abandon du prix d'un terme du bail ; que l'Assemblée constituante, qui fut toujours très-attentive à la maintenue de la propriété, et la Convention, respectèrent ce droit du propriétaire ;

Qu'enfin il est naturel, juste, et conforme à la raison, qu'un propriétaire puisse, quand il le désire, habiter chez lui, et obtienne de la loi la préférence sur son locataire.

En ce qui touche le cas de vente, il observe que le droit romain, dans la loi *emptorem*, avait donné au nouvel acquéreur ce titre singulier, ce droit de renvoyer à son gré le locataire et le fermier de la propriété qu'il avait acquise.

L'Assemblée constituante (*Code rural*) respecta encore cette loi à l'égard des maisons d'habitation.

A l'égard des propriétés rurales, elle ordonna qu'à moins de clauses formelles, la résiliation du bail, en cas de vente du fonds, n'aurait lieu que de gré à gré dans les baux de six ans ou au-dessous.

Quant aux baux de plus de six années, elle autorisa l'expulsion du fermier par le nouvel acquéreur, sous deux conditions: 1° que le nouveau possesseur cultiverait par lui-même ; 2° que le congé serait signifié un an d'avance, et le fermier indemnisé. Cette modification du droit romain a été respectée par la Convention et les législatures qui l'ont suivie.

Aujourd'hui on veut établir un droit nouveau, contraire aux lois romaines, à l'usage universel de tout le territoire de la République, à la législation nouvelle du peuple français. Mais, pour opérer une pareille subversion, il faut sans doute de grands motifs, et on n'en voit aucun.

1° L'usage actuel n'a produit aucun mal ; au contraire, il est universellement reconnu que jamais l'agriculture n'a eu en France autant d'activité, autant de perfection qu'elle en a aujourd'hui ;

2° Le nouveau système opère une diminution des droits de la propriété : les diminuer, c'est l'altérer dans son essence ; c'est diminuer sa valeur ; et, comme la propriété est la base fondamentale de la société civile, c'est attaquer très-directement la prospérité de l'État. Quand la valeur de la propriété diminue, le propriétaire est plus pauvre ; ses créanciers sont en perte, le Gouvernement est privé des droits qu'il perçoit sur les mutations : ainsi, tout perd, et le fermier qu'on a voulu favoriser ne gagne pas grand'chose ;

3° Un homme qui a de l'argent à placer se déterminera difficilement à s'obliger, pour un long espace de temps, à l'exécution d'un engagement qu'il n'a pas formé, à des rela-

tions forcées qui intéresseraient sa propriété , et quelquefois
toute sa fortune , avec un fermier qu'il ne connaît point,
avec qui il n'a pas contracté. Il n'achètera point , ou n'achètera qu'à vil prix.

En général , un nouveau propriétaire veut exploiter son
champ. Souvent, dans une commune où il y a de l'argent ,
plusieurs cultivateurs achètent en détail : chacun se marie ;
construit une maison. Au bout de trois ou quatre ans , le
domaine, cultivé par un plus grand nombre d'ouvriers , par
les mains de ses propriétaires , fertilisé par leurs avances,
n'est plus reconnaissable. Ces citoyens n'achèteront pas le
domaine affermé.

Il restera dans son état de mauvaise culture, au détriment
de l'État. On pourrait ajouter une multitude de réflexions
pour prouver que la suppression des lois qui autorisaient le
nouveau propriétaire à expulser le fermier est contraire aux
progrès de l'agriculture , à la valeur des propriétés , en un
mot, au bien public et au bien particulier.

En vain allègue-t-on , pour le soutenir , qu'il faut exécuter les contrats. Le fermier est bien libre de résilier quand
il veut, en ne payant pas, en violant, relativement à la culture, les clauses du bail, et par une foule d'autres moyens ,
en s'exposant à des condamnations qu'il est souvent impossible de lui faire partager. D'ailleurs, il est bien d'autres
contrats résolutoires. La foi des conventions n'est point
violée lorsque la loi a prononcé elle-même la résolution du
contrat dans certains cas : cette loi ne fait point d'injustice
au fermier, qui s'y est attendu , et qui est indemnisé. Cette
loi n'a donc rien d'injuste ; elle est infiniment utile à l'État et
au propriétaire. La modification qu'y avait faite encore la loi
de 1791 était déjà peut-être trop considérable ; la maintenue
de la loi est donc la plus grande faveur que le nouveau Code
pût faire au fermier. Le commissaire qui émet cette opinion contre ses collègues, parce qu'il est convaincu des
dangers de la loi proposée par le Code pour l'agriculture et

la propriété, parce qu'il a déjà vu de très-grands inconvéniens produits par la loi de 1791, a cru qu'il était de son devoir de présenter ses réflexions, pour provoquer une discussion approfondie de ce point infiniment important : le législateur veut le bien de l'agriculture, le maintien des droits de la propriété, qu'il prononce.

1746   Art. 60. Lorsque la clause de résolution par vente est stipulée, cet article abandonne l'indemnité à l'arbitraire des experts.

Jusqu'à 1791 cette indemnité avait été fixée au tiers des annualités des baux qui restaient à courir.

La loi de 1791 avait fixé l'indemnité aux avantages que le fermier aurait retirés de son exploitation ou culture continuée jusqu'à la fin de son bail, d'après le prix de ferme, et d'après les avances et améliorations qu'il aurait faites à l'époque de la résiliation.

La loi de 1791 (*Code rural*) paraissait plus conforme à la stricte justice, parce qu'elle ne donnait pas même une indemnité absolument égale aux bons et aux mauvais fermiers, parce qu'elle n'assimilait pas le bail onéreux au bail avantageux, parce qu'enfin, en subordonnant la quotité de l'indemnité aux améliorations et aux avances, elle encourageait et récompensait le bon fermier.

Comment le projet de Code, qui, presque à tous les articles où il peut être question de dommages, trace au juge les règles qu'il doit suivre pour les fixer, a-t-il oublié de les tracer dans un cas si important?

Si on ne veut adopter ni l'ancienne jurisprudence ni la loi de 1791, il est essentiel d'adopter une mesure quelle qu'elle soit, pour empêcher l'expert despote de ruiner le maître ou le fermier.

1769-
1770-
1771-   Art. 67, 68 et suivans jusqu'à 74. En lisant ces articles,
1772- tous contraires au droit commun, tous les propriétaires ont
1773. été glacés d'effroi; ils ont unaniment pensé que s'ils étaient adoptés, il fallait ou n'avoir plus que des colons partiaires,

ou renoncer à être propriétaire. Quoi ! s'il arrive une grêle, une coulure, une inondation, le fermier pourra demander une indemnité? on vérifiera par experts si cela a emporté plus ou moins de la moitié des fruits? et comme les articles ajoutent qu'il faudra compenser une année par l'autre, le juge, en attendant, pourra, par faveur spéciale, accorder au propriétaire quelques parties de son revenu.

1° Si une pareille loi pouvait être admise, il serait au pouvoir du juge de faire manquer des choses de première nécessité le propriétaire et sa famille, de les tenir dans l'indigence; et dans le cas où le bail serait à très-longues années, comme le permet l'art. 17, les accidens annuels, et malheureusement ordinaires, priveraient un propriétaire de ses revenus, en priveraient sa postérité, et ses acquéreurs, s'il pouvait en trouver avec cette disposition sur les prix de ferme et la loi prohibitive de l'expulsion en cas de vente.

2° Au fond, dans un pays superbe et fertile sans doute, mais ombragé dans la plus grande partie de son étendue par de hautes montagnes, coupé de ruisseaux, où les bois sont presque partout mêlés avec la culture; la grêle, la gelée, la coulure, l'inondation, qui se répètent presque toutes les années, ne peuvent pas être regardées comme des cas fortuits. Comment le propriétaire, qui, malgré ces accidens est tenu de payer l'impôt, peut-il être privé du paiement de sa ferme?

3° Comment, d'ailleurs, la loi peut-elle établir une pareille inégalité dans un contrat synallagmatique?

Tout contrat doit être réciproque : ainsi, si la loi admettait cette diminution, dans les mauvaises années, au profit du fermier, il faudrait donc, par une réciprocité nécessaire, admettre, en faveur du propriétaire, l'augmentation du prix dans les bonnes.

Il est aisé de voir que, quand on passe un bail à ferme, le propriétaire et le fermier s'opposent réciproquement les bonnes et les mauvaises années ; qu'il en résulte qu'on prend pour base une année moyenne ; qu'ainsi, tout ce qu'on nomme cas fortuit est prévu et calculé dans le prix du bail.

4° Dans la forme, comment se constateront le cas fortuit et la perte? S'il y a trois ou quatre gelées en un an (et cela est fréquent dans beaucoup de communes boisées et coupées de ruisseaux, où l'on éprouve des gelées de printemps, souvent fréquemment répétées dans la même saison, où la grêle et les pluies frappent les vignes et couchent les blés), il faudra à chaque fois un procès-verbal et des experts, des rapports, un procès : le fermier et le propriétaire y consumeraient en frais au-delà des produits du bail.

On ne croit pas avoir besoin d'en dire davantage pour justifier la proposition de la disposition suivante :

« Le fermier ne pourra demander aucune indemnité sous « prétexte de gelée, grêle, coulure, inondation, ou autre « cas fortuit prévu, ou non prévu, à moins que l'indemnité « pour ces cas ait été formellement stipulée et promise dans « le bail.

« Le fermier pourra demander indemnité pour les ra- « vages de la guerre, à moins qu'il n'y ait formellement re- « noncé par le bail.

« Dans le cas où l'indemnité pour les événemens tels que « la grêle, la gelée, la coulure, l'inondation, et autres « semblables, aurait été promise par bail, comme aussi « dans le cas des ravages de la guerre, l'indemnité sera « fixée d'après les règles qui suivent.» On pourrait adopter les règles contenues dans les articles suivans, en assujétissant le fermier à payer provisoirement, au terme convenu par le bail, le montant des impositions, et la moitié ou les trois quarts du prix de la ferme.

OBSERVATION GÉNÉRALE.

liv. 3-
tit. 8-
fin du
ch. 2. On est forcé de le dire, parce que c'est un point de la plus haute importance pour la nation, quand on médite les

principes adoptés par le projet de Code sur la propriété, on reconnaît avec douleur qu'ils tendent à diminuer, à affaiblir ses droits, et par conséquent à l'altérer et à l'avilir. Cependant la propriété est la cause du pacte social ; le maintien de la plénitude de ses droits est le devoir du législateur : il est donc important de revoir tous les articles qui le concernent, dans le système de la restauration de l'intégrité de ses droits.

Art. 85. La représentation de la peau est absolument insignifiante : qui prouvera que la peau est celle de la bête manquante ? et quand l'identité serait constante, s'il a mangé la bête, que prouvera la représentation de la peau ? 1808-1809

On propose la rédaction suivante :

« En cas de contestation sur la cause de la perte du
» cheptel, le preneur est tenu de prouver qu'il a péri par
« cas fortuit. »

Art. 111. Un individu libre, quelque engagement de travail qu'il ait contracté, ne peut jamais être contraint personnellement à son exécution : tout se réduit à une indemnité, s'il n'exécute par son engagement. 1780

Les articles suivans prouvent que c'est l'esprit du Code.

On propose d'ajouter à la fin de l'article :

« L'inexécution d'un pareil engagement en résout en dom-
« mages et intérêts. »

Il serait peut-être utile de limiter la plus longue durée du plus long engagement : sans cela, on pourrait faire contracter à un jeune homme de vingt-un ans un engagement de soixante-dix-huit années, et le soutenir valable, sur le fondement que la loi répute la vie humaine de cent ans.

Art. 120. On observe, 1º que le Code ne prévoit pas le cas où, malgré ce qui leur est prescrit, les voituriers n'auraient pas de registre ; 2º qu'il n'autorise pas formellement la preuve dans le cas prévu où le défaut d'inscription serait l'effet du dol. ap-1785

Dans ces deux cas, la preuve doit être admise, parce que

les voituriers, quelle que soit leur dénomination, sont certainement des dépositaires nécessaires comme les hôteliers, et doivent être sujets aux mêmes actions.

1784   3° Le Code omet encore de les déclarer responsables de la perte et des avaries des marchandises, à moins qu'ils ne prouvent la force majeure.

C'est encore le droit uniforme.

ap-
1785   4° Le Code omet de déclarer les commissionnaires chargeurs et les entrepreneurs de voitures, responsables du fait des bateliers, voituriers et autres agens qu'ils emploient, envers les propriétaires qui leur confient des choses à transporter.

5° Et enfin le Code omet l'obligation qui leur est imposée de rendre les choses dont la voiture leur est confiée, de la manière et dans le temps fixés par la convention.

Ici s'élève une contrariété d'opinions. Un commissaire soutient la liberté accordée par le Code, de modérer la peine, si la somme stipulée est excessive ; les deux autres demandent une prohibition absolue aux juges de modérer la peine, une injonction formelle de prononcer celle qui est stipulée dans la convention.

On a déjà discuté ces deux opinions sur l'art. 45 et suivans du titre II *des Conventions*, liv. Ier ; on n'y reviendra pas.

On propose les articles suivans :

« A défaut par les voituriers d'avoir tenu les registres
« prescrits par l'article 119, la preuve testimoniale du dépôt est admissible.

1784   « Les voituriers sont responsables de la perte et des ava-
« riés des choses qui leur sont confiées, à moins qu'ils ne
« prouvent qu'elles ont été perdues et avariées par un cas
« fortuit qu'ils ne pouvaient ni prévoir ni empêcher.

ap-
1785   « Toutes les règles prescrites pour le dépôt nécessaire,
« section IV du titre XVI du présent livre, s'appliquent
« aux dépôts faits aux voituriers.

« Les voituriers sont tenus de rendre les choses qui leur
« sont confiées, de la même manière et dans les délais fixés
« par la convention, à peine, etc.

« Les commissionnaires chargeurs et entrepreneurs de
« voitures sont responsables, pendant un an seulement, à
« compter du jour où la marchandise a dû être rendue à sa
« destination, si elle est pour le continent, envers les ci-
« toyens qui leur confient des choses à transporter, du fait
« des voituriers, bateliers, gens suivant les voitures et les
« bateaux, et généralement de tous les agens qu'ils em-
« ploient, sauf leur recours contre eux. »

Nota. Il est essentiel de fixer un terme ; la responsabilité
ne doit pas être éternelle.

Art. 122. On l'a déjà dit, toutes les lois doivent être con-   1786
tenues dans le Code ; elles doivent être les mêmes pour tous les
citoyens qui se trouvent dans le même cas ; ainsi, les directeurs des voitures publiques et les maîtres de barques et navires doivent être astreints aux mêmes obligations que les
autres voituriers par terre et par eau. S'il est possible qu'il
existe des réglemens particuliers à leur égard, ce ne seraient
que des réglemens de police, qui les y astreignent encore
plus strictement, parce que leurs entreprises sont plus importantes, et les dépôts qu'on leur fait, encore plus nécessaires. On propose :

« Les directeurs des voitures publiques et les maîtres des
« barques et navires sont astreints à toutes les dispositions du
« présent titre : ils sont, en outre, assujétis à des réglemens
« particuliers. »

Art. 128. Cet article doit être absolu et sans restriction :   1792
la probité de l'architecte ne peut pas lui permettre d'élever
sur un sol où le bâtiment doit crouler ; et, sans parler de la
perte qu'il cause au propriétaire, on a vu tant d'exemples
d'ouvriers et de passans écrasés sous des ruines, que l'humanité et l'intérêt public ordonnent de le leur prohiber. On de-

14.

mande la radiation de la fin de l'article, depuis ces mots : *à moins qu'il ne prouve.*

1793   Pour compléter l'article 129, dont la disposition était depuis si long-temps désirée ; pour arrêter enfin les funestes effets du dol et des manœuvres des ouvriers, on demande qu'il soit ajouté à la fin :

« Ni sous prétexte d'augmentation de la main-d'œuvre, ou
« des matériaux : dans aucun cas, ils ne peuvent être admis
« à compter *de clerc à maître.* »

1794   Art. 130. La juste sévérité des articles précédens exige que l'entrepreneur puisse résilier jusqu'au moment où les ouvrages sont commencés ; s'il trouve les matériaux, la main-d'œuvre, plus chers qu'il ne les avait calculés, il abandonnera le marché. En conséquence, on propose d'ajouter au commencement de l'article :

« L'architecte ou entrepreneur peut résilier, par sa
« seule volonté, dans l'intervalle de la convention au com-
« mencement des constructions, le marché qu'il a fait. Il
« ne le peut plus lorsque les constructions sont commen-
« cées. »

1796   Art. 132. On croit nécessaire de rappeler, dans le second alinéa, le prix convenu.

« Mais le propriétaire est tenu de payer au prix porté
« par la convention, à la succession de l'entrepreneur, la
« valeur des ouvrages faits, et celle des matériaux pré-
« parés. »

1799   Il est utile pour les départemens où les choses se traitent moins en grand, où l'on voit peu d'entrepreneurs généraux et beaucoup d'entrepreneurs particuliers, d'ajouter la disposition suivante :

« Les maçons, charpentiers, serruriers et autres ouvriers
« qui font directement des marchés à prix fait, sont astreints
« aux règles prescrites dans la présente section ; ils sont en-
« trepreneurs dans la partie qu'ils traitent. »

*Réflexions préliminaires sur les hypothèques et la discussion
des biens des débiteurs.*

Ce n'est pas dans les principes de la nature, qu'il faut
chercher la source des lois sur les hypothèques, et la solution des questions que cette matière présente ; des hommes
simples n'eussent pas pu concevoir ce droit incorporel sur
un corps certain, cette propriété intellectuelle qui s'attache
invisiblement à la propriété territoriale sous prétexte de
la secourir, et finit par la dévorer, enfin la foule des conséquences plus ou moins funestes qui en résultent.

liv. 3-
tit. 18-
et
tit. 19.

Dans l'origine des contrats, si un propriétaire avait un
ou plusieurs créanciers, chacun prenait une portion de son
bien pour se payer, et il conservait le reste ; si le bien ne
suffisait pas pour les payer tous, ils se le partageaient à
concurrence de leurs créances.

Cependant on éprouvait des pertes : les créanciers imaginèrent d'assurer leurs paiemens, en prenant en nantissement un effet de leur débiteur. L'antichrèse ou gage était le
mode de sûreté le plus favorable au créancier et au débiteur :
l'un ne pouvait pas perdre, puisqu'il était nanti de la valeur
de sa créance ; l'autre n'était pas ruiné, puisque, en payant,
il pouvait toujours rentrer dans sa propriété.

Enfin, les docteurs, plus subtils que philantropes, conçu-
rent le système abstrait de conserver au créancier le droit
qu'il avait sur le gage, en le laissant entre les mains du débiteur : l'hypothèque naquit.

Mais le débiteur, nanti du gage, pouvait l'affecter à
chaque instant à une hypothèque nouvelle : cet inconvénient
suggéra le privilége de la priorité ; et quoique le créancier
du lendemain fût d'aussi bonne foi que celui de la veille,
quoique son argent fût au même titre, le plus ancien
eut tout, les autres n'eurent rien.

Dès lors l'emprunteur put légalement tromper ses créanciers, en affectant chaque jour une hypothèque nouvelle sur un bien insuffisant.

Dès lors encore le débiteur fut souvent dans l'impossibilité de payer; quelquefois il ne le voulut pas : il fallut l'y forcer; le magistrat intervint.

Dans ces premiers temps, chez les Romains, les formalités étaient simples et courtes. Le créancier sommait le débiteur de payer : si au bout de quarante jours il n'avait pas payé, un officier public se transportait sur la place; il plantait une pique pour indiquer qu'il agissait par l'autorité du magistrat; auprès de cette pique il proclamait la vente, recevait les enchères; celui qui faisait la plus haute devenait propriétaire. La pique (*hasta* en latin) sous laquelle se faisait cette procédure, lui fit donner le nom *subhastatio n.*

De ces usages, si simples dans leur origine, on vit naître successivement la législation et la procédure les plus compliquées, les plus obscures et les plus ruineuses; la subrogation, la novation, la solidarité, la division, la discussion, la saisie réelle, le séquestre, le décret, la consignation, etc., etc.

En France, Henri II voulut régulariser le décret. Il motiva son édit sur la nécessité de prévenir la ruine des créanciers et des débiteurs; et par l'effet de sa loi, le créancier perdit sa créance, le débiteur fut complètement ruiné : la saisie réelle fut assimilée à l'incendie; on disait au créancier : *Le feu de la discussion a dévoré votre gage;* au débiteur : *Le feu de la discussion a dévoré votre domaine;* et cependant rien n'était anéanti; mais tout avait passé au fisc et aux gens de justice.

Plusieurs provinces avaient constamment rejeté l'édit de Henri II et les saisies réelles.

Mais dans la plus grande partie de ce vaste territoire, elles étaient un fléau légal et dévastateur; par tout elles étaient justement détestées.

Lorsque le chancelier Maupeou voulut changer l'ordre judiciaire, il crut ne pouvoir rien proposer de plus agréable à la nation que l'abrogation des saisies réelles; mais lors du rappel de l'ancienne magistrature, les procureurs au Parlement, qui, depuis l'établissement des épices, eurent toujours beaucoup de crédit, qui en acquirent encore plus à cette époque parce qu'ils avaient concouru au retour des anciens magistrats, obtinrent le rétablissement des saisies réelles, source principale de leurs immenses et funestes profits.

Aussi, dès que la nation voulut se régénérer, c'est-à-dire, revenir aux principes de justice et de bienfaisance qui seuls peuvent faire le bonheur des sociétés politiques, les saisies réelles disparurent sans même être abolies : l'exécration publique les anéantit par le fait; nul huissier n'osa les interposer, nul avoué les poursuivre : si ce mot fut encore prononcé dans une audience, le murmure public empêcha même les juges de l'entendre.

Les provinces qui avaient des usages particuliers, les maintinrent : celles qui avaient été dévastées par les saisies réelles adoptèrent la vente sous trois publications. La législature s'occupa enfin de cet objet important; elle avait à choisir entre plusieurs systêmes que l'usage avait consacrés en des lieux différens.

Peut-être l'hypothèque était-elle au nombre de ces institutions essentiellement vicieuses qu'il est impossible d'améliorer, et qu'il faut extirper absolument sans chercher inutilement à les régulariser.

Si, en laissant subsister les hypothèques actuellement créées, on fût revenu pour l'avenir au principe primitif; si, en conservant les priviléges du vendeur, du constructeur, du colon, du propriétaire, et quelques autres dont la justice est démontrée par la cause des créances, on eût fait concourir tous les autres créanciers sur le prix des immeubles comme sur celui du mobilier, peut-être aurait-ce été l'époque la plus heureuse pour la société, celle où l'agriculture fût devenue la plus florissante qui eût jamais existé.

D'un côté, aucun créancier n'était absolument et impunément volé; chacun avait toujours au moins sa portion proportionnelle dans le prix des immeubles de son débiteur.

Les immeubles, vendus, sans frais et sans procédure, par simples enchères comme les meubles précieux, ne seraient pas dévorés par les formes judiciaires qui en absorbent la valeur sous prétexte de la transmettre au créancier.

Le débiteur gêné, et cependant riche, ne serait pas réduit à la mendicité pour une dette qui quelquefois n'égale pas la vingtième partie de sa fortune.

Le propriétaire mal-aisé vendrait son immeuble comme il vend son diamant, son vaisseau, son cabinet de tableaux, sauf à en racheter un autre, si sa fortune devient meilleure.

L'homme aisé qui n'aurait pas de crainte sur les suites d'une acquisition, ni de formalités à faire pour la consolider, achèterait un immeuble comme une bague, sûr de le revendre avec la même facilité.

L'homme intelligent achèterait pour améliorer et revendre avec profit: il se ferait des spéculations d'agriculture comme des spéculations de commerce; le sol, fertilisé sans cesse par de nouveaux possesseurs, serait porté au plus haut point de fécondité, et l'Etat au dernier période de richesse réelle et de splendeur.

Il ne faut, pour cela, que la suppression de tout régime hypothécaire, et la réduction des droits du fisc sur les ventes d'immeubles au taux fixé pour les ventes mobilières.

On pourrait, pour satisfaire le créancier qui veut une sûreté réelle et non illusoire, et le débiteur qui veut conserver sa propriété, laisser subsister l'antichrèse (gage immobilier) comme le gage mobilier.

Ce système paraît singulier au premier coup-d'œil, parce qu'on est habitué à d'autres usages : c'est cependant le retour au droit primitif, et par conséquent à l'ordre naturel ; et

lorsqu'on réfléchit à la marche simple et libre qu'il substi-
tuerait aux formes les plus compliquées et les plus litigieuses, aux fortunes qu'il conserverait, aux maux qu'il préviendrait, à l'activité qu'il donnerait à l'agriculture et au commerce, on est affligé que des préjugés enracinés empêchent
de le proposer: mais peut-être les maux qui résultent si nécessairement du régime hypothécaire, qu'il est impossible à
la législation la plus éclairée de les prévenir, y ramèneront
un jour.

La convention, en conservant un systême hypothécaire,
s'efforça de le régulariser, en le fondant sur les principes de
l'équité.

Pour prévenir l'infidélité des débiteurs, empêcher leur
ruine, et assurer les créances, elle établit la publicité des hypothèques, et des formalités sommaires pour les ventes forcées.

La publicité des hypothèques n'était point un systême
nouveau.

Elle était établie dans toutes les Coutumes de nantissement.

Le grand *Colbert* avait proposé de l'établir dans toute la
France par une loi générale ; *Louis XIV* et son conseil le voulaient : le parlement, entraîné par ses procureurs, s'y était
opposé ; et, depuis cette époque, tous les publicistes instruits
l'avaient désiré.

La convention améliora tous les systêmes sur ce point
important de l'économie politique, en concentrant dans un
seul point la publicité des hypothèques et des aliénations.

Quant aux formalités pour les ventes, elle combina, en
les améliorant, celle des subhastations et celle des ventes sous
trois publications.

Ce systême fut débattu pendant quatre ans: la loi de l'an 3
l'avait surchargé des cédules hypothécaires et des déclarations
foncières ; il en fut dégagé ; il fut simplifié, amélioré, per-
fectionné. Les deux lois du 11 brumaire an 7 ne laissèrent à
désirer que les moyens de prévenir tous frais et toutes poursuites, par la collocation usitée en Provence pour payer le

créancier, par la cession à prix d'estimation d'une portion des biens du débiteur égale à sa créance, et les moyens adoptés sur la subhastation pour limiter au juste intérêt du créancier la quantité de biens qu'il pouvait faire vendre, et pour prévenir leur adjudication à vil prix, en donnant au débiteur, d'un côté, la faculté d'y rentrer pendant un temps limité, en remboursant le prix, de l'autre l'action en lésion énorme et énormissime : moyens inspirés par l'humanité, et conformes à la plus sévère justice.

Le nouveau régime était établi ; toutes les difficultés étaient vaincues ; les maux inséparables de l'établissement d'un nouvel ordre étaient finis et oubliés ; il ne restait plus qu'à jouir du bienfait, lorsque le projet de Code propose encore un nouveau système. S'il eût amélioré la législation, les magistrats consultés se seraient empressés de payer un tribut de reconnaissance ; mais il rétablit les formes anciennes, si funestes et si odieuses ; il tend ainsi à l'ébranlement, à la destruction des fortunes consolidées par le système actuel, à la ruine des débiteurs ; par conséquent, il est contraire à l'intérêt général, qui se compose de tous les intérêts particuliers. Il est donc du devoir de ces magistrats d'en démontrer les inconvéniens.

1° En matière de législation, il est infiniment dangereux de rétrograder. Peu importe dans quel temps, par qui, et même par quels motifs une loi a été promulguée ; l'unique question à examiner est de savoir si elle est bonne, et si on peut en proposer une meilleure.

Ce principe général militerait fortement en faveur du système hypothécaire actuel ; il fut l'ouvrage de plusieurs législatures, qui toutes le maintinrent en l'améliorant.

Il fut provoqué par le soulèvement général, ancien et constamment soutenu, contre le système qu'il remplaça, et auquel on voudrait revenir.

2° Ce retour, funeste à l'ancien ordre, entraînerait les plus grandes difficultés et les plus grandes injustices.

Dépouillerait-on les créanciers actuels, des droits qu'ils ont acquis par leurs inscriptions ? Ce serait une violation absolue de la propriété, un acte révoltant, contraire à tous les principes d'équité.

Maintiendrait-on leurs droits ? D'un côté, il en résulterait qu'il existerait à la fois deux systêmes hypothécaires, l'un fondé sur la nécessité de l'inscription et la publicité de l'hypothèque, l'autre sur l'hypothèque ténébreuse, qui n'est forcée à l'opposition que dans le cas de la vente des biens du débiteur ; ce qui serait absolument contraire à l'unité légale, formerait une législation disparate et incohérente, et produirait, dans le choc, des effets monstrueux et funestes aux propriétaires, qui ne trouveraient plus de prêteurs, chacun ayant droit de craindre les hypothèques cachées, outre les hypothèques publiques.

D'ailleurs, il est impossible de concilier les droits des créanciers actuels avec le système proposé ; celui qui est inscrit a calculé que, si son débiteur ne le payait pas, il serait payé dans quatre ou cinq mois après le commandement, presque sans frais ; et le nouveau système ne lui offrira pour moyen d'exécution que les désastres et les lenteurs d'une saisie réelle, accompagnée de séquestre et de procédures ruineuses, qui absorberont à la longue son gage, et ne lui laisseront aucune ressource pour son paiement. Par conséquent, comme il est absolument impossible de concilier les droits des créanciers actuels avec les lettres de ratification et les formes de vente forcée qu'on propose, il est impossible de conserver dans le système proposé les droits des créanciers actuels ; par conséquent, le système proposé entraîne à des injustices démontrées et révoltantes ; par conséquent, il est inadmissible.

Il s'agit actuellement d'examiner lequel des deux serait le meilleur, et s'il peut exister des motifs de préférence en faveur de celui qui est proposé.

3° A l'égard de la publicité des hypothèques, il faut observer qu'il y a une très-grande différence, quant au crédit, entre le propriétaire et le commerçant.

Le crédit, dans le commerce, est fondé sur la probité, l'activité, l'intelligence, le génie mercantile du commerçant, et sur la nature de son commerce ; il ne s'agit pas de savoir s'il a une fortune égale aux affaires qu'il fait, mais si ses spéculations augmenteront sa fortune, si sa prudence et son économie la conserveront. On peut donc se dispenser de voir son bilan pour lui confier ; on confie à ses talens, à son bonheur ; on confie pour peu de temps ; on reçoit un intérêt plus fort, et on consent à partager momentanément le risque du succès de ses entreprises : ainsi, dans les prêts de commerce, on doit laisser la plus grande latitude à la confiance et à la bonne foi. Mais, dans les prêts hypothécaires destinés à payer des dettes mobilières ou à améliorer des fonds, il est juste et nécessaire que l'immeuble affecté puisse évidemment en répondre.

Quand on prête à un propriétaire, c'est ordinairement pour un long terme et à un intérêt plus modique, parce qu'il est proportionné au produit des biens territoriaux. On ne peut guère compter sur ses moyens d'acquérir ; on ne fonde donc sa confiance que sur ce qu'il possède : mais, si ses possessions sont déjà affectées à des dettes antérieures qui les absorbent ou les excèdent, le créancier est trompé, son argent est perdu ; et cela arrive souvent avec un débiteur de la plus exacte probité, qui se trompe lui-même en donnant à ses biens une valeur d'opinion qui surpasse leur valeur réelle.

Et si le débiteur est un intrigant mal-honnête et ruiné qui prenne de toutes mains, il y a bien plus de danger : non-seulement il empruntera au-delà de ses facultés, mais encore, quand un créancier de bonne foi lui aura prêté, il ira souscrire un engagement simulé à un complice de sa fraude, ou il vendra le bien qu'il vient d'hypothéquer ; et en antidatant ces actes de ténèbres faux (que les délais nécessaires pour l'enregistrement rendent faciles et malheureusement trop ordinaires), il donnera la priorité à la créance simulée.

Il n'y a de moyens contre l'erreur ou la fraude, que l'inscription des hypothèques, et la transcription des contrats dans les mêmes registres : loin de multiplier les formes à l'infini, c'est une formalité unique et simple ; loin d'être un remède pire que le mal, cette formalité est une précaution tutélaire qui le prévient et l'empêche ; loin de *perdre le crédit*, elle assure celui du propriétaire qui mérite d'en avoir ; loin d'être une inquisition, la vérification prompte et secrète du registre des hypothèques est une forme bien moins *inquiétante et moins indiscrète* que la recherche inquisitionnelle que feraient chez les voisins, les parens, les amis de l'emprunteur, chez tous ceux qui peuvent connaître sa situation, un capitaliste attentif et sage, à qui son notaire propose un placement, pour prendre *les informations convenables, sans rien négliger de ce qui peut lui être utile pour veiller à ses intérêts*. Ainsi puisque (suivant le projet de Code dont on vient de discuter tous les moyens contre la publicité des hypothèques) *l'office de la loi est de nous protéger contre la fraude d'autrui*, le devoir du législateur est de laisser subsister la publicité des hypothèques, qui la prévient et la rend impossible.

Quelque évidentes que soient ces raisons, un exemple les rend peut-être encore plus sensibles. Après l'abrogation du régime hypothécaire, un citoyen demande au Gouvernement une recette considérable. Les agens prennent les informations convenables ; ils veillent à l'intérêt de la république ; ils ne négligent rien de ce qui est utile. Le postulant a de bons immeubles ; il offre des cautions qui possèdent de riches propriétés ; il est admis : cependant, dès que le coffre-fort est bien plein, le receveur et l'argent disparaissent. L'agent du Trésor public fait saisir les immeubles ; il se trouvent absorbés par des dettes antérieures qu'on avait ignorées : l'argent de la république est perdu. Que penseront, que diront les gouvernans, de ce régime hypothécaire abusif et funeste, substitué à celui qui aurait conservé et assuré les deniers publics? Qu'en se mettant ainsi, pour un instant, à la place du créancier qui aura perdu sa fortune, ils jugent de l'animadversion, des plaintes qui s'éleveraient chaque jour contre la loi qu'on leur propose? Croiront-ils que le créancier ruiné fût indemnisé par ces phrases du Code: *C'est un principe que les lois faites pour réprimer la méchanceté des hommes, doivent montrer une certaine franchise, une certaine candeur. Quelques hommes sont si méchans, que pour gouverner la masse, il faut supposer les plus mauvais d'entre les hommes, meilleurs qu'ils ne sont.* L'honnête homme ruiné répondrait: « C'est pour « réprimer les méchans que les lois ont été faites : les bons « n'en avaient pas besoin ; donc, pour gouverner la masse, « il faut réprimer la méchanceté. On réprime les mauvaises « actions par les peines ; on les prévient, on paralyse, on « annihile la méchanceté, on force même les méchans à « suivre les sentiers de l'austère vertu, lorsqu'on les met « dans l'impossibilité absolue d'exécuter leurs coupables « projets ; mais on les encourage, quand on brise la barrière « qui arrêtait leurs abus, leurs fraudes, leurs rapines ; quand « on leur rouvre une libre carrière. »

Le projet de Code reproche encore au régime hypothécaire actuel, qu'il assujétit les hypothèques à des droits onéreux. Si ce reproche était fondé, on pourrait répondre qu'il vaut encore mieux payer un droit, quel qu'il soit, que de tout perdre : mais autant les réflexions du projet de Code sur l'excessivité des droits d'enregistrement et sur la manière contentieuse de leur perception sont vraies, justes et dignes de l'attention du Gouvernement, autant son reproche au régime hypothécaire est dénué de fondement. Le régime hypothécaire n'entraîne nécessairement que les droits fixés ; et ces droits ne sont que des centimes ; ils ne sont donc pas onéreux ; et si les dépenses d'une guerre juste et nécessaire, si le salut de la patrie a exigé qu'on y ajoutât des droits proportionnels, on ne peut pas le reprocher à la législation, à

qui ces funestes accessoires sont absolument étrangers. On
ne peut pas plus supprimer la législation des hypothèques,
parce qu'elle est soumise à des droits que les circonstances
exigent nécessairement, qu'on ne pourrait demander la suppression des fenêtres qui transmettent dans les maisons les
rayons bienfaisans du soleil, du feu qui réchauffe dans le
temps des frimas, des alimens ordinaires, parce qu'une im-
périeuse nécessité a forcé d'établir des impôts sur la viande,
le vin, le bois et les fenêtres.

Enfin, les droits onéreux que le projet de Code oppose à la
législation hypothécaire pourront être et seront sans doute,
à la paix, supprimés et réduits ; et les saisies réelles qu'on
propose de lui substituer, d'un côté, entraîneraient des droits
dont la quotité et la multiplicité serait mille et souvent deux
mille fois plus considérables, et de l'autre, sont essentiellement et nécessairement toujours ruineuses pour le débiteur,
et presque toujours pour le créancier.

4° Avoir dit que l'opinion publique assimilait les saisies
réelles à l'incendie, c'est, sans doute, en avoir dit assez pour
décider le Gouvernement à les laisser dans le néant où l'exécration générale les abîma à l'époque de la révolution. Aucun
Gouvernement, à plus forte raison le Gouvernement français, dont les bases sont la justice et la bienfaisance, convaincu
que la conservation des propriétés est le fondement du pacte
social, ne se déterminerait jamais à livrer toutes les propriétés
des débiteurs à un feu dévorant, anéantir les fortunes particulières qui composent la fortune publique.

On n'aura pas besoin d'ajouter à ces réflexions que, lorsqu'on voulait prouver autrefois qu'une propriété était dans
l'état de dégradation le plus déplorable et le plus effrayant,
on disait : *C'est un bien en saisie réelle.*

Et si quelqu'un pensait que ces observations sont exagérées,
qu'il consulte ceux qui se souviennent encore du passé, qu'il
sache que plusieurs procureurs, qui jouissaient de la considération publique, indignés des horreurs de cette procédure,

ont constamment refusé pendant toute leur vie, de prêter leur ministère à une saisie réelle ; il sera convaincu que ces observations, eu égard au sujet, sont faibles et manquent d'énergie.

Et si l'on voulait nommer les propriétaires qui furent victimes des saisies réelles, on pourrait citer une foule d'exemples incontestables : mais on ne personnalisera rien, pour ne pas ranimer des souvenirs odieux ; on se contentera d'expliquer en général, que dans les temps où les *Turgot et les Malesherbes*, et une foule d'autres hommes vertueux, entourèrent le trône on s'occupa de la suppression des saisies réelles, et qu'on fit faire alors des relevés exacts. On assura, dans ce temps, qu'il avait été reconnu que sur cent saisies réelles, à peine en trouvait-on une où il fût resté quelque chose pour un débiteur ;

Que sur cent saisies réelles, à peine en trouvait-on trois où il y eût eu quelque chose pour les premiers créanciers ;

Qu'enfin, dans celles-là même, la majeure partie des créances avait été perdue.

Il résulte donc de ces tableaux, que, puisque le but de la discussion des biens est le paiement des créances, une procédure qui en absorbe le gage, qui constitue tous ou presque tous les créanciers en perte, est une procédure essentiellement vicieuse, et que, par conséquent, loin de la rétablir lorsqu'elle n'existe plus, il faudrait l'anéantir si elle existait encore.

Qu'on la compare d'ailleurs aux effets du régime hypothécaire actuel ; les frais ont été très-modérés ; on ne les a point vus absorber scandaleusement tout le prix ; toujours la majeure partie des créanciers a été payée, quoique la plupart des dettes eussent été créées avant la publicité des hypothèques : et l'on a lieu de présumer que, lorsqu'il n'y aura plus que des hypothèques établies, depuis leur publicité, sur une base légitime de confiance, lorsque les immeubles, avilis par la hausse de l'intérêt de l'argent, auront repris leur valeur, tous les créanciers seront toujours payés, et il restera quelque chose au débiteur ; que même on ne verra presque jamais d'expropriation forcée, parce que, la créance étant bien assurée, le débiteur trouvera aisément un nouveau créancier à subroger à l'ancien, qui, par besoin ou par humeur voudra absolument exiger son capital.

Le projet de Code s'est, à la vérité, efforcé de diminuer les procédures de la saisie réelle, mais c'est une vaine tentative, un espoir frivole, impossible à remplir.

L'expérience de tous les temps a prouvé qu'il est possible, en législation, de prohiber une procédure, mais qu'il est impossible de la limiter : quelques précautions qu'on prenne, l'adresse de la chicane l'emportera toujours sur l'habileté du législateur.

L'ordonnance de 1667 fut faite par les magistrats les plus habiles, pour régulariser les frais des procédures et les réduire à ceux qui étaient strictement nécessaires ; les exécutoires effrayans du parlement de Paris ont démontré l'inutilité de cette mesure, combinée cependant avec tant de zèle, de lumières et de sagesse.

Le chancelier *Maupeou*, pour capter la bienveillance de la nation, promulgua un Code pour l'abréviation des procédures ; c'est à cette époque qu'elles devinrent les plus excessives.

Henri II avait donné son édit des criées pour prévenir la ruine des créanciers et des débiteurs ; et les procédures qu'il autorisait, l'ont toujours complètement opérée.

D'ailleurs, le nouveau Code laisse subsister les mêmes procédures ; donc, malgré tous ses efforts pour les limiter, il en résultera les mêmes abus.

On y retrouve la saisie réelle ; procédure absolument inutile, puisque l'affiche par laquelle commence la procédure actuelle est la seule chose nécessaire : cette saisie réelle donne cependant lieu à une multitude de procédures.

Surtout il autorise les saisies générales, par conséquent, la ruine et la dévastation la plus complète ; tandis que la loi sur l'expropriation réduit toutes saisies aux biens situés dans l'arrondissement d'un tribunal civil.

Il permet le séquestre, qui absorbe inutilement tous les fruits et revenus : croira-t-on qu'un séquestre aura moins d'adresse et d'avidité qu'un commissaire aux saisies réelles pour les dévorer? Puisqu'il est constant que, dans l'ancien régime, il n'y eut jamais de compte de saisie réelle où la dépense, fondée sur des réparations enflées et mal faites, sur des événemens réels ou supposés, n'égalât la recette, se flattera-t-on de pouvoir opérer des miracles dans l'avenir?

D'ailleurs, l'établissement du séquestre aurait deux vices radicaux : le premier, d'entraîner des frais énormes ; le second, d'opérer le dépérissement absolu des immeubles et l'avilissement de leur prix. Il vaut bien mieux ; il est bien plus humain, et au moins aussi profitable à la masse des créanciers, de laisser la gestion au débiteur, sauf à faire vendre les fruits pendans par racines, si les circonstances l'exigent.

Le projet de Code établit un jugement sur la validité de la saisie ; procédure absolument inutile au paiement des créanciers, et qui entraîne nécessairement une masse de frais.

Il admet des oppositions, source incalculable de frais ; et ceci est l'effet nécessaire de la non-publicité des hypothèques. Dès que les créanciers ne sont pas connus, il faut bien leur donner le temps et les moyens de se faire connaître ; et c'est là encore un motif puissant d'admettre leur publicité. On sent aisément que, lorsque les créances ne sont pas publiques, l'ordre donne lieu à des frais et à des longueurs que prévient la publicité des hypothèques.

Après l'ordre, arrive le congé d'adjuger, jugement qui n'est utile que pour priver de tous droits les créanciers qui n'ont pas formé d'opposition, et le propriétaire (étranger à la saisie réelle) d'un fonds qui se trouverait compris, par erreur ou par méchanceté, dans les fonds saisis.

Il est dur de priver un créancier de ses droits, parce qu'il ne s'est pas opposé à une procédure que souvent il n'a pas connue ni même pu connaître : l'inscription prévient cet inconvénient. Mais il est souverainement injuste de dépouiller de sa propriété un citoyen qui n'a pu ni dû le prévoir, qui, peut-être, est absent, peut-être au service de la république : l'iniquité de cette mesure est évidente.

C'est cependant pour la perpétuer, c'est pour approprier au créancier du saisi le bien du propriétaire non débiteur, que les lenteurs et les formalités ruineuses des saisies réelles ont été établies. N'est-il pas infiniment préférable de rétablir l'inscription, et de laisser au propriétaire le droit sacré et inviolable de réclamer son bien, mal à propos compris dans la saisie ?

On n'a pas besoin d'observer à présent que les frais devant se prendre sur les produits du séquestre qui seront toujours consommés ailleurs, la saisie réelle se perpétuera à l'infini, au détriment du débiteur, des créanciers et de l'immeuble.

Mais on doit remarquer qu'on interdit l'appel du congé d'adjuger et du jugement d'adjudication, dont l'un dépouille les créanciers et les propriétaires étrangers, et l'autre le débiteur, et qui peuvent contenir des injustices criantes.

On doit remarquer qu'on annonce le rétablissement du receveur des consignations. Il suffira de dire que cet office était, dans les saisies réelles, le complément du désastre : autorisé à percevoir des droits proportionnels, pour garder des sommes qu'il faisait valoir à son profit, s'accordant, pour perpétuer sa jouissance, avec le procureur du poursuivant, qui perpétuait les procédures, il n'était là que comme un fléau ; quelque simple que fût sa fonction dans l'origine, il était venu à bout de la rendre si compliquée, que la jurisprudence sur ses attributions formait un volume.

Les mêmes causes produiraient, à l'avenir, les mêmes effets ; il est infiniment préférable de laisser les deniers consignés entre les mains de l'adjudicataire, à la charge d'en payer l'intérêt.

Tout doit donc concourir à faire proscrire à jamais les saisies réelles; on le demande, on a droit de l'espérer; le vainqueur de Marengo anéantira l'hydre de la chicane.

On propose la marche de la loi sur l'expropriation forcée, mais on y ajoute :

1° Quelques délais de plus, pour donner au débiteur le temps de vendre ;

2° Le droit au vendeur originaire de l'immeuble non payé de reprendre son bien, en restituant ce qu'il a reçu; c'est une suite de son privilége ;

3° L'antichrèse ou gage volontaire des immeubles, moyen doux et facile de prévenir la saisie réelle ;

4° La faculté au créancier antérieur d'empêcher les poursuites judiciaires, en demandant l'antichrèse, si les créanciers postérieurs ne veulent pas lui donner caution que par l'événement de la vente il sera payé ; il ne faut pas qu'un créancier puisse en ruiner un autre sans espoir légitime, pour le seul plaisir de nuire ;

5° Pour empêcher la vente à vil prix, la faculté à tout créancier, si le prix d'adjudication n'a pas été porté à la mise à prix, de demander, pendant une décade, la subrogation à l'adjudication ;

6° La fixation de la mise à prix sur le montant de la contribution foncière, et non sur l'évaluation des matrices de rôle, notoirement inférieure à la valeur réelle, et toujours indifférente au propriétaire, pourvu qu'elle soit proportionnelle avec toutes celles de la commune ;

7° La faculté d'appeler du jugement d'adjudication ; elle est d'une stricte justice et d'une absolue nécessité, mais elle ne doit pas arrêter l'exécution provisoire ;

8° La faculté au saisi d'exercer l'action en rescision contre l'adjudication, comme pour les ventes volontaires : si on l'admet pour des contrats formés volontairement, après examen, discussion, et en connaissance de cause, à plus forte raison doit-elle être admise contre une vente forcée, à laquelle le vendeur n'a point consenti, et dont ni le poursuivant qui l'a provoquée, ni le juge qui l'a prononcée, ne connaissaient la valeur;

9° On demande enfin et surtout que le saisi puisse vendre volontairement pendant le cours des procédures : le but de la saisie réelle est de faire vendre son bien; il le remplit et le devance en vendant lui-même; il fait le bien de ses créanciers en avançant l'époque de leur paiement, et en les déchargeant des frais énormes qui leur seraient préférables; il ne fait tort qu'aux officiers de justice et au fisc, qui s'enrichiraient de ses dépouilles, et qui ne méritent pas la préférence.

OBSERVATIONS SUR LES PRIVILÉGES.

1re *observation.* Le projet de Code a omis plusieurs privi-fin de
2101léges dont la justice est évidente : on a cru devoir les rétablir chacun dans son rang; on n'entrera dans des détails qu'au sujet de celui des femmes sur les biens de leur mari.

Dans tout le ressort du tribunal d'appel de Lyon, et dans la majeure partie de la république, les femmes ont, pour leur dot et leurs reprises, un privilége sur les effets mobiliers de leur mari, qui s'étend même sur les dettes actives, et sur tout ce qui est réputé mobilier, sauf les restrictions dans le cas où les maris ont des sociétés de commerce ou autres restrictions, qui forment un article additionnel au titre *de la société.*

Ce privilége, fondé sur les lois romaines et sur le texte de plusieurs Coutumes ou statuts locaux, ne diffère, dans les départemens qui l'admettent, que par la manière de l'exercer. Dans quelques-uns, il s'exerce comme hypothèque; dans d'autres, par un droit qu'on nomme *d'insistance* : la femme reste en possession des meubles jusqu'à ce que les autres créanciers l'aient payée.

A Lyon, il s'exerce conformément au projet qu'on proposera ci-après, chapitre II.

Partout il est subordonné aux privilèges préférables, et ne s'exerce qu'au rang qui lui sera ci-après assigné.

Les motifs de ce privilège sont :

1° Qu'en général, la femme et ses parens, quand ils confient la dot, ont en grande considération le mobilier du mari, surtout s'il est banquier, marchand, artisan ou capitaliste ;

2° Que la loi doit favoriser les dots, afin d'encourager les mariages par l'espoir de la subsistance de la commune famille ;

3° Qu'il y a une sorte d'inhumanité à chasser de la maison, et à priver des meubles les plus nécessaires, une femme et de malheureux enfans ;

4° Que, puisqu'on fonde des privilèges sur l'équité, il doit bien être accordé à la femme une préférence sur de simples prêteurs, dont la créance est plus récente, moins certaine, quelquefois suspecte.

On demande la conservation de ce privilège.

2101
5°
2ᵉ *observation.* On croit juste de distinguer les fournitures de première nécessité, et de les placer même avant les salaires des domestiques qui ont concouru à leur consommation.

2101
4°
3ᵉ *observation.* Le privilège des salaires des gens de service doit être porté à un an, puisqu'il leur est accordé une année au titre *des Prescriptions;* et ces salaires doivent être placés dans un rang plus utile.

2101
3°
4ᵉ *observation.* Il en est de même des frais de dernière maladie.

2101
1°
5ᵉ *observation.* Les frais de justice doivent être spécifiés pour les restreindre.

2098
6ᵉ *observation.* Les relations des créances de la république avec les citoyens, surtout lorsqu'on lui accorde un privilège, doivent être fixées par le Code civil. Les lois administratives sont limitées à la quotité de l'impôt, aux objets sur lesquels

il se lève, à la manière de le lever. L'impôt est préférable au prix de loyer ou de ferme, parce qu'il est en général une charge de la propriété; mais il est évident, par la nature des choses, que plusieurs autres priviléges doivent lui être préférés.

7e *observation*. Le privilége des frais de récolte est un privilége sur un objet déterminé; mais il n'est point assez développé dans le projet de Code. Il est nécessaire d'assurer la culture, conformément aux conventions du propriétaire et du cultivateur, et aux usages locaux. Il est des pays où on cultive à moitié fruits, où on élève même les vers-à-soie à moitié produit; il en est où les salaires sont fixés en argent, d'autres où ils sont payables en denrées; enfin, dans quelques-uns, outre le droit colonique, c'est-à-dire, la moitié de la récolte accordée au cultivateur, on donne encore à des ouvriers une portion des grains, qu'on nomme *affanure*, pour moissonner et battre les grains. 2102 1o

Si la récolte qui se trouve dans le domaine ne suffit pas pour payer les salaires des cultivateurs à gage, ils doivent encore avoir un privilége subsidiaire sur les meubles qui garnissent le domaine.

8e *observation*. Tout bail écrit doit produire le même effet, soit qu'il soit sous seing privé, soit qu'il soit authentique; on ne peut établir de différence qu'entre le bail et le défaut de bail. *Ibid.*

On doit distinguer, pour le nombre des termes échus, entre les fermages, que les circonstances forcent quelquefois de laisser arrérager, et les loyers de maisons d'habitation, qu'on exige à chaque terme, le propriétaire ne doit avoir de privilége que pour le dernier terme et le courant, à moins qu'il ne justifie de ses diligences.

Mais dix jours assignés par le Code pour suivre les effets de son locataire clandestinement enlevés, sont un terme évidemment trop court, il doit être, au moins, de vingt jours. Un commissaire désirait qu'il fût de quarante. Dans le droit actuel, il est de six semaines.

9ᵉ *observation*. On pense que les lois sur ce point seraient plus claires en divisant la matière des priviléges en trois sections : l'une des priviléges sur une chose mobilière déterminée ; la seconde, des priviléges sur les effets mobiliers en général ; la troisième, des priviléges sur les immeubles, en y reportant au premier rang ceux qui, suivant la section III, s'étendent sur les meubles et immeubles.

10ᵉ *observation*. Il est surtout essentiel de décider si le *privilége sur les meubles* s'étend sur tous les *biens-meubles* sans exception, ou seulement sur quelques portions du mobilier.

On fonde cette question sur ce que l'article 18 du tit. Iᵉʳ du liv. II fixe l'expression de l'universalité du mobilier à ces mots, *biens-meubles*, ou à ceux-ci, *meubles et effets mobiliers* ; ni l'une ni l'autre de ces expressions n'est employée dans le titre de ce chapitre.

On pense que le privilége doit s'exercer sur l'universalité des biens-meubles : du moins est-il juste d'étendre celui de la femme aux dettes actives, aux entreprises, aux fonds de commerce ; tout cela peut provenir de sa dot.

TITRE VI. — *Des priviléges et hypothèques.*

DISPOSITIONS GÉNÉRALES.

2092　Art. Iᵉʳ. « Quiconque s'est obligé personnellement, est « tenu de remplir son engagement sur tous ses biens mo- « biliers et immobiliers, présens et à venir.

2093　Art. 2. « Lorsque la même personne a plusieurs créanciers, « tous ses biens sont leur gage commun ; et leur prix se dis- « tribue par contribution au marc le franc, à moins qu'il « n'y ait, entre ces créanciers, des titres légitimes de pré- « férence.

2094　Art. 3. « Les causes légitimes de préférence sont les « priviléges et les hypothèques.

CHAPITRE Iᵉʳ. — Des priviléges.

2095　Art. 4. « Le privilége est un droit que la qualité d'une

« créance donne à un créancier d'être préféré aux autres
« créanciers, même hypothécaires.

Art. 5. « Entre les créanciers privilégiés, la préférence 2096
« ne se règle point sur la date de l'inscription de l'obligation,
« mais sur le plus ou le moins de faveur de la créance.

Art. 6. « Les créanciers privilégiés qui sont dans le même 2097
« rang, sont payés par concurrence.

Art. 7. « Les priviléges peuvent être sur les meubles ou 2099-
« sur les immeubles; quelques-uns même peuvent être sur 2100
« des parties déterminées de meubles et d'immeubles.

Art. 8. « Le créancier privilégié sur une chose déterminée,
« est payé, par préférence à tous les autres, sur son prix.

« L'excédant, s'il y en a, est joint au surplus des biens,
« pour être distribué suivant l'ordre des priviléges généraux
« et des créances.

« Si le prix de la chose n'est pas suffisant pour le payer,
« le reste de sa créance n'est payé, sur le surplus du mobilier,
« que comme créance ordinaire.

Art. 9. « Tout créancier privilégié est payé en accessoire
« de sa créance, des frais nécessaires pour parvenir à la
« vente de l'objet soumis à son privilége, et à la distribu-
« tion du prix.

« S'il s'élève entre des créanciers quelque contestation
« sur l'exercice du privilége ou l'ordre des créances, celui
« qui succombe est condamné aux dépens, et les supporte
« sans pouvoir les tirer en accessoires de créances.

SECTION Iʳᵉ. —Des priviléges sur une chose mobilière déterminée.

Art. 10. « Les créances qui doivent être payées sur des 2102
« objets mobiliers déterminés, par préférence à tous autres
« créanciers, même privilégiés, sont:

« 1º Le droit colonique et les salaires, soit en argent, soit
« en denrées, des cultivateurs, des personnes employées au
« service de la basse-cour, des ouvriers et journaliers employés
« pour la culture et levée des récoltes, et généralement tout

« ce qui est dû pour semences, engrais, travaux, fourni-
« tures, et autres frais relatifs aux cultures et aux récoltes,
« sur le produit et le prix des récoltes pour lesquelles ces
« travaux et fournitures ont été employés;

« 2° Les sommes dues pour ustensiles, sur le prix de ces
« ustensiles ;

« 3° Le créancier engagiste, sur le gage dont il est nanti;

« 4° Le prix des objets mobiliers non payés, s'ils sont encore
« en la possession du débiteur, sur lesdits objets mobiliers,
« soit qu'ils aient été vendus à terme ou sans terme.

« Et même, si la vente a été faite sans terme, le vendeur
« peut revendiquer, tant qu'ils sont en la possession de l'a-
« cheteur, lesdits effets mobiliers, et en empêcher la vente,
« pourvu que la revendication soit faite dans les trois décades,
« à compter du jour de la livraison, et que les effets se trou-
« vent dans le même état qu'à l'époque où ils ont été délivrés.

« S'il a reçu des à-comptes, il les rapporte.

« Néanmoins, en cas de vente faite, même à terme, à
« un marchand, de marchandises dont il fait commerce, s'il
« n'a point reçu d'à-compte, s'il n'a point reçu en paiement
« des billets à ordre, lettres-de-change ou autres effets négo-
« ciables, le vendeur peut, en cas de faillite de l'acheteur,
« revendiquer sa marchandise, tant qu'elle est entre les
« mains de l'acheteur, pourvu que l'identité soit constante,
« et qu'il la trouve en balle et sous corde, ou du moins,
« s'il s'agit de pièces de draps, étoffes de soie, toiles, mous-
« selines, dentelles ou autres, pourvu que les pièces soient
« encore entières, et s'il s'agit de marchandises en tonneaux,
« pourvu que les tonneaux soient entiers et non entamés.

« Il en est de même des lettres-de-change et autres effets
« de commerce négociés au failli, dont il n'a pas fourni la
« valeur, pourvu que ces lettres-de-change et effets de
« commerce se trouvent encore chez lui, et qu'il n'en ait
« pas signé l'endossement.

« Celui qui revendique est tenu de donner avant l'inven-

« taire, à peine de rejet de sa demande, sa requête en
« revendication, et d'y joindre une facture exacte et cir-
« constanciée des effets revendiqués, qui est paraphée par
« le juge;

« Il supporte les frais de sa revendication, lors même
« qu'elle est admise.

« 5° Le porteur de la lettre-de-change est privilégié sur
« les sommes, marchandises et effets de commerce qui se
« trouvent, à l'époque de la faillite du tireur, entre les mains
« de celui sur qui la lettre-de-change est tirée, ou qui lui
« ont été adressés;

« 6° Celui sur qui il a été tiré des lettres-de-change est
« privilégié sur les marchandises, effets de commerce, et
« sommes d'argent appartenant au tireur, qui sont en son
« pouvoir, ou qui lui ont été adressés pour le rembourse-
« ment des sommes qu'il a acquittées, ou qu'avant la faillite
« il s'est engagé d'acquitter.

« 7° Le vendeur d'un troupeau, fonds de boutique, fonds
« de commerce, manufacture, auberge, cabinet de gra-
« vures ou de tableaux, protocole de notaire, ou autres
« universalités quelconques de mobilier, est privilégié sur
« les effets vendus qui se trouvent encore entre les mains de
« l'acquéreur; il n'a point de privilége sur les effets qui ont
« remplacé ceux qu'il a vendus : ce privilége subsiste pendant
« six mois après l'échéance du prix, si la vente a été rédigée
« en acte public; il cesse au bout de six mois après la déli-
« vrance, si la vente n'est pas authentique.

« 8° Celui qui a vendu, construit ou réparé des bateaux,
« barques, navires, moulins à eau et usines quelconques
« sur bateaux, est privilégié pour les prix de ventes, con-
« structions ou réparations, pourvu qu'elles soient constatées
« par acte authentique : ce privilége ne peut pas s'étendre ,
« au-delà d'une année, à compter de la délivrance des
« ouvrages.

« Si le bateau est déplacé par un nouvel acquéreur, l'an-

« cien vendeur, constructeur ou réparateur, peut le suivre
« pendant l'espace de trois décades, à compter du jour du
« déplacement.

« 9° Les fournitures d'un aubergiste, hôtelier et autres
« tenant hôtel garni, sont privilégiées sur les effets du voya-
« geur qui ont été transportés dans l'auberge, pourvu qu'ils
« y soient encore.

« Celui qui a fait des frais et des avances pour des effets
« et marchandises étant entre ses mains a privilége sur ces
« effets et marchandises pour les avances qu'il a faites.

« Les fabricans à façon, les teinturiers, blanchisseurs,
« apprêteurs et autres ouvriers travaillant chez eux pour des
« manufactures, sont privilégiés, pour le paiement de leurs
« façons et fournitures, sur les facultés mobilières du com-
« merçant pour lequel ils ont travaillé, pendant un an à
« compter du jour de la remise de chaque ouvrage et
« fourniture ;

« 10° Les frais de voiture, et les dépenses et avances faites
« pour la chose voiturée, sont privilégiés sur cette chose,
« pourvu que la demande soit formée dans la décade après la
« remise de la chose par le voiturier ;

« 11° Les créances résultant d'abus et prévarications com-
« mis, dans l'exercice de leurs fonctions, par des citoyens
« assujétis par les lois à fournir un cautionnement, sont
« privilégiées sur le fonds de leur cautionnement et sur les
« intérêts qui en peuvent être dus.

SECTION II. — Des priviléges sur les effets mobiliers.

2101   Art. 11. « Les créances privilégiées sur les effets mobiliers
« sont celles ci-après exprimées ; elles s'exercent dans l'ordre
« suivant :

« 1° Les frais de scellés, inventaire, saisie, gardiateur,
« vente du mobilier et distribution du prix, et encore les
« frais des héritiers bénéficiaires, tuteurs, curateurs aux
« successions vacantes, et autres administrateurs, lorsqu'ils

« sont autorisés, par le jugement, à les tirer dans la dépense
« de leurs comptes;

« 2° Les frais funéraires;

« 3° Les frais quelconques de la dernière maladie, con-
« curremment entre eux, pourvu qu'ils ne remontent pas à
« plus d'une année;

« 4° Les fournitures de pain et viande pour la consomma-
« tion du ménage pendant les derniers six mois;

« 5° Les appointemens, gages et salaires dus aux commis,
« employés, facteurs, et aux domestiques et gens de service,
« pour la dernière année seulement;

« 6° Les salaires des cultivateurs, des personnes em-   2102
« ployées au service de la basse-cour, et tous frais de cul-
« ture, semence et récolte, s'ils n'ont pas été payés sur le
« prix des récoltes;

« Les sommes dues pour ustensiles, si elles n'ont pas été
« payées sur le prix des ustensiles;

« 7° Les contributions publiques dues pour les six der-   2098
« niers mois de l'année précédente et l'année courante;

« 8° Les loyers et fermages des immeubles, sur tout ce   2102
« qui garnit la maison louée ou la ferme, et tout ce qui sert
« à l'exploitation de la ferme; savoir, quant aux fermages
« de biens ruraux, pour tous les termes échus et le cou-
« rant, s'il y a un bail écrit, et, s'il n'y a point de bail,
« pour l'année échue et la courante; et en ce qui touche
« les loyers des maisons d'habitation, pour le terme échu
« et le courant, soit qu'il y ait bail ou non.

« Le propriétaire peut suivre les meubles et effets qui
« garnissaient sa maison ou sa ferme, lorsqu'ils ont été dé-
« placés sans son consentement; et il conserve sur eux son
« privilége, pourvu qu'il ait fait la revendication dans le
« délai de vingt jours;

« 9° Les fournitures de subsistances, autres que le pain   2108
« et la viande, faites au débiteur et à sa famille pendant les
« six derniers mois;

« Les juges peuvent, suivant la nature des subsistances,
« l'état et la fortune du débiteur, rejeter ou modérer ce
« privilége, et en régler l'ordre entre les différens fournis-
« seurs ;

2098   « 10° Les sommes dues au Trésor public, aux communes,
« aux établissemens publics, par leurs comptables ;

« 11° La femme, non commune en biens, ou séparée
« de biens, soit par contrat de mariage, soit par jugement,
« a un privilége sur tous les biens-meubles de son mari,
« dans tous les cas où la loi lui accorde l'hypothèque légale
« sur les immeubles ; à la charge de donner caution de rap-
« porter le montant des gains de survie, si elle prédécède
« son mari, et d'en payer, pendant qu'il vit, l'intérêt aux
« autres créanciers : elle a même le droit d'empêcher la
« vente des meubles de son mari, en les prenant au prix
« de l'estimation, à la charge de payer tous les créanciers
« privilégiés à elle, et de rapporter aux autres l'excédant,
« s'il y en a.

SECTION III. — Des priviléges sur les immeubles.

2105   Art. 12. « Les créanciers privilégiés sur les immeubles,
« sont :

« 1° Les frais de scellés, saisie, inventaire, gardiateur,
« vente du mobilier et distribution du prix, et encore les
« frais des héritiers bénéficiaires, curateurs aux successions
« vacantes, tuteurs et autres administrateurs, les frais fu-
« néraires et de dernière maladie, les fournitures de sub-
« sistance, les gages, appointemens, salaires et frais de
« semence, culture, récolte et ustensiles, et les contribu-
« tions publiques, déclarés privilégiés sur les meubles dans
« la section précédente, s'exercent subsidiairement sur les
« immeubles ;

2107   « Ces priviléges s'exercent sans avoir été inscrits ;

2103
1°
   « 2° Le vendeur sur les immeubles vendus, pour le paie-
« ment du prix.

« S'il y a plusieurs ventes successives dont le prix soit dû
« en tout ou en partie, le premier vendeur est préféré au
« second et autres subséquens.

« 3º Les cohéritiers sont privilégiés sur les immeubles de 2103
« la succession, pour la garantie des partages faits entre 3º
« eux, et des soultes et retour de lot;

« 4º Ceux qui ont fourni les deniers pour l'acquisition 2103
« d'un immeuble ou pour le paiement des soultes et retour 2º
« de lot, ont le même privilége que les vendeurs ou cohé-
« ritiers qu'ils ont remboursés, pourvu qu'il soit authen-
« tiquement constaté, par l'acte d'emprunt, que la somme
« était destinée pour cet emploi, et, par la quittance du
« vendeur, que ce paiement a été fait des deniers emprun-
« tés; ils concourent même avec les vendeurs et les cohé-
« ritiers, s'ils ne sont pas entièrement payés, à moins que
« ceux-ci ne se soient formellement réservé la préfé-
« rence.

« Les priviléges des vendeurs et des cohéritiers ci-dessus
« fixés s'étendent à toutes les améliorations qui surviennent
« à l'immeuble, sauf l'exception prononcée dans l'article
« suivant.

« 5º Les architectes, entrepreneurs, maçons ou autres 2103
« ouvriers, ont privilége sur les immeubles qu'ils ont édi- 4º
» fiés, reconstruits ou réparés; pourvu néanmoins que,
« par un expert nommé d'office par le tribunal de première
« instance dans le ressort duquel les bâtimens sont situés, il
« ait été dressé préalablement un procès-verbal à l'effet de
« constater l'état des lieux relativement aux ouvrages que le
« propriétaire déclarera avoir dessein de faire, et que les
« ouvrages aient été, dans les six mois au moins de leur
« perfection, reçus par un autre expert également nommé
« d'office.

« Ceux qui ont prêté leurs deniers pour payer ou rem- 2103
« bourser les ouvriers jouissent en concurrence avec ceux 5º
« qu'ils ont remboursés, si ceux-ci ne se sont pas réservé la

« préférence pour ce qui leur reste dû du même privilége,
« pourvu que cet emploi soit authentiquement .constaté, et
« que, pour les constructions, reconstructions ou répara-
« tions, les formalités ci-dessus aient été observées.

« Si, après la clôture du procès-verbal d'ordre, le prix
« de la vente volontaire ou judiciaire de l'immeuble se
« trouve insuffisant pour payer tous les créanciers privilé-
« giés et hypothécaires, il est procédé par deux experts
« nommés, l'un par les ouvriers, et l'autre par les autres
« créanciers privilégiés et hypothécaires, ou à défaut nom-
« més d'office par le tribunal, à la ventilation du prix de
« l'immeuble, pour fixer la portion de ce prix qui s'ap-
« plique aux constructions, reconstructions et réparations,
« et celle qui s'applique au surplus de l'immeuble. Les ou-
« vriers et ceux qui les ont remboursés n'exercent leur
« privilége que sur la partie du prix qui s'applique aux con-
« structions, reconstructions et réparations;

2098 « 6° Après le paiement des privilégiés ci-dessus dénom-
« més, le Trésor public, les communes et établissemens
« publics, sont payés, par préférence à tous créanciers hy-
« pothécaires, sur le prix des immeubles que leurs receveurs
« ou leurs comptables ont acquis depuis leur entrée en
« exercice.

2106 « Les priviléges ci-dessus ne peuvent point avoir d'effet
« sans avoir été inscrits.

2108-
2109 « Les priviléges des vendeurs et des cohéritiers sont
« inscrits d'office au moment de la transcription de la vente
« ou partage.

2110 « Le procès-verbal qui constate les ouvrages à faire, doit
« être inscrit avant le commencement des réparations; et le
« privilége n'a d'effet que par cette inscription.

« Celui de réception des ouvrages doit être également
« inscrit, à l'effet de déterminer le *maximum* de la créance
« privilégiée. »

CHAPITRE II. — Des hypothèques.

Observations générales.

1º Tout acte passé dans l'étranger, la célébration même du mariage qui y est contracté, ne peuvent avoir d'authenticité que par leur dépôt chez un officier public français, qui en délivre des expéditions; ils ne peuvent avoir d'effet, à l'égard des tiers, que du jour de leur inscription en France.

Sans ces précautions légales, il serait trop facile à un Français qui aurait contracté dans l'étranger, à un étranger qui viendrait en France, en se présentant comme libre, en présentant ses biens comme exempts d'hypothèques, quoiqu'il fût marié et débiteur dans le territoire d'un autre Etat, de tromper tous ceux qui traiteraient avec lui.

2º L'usage de donner l'authenticité à un acte passé hors la présence de tout témoin, par la signature d'un second notaire, est trop abusif pour ne pas être réformé.

Ce second notaire n'assiste point à la réception de l'acte ; il ne peut pas même lire la minute ni l'expédition qu'il signe en second ; ses collègues lui feraient un crime de sa curiosité. Sans doute, le législateur n'entend pas le rendre responsable d'une signature de pure formalité, qui ne fait rien pour l'authenticité de l'acte, qu'il ne connaît ni ne peut connaître. Cette formalité, aussi ridicule qu'elle est inutile, doit donc être supprimée : on doit exiger, dans tous les cas, pour la validité d'un acte, au moins un notaire et deux témoins.

3º Les notaires autrefois ne pouvaient recevoir des actes que dans le territoire du tribunal dans lequel ils étaient immatriculés.

Lorsqu'on établit les tribunaux de département, leur faculté d'acter s'étendit au département entier; aujourd'hui, on a rétabli des tribunaux d'arrondissement, et on n'a rien statué sur le droit des notaires.

D'un autre côté, la loi de 1790 avait fixé l'organisation du notariat, exigé des études, un examen, un tableau de candidats ; il ne restait plus qu'à en fixer le nombre dans chaque département : le travail des administrations de département et de district était fait à cet égard ; il ne manquait que la loi, et elle n'est pas encore rendue.

Une loi révolutionnaire avait attribué aux administrateurs de district la faculté de remplacer les notaires morts pendant la terreur : depuis la suppression des districts, les administrations de département et les préfets se sont successivement emparés de cette loi, et ont nommé des notaires tant qu'ils ont voulu, et ceux qu'ils ont voulu.

Il est très-urgent qu'une loi fasse cesser le désordre et les abus actuels, en fixant invariablement le territoire dans lequel les notaires pourront recevoir des actes, les conditions de leur nomination, et leur nombre dans chaque territoire : cette loi, sans doute, renouvellera les précautions tombées en désuétude pour la sûreté des minutes, soit pour l'avenir, soit pour le passé.

4° Non-seulement le notaire qui reçoit un acte, mais le second notaire, si on laissait subsister cet abus, et les témoins qui le signent, doivent, s'ils sont créanciers du bien hypothéqué par ce contrat, ou du bien, soit donné, soit vendu, perdre leur hypothèque ou leur droit à l'égard de la partie contractante, s'ils n'en font pas une réserve expresse ; sans cela, ils pourraient induire en erreur le contractant, et le tromper impunément. Cette règle, dont on avait voulu affranchir ceux qui signent les contrats de mariage, doit frapper contre tous ceux qui y apposent leur signature comme contre les témoins des autres actes : des parens ne peuvent pas avoir le droit d'induire en erreur des futurs époux.

5° Les lois qui défendent aux mineurs de s'engager doivent toutes être réputées lois prohibitives, auxquelles, par conséquent, il n'est pas permis de déroger. La loi qui leur prohibe des engagemens doit être sévèrement exécutée : donc, tout engagement contracté par un mineur, même pubère, est un engagement nul ; ce qui est nul ne peut pro--

duire aucun effet : par conséquent, l'engagement du mineur pubère ne peut pas donner une hypothèque ; elle ne
peut résulter que du jour de la confirmation ou ratification
de l'acte, faite en pleine majorité.

6° L'hypothèque éventuelle et indéfinie sur les biens des
mineurs, sur les biens des tuteurs, est, à la vérité, nécessaire ; mais elle est bien funeste. On ne doit donc pas l'étendre vaguement, au préjudice de tous les tiers, sur les biens
de tous ceux qui, sans être nommés tuteurs ou administrateurs, s'ingèrent dans l'administration des affaires des mineurs ou des interdits. Il est évident qu'avec de pareilles hypothèques tacites on ne pourrait contracter sûrement avec
personne ; la sûreté publique exige l'inscription de toute
hypothèque.

7° L'hypothèque légale des femmes est sans doute juste ;
mais il n'est pas moins juste de la restreindre. Assez et trop
souvent on a vu des maris et des femmes, abusant du privilége respectable de la dot, voler des créanciers, en favoriser
quelques-uns, en frustrer d'autres par des quittances de
sommes que le mari n'avait jamais reçues, par des ventes
combinées, des engagemens simulés ou même réels. Il est
donc essentiel d'ôter l'hypothèque légale à la femme pour le
remploi de ses propres aliénés et des dettes qu'elle a contractées avec son mari, même avant leur séparation. Elle
est libre de ne pas aliéner et de ne pas s'engager ; l'aliénation
et l'engagement ne dérivent point du contrat de mariage :
c'est un nouvel acte qu'elle forme, comme pourrait le faire
tout étranger ; il ne doit donc pas avoir d'autre hypothèque
que celle de son inscription.

8° Les observations qu'on vient de faire mènent à une réflexion fondamentale. En matière d'hypothèque, on ne doit
jamais considérer l'intérêt d'un seul, soit qu'il soit créancier,
débiteur, acheteur ou vendeur, mais le droit de tous les
tiers contre qui l'acte peut réfléchir plus ou moins directement. La disposition de la loi doit veiller également aux droits

du nouvel acquéreur, du nouveau créancier, du débiteur, du vendeur, et de tous les autres créanciers. La combinaison sage qui conserve les droits de tous est la perfection du régime hypothécaire.

9° Il serait fort à désirer qu'en conservant le privilége indéfini de la nation sur les meubles des comptables et sur les immeubles qu'ils achètent après leur entrée en exercice, on limitât son hypothèque sur les biens qu'ils possédaient auparavant, et sur ceux qui leur échoient par donations ou successions.

10° La régie nationale nomme les conservateurs des hypothèques, fixe leur cautionnement, et reçoit leur caution.

La régie perçoit, à son profit, les droits d'inscription et de transcription. Ces droits sont le prix de la garantie des hypothèques et des ventes ; donc, la régie doit être responsable des fautes et des erreurs de ses commis, sauf son recours contre eux.

Il est d'une souveraine injustice d'affranchir de la garantie celui qui perçoit le prix de cette garantie, et d'en limiter l'exercice contre un préposé peut-être insolvable. On ne peut pas, en prenant l'argent de tous les créanciers et de tous les acquéreurs de la République, pour assurer leurs créances et leurs propriétés, les forcer à suivre uniquement, et malgré eux, la foi d'un individu qu'ils ne connaissent pas. Si, à certaines époques, ces principes ont pu être méconnus, ils doivent être consacrés dans un Code fondé sur la raison et la justice.

11° Il ne faut pas que, parce qu'un citoyen a la charge d'une tutelle, il soit encore dans la funeste impossibilité de contracter : en conséquence, il paraît juste de restreindre l'hypothèque indéfinie qui résulte de la tutelle à ce qu'il doit à l'époque où il vend, sauf à la famille à nommer un autre tuteur si cette aliénation fait craindre son insolvabilité.

12° Le projet de Code, art. 78 du titre XI *de la Vente*, liv. III, renvoie, sur la revendication du vendeur, à ce titre **VI** ; cependant, dans ce titre, on ne trouve rien sur la revendication des immeubles : en conséquence, on a proposé, dans ces observations, des additions sur les articles 76 et 77 du susdit titre **XI**, *de la Vente*, et on s'est fondé sur l'admission de cette addition dans la revendication qu'on a proposée au titre *de l'expropriation forcée*.

13º On croit qu'il est utile d'accorder à tout citoyen domicilié et imposé le droit d'enchérir dans les adjudications forcées, parce que les avoués prendront, sans doute, un droit proportionnel qui diminue d'autant le prix de l'adjudication, comme le faisaient autrefois les procureurs ; parce qu'encore l'enchère n'est pas un acte de procédure qui exige le ministère d'un avoué ; parce qu'enfin il est possible, surtout dans les petits tribunaux, que ces avoués se liguent pour écarter les enchérisseurs, et rester seuls, à vil prix, adjudicataires. On ne peut pas se dissimuler que le droit exclusif d'enchérir les rend maîtres des enchères. La liberté d'enchérir n'a point eu d'inconvéniens avant le rétablissement des avoués : si, cependant, on l'attribue exclusivement aux avoués, il est essentiel de restreindre leur droit à un droit fixe.

Ces observations sont la base des articles qu'on va proposer.

SECTION Iʳᵉ. — Dispositions générales.

Art. 13. « L'hypothèque est un droit réel sur les immeu- 2114
« bles affectés au paiement d'une dette.

« Elle est de sa nature indivisible ; elle subsiste en entier
« sur tous et chacun des immeubles affectés, et sur chaque
« portion d'iceux ; elle suit l'immeuble dans quelque main
« qu'il passe. »

Art. 14. « L'hypothèque n'a lieu que dans les cas et dans 2115
« la forme autorisés par la loi.

« On nomme hypothèque légale ou tacite celle qui 2117
« existe en vertu de la loi seulement ;

« Hypothèque judiciaire, celle que la loi attribue aux
« jugemens ou actes judiciaires ;

« Hypothèque conventionnelle, celle qui résulte des
« contrats et actes revêtus des formes exigées par la loi. »

2122-
2123
Art. 15. « Les hypothèques, soit légales, soit judiciaires,
« s'étendent sur tous les biens immeubles présens et futurs
« du débiteur.

2129
« L'hypothèque conventionnelle est restreinte aux seuls
« immeubles qui lui ont été spécialement affectés par les con-
« trats et actes, et aux améliorations qui y surviennent. »

2118
Art. 16. « Sont seuls susceptibles d'hypothèque, 1° les
« biens-fonds et leurs accessoires qui sont déclarés immeu-
« bles dans le chapitre Ier du tit. Ier du liv. II ;

2° « L'usufruit desdits biens-fonds et accessoires. »

2119
Art. 17. « Les meubles n'ont pas de suite par hypo-
« thèque.

2120
« Il n'est rien innové, par cette disposition, aux privi-
« léges et droits de suite accordés par la loi sur certains
« biens-meubles. »

SECTION II. — Des hypothèques légales.

Art. 18. « Il n'y a d'hypothèque légale que dans les cas
« déterminés par la loi. »

2121-
2135
Art. 19. « La femme commune a sur les biens de son
« mari, du jour de l'inscription de son contrat de mariage,
« ou, s'il n'y a point de contrat, du jour de l'inscription de
« la célébration du mariage, une hypothèque légale pour
« toutes ses reprises et droits matrimoniaux.

« La femme séparée de biens par son contrat de mariage
« a les mêmes hypothèques.

« L'hypothèque des reprises des femmes est limitée aux
« biens-meubles qui ont été constitués à la femme par le con-
« trat de mariage, ou qui lui sont survenus depuis par don
« ou succession ;

« L'hypothèque pour les droits matrimoniaux est restreinte

« à ceux qui résultent de la stipulation du contrat de mariage
« ou de la loi. »

Art. 20. « La femme commune en biens, la femme non
« commune en biens, la femme séparée de biens, n'ont
« point d'hypothèques légales, à compter du jour de l'in-
« scription du contrat ou de la célébration du mariage, pour
« l'indemnité des dettes qu'elles ont contractées avec leurs
« maris pendant le mariage, ni pour le remploi de leurs
« propres aliénés depuis la même époque, dans le cas où il
« y a lieu; elles n'ont hypothèque, pour ce remploi et cette
« indemnité, qu'à compter du jour de l'inscription de l'o-
« bligation ou de la transcription de la vente, soit que cette
« inscription et cette transcription soient faites à la diligence
« du créancier ou de l'acquéreur, soit qu'elles soient faites
« à la diligence de la femme; elles établissent également son
« hypothèque, à compter de leur date, sur les biens de son
« mari.

« La femme n'a pas plus de droit que n'en aurait un créan-
« cier étranger pour les obligations et les ventes postérieu-
« res à la faillite de son mari, ou à la saisie générale de ses
« immeubles. »

Art. 21. « Les hypothèques des femmes énoncées dans les
« deux articles précédens ont lieu, pour les mariages passés
« en pays étranger, du jour de l'inscription du contrat de
« mariage ou de la célébration. »

Art. 22. « Les hypothèques ci-dessus ont lieu, non-seu-
« lement pour les femmes personnellement, mais encore au
« profit de leurs héritiers ou ayans-cause. »

Art. 23. « Les mineurs et les interdits ont hypothèque 2121-
« sur les biens de leurs tuteurs pour leur administration, à 2135
« compter du jour de l'inscription de l'acte de tutelle jusqu'à
« la clôture et apurement du compte définitif. »

Art. 24. « La même hypothèque a lieu, à compter du
« jour de l'inscription de l'acte de sa nomination, sur les

« biens du subrogé-tuteur, quant aux fonctions qui le con-
« cernent. »

Art. 25. « Cette hypothèque ne s'étend pas aux biens des
« parens nominateurs, si ce n'est dans le cas où le tuteur
« aurait été notoirement insolvable lors de sa nomination.

« En ce cas, cette hypothèque a lieu seulement du jour
« de l'inscription faite sur leurs biens, à la diligence, soit
« du mineur émancipé ou devenu majeur, soit du tuteur
« subrogé ou du tuteur qui remplace le tuteur insolvable,
« soit enfin d'un parent ou ami du mineur, ou du magis-
« trat chargé de veiller à leur sûreté. »

Art. 26. « Il y a hypothèque sur les biens de ceux qui,
« sans avoir été nommés tuteurs, se sont immiscés dans
« l'administration des biens des mineurs et interdits, à
« compter du jour de l'inscription faite sur leurs biens, à
« la diligence du mineur émancipé ou devenu majeur, de
« l'interdit relevé, du tuteur ou curateur qui leur est dé-
« cerné, ou même du parent ou ami, ou du magistrat qui
« aurait requis cette inscription avant la nomination d'un
« tuteur. »

Art. 27. « Il y a hypothèque, à compter du jour de
« l'inscription de la clôture de l'inventaire, contre le sur-
« vivant des époux, ou les héritiers qui ont été chargés,
« par l'inventaire, des biens de la communauté ou de la
« succession. »

212. Art. 28. « Le Trésor public, les communes, les établis-
« semens publics, outre les priviléges déterminés dans le
« chapitre Ier de ce livre, ont hypothèque sur les biens de
« leurs recevéurs et comptables, à dater du jour de l'in-
« scription limitée ou indéfinie, faite sur les biens desdits
« receveurs et comptables.

« Ils ont hypothèque sur les biens des cautions desdits
« receveurs et comptables, à dater du jour de l'inscription
« faite pour le montant de leur cautionnement sur les im-
« meubles qui y sont affectés. »

SECTION III. — De l'hypothèque judiciaire.

Art. 29. « Les jugemens contradictoires, définitifs ou de
« provision, emportent hypothèque à compter du jour de
« leur inscription.

« Ceux par défaut n'emportent hypothèque que du jour
« de l'inscription de leur signification. »

Art. 30. « Les hypothèques ci-dessus restent les mêmes,
« lorsque, sur l'opposition ou l'appel, les jugemens sont
« confirmés.

« Si, sur l'opposition ou l'appel, le premier jugement
« n'a été changé ou infirmé que dans certaines disposi-
« tions, l'hypothèque de ce jugement subsiste pour toutes
« les dispositions qui n'ont point été changées ou infir-
« mées. »

Art 31. « Les décisions arbitrales emportent hypothèque
« du jour qu'elles ont été signifiées, après avoir été revê-
« tues de l'ordonnance d'exécution. »

Art. 32. « Il y a hypothèque sur tous les biens des sé-
« questres et gardiens établis par autorité de justice, à
« compter du jour de l'inscription de leur nomination; et
« sur les biens affectés au cautionnement judiciaire, à
« compter du jour de l'inscription des soumissions des cau-
« tions. »

Art. 33. « Lorsqu'il y a contrat ou autre acte authen-
« tique, l'hypothèque pour les intérêts, les dommages-
« intérêts et les dépens portés par des jugemens posté-
« rieurs, a lieu du jour de l'inscription du contrat et acte,
« quoique la clause, à peine de tous dépens, dommages
« et intérêts, n'y soit pas insérée, sauf ce qui est dit pour
« les intérêts au titre de la *prescription;* sauf encore ce qui
« est ordonné, quant aux intérêts, à l'égard des tiers, au
« chapitre ci-après *de l'effet des priviléges et hypothèques.* »

Art. 34. « L'hypothèque pour supplément du prix d'une
« vente accordé par jugement n'a lieu qu'en vertu de l'in-

2123-
2134

Ibid.

« scription dudit jugement, sauf néanmoins le privilége sur
« la chose, à raison dudit supplément. »

2123   Art. 35. « L'hypothèque sur les biens du débiteur assigné
« en reconnaissance d'un écrit sous signature privée a lieu
« du jour de l'inscription de la reconnaissance faite en juge-
« ment ou par acte authentique, ou du jour de l'inscription
« du jugement qui donne acte de la dénégation, si l'écrit est
« ensuite vérifié.

« Si l'écrit est tenu pour reconnu par un jugement par
« défaut, l'hypothèque ne prend date que du jour de l'inscrip-
« tion de la signification de ce jugement. »

Art. 36. « Les obligations d'un défunt, et les condamna-
« tions contre lui prononcées, n'emportent hypothèque sur
« les biens personnels de l'héritier, que du jour de l'inscrip-
« tion du titre nouveau qu'il en a passé devant notaire, ou du
« jour de l'inscription du jugement qui l'a déclaré exécutoire. »

2123   Art. 37. « Les jugemens rendus en pays étranger n'em-
« portent hypothèque sur les biens situés en France, que du
« jour de l'inscription du jugement rendu par un tribunal
« français compétent, qui les a déclarés exécutoires. »

SECTION IV. — Des hypothèques conventionnelles.

2124   Art. 38. « Les immeubles ne peuvent être hypothéqués
« que par ceux qui ont capacité de les aliéner.

2126   « Néanmoins, les biens des majeurs interdits, des mineurs,
« même impubères, et des absens, peuvent être hypothé-
« qués par ceux à qui la loi en a donné le pouvoir, pour les
« causes qu'elle a fixées et dans les formes qu'elle a établies. »

Art. 39. « Il ne peut plus être créé d'hypothèque sur un
« immeuble par celui qui l'a aliéné postérieurement à la
« transcription de son aliénation.

« Les hypothèques créées après l'aliénation, et inscrites
« avant sa transcription, ont leur effet sur l'immeuble aliéné;
« l'acquéreur peut exercer, pour sa garantie, contre son
« vendeur, l'action en stellionat. »

Art. 40. « L'hypothèque ne peut résulter que d'un contrat 2127
« passé en forme authentique.

« Le contrat est en forme authentique, lorsqu'il est passé,
« avec minute, devant un notaire et deux témoins, pourvu
« qu'il soit passé dans le ressort où le notaire qui l'a reçu est
« immatriculé, quoique les contractans n'aient pas leur
« demeure dans ce ressort. »

Art. 41. « Le contrat en forme authentique emporte hy- 2129-
« pothèque spéciale du jour de son inscription au bureau des 2134
« hypothèques de la situation des immeubles, sur les immeu-
« bles désignés dans le contrat, qui doit contenir l'indication
« de leur nature et de leur situation, sans, néanmoins, lors-
« qu'il s'agit d'un corps de domaine, qu'il soit nécessaire de
« désigner chaque fonds en particulier, pourvu qu'on ex-
« prime tout ce qui est utile pour caractériser l'immeuble
« hypothéqué.

« L'hypothèque spéciale s'étend à toutes améliorations
« qui surviennent aux immeubles hypothéqués, sauf le pri-
« vilége des ouvriers, énoncé dans la section III du titre
« précédent.

« Elle ne frappe ni les autres immeubles appartenant au
« débiteur, ni ceux qu'il acquerra dans la suite ; le contrat
« de vente même doit contenir la désignation des immeubles
« que le vendeur affecte à la garantie de la vente, et le
« montant de la somme pour laquelle ils sont affectés.

« Les contrats de mariage sont seuls exceptés de la né- 2135
« cessité de la spécialité de l'hypothèque ; ils emportent, à
« dater du jour de leur inscription, hypothèque sur tous les
« biens présens et futurs de l'époux, conformément à ce qui
« est prescrit ci-dessus dans la section *de l'Hypothèque légale.* »

Art. 42. « Les dispositions testamentaires reçues par acte
« authentique emportent hypothèque, à compter du jour
« de leur inscription, sur les biens de l'héritier ou du léga-
« taire universel, sauf leur radiation dans le cas où ils
« répudieraient l'hérédité ou le legs.

« Elles n'emportent point d'hypothèque sur les biens du
« défunt ; sauf aux légataires à demander la séparation des
« patrimoines.

« Les créanciers hypothécaires du défunt, ses légataires,
« ses donataires, ont hypothèque sur les biens de l'héritier
« *ab intestat* ou testamentaire, du jour de l'inscription faite
« sur leurs biens, sauf sa radiation aux frais de l'inscrivant,
« dans le cas où l'hérédité serait répudiée. »

Art. 43. « L'obligation contractée sous une condition
« purement casuelle et non potestative de la part des deux
« parties ou de l'une d'elles emporte hypothèque du jour
« de l'inscription du contrat, le cas de la condition arri-
« vant. »

Art. 44. « L'hypothèque, à raison des engagemens con-
« tractés par un mineur pubère, a lieu s'ils ont été par lui
« ratifiés en majorité, à compter du jour de l'inscription de
« l'acte de ratification ; s'ils sont confirmés par le laps de
« dix ans depuis la majorité, à compter du jour de la nou-
« velle inscription qui en aura été faite après les dix années
« accomplies ; et s'ils ont été confirmés par jugement, à
« compter du jour de leur inscription faite même en
« minorité. »

Art. 45. « Toute contre-lettre devant notaire n'emporte
« point d'hypothèque à l'égard des tiers, si elle n'a été rédigée
« à la suite de l'acte auquel elle déroge, si l'expédition n'en
« est point délivrée à la suite de ce même acte, et s'il n'en a
« point été fait mention sur le registre de l'enregistrement
« en marge de l'article qui contient l'enregistrement du
« premier acte, et seulement à compter du jour de son
« inscription, dont mention est faite en marge de l'inscrip-
« tion de l'acte. »

Art. 46. « Quand il y a prorogation d'un bail, l'hypothèque
« n'a lieu qu'à compter du jour de l'inscription de la proroga-
« tion, à l'égard du nouveau bail. »

2128 Art. 47. « Les contrats passés par des notaires en des pays

« étrangers ne donnent point d'hypothèque sur les biens
« situés en France, qu'à compter du jour de leur inscription,
« qui ne peut avoir lieu qu'après leur dépôt chez un notaire
« public en France, et leur enregistrement. »

CHAPITRE III. — De l'inscription des priviléges et hypothèques.

Art. 48. « La loi a déterminé, au titre des *Priviléges sur*
« *les immeubles*, quels sont ceux qui doivent être inscrits et
« quels sont ceux qui sont dispensés de l'inscription. »

Art. 49. « Il n'y a point d'hypothèque sans l'inscription. »

Art. 5o. « Les hypothèques légales du Trésor public, des   2122
« communes et des établissemens publics, sur les biens de
« leurs receveurs et comptables ;

« Celles des mineurs, interdits et absens, sur les biens de
« leurs tuteurs, curateurs, et autres administrateurs ;

« Celles des femmes, sur les biens de leurs époux,

« Peuvent exister pour une somme indéfinie, et ont leur
« effet sur les biens appartenant au débiteur situés dans l'ar-
« rondissement du bureau où se fait l'inscription, et sur ceux
« qui peuvent lui appartenir par la suite dans le même ar-
« rondissement. »

Art. 51. « L'hypothèque judiciaire ne peut affecter que les   2123
« biens appartenant au débiteur lors du jugement. »

Art. 52. « Le créancier dont l'hypothèque résulte d'un   *Ibid.*
« jugement peut néanmoins par des inscriptions ultérieures,
« mais sans préjudice de celles antérieures à la sienne, faire
« porter son hypothèque sur les biens qui écherraient à son
« débiteur, ou qu'il acquerrait par la suite. »

Art. 53. « Les hypothèques conventionnelles, comme
« celles sur les cautions, sont essentiellement limitées et
« spéciales : elles n'ont d'effet que pour les sommes et sur
« les biens désignés dans la convention ; et pour les cautions
« judiciaires, sur les biens indiqués dans le jugement qui les
« reçoit et dans leur soumission, sans qu'il puisse résulter
« des jugemens rendus dans la suite, pour l'exécution des

« hypothèques énoncées dans le présent article, aucune ex-
« tension desdites hypothèques sur d'autres biens que ceux
« qui lui ont été affectés lors de son établissement. »

« Art. 54. « Celui qui a l'usufruit d'une créance hypothé-
« quée sur un fonds, et celui qui en a la nue-propriété, doi-
« vent requérir chacun leur inscription : si la créance n'était
« pas inscrite avant la séparation de l'usufruit de la nue-
« propriété, en ce cas l'inscription de l'un ne pourrait pas
« servir à l'autre. »

Art. 55. « Tout contrat de vente doit contenir la désigna-
« tion conformément aux règles ci-dessus prescrites pour
« les hypothèques conventionnelles, des immeubles affectés
« à la garantie de la vente, et la somme pour laquelle ils
« sont affectés ; cette somme ne peut pas excéder le montant
« du prix de la vente.

« A défaut de s'être conformé à ce qui est prescrit par le
« présent article, l'acquéreur ne peut avoir d'hypothèque
« pour sa garantie qu'en vertu d'un jugement qui aurait
« prononcé sur son recours, en cas de poursuite pour dé-
« laissement par hypothèque ou d'éviction.

Nota. Un commissaire est d'avis de ne pas limiter la garantie en cas de vente.

2134-
2147
Art. 56. « Les hypothèques ne prennent rang entre elles
« que par la date de leur inscription dans les registres pu-
« blics à ce destinés. En cas de concours de plusieurs in-
« scriptions faites le même jour, et d'insuffisance pour en
« payer intégralement les causes, elles sont par contribu-
« tion au marc le franc. »

Art. 57. « Aucune inscription requise après la réquisi-
« tion de la transcription d'un contrat d'aliénation ne peut
« avoir d'effet sur l'immeuble aliéné par ce contrat. »

2146
Art. 58. « Toute inscription qui serait faite dans les dix
« jours avant la faillite, banqueroute ou cessation publique
« des paiemens d'un débiteur, banquier, receveur, mar-
« chand, ne confère point d'hypothèque. »

Art. 59. « Toute inscription qui serait faite après l'ap-
« position d'affiche valant saisie de la propriété des biens
« qui y sont détaillés, ou le même jour, ne confère point
« d'hypothèque sur les biens désignés dans cette affiche. »

« Il ne peut point exister d'inscriptions postérieures au
« contrat de vente sur des biens vendus antérieurement à
« la promulgation de la loi du 11 brumaire an 7, quoique
« ces ventes n'aient été ni purgées ni transcrites. »

CHAPITRE IV. — Du mode d'inscription des droits de priviléges
et hypothèques.

Art. 60. « Les inscriptions des priviléges qui doivent   2146
« être inscrits et des hypothèques, seront faites à chacun
« des bureaux de la conservation des hypothèques, de la
« situation des biens sur lesquels le créancier entend exer-
« cer son privilége ou hypothèque.

« Les inscriptions faites dans un bureau n'ont aucun ef-
« fet sur les biens situés dans l'arrondissement d'un autre
« bureau. »

Art. 61. « Si l'inscription de la même créance a été faite   2134
« dans plusieurs bureaux, l'hypothèque n'a rang sur les
« biens situés dans chacun d'eux, que du jour où l'inscrip-
« tion y a été effectuée. »

Art. 62. « Le créancier qui requiert l'inscription de son   2148
« hypothèque représente, soit par lui-même, soit par un
« tiers, l'original en brevet, ou une expédition du titre.
« Il y joint, pour toutes les hypothèques autres que celles
« légales deux bordereaux écrits sur papier timbré, dont
« l'un peut être porté sur l'expédition du titre. Ils con-
« tiennent :

« 1° Les nom, prénom, profession et domicile du créan-
« cier, et élection de domicile pour lui dans l'étendue du
« bureau où l'inscription est faite ;

« 2° Les nom, prénom, profession et domicile du dé-
« biteur, ou une désignation individuelle et spéciale, assez

« précise pour que le conservateur des hypothèques puisse
« reconnaître, dans tous les cas, l'individu grevé ;

« 3° La date du titre, ou, à défaut de titre, l'époque à
« laquelle l'hypothèque a pris naissance ;

« 4° Le montant des capitaux et accessoires, et l'époque
« de leur exigibilité ;

« 5° L'indication de l'espèce et de la situation des biens
« sur lesquels il entend conserver son hypothèque ou pri-
« vilége.

« Cette dernière disposition n'est point applicable aux
« hypothèques légales ni à celles résultant d'un jugement ;
« leurs inscriptions sont faites sans qu'il soit besoin de dé-
« signation des biens grevés. »

2149   Art. 63. « Les inscriptions à faire sur les biens d'une
« personne décédée pourront l'être sur la simple dénomi-
« nation du défunt, en observant les autres formes pres-
« crites, sans nommer ni désigner les héritiers du dé-
« funt. »

2153   Art. 64. « Tout droit d'hypothèque légale ou conven-
« tionnelle,

« 1° Au profit de la nation, sur les comptables de de-
« niers publics, pour raison de leur gestion, et sur leurs
« cautions, à l'égard des biens servant de cautionnement ;

« 2° Au profit des mineurs, des interdits et des absens,
« sur leurs tuteurs, curateurs et administrateurs, aussi pour
« raison de leur gestion ;

« 3° Des époux, pour raison de leurs conventions et
« droits matrimoniaux éventuels, qui ne seraient encore
« ni ouverts, ni déterminés,

« Sera, nonobstant les dispositions de l'article précédent,
« inscrit sur la simple représentation de deux bordereaux
« contenant :

« 1° Les nom, prénom, profession et domicile élu par
« celui pour qui l'inscription est requise, ou pour lui élu
« dans l'étendue du bureau où l'inscription sera requise ;

« 2° Les nom, prénom, profession et domicile du débi-
« teur, ou une désignation suffisante telle qu'elle est indi-
« quée par l'article précédent ;

« 3° La nature du droit qu'il s'agit de conserver, l'é-
« poque où il a pris naissance, sans être tenu d'en déter-
« miner le montant.

« Ces inscriptions seront reçues sans aucune avance des
« salaires du conservateur, et sauf son recours contre le
« grevé. »

Art. 65. « Les préfets, dans leurs départemens, et, sous
« leur surveillance, les sous-préfets, chacun dans leur ar-
« rondissement, en ce qui concerne le Trésor public ; les
« maires, adjoints, en ce qui concerne les communes ; les
« administrateurs des établissemens publics, chacun en ce
« qui concerne l'établissement qu'il administre, requerront
« d'office les inscriptions indéfinies sur les comptables et
« receveurs des deniers appartenant au Trésor public, aux
« communes, aux établissemens publics, et les inscriptions
« sur leurs cautions, à l'égard des biens servant de cau-
« tionnement. »

Art. 66. « A l'égard des inscriptions sur les tuteurs, cu- 2137
« rateurs et autres administrateurs, le subrogé tuteur et les
« parens qui concourent à la nomination, sont tenus, cha-
« cun individuellement, et sur leur responsabilité solidaire,
« de les requérir ou de veiller à ce qu'elles soient faites,
« en temps utile, à la diligence de l'un d'eux ;

Et, néanmoins, tout parent ou ami du mineur, absent 2139
« ou interdit, et tout fonctionnaire public chargé de veiller
« à leur sûreté, peuvent la requérir. »

Art. 67. « Celles au profit des époux mineurs, pour rai-
« son de leurs conventions et droits matrimoniaux, seront
« requises par les père et mère, et tuteur, sous l'autorité
« desquels les mineurs contracteront mariage, sous peine
« aussi, par ceux-ci, de répondre du préjudice qui en ré-
« sulterait.

IV.   17

« En cas de retard, les inscriptions mentionnées au pré-
« sent article pourront être requises par le maire ou son
« adjoint.

2139   « Chacun des époux, quoique mineur, pourra les re-
« quérir : la femme n'a pas besoin, pour cette réquisition,
« de l'autorisation de son mari. »

2154   Art. 68. « Les inscriptions, conservant l'hypothèque et
« le privilége pendant dix années à compter du jour de
« leur date, leur effet cesse, si ces inscriptions n'ont été
« renouvelées avant l'expiration de ce délai.

« L'inscription renouvelée rappelle la date de l'inscrip-
« tion précédente et les registres dans lesquels elle est
« inscrite. »

Art. 69. « Néanmoins, leur effet subsiste, savoir, sur
« les comptables et receveurs des deniers du Trésor public,
« des communes et des établissemens publics, et sur leurs
« cautions, jusqu'à l'apurement définitif des comptes; et
« six mois au-delà, sur leurs époux, pour tous leurs droits
« et conventions de mariage, soit déterminés, soit éven-
« tuels, pendant tout le temps du mariage et une année
« après; et sur les tuteurs, curateurs et autres administra-
« teurs, jusqu'à l'apurement du compte de leur gestion et
« paiement du reliquat. »

2155   Art. 70. « Les frais des inscriptions sont à la charge du
« débiteur, s'il n'y a eu stipulation contraire. Les tuteurs
« et curateurs des mineurs, des interdits et des absens,
« peuvent employer en dépense, dans le compte de leur
« gestion, les frais qu'ils auront payés pour celles faites
« sur eux, à l'effet de conserver les hypothèques indéfinies
« des administrés. »

2150   Art. 71. « Le conservateur fait mention, sur un regis-
« tre, du contenu du bordereau, et remet au requérant,
« tant l'expédition du titre que l'un des bordereaux, au bas
« duquel il certifie avoir fait l'inscription. »

2152   Art. 72. « Il est loisible à celui qui a requis l'inscrip-

« tion, ainsi qu'à ses héritiers ou cessionnaires, de chan-
« ger, par déclaration sur le registre des hypothèques, le
« domicile élu, à la charge d'en indiquer un autre dans
« l'étendue du bureau.

« Ce changement est inscrit à sa date sur le registre, et
« émargé à l'inscription. »

Art. 73. « Les actions auxquelles les inscriptions don- 2156
« nent lieu contre le créancier, sont intentées par exploit
« fait à sa personne ou à son dernier domicile indiqué par
« le registre, et ce, nonobstant le décès du créancier, ou
« de celui chez lequel ce domicile aurait été élu. »

CHAPITRE V. — Des effets des priviléges et hypothèques.

Art. 74. « Les créanciers ayant privilége ou hypothèque 2166
« sur un immeuble peuvent le suivre, en quelque main
« qu'il se trouve, pour être payés ou colloqués sur le prix,
« dans l'ordre qui sera ci-après déterminé. »

Art. 75. La vente, soit volontaire, soit forcée de l'im- 2167
« meuble grevé, ne rend point exigibles les capitaux alié-
« nés, ni les autres créances non échues. »

Art. 76. « En conséquence, l'acquéreur et l'adjudica-
« taire jouissent des mêmes termes et délais pour acquitter
« les charges et dettes hypothécaires inscrites. »

Art. 77. « Le créancier inscrit pour un capital produi- 2151
« sant des intérêts, et pour une rente constituée ou via-
« gère, n'a droit de venir que pour deux années d'arréra-
« ges au même rang d'hypothèque que pour son capital,
« sauf à suivre, contre son débiteur, les autres arrérages
« non prescrits. »

Art. 78. « Le créancier qui a une hypothèque spéciale 2170
« sur un immeuble peut, en cas de saisie, requérir que
« le créancier poursuivant soit tenu de discuter préalable-
« ment les autres biens soumis à son hypothèque qui
« sont dans la possession du débiteur commun; et, pen-

17.

« dant cette discussion, il est sursis à faire droit sur la de-
« mande en déclaration d'hypothèque.

2171 « Cette exception ne peut pas être opposée si le pour-
« suivant est créancier privilégié sur l'immeuble, ou s'il
« lui est spécialement hypothéqué. »

Art. 79. « Les créanciers des personnes décédées et lé-
« gataires ont le droit de demander la distinction et la sé-
« paration des patrimoines, conformément aux disposi-
« tions du présent Code. »

CHAPITRE VI. — De l'effet des hypothèques contre les tiers
détenteurs, ou de l'action hypothécaire.

2168 Art. 80. « L'action hypothécaire ou privilégiée s'exerce
« contre le tiers détenteur par une demande en déclaration
« d'hypothèque; il est tenu de payer le créancier, à quel-
« que somme que la créance monte, ou de délaisser l'im-
« meuble hypothéqué, pour être vendu judiciairement, sauf
« le droit de discussion, ci-après expliqué. »

Art. 81. « Néanmoins, le tiers détenteur n'est pas tenu
« de délaisser l'immeuble si le prix avait été employé à
« payer des créanciers privilégiés ou antérieurs à celui qui
« forme la demande en déclaration d'hypothèque, à moins
« que celui-ci ne se soumette à rembourser ce qui a été
« payé par le *tiers détenteur*, ou à vendre à un prix excé-
« dant le montant desdites créances, et qu'il ne donne, à
« cet effet, bonne et valable caution. »

Art. 82. « Cette action ne peut plus être suivie contre
« le tiers détenteur, du moment qu'il a notifié son contrat
« pour purger l'expropriation, sauf aux créanciers à exer-
« cer l'effet de son inscription, et sauf ce qui sera dit au
« titre *du mode de consolider et purger les expropriations vo-*
« *lontaires.* »

2170 Art. 83. « Le tiers détenteur peut requérir que le créan-
« cier soit tenu de discuter préalablement les autres biens
« qui sont dans la possession du principal obligé; et, pen-

« dant cette discussion, il est sursis à faire droit sur la de-
« mande en déclaration d'hypothèque. »

Art. 84. « L'exception de discussion ne peut être oppo- 2171
« sée au créancier privilégié ou spécialement hypothécaire
« sur l'immeuble. »

Art. 85. « Un cohéritier qui possède des immeubles dé-
« pendans d'une succession et affectés à des hypothèques
« ne peut requérir la discussion des autres biens de la suc-
« cession, ni celle des biens personnels de son cohéritier,
« à moins que ses cohéritiers ne se soient chargés de l'hy-
« pothèque par acte authentique ou par partage antérieu-
« rement inscrit. »

Art. 86. « Les donataires, sujets à l'action hypothé-
« caire, peuvent demander la discussion des biens du do-
« nateur, et les légataires celle des biens du testateur. »

Art. 87. « S'il y a plusieurs coobligés dont l'un ait aliéné
« des immeubles affectés à la dette, le tiers détenteur peut
« requérir la discussion des biens de tous les coobligés. »

Art. 88. « Les formes relatives à la discussion, et les 2170
« obligations qui en résultent de la part de celui qui la
« requiert, sont expliquées au titre *des conventions.* »

Art. 89. « Le tiers détenteur, contre qui est formée la 2172
« demande en déclaration d'hypothèque, se décharge de
« cette poursuite en délaissant l'immeuble hypothéqué, à
« moins qu'il n'y ait de sa part obligation personnelle
« autre que celle de tiers détenteur.

« Le délaissement ne peut pas être partiel. »

Art. 90. « Le délaissement par hypothèque ne peut être *Ibid.*
« fait que par celui qui a capacité d'aliéner. »

Art. 91. « La reconnaissance ou titre-nouvel donné par 2173
« le tiers détenteur en cette qualité, ou le jugement qui
« déclare l'immeuble hypothéqué, ni même la délégation
« si elle n'est pas parfaite, ne sont point des empêchemens
« à ce qu'il puisse délaisser par hypothèque. »

Art. 92. « L'héritier du débiteur peut délaisser l'immeu-
« ble hypothéqué qui lui est échu en partage.

« Si le prix auquel est vendu l'immeuble délaissé ne
« suffit pas pour payer le créancier, cet héritier ne peut,
« pour ce qui restera encore dû, être poursuivi qu'à rai-
« son de la part et portion dont il est tenu en sa qualité
« d'héritier. »

2174   Art. 93. « Le délaissement par hypothèque doit être fait
« au greffe, et reçu en jugement; il est aux frais du dé-
« laissant, sauf son recours. »

Art. 94. « Celui qui a délaissé l'immeuble par hypo-
« thèque, peut, jusqu'à ce que l'adjudication en ait été
« faite, reprendre l'immeuble, en offrant d'acquitter la
« dette, si elle est exigible, ou d'en passer titre-nouvel, et
« de payer les frais. »

Art. 95. « L'immeuble peut être délaissé dans l'état où
« il se trouve lors de la demande en déclaration d'hypo-
« thèque.

« Le délaissant n'est tenu d'aucune réparation, pas même
« de celle d'entretien. »

2175   Art. 96. « Si, depuis la demande en déclaration d'hypo-
« thèque, ou même depuis la connaissance que le tiers dé-
« tenteur aurait eue de l'hypothèque, il a détérioré l'im-
« meuble, il est tenu, en délaissant, de payer le préjudice
« qui en résulte. »

Ibid.   Art. 97. « Il ne peut prétendre, sur le prix de l'adjudi-
« cation de l'immeuble délaissé, aucun remboursement au
« sujet des impenses et améliorations qu'il a faites sur cet
« immeuble, à moins qu'il n'en résulte une augmentation
« réelle de valeur. »

2174   Art. 98. « Le délaissement par hypothèque ayant été
« fait au greffe du tribunal dans le ressort duquel l'im-
« meuble est situé, le créancier qui a intenté l'action en
« déclaration d'hypothèque, ou tout autre créancier plus
« diligent, fait vendre l'immeuble par voie d'expropriation

« forcée, tant sur son débiteur que sur le délaissant, en
« appelant les créanciers de tous deux ; et il est procédé à
« l'adjudication et à la distribution du prix, soit entre les
« créanciers personnels du vendeur, soit entre ceux du dé-
« laissant, conformément aux règles établies au titre *de la*
« *vente forcée.* »

Art. 99. « Les servitudes que le délaissant avait sur l'im- 2177
« meuble avant son acquisition revivent après le délaisse-
« ment. »

Art. 100. « Le tiers détenteur est tenu, dans le cas où 2176
« il délaisse, de restituer les fruits, à compter du jour de
« la demande.

« Il est tenu de cette restitution, comme comptable, à
« compter du jour de la demande ; et comme séquestre, à
« compter du jour du délaissement. »

Art. 101. « Si la demande en déclaration d'hypothèque 2178
« est tombée en péremption, le tiers détenteur n'est tenu
« de restituer les fruits qu'à compter du jour de la demande
« nouvelle sur laquelle il délaisserait. »

Art. 102. « L'acquéreur qui a délaissé par hypothèque
« a le recours en garantie contre son vendeur. »

Art. 103. « Les hypothèques des créanciers personnels 2177
« du délaissant sur l'immeuble délaissé subsistent nonob-
« stant le délaissement judiciaire. »

CHAPITRE VII. — De l'extinction des priviléges et hypothèques.

Art. 104. « Les priviléges et hypothèques se modifient 2180
« et cessent d'exister de la même manière et par les mêmes
« causes que l'engagement dont ils sont l'accessoire. »

Art. 105. « Quoique l'obligation principale subsiste, l'hy-
« pothèque cesse d'exister par la renonciation du créancier,
« par la prescription, et par les autres moyens que la loi
« établit pour purger les priviléges et hypothèques. »

SECTION Ire. — De l'extinction des priviléges et hypothèques par la renonciation du créancier.

Art. 106. « Celui qui, par un acte, a consenti sans ré-
« serve à l'aliénation d'un immeuble qui lui était hypothé-
« qué est censé avoir renoncé à son hypothèque, et même
« à toutes les prétentions qu'il pouvait avoir à la propriété
« de cet immeuble, au profit de celui qui les acquiert ; il
« conserve son action contre son débiteur et sur les autres
« immeubles affectés à sa dette. »

Art. 107. « Le créancier qui signe comme témoin, même
« dans un contrat de mariage, est censé renoncer à son hy-
« pothèque et à toutes ses prétentions sur les biens aliénés,
« à quelque titre que ce soit, à moins qu'il n'ait fait des ré-
« serves expresses.

« Il n'est point censé renoncer à son hypothèque et à ses
« droits sur les autres biens de son débiteur. »

Art. 108. « Le notaire qui reçoit un acte d'aliénation des
« biens sur lesquels il prétendait avoir des droits, ou une
« obligation dans laquelle son débiteur déclare ses biens
« francs et quittes, perd les droits et l'hypothèque qu'il
« avait sur les biens aliénés ou hypothéqués. »

« Néanmoins, il ne les perd qu'à l'égard du contractant
« seulement ; il les conserve à l'égard de son débiteur ou de
« tous autres. »

SECTION II. — De l'extinction des priviléges et hypothèques par la prescription.

Nota. Au titre des *prescriptions*, on demande, par les motifs qui sont détaillés, 1° la suppression de la prescription de
dix et vingt ans par le tiers détenteur, 2° la réduction de
toutes les prescriptions à vingt ans.

On ne propose les articles de cette section que dans le cas
où la prescription du tiers détenteur, rejetée aujourd'hui par
une grande partie de la France, deviendrait néanmoins, par
la nouvelle législation, une loi générale.

On proposera tous les articles comme si la plus longue prescription était réduite à vingt ans.

Art. 109. « A l'égard du tiers détenteur, l'action privilé- « giée ou hypothécaire se prescrit par dix ou vingt ans, ou « trente ans, dans les mêmes cas et sous les mêmes condi- « tions que la propriété se prescrit de la part du tiers dé- « tenteur. » 2180 4°

Art. 110. « Pour que la prescription de l'action privilé- « giée ou hypothécaire soit interrompue contre le tiers dé- « tenteur, il faut absolument une demande en déclaration « d'hypothèque, dûment formée contre lui. Aucun autre « acte dirigé, soit contre lui, soit contre son fermier ou lo- « cataire, n'interrompt la prescription. »

Art. 111. « Si le créancier avait juste cause d'ignorer « l'aliénation, parce que le débiteur serait toujours de- « meuré en la possession de l'immeuble par bail, par la « rétention d'usufruit ou autres moyens semblables, la pres- « cription n'a pas de cours pendant ce temps. »

Art. 112. « La reconnaissance ou le titre-nouvel donné « par le tiers détenteur en cette qualité, ou le jugement « prononcé contre lui en la même qualité, rend personnelle « son obligation, qui, dès lors, ne se prescrit que par vingt « ans. »

Art. 113. « La prescription court au profit du tiers dé- « tenteur contre le créancier dont la créance est condition- « nelle ou à temps, quoique la condition ne soit pas arrivée « ou que le temps ne soit pas échu, sauf aux créanciers à ci- « ter le tiers détenteur en déclaration d'hypothèque, con- « ditionnellement ou à temps. Le jugement rendu sur cette « demande donne à l'action la durée de vingt ans. »

Art. 114. « Une pareille demande doit être formée, pour « interrompre cette prescription, par un premier acquéreur « contre les acquéreurs subséquens ; pour sa garantie, par « un héritier contre un tiers détenteur de l'immeuble com-

« pris dans le partage, quoique, dans ce cas, il n'y ait point
« encore de trouble survenu. »

SECTION III.—Des différens moyens établis par la loi de purger les priviléges
et hypothèques.

Art. 115. « Les priviléges et hypothèques sont purgés,
« 1º par la radiation , 2º par le mode de consolider les ex-
« propriations volontaires , 3º par l'expropriation forcée. »

TITRE VII.

CHAPITRE Iᵉʳ. — SECTION UNIQUE. — De la main-levée et
de la radiation des inscriptions.

2157   Art. 1ᵉʳ. « Les inscriptions faites au bureau des hypo-
« thèques ne peuvent être rayées que du consentement de
« ceux qui les ont formées, ou en vertu de main-levée obte-
« nue en justice. »

Art. 2. « Ce consentement ne peut être donné que par des
« actes passés en forme authentique par les créanciers in-
« scrits , leurs héritiers , successeurs ou ayans-cause , leurs
« tuteurs ou autres ayant l'administration actuelle de leurs
« biens, ou par ceux qui sont chargés de leur procuration
« par-devant notaire , avec pouvoir général ou spécial de
« donner main-levée. »

2158   Art. 3. « Celui qui requiert la radiation est tenu de re-
« mettre et délaisser au conservateur des hypothèques les
« actes mentionnés dans l'article précédent, et ceux qui jus-
« tifient de sa qualité, lorsqu'il les a signés, comme repré-
« sentant le créancier inscrit, ou comme fondé de sa procu-
« ration. »

Art. 4. « A l'égard des radiations qui ont été obtenues en
« justice, si elles ont été prononcées par jugement rendu en
« dernier ressort avec le créancier inscrit ou ses représen-
« tans, le jugement doit être signifié audit créancier inscrit,
« ou à ses représentans , au domicile élu par l'inscription ;
« et la signification doit être dénoncée au conservateur des

« hypothèques avant que l'inscription puisse être rayée. »

Art. 5. « Si le jugement n'a été rendu que par défaut, celui
« qui veut fait rayer l'inscription est tenu de joindre aux
« actes de signification et de dénonciation prescrites par l'ar-
« ticle précédent, un certificat de l'avoué qui a occupé pour
« le demandeur en radiation, portant que, dans le délai fixé
« par le Code de la procédure civile, il ne lui a été signifié
« aucune opposition au jugement, et que, depuis ce délai,
« il n'en est survenu aucune. »

Art. 6. « Les significations, dénonciations et autres forma-
« lités prescrites par les deux articles précédens à l'égard
« des jugemens en dernier ressort, ont lieu pareillement
« lorsque la main-levée des inscriptions a été prononcée par
« défaut ou contradictoirement par des jugemens sujets à
« l'appel. »

Art. 7. « Dans tous les cas, celui contre lequel un jugement
« de radiation a été rendu est tenu de dénoncer au con-
« servateur des hypothèques, dans le délai d'un mois, à
« compter du jour de la signification de ce jugement, l'appel
« qu'il en a interjeté ou l'opposition qu'il y a formée ; et, à
« défaut par lui de le faire, son inscription sera rayée d'après
« les dénonciations qui auront été faites au conservateur des
« hypothèques, conformément à ce qui est prescrit par les
« articles précédens, à la requête de la partie au profit de
« laquelle ce jugement a été rendu. »

Art. 8. « Si, postérieurement à la radiation faite en exécu-
« tion de ce qui est prescrit dans les articles précédens, le
« jugement était annulé, soit sur l'appel, soit par requête
« civile ou par cassation, le nouveau jugement pourra or-
« donner que l'inscription sera rétablie ; en ce cas, elle
« reprendra toute sa force et tous ses effets : néanmoins, le
« créancier ainsi rétabli ne pourra point arguer les procé-
« dures qui auraient été faites pendant la durée de sa radiation,
« soit pour purger et consolider l'expropriation de l'immeu-
« ble qui lui était affecté, soit pour en faire prononcer une

« expropriation forcée, ou pour en distribuer le prix, sous
« prétexte qu'il n'y aurait point été appelé ; il aura seulement
« le droit d'exciper des autres nullités des droits attribués par
« la loi à tout créancier, et de demander à ceux qui lui
« étaient postérieurs en hypothèque le rapport du montant
« de leurs collocations, pourvu que les délais fixés par la loi
« pour l'exercice de ces actions ne soient point expirés. »

Art. 9. « Si l'acquéreur qui a fait les formalités prescrites
« pour consolider et purger l'expropriation de son vendeur
« a négligé d'y appeler la totalité ou une partie des créan-
« ciers inscrits, les créanciers dont les inscriptions n'ont
« point été rayées conservent leur hypothèque ancienne
« sur l'immeuble, sauf à l'acquéreur, ses successeurs ou
« ayans-cause, 1° à faire valoir contre eux les hypothèques
« et priviléges des créanciers inscrits qu'il a payés, aux droits
« desquels il est subrogé de plein droit jusqu'à concurrence
« du prix de la vente, et même de l'excédant du prix, s'il
« avait payé au-delà ; 2° de délaisser auxdits créanciers in-
« scrits et non rayés l'immeuble par hypothèque. »

CHAPITRE II. — SECTION Iʳᵉ. — Du mode de consolider et purger les expropriations.

2181 Art. 10. « Tous actes, soit volontaires, soit judiciaires,
« translatifs de biens immeubles susceptibles d'hypothèques,
« soit qu'ils en transfèrent la pleine ou nue-propriété, soit
« qu'ils en transfèrent l'usufruit, doivent être transcrits sur
« les registres du bureau de la conservation des hypothèques
« dans l'arrondissement duquel les biens sont situés. Jusque
« là ils ne peuvent être opposés au tiers qui aurait contracté
« avec le vendeur, et dont les contrats auraient été anté-
« rieurement transcrits ou inscrits.

« Le conservateur des hypothèques certifie au bas de l'ex-
« pédition qu'il rend à l'acquéreur, la transcription qu'il en
« a faite. »

Art. 11. « Si un vendeur a passé plusieurs contrats de

« vente du même immeuble à plusieurs acquéreurs, le con-
« trat qui sera transcrit le premier aura seul son exécution,
« sauf aux autres acquéreurs à poursuivre le stellionat du
« vendeur. »

Art. 12. « Lorsque le titre de mutation constate qu'il est
« dû au précédent propriétaire ou à ses ayans-cause, soit la
« totalité ou partie du prix, soit des prestations qui en tien-
« nent lieu, la transcription conserve à ceux-ci leurs droits
« de priviléges et préférences sur les biens aliénés : à l'effet
« de quoi le conservateur des hypothèques est tenu de faire
« inscription sur ses registres, des créances non encore
« inscrites qui en résulteraient en faveur, soit de l'ancien
« propriétaire, soit des créanciers par lui délégués. »

Art. 13. « Si le titre de mutation contient l'affectation
« d'un ou plusieurs immeubles à la garantie de la vente, le
« conservateur des hypothèques est de même tenu, sous sa
« responsabilité, d'inscrire cette hypothèque : la somme
« inscrite ne peut pas excéder le montant du prix. »

Art. 14. « Si le partage dont la transcription est requise
« contient des soultes et retour de lots et une garantie pour
« lesquels un ou plusieurs cohéritiers ont un privilége sur
« les autres immeubles de la succession, le conservateur est
« tenu de faire l'inscription desdites garanties, soultes et
« retour de lots, au profit du cohéritier qui a droit de les
« exercer sur les immeubles de la succession échue aux autres
« cohéritiers qui en sont débiteurs. »

« Art. 15. « La transcription de l'acte de mutation trans- 2182
« met au nouveau propriétaire les droits que l'ancien pro-
« priétaire avait à la propriété de l'immeuble. »

« Elle n'efface point les autres droits de propriété, les
« charges et servitudes réelles ; elle ne couvre point les vices
« et les nullités du contrat. »

Art. 16. « La transcription d'une vente avec faculté de
« rachat, ou sous toute autre condition résolutoire et sus-
« pensive, affranchit l'acquéreur des hypothèques sur son

« vendeur qui auraient pu être inscrites postérieurement,
« si le contrat est exécuté : elles reprennent leur force et leurs
« effets, si le contrat est résolu. »

Art. 17. « Le vendeur ne peut pas prohiber à l'acquéreur
« la transcription de son contrat ; mais il peut lui prohiber
« absolument, ou pour un temps déterminé, la faculté de
« purger son expropriation : en ce cas, l'acquéreur est tenu
« du paiement de toutes les dettes inscrites antérieurement
« à la transcription de son contrat, si mieux il n'aime le
« délaisser par hypothèque. Lorsqu'on exerce contre lui
« l'action hypothécaire, il doit être poursuivi comme tout
« autre tiers détenteur : il a droit d'opposer les mêmes ex-
« ceptions. »

Art. 18. « L'acquéreur qui préfère de solder toutes les
« créances a son recours contre le vendeur pour le rem-
« boursement de ce qu'il aura payé ou devra payer en sus du
« prix stipulé par le contrat de vente ; et pour les intérêts de
« cet excédant, à compter du jour de ses paiemens, il est
« subrogé de droit aux priviléges et hypothèques des créan-
« ces qu'il acquitte. »

Art. 19. « Pour purger une expropriation, il faut remplir
« les formalités ci-après ordonnées.

« Elles ne purgent que les priviléges et hypothèques des
« créanciers à qui elles sont notifiées. »

Art. 20 « Les priviléges et hypothèques inscrits et encore
« subsistans des créanciers des anciens propriétaires sur
« l'immeuble dont on veut purger la dernière expropriation,
« ne sont point purgés, si les formalités ne leur sont pas no-
« tifiées de la manière et dans le temps prescrits par la loi. »

Art. 21 « Le successeur à titre universel ne peut purger
« les propriétés de la succession, sauf à celui dont le titre
« universel ne l'oblige qu'à raison de l'émolument, à suivre
« les voies de droit pour parvenir à sa libération. »

Art. 22. « L'acquéreur des droits successifs entrant au
« lieu et place de son vendeur ne peut se libérer des dettes

« de la succession dont il se trouve chargé, que dans les cas
« et de la même manière que le pourrait son vendeur.

« Il peut seulement purger les dettes personnelles de son
« vendeur. »

SECTION II. — Mode de purger les hypothèques.

Art. 23. « Si le prix exprimé dans le contrat de vente est   2183
« insuffisant pour acquitter toutes les charges et hypothèques,
« l'acquéreur, pour se dispenser d'en payer l'intégralité et
« se garantir de l'effet des poursuites des créanciers privi-
« légiés et hypothécaires, est tenu de notifier à tous les
« créanciers inscrits sur le précédent propriétaire auquel il
« succède, 1° son contrat d'acquisition ;

« 2° Le certificat de transcription qu'il en a requis ;

« 3° L'état des charges, priviléges et hypothèques, dont   2183
« est grevée la propriété, avec déclaration qu'il acquittera   2184
« sur-le-champ celles échues et celles à échoir, dans les
« mêmes termes et de la même manière qu'elles ont été con-
« stituées ; mais le tout seulement jusqu'à concurrence du
« prix stipulé dans son contrat de vente.

« Chaque copie doit contenir en tête la transcription en   2183
« entier du contrat d'acquisition, du certificat de sa tran-
« scription, de l'état des charges, priviléges et hypothèques
« inscrits sur la propriété.

« L'exploit de notification doit être visé gratuitement dans
« les vingt-quatre heures de sa signification, par le juge-de-
« paix de chaque canton dans lequel il aura été signifié, ou
« par l'un de ses suppléans.

« Il est laissé une copie de la notification et de l'exploit à
« celui qui donne le *visa*. »

Art. 24. « Lorsque l'acquéreur a fait cette notification,   2185
« tout créancier dont les titres ont été inscrits peut requérir
« la mise aux enchères et adjudications publiques de l'immeu-
« ble, à la charge, 1° de le déclarer à l'acquéreur dans le
« mois de la notification par lui faite, 2° de se soumettre à

« porter ou faire porter le prix au moins à un vingtième en
« sus de celui stipulé dans le contrat.

« Cette réquisition est signifiée tant à l'acquéreur qu'au
« vendeur, par exploit dont l'original ainsi que les copies
« seront signés du créancier ou de son fondé de pouvoir,
« lequel, en ce cas, sera tenu de donner copie de sa procu-
« ration, le tout à peine de nullité. »

2186　　Art. 25. « Faute de la déclaration et soumission dans ledit
« délai, la valeur de l'immeuble demeurera fixée définitive-
« ment au prix stipulé par le contrat d'acquisition ; et l'ac-
« quéreur sera en conséquence libéré de toutes charges et
« hypothèques, en payant ledit prix aux créanciers qui se-
« ront en ordre de le recevoir. »

2187　　Art. 26. « En cas de revente sur enchères, elle a lieu suivant
« les formes déterminées pour les expropriations forcées, à
« la diligence, soit de l'acquéreur, soit du créancier qui
« l'aura requise : le poursuivant énoncera dans les affiches la
« quotité du prix porté au contrat, et la somme en sus à
« laquelle le créancier s'est obligé de le porter ou faire
« porter. »

2188　　Art. 27. « Le tiers adjudicataire restitue à l'acquéreur les
« frais et loyaux coûts du premier contrat et de sa transcrip-
« tion sur les registres des hypothèques, ensemble ceux par
« lui faits pour parvenir à la revente ; le tout en sus du prix
« de l'adjudication.

« Il est tenu compte à l'adjudicataire des frais d'enre-
« gistrement et de transcription du premier contrat, en
« déduction de ceux qu'il doit payer sur son adjudica-
« tion. »

Art. 28. « Les formalités pour l'ordre et la distribution
« du prix, soit que l'ordre soit requis par l'acquéreur ou
« par le tiers adjudicataire, se font dans les tribunaux,
« et de la manière prescrite dans le cas de l'expropriation
« forcée. »

CHAPITRE III. — Des fonctions et de la responsabilité du conservateur des hypothèques.

Art. 29. « Chaque bureau de la conservation des hypo-
« thèques a pour arrondissement le territoire du ressort du
« tribunal civil près lequel il est établi. »

Art. 30. « Le Gouvernement règle la quotité du caution-
« nement du conservateur, et les émolumens attribués à ses
« fonctions. »

Art. 31. « Les conservateurs des hypothèques sont tenus 2196
« de délivrer, quand ils en sont requis, la copie des actes
« transcrits sur leurs registres, ainsi que l'état des inscriptions
« subsistantes, ou le certificat qu'il n'en existe aucune. »

Art. 32. « Ils sont responsables du préjudice qu'occasion- 2197
« neraient 1º le défaut de mention sur leurs registres des
« transcriptions d'actes de mutation, et des inscriptions re-
« quises en leurs bureaux ;

« 2º L'omission qu'ils feraient dans les certificats qui leur
« seraient demandés pour constater les transcriptions exis-
« tantes, de l'une ou de plusieurs de celles requises anté-
« rieurement, à moins que, dans ce dernier cas, l'erreur ne
« provienne d'une désignation insuffisante qui ne pourrait
« leur être imputée. »

Art. 33. « Au moyen de la responsabilité prononcée par 2198
« l'article précédent, l'immeuble à l'égard duquel le conser-
« vateur aurait omis une ou plusieurs des charges inscrites
« en demeure affranchi dans les mains du nouveau posses-
« seur, pourvu qu'il ait requis le certificat depuis la
« transcription de l'acte de mutation, sauf néanmoins aux
« créanciers le droit d'exercer leur action et de faire collo-
« quer leurs créances suivant le rang qui leur appartient,
« tant que le prix n'a point été payé au vendeur, ou que
« l'ordre et la distribution n'ont point été faits aux autres
« créanciers.

« Le conservateur sera subrogé de droit aux actions des

« créanciers qu'il aurait omis , jusqu'à concurrence des
« sommes qu'il sera tenu de leur payer.

Art. 34. « Les conservateurs sont encore responsables des
« effets civils que pourraient produire l'antidate de l'inscrip-
« tion d'un privilége ou d'une hypothèque , et la transcription
« antérieure d'un contrat requise postérieurement à la ré-
« quisition de la transcription d'un autre contrat de vente
« du même immeuble.

« Ils seront en outre , en ce cas , poursuivis criminelle-
« ment à la diligence du ministère public. »

2199   Art. 35. « Dans aucun cas, les conservateurs des hypo-
« thèques ne pourront refuser ni retarder les transcriptions
« d'actes de mutation, les inscriptions ou la délivrance des
« certificats qui seront requis conformément aux lois, à
« peine de répondre des dommages-intérêts des parties. »

Art. 36. « La régie de la conservation des hypothèques
« est responsable envers les citoyens des faits du conser-
» vateur, sauf son recours contre le conservateur et ses cau-
« tions. »

Art. 37. « Les conservateurs sont tenus de rayer les in-
« scriptions toutes les fois que les règles et formalités ci-
« dessus prescrites pour les radiations ont été observées , sans
« qu'il puisse exiger à ce sujet aucune autre procédure. »

2201   Art. 38. « Chaque conservateur doit tenir au moins deux
« registres sur papier timbré , cotés et paraphés à chaque
« page par le président du tribunal près duquel il est établi ,
« ou , à son défaut , par le juge qui le remplace. »

2200   Art. 39. « Sur l'un de ces registres il écrit de suite , sans
« aucun blanc ni interligne , à l'instant de la réquisition , et
« en présence du requérant, avec la date du jour et la mention
« d'avant ou après-midi, la note par extrait de chaque acte
« translatif de propriété dont la transcription est requise ,
« contenant le nom du vendeur et de l'acquéreur , et la date
« du contrat, du jugement ou autre acte emportant privilége
« et hypothèque dont l'inscription est requise , contenant le

« nom du créancier et du débiteur, et la date du contrat ou
« jugement, enfin de chaque radiation requise.

« Il donne de suite au requérant un certificat de sa réqui-
« sition, contenant copie exacte de l'annotation qu'il a faite
« sur ce registre d'entrée.

« Le requérant a droit de vérifier le registre pour recon-
« naître, s'il a été requis, la transcription ou inscription
« d'un autre titre consenti par son débiteur ou vendeur. »

Art. 40. « Sur l'autre registre il copie de suite, sans aucun 2203
« blanc, et jour par jour, dans le même ordre où ils sont
« inscrits sur le registre d'annotation, et à la même date,
« tous les actes dont la transcription ou l'inscription leur est
« demandée. Chaque acte est numéroté suivant le rang qu'il
« tient dans le registre, et signé du préposé. »

Art. 41. « Outre les registres mentionnés dans les articles
« ci-dessus, le conservateur tient un registre sur papier
« libre, dans lequel sont portés par extrait, au fur et à mesure
« des actes, sous le nom de chaque grevé et à la case qui lui
« sera destinée, les inscriptions à la charge, les transcrip-
« tions, les radiations et les autres actes qui le concernent,
« ainsi que l'indication des registres où chacun de ces actes
« sera porté, et les numéros sous lesquels ils y seront
« consignés. »

OBSERVATIONS SUR CE TITRE.

1° La précaution prise par le projet de Code de faire
donner par l'avoué de celui qui requiert la radiation d'une
inscription un certificat qu'il n'y a eu ni appel ni opposition
au jugement qui ordonne la radiation ne paraît pas suffisante
pour la sûreté du créancier dont on veut rayer l'inscription :
en conséquence, on a cru devoir lui donner le délai d'un mois
pour faire signifier au conservateur son opposition ou son
appel.

Il serait à désirer que dans le Code de procédure civile on

exigeât que l'opposition à un jugement par défaut fût signifiée tant à l'avoué qu'à la partie.

2° Il peut arriver que le jugement qui prononçait la radiation soit infirmé par l'effet de l'opposition, de l'appel ou de la cassation; il est nécessaire de pourvoir, en ce cas, au rétablissement de l'inscription; mais, d'un autre côté, il ne faut pas que le créancier rétabli puisse annuler des procédures régulières qui auraient été faites de bonne foi dans l'intervalle; il ne peut, en ce cas, avoir que les droits que tous les autres créanciers auraient dans l'état où la procédure se trouve à l'époque où son inscription est établie.

2200   3° Il est possible qu'on cherche à séduire un conservateur pour lui faire inscrire une hypothèque avant une autre qui lui aurait été antérieurement présentée, pour lui faire transcrire un contrat postérieur avant le contrat antérieur qui lui a été déposé.

Pour prévenir cette fraude possible, on a proposé le registre d'entrée, qui pare à tous les inconvéniens. D'un côté, il sera impossible que le conservateur fasse des antidates et accorde des préférences, puisque l'entrée sera invariablement constatée; d'un autre côté, le conservateur ne pourra pas prétexter, pour donner date, qu'il lui est impossible de tout inscrire à la fois, puisqu'il ne s'agira que de faire une simple annotation sur le registre d'entrée, et d'en donner l'extrait: d'ailleurs, cet extrait lui sera payé comme tout autre certificat.

liv. 3-
tit. 19
TITRE VIII. — *De l'expropriation forcée des immeubles.*

2204   Art. 1er. « L'expropriation forcée des immeubles est celle « qui se fait en justice, à la poursuite d'un créancier, à « défaut de paiement. »

Art. 2. « Elle peut se faire de tous biens réputés immeubles « et de leur usufruit. »

CHAPITRE Ier. — Sur qui l'expropriation forcée peut être faite.

Art. 3. « L'expropriation forcée ne peut être faite que sur 2204
« le débiteur; néanmoins, le créancier peut procéder contre
« le tiers détenteur de l'immeuble hypothéqué à sa dette,
« ainsi qu'il est expliqué au titre *des priviléges et hypo-*
« *thèques.* »

Art. 4. « Toute expropriation forcée est nulle, si elle n'est *Ibid.*
« faite sur le vrai propriétaire. »

Art. 5. « Elle peut être faite sur celui qui a la pleine *Ibid.*
« propriété, et sur celui qui n'a que la nue-propriété ou
« l'usufruit, chacun selon son droit. »

Art. 6. « On ne peut pas procéder par expropriation forcée 2205
« sur la part indivise d'un copropriétaire dans des immeubles
« communs pour une dette qui lui est personnelle, sauf au
« créancier à provoquer le partage ou la licitation du chef
« de son débiteur. »

Art. 7. « Le créancier qui procède par expropriation 2206
« forcée sur l'immeuble d'un mineur ou d'un interdit ne
« peut faire apposer l'affiche qu'après avoir fait discuter le
« mobilier dans la forme prescrite au titre *des tutelles.*
« Si le compte de tutelle ou le compte d'instruction n'a
« pas été fourni dans le délai indiqué par le tribunal, ou si
« les meubles ou les deniers formant le reliquat liquide de
« ce compte, que le créancier n'est pas tenu de débattre,
« sont insuffisans pour acquitter la dette, le créancier est
« autorisé, par une simple ordonnance sur requête, à pour-
« suivre l'adjudication. »

Art. 8. « Le créancier n'est pas tenu de discuter le mobilier 2207
« dans les cas suivans:
« 1° Si le mineur est hors de tutelle par l'émancipa-
« tion ;
« 2° Si l'immeuble saisi est possédé par indivis entre un
« majeur et un mineur ou un interdit, et que ce soit une
« dette commune ;

« 3º Si les poursuites avaient été commencées contre un
« majeur ou avant l'interdiction.

Art. 9. « L'adjudication prononcée sans discussion du mo-
« bilier du mineur ou de l'interdit n'est pas nulle, à moins
« qu'il ne soit prouvé que le mineur ou l'interdit avait, lors
« des affiches, des meubles ou des deniers suffisans pour ac-
« quitter la dette.

« Cette action ne peut être exercée, en ce qui concerne le
« mineur, après l'an depuis sa majorité ; en ce qui concerne
« l'interdit, après l'an depuis la main-levée de son interdic-
« tion ; et par leurs héritiers, après l'an depuis leur adition
« d'hérédité.

« Si le tuteur a donné un faux compte, ou s'il n'a pas
« rendu compte, quand même il serait prouvé, dans la
« suite, qu'il avait une somme appartenant au mineur,
« suffisante pour payer, l'expropriation n'est pas nulle ;
« mais le mineur a une action en recours contre son tu-
« teur, qui est tenu de l'indemniser de la perte qu'il lui a
« causée. »

2208   Art. 10. «. L'expropriation forcée des immeubles conquêts
« de communauté peut, pendant le mariage, être poursuivie
« sur le mari seul, quoique la femme se soit obligée à la
« dette.

« S'il s'agit des biens propres de la femme, la poursuite
« est faite contre le mari et la femme ; et, en cas de refus du
« mari de procéder conjointement avec la femme, elle peut
« être, à cet égard, autorisée par la justice à la poursuite
« de ses droits.

« Si la femme et le mari sont mineurs, il doit être nommé
« à la femme, par la famille, un tuteur ad hoc, contre lequel
« le créancier poursuivra.

« Il en est de même si la femme seule est mineure, et
« que le mari majeur refuse de procéder conjointement
« avec elle.

CHAPITRE II. — Sur quel titre et pour quelle dette on peut exproprier.

Art. 11. « On ne peut procéder par expropriation forcée, 2213
« qu'en vertu d'un titre authentique et déclaré exécutoire par
« un jugement qui ne soit point attaqué par la voie de l'appel
« ou de l'opposition, et pour une dette certaine et liquide. »

Art. 12. « On ne peut procéder par expropriation forcée
« sur l'héritier ou sur la veuve commune, qu'après avoir fait
« déclarer exécutoire contre eux le titre émané du défunt ou
« du mari. »

Art. 13. « Le titre cédé ou transporté par le créancier est 2214
« exécutoire au profit du cessionnaire, comme il l'était au
« profit du cédant, pourvu que la signification de l'acte de
« cession ou transport ait été faite au débiteur.

« En conséquence, si le cédant n'a pas obtenu un jugement
« qui déclare son titre exécutoire, le cessionnaire ne peut
« faire procéder à l'expropriation qu'après l'avoir obtenu.

« Et quand même le cédant aurait obtenu un jugement
« qui déclare son titre exécutoire, le cessionnaire est tenu
« d'obtenir un nouveau jugement qui prononce l'exécution
« de sa cession. »

Art. 14. « Un créancier peut, en vertu du jugement
« qui déclare son titre exécutoire, faire exproprier un
« immeuble, en quelque partie du territoire de la républi-
« que qu'il soit situé. »

Art. 15. « Il n'est pas permis de procéder par expropria- 2212
« tion forcée sur un immeuble, pour une dette qui n'excède
« pas trois ans du revenu : l'évaluation du revenu se fait par
« la contribution foncière.

« Si la quotité de l'impôt fixée par la loi est du cinquième,
« le revenu annuel est évalué au principal de la cote, mul-
« tiplié par cinq ; multiplié par quatre, si la quotité est du
« quart ; et respectivement pour les autres quotités. »

Art. 16. « Néanmoins, si, par le nombre des inscriptions,

« il paraît que la masse des dettes exigibles excède trois ans
« du revenu, il pourra être procédé à la vente, à quelque
« somme que monte la créance du poursuivant. »

2212　Art. 17. « Le créancier dont la dette n'excède pas trois ans
« de revenu peut exiger que le débiteur lui délègue un
« revenu prouvé par bail authentique, dont le produit libre
« et net suffise pour éteindre, dans l'espace de trois années,
« sa dette, en capitaux, intérêts et frais.

« Si le débiteur refuse cette délégation, ou s'il survient
« des oppositions qui empêchent le créancier délégué d'en
« recevoir le montant, le juge autorise le créancier à pour-
« suivre l'expropriation. »

2216　Art. 18. « L'expropriation forcée n'est pas nulle, quoique
« le créancier l'ait poursuivie pour une somme plus forte
« que celle qui lui est due, pourvu néanmoins que la dette
« effective excède trois ans du revenu. »

CHAPITRE III. — Dispositions communes à toutes les procédures
sur l'expropriation forcée.

Art. 19. « Toutes les procédures, soit principales, soit
« incidentes, sur l'expropriation forcée, depuis le comman-
« dement tendant à exproprier, doivent être sommaires tant
« en première instance qu'en dernier ressort, et les juge-
« mens être prononcés à l'échéance des citations ou aux
« audiences qui suivent immédiatement, sans attendre le
« tour de rôle, et sans qu'il soit besoin de les faire précéder
« de citation au bureau de conciliation.

« Aucun jugement en matière d'expropriation forcée,
« ordre et autres procédures accessoires, ne peut être rendu
« en temps de vacations. »

Art. 20. « Dans les délais réglés par ces expressions *depuis*
« ou *à compter*, le jour dont on part n'est pas compté; et si
« le jour de l'échéance est férié, elle est au jour suivant. »

Art. 21. « Lorsque le saisi a constitué un avoué et l'a
« dénoncé à l'avoué du poursuivant, toutes les significations

« qui doivent être faites au saisi, à personne ou à domicile,
« le sont aussi à son avoué, par qui l'original des exploits
« doit être visé. »

Art. 22. « Les nullités de forme ne vicient que les actes
« qui en sont affectés, et ceux qui s'en sont suivis. »

Art. 23. « L'appel n'est recevable qu'autant que l'acte
« d'appel contient la citation au tribunal d'appel, au jour
« indiqué par la loi. »

CHAPITRE IV. — Formalités de l'expropriation forcée.

Art. 24. « L'expropriation forcée est précédée d'un com- 2217
« mandement de payer fait à la personne du débiteur ou à
« domicile, par le ministère d'un huissier, sans assistance
« de témoins.

« L'original de cet exploit doit être visé gratuitement,
« dans les vingt-quatre heures, par le juge-de-paix du lieu
« où il aura été signifié, ou par l'un de ses suppléans ; il en
« est laissé une seconde copie à celui qui donne le *visa*.

« Chaque copie doit contenir en tête la transcription en-
« tière du titre et du jugement qui l'a déclaré exécutoire, et
« la désignation des immeubles dont le créancier entend pro-
« voquer la vente à défaut de paiement. »

Art. 25. « Si le débiteur n'a point de domicile actuel, la
« signification sera faite à son dernier domicile connu ;

« S'il a élu un domicile pour les effets de l'acte à raison
« duquel le commandement procède, le commandement
« sera fait à ce domicile. »

Art. 26. « Si la vente est provoquée par des créanciers
« qu'un acquéreur a déclaré ne vouloir rembourser que jus-
« qu'à concurrence du prix stipulé, le commandement sera
« remplacé par une dénonciation judiciaire, que l'acquéreur
« fera au vendeur, de la réquisition desdits créanciers.

« Cette dénonciation contiendra sommation de rapporter,
« dans les dix jours, main-levée des inscriptions excédant le
« prix de la vente. »

Art. 27. « Trente-cinq jours au plus tôt, et six mois au
« plus tard après le commandement, il sera procédé à la pu-
« blication et aux appositions d'affiches prescrites par l'ar-
« ticle 32 ; après ce délai, le créancier ne pourra plus y faire
« procéder qu'après un nouveau commandement fait dans la
« forme et dans les délais ci-dessus prescrits. »

Art. 28. « L'adjudication est faite par le tribunal civil de
« la situation des biens. »

2210   Art. 29. « Un créancier ne peut provoquer que successi-
« vement la vente des biens de son débiteur situés dans plu-
« sieurs arrondissemens de tribunaux civils, à moins que les
« biens ne fassent partie d'un domaine exploité ou tenu à
« ferme par une même personne ; dans ce cas, l'adjudica-
« tion de la totalité desdits biens se fait par le tribunal ci-
« vil du lieu dans le ressort duquel se trouve le chef-lieu
« d'habitation ou exploitation. Dans le cas où il n'y aurait
« pas de chef-lieu d'exploitation, la compétence sera déter-
« minée par le mode fixé dans l'article suivant. »

Ibid.   Art. 30. « Lorsque la vente sera provoquée dans le cas
« énoncé dans l'article 26, elle aura nécessairement lieu
« pour la totalité des biens compris dans le même contrat,
« quoique leur exploitation soit divisée.

« L'adjudication sera faite par le tribunal civil dans l'ar-
« rondissement duquel se trouvera située la partie des biens
« à laquelle le montant des rôles de la contribution foncière
« attribue le plus de revenus. »

Art. 31. « Les tribunaux ci-dessus désignés sont seuls com-
« pétens, lors même qu'il est procédé à l'expropriation for-
« cée en exécution d'un jugement rendu par un autre tri-
« bunal. »

Art. 32. « L'adjudication au plus offrant et dernier en-
« chérisseur est publiée et annoncée par des affiches impri-
« mées, contenant :

« 1° Le lieu, le jour et l'heure où elles sont appo-
« sées ;

« 2° Le nom de l'huissier et le tribunal près duquel il
« est immatriculé ;

« 3° Les noms et demeures du saisissant et du saisi, et
« leur état, s'ils en ont un ;

« 4° L'élection de domicile par le saisissant, dans la com-
« mune où siège le tribunal devant lequel l'expropriation
« se poursuit, et la constitution d'un avoué chargé de pour-
« suivre et de recevoir la signification de tous les actes re-
« latifs à l'expropriation forcée ;

« 5° La somme due et l'énonciation du titre et du juge-
« ment en vertu duquel l'expropriation est poursuivie ;

« 6° La nature, l'étendue superficielle et la situation des
« biens à vendre ;

« 7° Le montant de son imposition dans le rôle de la con-
« tribution foncière ;

« 8° Une mise à prix que le poursuivant sera tenu de
« faire, et qui tiendra lieu de première enchère ;

« 9° Le nom du tribunal, le jour et l'heure où l'adjudi-
« cation sera faite ;

« 10° Les conditions de l'adjudication ;

« 11° L'état des inscriptions existantes sur les biens à
« vendre au jour du commandement prescrit par l'arti-
« cle 24. »

Art. 33. « Si le bien à vendre est une maison d'habita-
« tion, elle est désignée par le nom de la commune et de la
« rue où elle est située, son numéro, s'il y en a, ses tenans
« et aboutissans.

« Les biens ruraux, soit corps de ferme, soit pièces de
« terre sans bâtimens d'exploitation, soit bois, forêts ou
« étangs, et tous autres terrains, de quelque nature que ce
« soit, sont désignés en exprimant la nature et la conte-
« nance réelle ou approximative de chaque pièce de terre,
« les tenans et aboutissans, les noms de celui ou de ceux par
« qui elles sont exploitées, le nom de la commune et de
« l'arrondissement où elles sont situées. »

Art. 34. « La mise à prix est portée à quinze fois le re-
« venu de l'immeuble, évalué d'après l'imposition à la con-
« tribution foncière.

« La mise à prix est de la moitié dans le cas de l'adjudi-
« cation d'un usufruit, ou d'une nue-propriété.

« La mise à prix n'oblige point le poursuivant de rester
« adjudicataire, s'il ne se présente point d'enchérisseur. »

Art. 35. « L'apposition d'affiche vaut saisie de la propriété
« des biens qui y sont détaillés.

« Elle se fait, 1° à l'extérieur du domicile du débiteur et
« des édifices saisis, s'il y en a ;

« 2° Au lieu destiné à recevoir les affiches publiques dans
« la commune de la situation des biens, et dans celle du bu-
« reau des hypothèques dont ils dépendent ;

« 3° Dans la commune du chef-lieu de la justice de paix
« de la situation des biens ; dans celle du tribunal civil qui
« doit faire l'adjudication, et notamment à la porte de son
« auditoire. »

Art. 36. « L'apposition des affiches est constatée par pro-
« cès-verbaux d'huissiers, sans qu'il soit besoin de l'assis-
« tance de témoins.

« Ces procès-verbaux, ainsi que les affiches, seront no-
« tifiés, et copie en sera laissée tant au saisi qu'aux créan-
« ciers inscrits sur les biens à vendre au jour du commande-
« ment, aux domiciles par eux élus, dans le délai de cinq
« jours de la date du dernier procès-verbal d'affiche. Il sera
« ajouté à ce délai un jour par cinq myriamètres (dix lieues
« communes) de distance du lieu de la situation des biens
« à celui du domicile du saisi. »

Art. 37. « Les originaux de ces procès-verbaux et des
« exploits de leur notification sont soumis au *visa* prescrit
« par l'article 24, et encore au *visa* du maire ou de l'ad-
« joint des communes où les affiches sont apposées.

« Dans les communes où il y a plusieurs municipalités, le
« *visa* est donné par le maire ou adjoint de la municipalité

« dans l'arrondissement de laquelle l'immeuble est situé ;
« et dans les communes où siège le tribunal, si le bien n'y
« est pas situé, par le maire ou adjoint de l'arrondissement
« dans lequel est l'auditoire.

« Lesdits originaux doivent être inscrits au bureau des hy-
« pothèques de la situation des biens, et visés par le conser-
« vateur, auquel il est laissé un exemplaire de l'affiche. Il
« sera tenu de donner, au moment de la présentation, un
« certificat qu'il lui a déjà été présenté d'autres procès-ver-
« baux et exploits de notification de l'affiche du même bien,
« ou qu'il ne lui en a point été présenté.

« Deux exemplaires de l'affiche sont déposés au greffe
« du tribunal où l'adjudication doit être faite ; le greffier
« en donne son reçu sur l'original du procès-verbal ; l'un
« sert pour l'adjudication ; il est tenu d'afficher l'autre,
« dans les vingt-quatre heures, dans un tableau à ce des-
« tiné. »

Art. 38. « Il ne peut y avoir moins de cinquante jours,
« ni plus de soixante, entre la notification prescrite dans
« l'article précédent et le jour indiqué pour l'ajudica-
« tion. »

Art. 39. « Pendant cet intervalle, le poursuivant est
« tenu de faire réitérer l'apposition des mêmes affiches
« dans tous les lieux ci-dessus indiqués pour la première,
« deux fois, de quinzaine en quinzaine, avec indication de
« seconde et troisième.

« Les procès-verbaux de seconde et troisième affiche
« sont soumis, comme ceux de la première, au *visa* du
« juge-de-paix et des adjoints municipaux, au dépôt au
« greffe, à l'inscription au bureau des hypothèques, et
« doivent être signifiés au saisi et aux créanciers inscrits. »

Art. 40. « Pendant toute la durée des poursuites, le dé-
« biteur reste en possession comme séquestre et dépositaire
« de justice, sans préjudice, néanmoins, du droit qu'ont les
« créanciers de faire procéder à la saisie mobilière des fruits,

« conformément aux lois. Il ne peut faire aucune coupe de
« bois, ni se permettre aucune dégradation, sous peine de
« dommages-intérêts, au paiement desquels il sera contrai-
« gnable par corps.

« Il sera tenu de délaisser la possession aussitôt après
« la signification de la transcription du jugement d'adjudi-
« cation. »

Art. 41. « Aucun créancier ne peut, tant qu'il reste d'au-
« tres biens au débiteur, saisir un immeuble spécialement
« affecté à une autre hypothèque, quoique postérieure à la
« sienne, à moins qu'il ne soit créancier privilégié ou hypo-
« thécaire sur le même immeuble. »

Art. 42. « Si plusieurs créanciers ont fait procéder à l'affi-
« che des mêmes biens, l'adjudication aura lieu sur la pour-
« suite de celui qui aura fait le premier inscrire au bureau
« des hypothèques les notifications des procès-verbaux de la
« première affiche.

« Si l'une des affiches postérieures contient plus de biens
« que l'affiche qui a été inscrite la première au bureau des
« hypothèques, l'adjudication sera poursuivie sur cette affiche
« postérieure, seulement pour le surplus des biens. »

Art. 43. « Dans le cas où le poursuivant abandonne la
« poursuite, il supporte sans répétition les frais des procé-
« dures abandonnées, à moins qu'elles ne soient reprises, et
« l'adjudication prononcée sur leur continuation.

« Il est réputé avoir abandonné les poursuites, s'il manque
« de faire les formalités prescrites par la loi aux époques
« qu'elle a fixées. »

Art. 44. « En cas d'abandon des poursuites, et en cas de
« nullité entière de la procédure, s'il existe des créanciers
« dont les poursuites aient été arrêtées par la priorité d'in-
« scription de l'affiche du poursuivant, ils sont admis, suivant
« l'ordre d'inscription de leurs affiches, à suivre la procédure
« qu'ils avaient commencée par une ordonnance sur simple
« requête signifiée au poursuivant déchu et au saisi. »

Art. 45. « Dans tous les cas, s'il s'élève des discussions « entre ces différens poursuivans, s'il s'en élève entre des « créanciers non poursuivans et le poursuivant, les frais « seront supportés par celui qui succombera, sans qu'ils « puissent être tirés en priviléges, ni en accessoires de « créances. »

Art. 46. « Si plusieurs créanciers du saisi poursuivent en « même temps l'expropriation de différens biens, il peut « demander qu'il soit sursis à l'adjudication des biens désignés « dans les affiches postérieures, jusqu'à ce qu'il ait été décidé « par la distribution du prix si le prix des biens désignés dans « la première affiche est suffisant pour payer tous les créan- « ciers ; en ce cas l'adjudication des biens désignés dans les « affiches postérieures doit être suspendue.

« Néanmoins, il sera procédé à l'adjudication des biens « désignés dans une affiche postérieure, s'ils sont frappés « d'une ou de plusieurs inscriptions qui ne frappent pas sur « les biens compris dans la première affiche. »

Art. 47. « Si, par l'événement des enchères, le prix de « l'adjudication était insuffisant pour payer les créanciers « inscrits et les frais, il sera procédé à la vente des biens « provisoirement distraits, avec les seules formalités pres- « crites ci-après dans le cas d'une remise, pourvu que, « depuis la distribution du prix qui prouve son insuffisance, « il ne se soit pas écoulé plus de six mois. »

Art. 48. « Le décès du saisi avant l'adjudication suspend la « poursuite. »

Art. 49. « L'appel du jugement en vertu duquel le com- « mandement tendant à l'expropriation a procédé suspend « les poursuites ; il doit être signifié tant au poursuivant « qu'à son avoué, qui vise l'original de l'exploit. »

Art. 50. « Toute autre demande formée par le saisi après « l'apposition des affiches doit contenir citation pour le « jour auquel l'adjudication est fixée : il est passé outre sans

« délai ni cautionnement à l'exécution des jugemens rendus
« sur ses demandes. »

Art. 51. « Le jour fixé pour l'adjudication, les demandes
« formées par le saisi et les intervenans en revendication,
« ou tout autre intervenant, sont jugées par préférence à
« toute autre cause, à l'entrée de l'audience, sans retard de
« l'adjudication.

« Néanmoins, si le tribunal juge nécessaire de remettre
« l'adjudication après avoir entendu le commissaire du Gou-
« vernement, il l'indique, s'il est possible, à un jour fixe ;
« ce jugement doit être motivé. »

Art. 52. « Il ne peut pas être passé outre à l'exécution
« d'un jugement qui statue sur une revendication : le reven-
« dicant, le poursuivant et le saisi, peuvent en interjeter
« appel pendant un mois, à compter du jour de sa signifi-
« cation ; après l'expiration de ce délai, l'appel n'est plus
« recevable. »

Art. 53. « L'appel interjeté par un demandeur en reven-
« dication doit être signifié au poursuivant, au saisi, et à
« leurs avoués, si le saisi en a constitué un de sa part ; ces
« avoués visent l'original de l'exploit. »

Art. 54. « Il est passé outre sans délai ni cautionnement
« à l'exécution des jugemens rendus sur toute autre inter-
« vention. »

Art. 55. « Si les trois affiches ont été apposées avant
« l'appel ou avant la remise de la cause, lorsque les pour-
« suites sont reprises, l'adjudication n'est publiée et annon-
« cée que par la seule publication ci-après prescrite par la
« remise à défaut d'enchères.

« Si les trois affiches n'avaient pas été apposées, on pro-
« cède aux publications qui restaient à faire à l'époque de
« l'appel ou de la remise. »

Art. 56. « En tout état de poursuites, et jusqu'à l'adjudi-
« cation, tout créancier inscrit peut demander que le bien
« lui soit délaissé à titre d'antichrèse ; si mieux n'aime le

« poursuivant lui donner caution, à la forme de la loi, que
« par l'événement des poursuites, il sera payé en capitaux
« et légitimes accessoires.

« A défaut par le poursuivant de fournir ce cautionne-
« ment, le tribunal ordonne que les immeubles saisis seront
« délaissés au créancier par forme d'antichrèse, à la charge
« par lui,

« 1° De payer tous les créanciers privilégiés ou antérieurs
« à lui, en capitaux et légitimes accessoires ;

« 2° De payer tous les frais de poursuite jusqu'à l'époque
« de sa demande, compris ceux du jugement qui prononce
« l'antichrèse ;

« 3° De faire procéder dans la décade, contradictoire-
« ment avec le saisi et le créancier qui le suit immédiate-
« ment dans l'ordre des priviléges et hypothèques, à l'esti-
« mation des fruits, et de les imputer conformément à
« la loi.

« Tout créancier postérieur a le droit de demander qu'il
« soit passé outre à la vente, en fournissant cautionne-
« ment.

« Si l'antichrèse est prononcée, elle se règle en tout par
« les lois contenues au titre de l'*antichrèse*. »

Art. 57. « Le vendeur de l'immeuble saisi, s'il n'est pas
« entièrement payé de son prix, a droit d'empêcher l'adjudi-
« cation, et de demander la résolution du contrat de vente
« qu'il a passé, le tribunal ordonne que le contrat est ré-
« solu, conformément à ce qui est prescrit à cet égard, au
« titre *des ventes*.

« Les sommes que le vendeur restitue sont distribuées :

« 1° Pour les frais légitimes de poursuite ;

« 2° Aux créanciers subrogés au vendeur, pour paiement
« d'une partie de son prix ;

« 3° Aux créanciers de l'acquéreur évincé, suivant l'or-
« dre de leurs priviléges et hypothèques. »

Art. 58. « Si, avant l'adjudication, un ou plusieurs ac-

« quéreurs ont fait notifier dans les formes prescrites au ti-
« tre . . . de ce livre, chapitre . . . *du mode de purger les*
« *expropriations volontaires*, un ou plusieurs contrats qui em-
« brassent la totalité des biens désignés dans les affiches, en
« quelque état que soit la poursuite, et quand même le con-
« trat ou les contrats seraient postérieurs à l'apposition des
« affiches, les biens vendus ne sont pas adjugés.

« Si le contrat ou les contrats ne contiennent pas la to-
« talité des biens compris dans l'affiche, le tribunal or-
« donne que, sans s'arrêter à la vente d'une partie des
« biens, il sera passé outre à l'adjudication. »

« Néanmoins, 1° si le prix des parties de biens vendues
« suffit pour payer la totalité des créances inscrites, ou si
« les acquéreurs offrent de la payer, les biens ne sont pas
« adjugés ;

« 2° Si encore les affiches contiennent la désignation de
« plusieurs immeubles différens et exploités ou loués par
« diverses personnes, les contrats notifiés qui contiennent
« la vente d'un ou plusieurs immeubles entiers sont exécu-
« tés ; il est procédé à l'adjudication des autres immeubles
« non compris dans les ventes.

« Dans tous les cas où les biens ne sont pas adjugés, il
« est procédé de suite par les acquéreurs ou contre eux,
« suivant les règles prescrites au susdit chapitre *du mode de*
« *purger les expropriations volontaires;* le poursuivant est col-
« loqué comme privilégié pour les frais légitimes de pour-
« suite faite jusqu'au jour de la notification du contrat ou
« des contrats. »

Art. 59. « Le jour de l'adjudication, s'il n'y a ni appel
« ni remise, à défaut par le poursuivant de requérir l'ad-
« judication, tout créancier inscrit peut la faire requérir
« par un avoué ; le tribunal y procède sur sa réquisition : il
« devient poursuivant. »

Art. 60. « Pour procéder à l'adjudication, le tribunal fait

« donner , par le greffier, lecture du placard et du cahier
« des charges.

« L'huissier proclame la mise à prix.

« Le tribunal ouvre les enchères en faisant allumer suc-
« cessivement des bougies, de manière que chacune ait une
« durée de cinq minutes environ.

« S'il s'éteint deux bougies sans qu'il soit survenu d'en-
« chères au-dessus de la mise à prix , le tribunal remet l'ad-
« judication au jour qu'il indique. »

Art. 61. « Le jour auquel l'adjudication est remise est an-
« noncé par une seule affiche imprimée , semblable aux
« premières , et avec les mêmes formalités, à l'exception
« de la signification aux créanciers de la transcription au
« bureau des hypothèques et du dépôt au greffe : cette affi-
« che est apposée au moins quinze jours avant celui indiqué
« pour l'adjudication. »

Art. 62. « Dans le cas où , soit à la première séance , soit
« aux subséquentes , il y a des enchères au-dessus de la mise
« à prix pendant la durée des deux premières bougies, il en
« est allumé successivement jusqu'à ce qu'il s'en soit éteint
« une qui ait entièrement brûlé sans qu'il soit survenu de
« nouvelles enchères ; et l'adjudication est prononcée sur le
« champ au profit du dernier enchérisseur. »

Art. 63. « Les enchères ne peuvent être moindres de
« 10 francs pour les objets dont la mise à prix est de 2,000
« francs et au-dessous, de 50 francs pour les objets de plus
« de 2,000 francs jusqu'à 20,000 francs , et de 100 francs
« pour les objets de plus de 20,000 francs. »

Art. 64. « Si , lors de la remise , il ne se trouve pas d'en-
« chérisseur au-dessus de la mise à prix , il y a une seconde
« remise , lors de laquelle l'immeuble peut être adjugé à
« celui qui demeure dernier enchérisseur après qu'il s'est
« éteint une bougie sans nouvelles enchères , pourvu néan-
« moins que ce ne soit pas au-dessous des deux tiers de la
« mise à prix. »

Art. 65. « Le jour fixé pour l'adjudication par cette se-
« conde remise est annoncé dans les mêmes formes que ce-
« lui de la première remise. »

Art. 66. « Si, lors de cette seconde remise, il n'y a point
« d'enchères égales aux deux tiers de la mise à prix, le tri-
« bunal ordonne une dernière remise, qui ne peut être por-
« tée à un délai plus court que six mois, et plus long qu'une
« année : cette dernière remise est annoncée dans les mêmes
« formes que les précédentes.

« Lors de cette dernière remise, les biens sont adjugés au
« profit de celui qui demeure dernier enchérisseur après
« qu'il s'est éteint une bougie sans qu'il soit survenu de
« nouvelles enchères. »

Art. 67. « Les enchères sont mises par tout citoyen do-
« micilié et compris dans les rôles des contributions fon-
« cières ou mobilières. »

Art. 68. « Chaque enchère est successivement, et à me-
« sure qu'elle est mise, portée par le greffier sur le registre
« d'audience, et l'enchérisseur tenu de signer, ou de décla-
« rer qu'il ne sait pas signer; et dès lors elle ne peut plus
« être rétractée. L'enchérisseur cesse d'être obligé, si son
« enchère est couverte par une plus forte, lors même que
« cette dernière se trouve nulle; il cesse encore d'être
« obligé, si l'adjudication est remise. »

Art. 69. « Celui qui a enchéri pour un autre, doit, dans
« les vingt-quatre heures de l'adjudication, faire la décla-
« ration au greffe des nom, demeure et profession de celui
« pour lequel il s'est rendu adjudicataire.

« Il est condamné à demeurer adjudicataire en son nom,
« et pour son compte personnel, s'il a enchéri pour le saisi,
« pour une personne notoirement insolvable ou n'ayant
« point de domicile connu, ou enfin pour des fonctionnaires
« publics à qui la loi défend de se rendre adjudicataires des
« biens vendus en justice, ainsi qu'il est expliqué au titre
« *du contrat de vente.*

» Il n'est point défendu au poursuivant ni aux créanciers
« inscrits sur l'immeuble vendu de se rendre adjudicataires. »

Art. 70. « Les frais ordinaires de l'adjudication sont à la
« charge de l'adjudicataire, et par lui payés au poursuivant
« dans la décade de l'adjudication. »

Art. 71. « L'adjudication doit être transcrite, à la dili-
« gence de l'adjudicataire, sur les registres du bureau de la
« conservation des hypothèques de la situation des biens,
« dans le mois de la prononciation.

« L'adjudicataire ne peut, avant l'accomplissement de
« cette formalité, se mettre en possession des biens adjugés ;
« et, après l'expiration du mois, les créanciers non rem-
« boursés ont aussi la faculté, même sans attendre l'échéance
« du terme d'exigibilité de leurs créances, de faire procé-
« der contre l'adjudicataire, et à sa folle-enchère, à la re-
« vente et adjudication des biens. »

Art. 72. « Faute par l'adjudicataire de satisfaire aux condi-
« tions de l'adjudication, et de payer les créanciers aux
« termes et de la manière dont ils y ont droit, il sera pro-
« cédé contre lui à la revente et adjudication sur la folle-en-
« chère, en vertu de l'extrait du jugement d'ordre conte-
« nant la collocation utile du créancier. »

Art. 73. « La revente ou adjudication à la folle-enchère
« se fait dans la même forme qu'à l'égard du saisi, sauf 1° que,
« dans le cas où elle est poursuivie à défaut de transcription
« du jugement d'adjudication, le commandement est rem-
« placé par une dénonciation du certificat délivré par le
« conservateur des hypothèques que la transcription du ju-
« gement d'adjudication n'a point été faite ;

« 2° Qu'au lieu de trois publications, il n'en faut qu'une
« seule ;

« 3° Qu'il ne peut y avoir moins de deux décades, ni
« plus d'un mois entre la dernière notification des procès-
« verbaux d'affiche et le jour indiqué pour l'adjudication. »

Art. 74. « Si le prix de l'adjudication sur folle-enchère

« est inférieur au prix de la première adjudication, le fol-
« enchérisseur est condamné par le même jugement au paie-
« ment du déficit.

« S'il y a excédant, le jugement l'adjuge aux créanciers,
« en cas d'excédant sur le montant des créances, au saisi ou
« au vendeur, à titre de dommages et intérêts.

« Dans tous les cas de la revente à la folle-enchère, il est
« tenu compte à l'adjudicataire, sur les droits d'enregistre-
« ment et de transcription, de ceux qui avaient été payés
« par le fol-enchérisseur.

« Le fol-enchérisseur est toujours condamné aux frais des
« poursuites ; le créancier saisissant les prend en privilégié,
« sauf au dernier créancier inutilement colloqué à en pour-
« suivre le paiement contre le fol-enchérisseur.

« Si le fol-enchérisseur s'était mis en possession de l'im-
« meuble, il est en outre condamné, 1ᶜ aux restitutions
« de fruits, 2° à l'indemnité des dégradations, s'il en est
« fait ; il est contraint par corps au paiement de ces deux
« dettes.

« Un commissaire demande la contrainte par corps, mê-
« me pour le paiement du déficit. »

Art. 75. « Lorsque l'adjudication est poursuivie sur la sou-
« mission d'un créancier d'augmenter le prix d'une vente
« volontaire, la somme à laquelle ce dernier s'est obligé
« de porter ou faire porter l'immeuble sert de première
« enchère.

« Si, au jour annoncé pour l'adjudication, il se présente
« des enchérisseurs, l'immeuble est adjugé à celui qui a fait
« l'offre la plus avantageuse. Dans le cas contraire, elle est
« faite au profit du créancier provoquant, pourvu qu'il la
« requière : s'il ne se présente point, ni personne pour lui
« à l'effet de requérir, le tribunal déclare, après l'extinc-
« tion de trois feux consécutifs, que ce créancier demeure
« déchu du bénéfice de son enchère, et que l'acquéreur
« continue de demeurer propriétaire, moyennant le prix

« stipulé dans son contrat. Il condamne celui qui aura pro-
« voqué la vente, aux frais de la poursuite, et, en outre, à
« payer aux créanciers, comme excédant du prix, la som-
« me à laquelle il s'était obligé de porter ou faire porter
« l'immeuble en sus du prix conventionnel ; le tout, sans
« qu'il y ait lieu à aucune remise, quel que soit le montant
« du prix ou celui des enchères. »

Art. 76. « Si l'acquéreur qui, après avoir notifié son con-
« trat dans les formes prescrites au titre du *Mode de consoli-*
« *der et purger les expropriations*, est demeuré propriétaire,
« soit à défaut d'enchères, soit par abandon de la surenchère
« d'un créancier, ne paie pas son prix, l'immeuble est re-
« vendu à la folle-enchère, à la requête du créancier le
« plus diligent, sans qu'il puisse être admis au délaisse-
« ment par hypothèque. »

Art. 77. « Ni le saisi, ni ses créanciers, ni le fol-enché-
« risseur, ne peuvent exciper contre l'adjudicataire d'au-
« cuns moyens de nullité ou omission de formalités dans les
« actes de la poursuite, qu'autant qu'il les aurait proposés,
« au plus tard, à l'audience où l'adjudication aura eu lieu,
« et avant l'adjudication. »

Art. 78. « Si les nullités sont rejetées, il est passé outre
« à l'adjudication, sauf l'appel tant du jugement intervenu
« à cet égard que de celui d'adjudication, si on opposait à
« ce dernier quelques nullités ou l'omission de quelques-
« unes des formalités prescrites. »

Art. 79. « Cet appel doit être interjeté dans le mois, à
« compter du jour de la signification du jugement ; après ce
« délai, il n'est plus recevable. Néanmoins, le mineur sur
« qui les biens ont été adjugés est recevable à l'interjeter
« dans l'année, à compter du jour de sa majorité. »

Art. 80. « Si le tribunal prononce seulement la nullité de
« quelque acte intermédiaire de la procédure, il ordonne
« que cette formalité et les formalités postérieures seront

« de nouveau remplies, et fixe l'adjudication au délai né-
« cessaire pour les remplir.

« S'il annulle la procédure entière, elle est comme non
« avenue.

« Le poursuivant supporte, sans répétition, les frais des
« procédures annulées et les dépens auxquels elles ont donné
« lieu. »

Art. 81. « L'adjudicataire ne peut pas consigner le prix de
« son adjudication ; il est tenu de le garder jusqu'après la
« sentence de distribution, d'en payer, au taux fixé par la
« loi, l'intérêt, qui vient en accroissement du capital, et de
« le compter aux créanciers utilement colloqués. »

Art. 82. « Lorsqu'il se trouve une différence en plus ou en
« moins dans la mesure de l'étendue superficielle des fonds
« exprimés dans l'affiche des biens, s'il n'a pas été stipulé
« dans le cahier des charges que la vente est faite sans garantie
« de la mesure, on suit, à l'égard de l'adjudicataire, les
« règles fixées sur cette matière au titre *du Contrat de vente:*
« s'il a été déclaré que les immeubles sont vendus sans aucune
« garantie de la mesure énoncée, il n'y a lieu à aucun retour
« de part ni d'autre. »

Art. 83. « Si un bien a été adjugé pour une somme infé-
« rieure à la mise à prix, dans la décade, à compter du jour
« de l'adjudication, tout créancier inscrit sur cet immeuble,
« peut demander pour lui, son ami élu ou à élire, à être
« subrogé à l'adjudication, en remboursant tous les frais de
« poursuites et d'adjudication, et en payant tous les créan-
« ciers antérieurs à lui, en capital et légitimes accessoires.

« Pendant un an, à compter du jour de la subrogation de
« ce créancier, tout autre créancier postérieur, et même
« plusieurs successivement, peuvent demander de même,
« soit pour eux, soit pour leur ami élu ou à élire, la subro-
« gation au créancier subrogé, en le remboursant, et en
« payant tous les créanciers antérieurs à celui qui demande
« la subrogation.

« Après l'expiration de l'année, à compter du jour de la
« première subrogation, le créancier qui se trouve adjudi-
« cataire ne peut plus être remboursé par des créanciers
« postérieurs ; il demeure définitivement adjudicataire.

« Il est tenu compte à chaque créancier qui obtient la
« subrogation sur les droits d'enregistrement et de transcrip-
« tion, des sommes payées par les adjudicataires qui l'ont
« précédé. »

Art. 84. « Jusqu'à la signification du jugement d'ordre, et
« même vingt jours après, si le bien jugé est resté à l'adju-
« dicataire, le saisi peut rentrer dans le bien vendu, en
« payant sur-le-champ,

« 1° Les frais privilégiés d'adjudication et d'ordre faits
« par le poursuivant ;

« 2° Les frais légitimement faits par l'adjudicataire ;

« 3° Le montant de toutes les collocations utiles ;

« 4° Les intérêts et arrérages de rente des créances inu-
« tilement colloquées ;

« 5° Les impenses et améliorations faites par l'adjudica-
« taire, à concurrence de ce qu'elles ont ajouté à la valeur
« de l'immeuble.

« L'adjudicataire restitue les fruits qu'il a perçus depuis
« sa remise en possession ; il lui est tenu compte des
« intérêts. »

Art. 85. « S'il y a revente à la folle-enchère de l'adjudi-
« cataire, à défaut par lui de payer les créanciers utilement
« colloqués, le saisi peut exercer la même faculté jusqu'au
« moment de la transcription de l'adjudication sur la folle-
« enchère.

« Enfin, si un créancier est demeuré, par l'effet des sub-
« rogations, adjudicataire, le saisi a droit d'exercer la
« même faculté pendant vingt jours, à compter de celui au-
« quel le créancier est devenu adjudicataire définitif, con-
« formément à ce qui est prescrit par l'article 83. »

Art. 86. « Le saisi ne paie pour l'enregistrement et la

« transcription du jugement qui le réintègre dans sa propriété,
« qu'un droit fixe. »

Art. 87. « Si le saisi emprunte les sommes nécessaires pour
« ses paiemens, en tout ou en partie, les prêteurs sont su-
« brogés aux priviléges et hypothèques des sommes qu'ils
« ont payées, en justifiant d'une valable subrogation : à cet
« effet, les inscriptions rayées sont rétablies ; et les privi-
« léges non dispensés d'inscriptions sont inscrits à leur
« profit. »

Art. 88. « Les inscriptions des créances inutilement
« colloquées subsistent sur les biens dans lesquels le saisi
« est rentré ; il a un délai de cinq ans pour les acquitter, à la
« charge de servir annuellement les intérêts et les arrérages
« de rente. »

Art. 89. « Le mineur saisi dans les trois mois à compter
« du jour de sa majorité peut exercer la même faculté de
« rentrer dans les biens adjugés par expropriation forcée,
« dans les cas et sous les conditions fixés pour les majeurs
« saisis par les articles précédens ; mais, à son égard, les
« fruits se compensent avec les intérêts du prix jusqu'au jour
« de sa demande. »

Art. 90. « Après l'échéance des délais fixés dans les précé-
« dens articles pour l'exercice de cette faculté, le majeur et
« le mineur sont non recevables à l'exercer. »

Art. 91. « L'action en rescision de la vente pour lésion a
« lieu dans les ventes judiciaires comme dans les ventes
« volontaires, et se règle par les mêmes principes : le fol-
« enchérisseur n'est point admis à l'exercer. »

CHAPITRE V. — Des interventions et revendications.

Art. 92. « L'adjudication définitive ne transmet à l'adjudi-
« cataire d'autres droits à la propriété que ceux qu'aurait
« le saisi. »

Art. 93. « L'action en revendication, soit de la propriété,
« soit de l'usufruit des biens adjugés, se prescrit uniformé-

« ment par le laps de dix années, à compter du jour de la
« transcription du jugement d'adjudication. »

Art. 94. « Les servitudes apparentes et les servitudes con-
« tinues ne se prescrivent que par le temps requis pour la
« plus longue prescription. »

Art. 95. « Les servitudes discontinues et les servitudes non
« apparentes, si elles ne sont pas expressément réservées
« dans le cahier des charges des biens adjugés, se prescri-
« vent par dix ans, à compter du jour de la transcription du
« contrat d'adjudication. »

Art. 96. « Les prescriptions prononcées par les articles
« précédens sont soumises, quant à l'interruption et à la
« suspension, aux règles fixées au titre *des Prescriptions*, et
« au titre *de l'Extinction des Priviléges et Hypothèques par la*
« *prescription.* »

Art. 97. « Le vendeur du bien affiché qui demande la ré-
« solution de son contrat de vente, ou le créancier qui
« demande l'envoi en possession par forme d'antichrèse, doit
« donner sa citation pour un jour fixe : le tribunal y statue le
« jour indiqué, à l'entrée de l'audience.

« Dès l'instant de la signification de l'exploit, le poursuivant
« doit suspendre ses procédures, sauf à reprendre les pour-
« suites, si l'action est rejetée. »

Art. 98. « Aucun créancier ne peut intervenir pour le
« paiement de sa créance, sauf à lui à exercer ses droits,
« soit pour la subrogation à l'adjudication, soit dans le
« procès-verbal d'ordre. »

Art. 99. « Celui qui veut, avant l'adjudication, demander
« la conservation d'une servitude, ou exercer sa demande en
« revendication ou distraction de la totalité ou d'une partie
« des biens affichés, est recevable à intervenir dans la
« procédure d'adjudication suivant les formes ci-après pres-
« crites. »

Art. 100. « L'exploit d'intervention sera signifié, tant au
« poursuivant, au domicile par lui élu dans les affiches,

« qu'au saisi et à leurs avoués, avec citation au jour fixé pour
« l'adjudication.

« Le même exploit contiendra l'énonciation des titres
« justificatifs de la propriété ou de la servitude réclamée : ces
« titres seront déposés par le réclamant le jour de la signi-
« fication de l'exploit, au greffe du tribunal où les parties
« intéressées pourront en prendre communication. »

Art. 101. « Si la revendication ne porte que sur partie
« des biens affichés, cet exploit contiendra en outre l'indi-
« cation exacte de la situation, de la consistance, de la nature
« et des confins, par tenans et aboutissans, de l'objet reven-
« diqué. »

Art. 102. « Il sera procédé au jugement de la revendica-
« tion conformément à ce qui est ordonné ci-dessus pour le
« jugement des demandes incidentes formées avant l'adju-
« dication. »

Art. 103. « La revendication suspend l'adjudication des
« biens revendiqués, à moins que le tribunal, à défaut par
« le demandeur en revendication de produire aucun titre,
« n'ordonne, sur la demande du poursuivant, qu'il sera passé
« outre à l'adjudication. »

Art. 104. « Si la revendication ne porte que sur une partie
« des biens affichés, le tribunal peut néanmoins ordonner,
« sur la demande du poursuivant, après avoir entendu le
« commissaire du Gouvernement, qu'il sera passé outre à
« l'adjudication des biens non revendiqués.

« En ce cas, il est fait mention de cette distraction sur le
« cahier des charges : la mise à prix est diminuée en propor-
« tion de la cote d'imposition des biens revendiqués ; il est
« donné connaissance aux enchérisseurs de ce changement
« dans les objets et les conditions de la vente, lors de la
« lecture du cahier des charges, si déjà toutes les affiches
« ont été apposées. »

Art. 105. « En cas de remise ou d'appel, il est procédé,

« s'il y a lieu, à la reprise des poursuites, ainsi qu'il a été
« prescrit au titre *de l'expropriation forcée*, chap.. . . . . . »

Art. 106. « Si la demande en revendication est formée
« après l'adjudication, l'exploit doit être signifié au pour-
« suivant, au saisi et à l'adjudicataire.

« S'il n'a pas payé son prix en entier, il le retient à con-
« currence de la valeur des biens revendiqués, eu égard au
« prix de l'adjudication, jusqu'au jugement définitif de la
« revendication.

« Sa ventilation, pour cette distinction de prix, est faite
« par experts convenus et nommés d'office. »

Art. 107. « Si son prix est payé en entier, dans le cas
« où la revendication serait jugée valable, l'adjudicataire a
« action pour le rapport de son prix, et des intérêts depuis
« le jour où il est tenu de la restitution des fruits, contre
« les créanciers utilement colloqués. »

Art. 108. « Si la revendication jugée valable ne porte que
« sur une partie des biens adjugés, il est procédé à la ven-
« tilation, pour la distribution du prix, avec le poursuivant
« et le dernier créancier utilement colloqué; et l'adjudica-
« taire exerce son action pour la valeur des biens distraits,
« en commençant par les derniers créanciers utilement col-
« loqués. »

Art. 109. « Tout créancier peut intervenir dans l'instance
« en revendication, à la charge de ne pouvoir, en aucun
« cas, tirer ses frais en accessoires de ses créances; il peut
« même former tierce-opposition au jugement du tribunal,
« soit de première instance, soit de cause d'appel, qui a
« admis la revendication, ou demander une nouvelle ven-
« tilation, s'il soutient que la revendication et la ventilation
« ont été faites en fraude de ses droits. »

Art. 110. « Le demandeur en revendication qui succombe
« est condamné, dans tous les cas, aux dépens et aux
« dommages et intérêts résultant de l'action qu'il a exercée.

« Ces dommages et intérêts appartiennent aux créanciers,

« et sont distribués comme le prix, si la demande en reven-
« dication est formée avant l'adjudication ; si elle est formée
« après, ils appartiennent à l'adjudicataire. »

Art. 111. « L'intervention pour conservation d'une ser-
« vitude ne peut, en aucun cas, arrêter l'adjudication.

« Si la servitude est apparente, ou si elle est continue, le
« tribunal ordonne que la demande sera insérée dans le
« cahier des charges sans approbation, et sauf à l'adjudica-
« taire à la contester, si bon lui semble, comme aurait pu
« faire le saisi, à l'effet de quoi tous les droits et moyens
« respectifs demeurent conservés.

« Si la servitude est non apparente ou discontinue, le de-
« mandeur, à défaut d'avoir déposé son titre au greffe, sera
« débouté de sa demande ; s'il a déposé son titre au greffe,
« le tribunal ordonne qu'il en sera fait mention dans le cahier
« des charges, toujours, sauf à l'adjudicataire à la contester,
« comme aurait pu faire le saisi. »

liv. 3-
tit. 19-
ch. 2.

CHAPITRE VI. — De l'ordre entre les créanciers.

Art. 112. « L'ordre est un acte volontaire ou judiciaire qui
« fixe, entre les créanciers opposans, le rang dans lequel
« chacun d'eux doit être payé sur les deniers provenant du
« prix ou des fruits saisis de l'immeuble vendu. »

Art. 113. « Dans la première classe sont les créanciers
« privilégiés ; le rang à tenir entre eux se règle conformé-
« ment à ce qui est prescrit au titre *des priviléges et hypo-*
« *thèques.* »

Art. 114. « Le poursuivant a privilége sur le prix pour
« les frais extraordinaires.

« Les frais ordinaires sont à la charge de l'adjudicataire ;
« ils sont payés suivant la taxe, et ne peuvent être fixés par
« le cahier des charges. »

Art. 115. « Les frais ordinaires sont ceux du commande-
« ment tendant à l'expropriation, des affiches imprimées,
« des publications et de l'adjudication.

« Lës frais de saisie et vente des fruits, si elles ont eu lieu,
« ceux de l'ordre, et tous autres qui ont été déclarés tels par
« un jugement motivé, sont frais extraordinaires. »

Art. 116. « La seconde classe est composée des créanciers
« hypothécaires.

« Ils sont colloqués dans l'ordre de l'inscription de leurs
« hypothèques sur le prix et les fruits saisis des immeu-
« bles. »

Art. 117. « Les créances dont les inscriptions sont du
« même jour sont placées au même rang, et sont payées
« par contribution entre eux au marc le franc. »

Art. 118. « Les arrérages ou intérêts, les dommages et
« intérêts et les dépens, sont colloqués dans le même ordre
« que le principal. »

Art. 119. « Les créanciers inscrits, mais dont l'inscription
« n'a pas pu frapper l'immeuble dont le prix est distribué,
« sont payés par contribution entre eux, au marc le franc,
« sur les deniers restans, après les créanciers privilégiés et
« hypothécaires acquittés. »

Art. 120. « Si, après le paiement des créanciers in-
« scrits, il reste quelque somme, les créanciers chirogra-
« phaires peuvent la saisir entre les mains de l'adjudica-
« taire; elle est distribuée entre eux comme tout autre mo-
« bilier. »

Art. 121. « Si parmi les créanciers à colloquer, il s'en
« trouve dont les créances soient ou non échues, ou condi-
« tionnelles, ou causées pour recours en garantie contre le
« saisi, ou autrement éventuelles, ils n'en sont pas moins
« colloqués dans l'ordre qui résulte de leurs titres, sauf les
« explications ci-après. »

Art. 122. « Si les créances sont à termes ou à rentes au-
« tres que rentes viagères, elles sont colloquées comme exi-
« gibles par l'effet de l'expropriation forcée.

« Néanmoins, l'acquéreur jouit des termes qu'avait le
« saisi, même de la liberté de ne rembourser qu'à volonté

« la rente constituée, si elle est hypothéquée spécialement
« sur l'immeuble vendu. »

Art. 123. « Si les créances sont conditionnelles, ou cau-
« sées pour recours en garantie ou autrement éventuelles,
« il est ordonné que, dans le cas où le porteur de ces créan-
« ces viendrait en ordre utile, ceux qui les suivent ou qui
« sont au même rang ne pourront être payés qu'à la charge
« du rapport, en donnant caution, si mieux ils n'aiment
« consentir à l'emploi.

« Pendant la discussion sur l'emploi, les sommes restent
« dans les mains de l'adjudicataire, qui en fait l'intérêt ; s'il
« consent à les garder jusqu'à l'événement, il est préféré à
« tout autre emploi. »

Art. 124. « Néanmoins, 1° si la créance éventuelle est
« celle d'une femme qui exerce ses droits sur les biens de
« son mari, ils seront restreints aux droits existans lors de
« la distribution. L'immeuble vendu sera purgé de tout droit
« de la femme, et les créanciers qui la suivent, déchargés
« de tout rapport à raison de l'indemnité des dettes qu'elle
« aurait contractées avec son mari, du remploi de ses pro-
« pres qui auraient été aliénés, et des successions qui pour-
« raient lui survenir, pourvu que lesdites dettes, aliénations
« et successions soient postérieures au jugement d'homolo-
« gation de l'ordre, sauf à elle à se pourvoir en séparation
« de biens à raison de l'aliénation, s'il y a lieu.

« 2° Si la créance éventuelle est causée pour raison de
« tutelle ou autres raisons de gestion ou administration, à
« l'exception, néanmoins, de celle des deniers du Trésor pu-
« blic, communes et établissemens publics ;

« Les créanciers postérieurs peuvent exiger que le tu-
« teur rende ses comptes, et forcer le subrogé tuteur à les
« recevoir ; et le pupille, mineur, absent, interdit, ou tout
« autre pour la gestion duquel l'inscription éventuelle aura
« été formée, sera colloqué pour le reliquat du compte à la
« date de son inscription.

« L'immeuble vendu sera purgé de l'inscription pour l'a-
« venir, et les créanciers postérieurs déchargés de tous
« rapports.

« Dans ce cas, la famille de celui pour lequel l'inscrip-
« tion éventuelle aurait été formée sera tenue de s'assem-
« bler, soit pour nommer un subrogé tuteur, s'il était mort,
« soit pour examiner si, malgré la vente de l'immeuble, le
« tuteur présente sur ses autres biens des sûretés suffisantes ;
« et s'il n'en existe pas, la famille sera tenue, sous la res-
« ponsabilité prononcée au titre *des tutelles*, de nommer un
« autre tuteur.

« 3º Si l'inscription éventuelle est faite par un acquéreur
« pour la garantie de sa vente, il sera tenu, s'il ne l'a pas
« fait, de faire, dans le plus bref délai qui sera fixé par le
« tribunal, à peine de déchéance de son inscription, purger
« son immeuble des privilèges et hypothèques inscrits, et,
« après cette formalité remplie, d'expliquer pour quelles
« autres causes son inscription procède. S'il ne justifie d'au-
« cune créance légitime sur la propriété, l'immeuble sur
« lequel il avait fait son inscription en sera purgé, et les
« créanciers postérieurs dispensés du rapport ; et, dans tous
« les cas, l'effet de son inscription sera fixé à une somme
« déterminée. »

Art. 125. « Si la créance consiste en rente viagère, il est
« ordonné qu'il restera, dans les mains de l'adjudicataire,
« un capital suffisant, ou qu'il en sera fait emploi pour
« que les intérêts, déduction faite de la contribution alors
« existante, égalent la rente viagère à payer, et que la
« distribution du capital ainsi laissé ou employé, se fera
« lors du décès des rentiers, aux créanciers venant en ordre
« utile, et sur lesquels les fonds auront manqué. »

Art. 126. « Si la collocation du créancier de la rente via-
« gère n'est pas suffisante pour le service annuel de la rente,
« ce déficit est pris, chaque année, sur le capital, dont
« l'intérêt diminue à due concurrence. »

CHAPITRE VII. — Des formalités de l'ordre.

Art. 127. « L'ordre est volontaire lorsque, par suite d'un
« contrat d'union, les créanciers y ont procédé dans la
« forme convenue.

« Il est rendu exécutoire par un jugement du tribunal
« qui en prononce l'homologation. »

Art. 128. « Il est procédé à l'ordre, en justice, de la
« manière suivante, par le tribunal qui a prononcé l'adju-
« dication de l'immeuble. »

Art. 129. « Il est ouvert, au greffe du tribunal, un procès-
« verbal d'ordre, sur la première réquisition du poursuivant,
« ou, en cas de négligence, sur la première réquisition d'un
« des créanciers, et sur la remise que le requérant est tenu
« de faire en même temps au greffier d'un état certifié par
« le conservateur des hypothèques, de toutes les inscriptions
« existantes sur les biens aliénés à l'époque où le requérant
« demande l'ouverture du procès-verbal. »

Art. 130. « S'il existe à la fois plusieurs procès-verbaux
« d'ordre, pour la distribution du prix, soit du même bien,
« soit de plusieurs biens vendus par ce même débiteur, la
« jonction de tous les procès-verbaux d'ordre pourra être
« demandée par l'un des poursuivans ou des créanciers, ou
« par le saisi. »

Art. 131. « En ce cas, la poursuite appartiendra à celui
« qui aura le premier requis un procès-verbal d'ordre; et
« tous les droits de chacun des créanciers, sur chaque im-
« meuble, leur seront conservés dans la distribution. »

Art. 132. « Le procès-verbal d'ordre ne pourra être clos
« que trente jours après que son ouverture aura été notifiée
« tant aux créanciers inscrits qu'à la partie saisie. »

Art. 133. « Pendant cet intervalle les créanciers privilégiés
« qui ne sont point assujétis à l'inscription de leurs droits
« seront tenus, à peine de déchéance de leurs priviléges,
« d'en produire les titres et pièces au greffe. »

Art. 134. « Quant aux privilégiés et aux créanciers in-
« scrits, l'état mentionné en l'article précédent tient lieu
« pour eux de production ; néanmoins, ils sont tenus, sur la
« réquisition, soit d'un créancier, soit de la partie saisie,
« de justifier des titres de leurs créances, et de les déposer
« et produire au greffe du tribunal. »

Art. 135. « Il est loisible à tout créancier et à la partie
« saisie de prendre communication, pendant le même délai,
« du procès-verbal d'ouverture d'ordre, de l'extrait des in-
« scriptions des titres et pièces qui auraient été produits ; de
« faire, sur le tout, les observations qu'ils croiront conve-
« nables, et qui seront consignées sur le procès-verbal,
« faute de quoi l'ordre sera dressé d'après l'extrait des in-
« scriptions, et les titres et les pièces produits. »

Art. 136. « En cas de contestation, il est statué, par le
« tribunal, entre le réclamant et ceux dont il conteste, en
« tout ou en partie, le droit de collocation. »

Art. 137. « Tout créancier d'un créancier inscrit sur
« l'immeuble peut intervenir au procès-verbal d'ordre, en
« sous-ordre de son débiteur, exercer ses droits, et demander
« à être colloqué sur la somme à lui due. »

Art. 138. « Si plusieurs interviennent en sous-ordre sur la
« même créance, elle est distribuée entre eux comme somme
« mobilière. »

Art. 139. « L'ordre est dressé immédiatement après la
« clôture du procès-verbal par l'avoué du poursuivant.

« Néanmoins, un créancier inscrit sur l'immeuble dont le
« prix est distribué, et qui aurait été omis dans l'état des
« inscriptions existantes certifié par le conservateur des
« hypothèques, ou le conservateur des hypothèques lui-
« même, responsable de sa créance, peuvent intervenir jus-
« qu'au moment de l'homologation de l'ordre, pour être
« colloqués au rang de leurs inscriptions. »

Art. 140. « L'homologation de l'ordre est portée à la pre-
« mière audience qui suit l'expiration du délai de trente jours

« fixé par l'article, pour y être statué par le tribunal au rap-
« port d'un des juges, ainsi que sur les contestations qui
« auraient été élevées, sans qu'il soit besoin d'assignation au
« saisi ou vendeur, ni aux créanciers, et sauf l'appel
« nonobstant lequel les collocations qui n'ont pas été con-
« testées recevront leur exécution. »

Art. 141. « Les créanciers inutilement colloqués pour-
« ront, suivant l'ordre de leur collocation, demander à re-
« cevoir le montant des collocations suspendues soit par
« le défaut d'affirmation des créances, soit par le défaut de
« production des titres, en donnant caution de rapporter,
« s'il y a lieu. »

Art. 142. « Tous créanciers, soit directs, soit en sous-or-
« dre, même le poursuivant, s'ils succombent dans les con-
« testations élevées entre eux, seront condamnés aux dé-
« pens sans aucun recours sur le prix, ni contre le saisi, ni
« contre le vendeur. »

Art. 143. « Le jugement d'homologation de l'ordre or-
« donne la délivrance par le greffier, des bordereaux de
« collocation à ceux qui viennent en ordre utile, pour le
« montant en être acquitté par l'adjudicataire, s'il n'existe
« aucune saisie ni opposition sur le créancier colloqué. »

Art. 144. « Ces bordereaux énoncent la nature et la quo-
« tité de la créance et ses accessoires, ayant le même rang
« d'hypothèque, ainsi que l'exigibilité tant du capital que
« des arrérages. »

Art. 145. « Le même jugement détermine celles des in-
« scriptions qui ne viennent point en ordre utile sur le prix,
« et ordonne que la radiation en sera faite par le conserva-
« teur des hypothèques, en ce qui concerne l'immeuble
« dont le prix est distribué.

« Le jugement est signifié au conservateur, qui, en pro-
« cédant à la radiation, fait mention de la date du jugement
« et de sa signification. »

CHAPITRE VIII. — De la forme du paiement du prix de l'adjudication.

Art. 146. « Chaque créancier utilement colloqué doit af-
« firmer, devant le tribunal qui a homologué l'ordre, que
« sa créance est sincère, et qu'il ne prête en aucune ma-
« nière son nom au débiteur. »

Art. 147. « Il peut ensuite demander au greffier un ex-
« trait du procès-verbal, en ce qui concerne sa colloca-
« tion, et jusqu'à concurrence de la somme à distribuer; et
« le greffier est tenu de délivrer cet extrait, après avoir
« néanmoins vérifié que la créance a été affirmée, et quelle
« somme est à distribuer. »

Art. 148. « L'adjudicataire est tenu de payer conformé-
« ment audit extrait de collocation. »

Art. 149. « En cas de non-paiement sur la sommation qui
« lui en est faite par le créancier, celui-ci le dénonce au
« poursuivant, qui, en vertu du jugement d'adjudication,
« procède à la revente sur folle-enchère dans la forme ci-
« dessus. »

Art. 150. « Après le paiement de toutes les collocations
« libres, s'il reste entre les mains de l'adjudicataire des som-
« mes affectées à des créances dont le paiement est suspen-
« du, à défaut par les créanciers postérieurs, ou inutile-
« ment colloqués, d'en obtenir la remise, en donnant
« caution, l'adjudicataire a droit d'en faire ordonner l'em-
« ploi par le tribunal, en y appelant toutes les parties inté-
« ressées. »

TITRE XIV. — De la Société.

Art. 4. On a déjà prouvé, art. 3 du tit. IX, liv. Ier, qu'il
est dangereux pour les mineurs, pour les citoyens, et pour
le commerce en général, de leur permettre d'être commerçans. On a demandé qu'il ne fût permis légalement d'exercer le commerce que lorsqu'on était majeur : on demande

ap-
1833

par ces motifs la radiation du second alinéa de cet article.

1834   Art. 5. On demande la radiation de ces mots : *dont l'objet est d'une valeur de plus de cent cinquante francs ;* l'article doit être absolu : il n'existe point de commerce qui puisse produire des affaires litigieuses, et intéresser des tiers dont l'objet ne serait pas de cent cinquante francs de fonds ; d'ailleurs, quelque modique que soit un commerce dans son origine, il peut prendre des accroissemens, et devenir un jour de la plus grande importance ; enfin, il faut accoutumer les marchands, dès le commencement de leur travail, à la règle et à l'exactitude.

ap-   Art. 6. Ce titre, qui est tout entier relatif au commerce,
1834 prouve encore plus la nécessité de lier ce qu'on a voulu appeler les lois commerciales aux lois civiles, et démontre qu'on ne peut pas les séparer : on persiste à demander que toutes les lois relatives au commerce soient fondues dans le Code civil dont elles font essentiellement partie.

Il a été omis dans le projet de Code deux dispositions importantes :

« Les associés ne peuvent point s'opposer réciproquement
« le défaut d'enregistrement de la société ; ils ne peuvent
« pas même s'opposer le défaut de scripte de société, si,
« d'ailleurs, elle est prouvée par écrit.

« Les associés gérans, et les associés en commandite, ne
« peuvent point opposer aux tiers ni leurs scriptes de société,
« ni sa dissolution, à moins que l'une et l'autre n'aient été
« publiées, et seulement à compter du jour de la publica-
« tion. »

1842   Art. 14. Suivant un principe et un usage constant dans le
et
liv. 3- commerce, qu'il est important de consacrer par la loi, il
tit. 9- faut que toutes les sociétés contiennent la désignation de la
fin du
ch. 2. raison sociale, c'est-à-dire, la dénomination de la signature commune des associés : quelquefois les noms de tous les associés gérans y paraissent, quelquefois les noms de quelques-uns, quelquefois le nom d'aucun, comme dans cer-

tains commerces qui ont conservé les noms considérés de ceux qui les fondèrent ; et cependant , quelle que soit la dénomination , tous les associés gérans sont engagés par cette signature.

On propose d'ajouter à la fin de l'article :

« Sous la raison sociale convenue entre eux dans la « scripte de société. »

Art. 16. Il y a plusieurs objets à prévoir sur cet article ; *Ibid.* le plus souvent ce n'est pas un seul des contractans qui gère ; souvent un de ceux qui gèrent n'est pas nommé ; souvent ce n'est pas un seul qui fait commandite ; et il est toujours de l'essence de la société en commandite que ceux qui la font ne soient pas nommés : s'ils l'étaient, quelques clauses que contînt la scripte sociale , ils ne seraient plus réputés commanditaires ; ils seraient réputés associés libres et gérans, et tenus indéfiniment et solidairement des pertes. En conséquence , on propose la rédaction suivante :

« La société en commandite est celle dans laquelle un ou « plusieurs contractans font seuls , et sous la raison sociale « convenue dans la scripte de société , un commerce auquel « un autre ou plusieurs autres contractans, qui ne sont « point nommés, contribuent seulement d'une certaine « somme , sous la condition d'une certaine part aux profits, « sans qu'ils puissent être tenus des pertes au-delà du fonds « par eux apporté dans la société. »

Art. 3o. Si un associé a apporté dans le commerce de 1853 l'industrie et de l'activité, et encore s'il y a ajouté un peu d'argent , tandis que les autres âgés , moins actifs et moins habiles, n'y mettaient que de l'argent, les talens compensent évidemment la mise de fonds : aussi l'ancien droit prononçait que les parts étaient égales ; il est nécessaire de le conserver et de statuer :

« Lorsque l'acte de société ne détermine point la part de « chaque associé dans les bénéfices ou les pertes, la part « de chacun est égale. »

1854   Art. 3ı. Une stipulation aussi bizarre, sans doule rare
quoique possible, ne doit pas faire une loi, si ce n'est pour
la proscrire.

Qui pourra décider si ce réglement est contraire ou conforme à l'équité? comment prouver sa justice ou son injus
tice? Quelle sera la chose à prouver? sera-ce la capacité,
l'intelligence, les talens, l'assiduité, la santé, le bonheur,
l'industrie de l'individu? car toutes ces circonstances entrent
comme les fonds dans la distribution des parts. Peut-on admettre une preuve testimoniale sur des facultés intellectuelles? On propose de rayer l'article; ou, si on persiste à
le conserver, de substituer à la décision qui le termine le
partage égal, qui est de droit commun : « Si les associés
« sont convenus de s'en rapporter à l'un d'eux, ou à un
« tiers pour le réglement des parts, la clause est nulle; elle
« est réputée non écrite, et les parts sont égales.

1855   Art. 3₂. Ce principe de justice, qui doit régler en général, le contrat de société, s'étend encore plus loin : il exige
une égalité absolue dans la part des profits et la part des
pertes.

Cependant, un individu peut avoir une part dans les profits de la société, à titre d'encouragement, s'il travaille
pour elle, sans être tenu des pertes; cette part des profits
n'est pour lui qu'un salaire.

On propose d'ajouter à l'article ces deux dispositions : « La
« convention qui donne à l'un des associés la totalité des bé-
« néfices, ou qui lui assigne une portion dans les bénéfices
« différente de celle qu'il a dans les pertes, est nulle : en ce
« cas, la part de chaque associé se règle conformément à
« ce qui est prescrit dans l'article 3o.

« Le commis, artiste ou employé de la société, sous
« quelque dénomination que ce soit, à qui elle accorde
« une part quelconque dans les bénéfices, à titre d'encou-
« ragement ou pour lui tenir lieu de son salaire en tout ou
« en partie, ou le droit d'opter pour son salaire entre une

« somme fixe ou une portion déterminée des bénéfices , n'est
« point associé ; il n'est pas tenu des pertes. »

Art. 33. Qu'il en résulte du bien ou du mal , l'affaire 1856
n'est pas moins pour le compte de la société à l'égard des
tiers ; rayer ces mots : *et pour le bien de la société.*

Art. 4o. Il est beaucoup de sociétés générales dans les- ap-
quelles le mot *et compagnie* ne se trouve point, dans les- 1859
quelles même il n'y a qu'un seul associé nommé , quoiqu'il
y ait plusieurs associés gérans ; on pense qu'on doit rayer
ces mots : *un tel et compagnie,* qui, quoique employés par
Savary, et répétés depuis par beaucoup d'auteurs, n'ont pas
une acception exacte, et y substituer ceux-ci : *sous la raison
sociale.*

Art. 42. Il est deux additions importantes à faire dans cet 1861
article : la première, qui n'est qu'un développement du principe relatif à la femme commune en biens qui est associée
de son mari, et non de la société ; la seconde, pour régler
les droits des associés de l'associé relativement à la société.

Cet article est très-important pour les créanciers de la société, en cas de faillite du commerce ; il est essentiel d'insérer dans le Code sa disposition tirée du droit romain, et
adoptée par la jurisprudence constante du parlement de
Paris.

On propose, etc.

« La femme commune en biens de l'un des associés est
« une tierce personne à l'égard de la société.

« L'associé de l'associé, son créancier, sa femme com-
« mune en biens ou non commune, n'ont aucun droit sur
« les effets de la société ; ils ne peuvent exercer leurs droits
« que sur la part qui revient à l'associé par l'événement
« de la liquidation, après le paiement des dettes de la so-
« ciété. »

Art. 48. La dénomination d'un associé dans la raison so- av.
ciale le déclare associé gérant. Le public le connaît ; il suit 1862
sa foi dans les affaires qu'il fait avec la société.

Cet engagement est public, par conséquent les associés ne peuvent pas y déroger par leurs conventions particulières, fussent-elles même revêtues de la formalité de la publication. Ces conventions seraient illicites ; elles seraient anéanties par l'authenticité et la publicité de l'association résultant de la dénomination de la raison sociale.

Quant à l'associé non nommé dans la raison sociale, la clause est valable pourvu qu'elle soit publiée : il n'y est point dérogé lorsqu'il exprime dans la signature qu'il signe pour la raison sociale ; un commis, un étranger qui se fait fort, signera de même : il n'y est dérogé que quand la signature qu'il appose est purement et simplement sans les raisons sociales, etc.

On propose la rédaction suivante :

« Ce pouvoir appartient de droit, à l'égard des tiers, à
« chacun des associés nommés dans la raison sociale, sans
« qu'il puisse y être dérogé par les associés dans leurs actes
« publics ou non publics.

« La loi présume encore à l'égard des tiers, que l'associé
« gérant, quoique non nommé dans la raison sociale, a ce
« pouvoir, lorsqu'il est dans l'usage de contracter et de si-
« gner sous la raison sociale, encore qu'il eût été formelle-
« ment exclu de l'administration par une clause du contrat
« de société, publiée ou non publiée. »

Ibid. Art. 49. Par une suite des mêmes principes, on propose la rédaction suivante :

« La société est toujours tenue de la dette à l'égard des
« tiers, lors même qu'elle est particulière à l'associé nommé
« ou reconnu gérant, suivant la disposition de l'article pré-
« cédent, s'il l'a contractée sous la raison sociale, soit
« qu'elle ait ou n'ait pas tourné au profit de la société.

« La dette est, à l'égard des tiers, toujours à la charge
« de l'associé seul, et pour son compte personnel, lors
« même que les fonds auraient été versés dans la caisse so-
« ciale, s'il l'a contractée sous son nom seul. »

Art. 50. Toujours par une suite du principe posé dans le *Ibid.* deuxième alinéa de l'article 48, on croirait nécessaire d'ajouter après ces mots : *les associés en commandite et les associés anonymes ;* ceux-ci : *pourvu qu'ils ne soient ni nommés ni gérans.*

Art. 51. Au lieu de : *s'il ne lui en a*, lisez : *s'ils ne lui* 1862 *en ont.*

Après l'article 53. Comme il est possible qu'une société ap-1864 ait été exercée sans être enregistrée, et qu'en ce cas il serait impossible au tiers de rapporter la scripte de société, la foi publique exige une disposition :

« Les tiers qui ont contracté avec une raison sociale ne
« sont pas tenus d'en rapporter la scripte, pourvu qu'ils
« rapportent des preuves écrites que la société a existé, ils
« ont action contre la société. »

Art. 60. Le Code omet en entier les règles à prescrire 1868 pour les liquidations ; cependant, elles sont importantes : l'article 68 est insuffisant. En conséquence, après l'article 67, on proposera quelques règles relatives à la liquidation ; dès à présent, on propose d'ajouter à l'article 60, après les mots : *à cette époque*, ceux-ci : *Il ne participe point à la liquidation, dont les événemens restent cependant à la charge et au profit de la société.*

Art. 66. C'est une maxime constante que nul n'est associé 1871 qui ne veut ; elle est absolument omise dans le Code : on pense qu'en suivant son ordre de matière, ce principe doit être placé entre le premier et le deuxième alinéa de cet article. On propose : « Tout associé est maître de résilier à sa
« volonté la société, à la charge des dommages et intérêts
« de ses associés.

« Si le commerce perd, chaque associé peut demander la
« résiliation sans être tenu à des dommages et intérêts.

« La question de savoir s'il est dû des dommages et inté-
« rêts dans les autres cas ; leur quotité dans tous, dépend des
« causes qui ont provoqué la dissolution, des circonstances

« qui l'accompagnent, des effets qui en résultent ; leur fixa-
« tion est laissée à l'équité et à la prudence des arbitres et
« des juges. »

Art. 67. Ajouter à la fin : *et à l'égard des tiers, à compter du jour de la publication.* Placer ensuite les règles sur la liquidation :

« Il est permis aux associés de stipuler dans le contrat de
« société, que, dans le cas de mort d'un associé, les héri-
« tiers du prémourant seront tenus de s'en rapporter, pour
« la part de l'associé auquel ils succéderont, au dernier in-
« ventaire qui aura été fait.

« Cette stipulation est prohibée dans tous les autres cas
« de dissolution.

« La stipulation que les héritiers du prémourant s'en tien-
« dront au dernier inventaire n'est point regardée comme
« un avantage sujet aux règles des donations, soit quant à la
« forme, soit quant au fond, quand même l'un des associés
« serait héritier présomptif de l'autre, mais comme un traité
« à forfait.

« Cette stipulation est nulle, s'il n'est pas convenu dans le
« contrat de société qu'il sera fait, chaque année, un inven-
« taire général du commerce.

« Cette stipulation est sans effet, si l'inventaire convenu
« n'a pas été fait dans l'année précédente.

« Si cette clause n'est pas stipulée, si elle demeure sans
« effet, et dans tous les autres cas de dissolution, aussitôt que
« la société est dissoute, il doit être procédé à l'inventaire
« général du commerce.

« Cet inventaire doit contenir les marchandises et effets
« mobiliers dont l'estimation est faite par experts, l'argent,
« les lettres-de-change, les dettes actives et passives, et gé-
« néralement toutes les facultés mobilières et immobilières,
« et toutes les charges du commerce.

« Après l'inventaire, chaque associé peut prendre sa part
« des marchandises, proportionnellement à sa part dans la

« société, en payant sur-le-champ la valeur, si la position
« du commerce l'exige, ou en donnant caution de la rap-
« porter, s'il y a lieu, pour le paiement des dettes de la so-
« ciété.

« Si la société est dissoute par la mort d'un des asso-
« ciés, la liquidation appartient de droit aux associés sur-
« vivans.

« Si la liquidation a été attribuée par le contrat de société
« à un associé vivant, elle doit lui être déférée en donnant
« caution, si les autres associés l'exigent, à moins qu'il n'en
« soit dispensé par le contrat.

« S'il ne donne point de caution, la liquidation est défé-
« rée aux autres associés, en donnant caution.

« Si aucun ne donne caution, l'associé désigné par le
« contrat de société est préféré.

« Si la société n'a attribué la liquidation à aucun associé,
« celui qui était le maître du commerce, et qui y a associé
« les autres, doit être préféré, et, à son défaut, celui qui a
« fait la plus forte mise dans la société, soit en compte de
« fonds, soit en compte courant obligé.

« Les autres associés peuvent, dans les deux espèces ci-
« dessus, exiger caution de celui à qui la liquidation est dé-
« férée par la scripte de société.

« Dans tous les cas, les associés peuvent convenir, et les
« juges et les arbitres peuvent ordonner, suivant les cir-
« constances, que la liquidation sera faite en commun.

« Le liquidateur, aussitôt après l'inventaire, doit procé-
« der à la vente des marchandises, si elles n'ont pas été par-
« tagées, et au recouvrement des dettes actives.

« Il doit employer tous les fonds provenant de la liquida-
« tion au paiement des dettes passives du commerce, et des
« comptes courans des associés commanditaires et des asso-
« ciés gérans : les associés commanditaires et gérans rap-
« portent ce qu'ils ont reçu, 1º sur leur compte de bénéfice,
« 2º sur leur compte de fonds ; et si cela ne suffit pas pour

« combler le déficit, chaque associé gérant est tenu de four-
« nir à la société sa part du déficit, au prorata de sa portion
« dans les profits et les pertes, sans préjudice de l'action so-
« lidaire des créanciers contre chacun d'eux.

« Si, lors de l'inventaire, la société présente une perte
« qui absorbe les comptes de fonds, il est procédé à la dis-
« tribution et liquidation des sommes rentrées, comme en
« cas de faillite.

« Les levées des associés cessent à compter du jour de la
« dissolution de la société.

« Les événemens de la liquidation sont aux périls, risques
« et fortunes des associés.

« Le liquidateur prend les frais de liquidation sur les som-
« mes rentrées.

« Le liquidateur doit, tous les trois mois, rendre compte
« de la liquidation aux associés et à leurs héritiers, et leur
« en remettre une copie ; ils ont toujours le droit de voir les
« livres et papiers du commerce et de la liquidation.

« Si l'un des associés a reçu dans ses magasins de com-
« merce, au moment où il s'est formé, il lui reste après la
« dissolution ; sinon le bail est licité. »

Le Code a omis une disposition qui paraît nécessaire sur
les sociétés autres que celles de commerce ; on propose :

« Dans toutes les sociétés autres que celles de com-
« merce,

« 1° Si elles ont été contractées par action, l'actionnaire
« ne peut pas demander la dissolution ; il n'a d'autre droit
« que celui de vendre son action ;

« 2° Quant à celles qui ne sont pas formées par action,
« si elles ont pour objet des entreprises ou exploitations,
« aucun associé ne peut forcer au partage ; il ne peut, s'il
« veut dissoudre, que provoquer la licitation. »

Art. 68. « Dans tout ce qui n'est pas prévu dans les arti-
« cles précédens, les règles concernant le partage des suc-
« cessions, la forme du partage des immeubles, les obliga-

« tions légales qui résultent du partage entre les héritiers,
« s'appliquent aux associés. »

De la société de culture à portion de fruits *.

Le Code omet absolument les règles d'un genre de contrat très-commun, et qui le deviendrait bien davantage, si
certaines dispositions sur les baux à ferme étaient adoptées :
c'est la société entre un propriétaire et un cultivateur qui se
charge de la culture d'un domaine, moyennant une portion
des fruits ; on nomme ce cultivateur, dans différens départemens, *granger, métayer, bordier* ; le Code le nomme, au
titre *du louage, colon partiaire*. On propose les articles suivans :

Art. 1er. « Le bail à culture moyennant une portion de
« fruits est une société. »

Art. 2. « La mise du propriétaire est son domaine ; la
« mise du colon partiaire est son industrie. »

Art. 3. « La part du colon partiaire dans les produits des
« fonds qu'il cultive, ses obligations, celles du proprié
« taire, doivent être stipulées par le bail. »

Art. 4. « Toutes ces stipulations doivent être strictement
« exécutées ; et si toutes ou quelques-unes sont convenues à
« peine de résolution de bail, cette peine ne peut pas être
« réputée comminatoire ; le juge doit la prononcer. »

Art. 5. « S'il n'y a point de bail écrit, les obligations du
« colon partiaire, pour la culture, la levée des récoltes,
« l'ameublissement des fruits, le transport de la portion du
« propriétaire, les réparations à faire aux ustensiles et aux
« appartemens qu'il occupe, sa contribution au paiement des
« impositions et à l'achat des engrais, sa portion dans les
« fruits, même dans ceux provenant des animaux attachés
« au domaine, les droits et les obligations du propriétaire,
« sont réglés suivant l'usage des lieux. »

* Voyez la section 3 du ch. 2, tit. VIII, livre III, du Code civil.

Art. 6. « Soit qu'il y ait un bail écrit ou qu'il n'y en ait
« pas, à moins qu'il n'y ait été expressément dérogé par une
« clause du bail, le colon partiaire est tenu, 1° de faire les
« façons nécessaires aux terres et aux vignes dans les temps
« convenables, de ne point les surcharger ni les détériorer,
« de semer et d'ameublir les fruits dans le domaine, et de
« transporter la portion du propriétaire au marché ou dans
« les lieux où il l'a vendue, et de faire les transports néces-
« saires pour les engrais et les réparations du domaine ou
« des fonds; le tout selon l'usage de la commune de la si-
« tuation des biens ;

« 2° De conserver la division des terres, et d'alterner les
« récoltes suivant l'usage du lieu ou du domaine, s'il y en
« a un ;

« 3° De consommer dans le domaine tous les fourra-
« ges, pailles et engrais qui en proviennent, et d'en lais-
« ser dans le domaine, à sa sortie, ce qui en reste, sans
« pouvoir, en aucun temps, ni sous aucun prétexte, en
« détourner aucune partie sans une permission par écrit;

« 4° D'entretenir les prises d'eau de tous les ouvrages qui
« n'exigent pas des ouvriers d'un art quelconque ; d'entre-
« tenir les rigoles ou biez d'irrigation ; d'entretenir les fos-
« sés et les clôtures de plants vifs, de les réparer en plants
« vifs, et en bois mort pendant le temps des récoltes. »

Art. 7. « Il lui est prohibé, 1° de couper ni étêter aucun
« arbre vif ou mort, de couper les haies, les bois taillis et
« les branches des arbres pour les feuillées, dans d'autres
« époques et d'une autre manière que celles fixées par l'u-
« sage des lieux et la division annuelle du domaine ;

« 2° D'employer les animaux attachés au domaine à d'au-
« tres cultures ou transports que ceux du domaine ou de ses
« fruits ;

« 3° De permettre ou même tolérer aucun passage ou
« autre service foncier sur le domaine, sans en avertir le
« propriétaire, à moins d'en répondre personnellement.

Art. 8. « S'il n'y a point de bail écrit ou s'il est expiré,
« le colon partiaire doit et peut sortir du domaine, chaque
« année, à moins qu'il n'y ait une convention contraire,
« sans avertissement, à l'époque fixée par l'usage des lieux
« pour la sortie des fermiers. »

Art. 9. « Le bail écrit de culture à portion de fruits ne
« peut pas être perpétuel; il ne peut pas excéder le temps
« fixé pour les baux à ferme, à peine de nullité du bail pour
« le temps excédant. »

Art. 10. « Malgré toutes les stipulations contraires insé-
« rées dans le bail, le propriétaire et le colon partiaire peu-
« vent toujours, chacun à son gré et par sa seule volonté,
« résilier le bail de culture à portion de fruits, en s'avertis-
« sant trois mois d'avance.

« Quand même il se trouverait dans le bail à culture quel-
« ques portions de ferme, telles que celles des fruits du chep-
« tel, de quelques parties de prés ou de terres, chacun des
« deux peut, à son gré, le résilier pour le tout.

« Il est résilié de plein droit par la mort du colon par-
« tiaire. »

Art. 11. « Le propriétaire et le colon partiaire peuvent
« encore le résilier pour de justes motifs.

« Les justes motifs du propriétaire sont : 1° si le colon
« partiaire n'exécute pas les obligations auxquelles il est sou-
« mis par la loi ;

« 2° Si le colon partiaire n'exécute pas les obligations
« auxquelles il s'est soumis par le bail ;

« 3° S'il fait des soustractions, des dilapidations ou mal-
« versations ;

« 4° S'il manque aux égards et à la déférence qu'il doit au
« propriétaire.

« Les justes motifs du colon partiaire sont : 1° si le pro-
« priétaire n'exécute pas les obligations auxquelles il s'est
« soumis par le bail ;

« 2° Si le propriétaire ne fait pas les réparations qui sont

« de droit à sa charge, dans le cas où le défaut de ces répa-
« rations diminuerait la valeur des fonds, ou rendrait le do-
« maine inhabitable ;

« 3° Si le colon partiaire perd dans l'exploitation du do-
« maine ;

« 4° S'il éprouve de mauvais traitemens de la part du
« propriétaire. »

Art. 12. « Si le bail est résilié par de justes motifs, le
« juge peut autoriser ou forcer le colon partiaire à sortir
« sur le champ du domaine, suivant l'exigence des cas ; si-
« non la sortie n'a lieu que pour l'époque fixée pour la sor-
« tie des fermiers par l'usage des lieux. »

Art. 13. « Si le colon résilie sans motif, il n'y a lieu à
« aucune indemnité en sa faveur.

« S'il résilie pour de justes motifs, il doit être indemnisé
« des défrichemens de terres incultes, des plantations de vi-
« gnes ou arbres, de la plantation d'une nouvelle clôture,
« des travaux faits pour dessécher un fonds marécageux,
« prévenir des inondations ou faire des prises d'eau.

« Il n'a droit à aucune indemnité pour la culture ou en-
« grais ordinaire.

« L'indemnité qui lui est due est fixée suivant le profit
« qu'il aurait retiré de ses travaux pendant le cours du bail,
« déduction faite des frais de culture et des travaux restant
« à faire.

« Il n'a droit à aucune autre indemnité.

« Si le propriétaire résilie pour de justes motifs, il doit
« être indemnisé des torts que lui ont causés les abus, mal-
« versations ou dégradations du colon partiaire. »

Art. 14. « Dans tous les cas de sortie, le colon partiaire,
« s'il n'a pas eu sa portion des récoltes qui étaient ense-
« mencées à son entrée, revient prendre sa part dans le pro-
« duit des fonds qu'il avait cultivés avant sa sortie, à la charge
« d'ameublir ces récoltes suivant les conditions du bail, ou,
« à défaut du bail, suivant l'usage des lieux. »

Art. 15. « Le propriétaire et le colon partiaire ont cha-
« cun un livre. Le propriétaire écrit sur tous deux , à fur
« et à mesure, chaque avance qu'il fait au colon partiaire,
« chaque paiement qu'il en reçoit. Ces livres font foi en jus-
« tice sur leurs comptes respectifs. A défaut par le colon
« partiaire de représenter son double , le propriétaire en
« est cru sur la représentation du sien ; il est tenu, si le co-
« lon l'exige , d'en affirmer la sincérité. »

TITRE XV. — *Du prêt à usage.*

Art. 15. Ce prêt est un contrat gratuit, un office d'ami, 1888-
qui ne peut astreindre celui qui le rend à aucune obligation, 1889
encore moins l'assujétir à des formalités, à des dépenses
coûteuses.

On propose la radiation de l'article 16, et au lieu de l'article 15 :

« Le prêteur retire sa chose au terme convenu ; à défaut
« de convention , il la retire à volonté. »

Art. 17. Le prêt à usage est un service gratuit ; le prê- 1890
teur ne peut être obligé à rien ; on propose de rayer l'article, et d'y substituer :

« Si l'emprunteur a été forcé à faire quelques dépenses
« pour la réparation ou la conservation de la chose prêtée ,
« il ne peut pas les répéter. »

Art. 21. Ajouter à la fin : « On fait état de la différence en 1895
« plus ou en moins survenue dans les espèces. »

Art. 32. Les circonstances où l'État se trouve quand il en 1907
résulte la rareté ou l'abondance de l'argent , la confiance ou
la méfiance des capitalistes , déterminent à la vérité le cours
de la place ; et ce cours entraîne à la longue la fixation du
taux légal ; mais on pense qu'on ne doit pas poser en principe dans un Code, que le taux de l'intérêt varie au gré et
par les opérations du Gouvernement.

Rayer ces mots : *particulières, suivant les circonstances*, etc.,
jusqu'à la fin.

ap-
1907

Art. 35. Comme il faut régler quel taux peut être adopté, quel taux doit être modéré par les tribunaux, on propose d'ajouter :

« Ils sont réglés par le cours de la place au moment du « prêt ou de la négociation. Ce taux s'établit par les certi- « ficats des agens de change : ils doivent être conformes à « leurs carnets. »

1911 **Art. 39.** La seconde disposition doit être positive.

On doit prévoir le cas où on constituerait des rentes en denrées.

Les réflexions faites sur l'article 17 décident à proposer la prohibition du remboursement pendant la vie du vendeur, quand il s'agit d'un prix d'immeuble.

Enfin, la faculté de rembourser à volonté étant l'essence du contrat, l'exception et l'observation des délais doivent être de rigueur.

On propose :

« La rente constituée est essentiellement rachetable.

« Les parties peuvent seules convenir que le rachat ne « sera pas fait avant un délai qui ne peut excéder dix ans.

« Néanmoins, si le capital de la rente est le prix de la « vente d'un immeuble, il peut être convenu que ce rem- « boursement ne pourra pas être fait pendant la vie du ven- « deur ou des vendeurs.

« Si les délais ci-dessus fixés ont été stipulés dans les cas « prévus, le débiteur ne peut pas les anticiper.

« Si on a stipulé des délais excédans ; si même les délais « ci-dessus fixés ont été stipulés dans d'autres cas, la clause « est réputée non écrite, et n'empêche pas le rembourse- « ment à volonté.

« Le remboursement ne peut être forcé en aucun cas, sans « avoir averti le créancier au temps d'avance déterminé « par ce contrat, et qui, à défaut de stipulation, sera de « trois mois.

« La rente constituée pour prix d'un capital en argent

« en denrées, ne peut être stipulée qu'en argent, à peine
« de nullité, de réduction au taux légal de l'intérêt de l'ar-
« gent, et d'imputation sur le capital de l'excédant de la va-
« leur des denrées reçues pour intérêts.

« La rente constituée pour prix de la vente d'un immeuble 530
« peut être stipulée payable en denrées.

« Le capital de la rente en denrées, s'il n'est pas fixé en
« argent, se calcule, d'après la valeur d'une année com-
« mune de la rente, sur le taux de l'intérêt légal de l'argent
« à l'époque du contrat, en ajoutant un dixième, si la rente
« a été stipulée exempte d'impositions.

« Pour déterminer la valeur d'une année commune de la
« rente, on relève le prix commun des denrées de même
« nature sur les registres du marché du lieu de la situation
« des biens, ou à défaut du lieu le plus voisin, pendant
« les dix dernières années qui précèdent le remboursement ;
« et sur ces dix années on forme l'année commune.

« S'il n'est tenu aucun registre des denrées de cette na-
« ture, les experts forment toujours une année commune
« sur le prix commun des ventes faites dans le pays pendant
« les dix dernières années. »

Art. 41. Après *immeuble*, ajouter *affecté à la rente;* après 1913
ses biens, ajouter *hypothéqués à la rente.*

Ces deux modifications sont de droit, si on admet le régime hypothécaire actuel.

Quand on en changerait, il serait plusieurs cas où elles
seraient nécessaires, tels que celui de la vente des biens
d'une succession échue depuis le contrat pour payer les dettes
dont elle est grevée, etc.

Art. 43. Ajouter après cet article :   ap-
« Les intérêts et arrérages sont toujours sujets à la rete- 1913
« nue des impositions, nonobstant toutes conventions con-
« traires, à l'exception des prix de vente pour lesquels
« l'exemption des impositions peut être stipulée, et des opé-
« rations de commerce. »

TITRE XVI.

CHAPITRE Ier. — Du dépôt.

1923   Art. 12. Point de preuve ; on a suivi la foi du dépositaire. Rayer, *pour valeur excédant* 150 *francs.*

1932   Art. 17. Rayer le second paragraphe. Il affaiblit la disposition très-juste et très-importante du premier.

1933   Art. 18. Le dépositaire à titre gratuit ne peut être responsable que de son dol. Il ne peut jamais l'être d'un accident quel qu'il soit, ni même de sa négligence ; le déposant devait mieux choisir.

On propose de substituer au second paragraphe :

« Le dépositaire est déchargé si la chose périt ou lui a été « volée ; il n'est responsable que de son dol. »

1941   Art. 25. On croit qu'il faut lire, *par un tuteur, par un mari, par un autre administrateur.*

1950   Art. 30. 1° Par les différens motifs déjà exposés, retrancher *même pour une somme au-dessus de cent cinquante francs.*

1949   2° Il est nécessaire, avant de terminer la série des lois sur le dépôt, qu'un article exprès statue si les dépôts faits à des artistes, ouvriers, artisans ou travaillant chez eux, de matières pour les manufactures, ou de bijoux, diamans, dentelles, et autres objets plus ou moins précieux, des tableaux et des morceaux de sculpture pour réparer ou finir, sont des dépôts volontaires ou nécessaires.

Ces questions intéressent non-seulement le commerce, mais les cultivateurs qui sont forcés de confier leur fils, leurs laines, leurs fers, leurs bois, pour la fabrication de leurs vêtemens, ou la confection de leurs ustensiles ; tous les citoyens qui sont forcés de confier des effets d'un grand prix, pour leur restauration ou leur perfection.

On croit nécessaire d'ajouter à l'énumération faite dans cet article, après le mot *imprévu :* ou des circonstances qui « forcent à déposer et confier, tels que les envois de mar-

« chandises ou effets , par terre et par eau , les voya-
« ges, etc. »

Art. 32. Il interprète le précédent ; il doit le modifier à ap-
l'égard des effets précieux dont la loi, la jurisprudence et 1952
l'équité , veulent qu'il soit personnellement chargé :

« L'hôtelier, responsable des effets apportés par le voyageur
« qui loge chez lui , est regardé comme dépositaire néces-
« saire lorsque l'état des effets que le voyageur réclame
« n'excède point la quantité et la qualité des effets ou du
« numéraire dont le voyageur est censé avoir besoin dans
« sa route.

« Ce dépôt n'est point regardé comme dépôt néces-
« saire , et l'hôtelier n'en est point responsable, si le voya-
« geur réclame des sommes d'argent , des bijoux , des dia-
« mans , de l'argenterie , des dentelles , et autres effets pré-
« cieux ; à moins qu'ils n'aient été remis matériellement à
« l'hôtelier, et qu'il ne les ait reconnus et pris .sous sa
« garde. »

Art. 33. On propose de généraliser l'article , l'unique ex- 1953
ception dont il est susceptible se trouvant dans l'article suivant.

Rayer ces mots : *soit que le vol*, · et jusqu'à la fin. Substituer : « par ses domestiques ou préposés ; par des étrangers
« allant , venant dans son hôtellerie, ou logés chez lui ,
« par qui que ce puisse être. »

Art. 35. On propose de généraliser l'article , puisqu'il y ap-
a plusieurs autres sortes de dépôts nécessaires : 1954

« La preuve testimoniale est admise pour les dépôts néces-
« saires à quelques sommes qu'ils puissent monter. Le
« juge ne doit cependant l'admettre, en fixer l'objet et sa
« valeur, qu'avec circonspection , suivant la profession du
« voyageur, les causes de son voyage , sa fortune connue ,
« sa moralité , et toutes les autres circonstances qui peu-
« vent l'aider à découvrir la vérité. »

CHAPITRE III. — Du séquestre.

SECTION III.

On pense qu'à l'exception des deux premières lignes, cette section tout entière doit être changée.

Les motifs sont qu'il est inexact et dangereux de restreindre à trois cas ce qui s'applique nécessairement à plusieurs autres, et qu'il y a bien d'autres dépôts judiciaires : les dépôts des minutes des greffes, et ceux de titres ou de pièces que la loi, les jugemens, et même les formes judiciaires, forcent d'y déposer ; ceux des minutes des actes chez les notaires essentiellement gardes-notes ; ceux du prix des meubles vendus, retirés à mesure de vente par les huissiers ; les minutes qui leur restent, les séquestres de sommes, etc., etc.

Qu'il est inutile de dire dans un Code ce qu'on se propose de faire dans un autre Code qui lui est étranger ;

Que tout dépositaire judiciaire ou gardien, quelle que soit sa dénomination, contracte avec la justice, qui le choisit, et contraint de lui confier ;

Que tout dépôt judiciaire est évidemment un dépôt nécessaire que les règles du dépôt nécessaire doivent régir. On propose la rédaction suivante :

« Le dépôt judiciaire est celui qui est fait en vertu d'une
« loi ou d'un jugement. Si le dépôt consiste en meubles ou
« choses réputées mobilières, on le nomme *gardien :* si le
» dépôt consiste en immeubles, fruits ou revenus, on le
« nomme *séquestre.*

« Il est encore des dépôts judiciaires en argent, papiers,
« minutes de différentes espèces, registres et autres titres
« et pièces qui sont faits à des fonctionnaires publics.

« Le dépôt judiciaire, quelle que soit sa dénomination ou
« son objet, est un dépôt nécessaire ; il est régi par les
« mêmes règles.

« Le dépositaire judiciaire est tenu de garder soigneuse-

« ment le dépôt ; il est responsable de sa faute légère : si
« la chose a péri , il n'en est déchargé qu'en prouvant qu'elle
« a péri par un cas fortuit qu'il n'a pu ni prévoir, ni empê-
« cher.

« Il est dépositaire des fruits que produit la chose qui lui
« est confiée, etc.

« Il est tenu de rendre le dépôt à celui à qui le juge or-
« donne de le restituer.

« A défaut de le rendre sur le premier commandement
« qui lui en est fait , il est contraignable par corps à la resti-
« tution.

« Le dépositaire judiciaire reçoit un salaire ; il est , en
« outre, indemnisé des dépenses , si aucunes sont jugées né-
« cessaires pour la conservation ou la restitution du dépôt ,
« et des dépenses que la chose déposée lui a coûté, et des
« pertes qu'elle lui a causées. »

TITRE XVII. — *Du mandat.*

Art. 5. On ne trouve rien dans le louage d'ouvrage qui ap-
puisse s'y appliquer. 1986

Art. 7. Ajouter à la fin , *mais il ne peut exciper du mandat* ap-
qu'après l'avoir rempli de son nom. 1985

Art. 14, 15, 16 et 17. Le mandataire s'oblige envers le 1990
mandant : on ne peut donc constituer que celui qui est capable de s'obliger. Un mineur, une femme mariée , ne
peuvent pas s'obliger, donc ils ne peuvent pas être mandataires. On ne peut admettre d'exception qu'à l'égard des fils
et des épouses ; mais en ce cas il ne doivent pas être responsables envers ceux sous l'autorité desquels ils administrent, dont il se trouvent les agens malgré eux.

On propose :

Art. 14. « On ne peut constituer pour procureurs que des
« majeurs à qui la gestion de leurs propres affaires n'est pas
« interdite. »

Art. 15. « Néanmoins la femme peut être procuratrice

« de son mari, le fils mineur de son père ou de sa mère
« pendant qu'il est en leur puissance ; mais en ce cas le
« mari n'a point de recours contre sa femme, le père ni la
« mère contre leur fils en cas de mauvaise gestion. »

Si cette rédaction est adoptée, les articles 16 et 17 sont
rayés.

1992 Art. 19. Il est un principe bannal et universellement
adopté en fait de responsabilité : celui qui ne peut rien gagner ne doit pas perdre ; par conséquent on propose :
« Le mandataire est responsable, dans sa gestion seulement,
« de son dol et de sa faute grave. » Il est juste et essentiel
d'ajouter le mot *grave*, et de définir les fautes comme on l'a
demandé.

1993 Art. 20. On ne peut pas dispenser un comptable de rendre
compte. Rayer, *à moins etc.*, jusqu'à la fin.

1998 Art. 30. Ceux qui ont contracté avec le mandataire ont
lu, du moins ils ont dû lire son mandat ; ils ont su s'il excédait son pouvoir. S'ils n'ont pas exigé qu'il s'engageât en
son nom à faire ratifier, ils ont volontairement couru le risque du défaut de ratification ; il n'est donc pas obligé envers
eux. Rayer : *ou qu'il n'ait excédé, etc.*

1999 Art. 31. Ajouter encore, *grave*.

2002 Art. 34. Rayer, *solidairement*. Il n'y a point de solidarité
sans convention expresse.

2005 Art. 37. Il y a des mandats vagues et indéterminés, par
exemple, pour acheter, pour vendre, pour emprunter : on
ne peut pas exiger la notification de la révocation à ceux
avec qui le mandataire traitera ; le mandant ne les connaît
pas. On pense que la disposition doit être modifiée, en ajoutant au commencement de l'article :
« Lorsque le mandat désigne ceux avec qui le mandataire
« doit traiter. »

2006 Art. 38. Même réflexion, même modification. La révocation du mandat, quand ceux avec qui le mandataire doit
traiter ne sont pas nommés, présente de très-grandes diffi-

cultés ; cependant on ne peut croire que le mandant qui a révoqué puisse être obligé par un mandat qui n'existe plus dès l'instant de la signification de la révocation : en ce cas, le mandataire qui traite en vertu du mandat révoqué est un escroc qui abuse de la bonne-foi, de la crédulité, d'un titre devenu faux, puisque le pouvoir qui lui avait été donné n'existe plus.

Cette question n'est pas résolue par le projet de Code : il est important qu'elle le soit. Le projet suivant de disposition la résoudrait-il ?

« La constitution d'un nouveau procureur dans la même « affaire vaut révocation du premier, du jour qu'elle a « été notifiée à celui-ci et à ceux avec lesquels il était « chargé de traiter, s'ils sont désignés par ce mandat.

« Lorsque le mandat ne désigne point ceux avec lesquels « le mandataire doit traiter, le mandataire qui agit en « vertu du mandat, après que la révocation lui a été signi- « fiée, n'engage point le mandant : ceux avec qui il a traité, « s'ils ont exécuté le contrat en tout ou en partie, par « exemple, s'ils ont délivré de l'argent avant d'avoir obtenu « sa ratification, n'ont aucune action contre le mandant. « Ils n'ont d'action que contre le mandataire ; il est engagé « personnellement à l'exécution de tout ce qu'il a stipulé : « à défaut de l'exécuter, il y est contraint par corps, « comme ayant abusé de la bonne-foi et de la crédulité de « ceux avec qui il a traité ; il est, en outre, condamné à . . « . . . . de prison et une amende « de . . . .

« Cette action est poursuivie devant les tribunaux cor- « rectionnels. »

Art. 42. On convient que le mandataire ne peut être re- cherché ni par les héritiers du défunt, ni par ceux avec qui il a traité de bonne foi après la mort du mandant, qu'il igno- rait : mais l'acte est-il valide ? lie-t-il les contractans ? on ne le croit pas. Le mandant contracte directement par l'organe

de son mandataire ; or un mort ne peut pas contracter : si
le mandant a été interdit depuis le mandat, si le mandant
était un époux, un tuteur, ou tout autre administrateur,
dont l'administration est cessée, même incapacité; par conséquent, dans tous ces cas ; l'acte est nul. On proposerait la
rédaction suivante :

« Si le mandataire, ignorant la mort ou la cessation de
« l'autorité du mandant, continue à exécuter le mandat, il
« ne peut pas être recherché pour ce qu'il a fait jusqu'à la
« connaissance à lui donnée : néanmoins ce qu'il a fait est
« nul comme non avenu ; les choses sont remises au même
« état où elles étaient : s'il y a eu des sommes payées, celui
« qui les a reçues est tenu de les rendre. »

ap-   **Art. 44.** Rayer cet article, inutile, puisque les autres
2010   dispositions se trouveront et se trouvent déjà dans les autres
parties du Code; insuffisant, puisque les huissiers et autres officiers publics sont aussi mandataires dans certaines
fonctions.

TITRE XVIII.— *Du gage et du nantissement.*

2084   **Art. 14.** Tant que les maisons de prêt sur gage ne seront
pas dirigées par les principes d'une bienveillance pure qui
veille gratuitement au soulagement des malheureux, à l'a-
doucissement des maux, qui s'efforce d'en tarir la source ;
tant qu'elles ne seront pas des établissemens absolument
philantropiques, où l'indigence laborieuse et l'infortune
trouvent, sans payer aucun intérêt des secours et des moyens
de subsistance dans le dépôt long-temps prolongé d'un meuble suffisant pour répondre du capital; tant qu'elles ne seront que des priviléges d'une usure modérée, mais toujours
dévorante, elles ne seront pas dignes de la grandeur, de la
générosité, de la magnanimité de la nation française ; elles
ne seront pas dignes d'occuper une place dans son Code ;
elles ne doivent pas même y être rappelées : ce serait une
sorte d'approbation.

Rayer l'article ; l'abandonner aux réglemens essentiellement variables, dans l'espoir de les voir varier à l'avantage
des malheureux.

De l'antichrèse.

« L'antichrèse est l'engagement d'un immeuble, dont le   2085
« débiteur met son créancier en possession, pour le tenir
« en gage et en jouir, à condition d'en compenser les fruits
« avec les intérêts légitimes qui lui sont dus.

« L'antichrèse peut être judiciaire ou conventionnelle :
« elle est toujours restreinte à un temps limité ;

« Elle ne peut pas excéder dix années ;

« Elle peut être renouvelée.

« Les fruits doivent être fixés à leur juste valeur.

« Si le fonds est loué, cette valeur est fixée par le prix
« du bail ; s'il n'est pas loué, il est fixé par experts.

« Si le revenu annuel excède l'intérêt légal de la somme   2085
« due, l'excédant est imputé, chaque année, sur le capital.

« Les accroissemens naturels que peut prendre le fonds en-
« gagé appartiennent au propriétaire du fonds ; mais ils
« forment un accroissement du gage jusqu'à ce que l'anti-
« chrèse soit finie.

« Si le fonds engagé vient à périr, il périt pour le compte
« du débiteur ; il n'est point libéré.

« Si le créancier fait des dépenses nécessaires pour la
« conservation du gage, le propriétaire doit lui en tenir
« compte à la fin de l'antichrèse.

« Il ne peut pas répéter des améliorations à moins qu'elles
« n'aient été convenues avec le propriétaire.

« Le créancier engagiste ne peut pas faire vendre le gage   2088
« pendant la durée de l'antichrèse.

« S'il y a des créanciers privilégiés ou hypothécaires an-   2091
« térieurs, auxquels le fonds soit spécialement affecté, ils
« peuvent forcer l'engagiste à leur céder le gage, et même

« le faire vendre, si mieux n'aime l'engagiste les rem-
« bourser.

« Les créanciers postérieurs dont la créance est spécia-
« lement affectée sur le fonds engagé ne peuvent forcer l'en-
« gagiste de le leur abandonner, qu'en lui payant le montant
« de sa créance ; ils ne peuvent le faire vendre qu'en lui
« donnant caution que, par l'événement de la vente, il sera
« payé de sa créance en capitaux et accessoires.

« Si les créanciers antérieurs ou postérieurs n'ont qu'une
« hypothèque générale, ils sont forcés de discuter les au-
« tres immeubles du débiteur commun, avant de faire ven-
« dre l'immeuble engagé.

2087 « Le débiteur peut, en tout temps, et sans attendre la fin
« de l'antichrèse, rentrer dans le domaine, en remboursant
« la somme pour laquelle il est engagé.

« Le créancier détenteur du gage ne peut prescrire la
« propriété par aucun laps de temps.

. « Tout créancier dont la créance est échue a droit de
« demander l'antichrèse de l'immeuble affecté à son hypo-
« thèque, jusqu'à concurrence du montant de ses créances,
« en payant les créanciers préférables à lui sur cet immeuble.

« Tout créancier, même celui dont la créance n'est pas
« échue, peut, pendant la procédure, pour l'adjudication
« de l'immeuble affecté à sa créance, et jusqu'à ce que l'ad-
« judication soit prononcée, en empêcher la vente et en
« obtenir l'antichrèse, en payant les frais de poursuite faits
« jusqu'à sa demande à tous les créanciers préférables à lui ;
« si mieux n'aiment les créanciers postérieurs lui donner
« caution que, par l'événement de la vente, il sera payé en
« capital et légitimes accessoires.

La femme séparée de biens, et même veuve, a droit
« de demander, contre ses enfans ou autres héritiers de son
« mari, l'antichrèse de ses immeubles, jusqu'à concurrence
« des revenus de ses créances, en payant les créanciers pré-
« férables à elle, s'il y en a.

« L'antichrèse judiciaire se règle en tout par les mêmes
« principes que l'antichrèse conventionnelle.

« Le débiteur peut, en tout temps, vendre le domaine
« engagé, pourvu que, par l'événement de la vente, le
« créancier soit payé en capitaux et légitimes accessoires :
« le créancier ne peut pas être dépossédé avant son effectif
« paiement. »

TITRE XIX. — *Des contrats aléatoires.*

Art. 1er. L'assurance, le prêt à grosse aventure, sont 1964
rares, mais possibles dans les départemens intérieurs : s'il
s'en forme, ils doivent être régis par les mêmes lois que sur
le bord des mers.

Les citoyens de l'intérieur s'intéressent dans les opérations maritimes ; et dans les temps heureux du commerce, il
y a dans les spéculations maritimes, dans les propriétés co-
loniales, plus de capitaux des habitans de Paris et des autres
villes méditerranées que des ports de mer.

Il est incontestable que l'assurance et le prêt à la grosse
aventure sont des relations de citoyen à citoyen. Les lois sur
cette matière doivent donc faire partie du Code civil.

On espère que le Gouvernement voudra bien le compléter en les y insérant, d'autant plus qu'il suffit d'y joindre
les dispositions utiles pour régler ces deux contrats qui se
trouvent dans l'ordonnance de la marine, et d'y ajouter
celles que l'expérience a pu faire désirer depuis.

Art. 2. Les jeux et les paris désignés dans cet article sont liv. 3-
publics ou particuliers. tit. 12-
ch. 1er

S'ils sont publics, l'adresse, la force, le courage, doivent être excités par les prix fournis et distribués par les autorités qui y président.

S'ils sont particuliers, le plaisir de s'exercer, l'honneur
de se distinguer parmi ses camarades, et l'espoir de rem-
porter le prix dans les exercices publics, suffisent pour les
encourager.

Il faut que cet amour sordide de l'argent, qui souille tout, cesse d'être ce mobile des actions; il faut rendre toute sa force, toute son énergie à ce désir de se distinguer, germe fécond et précieux de cet honneur délicat qui créa, qui maintint l'urbanité, la loyauté française, qui tint souvent lieu de vertus, et qui fut le puissant moteur des actions grandes et sublimes qui illustrent le nom français.

Quant à ces repaires infâmes de l'oisiveté et du crime, où les mœurs se perdent, où les fortunes s'engloutissent, d'où le père de famille, furieux et désespéré, fuyant tout ce qui lui est cher, se fuyant lui-même, court expier, par le suicide, les excès d'une passion funeste; d'où le jeune homme, entraîné par des compagnons pervers, après avoir volé tous ceux qui le chérissaient, se précipite de forfaits en forfaits pour arriver à l'échafaud; quant à ces jeux appelés de hasard, où cependant l'honnête homme est toujours sûr de la perte, et le fripon du gain; dont le philosophe, le père de famille, le commerçant, les conseils d'administration, tous les citoyens, demandent à grands cris la suppression, puisse le Code civil, qui n'en parle pas, être l'époque de cet hommage rendu à la morale, aux principes conservateurs de l'ordre social et à l'humanité! Puissent nos gouvernans, en proscrivant les jeux de hasard, en extirpant, pour jamais, jusqu'à la dernière racine de cet arbre empoisonné, acquérir de nouveaux droits à l'amour, à la reconnaissance de la génération présente et de la postérité!

On demande la suppression entière du chapitre, et son remplacement par une loi prohibitive des jeux de hasard et des maisons de jeu, et qui ordonne que les perdans ou dupes se pourvoient au tribunal correctionnel qui prononce contre les gagnans ou escrocs, conformément aux lois repressives.

Projet.

« Les autorités constituées décernent des prix dans le

« fêtes publiques pour les jeux propres à exercer au fait
« des armes, tels que l'exercice au fusil, les courses à pied,
« à cheval, et de chariot, et le jeu de paume.

« La loi n'accorde aucune action pour le paiement de ce
« qui a été gagné au jeu ou par un pari.

« La loi accorde une action à celui qui a perdu aux jeux
« de hasard en répétition de ce qu'il a payé.

« Cette action s'exerce au tribunal correctionnel, qui
« condamne le gagnant aux peines répressives prononcées
« par la loi. »

CHAPITRE IV. — Du contrat de rente viagère.

Art. 4. Tout ce qu'empruntent les communes et les établissemens publics se dissipe en gaspillage ou en dépenses
fastueuses.

liv. 3.
tit.12.
com.
du
ch. 2.

Les établissemens publics doivent subsister de leurs revenus ou des bienfaits des citoyens, et fixer leurs dépenses,
limiter même leurs bienfaits proportionnellement à leurs
ressources actuelles.

Les communes ne doivent faire d'entreprises, même d'u-
tilité publique, qu'en proportion des fonds qu'elles peuvent
s'imposer sans grever les citoyens.

L'expérience a prouvé que l'effet des emprunts des communes et des établissemens publics, même soumis à l'autorisation du Gouvernement, est de les abîmer sous le poids
d'une dette énorme et insolvable, et d'entraîner dans leur
ruine une foule de malheureuses victimes de leur confiance :
le passé doit éclairer sur l'avenir.

On propose de rayer l'article, et d'y substituer :

« La loi prohibe absolument aux communes et aux éta-
« blissemens publics tout emprunt, soit à jour, soit en rentes
« constituées, soit en rentes viagères, même avec l'autori-
« sation du Gouvernement.

« Le contrat qui en serait passé est nul de plein droit.

« Les créanciers n'ont d'action pour leur remboursement

IV.   22

« que contre les administrateurs. Ils sont personnellement
« responsables. »

1975   Art. 11. Le mot *dangereusement* doit être rayé ; il affaiblit
la disposition, et rend la décision conjecturale comme celle
de toutes les questions *médico-légales*.

ap-
1976   Art. 16. *Très-peu de chose* est vague, et par conséquent
inadmissible en législation.

1º Le prix de l'argent au cours du commerce surpasse de
un, deux et trois dixièmes le taux de l'intérêt légal.

2º Il doit y avoir une différence proportionnelle entre les
rentes viagères à raison des âges ; en conséquence, on propose de statuer que « celles qui n'excéderaient pas le taux de
« l'intérêt légal de la moitié de l'excédant fixé dans ce cha-
« pitre pour les constitutions en viager, sont réputées avan-
« tages indirects. »

1983   Art. 25. Sans doute, on doit lire *viagère*, quoiqu'on lise
constituée.

TITRE XX. — *De la prescription.*

2221   Art. 3. Par la prescription on acquiert la propriété d'un
fonds en le possédant, la libération d'une dette en ne la
payant, en ne la reconnaissant pas.

   L'article signifie-t-il que, si on relâche le fonds, si on
paie, si on reconnaît la dette, on ne peut plus opposer
la prescription ? il est inutile, puisque dès lors on ne possède, on ne retient plus.

Signifie-t-il autre chose ? on ne le devine pas.

On demande qu'il soit rayé.

CHAPITRE II. — De la possession.

liv. 3-
tit. 20-
ch. 2.   Il ne statue pas que, si quelqu'un possède depuis un an et
un jour publiquement, sans violence, et à autre titre que
celui de fermier ou de possesseur précaire, il doit, s'il est
troublé, et s'il se pourvoit dans l'an et jour du trouble,
être maintenu ou réintégré.

Cependant la contrainte par corps décernée contre le per-turbateur, dont on a demandé la suppression, annoncerait que le législateur veut maintenir l'action possessoire.

1° Il est essentiel ou de l'abolir, ou d'en poser dans le Code les principes fondamentaux et leurs conséquences. Ils appartiennent au Code civil et à ce chapitre : les formes dans lesquelles doit être exercée cette action, appartiennent seules au Code de la procédure judiciaire.

2° Quelques dispositions de ce titre ne sont pas parfaite-ment analogues avec celle de la section II du chapitre IV *de l'ex-tinction des privilèges et hypothèques par la prescription.* Il est essentiel de les rendre semblables, peut-être même de ré-soudre cette section dans ce chapitre et dans les deux sui-vans, pour que la matière des prescriptions ne soit pas mor-celée, et que les principes soient absolument les mêmes.

Articles 20 et 21. On admet ici trois cas où le fermier, l'engagiste, le dépositaire, l'usufruitier, peuvent ravir par la prescription au propriétaire l'immeuble qui leur a été confié, même pendant la durée du temps pour lequel il leur a donné sa chose à détenir : 2238-2239

1° Lorsque le titre de leur détention se trouve interverti par une cause venant d'un tiers ;

2° Lorsqu'il se trouve interverti par la contradiction qu'ils forment au droit du propriétaire ;

3° Lorsqu'ils transmettent la chose par un titre trans-latif de propriété à un tiers, qui dès lors peut la prescrire.

Quoi ! un fermier, un engagiste, un usufruitier, se feront passer par un tiers, ou passeront à un tiers un acte trans-latif de propriété ; ils feront signifier au propriétaire un acte dont la copie ne lui sera jamais remise, et néanmoins ils continueront à jouir comme ils jouissaient : le proprié-taire sera tranquille sur la foi du titre de leur possession, et, après le laps de temps nécessaire pour prescrire, il sera dépouillé.

Mais, d'un côté, le Code, article 81 de la section II *de*

l'extinction des priviléges, etc., etc., décide formellement, au
contraire, que, tant que le créancier voit son débiteur continuer à posséder l'immeuble affecté à son hypothèque, soit
que ce soit par bail, rétention ou autres moyens semblables,
la prescription n'a pas cours au profit du tiers acquéreur;
comment peut-on lui donner cours au titre *des prescriptions?*

D'un autre côté, le tiers à qui un fermier, un engagiste,
un dépositaire, transmettent la chose par un titre translatif
de propriété, ne peut pas acquérir ni avoir plus de droit
que son cédant; il doit connaître ceux avec lesquels il contracte, par conséquent savoir qu'ils ne peuvent pas lui transmettre; il n'a donc et ne peut avoir aucun droit à la propriété.

Le danger, l'injustice, qui pourraient résulter de ces deux
articles, exigent leur radiation; on pourrait les remplacer
par la disposition suivante :

« Ceux qui sont désignés dans l'article 18, et leurs héri-
« tiers, quand même ils auraient une autre cause de dé-
« tention venant d'un tiers, et le tiers à qui ils auraient
« transmis la chose par un titre translatif de propriété, ne
« peuvent pas prescrire tant qu'ils continuent à posséder la
« chose ou l'immeuble engagé, déposé, affermé ou sujet à
« l'usufruit, à moins qu'ils n'aient interverti formellement
« et judiciairement avec le propriétaire la possession qu'ils
« tenaient de lui.

« Leur possession ne peut être formellement et judi-
« ciairement intervertie avec le propriétaire que par un ju-
« gement rendu contre lui, dûment signifié, tant au pro-
« priétaire qu'à la municipalité de la situation de l'immeuble:
« la municipalité est tenue d'inscrire le nouveau proprié-
« taire, sur les rôles, à la place de l'ancien, et de faire men-
« tion du jugement; la prescription ne court qu'à compter
« du jour de la radiation du nom de l'ancien propriétaire,
« et de la substitution du nouveau dans les rôles de la
« commune. »

La substitution du nouveau propriétaire à l'ancien dans les rôles de la commune est le seul acte assez public et assez décisif pour fixer l'époque de l'intervention du titre, du commencement de possession à titre de propriété.

Art. 26. Le simple commandement, s'il ne contient point d'assignation en justice, la saisie entre les mains d'un tiers, peuvent être soustraits, et rester ignorés ; ils ne peuvent pas former une interruption. On propose :

« La citation pour comparaître devant le juge, signifiée « à celui qu'on veut empêcher de prescrire, la saisie-exé-« cution de ses meubles, forment l'interruption civile. »

Art. 29. 1° Rayer *la sommation;* substituer *la citation.*

2° On doit fixer la durée du temps nécessaire pour qu'une instance soit périmée. On proposera un projet sur la péremption dans le chapitre suivant.

Art. 37. L'exception proposée par cet article en faveur des absens pour le service de la république, n'est pas sans inconvénient ; elle peut retarder la stabilité des propriétés ; elle change, elle altère un mode de les acquérir ; c'est un privilége exorbitant du droit commun.

Sous quelque point de vue qu'on l'envisage, cette exception règle incontestablement des relations importantes, des actions de citoyen à citoyen ; elle ne peut donc pas être la matière d'un réglement essentiellement variable : elle doit être prononcée par une loi fixe et immuable qui détermine expressément, 1° les cas dans lesquels le service public suspendra la prescription ; 2° par quel genre de service, et pendant quel espace de temps elle sera suspendue ; 3° dans quel lieu il faudra avoir servi pour exciper de ce privilége ; 4° comment on sera tenu de prouver son service.

Art. 43. Si on considère la facilité des communications entre les hommes, les lumières répandues dans la société, les moyens qu'ont tous les citoyens de demander et d'obtenir justice, l'impossibilité de découvrir la vérité sur les circonstances d'un contrat lorsque le temps a dévoré les hommes qui contractèrent, et la trace des faits; la multitude d'événemens qui, dans un long espace de temps, font disparaître les dépositaires des titres et les titres eux-mêmes; la difficulté d'en retrouver les dépôts, l'abus qu'on a fait souvent d'un long intervalle écoulé depuis l'extinction d'un droit pour en faire revivre le titre; si on réfléchit sur la briéveté de la vie, sur la multitude de relations entre les hommes, qui exigent que chacune soit promptement et définitivement terminée; sur l'intérêt qu'a la société tout entière à la tranquillité des familles, à la stabilité des propriétés; si l'on consulte enfin l'expérience, qui a prouvé qu'en général les vieilles affaires sont filles de la chicane et de la mauvaise foi, on sera convaincu que le terme de trente ans fixé pour prescrire est trop long, qu'il doit être abrégé.

On propose de le fixer à vingt ans.

La loi peut-elle présumer qu'un homme qu'elle a déclaré maître de ses droits et capable d'agir néglige pendant plus de vingt ans de faire valoir une action légitime? et si cet excès de négligence était possible, elle doit, en le punissant, en prévenir la contagion. L'homme, au contraire, dont vingt ans de sueurs ont amélioré le fonds ne mérite-t-il pas de le conserver? Que celui qui a vu quarante-deux printemps se reporte à vingt ans en arrière, il ne retrouvera plus rien et des hommes et des choses qui l'occupaient; alors, comment retrouverait-il une action que lui-même a laissé périr?

Et puisque la minorité, l'interdiction, qui peut être bien plus longue, les recours des femmes contre leurs maris, le service militaire, suspendent la prescription, puisqu'il est facile de l'interrompre, on verra encore des affaires reparaître au bout d'un siècle.

Un commissaire est d'avis de la prescription de trente ans.

Tous sont d'avis, pour faire disparaître la jurisprudence qui, lorsque l'action personnelle était jointe à l'hypothécaire, la prorogeait à quarante ans, d'ajouter :

« Toutes les actions tant réelles que personnelles , quand
« même elles seraient jointes , sont prescrites par vingt ans ,
« sans que celui qui allègue cette prescription soit obligé de
« rapporter de titres , ou qu'on puisse lui opposer de mau-
« vaise foi. »

Si l'on admet le terme de la prescription pour vingt ans ,
il y aura , dans plusieurs articles du Code , à substituer le
mot *vingt ans* au mot *trente*.

SECTION III. — Prescription par dix et vingt ans.

La prescription par dix et vingt ans de l'action privilégiée 2265
et hypothécaire , et même de l'action en revendication de la
propriété accordée aux détenteurs et aux tiers acquéreurs
par les lois romaines et par plusieurs Coutumes , et notamment par celle de Paris , n'était point admise. Dans le Dau-
phiné , quoique régi par le droit romain , dans les deux Bour-
gognes , l'Auvergne , le Bourbonnais , la Bretagne , la Nor-
mandie , etc., etc., dans une grande partie de la France , on
pensait que la prescription étant l'anéantissement de l'action,
elle ne pouvait pas être tout à la fois subsistante et anéantie ;
subsistante à l'égard de l'obligé , anéantie à l'égard de son
tiers acquéreur ; qu'il était contraire à la justice que le débiteur et l'usurpateur pussent , tant que l'action subsistait
contre eux en vertu de la loi , atténuer , anéantir , par une
aliénation de bonne ou de mauvaise foi , les droits de leur
créancier ou du vrai propriétaire ; que la distinction de la
bonne ou de la mauvaise foi était insignifiante et inutile ,
parce qu'il est moralement impossible de prouver à un individu le secret de sa propre conscience.

On doit ajouter que , lorsque la prescription par dix ans fut
introduite à Rome , il n'existait aucun moyen légal de purger
les hypothèques.

Mais en France , où la conservation des hypothèques,
quelque système qu'on admette , fournit un moyen simple
et facile de les éteindre par le paiement , peut-on équitable-

ment préférer leur anéantissement par une prescription précoce ? Est-il bien important de faciliter, par une abréviation
de dix ans, l'envahissement d'une propriété ?

Si le législateur rejetait la prescription de dix ans, il éviterait de grands embarras en législation et en jurisprudence ;
et la matière des prescriptions se réduirait à des principes
simples et de pure équité, à ce qui doit être contenu dans les
précédens chapitres.

Si, au contraire, le législateur persistait à conserver la
prescription par dix ans, on ajouterait aux réflexions proposées sur les articles 20 et 21 de ce titre, que les Romains
avaient voulu que le temps requis pour que le tiers acquéreur
ou le tiers détenteur pût prescrire fût double, lorsque le
créancier ou le propriétaire habitait dans les provinces.

Cette loi appliquée à la résidence dans un autre bailliage
que celui de la situation du fonds a produit jusqu'à présent
l'effet ridicule de faire prescrire contre le créancier ou le vrai
propriétaire qui habite à douze ou quinze lieues dans le territoire du même tribunal, tandis qu'on ne peut pas prescrire
contre le plus proche voisin de l'immeuble, si le chemin
qui le sépare divise aussi l'arrondissement de deux tribunaux :
elle aurait le même effet, moins souvent à la vérité, si on
substitue aux deux bailliages deux tribunaux d'appel.

A cette époque où les postes, les grandes routes, la facilité des communications, les rapports et les relations de
toute espèce, ne font en quelque manière de la France entière qu'une grande commune, cette distinction ne doit plus
être admise ; et la prescription par dix ans, si elle subsiste,
doit frapper contre tous ceux qui habitent le sol continental
de la république.

Quant à ceux qui habitent hors du sol continental, si on
restreint le terme de prescription le plus long à vingt ans,
ils ne seront plus dans l'espèce de cette section.

On proposerait :

Art. 46. « Par dix ans, si le véritable maître ou le créan-

« cier habite dans le territoire continental de la ré-
« publique. »

Si on ne restreint pas la prescription de trente ans à
vingt, on ajouterait :

« Et par vingt ans, s'ils habitent hors du territoire con-
« tinental de la république, dans les colonies, dans les îles
« ou dans l'étranger.

« Toujours dans la même supposition si le véritable
« maître ou le créancier habite dans le territoire continental,
« une partie du temps, et hors dudit territoire continental,
« une autre partie du temps, etc. etc. »

La créance inscrite, le contrat transcrit, sont notifiés de
droit et légalement au tiers détenteur ; il ne peut pas prescrire contre eux tant que leur action subsiste ; en conséquence, on propose d'ajouter l'article suivant :

« La prescription ci-dessus énoncée ne peut pas être
« opposée au créancier dont la créance est inscrite, pourvu
« que l'inscription soit antérieure à la transcription du titre
« *du tiers acquéreur et du tiers détenteur,* et qu'elle n'ait jamais
« cessé d'être en valeur. »

Art. 48. Au lieu de « dix et vingt ans », *la prescription ci-* 2267
dessus énoncée.

Plus on relit ce titre, plus on voit les embarras, les procès que ce genre de prescription entraîne, les fraudes auxquelles il peut donner lieu, l'impossibilité de prouver la
mauvaise foi qui doit l'anéantir, et qui subsiste presque
toujours, plus on est convaincu que le parti le plus sage
que puisse prendre le législateur est d'adopter le principe
qui régissait la plus grande partie de la France à cet égard,
et de rejeter ce genre de prescription.

Art. 51. En conséquence de ce qu'on a demandé au titre 2270
du louage d'ouvrages, on ajoute à l'article :

« Après dix ans, l'architecte et les entrepreneurs de con-
« structions sont déchargés de la garantie des gros ouvrages
« qu'ils ont faits. »

SECTION *de la péremption*, à ajouter :

« Toute instance même contestée, en quelque état que
« soit l'instruction, est périmée par la discontinuation des
« procédures pendant trois ans.

« Toute saisie, tout commandement, toute citation ou as-
« signation, sont périmés par le défaut de poursuite pen-
« dant trois ans.

« Les trois ans se comptent à partir du lendemain du jour
« où le dernier acte de procédure a été signifié.

« Tout acte de procédure fait dans l'intervalle interrompt
« la péremption.

« A la fin du dernier jour de la troisième année, la pé-
« remption est acquise de plein droit.

« La partie qui a acquis la péremption n'a pas besoin de
« demander qu'elle soit déclarée acquise ; il l'oppose comme
« exception, si son adversaire veut reprendre les pour-
« suites.

« L'instance périmée ne perpétue ni ne proroge l'action ;
« elle n'interrompt pas la prescription qui a couru pen-
« dant son cours, comme si elle n'eût jamais existé.

« Si l'action exercée dans l'instance tombée en péremp-
« tion n'est pas prescrite, celui dont l'instance est périmée
« peut l'exercer de nouveau.

« Si la péremption a été acquise en cause d'appel, l'ap-
« pelant ne peut plus reprendre son appel ; la péremption
« emporte de plein droit la confirmation du jugement.

« Les dépens de l'instance périmée sont éteints. »

SECTION IV. — Des autres prescriptions.

2271　Art. 52. Ajouter à la nomenclature des actions dont cet
article prononce la prescription par six mois :

« Celle des loueurs de meubles, chevaux, carrosses, ba-
« teaux, et autres effets mobiliers généralement quelcon-
« ques. »

Art. 55. Dès que la prescription s'acquiert nonobstant la 2274
continuation des fournitures, elle doit être acquise pour
chaque article séparément, le jour où il s'est écoulé six mois
depuis sa livraison. On propose la rédaction suivante :

« La prescription dans les cas ci-dessus exprimés a lieu
« pour chaque article, et de jour en jour, quoiqu'il y ait eu
« continuation de fournitures, livraisons, services, louages
« et travaux.

« Elle ne cesse de courir que lorsqu'il y a eu compte ar-
« rêté, cédule ou obligation, ou citation en justice non
« périmée. »

Après l'article 58, il serait essentiel d'ajouter d'autres ap-
prescriptions absolument omises :   2227

1° Les lettres et billets de change sur lesquels l'ordonnance du commerce l'avait prononcée ;

2° Les lettres et billets payables à vue ou à volonté, sur
la prescription desquels les lois ont gardé jusqu'à présent
un silence funeste ;

3° Les créances résultant de toutes les autres opérations
de commerce.

On a une foule d'exemples de créances répétées, quoiqu'elles eussent été acquittées, soit parce que les titres de
libération ont été perdus, soit parce que l'extinction des
créances s'étant opérée par compensation, on avait négligé de les constater et de retirer les titres.

D'ailleurs, on ne peut pas présumer que dans une profession où on a le plus grand intérêt de faire mouvoir continuellement son argent, on tarde long-temps d'exiger une
créance réelle et légitime,

Le bien du commerce, la sûreté des négocians, l'intérêt
qu'ils ont à être vigilans et exacts, la nécessité d'assurer
l'ordre et la ponctualité dans toutes les opérations de commerce, provoquent les dispositions suivantes :

« Les promesses, factures et créances des banquiers, né-

« gocians, marchands, manufacturiers et artisans , à d'au-
« tres banquiers , négocians , marchands , manufacturiers
« et artisans, pour fait de commerce ou banque ; les lettres
« et billets de change , et , en général , tous les billets et
« effets de commerce , prescrivent par cinq ans , à compter
« du jour de leur échéance , s'ils sont payables à jour dé-
« terminé, et du jour de leur date, s'ils sont payables à
« vue, à tant de jours de vue, à volonté et sans terme
« fixe.

  « Les comptes courans entre marchands , négocians, ban-
« quiers, manufacturiers et artisans, soit pour marchan-
« dises , soit pour affaires de banque , prescrivent par cinq
« ans, pour chaque article , de jour à jour, quoiqu'il y ait
« continuation d'affaires.

  « Les comptes en participation se prescrivent par cinq
« ans, à compter du jour de la dernière opération de l'af-
« faire en participation, quoiqu'il y ait eu depuis d'autres
« affaires en participation entre les mêmes personnnes.

  « Les comptes entre associés se prescrivent par cinq ans
« à compter du jour de la dissolution , s'il n'y a point eu
« de compte de liquidation arrêté ; et s'il y en a eu , par
« cinq ans à compter de la date de chaque arrêté de compte
« de liquidation. »

2278   L'art. 59 doit être le dernier de cette section , parce que
la prescription de la revendication du meuble perdu ou volé
court contre le mineur.

2279   Deux commissaires trouvent le terme de trois ans trop
long pour une pareille revendication, et proposent de le
fixer à six mois ou un an tout au plus ; sans cela , il peut y
avoir des recours si multipliés , que les frais surpassent prodigieusement la valeur de la chose. On a vu différens recours pour un cheval, mettre en cause vingt personnes
dont chacune demandait à prouver des faits différens qui s'é-
taient passés dans des lieux éloignés les uns des autres.

  Un commissaire est d'avis de l'article.

DISPOSITION GÉNÉRALE.

On demande , 1° qu'on ajoute à la nomenclature des lois abrogées par le Code , « les lois des différens Corps-Légis-« latifs , les arrêtés du Gouvernement. »

2° La radiation de ces mots : *conformément à ce qui est expliqué dans le livre préliminaire.*

Les réflexions qu'on y a proposées prouvent la nécessité de supprimer cette restriction , et de prononcer l'abrogation absolue de toute la législation antérieure sur les objets compris dans le Code.

3° Que le Code comprenne toutes les relations civiles : on a prouvé combien cette universalité de dispositions est nécessaire et facile ; combien la division d'un Code civil en parties brisées qui finiraient par être hétérogènes, et la nécessité de recourir aux anciennes lois, entraîneraient de maux et d'embarras qui forceraient à refondre encore une fois la législation, et diminueraient la gloire d'un Gouvernement qui veut enfin réaliser le projet inutilement formé jusqu'à ce moment d'une législation complète, pour la plus grande nation qui ait jamais existé.

On renouvelle, en terminant ces observations, le vœu si souvent émis que chaque disposition de ce Code tende à la régénération du peuple qu'il doit régir, c'est-à-dire , soit fondé sur cette raison naturelle que l'Être suprême donna à chaque homme pour le diriger, sur ces principes simples qui doivent assurer le bonheur de chaque citoyen et la prospérité du corps social :

« Le travail est un devoir de chaque citoyen.

« La propriété est le prix et la récompense du travail.

« La propriété est la cause et la base du pacte social.

« La restauration et le maintien de la plénitude de ses « droits doivent être l'objet des lois. »

S'il s'élève des contestations entre les membres du corps social, elles doivent être décidées par ces maximes :

« Faites pour les autres ce que vous voulez qu'ils fassent
« pour vous.

« Ne faites jamais aux autres ce que vous ne voulez pas
« qu'ils vous fassent. »

Ainsi, en se mettant, dans l'examen de chaque disposition, à la place de chacun des deux époux, des pères et des
enfans, des tuteurs et des mineurs, des propriétaires et de
ceux qui travaillent pour eux, des vendeurs et des acheteurs,
des créanciers et des débiteurs, on aura la législation la plus
naturelle, et par conséquent la plus douce, la plus juste,
la plus bienfaisante qui ait jamais existé ; une législation capable d'assurer le bonheur du peuple français, et conforme
au génie, à la magnanimité et à la philantropie de ceux qui
le gouvernent.

Signé, **Vouty**, **Vitet**, **Bieusset**, *commissaires.*

Nº 18. *Observations du tribunal d'appel séant à* METZ.

Com.   En se livrant à l'examen du Code civil, les magistrats qui
composent le tribunal d'appel séant à Metz se sont pénétrés
de la plus vive reconnaissance pour le Gouvernement qui
a conçu le projet de sa rédaction, et pour les jurisconsultes
qui l'ont exécuté ; ils s'applaudissent de rencontrer l'occasion
de leur en offrir l'hommage.

Ce travail présente, dans son ensemble, un plan de législation qui embrasse tous les actes de la vie sociale ; toutes ses
dispositions sont exprimées avec clarté et précision.

L'ordre observé dans la distribution des titres, ces défi-
nitions exactes et précises qui précèdent toute disposition
particulière, contribuent encore à rendre ce travail plus
précieux, puisqu'elles deviennent des règles immuables d'in-

terprétation dans les circonstances infiniment variées que la loi ne peut ni ne doit prévoir.

Le caractère le plus essentiel d'une loi est de convenir au peuple à qui elle est donnée ; ce qui exige, dans le législateur, des connaissances profondes de la morale et du droit politique ; et c'est ce que l'on trouve marqué dans le projet de Code civil. Il n'est, s'il est permis de s'exprimer ainsi, que l'épuration de notre ancienne jurisprudence, que l'abolition de ce que nos lois, et surtout nos Coutumes, avaient conservé de la barbarie des siècles d'ignorance, et dont l'observation était plutôt un culte superstitieux, que la soumission à des lois utiles : ensorte que les mœurs, que les habitudes du peuple, sont disposées à le recevoir, et que le passage d'une législation à une autre sera presque insensible, ne soulevera aucune opinion, aucun intérêt particulier, et que ses effets seront reçus partout comme un bienfait.

Pénétrés de ces sentimens, les magistrats composant le tribunal d'appel séant à Metz n'ont abordé l'examen du Code civil qu'avec une extrême méfiance sur leurs propres lumières ; et s'ils présentent quelques observations, ce seront plutôt des doutes qu'ils proposeront et au Gouvernement, dans lequel ils ont placé la plus grande confiance, et aux savans jurisconsultes auxquels il a confié la rédaction du projet, qu'elles ne seront une critique de leur travail.

LIVRE PRÉLIMINAIRE.

TITRE III.

Art 2. Les tribunaux d'arrondissement et les tribunaux criminels sont tribunaux d'appel, les premiers par rapport aux juges-de-paix, les seconds par rapport aux tribunaux de police corectionnelle.

Sont-ils compris dans la dénomination générale de *tribunaux d'appel*? ou bien l'article n'entend-il parler que des tribunaux que l'organisation judiciaire désigne sous la qualification de *tribunaux d'appel?*

L'une et l'autre interprétation aurait de grands inconvéniens. Dans le premier cas, la même loi, sous le ressort du même tribunal d'appel, serait exécutoire à des époques différentes.

Dans le second cas, la loi ne prévoit pas comment les tribunaux d'arrondissement apprendront l'époque de la publication au tribunal d'appel.

Il serait essentiel d'introduire un moyen simple et économique de la leur faire connaître.

TITRE IV.

Art. 9 Il est des lois prohibitives qui prononcent elles-même la peine attachée à leur infraction ; il semble qu'elles devraient être exceptées de celles qui emportent nullité.

LIVRE PREMIER.

TITRE Ier. — CHAP. Ier. — *Dispositions générales.*

7   La distinction entre les droits de citoyen et ceux résultant de la loi civile française n'est pas à la portée de tout le monde ; il seront aisément confondus par ceux qui ne font pas une étude particulière des lois.

L'article 4 de ce chapitre avertit qu'il faut les distinguer ; et c'est pour éviter toute incertitude sur ce point que l'on pense qu'il conviendrait qu'il fût placé le premier du chapitre.

TITRE II.

46   Art. 19. L'exécution rigoureuse de cet article entraînerait des inconvéniens bien fâcheux pour le temps qui s'est écoulé dans les premières années de la révolution, surtout dans les pays frontières ou conquis.

C'est là surtout que se sont manifestés, avec une opiniâtreté qui souvent a pris le caractère de la révolte, les différences dans les opinions religieuses, et le mépris pour les autorités civiles. Un grand nombre de citoyens aurait cru compromettre leur conscience, s'ils avaient reconnu le caractère des officiers civils chargés de la tenue des registres: de manière qu'il y a beaucoup de naissances, de mariages et de décès dont il n'existe aucune trace sur les registres publics.

Il serait à désirer qu'une loi particulière accordât aux parties intéressées un délai pour rectifier leur omission; passé lequel, les choses rentreraient dans la disposition générale de la loi.

Il serait encore utile d'excepter de la rigueur de l'article, pour les temps antérieurs à la publication du Code civil, les pays réunis, où l'on ne connaissait pas les lois françaises qui prescrivaient la tenue de registres pour constater l'état civil.

Enfin, il serait bien utile que le ministre de la justice fixât particulièrement l'attention des commissaires du Gouvernement sur cet objet bien important, relativement aux pays réunis.

Art. 25. Il semblerait utile que la feuille souscrite par le capitaine et deux personnes de l'équipage, qui doit être remise par le maître à l'arrivée du navire, restât annexée au registre de l'état civil qui doit être déposé au tribunal d'arrondissement.

Art. 27. Lorsque cette déclaration est faite, il est possible que les doubles des registres qui contiennent l'acte de naissance soient déjà sortis des mains de l'officier de l'état civil: dans ce cas, il ne pourrait donc être fait mention de la reconnaissance du père, qu'en marge du double qui est resté entre ses mains; et dès lors l'acte de naissance serait incomplet sur les deux autres registres.

Le commissaire du Gouvernement près le tribunal d'arrondissement, qui est chargé de la vérification des registres, devrait l'être aussi de faire annoter en marge des actes de

IV.   23

naissance, ceux de reconnaissance postérieure, lorsqu'il
en rencontrerait.

64   Art. 35. Il existe des exemples de mariages célébrés avant
le délai fixé par la loi, soit par l'effet de l'ignorance des officiers de l'état civil, soit parce qu'ils ont déféré avec mol-
lesse à de vives instances.

Dans ce cas le mariage est-il nul, et faudra-t-il le réhabili-
ter pour le valider? Cette formalité ne sera-t-elle nécessaire que lorsqu'il sera survenu des oppositions dans le délai
déterminé par la loi? Si ces oppositions étaient jugées valables, quel serait le sort de l'enfant qui aurait été conçu, et
quelle peine infliger à l'officier public qui se serait rendu
coupable?

Il serait à désirer que le Code civil prévît ces cas.

78   Art. 56. Il arrive souvent que ceux qui doivent faire cette
déclaration ont intérêt de la retarder et de dissimuler l'heure
du décès : on a vu naître des contestations importantes de
cette dissimulation ; et toujours les magistrats ont été em-
barrassés de déterminer le genre de preuve qui pouvait en être
donné.

Ne pourra-t-on recourir qu'à la voie criminelle de l'inscription de faux? ou bien admettra-t-on civilement la preuve
testimoniale? et, dans ce cas, quelle peine encourra celui qui
se serait rendu coupable de la dissimulation? Il serait utile
que la loi, ou civile ou criminelle, prévît la question, et que,
dans le dernier cas, le Code civil renvoyât au Code criminel.

86-   Art. 64. On ne peut que répéter ici l'observation déjà
87   faite sur l'article 25 de la section Ire du titre II.

83   Art. 65. Il serait bien à désirer que ces actes de décès ne
conservassent aucune trace de la condamnation et du supplice ; autrement l'exécution de la loi contribuerait à maintenir le préjugé qui perpétue le déshonneur dans les familles.

L'Assemblée constituante avait prévu cet inconvénient par

la loi du 21 janvier 1790 ; il paraîtrait utile d'en maintenir les dispositions.

Art. 67. C'est une précaution bien sage que de pro- 41 scrire les abréviations et dates en chiffres, surtout à raison de la trop grande facilité de falsifier : mais suffit-il de dire qu'on aura tel égard que de raison, et n'est-ce pas maintenir l'incertitude dans l'état des citoyens?

Pourquoi, lorsque l'article 69 prescrit aux commissaires du Gouvernement l'obligation de vérifier l'état des actes de l'état civil, et lorsque l'art. 70 détermine les moyens de rectifier les vices qui se seraient glissés dans leur rédaction; pourquoi, disait-on, ne pas aussi fixer leur attention sur les abréviations et dates mises en chiffres? Ce serait un moyen bien assuré de montrer aux officiers de l'état civil l'importance que l'on attache à l'observation de l'article 67, et un moyen sûr de les amener à son exécution.

TITRE IV.

Art. 9. Mais qui administrera pendant ces cinq années, 120 qui dirigera les actions qui peuvent appartenir à l'absent, et qui peuvent se prescrire pendant ce laps de temps?

L'intérêt public, comme celui de l'absent et des héritiers, demande que la loi prononce sur cette question.

Art. 12. Mais cette caution doit être solvable; et sur ce *Ibid.* point le commissaire du Gouvernement devrait être établi contradicteur dans l'intérêt de l'absent.

Qui encore administrera, si les parens au degré successif ne peuvent donner cette caution solvable?

Enfin, les enfans seront-ils obligés de donner caution? Cela paraîtrait injuste ; sous la puissance paternelle, ils sont présumés n'avoir aucune propriété.

Art. 14. Pour éviter toute équivoque, il faudrait répéter ici 128 le mot *absent*.

Art. 14 et 17. Il est dans l'ordre des choses possibles que 129-des enfans se trouvent, malgré eux et par suite d'événemens 133

qu'ils ne peuvent ni prévoir ni vaincre ; dans l'impossibilité
soit de le représenter avant les trente années, soit de justifier de l'époque certaine de la mort de leur auteur ; et, dans
ce cas, il paraît dur et injuste de les priver de toute espèce
de droits sur les biens qui lui appartenaient.

Il peut aussi y avoir de grands inconvéniens à laisser plus
long-temps les propriétés incertaines, et les héritiers possesseurs, maîtres d'usurper la confiance publique par une fortune apparente, et qui disparaîtrait à la première réclamation d'un enfant de l'absent.

Mais, d'abord, l'intérêt des créanciers ne doit être ici
d'aucune considération, parce que c'est à eux à connaître la
situation des affaires de leur débiteur avant de placer leur
confiance en lui. Maintenant ne suffirait-il pas, dans l'intérêt public et particulier, de donner aux héritiers présomptifs,
après les trente années révolues, tous les droits du propriétaire, à l'exception de ceux d'aliéner et hypothéquer ?

Dans ce cas, la caution serait déchargée de plein droit ;
ils ne seraient tenus de rendre aucun compte des fruits ; on
ne pourrait leur reprocher dans leur administration aucune
faute, même la plus grave, sauf le cas de dol.

L'enfant qui rentrerait dans la jouissance des biens de son
père serait tenu de tous leurs faits, sans avoir aucun recours
à diriger contre eux ; il serait tenu de leur rembourser les
impenses et améliorations de toute espèce.

Ainsi, il ne serait pas victime des événemens qui ont été
indépendans de lui ; et les héritiers bénéficieraient sur leur
administration, sans que l'intérêt public en souffrît.

134   Art. 22. Les observations à faire sur cet article ne peuvent être que le développement de celles qui ont été présentées par l'article 14. On a demandé sur l'article 14, qui donc
administrerait pendant les cinq années d'absence après lesquelles seulement on peut demander l'envoi en possession ;
et dans l'administration on comprenait alors les actions qui
appartenaient à l'absent, et qui pouvaient péricliter.

Il semble que l'article 22 est tout à la fois injuste et immoral : injuste, puisqu'on pourra obtenir contre l'absent des jugemens par défaut, sans que les juges qui les prononceront connaissent les moyens de défense ; immoral, en ce que l'on pourra se porter à toute espèce de fraude pour acquérir des titres apparens contre l'absent, sans qu'une partie intéressée puisse la découvrir et la faire connaître.

La loi romaine, en exigeant que le libelle de la demande fût placé à la porte du dernier domicile, pouvait présumer que le premier citoyen se présenterait comme défenseur : *Fieri enim potest ut ità monitus defensor existat*, dit la loi 4 *Toties*, ff. *de damno infecto*. *Ut alii videntes*, ajoute la glose, *se defensioni offerant*.

Mais nos mœurs ne permettent pas de présumer cette démarche officieuse, et nos formes ne l'autoriseraient pas.

Il faut donc, ou que la loi nomme un administrateur dans la personne d'un curateur, ou qu'elle devance, et de beaucoup, l'envoi en possession provisoire.

La circonstance d'un bail à renouveler est surtout ici d'une grande considération par rapport aux terres arables, et principalement depuis que le droit de tacite réconduction est abrogé.

La loi du 24 août 1790 porte bien que les commissaires du Gouvernement veilleront aux intérêts des absens indéfendus ; mais cette disposition, qui ne peut être applicable qu'aux difficultés portées devant les tribunaux, est loin de parer à tous les inconvéniens.

Art. 29. Cet article est le seul * dans lequel le projet s'occupe des intérêts de la femme de l'absent ; et le cas qu'il suppose est infiniment rare. 140

Mais, s'il existe des parens habiles à succéder, que deviendront ses intérêts, soit avant, soit après l'envoi en possession provisoire ?

* Voyez l'art. 124 du Code civil.

Le problême n'en est pas un, si la communauté n'est pas profitable au moment auquel l'absence se déclare, puisqu'elle peut y renoncer, demander la séparation de biens, et poursuivre l'exercice de ses droits comme tous les créanciers dont parle l'article 22 de la section Ire de ce chapitre.

Mais si la communauté a profité, s'il est avantageux à la femme de la maintenir, sera-t-elle cependant obligée et de la voir dépérir par un abandon total pendant les cinq années qui précéderont l'envoi en possession des parens, et de la voir passer tout entière entre les mains des héritiers présomptifs, et cela parce que l'absence n'est pas mise au rang des causes qui font cesser la communauté?

Il serait bon que la loi prévît ce double inconvénient, peut-être en lui laissant l'administration, lorsque l'absent n'a pas laissé de procuration, et en lui donnant le droit de demander un partage provisoire, lorsque l'envoi en possession provisoire est prononcé après les cinq années révolues : en tous cas, il faut que la loi pourvoie à son entretien.

142   Art. 31. Il paraît qu'il y a ici une équivoque qu'il faudrait éviter ; car il est difficile d'apercevoir le motif pour lequel on ne procéderait pas de suite à l'élection de ce tuteur, et qu'ainsi les mineurs resteraient dans l'abandon.

l. 1er- Art. 33. Est-ce l'administration municipale du lieu du
fin du
tit. 4. domicile, ou celle de la situation des immeubles?

Dans le premier cas, les propriétés peuvent être situées loin du territoire ; et quelles seront alors les mesures qu'elle prendra pour cette régie ?

Dans le second cas, la régie serait divisée, il est vrai ; mais elle aurait moins d'inconvéniens.

Il paraîtrait utile de charger la municipalité du domicile de surveiller les héritages de son territoire, et d'instruire de l'absence du défenseur les autres municipalités où il aurait des propriétés, afin qu'elles surveillassent de leur côté; ou bien peut-être d'imposer seulement à la municipalité du domicile l'obligation d'exiger de la famille de l'absent pour la défense de la république, la désignation d'un de ses membres, qui administrerait sous sa surveillance.

TITRE V.

Art. 14 et 15. Sans doute, l'intention de la loi n'est pas de réduire à une vaine formalité la nécessité qu'elle établit de convoquer la famille avant de passer outre au mariage du mineur; ce qui serait cependant, s'il suffisait de justifier que ces assemblées ont eu lieu pour que le mariage fût légitimement contracté, soit que la famille ait consenti ou non.

Que la loi l'ordonne ainsi lorsque les parens n'ont point exprimé de motifs, cela est juste, parce qu'alors il s'élève contre eux une présomption qu'ils n'en ont point de légitimes.

Mais s'ils en expriment, mais si ces motifs sont fondés en raison; si la raison, si les mœurs, si le bonheur du mineur, demandent qu'on ne l'abandonne pas à la passion qui le domine, pourquoi, dans ce cas, le magistrat ne serait-il pas établi l'intermédiaire entre le mineur et la famille, pour juger les motifs, et prononcer en conséquence?

Dans notre ancienne jurisprudence, le fils de famille pouvait contracter mariage après les sommations respectueuses; mais il fallait qu'il eût atteint trente années; et alors la loi le supposait, avec raison, affranchi de l'esclavage de ces passions délirantes qui ôtent la possibilité de toute espèce de prévoyance.

Certes, le majeur de vingt-un ans est loin d'offrir ce point d'assurance, et la liberté qu'on lui donnerait le conduirait presque infailliblement à de grandes erreurs sur l'acte le plus important de sa vie.

Cet article offre encore une nouvelle observation à faire : il dit , *si la famille refuse son consentement.* Mais quand sera-t-elle censée l'avoir refusé ? Faut-il qu'il y ait uniformité d'opinions , ou bien sera-ce à la majorité des suffrages? et, dans le cas de divergence , qu'elle est l'autorité qui prononcera s'il y a lieu ou non d'assembler une seconde fois?

TITRE VI.

260 Art. 20. Le but de cet article est d'empêcher le scandale qui naîtrait de la publicité des motifs qui ont provoqué le divorce. C'est aussi par cette raison que les pièces d'instruction doivent demeurer secrètes , suivant l'article 25.

Mais ces pièces d'instruction n'acquerront-elles pas un genre de publicité qui s'éloignera du but de la loi , si elles sont dans le cas de subir la formalité de l'enregistrement?

Ne serait-il pas utile de les en affranchir, en assujétissant le jugement a un droit uniforme équivalent à ceux qui auraient été acquittés partiellement?

262 Art. 21. Il semble d'abord que les conclusions du commissaire du Gouvernement devraient être exigées sur un objet qui intéresse aussi essentiellement l'ordre public.

Dire qu'il n'est pas besoin de nouvelle comparution des parties, ce n'est pas les exclure du droit de comparaître et de présenter leurs observations.

Doivent-elles donc être appelées au rapport, et doit-il être dressé procès-verbal de leurs dires?

Si les moyens sur l'appel tendent à faire prononcer la nullité de ce qui a été fait en première instance, et si, en effet, les parties ou le tribunal ont violé les formes prescrites, ou si la négligence du premier juge dans la rédaction des procès-verbaux dilucide mal les faits et les circonstances , que devra faire alors le tribunal d'appel?

Pourra-t-il entendre de nouveau les témoins, faire de nouvelles interpellations aux parties? ou bien renverra-t-il par-devant un tribunal d'arrondissement le plus prochain?

Il faut bien que sa marche lui soit tracée ; car, s'il ne pouvait que prononcer la nullité, il s'ensuivrait que la demande en divorce serait rejetée de fait, quoique les motifs existassent réellement.

Art. 32. Il est difficile de juger si cette disposition est bien calculée sur l'intérêt des enfans, que la loi doit avoir principalement en vue.

Si, par exemple, le divorce est demandé par la femme pour cause de l'adultère du mari qui tient sa concubine dans la maison commune, donner à ce mari l'administration provisoire des enfans, c'est véritablement les remettre entre les mains de la concubine. Il est inutile de développer les inconvéniens qui pourraient en résulter ; ils sont trop majeurs pour n'être pas aisément sentis.

Certes, dans ce cas, le mari est bien plus coupable que le père qui passe à de secondes noces ; cependant, l'article 10, au titre *des tutelles*, veut qu'avant de passer à de secondes noces, la famille délibère s'il conservera ou non la tutelle ; et l'on donnerait au premier, provisoirement, l'administration de ses enfans, lorsqu'il scandalise par une conduite coupable !

La disposition relative à la tutelle, qui vient d'être citée, a principalement en vue l'intérêt pécuniaire des enfans ; mais cet intérêt est-il donc plus précieux à la société que leurs mœurs, et surtout la première impression qu'ils reçoivent, et qui laisse des traces si profondes ?

D'après ces observations, on penserait que, dans tous les cas, et surtout si le père est défendeur sur la demande en divorce, la famille doit délibérer avant de lui confier l'administration provisoire.

Si ces observations ne sont pas admises, au moins faut-il s'occuper de l'existence de l'enfant encore attaché au sein de sa mère, ou qui, ne pouvant encore se soutenir de ses propres forces, exige ces soins continuels qu'il ne peut recevoir que de sa mère. La liberté qu'aurait un père dur et cruel de l'en priver, serait un outrage à la nature.

300   Art. 52. Il n'est pas sans exemple que l'un des époux se porte envers l'autre à des extrémités telles que celles qui, d'après la loi, légitiment la demande en divorce, et qu'il y ait été conduit par des excès de même nature de la part de celui-ci.

Par exemple, un mari pourra être convaincu d'avoir mis les jours de sa femme en danger; mais il pourra prouver qu'antérieurement sa femme s'était rendue coupable d'adultère, et qu'il n'est sorti des bornes de la douceur et de l'honnêteté que par le sentiment profond de l'injure qu'il avait reçue.

Dans ce cas, et en supposant la preuve légale et des excès du mari et de l'inconduite de la femme, le juge prononcera-t-il le divorce? Et s'il le prononce, l'épouse demanderesse qui aura bravé son déshonneur peut-être pour s'unir à son complice, recueillera-t-elle les avantages nuptiaux qu'elle aura reçus par son contrat de mariage?

Que le divorce doive être prononcé, l'on pense que la question ne peut pas être un problême; l'intérêt public, celui des mœurs, se joignent à l'intérêt des époux pour faire adopter l'affirmative. Mais il ne paraît pas juste de faire dépendre de la seule qualité de demandeur le droit de recueillir les avantages nuptiaux: ce serait, dans l'hypothèse que l'on vient de poser, couronner le crime, et encourager à la demande en divorce.

Il paraît, d'après ces réflexions, qu'il serait bon d'ajouter une disposition d'après laquelle l'époux demandeur ne pourrait conserver ses avantages, lorsqu'il serait prouvé qu'il s'est rendu lui-même coupable de l'un des faits sur lesquels, d'après la loi, la demande en divorce eût été fondée contre lui.

Il est cependant impossible de se dissimuler que c'est introduire sur cette matière, infiniment délicate, une espèce de reconvention qui peut avoir ses dangers.

Mais ils disparaissent en partie à l'ombre du mystère dont la loi enveloppe toute l'instruction sur le divorce. D'ailleurs, celui qui articulerait des faits par forme d'exception serait astreint au même genre de preuves que le demandeur, faute de quoi l'exception serait rejetée.

TITRE VII.

Art. 9. Mais il ne limite pas le temps pendant lequel ce droit de contester existera. Des héritiers collatéraux, qui ne sont guidés que par leur seul intérêt pécuniaire, seront-ils plus avantagés que le mari décédé qui avait à venger une injure grave, et à ne pas souffrir au nombre de ses enfans le fruit de cette injure? 317

Il paraît, d'après cette simple observation, que le droit de contester, accordé à ceux qui y ont intérêt, devrait être limité à l'espace qui restait encore à parcourir du temps accordé au mari pour désavouer.

Sans doute que, dans les cas où le mari ne peut désavouer, suivant l'article 3, les parens ne pourront aussi contester.

Mais il en est un encore où l'on devrait enlever ce droit à ceux-ci, c'est celui où le mari a eu connaissance, pendant qu'il vivait, de la naissance de l'enfant, lorsqu'il l'a souffert dans l'intérieur de sa maison, si la mère s'est chargée de le nourrir, ou lorsque lui-même a contribué au choix de celle qui devait lui fournir les premiers alimens, à laquelle il aura donné ou même promis une certaine rétribution : il paraît que ces premiers soins établissent en faveur de l'enfant une espèce de possession d'état, à laquelle doit céder la présomption d'une naissance prématurée.

Il faut bien observer que, lorsque le père désavoue, il est impossible de croire qu'il veuille, par une imposture atroce, rejeter loin de lui le premier gage de son amour pour la compagne qu'il s'est donnée, et qu'en se portant à cette démarche, il ne peut y être entraîné que par le sentiment profond d'une injure dont il ne peut douter; tandis que des héritiers collatéraux n'ont en leur faveur que la présomption qui sort d'une naissance prématurée, qu'ils n'ont aucune certitude personnelle, qu'ils ne sont guidés que par un intérêt pécuniaire, et que leur démarche tend et à priver l'enfant de son état, et à déshonorer sa mère; en sorte que la reconnaissance tacite du père ferait toujours craindre qu'ils ne fussent doublement victimes de la perte qu'ils ont éprouvée.

Il est aisé de pressentir que ces observations ne sont applicables qu'à l'art. 3, puisque la naissance tardive ou l'impossibilité physique de cohabitation peuvent toujours se prouver d'une manière positive.

329   Art. 22. Il est important de faire connaître si cette action est imprescriptible à l'égard des héritiers dans les cas déterminés par l'article 22, comme elle l'est à l'égard de l'enfant, et de voir si, relativement à cette qualité de l'action, il n'y a pas lieu de distinguer les héritiers directs des héritiers collatéraux.

TITRE VIII.

ap-384 et 386   Art. 13. Il serait peut-être plus juste de priver les père et mère survivans de la jouissance des biens de leurs enfans, du moment qu'ils passent à de secondes noces, et de les rendre comptables.

Alors, on ne verrait pas une seconde communauté s'enrichir du revenu de biens qui ne lui appartiennent pas.

Alors, on ne verrait pas un second mari ou une seconde femme user de parcimonie relativement à l'éducation et à l'entretien des premiers enfans, pour augmenter ce bénéfice.

1. 1er- fin du tit. 9- et art. 1048   Art. 19. Il paraîtrait convenable d'ajouter, *et de ses enfans*; ce sont eux qui sont l'objet de la disposition officieuse; son

premier but doit donc être de leur assurer la subsistance dans tous les temps.

Il serait immoral de leur présenter continuellement l'existence de leur père comme la cause des besoins qu'ils éprouvent, et sa mort comme le terme de leur malheur.

Il serait contraire à l'intérêt de la société que les enfans du dissipateur contractassent dans leur enfance les vices malheureusement trop souvent attachés à l'indigence.

L'intérêt des créanciers ne doit être ici que d'une faible considération; l'expérience apprend assez qu'il n'y a presque jamais eu que l'usure la plus condamnable qui ait été victime des substitutions officieuses.

TITRE IX.

Art. 8. En est-il de même lorsqu'il y a d'autres enfans mineurs auxquels il a déjà été nommé un subrogé tuteur, conformément à l'art. 7 ? 293

Il paraît que, dans ce cas, ce subrogé tuteur pourrait aussi réunir la qualité de curateur à l'enfant à naître, pour, après sa naissance, prendre la qualité de subrogé tuteur.

Ce qui le fait penser ainsi, c'est qu'on ne voit pas que le curateur à l'enfant à naître ait d'autres fonctions à remplir que le subrogé tuteur; il n'est que le surveillant de l'administration de la mère, et sous ce point de vue les intérêts sont les mêmes.

D'ailleurs, il peut être intéressant de ne pas compliquer une administration en trop multipliant ceux qui ont droit d'y prendre part.

Art. 23. Mais il ne détermine pas comment sera composée cette assemblée; cependant, il y a, dans tous les cas, du 406-407
danger à donner la prédominance à l'une des deux familles du mineur. Il serait donc à désirer que, conformément aux dispositions de plusieurs Coutumes, l'assemblée de famille fût composée de parens paternels et maternels en nombre égal, et trois au moins de chaque côté.

413 Art. 28. C'est une trop grande facilité d'introduire des étrangers dans l'assemblée de famille ; ce qui est un inconvénient majeur.

Le mandataire portera le vœu du mandant ; mais ce vœu peut être contredit par des motifs, ou qu'on ne voudra pas développer devant des étrangers, ou qu'ils ne seront pas à même d'apprécier. Ainsi, le mineur deviendra victime ou de la réticence des uns, ou de l'ignorance des autres.

Enfin, si le vœu exprimé dans le mandat est rejeté, quelles connaissances aura le mandataire étranger pour en exprimer un autre ?

420-423 Art. 36. Ne serait-il pas bon qu'il fût pris dans la famille maternelle, si le tuteur est de la branche paternelle, et réciproquement.

Il est le contradicteur du tuteur ; des liaisons trop intimes entre eux peuvent compromettre les intérêts du mineur.

427-428 Art. 46. Pourquoi ne pas y comprendre les magistrats nommés à vie, qui doivent tous leurs instans à leurs fonctions, et que cependant une tutelle pourrait en distraire quelquefois, même pour plusieurs jours consécutifs ?

438-439 Art. 53. Même observation que sur l'article 28.

S'il réduit au seul cas de l'absence la possibilité de proposer les excuses après la nomination, c'est qu'il suppose que dans tout autre cas elles ont pu être portées par un fondé de pouvoir.

Si l'on pensait qu'il fallût exclure de l'assemblée les mandataires, alors il deviendrait nécessaire de reporter la faculté donnée à raison de l'absence, à tous les cas légitimes qui ont empêché de se rendre à l'assemblée.

466 Art. 80. Est-ce devant la justice de paix, ou au tribunal d'arrondissement ?

Ce tribunal sera-t-il celui de la situation des biens, ou celui du domicile des défendeurs sur l'action en partage, ou celui de l'ouverture de la succession ?

Un seul mot peut résoudre ce problême, et c'est surtout

en matière de juridiction qu'il ne faut point d'équivoque.

Art. 100. Jusqu'à présent le juge-de-paix est, relative- 471-473
ment aux actes de tutelle, considéré comme membre de la
famille ; il a voix délibérative, et même prépondérante dans
le choix des tuteurs et subrogés tuteurs : et tout à coup le
voilà premier juge des opérations de ceux-là même auxquels
il a confié l'administration.

Il est difficile de lui croire, dans ce cas, toute l'impartia-
lité nécessaire pour être juste.

Ne vaudrait-il pas mieux lui laisser le caractère de pacifi-
cateur, le charger de la rédaction des débats sur les objets
qu'il ne pourrait terminer, et renvoyer aux tribunaux à prononcer suivant leur compétence réglée par le montant des
sommes en débat ?

Alors les comptes ne deviendraient judiciaires que dans
le cas où ces difficultés ne serait pas aplanies, et seulement sur l'objet de ces difficultés ; ce qui empêcherait que
souvent les frais n'absorbassent la faible fortune du mineur.

L'expérience apprend que souvent la fortune entière des
mineurs dépend de l'événement du compte de tutelle ; et cependant, sans aucun égard à l'intérêt qu'il présenterait, on
rangerait son apurement dans la classe des objets qui, en
justice, exigent le moins de solennité !

Art. 112. La majorité ne suffit pas pour prémunir contre l. 1er-tit.10-fin du ch. 3.
la fraude ou la surprise que la loi veut prévenir ; il faut
encore que le compte soit rendu et apuré.

Jusque là, le mineur devenu majeur est toujours sous une
espèce de dépendance de son tuteur ; et souvent le tuteur
emploierait d'odieux subterfuges pour provoquer de pareils
mariages, uniquement afin de se dispenser de compter.

Comment, d'ailleurs, le mineur devenu majeur pourra-
t-il régler ses conventions matrimoniales, s'il ne connaît
dans tous ses détails l'état de sa fortune ?

TITRE X.

489 « Art. 4. La loi romaine plaçait au rang des furieux ou des hommes en démence, ceux qui dissipaient leur bien.

La loi première, ff. *de curâ fur.*, définit ce genre de fureur; elle en trace les caractères; et si elle impose au prêteur l'obligation de surveiller ce genre de furie, elle exprime qu'elle s'y détermine par intérêt pour les mœurs publiques.

Il serait à désirer que la loi prononçât sur cette question, qui pourra faire naître du doute; car il est vrai de dire que le prodigue, tel que le définit cette loi, est véritablement dans une sorte de démence ou de fureur : *qui neque finem nec tempus expensarum habet, sed bona sua dilapidando vel dissipando profundit.*

496 Art. 13. Cet article doit être changé depuis la loi qui supprime les assesseurs des juges-de-paix.

501 . Art. 20. Il suppose donc que l'inscription du jugement d'interdiction prononcé en première instance, doit se faire, sans égard pour le droit d'appel.

Cependant ce serait une erreur de croire que la publicité du jugement qui aurait infirmé pût réparer le tort que la première décision a porté au crédit de celui qu'on a injustement privé de sa liberté.

Cette funeste impression a peine à se détruire ; cependant ce serait l'éterniser que de maintenir l'inscription, quoique le correctif se trouvât posé dans la colonne suivante.

Il n'y a pas d'homme qui, dans ce cas, ne ferait de grands sacrifices pour effacer jusqu'à la dernière trace de la tentative qu'on a dirigée contre lui, et il peut être bien important pour un esprit faible de ménager ce genre de sensibilité.

507 Art. 29. Pour parvenir à ce réglement, il faut que ces droits soient déterminés pour les parties qui peuvent être litigieuses.

Le conseil de famille est donc juge en première instance de ces droits.

C'est remettre les droits de la femme entre les mains de ceux qui le plus souvent auront intérêt de les sacrifier ; car, sans doute, c'est dans la famille du mari que le conseil se prendra.

Une courte expérience a fait assez sentir l'abus des tribunaux de famille, pour qu'on doive hésiter de les recréer sous d'autres dénominations.

Quelle confiance peut inspirer un tribunal où les connaissances et les vertus des juges dépendent uniquement du hasard ?

Le présent, soumis au tribunal par sa commission, a été approuvé, pour l'envoi en être fait au ministre de la justice. Signé PECHEUR, *président ;* THIÉBAULT, *greffier.*

LIVRE II.

TITRE Ier.

Art. 8. Cette disposition tient à la nature des choses. Les 520 récoltes encore inhérentes au fonds, doivent être, pour le propriétaire, de même nature que le fonds lui-même.

Mais en sera-t-il ainsi pour le fermier non propriétaire du fonds, et à qui la récolte seule appartient, moyennant la redevance qu'il s'est obligé d'acquitter annuellement ? Il paraît que, par rapport à lui, la récolte même non encore recueillie doit être réputée meuble.

Cette observation est importante : le plus grand nombre des cultivateurs ne laissent souvent, pour toute succession, que les récoltes pendantes par racines.

Nous avons des Coutumes qui déterminaient que, dans ce cas, les récoltes étaient meubles après le 24 juin ; mais il est difficile de trouver le motif d'une pareille distinction : il semble que, relativement aux fermiers ou colons, la récolte doit, dans tous les temps, être réputée mobilière ; elle est le fruit de son industrie, qu'il ne peut hypothéquer.

539   Art. 26. Ce qui concerne les successions abandonnées peut seul présenter quelques inconvéniens.

Une succession est abandonnée, lorsque tous ceux qui y étaient appelés comme héritiers y ont renoncé ; et presque jamais ils ne s'y portent qu'à raison des dettes considérables qui grèvent la succession.

Les créanciers, dans ce cas, seront-ils obligés de s'adresser aux agens du domaine pour obtenir le montant de ce qui leur est dû ? sera-ce contre eux qu'ils procéderont pour parvenir à la vente des objets dépendans de la succession et qui forment leur gage ? On conçoit aisément quels inconvéniens résulteraient d'un pareil système ; et il semble beaucoup plus juste d'adopter ce qui se pratiquait autrefois, et qui consistait à faire nommer un curateur à la succession abandonnée, contre lequel les créanciers procédaient, sauf à la nation à se faire remettre le reliquat, s'il en existait un, après la discussion.

542   Art. 29. Il existe des communes qui se composent de différentes habitations éparses qui formaient autrefois de petits fiefs, et qui ont leurs biens communaux séparés.

Il serait sans doute à désirer que tous ces biens communaux se confondissent, afin d'amener plus d'unité dans l'administration municipale, et d'éviter les contestations qui s'élèvent assez fréquemment entre plusieurs sections de la même commune.

Mais jusqu'à ce que cette communion soit légalement établie, il y aura des biens communaux qui appartiendront à des sections de commune, et qui doivent être compris dans l'article.

TITRE II.

545   Art. 2. Il n'est pas assez étendu pour prévenir les abus d'autorité. Dans tous les temps, ce principe a existé, et dan

tous les temps aussi on en a abusé pour dépouiller le légitime
propriétaire. Il faut que la cause d'utilité publique soit légalement constatée ; il faut encore que l'indemnité précède
l'expropriation : ce n'est qu'à ces deux titres que l'on recon-
naîtra la justice du principe.

TITRE III.

Art. 8. La portion de fruits que se réserve le propriétaire, 584
qu'il lève au champ, et dont la quotité dépend d'une récolte
plus ou moins abondante, sera-t-elle considérée comme
fruits naturels ou civils ?

Elle est, si on le veut, le prix d'un bail à ferme ; mais
elle peut aussi être considérée comme une partie des fruits
naturels que le fonds donne par la culture.

Il est essentiel de faire disparaître ce doute.

Art. 18. En disant seulement qu'il n'est pas tenu de rem- 594
placer, l'article semble lui donner l'arbre mort ; ce qui autoriserait des manœuvres secrètes et faciles pour préparer
de prétendus accidens. Il faudrait ajouter à l'article ces
mots : « qui, dans ce cas, ne lui appartiendront pas, et il
« sera obligé de prévenir le propriétaire. »

Art. 36. Mais si ce propriétaire n'a point de ressources 612
pour faire l'avance de ce capital, si même il ne peut pas
payer la portion des dettes qui le concerne, dans ce cas
quels seront les droits du créancier, du propriétaire ou de
l'usufruitier?

Le créancier ne peut souffrir de la circonstance que le
propriétaire n'a point de fonds ; il faut que son titre s'exécute : mais sera-t-il obligé de procéder par voie de saisie ou
d'expropriation forcée?

L'usufruitier poursuivi n'aura-t-il d'autre ressource,
pour éviter une discussion judiciaire, que son action en recours contre le propriétaire?

Enfin le propriétaire, par l'effet de la disposition de
l'article qu'on examine, sera-t-il contraint de se laisser

24.

discuter dans ses autres biens, pour conserver à l'usufruitier l'intégralité de son usufruit, sauf à recevoir de lui l'intérêt du capital?

Telles sont les questions que fait naître l'article dont il s'agit. Il paraît qu'elles trouvent leur solution dans un principe de droit généralement adopté, *Non est hœreditas, nisi soluto œre alieno*. D'après cet adage, il est certain qu'il n'y a ni usufruit ni propriété des biens dépendans d'une succession, qu'autant qu'il en reste après les dettes acquittées, et qu'il serait par conséquent plus juste et plus naturel d'autoriser la vente d'objets dépendans de la succession, jusqu'à concurrence du montant des dettes, en donnant cependant la préférence aux choses qui périssent par l'usufruit, telles que les meubles; et par rapport aux immeubles, en laissant à l'usufruit d'indiquer ceux qu'il désire être vendus pour la parfaite libération.

618   Art. 39, 5ᵉ *alinéa*. De tout temps cette règle a été observée; mais aussi, lorsque l'usufruitier poursuivi en déchéance offrait de réparer à l'instant, il conservait ses droits en réalisant ses offres. Cette faculté existera-t-elle à l'avenir? ou la déchéance sera-t-elle indéfiniment acquise par le défaut d'entretien une fois constaté?

Peut-être serait-il à désirer que la loi adoptât ce dernier parti, afin de rappeler continuellement, et pour son propre intérêt, l'usufruitier à l'obligation d'entretenir.

En second lieu, si l'usufruit comprend différens objets, et que la négligence d'entretien ne porte que sur un, la déchéance sera-t-elle encourue pour tous? Il serait encore à désirer que la loi prononçât sur cette question, et toujours on pencherait contre l'usufruitier, parce que, sans cela, il pourrait rendre sa condition meilleure en se débarrassant, par le défaut d'entretien, des immeubles dont la jouissance serait la moins avantageuse, et qu'ainsi il profiterait de sa propre faute.

TITRE IV. — CHAP. III. — Sect. II.

S'il est essentiel d'avoir sur cet objet une unité de juris- 691
prudence, il est juste aussi de ne pas porter atteinte aux
droits légitimement acquis jusqu'à présent : tel serait cependant l'effet de la section dont il s'agit, si la loi ne contenait
une clause salvatoire. Par exemple, il y avait beaucoup de
Coutumes où, pour les servitudes discontinues, la possession
immémoriale avait la force du titre : l'effet de l'article 42
sera-t-il maintenant d'éteindre la servitude discontinue non
établie par titres, quoique la possession immémoriale soit
acquise au moment de la publication de la loi ?

Sous l'empire de plusieurs Coutumes, la servitude continue s'acquérait par la seule possession de vingt ans : celui qui
aurait atteint ce terme de jouissance à l'instant de la promulgation du Code civil, perdra-t-il les avantages qui lui
étaient assurés par la loi sous le régime de laquelle l'immeuble était situé ? Il est évident que ce serait donner un
effet rétroactif au nouveau Code, et dépouiller un légitime
propriétaire.

LIVRE III.

DISPOSITIONS GÉNÉRALES.

Art. 1er. On ne rencontre ni au titre *des tutelles*, ni au 711
titre *de la puissance paternelle*, aucune disposition relative
au moyen d'acquérir la propriété.

Sans doute on ne confondra pas avec le droit de propriété celui que la loi donne aux pères et mères de jouir
des biens de leurs enfans mineurs, sans être obligés de
compter des fruits.

Le premier attribut de la propriété est la liberté de disposer par les moyens que la loi établit ; et la première condition attachée à la jouissance dévolue par l'effet de la puissance paternelle est de ne pouvoir disposer de rien.

713   Art. 2. Mais quand un bien sera-t-il censé abandonné par le propriétaire?

Pendant combien de temps faudra-t-il qu'il n'y ait eu aucun acte de propriété, pour que l'abandon soit constant?

On a déjà observé, au titre *des absens*, que des biens pouvaient rester abandonnés pendant cinq années, puisque ce n'est qu'après ce temps qu'on peut demander l'envoi en possession provisoire, même quand l'absent n'a pas laissé de procuration.

Il est donc certain que cinq années d'abandon, de la part du propriétaire, ne peuvent donner ouverture à l'exercice des droits de la nation.

Si la loi dit que la demande pour être envoyé en possession provisoire peut être formée après cinq années d'absence, elle ne déclare pas privés de tous droits ceux qui n'auraient pas usé de cette faculté; elle ne leur ôte pas celui de demander l'envoi en possession après trente années révolues.

Les biens de l'absent peuvent donc être abandonnés pendant trente années, sans que pour cela ils soient censés abandonnés.

On pourrait donc déterminer qu'un bien sera présumé tel, lorsque, pendant l'espace de trente années, celui qui en était propriétaire, ou ceux qui le représentaient, n'auront exercé aucun acte de propriété.

Mais ce serait trop prolonger le temps pendant lequel des immeubles pourraient n'être pas fertilisés; et il y en a qui, d'après leur nature, seraient totalement ruinés après ce long espace de temps; il y aurait même du danger à laisser ainsi sans entretien les maisons, surtout dans les villes.

Pour parer à ces inconvéniens, on pourrait ouvrir, au profit de la nation, un droit provisoire après cinq années de cessation totale d'exercice de la propriété, en réservant, pendant trente années, au propriétaire, ou à celui qui a droit de le représenter, la faculté de réclamer, sans qu'il puisse cependant exiger aucune restitution de fruits.

Cette disposition parerait à tous les inconvéniens; elle éviterait toute équivoque; elle exciterait la surveillance de ceux qui ont des droits à la propriété; elle aurait encore l'avantage d'assurer la perception des impositions.

TITRE Ier.

Art. 23. N'existe-t-il pas des motifs aussi puissans pour ne pas faire porter cette obligation sur le mari à l'égard de la femme, ou sur la femme à l'égard du mari? [728]

L'attachement réciproque qui a formé l'union conjugale n'est pas, il est vrai, de même nature que celui qui naît des rapports de la paternité; mais en est-il moins impérieux? et ne serait-il pas cruel autant qu'immoral de froisser une épouse tendre et vertueuse entre la misère et la nécessité de dénoncer son mari, pour conserver sa subsistance et celle de ses enfans.

Art. 36 et 37. La dernière partie de l'article 37, lorsqu'elle n'est appliquée qu'à la ligne directe descendante, concorde parfaitement avec les dispositions antérieures; mais on pourrait faire naître des doutes de ces expressions générales, *dans tous les cas où la représentation est admise*, et en conclure que la totalité de l'article 37 est applicable à la ligne collatérale: alors il ne concorderait pas avec l'article 36. [742-743]

Ce dernier n'appelle à la représentation que les enfans du premier degré de frère ou de sœur, d'où il suit que les arrière-neveux ne viendraient pas représenter leur aïeul.

Cependant, ils y viendraient dans le cas du second alinéa de l'article 37, puisqu'il admet d'abord un partage par souche entre ceux qui représentent et les héritiers d'un degré supérieur; ce qui ne peut s'entendre qu'entre les oncles et les neveux enfans du premier degré de frère ou de sœur.

Ensuite un second partage, aussi par souche, entre les héritiers de plusieurs branches; ce qui ne pourrait s'entendre que des neveux avec les arrière-neveux, qui alors se partageraient par tête.

Voilà donc les arrière-neveux qui, dans ce cas, viendraient à la succession de leur grand-oncle pour leur part afférente dans la souche dont ils font une branche ; ce qui serait une contradiction avec l'art. 36.

Ou il faut, dans tous les cas, admettre les enfans au deuxième degré de frère ou de sœur, venant à la succession de leur grand-oncle, ou il faut que le second alinéa de l'article 37 commence ainsi : *En ligne directe, si une même souche a produit, etc.*

Dans cette alternative, le parti qui semble le plus naturel est de reporter le changement sur l'article 36, et d'admettre les arrière-neveux à la succession de leur grand-oncle, soit qu'ils concourent avec des frères et avec des neveux du défunt, ou avec des frères ou des neveux seulement.

ap-
761
Art. 60 et 61. Le pouvoir donné au tribunal d'accorder une provision suppose des besoins pressans ; et cependant c'est à celui qui les éprouve qu'on impose l'obligation d'avancer les frais nécessaires pour parvenir à la liquidation.

N'est-ce pas l'exposer à l'impossibilité de faire valoir ses droits contre l'héritier légitime, qui est nanti de tout ?

Pourquoi, si l'enfant naturel est obligé d'avancer les frais, autoriser l'héritier légitime à les retenir ? Il n'y a rien à retenir par celui-ci, s'ils sont avancés par l'autre.

La disposition ne serait juste qu'autant qu'en cas de contestation sur l'état estimatif fourni par l'héritier légitime, il serait toujours tenu de délivrer ce qu'il a reconnu devoir offrir : alors l'enfant naturel devrait en effet tout avancer ; mais alors aussi il n'y aurait plus de provision à accorder, ni de frais de liquidation à retenir.

Ces observations persuadent que c'est par erreur qu'on lit « que les frais de la liquidation doivent être avancés par l'en-« fant naturel ; » qu'il faut lui substituer l'héritier légitime : et alors celui-ci aura droit de retenir en cas de succès ; et alors le tribunal pourra consulter les circonstances pour accorder et fixer une provision alimentaire.

Art. 66. Il n'y a ici aucune différence entre la concurrence avec des enfans légitimes et celle qui s'établit avec des collatéraux ; cependant on ne peut se dissimuler que les considérations morales et politiques sont essentiellement différentes dans ces deux cas. ap-763

Il est vrai qu'on laisse au juge une grande latitude relativement aux circonstances particulières, lorsqu'il peut varier du sixième au douzième ; mais il est impossible, en s'assujétissant à cette proportion, que l'enfant incestueux jouisse de revenus plus considérables que les enfans légitimes : ce qui arrivera toutes les fois que ceux-ci égaleront ou surpasseront le nombre de douze ; puisque, s'ils l'égalent, et en supposant qu'il n'y ait qu'un enfant naturel, les légitimes n'auraient que onze douzièmes entre douze, et l'enfant naturel un douzième sans partage.

Il est vrai qu'il ne jouirait qu'en usufruit ; mais l'excédant de son usufruit se compenserait avec la propriété, ce qui établirait une sorte d'égalité qui n'est certes pas dans l'intention de la loi.

Cette observation acquiert plus de force encore, lorsque l'on considère qu'il peut y avoir plusieurs enfans naturels qui, dans le sens littéral de la loi, auraient au moins chacun un douzième en usufruit.

Il serait à désirer que les alimens de l'enfant incestueux concourant avec des enfans légitimes fussent fixés à l'usufruit d'une portion déterminée de la part d'enfant, du tiers ou de moitié. Il paraîtrait tout à la fois et plus simple et plus juste de le borner à l'usufruit de ce que l'enfant naturel a droit de recueillir.

Cette disposition aurait l'avantage de prévenir des contestations toujours scandaleuses, et qui seraient inévitables, si l'arbitrage du juge devait être la règle des parties.

Art. 67. Cet article est juste ; mais sa rédaction prête à 764 des équivoques. D'abord, à quel substantif se rapporte le pronom *celui-ci?* Dans la règle générale, ce serait à la mère, qui se trouve être le dernier substantif; mais alors il faudrait dire *celle-ci.* En substituant le féminin du pronom au masculin, il s'ensuivrait que l'enfant adultérin ou incestueux ne serait dans l'interdit de demander des alimens, qu'autant que ce serait sa mère qui lui en aurait assuré de son vivant; cependant le même motif subsiste par rapport au père.

D'après ces observations, il paraît qu'il faut substituer ces mots dans l'article : *toutes les fois que l'un ou l'autre lui, etc.*

Une seconde observation résulte de ce que le mot *alimens* n'étant pas rappelé dans le premier membre de la phrase, on ne peut dire que la particule *en* s'y rapporte ; on la reportera donc au substantif *supplément*, ce qui donne à la phrase un sens oiseux. Il faut donc dire : *ne peut demander un supplément d'alimens*, ou bien : *toutes les fois que l'un ou l'autre lui a assuré des alimens de son vivant.*

771   **Art. 77.** Mais, après ces trois années, l'époux survivant est-il déclaré héritier, comme la république, après les publications et affiches, ainsi qu'il est dit dans l'article suivant ?

Il faut convenir que la décharge du cautionnement n'emporte pas avec elle la dispense de remettre la succession aux parens qui se présenteraient après les trois années révolues.

Ces questions, ainsi que toutes celles relatives aux absens, sont devenues bien importantes dans la législation des peuples de l'Europe, depuis la découverte de l'Amérique et la connaissance de la route aux Indes-Orientales, en doublant le Cap.

Combien d'Européens, morts dans les deux Indes, y ont laissé et y laissent encore tous les jours des enfans qui ont droit à des successions ouvertes en Europe, où leur existence est même ignorée! et combien de temps ne faut-il pas sou-

vent pour qu'ils puissent connaître leurs droits et se présenter !

Art. 78. Dès qu'elle est déclarée héritière, il faut en con- 770
clure qu'elle ne peut plus être, dans aucun cas, tenue de remettre la succession ; et alors on ne voit pas le motif sur lequel peut être fondée cette prérogative donnée au fisc après
un délai si court.

Qu'alors il soit envoyé en possession, qu'il n'y ait point
de caution à donner ni de restitution de fruits, cela peut
paraître infiniment juste ; mais qu'après un si court espace de temps, les héritiers légitimes absens n'aient plus
aucune réclamation à faire, cela paraît infiniment dur et
injuste.

On observera en général, sur les sections Ire et II de liv. 3-
ce chapitre **V**, qu'elles ne prévoient pas le cas où un hé- t. 1er-
ritier plus proche, et dont on ignorait l'existence, se repré- ch. 4-
senterait après que des parens plus éloignés auraient ap- fin de
préhendé la succession, ni celui où des parens d'une ligne sec. 2.
se seraient emparés de tout, comme si l'autre ligne était dé-
faillante, tandis, cependant, qu'elle était représentée par
des parens qui viennent réclamer à la suite.

Cependant, ces questions se présentent fréquemment ;
et, dans cet instant, le tribunal d'appel de Metz se trouve
saisi d'une contestation de ce genre extrêmement importante.

On observera, en second lieu, qu'il n'est pas parlé,
dans ce chapitre, de la restitution des fruits aux héritiers
qui viendraient à se présenter ; et il est encore essentiel
de prévenir les contestations qui pourraient naître à ce
sujet.

Art. 92. La première partie de cet article est une suite 787
nécessaire de la disposition par laquelle il est dit qu'on ne
peut représenter les personnes vivantes.

Avant d'exposer les observations auxquelles la seconde

partie paraît prêter, il est nécessaire de dire le sens que l'on croit qu'il présente.

Il est dit d'abord que, si l'héritier renonçant est seul dans sa ligne, ses enfans viennent le remplacer : cette partie n'est susceptible d'aucune équivoque, d'aucune incertitude.

Il est dit ensuite que, si tous les cohéritiers égaux en degrés renoncent, leurs enfans viennent, de leur chef, remplacer ceux dont la renonciation fait vaquer le degré.

S'ils viennent les remplacer, c'est sans doute alors pour partager par tête. Ceci est une conséquence nécessaire des dispositions antérieures, puisque la succession est dévolue ou à des frères et sœurs venant à la succession d'un frère, ou à des parens collatéraux plus éloignés.

Dans le premier cas, si tous les frères et sœurs renoncent, leurs enfans viennent les remplacer de leur chef, et partagent entre eux par tête, puisqu'il n'y a point de représentation, et que ce serait en introduire une que de les faire partager par souche.

Dans le second cas, à bien plus forte raison, le partage se fera aussi par tête.

Mais supposons maintenant qu'un frère qui a six enfans soit appelé à la succession de son frère avec un neveu.

S'il ne renonce pas, il n'aura que moitié ; mais s'il renonce, et qu'alors ses six enfans viennent de leur chef, le partage, suivant l'article qu'on examine, se fera par tête, puisqu'il est dit ailleurs qu'on ne peut représenter une personne vivante.

De là, et dans l'hypothèse qu'on vient de poser, il s'ensuivrait des renonciations frauduleuses qu'il faut chercher le moyen de prévenir.

On proposera, pour y parvenir, un article additionnel, dans lequel il serait dit qu'en cas de concurrence entre un frère et des neveux du prédécédé, et celui-ci venant à renoncer, ses enfans qui viendraient alors de leur chef ne pourraient cependant prendre entre eux plus forte partie de la succession que celle que leur père avait droit de recueillir.

Ainsi, la maxime de la non-représentation d'un homme vivant serait respectée, et cependant la fraude ne pourrait se commettre.

Il faudrait étendre cette disposition des neveux aux arrière-neveux, si, comme on l'a proposé, la représentation était admise jusque là.

Art. 94. La conséquence nécessaire de cette disposition 789 est que celui qui a laissé écouler ce temps sans accepter ne peut plus exercer aucune action en qualité d'héritier.

Il existe dans le pays de Luxembourg une manière d'aliéner extrêmement usitée, autorisée par la Coutume, sous le nom d'*engagère*: c'est une espèce de faculté de réméré que la Coutume déclare imprescriptible.

Il est aussi de droit certain, dans ce pays que, pour retirer le bien laissé en engagère, il suffit de justifier du droit à l'hérédité de celui qui a consenti l'aliénation à ce titre, sans qu'on soit obligé de prouver qu'on ait accepté sa succession.

Cependant, le réméré est une action qui suppose la qualité d'héritier ; mais, s'il est constant qu'on ne peut plus la prendre après le temps de la prescription, il deviendra certain que la faculté de retirer une engagère ne sera plus imprescriptible, ou que, si elle demeure imprescriptible, la faculté d'accepter une succession le sera également.

La très-grande multiplicité des engagères, sous l'empire de la Coutume de Luxembourg, semblerait demander que la loi prévît en général quel sera l'effet du présent article par rapport aux droits imprescriptibles, ou qu'on ajoutât une disposition transitoire qui porterait que, quant aux droits qui, suivant les Coutumes observées jusquà présent, étaient imprescriptibles, la prescription ne commencera à courir que du jour de la publication du Code civil.

ap-
800

Art. 107. Il paraîtrait, d'après la rédaction de cet article, que le mineur est tenu, comme le majeur, de faire sa déclaration en acceptant; d'où il pourrait naître des difficultés dans le cas où il ne la ferait pas.

Il paraîtrait beaucoup plus simple, pour les prévenir, de dire que l'acceptation d'une succession par le tuteur, ou par le mineur émancipé assisté de son curateur, n'aura jamais d'autre effet que celui de l'acceptation sous bénéfice d'inventaire.

liv. 3-
t. 1er-
ch. 5-
fin de
sec. 3.

Art. 120. L'intérêt de la république a dicté cet article; mais on pense qu'il est diamétralement opposé à ce même intérêt.

1° Il tend à déterminer les comptables à mobiliser toute leur fortune, afin de pouvoir plus facilement la transmettre à leurs héritiers au préjudice de l'hypothèque que la république acquerrait si les fonds eussent été employés en acquisitions d'immeubles;

2° L'incertitude des héritiers sur l'événement d'une comptabilité à laquelle ils ne sont point initiés les portera plutôt à répudier une succession, qu'à courir les risques d'une acceptation dangereuse: et dès lors, voilà la succession entre les mains d'agens plus occupés souvent de leur intérêt que de celui de la république; voilà une discussion ouverte avec les autres créanciers, et voilà dès lors la possibilité de tout consumer en frais.

Tandis que des héritiers, animés du double désir et de payer et de rendre la succession utile pour eux, auraient le plus grand soin de saisir les moyens les plus économiques de tout liquider, et qu'ainsi leur propre intérêt servirait celui de la république.

On ajoutera que la république trouve une telle sûreté, et dans le privilége qui lui appartient, et dans le cautionnement qu'elle exige, que cette disposition paraît superflue.

Art. 124. Il paraît que c'est investir ce curateur d'une au- 813
torité beaucoup trop étendue et infiniment dangereuse. Le
sort des créanciers de la succession va en effet dépendre de
son ignorance, ou peut-être de sa mauvaise foi.

Qu'il ne soit pas dans le cas de recourir à un conseil de famille, cela paraît juste, puisque la famille abandonne la succession et n'y prend dès lors aucun interêt.

Mais lorsque le curateur est nommé sur la demande des
créanciers, pourquoi n'y aurait-il pas un conseil choisi parmi
eux, auquel le curateur recourrait lorsqu'il s'agirait de défendre à une action intentée contre la succession, ou de poursuivre ses droits en justice.

Art. 149. Il serait utile de fixer jusqu'où pourra se porter 833
le retour, soit en rentes, soit en argent, en proportion de la
valeur totale de chaque lot.

Il y aura, dans une succession, autant de corps d'immeubles que d'héritiers: chacun de ces immeubles sera indivisible
sans détérioration, et la différence de valeur sera très-con-
sidérable.

Dans ce cas, si l'on partage à charge de retour, une partie
des héritiers pourra ne pas être à même d'acquitter ce retour, et elle demandera la vente; une autre partie y résistera,
parce qu'elle aura plus de moyens: qu'y aura-t-il à décider?

On sent bien que la difficulté n'existe que lorsque la
succession ne fournit ni rentes ni argent pour établir la
balance.

Alors on pense qu'il ne serait pas toujours juste que l'un
pût forcer de vendre, ou l'autre de partager; mais il faudrait
que, pour forcer au partage, le retour mis à la charge d'un
lot n'excédât pas le quart ou le sixième de la valeur de l'immeuble compris dans ce lot.

Cette disposition pourrait faire l'objet d'un article additionnel qui serait conçu à peu près en ces termes:

« S'il n'y a dans la succession ni rentes ni argent pour

« opérer la compensation, le partage en nature ne pourra
« avoir lieu contre le gré d'un héritier, qu'autant que le
« retour n'excéderait pas le sixième de la valeur de l'immeu-
« ble compris dans le lot qui en serait chargé. »

834   Art. 150. Cette disposition paraît infiniment juste au premier aperçu : 1° celui qui divise les lots connaît la valeur des
biens, puisque leur estimation est antérieure ; il ne peut donc
établir d'inégalité ; 2° puisque le sort décide de la distribution des lots, il ne peut être accusé d'avoir voulu blesser
les convenances ; 3° enfin, si le sort ne favorise pas les convenances, les cohéritiers ont entre eux la faculté d'échanger,
si heureusement employée dans la fable de *la Fontaine*, pour
donner à chacun ce que ses inclinations particulières lui faisaient désirer.

Mais pourquoi donc, lorsque nos Coutumes avaient de
semblables dispositions, sont-elles tombées en désuétude
depuis bien long-temps? C'est que l'on s'est aperçu que celui qui formait les lots suivait toujours son inclination,
comme si le sort eût dû le favoriser ; c'est que du moins il
en était accusé par ceux dont les désirs se trouvaient contra-
riés, et qu'ainsi un mode de partage aussi juste en apparence produisait cependant des haines et des divisions entre
des frères.

Si, dans l'apologue de *la Fontaine*, tous les cohéritiers
sont satisfaits après les échanges, c'est que le partage avait
été fait par le père de famille, et qu'ainsi les frères n'avaient
entre eux aucun sujet d'animosité personnelle.

D'après ces observations, on penserait qu'il vaudrait mieux
que les cohéritiers cherchassent à s'accorder sur la composition des lots, sauf, s'ils ne le pouvaient pas, à recourir à un
arbitre étranger, et que, dans tous les cas, ce fût aussi un
étranger qui tirât les lots, en faisant mettre d'un côté le
numéro de chaque lot, et de l'autre les noms des copar-
targeans.

**ap-
848**   Art. 166. S'il faut, pour que le rapport ne se fasse pas

d'une branche au profit de l'autre branche, que la dispense de rapporter soit écrite dans l'acte de donation, l'article est absolument inutile. Il se trouve renfermé dans l'article 1er de cette section, où il est dit que l'héritier n'est pas tenu de rapporter, si le don ou legs lui a été fait par préciput et hors part, ou avec dispense du rapport ; ce qui doit s'entendre de toute espèce de rapports, soit entre cohéritiers de la même branche, soit entre plusieurs branches.

On ajoutera que, dans l'exemple proposé, la dispense de rapporter d'une branche à l'autre semble entraîner l'obligation du rapport dans la même branche ; ce qui serait en contradiction avec l'article 1er, puisque celui-ci reconnaît la validité de la clause insérée dans l'acte de donation qui dispense du rapport.

Reste maintenant à examiner s'il est bon de maintenir la règle générale qui veut que le rapport n'ait pas lieu d'une branche au profit de l'autre ; ce qui peut s'entendre sans qu'il soit besoin d'une stipulation.

Et l'on pense que non, parce qu'alors il y aurait inégalité entre les branches, et conséquemment entre les cohéritiers.

Art. 180. L'obligation de rapporter en nature dans un cas déterminé réduit le donataire à la position d'un simple usufruitier qui n'a plus le même intérêt à l'entretien de l'immeuble que s'il était propriétaire incommutable. Cette seule réflexion devrait faire rejeter dans tous les cas le rapport en nature.

D'ailleurs, à combien de difficultés ce rapport ne peut-il pas donner lieu ?

1° Par rapport aux améliorations ;

2° Qui déterminera si les autres immeubles sont de même nature, valeur ou bonté ?

3° Qu'entendra-t-on par même nature ? Ne pourra-t-on comparer que des maisons à des maisons, des terres à des terres, des vignes à des vignes, etc. ? ou bien suffira-t-il que

ce soient des biens de campagne qui puissent être comparés
à d'autres biens de campagne ?

4° Dans ce cas et dans tous autres, qu'entendra-t-on par le
mot *bonté* ?

On conçoit aisément combien de doute la saine interprétation de cet article peut faire naître, et combien il sera difficile d'obtenir, sur ce point infiniment difficultueux, une jurisprudence fixe et invariable.

Il est aisé de sentir que le système d'une égalité parfaite a
dicté cette disposition. Mais en quoi donc l'égalité est-elle
blessée, lorsque le rapport se fait en moins prenant ?

Il faut observer que ce prétendu niveau échappe, si l'immeuble a été vendu ; c'est le prescrit de l'article suivant : dès
lors, s'il y avait inégalité en ne rapportant pas en nature, il
dépendrait donc du donataire de l'établir.

On observera, en dernière analyse, que l'article qu'on
examine est en contradiction avec l'article 25, au titre *des
donations et testamens*. Celui-ci porte que, si la donation
est dans le cas d'être réduite, le donataire successible peut
retenir, sur les biens donnés, la valeur de la portion qui lui
appartiendrait comme héritier.

Le voilà donc, et dans tous les cas, dispensé du rapport en nature, puisque, pour retenir sur les biens donnés sa portion héréditaire, il n'est pas exigé qu'il y ait
dans la succession, d'autres biens de même nature, valeur
et bonté.

866   On ne dira rien sur l'article 187 de ce titre, sinon
qu'il devient inutile si le rapport ne doit se faire qu'en moins
prenant.

865   Art. 186. Cet article mérite la plus grande attention, à
raison de son influence sur le système des rapports.

Quel sera l'effet de l'intervention du créancier ? Sera-t-il
d'empêcher que le rapport se fasse en nature, même dans les
cas où la loi le prescrit ? alors voilà le donataire maître de
conserver l'immeuble, et de ne rapporter qu'en moins pre-

nant ; il lui suffira de l'hypothéquer et de faire intervenir son créancier.

Cette intervention, au contraire, ne produira-t-elle d'autre effet que d'éviter le rapport en nature lorsque la loi ne le prescrit pas, lorsqu'il serait fait en fraude du créancier? alors, celui-ci est le plus souvent exposé à perdre son hypothèque et le montant de sa créance ; on a trompé sa foi ; il a cru son débiteur propriétaire incommutable ; et il se trouve dépouillé de son droit, pour n'avoir pas su qu'il n'était que donataire de la propriété.

Enfin, et quel que soit l'effet de cette intervention, elle aura toujours l'inconvénient majeur d'introduire un étranger dans le sein de la famille, d'apporter obstacle à des arrangemens qui devaient maintenir la concorde entre des frères, et de faire naître des contestations ruineuses.

On n'ignore pas que le système du rapport en nature est autorisé par les dispositions de la Coutume de Paris ; mais, si cette Coutume présente des inconvéniens, pourquoi ne pas les reconnaître et y apporter un remède convenable ?

Ce remède consisterait à laisser, dans tous les cas, le donataire maître de rapporter en nature ou en moins prenant : alors, on ferait naître en lui l'esprit de propriété, qui assure le bon entretien et qui devient garant de toutes les améliorations dont l'héritage peut être susceptible.

Alors on assure les droits des créanciers qui auraient acquis une hypothèque sur l'objet de la donation ; et les cohéritiers, maîtres d'immobiliser leur portion héréditaire, n'y perdraient rien.

On sent bien que cette opinion influerait beaucoup sur les communautés entre époux ; mais on s'occupera de cet objet, sous ce rapport, lorsqu'on y sera parvenu.

On observera encore que le projet ne résout pas la question de savoir si, lors du rapport en moins prenant, l'immeuble est, pour son estimation, considéré dans sa valeur au temps de la donation ou au temps du partage, c'est-à-dire, si les accroissemens qu'il a reçus par sa nature, par sa situation, sont au bénéfice de la succession. La jurisprudence est à peu près constante en faveur des cohéritiers ; il serait utile que la loi la fixât.

Enfin il n'est parlé, ni dans la distinction 4, ni dans la distinction 5 de cette section, du rapport des donations faites à titre onéreux ou sous condition. Dans ce cas, le donataire rapporte-t-il seulement ce dont l'objet de la donation excéderait la charge, ou bien rapporte-t-il le tout avec ou sans indemnité? Ce point est encore essentiel à résoudre.

Il en est un dernier non moins important. Il est dit, au titre *des Successions*, que, si tous les héritiers d'un degré supérieur renoncent, ceux du degré inférieur viennent de leur chef.

On a prévu le cas d'une renonciation frauduleuse de la part d'un père, pour faire passer à ses enfans une portion héréditaire plus forte que celle qu'il aurait recueillie, et on a proposé le remède dans un article additionnel.

Mais, dans ce cas, et en général, toute renonciation d'un père dont l'effet est de faire passer ses droits à ses enfans, est une véritable donation. Sera-t-elle sujète à rapport s'il survient d'autres enfans ?

On pense que le rapport doit avoir lieu ; et les motifs de cette opinion sont puisés dans le système d'égalité entre cohéritiers : mais il serait encore utile que la loi ne laissât pas cette question en problème.

873   Art. 193. Cette disposition est parfaitement juste quant aux dettes qui ne sont pas reconnues par les héritiers avant de procéder au partage.

Mais par rapport à celles qui *sont* reconnues, qui sont justifiées par les titres mêmes de la succession, qui sont portées sans réclamation en l'inventaire, pourquoi les héritiers ne seraient-ils pas obligés de les acquitter sur la masse avant partage, et chacun d'eux tenu du tout, sauf son recours, s'ils avaient enfreint cette règle?

Cette observation frappe surtout sur l'intérêt du commerce, où les successions, toutes mobilières, sont très-communes, et où, par cela seul, un héritier de mauvaise foi peut aisément soustraire sa portion virile à la poursuite des créanciers de la succession. Les exemples en sont fréquens.

TITRE II.

Art. 8. Cette dernière restriction paraît sauver tous les 1110 inconvéniens qui pourraient résulter de l'erreur dans la personne; mais s'il est une classe générale de conventions où la considératiou de la personne doive toujours être regardée comme une des causes principales de la convention, pourquoi le Code civil ne l'exprimerait-il pas dans un article particulier?

On peut, en général, considérer sous cet aperçu toutes les conventions qui dans leur exécution entretiennent une relation continuelle entre les parties contractantes : tels sont les baux, de quelque nature qu'ils soient.

En présentant cette observation, on est particulièrement animé du désir de tarir une source immense de contestations.

L'erreur sur les personnes vicierait certainement un traité de société : eh bien! le contrat de louage, à raison des engagemens multipliés et réciproques du laisseur et du preneur, n'est-il pas aussi une espèce d'association, lors de laquelle le caractère, la probité, les talens du preneur déterminent presque toujours le propriétaire? Et si, dans ce cas, on le trompe sur la personne, pourra-t-on dire qu'il y a liberté dans le consentement?

On pourrait reporter cette observation sur tous les contrats qui ne sont pas, comme la vente, consommés au moment de leur formation, et qui, dans leur durée, exigent des rapports continuels entre les contractans.

1120   Art. 19. Quel est, par rapport au tiers, l'effet de cet engagement? nul, s'il ne ratifie pas, sauf l'indemnité à recouvrer contre celui qui s'est porté fort.

Il serait à désirer que l'article portât cette modification, qui est de toute justice.

1131-
1132   Art. 30. Lorsqu'un article d'une loi est divisé en deux parties, il faut que la seconde soit ou le développement, ou la restriction, ou le corollaire de la première; autrement, il faut en faire une disposition séparée.

On ne voit aucune analogie entre la cause illicite qui annulle, et la cause non exprimée qui n'annulle pas; ce sont deux choses absolument distinctes : il faudrait donc distinguer la disposition, en faisant deux articles.

1140   Art. 38. On ne parlera pas, sur cet article, des droits des créanciers; ils sont maintenus par l'établissement du bureau des hypothèques.

Mais, quant au second acquéreur, pourquoi deviendrait-il tout à la fois victime et de la négligence peut-être coupable du premier, et de l'espèce de stellionat du vendeur?

Pour prévenir ces inconvéniens, plusieurs Coutumes, entre autres celle des Pays-Bas autrichiens, observée dans le Luxembourg français, exigeaient la *réalisation* en justice de tous actes translatifs de propriété. Cette disposition est infiniment sage; elle intéresse la foi publique : on ne verrait nul inconvénient à la généraliser.

1193   Art. 88. Faut-il, pour que la partie finale de cet article s'exécute, que les deux choses soient péries par la faute du débiteur? Il semble qu'il n'y a parité de raison que dans la première partie; mais alors il faudrait l'exprimer, pour écarter les doutes.

1198   Art. 91. Cette disposition donnerait lieu à bien des fraudes, si on ne réservait les droits de l'autre créancier contre celui qui a opéré la remise.

1230   Art. 124. C'est donner au juge un pouvoir trop étendu.

Quand sera-t-il assuré de connaître la position du débiteur, et de ne pas favoriser sa mauvaise foi?

Quand saura-t-il qu'il ne nuit pas au créancier et à ceux qui ont des droits à exercer sur lui?

Quel serait maintenant le débiteur qui, pour se soustraire à l'exécution de son engagement, ne tenterait de captiver l'esprit du magistrat par de vaines considérations? Il n'y aurait pas de poursuites exercées par un créancier, qui ne fussent suivies d'opposition dont le but serait d'obtenir un délai.

On a fait récemment l'épreuve de ces vérités : lors de la conversion en numéraire des dettes contractées en assignats, la loi permit aux tribunaux d'accorder une année de délai, mais à compter de sa promulgation.

Cette dérogation au titre se justifiait par les circonstances ; mais une erreur se répandit : on crut que le pouvoir d'étendre les termes était pour tous les temps ; et les tribunaux ne furent plus interrompus que de demandes en surséance, jusqu'à ce que leur rigueur à maintenir les conventions eût dissipé l'erreur.

Enfin, on observera que le pouvoir donné au juge par l'article qu'on examine est en opposition évidente avec l'ordonnance de 1667, qui répute sommaire toute demande fondée sur un titre, et qui autorise l'exécution provisionnelle du jugement sujet à l'appel.

Art. 140. On ne dira rien sur la première partie ; c'est 1247 l'exécution de la convention.

Pour s'expliquer clairement sur la seconde et la troisième, il faut définir d'abord ce qu'on entend par *paiement*.

Ce mot, dans son acception la plus universellement reçue, ne s'applique qu'à la libération d'une somme due et payable en monnaie.

Il prend, dans le titre qu'on examine, un sens plus étendu : il signifie la délivrance de tout ce qu'on peut s'être obligé de donner dans un certain délai.

Lorsqu'on lui donne cette étendue, il paraît qu'il faut distinguer pour le lieu du paiement, lorsque la convention ne le règle pas.

S'il s'agit de marchandises ou autres objets sujets à dépérissement par le transport, il est certain que les risques doivent être à la charge de celui à qui la chose est due, qu'il a tacitement contracté l'obligation de recevoir son paiement là où la chose existait lors de la convention.

Mais on ne peut pas dire de même d'une somme de deniers, parce que ce ne sont pas ceux qui ont été prêtés qui doivent être rendus, mais seulement pareille quantité ; et on ne peut savoir où existe cette quantité à l'instant ou l'obligation se contracte.

Celle de payer une somme en deniers ne peut donc jamais, par rapport au lieu du paiement, se trouver dans le premier ou le troisième cas de l'article qu'on examine.

Maintenant on dira qu'il est injuste de contraindre le créancier d'aller chercher son paiement au domicile de son débiteur, qui a pu, en le changeant, mettre une longue distance entre ce domicile et celui de son créancier.

Le débiteur est suffisamment averti de l'instant auquel il doit se libérer, pour qu'on ne lui impute pas de ne pas se présenter à l'échéance.

Enfin, cette observation concorde parfaitement avec ce qui est dit plus loin des offres réelles qui, pour opérer la libération, doivent être faites au domicile du créancier.

Il résulte de ces observations,

1° Que, pour éviter toute équivoque, il faut distinguer les paiemens en deniers, de ceux qui consistent dans la délivrance d'une chose mobilière qui est sujète à dépérissement lors du transport ; que, pour ces derniers objets, le paiement doit être fait au domicile du débiteur, et pour les autres à celui du créancier ;

2° Que, pour les paiemens qui ne consistent pas en monnaie, il faut encore dire que le domicile du débiteur sera celui qu'il avait au moment de la convention.

Art. 142 et 143. Il semble que ceux dont parle le premier de ces deux articles sont les mêmes que ceux dont s'occupe le second; car quel est le débiteur coobligé qui a droit d'obtenir la cession? c'est celui qui doit être acquitté en tout ou en partie par les codébiteurs; et réciproquement, celui qui doit être acquitté a droit à la subrogation. *1250-1251*

Pourquoi donc, suivant l'article 1er, faut-il que le coobligé qui paie, qui a droit à la cession, l'ait obtenue, tandis que, suivant le second, la subrogation est de droit en faveur de celui qui doit être indemnisé en tout ou en partie?

Il paraît qu'il y a contradiction entre ces deux articles, à moins qu'ils n'aient un sens qu'on ne pénètre pas.

Art. 179. Il semble qu'il y ait ici erreur de rédaction. On ne conçoit pas à quel titre, quand même la loi ne le défendrait pas, le débiteur pourrait opposer au cessionnaire la compensation que ce même cessionnaire devait au cédant avant la date de la cession. *1293*

Mais on conçoit très-bien comment un débiteur pourrait tenter d'opposer au cessionnaire la compensation que, sans la cession, lui, débiteur aurait pu opposer au cédant; et il est juste de lui interdire cette faculté, à raison de ce qu'en acceptant la cession, il a dissimulé son droit à la compensation, et qu'il aurait trompé le cessionnaire, s'il pouvait le lui opposer à la suite.

Art. 185. Cette dernière disposition semble restreindre l'obligation de restituer le prix au seul cas de vol, ce qui serait injuste, puisque, dans tous les cas, on ne peut conserver le prix d'une chose qu'on ne délivre pas au terme convenu, et puisque, jusqu'à ce terme, la perte de la chose doit toujours être à la charge de celui qui la doit. *1302*

Art. 186. Cet article est surabondant d'après les dispositions des art. 87 et 88 du tit. II, sect. III, chap. III. *ap-1302 et 1193*

1305   Art. 196. S'il faut qu'il y ait lésion pour que le mineur obtienne sa restitution, il pourra bientôt consommer sa ruine, puisqu'il pourra contracter toute espèce d'engagemens, pourvu qu'il ne soit pas lésé.

Il semble que sa qualité de mineur non émancipé suffit pour le faire relever de toutes ses obligations, à moins qu'il ne soit justifié qu'elles ont tourné à son profit.

Telle a été, jusqu'à présent, la conséquence de l'incapacité du mineur.

Quant à la vente de ses immeubles, on connaît la maxime, *Minor etiam alienando læditur*, d'après laquelle toute vente sans observation des formalités requises est nulle, et le mineur dispensé de la restitution du prix, à moins qu'il ne soit prouvé qu'il en a utilement profité.

Mais si, outre cela, il faut encore qu'il y ait lésion, il pourra mobiliser toute sa fortune, pourvu que les ventes soient faites à juste prix; ce qui serait d'une fâcheuse conséquence.

Il semble donc qu'il faudrait mieux frapper de nullité tous les contrats faits par le mineur non émancipé, sans avoir obtenu l'autorisation requise.

1324   Art. 214. C'est une question controversée que celle de savoir si la vérification d'écriture peut se faire seulement par experts atramentaires, ou si on peut recourir à la déposition de témoins qui disent avoir vu écrire ou signer.

Admettre ces dispositions, c'est en quelque sorte abroger les dispositions de nos ordonnances relatives à la preuve testimoniale.

Les rejeter, c'est remettre le sort des parties à l'art très-conjectural des experts atramentaires; et il semble qu'une déposition faite par des témoins dignes de foi qui assurent avoir vu doit obtenir autant d'empire que les conjectures des experts. Ce dernier raisonnement a été adopté par *Furgole* dans son *Traité de la Vérification d'écriture*, où il s'appuie de l'opinion d'*Aguesseau*.

Cette question s'est présentée au tribunal d'appel de Metz d'une manière extrêmement singulière. Sur une dénégation d'écriture, le tribunal de Luxembourg avait ordonné la vérification tant par experts que par témoins. Les experts énonçaient dans leur procès-verbal que les signatures étaient fausses ; les témoins en affirmaient la sincérité, pour les avoir vu former.

Question était de savoir laquelle des deux preuves obtiendrait la préférence. Des circonstances particulières, qui, isolées, n'eussent fait naître que des doutes, jointes à la déposition des témoins, prouvèrent, d'une manière irrésistible, l'erreur des experts ; et il fut jugé en faveur de la signature.

Cet exemple frappant, joint à l'opinion des jurisconsultes, et à l'incertitude reconnue de l'art des experts, ferait désirer qu'on ajoutât à ces expressions de l'article qu'on examine, *la vérification en est ordonnée en justice*, celles-ci, *tant par vérification d'écriture que par témoins qui auraient ou écrire ou signer l'acte produit.*

Art. 216. L'article a pour objet de prévenir la faude ; et 1326 l'exception porte sur ceux dont l'ignorance promet le plus de succès à la supercherie.

Otez les artisans dans les villes, les laboureurs et gens de campagne, que reste-t-il de la masse entière des citoyens ? ceux qui, par état, sont les plus instruits, ou les simples manœuvres pour qui toute convention est étrangère, sinon celle, presque toujours verbale, qui fixe le prix de leurs journées.

Mais les gens instruits ne placeront jamais leur signature au bas d'une obligation sans en connaître le contexte, et jamais on ne pourra les tromper ou par une lecture déguisée ou par une substitution artificieuse ; dès lors leur signature est aux yeux de la loi une preuve suffisante de la vérité de l'obligation.

A la différence des gens illétrés, tels que les artisans et gens

de campagne, que l'on peut tromper beaucoup plus facilement, et pour qui il faut un garant de plus qu'ils ont connu
l'engagement qu'on leur a fait souscrire.

L'exception dont on s'occupe était aussi dans la déclaration de 1733, d'où l'art. 216 est puisé; et il pouvait se justifier par l'ignorance presque générale de l'écriture chez les
artisans et gens de campagne : mais depuis ce temps les choses ont bien changé; il n'en est presque plus qui ne sachent
assez écrire pour satisfaire au prescrit de la loi; et peut-
être est-il bon de leur rendre l'étude de cet art encore plus
nécessaire, en multipliant les circonstances où il leur devient
indispensable.

On ne parle pas des négocians, parce que les actes relatifs au commerce sont assujétis à des règles particulières.

1332   Art. 223. On pourrait entendre, dans le second membre
de l'article, que c'est le double du titre ou de la quittance
que le débiteur tient, dont il est question; ce qui ne peut
pas être, puisqu'il pourrait, d'un mot, opérer sa libération.

Il faut faire disparaître cette équivoque.

1335-   Art. 226 et 227. On a toujours pensé qu'une expédition
1336 délivrée par un officier public qui avait caractère pour recevoir la minute, ou par son successeur dépositaire du protocole, et qui atteste que la minute y existe, faisait foi en justice lorsqu'il était justifié que la minute avait péri par un cas
fortuit indépendant et de l'officier public et des parties contractantes : et cette jurisprudence paraît fondée en raison,
surtout depuis l'établissement du contrôle.

1º Le caractère d'officier public imprime sur l'expédition
une preuve de sa vérité, de laquelle il est difficile de se défendre;

2º Le contrôle atteste que la minute a existé, et l'on
ne peut plus soupçonner que de la différence entre elle
et l'expédition. S'arrêter à ce soupçon, ce serait présumer

le crime dans un officier que la loi investit de toute sa confiance ;

3º Rejeter ces expéditions, ce serait éteindre tout à coup tous les engagemens contractés devant un notaire dont le protocole viendrait à être incendié. Quelle conséquence fâcheuse résulteraient de cette opinion dans les parties de la république ou ravagées par l'ennemi, ou en proie à une guerre civile !

Ces réflexions frappent également sur les donations, pour lesquelles le registre des insinuations offre une garantie de plus, et principalement encore la tradition, lorsqu'elle a été réalisée.

TITRE V.

Art. 9 et 11. La caution qui a requis le bénéfice de discussion a ou n'a pas satisfait à l'art. 9, en avançant les deniers suffisant pour faire la discussion. 2023-2024

Si elle ne les a pas avancés, elle a sans doute à s'imputer de n'avoir pas surveillé la solvabilité du débiteur, en usant de la liberté que lui en donne l'article 18, section II.

Mais si elle a avancé les deniers, si le créancier les a reçus, il semble que dès lors il s'est volontairement chargé de la discussion, et a dispensé la caution de la surveillance que l'article 11 lui reproche de n'avoir pas exercée.

Autrement, la caution serait donc obligée de faire deux fois les frais de la discussion, et le débiteur se verrait exposé à deux discussions différentes pour le même objet.

Il paraît donc, d'après cette observation, que l'art. 11 est susceptible d'une modification, et que le défaut de discussion de la part du créancier doit lui être imputé, s'il a exigé et reçu l'avance des frais de discussion.

Ce n'est qu'une application de l'article 22, chapitre III, qui porte que la caution est déchargée, lorsque, par le fait du créancier, la subrogation de droit à ses droits, hypothèques et priviléges, ne peut plus s'opérer en faveur de la caution.

2040   Art. 25. Le lieu où doit être donnée la caution peut être fort éloigné du domicile du débiteur, et ses facultés y être absolument ignorées. Ce serait donc souvent le réduire à l'impossibilité d'en présenter une, malgré sa très-grande solvabilité.

Il paraîtrait juste de lui donner plus de latitude, en exigeant que la caution fût domiciliée dans l'arrondissement du débiteur.

Le tribunal d'appel, après avoir entendu sa commission dans son rapport sur les observations ci-dessus, les a approuvées, et a arrêté qu'il en serait fait envoi au ministre de la justice.

A Metz, en la chambre du conseil, le 22 fructidor an 9 de la république. Signé PECHEUR, *président;* THIÉBAULT, *greffier.*

liv. 3.
tit. 18
et 19.
        TITRE VI. — *Des priviléges et hypothèques.*

          TITRE VII. — *Des lettres de ratification.*

    TITRE VIII. — *De la vente forcée des immeubles.*

OBSERVATIONS COMMUNES A CES TROIS TITRES.

Plusieurs tribunaux d'appel se sont prononcés contre l'adoption des deux projets de loi concernant les hypothèques et la vente forcée des immeubles.

La publicité, la spécialité des hypothèques sont les bases nécessaires d'un Code hypothécaire.

Cette proposition a été solidement établie par les discours des législateurs qui ont édicté la loi du 11 brumaire an 7. Elle l'est encore par les discussions approfondies de la majeure partie des tribunaux d'appel, qui donnent à juste titre la préférence à cette loi.

A quelques légères imperfections près, qu'il est facile

de corriger, elle contient de grandes vues sous tous les rapports. Après les orages d'une révolution qui avait anéanti la confiance et le crédit, elle n'a pas peu contribué à les faire renaître.

Le tribunal d'appel séant à Metz, éclairé par l'expérience, pénétré des bons effets que cette loi a produits, n'hésite pas à croire que le régime hypothécaire qu'il s'agit d'établir doit être basé sur les mêmes principes : publicité et spécialité.

Les législateurs qui ont substitué au fléau dévorant des décrets, des saisies réelles, des baux judiciaires, des décrets et criées, des jugemens d'ordre, etc., la loi sur les expropriations forcées, ont peut-être erré dans quelques dispositions de détail : les délais sont trop courts, parce que le débiteur n'a pas assez de latitude pour se procurer les ressources qui auraient pu empêcher sa discussion.

Mais en lisant avec attention le nouveau projet, on est effrayé du dédale de formes et de procédures qu'il présente. Il serait, dans l'exécution, beaucoup plus dispendieux que les décrets forcés, qui engloutissaient les fortunes, ruinaient les débiteurs et les créanciers.

Il sera sans doute retranché du Code civil, puisque ce n'est qu'un mode d'exécution qui appartient au Code judiciaire.

TITRE IX.

Art. 2. Cette définition paraît vicieuse, 1° parce que ces **894** expressions, *se dépouille*, donnerait à croire qu'on ne reconnaît que les donations de tous biens; 2° parce que le mot *actuellement* paraîtrait exclure toute tradition fictive, et la rétention d'usufruit. On sauverait toute équivoque, en disant « que le donateur se dépouille actuellement et irré- « vocablement de la propriété de ce qui fait l'objet de la « donation. »

Art. 4, § 2. Ces expressions, *sain d'esprit au moment de* **901** *la donation*, peuvent laisser croire que l'imbécille ou le furieux qui a des momens lucides pourrait valablement donner pendant ces intervalles. Il faut éviter ce qui donnerait lieu à une erreur aussi dangereuse.

La seconde partie de cet article offre encore un grand inconvénient : il admet la preuve par témoins de la démence, lorsque l'interdiction a été provoquée avant la mort.

Mais si cette provocation à l'interdiction est de long temps postérieure à la donation, pourquoi servirait-elle de véhicule à la preuve par témoins de la démence, qui doit se reporter au moment de la donation? La preuve par témoins de ce genre d'incapacité est tellement dangereuse, qu'il vaudrait mieux qu'elle ne fût jamais admise, que de l'être d'après un motif aussi léger. Au moins faudrait-il déterminer et restreindre l'intervalle entre la donation et la provocation à l'interdiction.

La seconde partie de l'article exige un commencement de preuve par écrit, résultant soit de l'acte même, soit d'actes extérieurs. Il faudrait, par les mêmes motifs, que les actes extérieurs, qui, dans ce cas, suppléent la provocation à l'interdiction, fussent d'une date rapprochée de celle de la donation.

Enfin, en n'exceptant pas de la capacité de donner, ceux qui sont atteints d'une maladie chronique qui les met dans un état prochain de mort naturelle, la loi la leur reconnaît. Cependant cette exception a toujours existé, parce que, sans cela, la donation entrevifs sera un moyen souvent employé d'éluder les lois qui restreignent la faculté de donner à cause de mort.

906   Art. 8. Pourquoi, s'il y a des enfans nés ou conçus, les enfans à naître ne pourraient-ils pas être compris avec eux dans la donation? L'impossibilité de les y comprendre peut être une source d'inégalités de fortune entre des frères et sœurs, et conséquemment de jalousie et de haine.

On sait bien que cette faculté de donner aux enfans nés et à

naître est une dérogation au principe de l'acceptation ; mais
on ne voit pas pourquoi ce principe serait tellement sacré
aux yeux de la loi qui l'établit, qu'elle ne pût elle-même y
apporter cette exception.

Ce point a été discuté lors des conférences tenues chez
le président *de Lamoignon*, et décidé en faveur des enfans à
naître.

Art. 16 et 22. Ces deux articles se réunissent pour ex- 916-
clure, dans tous les cas, les petits-enfans de frère ou de sœur 921
du droit de réduction. On pense qu'il serait juste de les y
appeler, quand ils concourent à la succession avec les enfans
de frère ou de sœur.

On ne répétera pas ici ce qui a déjà été dit en leur faveur
lorsqu'on a discuté le droit de représentation.

Art. 23. C'est attacher le sort d'un acte à des événe- 922
mens postérieurs à sa formation ; c'est porter atteinte au
principe de l'irrévocabilité, puisque le donateur, en mobi-
lisant sa fortune, en disposant des deniers, pourra tellement la réduire, qu'il nécessitera une réduction considérable de la donation, lorsque cependant il serait certain
qu'au moment où elle a eu lieu, elle n'excédait pas ce que la
loi autorisait.

La règle établie par l'article pourrait être juste entre cohéritiers dont les uns seraient donataires entre vifs, et les
autres ne le seraient pas, parce que leurs droits respectifs
doivent être réglés sur l'état de la succession.

Mais, par rapport à un étranger, il devrait suffire qu'il pût
justifier qu'au moment de la donation, ce qui en a fait l'objet
n'excédait pas les trois quarts, la moitié ou le quart des biens
du donateur.

Art. 28. Cet article et les suivans, qui donnent un re- 929
cours contre les tiers détenteurs, justifient toujours plus
l'observation présentée sur l'art. 23, puisque la réduction
d'une donation faite à un non-successible nuit à des tiers de
bonne foi.

IV.   26

A l'égard d'un successible, les créanciers ou acquéreurs auraient toujours leurs droits à exercer sur la portion héréditaire.

943 Art. 37. Ne serait-il pas plus conforme à la liberté de disposer par donation entre vifs de les restreindre aux biens présens?

Quand la loi a fixé les limites de cette liberté, il est juste d'y ramener dans tous les cas; mais il est trop sévère d'annuler la donation, parce qu'elle excède ces limites.

L'opinion contraire avait en effet été adoptée par l'article 45 de l'ordonnance de 1731; mais elle a souvent été combattue par les plus savans jurisconsultes, et elle avait été rejetée dans les conférences tenues chez le président *de Lamoignon*, ainsi que le prouve l'article 39 des arrêtés, au titre *des Donations*.

950 Art. 42. Les jurisconsultes ont long-temps rejeté la tradition feinte d'effets mobiliers, parce que les meubles étant sujets à périr par l'usage, c'était donner et retenir, que d'en conserver l'usufruit.

L'ordonnance de 1731 avait adopté un avis contraire, et elle n'exigeait que la formation d'un état signé des parties.

Ce n'était pas faire disparaître l'inconvénient. L'état formé assurait bien la remise de ce qui s'était conservé, mais aucune indemnité pour ce qui était péri.

L'article qu'on examine assure cette indemnité, en accordant au donataire le prix de l'estimation pour ce qui n'est pas représenté. Mais ne serait-ce pas rendre encore plus hommage aux principes que de lui laisser l'option pour le tout, ou des effets, ou du montant de l'estimation?

Il est si facile d'abuser des meubles par l'usage, et de les réduire à une valeur presque nulle, que, dans ce cas, le donateur est presque maître, par le fait, de révoquer sa libéralité; elle peut même devenir à charge au donataire, s'il s'est obligé d'acquitter des dettes du donateur, parce

qu'au moment du décès, la valeur des meubles dans leur
état actuel n'équivaudrait plus au montant des dettes.

Art. 47. Il semble que le même motif qui fait exclure le 932
notaire devrait aussi faire prononcer l'exclusion des témoins, puisque celui qui accepte devient partie dans l'acte.

Art. 48. L'article précédent exige que l'on reporte sur la 933
ratification les mêmes formalités que sur l'acceptation.

Art. 55. Il serait bon d'ajouter : « sans que le donataire 939
« puisse se prévaloir de tous autres moyens par lesquels il
« prétendrait que la donation a été connue de l'héritier ou
« du créancier. »

Cette disposition préviendrait des contestations, et ferait
encore mieux sentir la nécessité de l'insinuation.

Art. 56. Cette formalité exige l'acquit de droits considé- 940
rables : qui fournira à la femme le moyen de les acquitter?

Il faudrait autoriser la femme à poursuivre son mari pour
obtenir l'avance de ces frais.

Art. 58. Du nombre des formalités prescrites est l'in- ap-
sinuation.   942
                                                          et
C'est un principe constant en droit que ce qui est nul 941
ne produit aucun effet.

L'art. 55 semble cependant maintenir la donation non
insinuée par rapport au donateur, puisqu'il porte qu'elle
ne pourra être opposée à un tiers. *Qui de uno dicit, de altero
negat.*

De cette observation il résulte que, pour établir de la con-
cordance entre ces dispositions, il faut ou supprimer le dernier paragraphe de l'art. 55, ou modifier la nullité absolue
prononcée par l'art. 58.

On observera, en général, qu'il serait utile que le Code
fixât dans quel délai l'insinuation doit être faite; si, pour
être faite au-delà de ce délai, elle est nulle même par rapport aux tiers qui auraient contracté avec le donateur après
cette insinuation tardive.

Art. 63. Quel délai auront les héritiers pour intenter cette 957 action? sera-t-il d'une année à compter du décès, ou seulement de ce qui pourra rester de l'année que l'article 62 détermine?

Il paraît que la circonstance du décès ne peut prolonger le délai : cependant les héritiers pourraient prétendre que cette espèce de prescription légale n'a commencé à courir contre eux que du jour où le droit leur a été acquis; qu'ainsi ils doivent jouir d'une année pleine.

Il serait utile de prévenir cette difficulté, en ajoutant « que, dans le cas où le donateur serait décédé avant l'an- « née du délit, les héritiers pourront intenter l'action pen- « dant le temps qui resterait à expirer de cette année. »

960   Art. 68. Cette disposition résout, dans un sens contraire à l'ordonnance de 1731, la difficulté qui a long-temps divisé les docteurs sur le véritable sens de la loi *si unquam;* mais elle laisse subsister beaucoup d'incertitude qu'il serait essentiel de faire cesser.

1° La survenance d'un enfant rend-elle la donation réductible à l'instant même de sa naissance? et s'il y a eu tradition réelle, le donateur peut-il rentrer dans la possession de la portion non disponible?

La réduction pour ce motif étant fondée sur la présomption que le père ne se serait pas dépouillé au-delà de ce que la loi permettait, elle doit opérer en sa faveur.

D'ailleurs l'intérêt des enfans le demande, puisque, sans cela, leur père pourrait être réduit à l'impossibilité de fournir aux dépenses de leur éducation.

2° Comment la réduction se fera-t-elle, si la tradition a été réelle? sera-ce sur le pied de la fortune au moment de la donation, ou à l'instant de la naissance de l'enfant?

Comment, si la tradition a été feinte, et qu'ainsi, à défaut d'intérêt personnel, le donateur n'ait pas demandé la réduction? Calculera-t-on sur la valeur de la fortune, ou à l'instant du décès, ou à l'instant de la naissance, ou à l'instant de la donation?

Il conviendrait d'adopter et de prescrire une règle générale, sans laquelle il naîtrait autant de difficultés qu'il y aurait de circonstances différentes.

Pour les résoudre par une disposition générale, il semble qu'on ne peut choisir qu'entre trois époques : le moment de la donation, l'instant auquel le droit de réduction est acquis, ou celui du décès.

Et pour se fixer, il faut encore recourir aux présomptions morales qui font adopter la réduction. La loi ne suppose pas que le père se fût dépouillé au-delà de ce qu'elle autorise, s'il avait eu des enfans qui fixassent son attachement : c'est donc à l'instant où cette affection est présumée avoir pris naissance, qu'il faut se reporter, et réduire la donation à la quotité disponible à la naissance de l'enfant.

Si l'on adoptait l'instant auquel la donation a été faite, ce serait donner un effet rétroactif à un événement qui n'a cependant pas été prévu.

Si la réduction se faisait au moment du décès, alors l'accroissement de la fortune du donateur tournerait tout entier au profit du donataire, et le père de famille perdrait ainsi le plus puissant attrait à une sage économie, la certitude qu'il travaille pour ses enfans.

3° Enfin, le Code civil ne détermine pas si le décès de l'enfant, arrivé avant celui du donateur, rend à la donation tout son effet. Les jurisconsultes ont toujours penché pour la négative ; mais il serait utile de la mettre en principe. 964

On observera encore, sur les donations, que l'un des résultats les plus fréquens qu'elles produisent est l'ingratitude, et que l'on n'en reconnaît que trop souvent les effets. 955

Cette triste vérité avait fait adopter un moyen de révocation en général, et le projet de Code civil la réduit à deux cas seulement.

Il peut être vrai que l'ingratitude se manifeste souvent par des signes tellement équivoques, qu'il est difficile de la caractériser et de la reconnaître : mais si des revers de for-

tune réduisent le donateur à l'indigence, si le donataire vit
à côté de lui dans l'aisance, et se refuse au devoir comme
au plaisir de venir au secours de son bienfaiteur, sans doute
il est coupable aux yeux de l'humanité; et ce serait un malheur si la loi ne pouvait l'atteindre.

Ne pourrait-on pas, pour y parvenir, ajouter à l'article 60 un troisième cas de révocation ?

S'il refuse de le secourir dans l'indigence :

Ces expressions avertiraient assez les magistrats qu'un besoin réel serait suffisant pour autoriser la révocation.

972 Art. 70. Il semblerait ou que des témoins sont toujours
nécessaires, ou que, lorsqu'il n'y en a pas, il n'est pas
exigé que la lecture se fasse en présence de deux notaires,
ce qui doit cependant être de rigueur. Il faudrait donc dire
de la lecture, ce qui est dit plus bas de la signature, qu'elle
doit être faite en présence des deux notaires, ou du notaire et des témoins.

On observera encore que les articles qu'on examine ne
disent pas d'une manière assez formelle que la présence
des deux notaires, ou du notaire et des témoins, est nécessaire pendant tout le temps de la confection de l'acte : cependant on sait quels abus sont souvent résultés de leur
absence. Ils ont été tellement sentis, que dans beaucoup
de provinces les parlemens ont cherché à les prévenir par
des arrêts de réglement.

970-
976
Art. 71. Mais c'est laisser subsister le danger que l'on
veut prévenir.

Lorsque l'acte de présentation est sur l'enveloppe, qui
empêchera le faussaire de l'ouvrir, et d'y substituer un
acte fabriqué? Alors l'enveloppe et l'acte de présentation
ne feront que donner un caractère de vérité de plus à l'acte
simulé.

On ne voit pas d'inconvénient à prescrire, dans tous les
cas, le dépôt chez le notaire. Le secret du testateur sera

aussi bien conservé, et il n'y aura pas à douter que l'acte
ne soit l'expression de sa volonté.

Art. 74. Plusieurs motifs semblent avoir dicté cette dis- liv. 3-
lil. 2-
ch. 5-
fin de
s. 1re.
position :

Le premier, de s'assurer que le testateur qui aurait cédé
à la captation ou à l'obsession a joui de la liberté de se
rétracter.

Le second, d'avoir une espèce de garantie qu'au moment où le testament a été fait il n'était pas tombé dans
cette espèce d'anéantissement qui caractérise le plus souvent les dernières heures de la vie.

Mais il semble que ces motifs cessent lorsque la mort
a été causée par un événement imprévu. Il paraît surtout
que les testamens faits à l'armée, en mer, ou en temps de
peste, ne devraient pas être assujétis à cette espèce de confirmation qui résulte de la survie de six jours.

Il est à craindre encore de voir les individus intéressés au
maintien de la donation, et qui le plus souvent environnent
le testateur, dissimuler l'instant de sa mort : il faudrait qu'ils
fussent retenus par la crainte d'une peine, ou d'une privation,
s'ils sont héritiers.

Il n'y a pas long-temps qu'une pareille réticence a donné
lieu à des débats, et qu'il a fallu prononcer si l'on en admet-
trait la preuve testimoniale, contrairement à ce qui était
écrit dans l'acte mortuaire.

Art. 114 et 115. Il paraît, d'après ce second article, que 1026-
1027
l'héritier n'est tenu de rien offrir à l'exécuteur testamentaire,
si la saisine ne lui a pas été donnée.

Mais alors comment assurera-t-il l'exécution des donations? Sera-t-il seulement chargé de prévenir les donataires de la libéralité dont ils sont l'objet?

Ou bien leur intérêt reposera-t-il tellement entre ses
mains, qu'il ait action contre l'héritier pour se faire remettre les deniers, à l'effet d'acquitter le paiement des donations mobilières?

Dans cette dernière hypothèse, les légataires particuliers pourront-ils également diriger cette action? ou bien auront-ils une action en garantie contre l'exécuteur testamentaire, en cas de négligence.

Il est essentiel que la loi prévoie ces doutes, pour éviter les débats et les contestations : ils ne seraient pas à craindre, si, conformément à notre ancienne jurisprudence, l'exécuteur testamentaire était toujours saisi, à moins que l'héritier ne lui offrît les deniers en suffisance pour acquitter les legs mobiliers, soit qu'il les puisât dans ses propres fonds, soit qu'il consentît de les abandonner sur ceux dépendans de la succession.

1046   Art. 134 et 135. On peut faire ici plusieurs questions :

1° L'héritier présomptif a-t-il la même action contre le légataire universel de tous biens?

2° Le légataire universel, qui, dans tous les cas, est *loco hœredis*, peut-il l'exercer contre le légataire particulier?

3° Cette action passe-t-elle à l'héritier de l'héritier, comme à l'héritier du donateur entre vifs?

On ne voit point de motifs pour la refuser à l'héritier contre le légataire universel : il semble, au contraire, que celui-ci peut d'autant moins en être affranchi, qu'il doit être considéré comme plus coupable.

On pense que l'action ne peut appartenir au légataire universel, qu'autant qu'il était l'un des successibles.

Enfin, on ne voit pas pourquoi la loi ne donnerait pas à l'héritier de l'héritier le même droit qu'à celui du donateur.

1078   Art. 143. Mais il ne parle pas de la survenance d'enfans. Il est vrai qu'on ne présume pas qu'un père ou une mère partageront entre leurs enfans, tant qu'ils conserveront l'espoir d'en voir augmenter le nombre : mais la nature a ses phénomènes, et dans ce genre les exemples en sont encore assez communs ; et certes, dans ce cas, il serait injuste qu'un enfant se trouvât exhérédé de fait.

Art. 147 et 148. Les père et mère, en usant de la liberté 1082 1083
que le premier de ces articles leur laisse, peuvent donner par
quotité, ou bien un corps de bien certain ; et la donation sera
sans doute valable, si l'objet ainsi donné n'excède pas la quotité disponible : dans ce cas, on ne voit aucune raison de
l'annuler.

Mais alors le donateur ne doit plus conserver la liberté ou
de vendre et hypothéquer, ou de disposer à titre gratuit, quel
que soit le motif de la disposition ; car il dépendrait de lui
d'annuler la donation.

Pour assurer la portion de liberté que doit conserver le donateur, et maintenir les droits des autres enfans, il suffit qu'au
moment du décès la donation soit réductible à la quotité disponible, comme le prescrit l'art. 152.

Art. 161. Cette rigueur contre les secondes noces paraît 1098
excessive à côté de la liberté donnée aux époux en premières
noces par les articles précédens.

La loi doit sans doute veiller à l'intérêt des enfans du premier lit, et s'opposer à ce qu'ils deviennent victimes d'une
seconde union : voilà le seul motif qui la dirige.

Ç'a toujours été une erreur de dire qu'elle haïssait les secondes noces. Elle ne pourrait les repousser qu'au cas qu'elles
seraient contraires ou à l'ordre de la nature, ou à l'ordre social, ce qui n'est pas.

Pourquoi donc un père ou une mère ne seraient-ils pas les
maîtres d'assimiler à l'un de leurs enfans l'objet d'une nouvelle affection, conçue peut-être dans un temps où les passions et le tempérament ont conservé toute leur force, et où
le concubinage prendrait presque nécessairement la place
d'une union légitime, s'il elle n'était forcée ; et certainement les suites en seraient plus dangereuses pour les enfans
du premier lit.

Il est rare que la loi atteigne son but, lorsqu'elle veut arrêter et non restreindre l'effet des passions.

TITRE X.

1394   Art. 4. Depuis long-temps cet usage aurait dû être abrogé, à raison des nombreux abus qui en résultait, et qui se sont particulièrement fait sentir là où les contrats de mariage étaient envisagés comme nécessaires, parce que les Coutumes, telles qu'à Metz, étaient exclusives de communauté.

Il serait à désirer que, sans donner un effet rétroactif à la loi, on en reportât le bienfait à des temps antérieurs ; ce qui pourrait se faire en assujétissant les contrats de mariage sous seing privé à l'enregistrement dans un délai fixé, avec un droit modique et uniforme.

Alors l'époux survivant ne serait plus maître de supprimer le contrat ; alors on ne pourrait plus en fabriquer suivant les circonstances, et qui n'auraient pas été convenus lors du mariage.

1401   Art. 14, § 2. Il ne parle pas des mêmes fruits, revenus
2°   et intérêts échus avant et non perçus pendant le mariage ; il semble qu'on en peut conclure qu'ils ne font point partie de la communauté.

Cependant on serait fondé, d'un autre côté, à prétendre qu'ils en dépendent ; et voici comment : le paragraphe précédent du même article dit que la communauté se compose de tout le mobilier que les époux possédaient au jour de la célébration du mariage.

L'article 19, liv. II, chap. II, reconnaît que le mot *mobilier* a une signification plus étendue que le mot *meubles*, puisqu'il porte que cette dernière expression comprend tout ce qui est mobilier, hors l'argent comptant, les dettes actives, etc. Donc le *mobilier* comprend les dettes actives.

Mais il est certain que les fruits, revenus, intérêts et arrérages échus, font aussi partie des dettes actives : donc ils sont compris sous la désignation générique de *mobilier*.

Il paraît résulter de ce raisonnement qu'il y a contradiction, au moins apparente, entre le premier et le second paragraphe de l'article qu'on examine, en ce que le premier fait entrer dans la communauté tout le mobilier, et que le second n'y fait entrer que les fruits, revenus, etc., échus ou perçus pendant le mariage.

Il serait utile de faire disparaître l'incertitude qui sort de la comparaison de ces deux dispositions.

Art. 15 et 17. Il paraît que l'ordre dans lequel ces articles sont posés n'est pas celui duquel ils devraient tirer le plus de clarté. 1402-1404

L'article 14 dit que les fruits et revenus entrent en communauté.

L'article 16, qui regarde la futaie ou réserve sur taillis, est une exception à cette première partie de l'article 14, et devrait être placé immédiatement après.

Le dernier paragraphe du même article 14 dit quels immeubles entrent en communauté ; l'article 17 indique quels sont ceux qui n'y entrent pas ; enfin, l'article 15 prescrit le seul caractère auquel on peut les reconnaître. Il serait à désirer que cet ordre des idées fût aussi celui des articles.

Ainsi, le seizième deviendrait le quinzième, le dix-septième prendrait la place du seizième, et le quinzième celle du dix-septième.

Art. 22. De cette disposition, généralisée pour les arrérages, il faut conclure que ceux échus avant le mariage font aussi partie des charges de la communauté ; ce qui peut encore faire croire que les fruits et intérêts échus aussi avant le mariage, quoique non perçus pendant son cours, appartiennent à la même communauté. 1409

Voir l'observation sur l'art 14 de cette section.

Art. 65. L'usage était que la femme devait appeler sur sa demande tous les créanciers connus de son mari ; ainsi ils étaient prévenus de la demande. Si cet usage était 1447 abrogé, combien il s'opérerait de séparations à l'insu des créanciers!

L'article dit qu'ils peuvent contester quand la demande est formée en fraude de leurs droits. Mais quand pourra-t-on dire que cette fraude existe? Sera-ce lorsque les reprises de la femme excéderont la fortune du mari, et qu'ainsi les créanciers perdraient le tout ou une forte partie de leurs gages? Ce serait priver les femmes des avantages de la sé-paration, à moins qu'elles ne prévinssent la dissipation du mari.

N'y aura-t-il fraude que lorsque le mari et la femme s'accorderont pour exagérer les reprises, afin de faire perdre aux créanciers? Mais ce n'est pas sur l'instance en séparation que cette fraude peut se commettre; c'est seulement lors de la liquidation qui doit suivre, et à laquelle il faudrait que les créanciers connus fussent appelés.

De ces observations il résulte qu'il serait à désirer que la loi dît quand est-ce que la séparation sera censée provoquée en fraude des créanciers.

ap-1450 Art. 69. A quelle date remontera cette hypothèque? Est-ce à celle de l'aliénation? est-ce à celle du contrat de mariage, ou de la célébration à défaut de contrat?

On sait que la date du contrat de mariage ou de la célébration était presque universellement adoptée : on se fondait sur ce que la garantie du mari se reportait au moment où il avait pris en main l'administration des biens de la femme.

Cependant, cette jurisprudence a quelquefois paru trop avantageuse à la femme, qui ne devient en effet créancière à défaut de remploi, que du moment où ses immeubles sont aliénés *.

TITRE XI.

ap-1672 Art. 95. Cette disposition peut légitimer une injuste spé-

---

* Voyez l'art. 2135 du Code civil.

culation. La vente aura eu lieu à l'instant qui a suivi la récolte, et le réméré s'exercera l'instant auparavant ; il est évident que le vendeur qui aura joui du prix immédiatement après la vente, bénéficiera d'une année des fruits.

Il semblerait plus équitable de donner à l'acquéreur les fruits jusqu'à l'époque de la révolution de l'année, à compter de la date du contrat.

On observera encore sur cet article qu'il n'y est parlé que des fruits, et non des fermages ; ce qu'il est cependant bien essentiel de distinguer dans l'intérêt même de l'agriculture.

Art. 103. Il n'y comprend pas les contrats connus en 1684 droit sous la dénomination de *contrats aléatoires* : cependant il est d'une jurisprudence constante que ces contrats ne sont pas sujets à être rescindés pour cause de lésion.

Peut-être a-t-on pensé que cette jurisprudence était tellement fondée en raison, qu'il était inutile d'en former un article de loi. Si cela est vrai, il est vrai aussi qu'il est essentiel d'en prévenir l'abus, et il s'est souvent manifesté.

Les contrats aléatoires sont ceux dont l'effet dépend d'événemens incertains ; mais, pour qu'ils ne puissent être exposés à la rescision pour cause de lésion, il est nécessaire, sans doute, que l'objet sur lequel frappe la clause aléatoire, soit essentiellement l'un de ceux que les contractans ont pris en considération.

Cependant, il est des tribunaux qui ont appliqué le principe avec une telle rigueur, qu'il leur suffit de rencontrer dans un contrat une condition qui dépende d'un événement incertain, pour qu'ils rejètent l'action en rescision, par exemple, la réserve d'habitation dans une chambre d'une maison vendue avec un corps de ferme : de sorte que, pour rendre illusoire le moyen introduit par la loi, afin d'éviter l'effet du dol ou de la surprise, il suffit d'insérer dans le contrat une clause de cette nature.

D'autres, au contraire, confient aux experts chargés de

l'estimation, le soin d'évaluer pour combien, relativement aux circonstances, la condition incertaine a pu entrer en considération dans la fixation du prix.

L'une et l'autre de ces deux jurisprudences différentes offrent des inconvéniens : la première présente à la fraude un asile assuré ; la seconde semble trop laisser à l'arbitrage des experts.

La variété infinie des circonstances ne permet peut-être pas d'établir une disposition également applicable dans tous les cas ; et la prudence du juge semble être le seul moyen auquel il soit possible de recourir : mais pour qu'il pût la consulter, il faudrait au moins qu'il fût affranchi de cette règle trop généralisée, qui veut que l'action en lésion soit rejetée, lorsque le contrat renferme des clauses aléatoires. Il semble qu'un article ainsi conçu remplirait cet objet :

« Les tribunaux pourront, suivant les circonstances, ad-
« mettre ou rejeter l'action en lésion d'outre moitié, lors-
« que le contrat de vente contiendra quelques clauses
« aléatoires. »

Si cette disposition paraissait offrir de trop grands inconvéniens, s'il y en avait moins à s'assujétir strictement à la règle, alors, pour ramener à unité de jurisprudence, il faudrait ajouter à l'article qu'on examine, que la rescision pour lésion n'a pas lieu lorsque le contrat de vente renferme quelques clauses aléatoires.

TITRE XII.

1706 Art. 6. Pour juger qu'il y a lésion, il faut que la juste valeur soit connue autant qu'il est possible, et que le montant du prix délivré ne présente aucune incertitude.

Lorsque ce prix est en monnaie, il ne peut y avoir d'embarras sur ce dernier point, parce que la valeur en est fixée par la loi, parce qu'étant le moyen employé dans presque toutes les conventions, en même temps qu'elle énonce le prix d'une manière certaine, elle devient aussi un objet assuré de comparaison pour fixer la valeur de la chose vendue.

Lorsque le prix est payé en effets mobiliers, tous ces moyens de reconnaître s'il y a lésion disparaissent à la fois ; et pour le prouver, il ne faut que réfléchir qu'alors il faudrait deux expertises, l'une pour déterminer la valeur de l'immeuble en monnaie, l'autre pour apprécier celles des meubles qui ont formé le prix.

Et encore, comment cette dernière opération pourrait-elle acquérir le degré de justesse qui lui est nécessaire ? Il n'est rien dont la valeur soit plus relative que celle des effets mobiliers. Une médaille isolée sera pour un antiquaire d'un prix inestimable, parce que, peut-être, elle complétera une collection de monumens historiques de cette nature ; et elle n'aura, aux yeux d'un expert, que la valeur du métal. On pourrait citer une infinité d'exemples de cette espèce.

De ces observations il résulte que l'exception portée dans cet article à la règle générale qui, en matière d'échange, rejète la rescision pour cause de lésion, est sujète à de grands inconvéniens ; et, comme la faveur est toujours pour les conventions, comme elles sont toujours présumées être contractées de bonne foi, comme il est toujours dangereux d'en remettre le sort entre les mains d'experts, on pense qu'il vaudrait mieux maintenir la règle générale, et supprimer l'exception, ou au moins n'admettre le pourvoi en rescision qu'autant que les meubles donnés en échange seraient estimés dans le contrat.

TITRE XIII.

Art. 19. Que le temps d'avance soit remis à l'usage, cela 1736 peut être sans inconvénient : peut-être cependant vaudrait-il mieux qu'il y eût une règle générale.

Mais, quant à la manière, on croit qu'il est utile de la fixer, afin de faire cesser l'incertitude sur la question de savoir si la preuve testimoniale peut en être admise.

OBSERVATION PARTICULIÈRE.

Il se fait souvent des baux pour un certain nombre d'années, mais avec la liberté de les rompre après une certaine révolution de temps : lorsque cette faculté est réciproque, elle n'offre aucun inconvénient ; elle est contraire à
la nature du bail, elle est léonine, lorsqu'elle n'est donnée
qu'à l'un des contractans. Il faudrait que la loi prononçât
que, dans ce cas, le droit de rompre le bail à l'époque fixée
est réciproque.

TITRE XIV.

1834   Art. 5. L'ordonnance du commerce contient une disposition analogue à cet article, et a fait naître fréquemment la
question de savoir si la société pouvait être justifiée par
témoins, lorsqu'il y avait un commencement de preuve par
écrit.

Les uns pensaient qu'il était tellement de l'essence du contrat de société d'être rédigé par écrit, qu'ils se refusaient
à toute preuve.

Les autres regardaient la disposition de l'ordonnance du
commerce comme une application particulière des dispositions de l'ordonnance de 1667, et admettaient la preuve
par témoins lorsqu'il y avait commencement de preuve par
écrit.

Il semble que cette dernière opinion est plus conforme à
l'équité et aux principes de bonne foi qui doivent régner surtout dans le commerce. Serait-il juste qu'un négociant, après
avoir entretenu long-temps une société, après en avoir
perçu les fonds et touché les bénéfices, lorsque ses registres,
par exemple, feraient foi de ces vérités, pût cependant
échapper à la restitution, en se renfermant dans l'exception
résultant de ce qu'il n'y a point d'acte de société rédigé par
écrit ?

D'après cette simple observation, on pense que, dans

le cas d'un commencement de preuve par écrit, la société peut être prouvée par témoins ; mais il faudrait que la loi levât les doutes qui résultent de ce qu'elle l'exprime pour les autres conventions, et non pour celle-ci.

TITRE XIX.

Art. 13. Jusqu'à présent le montant proportionnel des rentes viagères a dépendu de la convention ; elles étaient considérées en droit comme faisant partie de ces contrats appelés *jactus retis :* elles étaient ainsi à l'abri de toute espèce de rescision pour cause de lésion.

Si l'article qu'on examine offre un grand avantage, il consiste en ce qu'il écarte toute idée de fraude de ces espèces de contrats, puisqu'il rend la rente viagère susceptible de réduction : mais suffit-il pour atteindre ce but ?

Les rentes viagères sont souvent le prix d'un immeuble aliéné à ce titre. Si la valeur de l'immeuble n'est pas fixée par le contrat, et que le débiteur de la rente viagère prétende à la réduction, quelle règle suivra-t-on pour l'opérer ? Il faudra donc faire estimer l'immeuble, comme lorsqu'il s'agit de déterminer s'il y a lésion, et opérer la réduction d'après l'estimation ? Si ce moyen est celui qui paraît le plus juste, il serait à désirer que le Code civil l'énonçât par un article additionnel, qui pourrait être conçu en ces termes :

« Si la rente viagère est le prix d'un immeuble vendu,
« et que la valeur n'en soit pas fixée par le contrat, elle
« sera susceptible de réduction dans les proportions établies
« par l'article 13, et sur le pied de la valeur de l'immeuble
« déterminée par experts. »

Mais qu'arrivera-t-il si le prix est déterminé par le contrat, et que le débiteur prétende qu'il a été forcé, afin d'éluder le taux des rentes viagères, ou que, dans le cas de l'article 16, il ait été diminué pour pallier l'avantage indirect ?

Il faut reconnaître que, si la loi ne présente aucun remède dans ces deux cas, les articles 14 et 16, loin de prévenir la fraude ou la lésion, semblent au contraire fournir un moyen facile de les faire prospérer.

Il paraît qu'on ne peut éviter cet inconvénient qu'en adoptant l'expertise dans tous les cas. On pourrait proposer les baux antérieurs pour connaître le revenu.

Mais le produit d'un immeuble n'est pas toujours un signe certain de sa valeur : une maison déjà vieille offre au locataire autant de commodités que si elle était neuve ; et cependant elle a moins de valeur quant au fond.

Il résulte de ces observations qu'il sera toujours très-difficile d'atteindre le but qu'on s'est proposé par les articles 13 et 16 ; que, sans produire l'effet qu'on pourrait s'en promettre au premier aperçu, ils engendreront une foule de difficultés : il n'y aura pas une rente viagère causée pour vente d'immeuble qui ne donnera lieu à des procès, si la mort tardive du vendeur trompe l'espoir de l'acquéreur. On penserait volontiers qu'il vaudrait mieux laisser la fixation de la rente à la volonté des parties, sauf les cas de dol ou de fraude.

Cette opinion paraît encore fondée sur ce que l'âge n'est pas toujours le seul pronostic de la plus ou moins grande durée de la vie d'un homme : son tempérament, la profession qu'il a exercée, les maladies chroniques dont il est menacé, une infinité d'autres circonstances, peuvent contribuer à déterminer celui qui stipule une rente viagère ; et toutes ces circonstances ne peuvent entrer dans la disposition de la loi.

Il n'en est pas d'une rente viagère constituée par un particulier, comme de la conversion que le Gouvernement fait en rentes de cette nature, de capitaux qu'il doit : dans ce cas il faut sans doute une règle proportionnelle, et l'âge seul peut entrer en considération.

On observera, sur l'article 16, que, si l'intention est d

prévenir les avantages indirects, il est incomplet, puisqu'il n'autorise que la réduction. Elle ne peut être demandée que par le vendeur : l'avantage indirect a donc lieu, s'il ne réclame point. Il semble que, dans tous les cas où la loi défend d'avantager, de pareils contrats devraient être nuls.

Le tribunal d'appel, après avoir entendu sa commission dans son rapport sur les observations ci-dessus, les a approuvées, et a arrêté qu'il en serait fait envoi au ministre de la justice.

A Metz, en la chambre du conseil, le 16 nivose, an 10 de la république. Signé PECHEUR, *président;* THIÉBAULT, *greffier.*

———————

N° 19. *Observations faites par les membres de la commission nommée le 21 germinal dernier par le tribunal d'appel séant à* MONTPELLIER *(a).*

En examinant le projet de Code civil, l'attention de la commission s'est portée d'abord et successivement sur chaque disposition particulière, en appliquant sur celles qui en paraissent susceptibles, les observations succinctes que peut fournir un premier coup-d'œil ; elle s'est reportée ensuite sur celles de ces mêmes dispositions qui, plus intéressantes et systématiques, exigent plus de développement dans les observations plus importantes qu'elles font naître. Enfin, en comparant les parties de l'ouvrage entre elles, et l'ouvrage lui-même avec la règle, les observations sont devenues générales en s'appliquant à ces rapports généraux.

Telle est la nature et tel sera l'ordre des observations que la commission présente sur le projet de Code civil. D'abord elles seront succinctes sur toutes les dispositions particulières

———

(a) La brièveté du temps, les occupations des membres de la commission au tribunal, et d'autres accidens survenus, n'ont pas permis de soigner la rédaction de ce travail.

qui en paraîtront susceptibles ; ensuite elles seront plus développées sur certaines de ces dispositions plus intéressantes et systématiques ; enfin elles seront générales sur l'ensemble du projet et de ses dispositions.

§ Ier.

Observations succinctes sur toutes les dispositions particulières du projet de Code civil qui en paraissent susceptibles.

LIVRE PRÉLIMINAIRE.

Du droit et des lois.

TITRE PREMIER.

com. **Art. 5.** Il ne paraît pas suffisant d'établir qu'une Coutume résulte d'une longue suite d'actes constamment répétés ; il faudrait, de plus fixer le temps pendant lequel la Coutume a dû être observée pour avoir acquis force de loi.

TITRES II et III.

com.
et 1. **Art. 1er du tit. II, et art. 2 du tit. III.** Il serait plus juste de ne les rendre exécutoires que du jour de leur publication par les tribunaux de première instance ; la plus grande partie de ces tribunaux, dont les arrondissemens forment celui des tribunaux d'appel, étant très-éloignés des lieux où ceux-ci tiennent leurs séances.

1 **Art. 3.** Peine de forfaiture trop sévère : des circonstances majeures peuvent empêcher les juges de procéder à cette publication à l'audience suivant immédiatement le jour de la réception.

TITRE IV. — *Des effets de la loi.*

Art. 9. Pour éviter des contestations, il faudrait exprimer à quels caractères on doit connaître les lois prohibitives ; si elles doivent être conçues en termes prohibitifs formels, ou bien en termes équivalens.

TITRE V. — *De l'application et de l'interprétation des lois.*

Art. 2. Étant dit par l'article 7 suivant, que la présomption du juge ne doit pas être mise à la place de la présomption de la loi, qu'il n'est pas permis de distinguer lorsque la loi ne distingue pas, et que les exceptions qui ne sont point dans la loi ne doivent point être suppléées; et par l'art. 10, aussi suivant, étant dit que la distinction des lois odieuses et favorables, faite dans l'objet d'étendre ou de restreindre leurs dispositions, est abusive; il semble que la permission donnée au juge d'interpréter la loi par voie de doctrine ne peut guère avoir lieu.

Art. 7. La généralité des dernières expressions de cet article peut induire en erreur dans le cas où l'on peut distinguer d'après l'esprit de la loi, quoique la loi ne distingue pas, et dans ceux où les exceptions qui ne sont pas dans la lettre peuvent également se trouver dans l'esprit de la loi.

Art. 10. La disposition de cet article peut gêner l'équité du juge dans l'extension des lois favorables, et dans la restriction de celles qui sont odieuses.

Art. 12. Cet article ne se concilie pas avec l'article 1er du présent titre. Dans l'article 12, le juge ne peut refuser de juger, lors même que la loi manque ; et dans l'article 1er, son ministère consiste à appliquer la loi avec discernement et fidélité.

LIVRE Ier. — *Des personnes.*

TITRE Ier.

Art. 7. La disposition de cet article paraît devoir être restreinte à l'étranger qui, ayant des biens en France, peut être cité dans les lieux et devant les tribunaux de la situation des biens, pour l'action hypothécaire seulement, le domicile devant régler la compétence dans la poursuite des actions personnelles.

17 **Art. 11.** La lecture de toutes les pages du projet de Code fait sentir la nécessité d'une définition plus détaillée de ce qui est appelé *droit politique*, *loi politique*, *droit public*, *droit civil*, et *loi civile*.

18 **Art. 12.** Mêmes observations que sur l'article précédent, sur la nécessité d'une définition plus détaillée des droits civils.

19 **Art. 15.** Cet article suppose la tenue d'un registre dans la municipalité pour y écrire cette déclaration.

TITRE II. — *Des actes destinés à constater l'état civil.*

56 **Art. 22.** Pour les actes de mariage et de décès, il est dit qu'ils sont faits en présence des témoins, *parens ou non parens;* il devrait en être de même dans les actes de naissance.

56 **Art. 24.** Si le père désavoue l'enfant né dans les premiers six mois de son mariage avec la mère, l'officier de l'état civil ne doit-il pas recevoir la déclaration que le père viendra lui faire de ce désaveu?

Ne doit-il pas aussi recevoir la déclaration de celui qui viendra lui déclarer qu'il est le père naturel de ce même enfant?

Ne doit-il pas enfin recevoir d'autres déclarations du même genre?

63 **Art. 31.** Dans tous les temps il a été accordé des dispenses pour la publication des mariages dans les cas exigeant célérité, tels que voyage, maladie, crainte de mort : ne pourrait-on pas, au moyen de pareilles dispenses, qui seraient accordées par qui de droit, abréger les délais de publication prescrits par l'article?

74 **Art. 48.** En cas d'empêchement physique de l'un ou l'autre des futurs époux de se rendre à la séance municipale, ne faudrait-il pas autoriser l'officier de l'état civil à se rendre auprès des personnes empêchées, pour y recevoir leur déclaration de mariage?

Art. 57. Il est des cas où les cadavres ne peuvent rester 77
vingt-quatre heures sans inhumation ; alors il faudrait que
l'officier de l'état civil fût autorisé à délivrer l'ordonnance
d'inhumation dans un plus court espace de temps, d'après
l'avis des officiers de santé.

Art. 60 et 61. Les actes de décès consignés sur les regis- 81-
tres de l'état civil ne devant constater que la mort, et non la ^82
cause, il serait plus convenable pour la mémoire de ceux
qui ont été trouvés morts avec des signes ou indices de mort
violente, et surtout de suicide, de laisser entre les mains de
l'officier de police judiciaire le procès-verbal de l'état du cadavre, après l'avoir néanmoins communiqué et fait viser par
l'officier de l'état civil.

Art. 65. Même observation que sur les articles 60 et 61, 85
avec d'autant plus de raison qu'il y aurait de l'inconvénient
à délivrer l'extrait de l'acte du décès avec celui de la condamnation et exécution à mort ; ce dernier acte étant d'ailleurs
déposé au greffe criminel, qui est le lieu de son dépôt.

Il ne paraît pas convenable que les registres des municipalités conservent de pareils monumens, qui sont des désagrémens insupportables pour les familles : l'opinion ne pouvant
jamais être maîtrisée par la loi.

Art. 66. Même observation que sur les articles 60, 61 et 84
65 ci-dessus.

TITRE III. — *Du domicile.*

Art. 6 et 7. Il se peut que le mineur, quoique non éman- 108
cipé, vive séparément de ses père et mère, et surtout de son
tuteur : dans ce cas, son domicile ne devrait pas être celui
de ses père et mère, ou de son tuteur ; il ne devrait l'être
que dans le cas où le mineur serait pupille, et incapable de
gérer ses affaires.

Il serait encore à propos d'expliquer quel est le domicile du majeur interdit pour cause de prodigalité.

Art. 9. Le fonctionnaire public cité en témoignage, aveu, 106-
107

réponses sur faits et articles, etc., etc., peut-il être cité indifféremment au lieu de son domicile ou à celui où il exerce ses fonctions?

Cette alternative pourrait avoir des inconvéniens qu'il est nécessaire de prévenir.

TITRE IV.

125-129   Art. 14. L'homme étant présumé vivre cent ans, et ses héritiers présomptifs, n'ayant possédé ses biens pendant son absence qu'à la charge de les lui restituer en cas de retour, ne paraissent pas devoir en devenir propriétaires incommutables par l'effet de cette possession, qui, n'étant évidemment que précaire, ne peut leur acquérir cette propriété, nul ne pouvant d'ailleurs prescrire contre son propre titre par aucun laps de temps, ainsi que cela est expliqué dans le projet de Code, titre XX, chapitre III, art. 18 et 22.

129   Art. 15. Même observation que sur l'article précédent.

133   Art. 17. Même observation que sur l'article précédent.

136   Art. 24. L'absent, étant présumé vivre cent ans, ne devrait pas être exclu de la succession à laquelle il est appelé par la loi pendant son absence; et les cohéritiers qui ont le droit de concourir avec lui ne devraient être envoyés que provisoirement en possession de la part compétant l'absent, en donnant caution de la lui restituer en cas de retour.

1. 1er. fin du tit. 4.   Art. 33. En vertu de cet article, l'administration municipale peut-elle, sans procuration, former des demandes en justice au nom de l'absent, et défendre à celles qui ont été dirigées contre lui? c'est ce qui paraît devoir être expliqué.

TITRE V.   *Du mariage.*

161-162   Art. 17 et 18. L'honnêteté publique et l'intérêt des mœurs exigeraient la prohibition du mariage tant en ligne directe qu'en ligne collatérale entre les alliés au même degré; par exemple, en ligne directe, entre le parâtre et la fille de sa femme ; et en ligne collatérale, entre le frère et la veuve du frère, l'oncle et la nièce, la tante et le neveu, par la raison puisée dans le discours préliminaire du Code, que ces individus vivent ordinairement dans la même famille, qui est le sanctuaire des mœurs, et que les mœurs sont menacées par tous les préliminaires d'amour et de séduction qui précèdent et préparent les mariages ;

Par la raison encore qu'il répugne à nos mœurs que le même individu épouse la mère et la fille ; que le frère épouse la veuve de son frère, qui en était la chair ; que la nièce épouse l'oncle, qui représente son père.

Art. 19. La privation des effets civils qu'on attacherait au mariage fait à l'extrémité de la vie aurait l'inconvénient de laisser illégitimés les enfans naturels déjà reconnus, tandis que leur légitimation est évidemment le but de ce mariage. *l. 1er. tit. 5-fin du c. 1er.*

La maladie à la suite de laquelle on meurt dans les vingt jours du mariage peut d'ailleurs être telle, qu'à l'époque de la célébration elle n'avait pas de caractères dangereux ; ensorte qu'il est possible que le mariage n'ait pas été contracté dans la crainte de la mort.

Art. 23. Même observation que sur les art. 6 et 7, tit. III, liv. Ier. *ap-165*

Art. 32. L'objet étant d'une importance majeure, il paraît que la procédure relative aux oppositions aux mariages devrait être faite et jugée par les tribunaux de première instance et d'appel. *177 178*

Art. 51. L'obligation des pères et mères d'élever leurs enfans devrait comprendre aussi celle de leur procurer une profession ou métier, qui se dit assez souvent un établissement : il faudrait au moins accorder à la fille une action pour demander contre son père ou sa mère une dot proportionnée à leurs facultés, sans laquelle elle ne pourrait se marier. *203-204*

208-
209-
210   Art. 52, 53, 54 et 55. L'impossibilité de payer une pension alimentaire à ses père et mère devrait être constatée par une assemblée de famille, ainsi que l'insuffisance du revenu et du travail pour leur fournir des alimens dans la demeure.

214   Art. 64. Cette obligation devrait être réciproque entre le mari et la femme.

215-
217   Art. 65 et 66. L'on ne voit pas pourquoi l'autorisation et consentement du mari seraient nécessaires dans les cas même où la femme est libre dans ses biens, les droits n'étant pas alors réciproques entre elle et son mari.

   La femme mariée, libre dans ses biens, n'en peut-elle pas disposer comme celle qui n'est point mariée?

220   Art. 68. Suivant l'article 65 de l'autre part, la femme marchande publique ne peut ester en jugement sans l'assistance de son mari.

   Cependant, suivant l'article 68 ci-dessus, elle peut s'obliger sans le consentement de son mari, en ce qui concerne son négoce ; elle peut donc, à cet égard, ester et contracter en jugement.

   Ces deux articles ne paraissent-ils pas contraires l'un à l'autre?

221-
222-
224   Art. 69, 70 et 72. Sur ces trois articles, même observation que sur les précédens, dans les cas où la femme est libre dans ses biens.

   L'expérience démontre d'ailleurs l'inutilité de pareilles précautions, qui ne font le plus souvent qu'occasioner des contestations, et rendre le remède pire que le mal.

226   Art. 74. Par la même raison, elle peut donner à cause de mort.

227
2°   Art. 75. 2° Le lien du mariage devrait être à l'abri du divorce à l'égard des contrats passés sous l'empire de la loi ecclésiastique et civile tout ensemble, qui, avant la loi de 1792, sur le divorce, était la loi de l'État, loi qui prescrivait et devait prescrire l'indissolubilité du lien conjugal,

ainsi que s'en explique le rédacteur du Code civil, *pages*
32 *et* 33 du discours préliminaire; loi dont l'effet ne pourrait être anéanti dans ces contrats, que par une rétrogra-
dation de la loi nouvelle, que nos principes désavouent suivant les mêmes rédacteurs, *page* 20 du même discours.

Les époux ne peuvent aujourd'hui être frustrés de la garantie que leurs engagemens ont reçue de la loi ancienne,
la foi publique ne devant jamais être trompée.

Cette considération doit s'appliquer encore aux mariages
contractés sous l'ancienne loi, relativement aux séparations
temporaires de corps et de biens, qui étaient alors admises.

Art. 76. Il faudrait infliger des peines à la femme qui 228
malverserait dans l'année du deuil.

TITRE VI. — *Du divorce.*

Art. 3. La disposition de cet article paraît trop vague; l. 1er-
il peut fournir trop souvent des prétextes au divorce, les dé- tit. 6-
lits énoncés dans l'article n'étant et ne pouvant guère être c. 1er.
précisés.

Ces délits pourraient bien être pris en considération par
les législateurs, à l'effet d'autoriser, comme autrefois, les
séparations de corps et de biens, qui remédieraient également aux inconvéniens de la cohabitation des époux en
discord, conserveraient leur biens, leur tranquillité et leurs
droits respectifs, et donneraient à leurs esprits et à leurs hu-
meurs le temps de se concilier.

La dissipation du mari ne devrait donner lieu qu'à la séparation des biens; sans ce remède la femme, pour conserver son patrimoine, serait dans le cas de demander le divorce, que, d'après le projet de Code, elle ne pourrait obtenir pour cause de dissipation.

Il y aurait d'autre cas pour la simple séparation de corps
et de biens, tels que la lèpre et autres maladies qui, même
d'après le projet, ne donnent pas lieu au divorce.

Au surplus, la diffamation publique, et l'abandon de l'un

des époux, paraissent ne devoir donner lieu qu'à une sépation à temps de corps et de biens: les époux peuvent reconnaître leurs torts, s'en repentir, et revenir ensemble ; ce qu'ils ne pourraient faire, si l'un d'eux avait contracté un nouveau mariage, ainsi que, d'après le projet, il en a la liberté.

Il n'y aurait alors que l'attentat de l'un des époux à la vie de l'autre, et l'adultère qui pussent donner lieu au divorce.

ap-263 **Art. 23.** Ce renvoi au tribunal de première instance le plus voisin de celui qui a rendu le jugement infirmé, ne devrait être ordonné que dans le cas ou le tribunal qui a rendu le jugement ne serait pas divisé en deux sections et composé d'un nombre suffisant de juges : par là l'ordre des juridictions serait conservé.

267 **Art. 32.** Il faudrait excepter de cette disposition les enfans à la mamelle et ceux à qui le soin de la mère est encore nécessaire ; il faudrait en excepter aussi le cas de la dissipation et de la prodigalité notoire du mari : ces différens cas seraient soumis à la décision d'une assemblée de famille.

Il serait mieux encore de confier l'administration provisoire des enfans à celui des époux qui serait indiqué par une même assemblée. Par là on éviterait l'inconvénient de laisser sous la main du père, par exemple, des enfans contre lesquels il aurait de la haine, à cause même de leur attachement pour leur mère. Dans ces cas, l'effet de la puissance paternelle ne devrait plus peser sur eux.

l. 1er-tit. 6-ch. 2-fin de sec. 3. **Art. 42.** Si les époux n'habitaient pas ensemble, la présomption de réconciliation ne paraît pas devoir être admise ; il dépendrait alors de la femme de faire naître une pareille présomption.

Ibid. **Art. 48.** L'on s'en réfère à la disposition indiquée par l'art. 42.

Art. 53 et 57. Dans les facultés contributives du père ou 3o1-
de la mère à l'éducation et entretien des enfans, doit être ; 3o3
sans doute, comprise la pension alimentaire que l'époux est
tenu de fournir à celui qui a obtenu le divorce, et de laquelle mention est faite dans l'article 53 ci-dessus.

TITRE VII. — *De la paternité et de la filiation.*

Art. 27. Il semble que, si la preuve de la maternité 336
était faite, la reconnaissance du père n'étant pas alors seule,
devrait reprendre son effet.

Art. 28. Même observation que sur l'article 19 du ap-
chap. Ier, titre V, sur le mariage fait à l'extrémité de la vie. 334

TITRE VIII. — *De la puissance paternelle.*

Art. 12. Le droit qu'a le père d'administrer et de jouir 384-
pendant le mariage, jusqu'à la majorité de ses enfans non 389
émancipés, des biens qui leur adviennent, devrait être pareillement accordé à la mère, à défaut du père, avec d'autant plus de raison, que, par l'art. 13 suivant, le droit d'administrer et de jouir des biens des enfans de divers lits, est
déféré au père ou à la mère à qui ces enfans appartiennent.

Art. 15. Dans le cas de la disposition officieuse, le mobilier l. 1er-
devra-t-il rester en propriété et jouissance dans la main de fin du
l'enfant dissipateur ? Ce serait là fournir matière à la dissi- et art.
pation. 1o48

Au reste, la faculté d'exhéréder les enfans ne devrait pas
être ôtée au père et à la mère, ainsi qu'il sera établi dans les
observations générales.

Art. 16. Il faudrait prescrire la manière de s'assurer si la *Ibid.*
cause de la disposition officieuse subsiste à l'époque de la
mort du père ou de la mère disposans.

Art. 19. Il semble que, pour obvier aux contestations, il *Ibid.*
faudrait fixer la quote de ce qui ne peut être saisi de l'usufruit laissé à l'enfant dissipateur.

Art. 22. Sur l'assistance et consentement du mari, même *Ibid.*

observation que sur l'art. 65 et suivans, sect. Ire *des droits et devoirs respectifs des époux*, chap. IV, tit. V, liv. Ier.

TITRE IX. — *De la minorité, tutelle et émancipation.*

ap-
388

Art 2. Non-seulement on devrait diviser la minorité en deux époques, mais encore on devrait fixer le temps auquel chacune d'elles commence et finit.

Comme dans la première, le mineur est absolument incapable de se conduire lui-même et de régir ses biens, il doit nécessairement y être suppléé par un tuteur; tandis que, dans la seconde époque, le développement de ses facultés intellectuelles lui permet de se conduire lui-même, de régir ses biens, faire un commerce, etc.; en sorte qu'il n'a besoin de l'assistance d'un curateur, que pour agir en justice et passer certains contrats: d'où il suit que son état dans la première époque ne ressemble pas du tout à son état dans la seconde, de même que les fonctions de son tuteur ne ressemblent pas non plus à celles de son curateur; d'où il suit encore que, ces deux états étant si distincts et si différens, il doit exister une différence entre le tuteur et le curateur; d'où il suit enfin que la pupillarité, qui est l'âge de la première époque, doit être bien distincte de la minorité, qui est l'âge de la seconde.

Le tuteur est une personne autre que le curateur; leurs fonctions sont totalement différentes: le curateur doit intervenir dans l'audition des comptes que le tuteur doit rendre à la fin de la pupillarité, afin que le mineur jouisse plus tôt des biens desquels il a le droit de jouir lui-même, et qu'il peut augmenter par l'effet de son industrie.

Ainsi la distinction de pupillarité de la minorité, et du tuteur du curateur, paraît d'une explication nécessaire, ainsi que la fixation du temps auquel les deux époques de la minorité doivent commencer et finir.

451-
421

Art. 7. La loi devrait fixer le délai dans lequel le tuteur

est tenu de remplir ces deux formalités, et déterminer la peine qu'il encourt par son omission ou sa négligence.

Art. 14. La disposition de cet article paraît contrarier les effets de la puissance paternelle, qui attribue au père et à la mère la jouissance des biens de leurs enfans mineurs non émancipés ; la puissance paternelle étant d'ailleurs elle-même une tutelle dont le père ne peut être privé que par l'interdiction. *ap- 396*

Art. 15. On ne voit pas par quelle raison, lorsqu'il y a un ascendant, le père ou la mère n'ont pas le droit de choisir un tuteur, surtout si l'ascendant n'est pas reconnu propre à exercer la tutelle, sauf la confirmation du conseil de famille. *397*

Art. 32. Il faudrait de plus une peine contre les dûment appelés qui ne se rendent pas, sauf les cas d'excuse légitime. *409- 413*

Art. 48. Disposition rigoureuse, même nuisible aux intérêts du mineur, puisque le tuteur âgé de soixante-quatre ans, forcé d'accepter la tutelle, ne peut l'abdiquer même à l'âge de quatre-vingts, quoiqu'à cet âge l'on soit communément aussi faible et aussi incapable que l'est un mineur ou pupille. *433J*

Art. 57. Cet article, en ce qu'il prive le père de la jouissance des biens de ses enfans mineurs par l'exclusion de la tutelle, paraît contraire à l'art. 12 du titre VIII, chap. II, qui veut que, constant le mariage et jusqu'à la majorité de ses enfans non émancipés, le père ait, par le seul effet de sa puissance paternelle, la jouissance des biens de ses enfans. *444*

Art. 72. En cas d'insuffisance des revenus et produit de la vente du mobilier, ne pourrait-on pas autoriser la vente d'un immeuble, d'après l'avis du conseil de famille? Une pareille vente est commandée par la nécessité qui n'a point de loi. *454*

Art. 77. L'autorisation du conseil de famille ne serait nécessaire que lorsque le mineur est en pupillarité; mais, après cet âge, la simple assistance d'un curateur pourrait lui suffire, d'autant que le remède de la restitution lui est ouvert pendant dix années, à compter de la majorité. *463*

Art. 78 et 79. Sur ces deux articles, même observation que sur le précédent.

CHAPITRE III. — De l'émancipation.

Sur la forme et les effets de l'émancipation, on rappelle aux observations faites ci-dessus sur l'article 2, chapitre Iᵉʳ *des mineurs,* touchant la distinction qui paraît devoir être faite entre la pupillarité et la minorité.

TITRE X.

Art. 13. Il n'y a plus d'assesseurs de juge-de-paix pour assister le commissaire.

Art. 18. Si le tribunal qui a rendu le jugement dont est appel était composé de deux sections, la commission roga-toire pourrait être adressée à l'un des juges de la section qui n'aurait point rendu le jugement.

Sur le présent titre 10 *de l'interdiction,* on remarque qu'il n'y est point parlé de l'interdiction des majeurs pour cause de prodigalité : la prodigalité n'exige cependant pas moins de précaution de la part de la loi, que la démence ou l'im-bécillité, puisque le prodigue ne connaissant ni règle ni mesure dans ses dépenses, tend à une ruine totale.

Aussi la loi romaine, en lui interdisant l'administration de ses biens, lui donne un curateur. L'expérience justifie cette précaution.

On voit tous les jours dans la conduite de certains chefs de famille des exemples de déréglement et de dissipation, auxquels on remédie efficacement par la voie de l'inter-diction.

Comme la prodigalité ou la dissipation est susceptible de différens degrés, le remède peut aussi être différent ; ou l'interdiction, ou bien un conseil volontaire, tel à peu près qu'il est prescrit dans le chapitre III du présent titre.

Mais il est rare que le prodigue demande lui-même son interdiction, ou un conseil volontaire ; de là la nécessité d'y suppléer de la même manière que pour les furieux et les imbécilles.

Cette mesure est surtout nécessaire pour la conservation de la dot des femmes dont les maris sont prodigues et dissipateurs.

LIVRE II. — *Des biens, et des différentes modifications de la propriété.*

TITRE Ier.

Art. 22. Il semble que la généralité des expressions *avec* 536 *tout ce qui s'y trouve* devrait comprendre l'argent comptant et l'argenterie, conformément aux dispositions de la loi 86 (au ff. *de leg.* 2°), et que l'exception ne devrait regarder que les dettes actives, et les droits dont les titres sont déposés dans la maison.

Art. 25. Dans la disposition de cet article, il n'est point 538 parlé des rivières non navigables ni flottables, ni des torrens qui ne tarissent pas : à qui appartient la propriété de ces rivières et torrens? et quels droits les particuliers peuvent y exercer?

TITRE II. — *De la pleine propriété.*

Art. 2. L'indemnité dont il est parlé dans cet article devrait être préalable. 545

Art. 5 et 6. La généralité de ces deux articles devrait être 548- limitée aux cas où le tiers n'a ni titre ni motif pour exploiter 549 le fonds d'autrui. Sans cette limitation, la règle est fausse en cas de vente d'un fonds affermé, et injuste dans les autres cas que sa généralité ne devrait pas comprendre, ainsi qu'il est expliqué plus au long dans le § 2 des observations, où il est aussi parlé de l'exception introduite en faveur de la bonne foi du possesseur.

IV. 28

TITRE III.

601　　Art. 26. La qualité qui peut dispenser l'usufruitier de donner caution devrait être déterminée.

602-603　　Art. 27. Ne serait-il pas plus avantageux et moins dispendieux pour toutes les parties de laisser à l'usufruitier qui ne peut trouver de caution le choix de consentir aux dispositions de cet article, ou de recevoir du propriétaire une pension ou rente représentative de l'usufruit, laquelle serait fixée par des experts ?

605-606　　Art. 30 et 31. Les grosses réparations devraient être ici réputées les mêmes que celles qui sont à la charge des propriétaires dans les baux à ferme ; en sorte que les réparations à neuf des portes, fenêtres, cloisons, etc., tombées en vétusté ou dégradées par des accidens extraordinaires, devraient, dans le présent article, être mises dans la classe des grosses réparations.

607　　Art. 32. Si les objets tombés en vétusté ou détruits par cas fortuit sont tels que l'usufruitier ne puisse jouir d'un corps d'héritage sans que ces objets fussent réparés, il paraît juste que, dans ce cas, le propriétaire soit tenu de cette réparation, en remboursant à la fin de l'usufruit, à l'usufruitier ou à ses héritiers, les frais que celui-ci y aurait employés.

612　　Art. 36. Si, faute par l'usufruitier de faire l'avance de ce capital, le propriétaire est tenu de payer les dettes dont les biens sujets à l'usufruit sont chargés, le propriétaire devrait avoir la faculté de vendre ou faire vendre aux enchères, l'usufruitier présent ou dûment appelé, une partie de ces mêmes biens, jusqu'à concurrence du montant des dettes ; l'usufruit de cette partie de biens demeurant alors éteint.

634　　Art. 55. Les effets du droit d'habitation dans une maison, et de celui de l'usufruit d'une maison, étant les mêmes, et n'existant entre ces deux droits d'autre différence que celle du nom, il paraît que celui qui a le droit d'habitation peut, comme l'usufruitier, le céder ou le louer à un autre ; l'habitation étant d'ailleurs un fait qu'on peut faire exercer par un autre ; avec d'autant plus de raison que, par l'article 10, section Ire, chapitre Ier, titre XIII, *de l'usufruit*, la relocation et la cession des baux sont permises.

Les observations qu'il y aurait à faire sur la matière de l'usufruit, usage et habitation, cèdent à la considération que, sur les objets prévus par le projet de Code civil, les juges sont autorisés à se décider d'après l'usage et l'équité.

TITRE IV. — *Des servitudes.*

Art. 2. Il faudrait s'en rapporter à l'usage des lieux, sur 640 ce que la main de l'homme peut ou ne peut pas faire pour l'écoulement des eaux, afin que la servitude naturelle des fonds ne soit point aggravée.

Par exemple, les eaux du fonds inférieur ne peuvent pas être réunies dans un canal qui les jète rapidement et avec ravage dans le fonds inférieur ; ou tout au moins la distance de l'extrémité de ce canal au bord du fonds inférieur doit être déterminée de manière à prévenir de pareils ravages : le propriétaire inférieur ou du côté opposé ne peut pas non plus élever des digues qui détournent le cours naturel des eaux, et les porter sur le fonds des voisins, etc., etc.

Art. 4. Il faudrait distinguer le cas où l'eau courante 644 coule dans un lit ou ravin qui n'est pas une propriété particulière ; et alors le propriétaire riverain peut s'en servir, à moins que, par titre ou possession, l'eau elle-même ne soit acquise à l'irrigation des fonds inférieurs ou voisins, comme c'est ordinaire dans le pays où les terres s'arrosent.

Si, au contraire, l'eau coule dans un canal ou ruisseau construit ou appartenant à un particulier, et que ce canal borde ou traverse l'héritage voisin, le propriétaire de cet héritage ne peut pas non plus s'en servir, à moins que son droit ne soit établi à cet égard : la servitude du passage de l'eau dans ou au bord de son fonds, n'a rien de commun avec l'usage de cette eau ; il est censé être indemnisé d'une pareille survitude.

Telles sont les conséquences naturelles qui dérivent du droit de propriété ; elles sont également applicables à la propriété des eaux servant à l'usage des usines.

Ce serait tout bouleverser dans les pays où les terres s'arrosent, que de vouloir introduire un ordre de choses contraire à ces usages, d'ailleurs fondés sur le droit de propriété ; car il est vrai de dire que l'usage des eaux pour l'irrigation devient une propriété particulière, quoique, pour l'abreuvage, le lavage, etc., les eaux soient d'un usage commun, fondé sur le droit naturel.

645 Art. 5. La manière dont cet article est conçu peut faire entendre que tous les propriétaires auxquels l'usage des eaux peut être utile peuvent s'en servir : cependant celui qui se servirait de l'eau d'un ruisseau qu'il aurait construit en vertu de quelque titre ou d'une possession en tenant lieu est et doit être considéré comme propriétaire de cette eau ; et dès lors les propriétaires voisins auxquels l'usage en serait utile ne peuvent s'en servir, même en offrant de contribuer aux frais de prise et d'entretien : ils peuvent tout au plus, au moyen de cette offre, prendre l'eau surabondante, ce qui doit leur être accordé à cause de l'utilité publique résultant de l'irrigation.

Ainsi il paraît que l'article devrait être ainsi rédigé : *l'usage des eaux entre ceux auxquels elles peuvent appartenir doit être réglé, etc.*

On observe de plus que, dans le cas où l'un ou plusieurs propriétaires veulent construire un canal d'irrigation qui doit traverser plusieurs fonds, les propriétaires de ces fonds, s'y opposant, devraient y être contraints au moyen d'une préalable indemnité. L'intérêt de l'agriculture semble l'exiger, mais au cas seulement où l'utilité de l'irrigation est jugée considérable, et le dommage de la prise et passage des eaux de beaucoup moindre valeur, tempérament qui concilie l'intérêt de l'agriculture avec le respect dû à la propriété.

Art. 6. Si cette clôture profite au voisin qui par là aurait 647
son héritage également clos de tous les côtés, celui-ci ne
devrait-il pas être obligé de contribuer aux frais de cette
clôture ?

Art. 13. Les marques de non mitoyenneté indiquées par 654
cet article pouvant n'être pas et n'étant point en effet connues dans plusieurs parties de la république, il est d'une
indispensable nécessité de maintenir les marques d'usage,
telles que les lucarnes, ou petites ouvertures en petits carrés-
longs, pratiquées au mur non mitoyen, et telles autres marques d'usage dans les départemens méridionaux.

Art. 15. La règle générale étant que tous le murs de sé- 656
paration sont mitoyens, le plus ou le moins de population
des villes où ils sont situés paraît indifférent.

Art. 19. Cette dépense paraît devoir être réduite à la 660
valeur actuelle du mur convenue entre les parties, ou à
estimer par experts, n'étant pas juste que celui qui ne s'est
pas servi de la chose supporte la diminution de sa valeur,
avec celui qui s'en est exclusivement servi.

Art. 29. Il paraîtrait à propos d'expliquer si la disposition 676
de cet article doit empêcher l'exécution de celle de l'article 20 précédent, qui donne au propriétaire voisin la
faculté de rendre le mur mitoyen, en payant la moitié de sa
valeur.

Il serait plus à propos encore d'empêcher de pratiquer
dans ce mur de pareils jours ou fenêtres, pour obvier aux
contestations, rixes et accidens fâcheux qui surviennent entre
voisins à l'occasion de pareilles ouvertures, infiniment gênantes pour le propriétaire sur le fonds duquel elles prennent
jour.

Dans une grande ville d'une nation voisine, de pareilles
ouvertures ne peuvent se pratiquer qu'avec la permission

par écrit du voisin : usage généralement adopté dans le département des Pyrénées-Orientales.

691   Art. 42. Dans les campagnes, les servitudes discontinues, telles que les droits de passage et de paissance sur le fonds d'autrui, s'établissent le plus souvent par le consentement verbal ou tacite des parties, que le seul laps de trente ans fait supposer.

Les contestations se multiplieraient à l'infini, si, d'un côté, on exige des titres par écrit que les parties ont négligé de se procurer ou qu'elles ont égarés, et si, d'un autre côté, on n'a aucun égard à la possession immémoriale, d'ailleurs trop difficile à établir.

La possession trentenaire au vu et su du propriétaire, et sans aucune contradiction de sa part, suffit, d'après l'expérience, pour acquérir ce genre de servitude, dont l'usage est si fréquent et si nécessaire pour l'agriculture.

695   Art. 47. Même observation que sur l'art. 42 précédent ; la disposition du présent art. 47 pouvant d'ailleurs être d'une extrême difficulté dans la pratique.

Pour se faire une idée de cette difficulté, il faut se représenter des campagnes où les fonds sont précieux, divisés et presque morcelés entre une infinité de propriétaires ; les servitudes discontinues du droit de passage d'hommes, bestiaux, et de l'eau pour l'irrigation, ne peuvent être que fort multipliées.

Cependant pour établir ces servitudes la prescription de trente ans suffit pour le pétitoire, et celle d'un an pour le possessoire : rarement il y a titre par écrit. Réformer cet usage, dont l'ancienneté garantit l'utilité, ce serait tout bouleverser, et jeter ces contrées dans le chaos et dans le désordre. Si la possession immémoriale était insuffisante, que de contestations pour obtenir des titres de servitude sur le fondement de la nécessité et moyennant indemnité? D'ailleurs la loi n'aurait-elle pas à cet égard un effet rétroactif?

LIVRE III. — *Des différentes manières dont on acquiert la propriété.*

Art. 1er. Suivant cet article, la propriété des biens du 711
fils est acquise au père par l'effet de la puissance paternelle,
tandis que, suivant ce qui en est dit au titre *des Tutelles*,
notamment à l'art. 6, sect. Ire, chap. II, tit. IX, liv. II,
il n'en acquiert que la jouissance.

TITRE Ier.

Art. 22 et 23. Cette obligation de dénoncer ne devrait 727-
pas non plus être imposée au mari contre la femme, ni à 728
la femme contre le mari, ni au frère contre le frère, ni au
neveu ou à la nièce contre l'oncle ou la tante, ni à ceux-ci
contre le neveu ou la nièce. Le motif de la loi serait le même
pour ces cas comme pour ceux exprimés en l'article.

Art. 27. La division des successions en deux parts égales, 733
l'une pour les parens paternels, l'autre pour les maternels,
amène des résultats qui paraissent s'éloigner de la volonté
présumée du défunt, qui est la règle d'après laquelle les
successions sont déférées. Il peut arriver, par exemple, qu'en
ligne collatérale, un seul collatéral d'une ligne, et qui sera
de deux ou trois degrés plus éloigné, recueillera la moitié de
la succession, tandis que l'autre moitié sera partagée entre
les collatéraux de l'autre ligne, dont le nombre peut être
considérable et le degré infiniment plus près.

Art. 66. Cette quote d'un sixième ou douzième doit être ap-
la même pour chacun desdits enfans, lorsqu'ils sont plusieurs. 763

Art. 75. Par la disposition de cet article, l'époux survi- 767
vant n'est appelé à la succession de l'époux défunt qu'à défaut
de parens de celui-ci, c'est-à-dire que lorsque tous les
degrés et lignes de parenté sont épuisés.

Les époux, tenant l'un à l'autre de si près, étant même
censés ne faire qu'un, ne devraient pas être exclus de leurs

successions respectives par une longue série de parens éloignés, qui, bien loin d'avoir eu part à l'affection du défunt,
n'en ont pas même été connus.

Il conviendrait de réduire et fixer le degré de parenté
appelé à succéder, afin que l'époux puisse enfin succéder à
l'époux, à l'exclusion des parens non compris dans le degré.

Si on se fixe même sur la volonté présumée du défunt,
l'époux devrait toujours être appelé à la succession de l'époux
pour une plus forte ou moindre portion, suivant la proximité ou l'éloignement des autres parens. Il est certain que le
projet de loi n'est point ici d'accord avec le principe.

781-
782

Art. 81 *et* 82. Cet article 82 ne paraît pas bien clair. Il
semble que les héritiers du défunt qui n'a ni accepté ni ré-
pudié peuvent être aisément mis d'accord, en attribuant
aux acceptans la portion des répudians, ou de ceux mis en
demeure de s'expliquer dans le délai qui leur serait fixé.

784

Art. 89. On sent moins la nécessité que l'inconvénient de
ne faire la renonciation qu'au greffe du tribunal d'arrondissement, tout acte ayant date certaine paraissant suffire à cet
égard.

786

Art. 91. Il paraît nécessaire de déclarer que la part du
renonçant n'accroît qu'aux acceptans de la même ligne.

789

Art. 94. Il conviendrait d'expliquer si la faculté d'accepter
ou de répudier une succession se prescrit par un seul et
même laps de temps, c'est-à-dire celui qui a couru sur la
tête du premier héritier décédé avec celui qui a couru sur la
tête des héritiers de celui-ci; et s'il peut y avoir lieu à
prescription ou à déchéance à leur égard, lorsque la succession ou les droits en dépendans ne sont possédés par personne.

791

Art. 97. La disposition de cet article pourrait empêcher
beaucoup de sages arrangemens de famille, que, par contrat
de mariage, on réglait du consentement de l'homme vivant,
et sur les droits éventuels duquel les héritiers présomptifs se mettaient d'accord.

Art. 98. Même observation que sur l'art. 89, sect. II ci- 793
dessus.

Art. 108. Il faudrait expliquer si, tant que l'héritier béné- 802
ficiaire demeure nanti de la succession, les créanciers de
cette succession peuvent agir tant sur les biens personnels
de cet héritier que sur ceux de la succession, quoique les
biens ne soient pas confondus.

Art. 120. L'exception introduite par cet article en faveur liv. 3-
de la république ne paraît pas juste, la république ne pou- ch. 5-
vant exercer un droit plus efficace que les autres créanciers, sec. 3
d'autant que les précautions exigées par la loi dans la prisée
de l'inventaire, la vente des meubles ou immeubles et la
reddition des comptes paraissent suffisantes pour mettre les
droits de la république à couvert.

Art. 132. L'expérience démontre que les précautions prises 819
dans cet article sont onéreuses dans les successions de peu de
valeur. La règle ne pourrait-elle pas, à cet égard, recevoir
une exception ?

Art. 134. Il paraît qu'au lieu de dire : *s'opposer au scellé*, 821
on a voulu dire *s'opposer à la levée du scellé*.

Art. 137. Ce procès-verbal devrait aussi contenir la men- 824
tion si l'objet estimé, et non partable, peut entrer tout
entier dans un lot sans inconvénient, d'après l'aperçu des
forces héréditaires.

Art. 141. Il est certain qu'on ne doit liciter un objet que 827
lorsqu'il n'est point partable, et qu'il ne peut point entrer
dans un lot ; autrement la licitation qui en serait faite
serait superflue, et donnerait lieu à des frais inutiles.

Si les copartageans ne s'accommodent pas de l'objet qui
serait entré dans leur lot, ils peuvent le vendre en leur particulier, et ordinairement avec plus d'avantage que par la
voie de la licitation ; d'ailleurs la difficulté ou la facilité de le
vendre avec avantage entre en considération dans l'estimation qui est faite par les experts.

Art. 150. Il y aurait moins d'inconvénient, il serait même 834 plus juste de laisser faire les lots et de les faire tirer au sort par les experts qui ont déjà procédé.

836   Art. 151. Même observation que sur l'article précédent.

841   Art. 156. Cette disposition n'est pas juste, en ce qu'elle prive le cédant de la concurrence de tous autres que les cohéritiers, qui peuvent se prévaloir de cet avantage à son préjudice. Au surplus, la disposition de cet article sera facile à éluder par la simulation d'un prix excessif.

868   Art. 189. L'expert, ne pouvant juger qu'au doigt et à l'œil, ne pourrait faire l'estimation qu'autant que le mobilier lui serait représenté, et qu'il aurait eu connaissance de son état lors de la donation; il paraît donc que cette estimation ne pourrait être faite que par des experts qui auraient eu connaissance de l'état du mobilier lors de la donation.

TITRE II.

1125   Art. 22. Distinction nécessaire à établir entre les contrats passés par les impubères, et ceux consentis par les mineurs, qui peuvent en certains cas être attaqués par eux; de là l'extrême différence des impubères et des mineurs.

1130   Art. 27. Il paraîtrait convenable, pour l'arrangement des familles, de permettre de renoncer à une succession non ouverte, lorsqu'il s'agit de la partager du consentement de celui auquel il s'agit de succéder.

1131-
1132   Art. 30. La non-expression de la cause dans les conventions peut donner lieu à des contrats simulés ou frauduleux, ou favoriser singulièrement les contrats simulés qui peuvent être passés pour éluder la disposition des lois, notamment celles sur la disposition des biens à titre gratuit.

Le système restrictif de la faculté de disposer à titre gratuit donnera lieu à des contraventions d'autant plus multipliées, que ce système est contraire au droit de propriété et à la liberté naturelle, qui ne veulent pas perdre ainsi leurs droits.

On sent que l'expression de la cause dans les obligations n'est pas une petite gêne pour ceux qui appliquent ce nom à leurs libéralités prohibées par les lois.

Art. 40. Il paraît que, lorsqu'une partie n'a pas fait ce qu'elle s'était obligée de faire envers l'autre, celle-ci peut se faire autoriser à le faire faire aux frais et dépens de la partie obligée. 1142

On ne peut pas disconvenir que l'exécution de la convention ne soit ordinairement préférable à l'indemnité. Ainsi il faut accorder la première autant qu'il est possible.

Art. 49. Les parties s'étant fait elles-mêmes la loi en fixant la somme des dommages et intérêts résultant de l'inexécution de l'obligation, il ne paraît pas que le juge puisse modérer cette somme, une pareille stipulation pouvant avoir été faite et pour dédommagement, et pour une peine contre la partie qui se refuserait à l'exécution. 1152

Art. 77. Il semble que, dans le cas de cet article, le débiteur de la chose devrait être dispensé de la livrer, si elle périt sans sa faute avant l'événement de la condition, surtout s'il s'agit d'une espèce, ou d'une chose certaine. 1182

Art. 107. La réception faite divisément de la portion de l'un des codébiteurs dans les arrérages de rente, ou intérêts du capital, anéantit-elle la solidarité pour le capital, lorsque cette réception a été constamment divisément faite pendant le temps qui, dans le droit, opère la prescription ? 1212

Art. 123. Même observation que sur l'article 49, sect. III, *des dommages-intérêts résultant de l'inexécution de l'obligation.* ap-1229

Art. 137. Il paraît que le créancier n'est pas tenu de restituer la chose qui lui a été payée à la place de celle qui lui était due, quoiqu'il ne l'ait pas consommée, ayant bien voulu l'accepter en paiement, et s'étant par là formé un contrat entre lui et son débiteur. 1243 et ap-cet art.

Art. 213. On pourrait encore leur faire déclarer qu'il n'est pas à leur connaissance que leur auteur ait écrit, signé ou consenti l'acte sous seing privé; d'autant que, sans connaî- 1323

tre l'écriture ou signature, ils peuvent avoir connaissance
d'ailleurs du fait, pour l'avoir ouï dire, ou autrement.

1331   Art. 222. De pareils registres et papiers doivent faire foi
du paiement des gages des domestiques, les maîtres n'étant
pas dans l'usage d'en retirer quittance, à cause de la modicité et de la multiplicité des paiemens.

Ces mêmes registres et papiers peuvent, après le décès
de ceux qui les ont écrit, servir de preuve ou de commencement de preuve par écrit des paiemens des rentes actives,
dans les cas où le débiteur opposerait la prescription des
rentes sur le fondement du non-paiement.

Ces mêmes registres et papiers domestiques peuvent aussi
servir de preuve ou de commencement de preuve par écrit
des naissances, mariages et décès, si les registres publics
étaient perdus ou égarés, ou si la transcription de ces actes y
avait été omise, etc.

1336   Art. 227. La troisième disposition de cet article n'est pas
d'une exécution possible, si les témoins instrumentaires de
l'acte sont décédés. Le possesseur de la copie transcrite ne
devrait pas souffrir de cet événement, lorsque la perte de
la minute est constante, que la preuve de l'accident qui l'a
occasionée peut être faite, et que le répertoire du notaire
existe.

Il en est de même du cas où ce répertoire serait perdu
comme la minute : le possesseur de la copie transcrite ne
devrait pas non plus souffrir de cet événement, si la preuve
de cette perte pouvait être faite, et si le donataire peut faire
déposer les témoins instrumentaires de l'acte.

1341   Art. 232. Depuis l'année 1667 les objets ayant augmenté
de valeur dans une proportion bien plus forte que celle
de cent à cent cinquante francs, la preuve testimoniale
pourrait être admise dans les cas où il ne s'agit que
de choses, sommes ou valeurs non excédant deux cents
francs.

TITRE III.

Art. 10. Cette restitution ne paraît pas devoir avoir lieu 1376
lorsque la chose est due naturellement, par la raison sensible qu'en pareil cas le débiteur a renoncé à l'exception
que la loi civile lui fournissait pour repousser l'action du
créancier.

Art. 20. Il devrait en être de même de celui qui se sert de 1385
l'animal, quoiqu'il n'en soit pas le propriétaire.

Art. 21. Cette responsabilité serait sujète à beaucoup 1386
d'inconvéniens, si le propriétaire n'avait pas été préalablement mis en demeure de faire les réparations nécessaires,
cette mise en demeure, ou autres actes, justifiant ainsi la
cause de la ruine du bâtiment, qu'il n'est pas toujours aisé
d'établir, ou dont la preuve donne lieu à des contestations.

TITRE V.

Art. 18. 5° Il faudrait expliquer si, au bout de dix années, 2032
la caution peut obliger le débiteur d'une rente perpétuelle 5°
de sa nature, à en rembourser le capital.

TITRE VI.

Art. 10. 4° Pour éviter des frais, la formalité exigée par 2103
cet article pourrait être suppléée par le bail de construction, 4°
ou autre pièce équivalente, non suspecte de dol ni de fraude, et
sauf à être impugnée, s'il y a lieu, et à constater, dans ce 5°
cas, le vrai montant de la créance dans les formes indiquées
par l'article.

Art. 19. Cette section présente des difficultés qui n'existe- 2121-
raient pas dans le Code si la communauté des biens entre 2135
époux n'était point admise. 2°

Quant à la disposition de l'art. 19, elle est subordonnée à
la disposition générale, savoir, si le mariage opère naturellement la communauté des biens : et, à cet égard, on se réfère aux observations du § II, ci-après.

ap-
2135 Art. 21. Il paraît que cet article adopte la règle contraire à celle qui veut que les contrats, surtout ceux de mariage, se règlent selon la Coutume des lieux où ils sont passés.

2123 Art. 29. Pour empêcher les fraudes que les débiteurs ne commettent que trop ordinairement contre leurs créanciers, surtout dans l'intervalle de la citation au jugement, il serait à propos de faire remonter à la citation l'hypothèque accordée par le jugement.

2123 Art. 31. Même observation que sur l'art. 29, en faisant remonter l'hypothèque au jour du compromis.

2123 Art. 35. Même observation que sur les art. 29 et 31 ci-dessus, avec d'autant plus de raison que les écrits sous seing privé ne peuvent être inscrits aux hypothèques qu'après l'aveu ou reconnaissance en justice.

ap-
2127 Art. 42. Bien entendu que l'enregistrement en sera fait dans le délai de la loi ; auquel cas l'hypothèque remonte au jour du décès : dans le cas contraire, l'hypothèque devrait avoir la même date que l'enregistrement.

TITRE VII.

Art. 22. Le droit du propriétaire et celui de l'usufruitier portant sur le même objet, il semble que l'opposition du propriétaire doive profiter à l'usufruitier, et, *vice versâ*, celle de l'usufruitier au propriétaire. Ce procédé serait plus simple et plus économique.

Art. 27. On pourrait abuser de la disposition de cet article pour présenter à l'opposition des créances imaginaires qui pourraient porter atteinte au crédit du débiteur : il serait, conséquemment, à propos que les opposans fussent tenus d'énoncer le titre et le montant de leur créance, de manière à pouvoir être vérifiés au besoin.

TITRE VIII. — *De la vente forcée.*

2208 Art. 10. Subordonné à l'hypothèse de la communauté de biens entre époux.

Art. 16. Il paraît qu'on devrait la permettre dans le cas
de carence de meubles légalement constatée, le créancier
devant toujours être payé : le débiteur adroit saura se soustraire au paiement, par la soustraction ou latitation de son
mobilier, avec d'autant plus de facilité que certain mobilier
n'est pas même saisissable.

CHAPITRE III.

Sur la note. Toutes les dispositions relatives au moyen de ap-
purger les priviléges et hypothèques, et à la vente forcée des
immeubles, surtout à la procédure sur cette vente, étant plutôt des réglemens que des lois, au lieu d'être placées dans le
Code des lois, sont la matière d'un réglement particulier et
séparé, ainsi qu'il est dit dans la note ; et c'est à la suite de
ce réglement que serait annexé le tarif.

Art. 26. La précaution de laisser copie de l'exploit au 2217
juge-de-paix qui a donné le *visa* paraît inutile, et causera
des frais en pure perte.

Art. 31 *et* 32. Les corps de ferme composés de plusieurs
pièces de terre distinctes et séparées ne devraient pas être
désignés par les tenans et aboutissans, tant à cause de la
longueur et des embarras de l'opération, que parce que la
désignation des objets par manière de corps de ferme, par
le nom du propriétaire, ou par le lieu de leur situation, n'é-
tant point équivoque, ne peut donner lieu à aucune erreur,
et les corps de ferme ainsi désignés pouvant être suffisamment connus.

Art. 40. 5° Même observation que sur l'article 31.

Art. 41. La disposition de cet article vient à l'appui des
observations précédentes.

SECTION III.

Art. 52. Dans l'intervalle de la saisie à la nomination d'un
séquestre d'office par le tribunal, il peut se présenter des cas
d'urgence, tels que la perception, enlèvement ou importa-

tion des fruits déjà perçus, qui rendent nécessaire, ou l'établissement d'un séquestre provisoire par l'huissier saisissant,
ou l'établissement définitif par le même huissier.

Art. 54. Cette formalité entraînera des frais et des longueurs. L'affirmation du compte que le séquestre sera tenu
de faire paraît sffisante.

Art. 55. Comme en matière de saisie les contestations sont
très-fréquentes, et que toute omission ou violation des formalités donne lieu à la nullité, il serait nécessaire d'expliquer ce que l'article entend par personnes attachées au tribunal, au poursuivant ou au saisi, et de fixer le degré de
parenté dans lequel le séquestre ne peut être pris.

Art. 60. La citation du fermier ou locataire devant le
juge-de-paix, à l'effet des déclarations et affirmations mentionnées dans cet article, n'est pas une précaution suffisante
pour connaître la vérité de leur situation envers le propriétaire ; car pendant le cours du délai pour nommer le séquestre et celui de la signification à faire au fermier ou locataire, le saisi a le temps de faire avec eux, en fraude du saisissant, tous les arrangemens qu'il pourra.

Art. 63. Si la vente des fruits peut se faire par le seques-
tre, sans aucune formalité de justice, il sera le maître de la
faire à sa convenance, ou pour lui ou pour autrui.

Art. 74. Les dispositions de cet article semblent s'entre-
choquer, en ce que, d'un côté, il est dit que les loyers ou
fermages échus avant les saisies-arrêts sont conservés à ceux
qui les ont mises, et que, d'un autre côté, il y est dit aussi que
les fermiers ou locataires sont tenus de dessaisir aux mains du
séquestre, et que ceux qui ont mis les saisies-arrêts doivent
mettre leur opposition au greffe du tribunal.

Art. 79. La commission du président du tribunal à l'huissier pour faire cette citation est inutile, à moins qu'il n'y
ait refus de la part des huissiers.

Art. 111. Les créanciers en sous-ordre du créancier direct peuvent avoir entre eux privilége ou antériorité d'hypo-

thèque ; et dès lors le montant de la collocation ne devrait pas être réparti au marc le franc, mais suivant l'ordre et privilége de chaque créance.

Art. 136. La signification de ce jugement tant au saisi qu'aux opposans multipliera de plus en plus les frais de procédure et de justice ; il paraîtrait suffisant de faire cette signification au plus ancien des créanciers opposans.

Art. 152. Dans le cas où, lors de la seconde remise, l'immeuble n'a pu être adjugé, y aura-t-il lieu à une troisième remise ?

Sur toutes les procédures relatives à la saisie réelle, opposition, vente forcée, et formalités prescrites pour parvenir à l'adjudication, on ne peut s'empêcher d'observer qu'elles paraissent trop multipliées, compliquées, surchargées de précautions et de mesures inutiles, de délais trop longs et de frais énormes. Si on compare ces procédures et ces formalités aux procédures et formalités anciennes, même à celles prescrites par la loi du 11 brumaire an 7, on trouvera celles-ci moins ruineuses, de plus facile exécution, et moins nuisibles aux intérêts de toutes les parties.

Art. 169. Les dispositions de cet article et de tous ceux dont le présent chapitre VIII est composé réunissent l'avantage de la simplicité à celui d'une exécution aisée et beaucoup moins dispendieuse.

Elles pourraient servir de base au systême général sur les procédures des ventes forcées ; ou tout au moins on pourrait les étendre aux cas où il s'agirait d'une valeur de plus de 4,000 fr.

L'établissement d'un séquestre devrait néanmoins y avoir lieu, à cause de la morosité présumée du débiteur à rendre compte des fruits, et du caprice et des vengeances qu'il pourrait exercer contre ses créanciers en dégradant ou laissant dégrader les biens saisis.

La vente faite d'après ces procédures devrait pareillement purger les priviléges et hypothèques, les créanciers étant

suffisamment avertis et constitués en demeure par la publication des procédures.

Il a d'ailleurs toujours été reçu que le prix des ventes judiciaires purgeait les priviléges et hypolhèques, de cela seul qu'il était consigné ; précaution qui conserve et ménage encore les droits des créanciers, qui peuvent les faire valoir dans la distribution du prix, qui d'ailleurs, et pour plus grande précaution, pourrait n'être faite que moyennant caution, et à charge de restitution, s'il y a lieu, et supposé que les créanciers non opposans n'eussent pas encouru la déchéance de leurs droits par suite de leur inaction, quoique légalement avertis par la publicité des actes de la procédure, et mis en demeure par les différens délais accordés.

TITRE IX. — *Des donations entre vifs et du testament.*

901-
902
Art. 4. Il y a cette grande différence à faire, à l'égard de celui qui n'est pas sain d'esprit, entre les contrats qu'il passe à titre onéreux, et les libéralités ou les dispositions qu'il fait à titre lucratif. Si dans les premiers on a abusé de l'aliénation de sa raison, la lésion qui en résulte ménage ordinairement la ressource de la restitution en entier ; alors le mal même indique le remède, et la preuve directe de l'incapacité de contracter n'est pas d'une nécessité qui ne puisse être suppléée.

Il n'en est pas ainsi dans les donations qu'il fait, soit entre vifs, soit à cause de mort; ici il n'y a pas d'autre moyen d'enlever à la fraude ses avantages, qu'en s'attachant à la cause qui les lui a procurés, c'est-à-dire à la démence du donateur.

Rien donc ne doit être accueilli avec plus de faveur que la preuve de cette démence, pour faire annuler la libéralité. La démence est, pour l'ordinaire, un fait public et notoire, qui le plus souvent n'est pas suivi de l'interdiction des biens, surtout lorsque celui qui n'est pas sain d'esprit n'a pas des biens à administrer: tel fils marié ou majeur dont le père

vit encore est notoirement en démence, mais dont l'interdiction n'a jamais été provoquée, parce que l'usufruit ou
l'administration de ses biens appartient au père, qui se
l'est réservé, ou autrement; cependant une donation est
surprise à ce fils notoirement en démence, mais dont l'interdiction n'a pas été provoquée.

D'après le présent article 4, la preuve de la démence serait à peine permise, ou ne le serait qu'au cas où le donateur
ayant survécu six mois à la donation, il y aurait un commencement de preuve par écrit.

Quel renversement de principes !

Quelle facilité accordée à ceux qui, chargés de provoquer
l'interdiction, ne la provoqueraient pas, pour se ménager des
libéralités de la part d'un fou ou d'un imbécille mourant,
sans qu'ils eussent à craindre qu'on pût être reçu à faire contre eux la preuve de la démence du donateur, preuve qui a
été de tout temps permise, et qui devrait d'autant plus l'être
aujourd'hui, que la faculté de disposer est à peine laissée à
ceux qui jouissent de la plénitude de leur raison, dans la
crainte qu'ils n'en abusent?

C'est, en vérité, rompre la digue qui arrêtait la fraude et
la cupidité ; c'est ouvrir tout-à-fait la porte aux suggestions
et aux captations, que de n'en pas admettre la preuve. Il ne
sera plus difficile à la ruse et à l'intrigue de s'emparer du
bien d'autrui ; et l'on ne pourra plus dire, avec la loi,
que la fraude ne peut profiter à ses auteurs. Que de maux
et de brigandages, pour éviter des procès et des poursuites
dont la crainte arrêtait le crime !

Art. 5. 1° Le mineur qui a plus de quatorze ans n'a pas 904
la capacité de donner entre vifs, à cause de la lésion qui résulterait de l'expropriation qui suit ce contrat. Ce motif n'existant pas dans la donation par testament ou à cause de
mort, le mineur, quoique non émancipé, pourrait disposer
de cette manière. Cette disposition ne pouvant d'ailleurs
avoir d'effet qu'après son décès, et étant révocable à sa vo-

lonté, il suffirait, dans ce cas, qu'il eût l'âge de raison nécessaire pour de pareilles dispositions.

2° Le droit de disposer étant un des caractères de la propriété, il devrait être permis au mineur émancipé, surtout
à celui qui, étant marié, a des enfans, de disposer comme
les autres pères de famille majeurs, et de régler comme eux
la sienne par une disposition testamentaire, le mineur émancipé ne manquant d'ailleurs pas de raison pour régler ses
affaires en pareil cas ; c'est précisément parce qu'il est reconnu tel, qu'il est émancipé, soit par le mariage, soit en
vertu de la loi.

905   **Art. 7.** Si la femme mariée a des biens libres, l'assistance
du mari ou l'autorisation du juge ne sont pas plus nécessaires
que dans les cas où le mari ou la femme non mariée veulent
disposer.

Et dans le cas où la communauté de biens existe, le droit
ou l'empêchement de disposer devrait être réciproque entre
le mari et la femme, tout devant être égal dans la société.

913-
915-
916   **Art. 16.** La réduction de la portion disponible au quart
à la moitié et aux trois quarts, selon les différens cas, gêne
un peu trop l'exercice du droit de propriété. Cette disposition du projet force le père de laisser une portion égale de
ses biens aux enfans qui ont démérité auprès de lui, sans
pouvoir gratifier ceux qui en ont bien mérité : inconvénien
très-grave, surtout à l'égard des collatéraux, qui ne peuven
non plus gratifier les proches de qui ils ont reçu des satisfac-
tions et des services.

921-
et
ap-
cet
art.   **Art. 22.** Les difficultés que présentent ces différens ca
n'auraient pas lieu, si le partage des successions par moiti
entre les deux lignes n'était pas admis : autre inconvénien
qui devrait le faire rejeter.

ap-
911   **Art. 36.** La mesure établie par la loi du 17 nivose qu
permettait les donations sous rente viagère, et les ventes
fonds perdu à un héritier présomptif, du consentement de
autres, favorisait les arrangemens de famille. Etant faite ave

le consentement de tous, personne n'avait à s'en plaindre ; il ne faudrait donc pas prohiber de pareils arrangemens, qui, faits avec le consentement de tous les intéressés, ne nuisent à personne.

Art. 49. Même observation que sur l'art. 7, chap. Ier, 934 *de la capacité requise pour donner ou pour recevoir*, tit. IX.

L'expérience n'a que trop appris l'inutilité de pareilles précautions, dont l'omission ne fait que donner lieu à des procès.

Art. 60. Les sévices ou délits devraient être déterminés. 955

Art. 66. L'inexécution des conditions qui peuvent don- ap-ner lieu à la résiliation de la donation devrait être précisée et 959 déterminée, même constatée par le refus du donataire, préa-lablement mis en demeure.

Les contestations naîtront en foule, si la disposition de cet article reste vague et générale.

Art. 68. A quelle époque et par qui cette réduction peut- 960 elle être demandée ? et le prédécès des enfans à la demande éteindrait-il le droit de réduction ?

Art. 71. Le donateur pourrait se servir d'une main étran- 970-gère à lui affidée, pourvu qu'il signât sa disposition au bas 976 de chaque page, après les avoir lues en entier ; il déclare-rait que la main dont il s'est servi lui est affidée, et qu'il a fait lecture de sa disposition : il n'y aurait point, dès lors, de fraude à craindre, et le disposant serait assuré du secret de sa disposition.

Art. 74. C'est précisément parce qu'on peut être surpris liv. 3-par la mort, qu'on peut faire des donations à cause de ch. 5-mort. fin de
s. 1re.

L'événement du décès du donateur dans les six jours qui suivent sa donation paraît indifférent, six jours avant sa mort, et au moment de la donation, le donateur ayant la li-berté d'esprit et d'entendement requise pour pouvoir dis-poser.

Et dès lors, si l'acte porte en lui-même la preuve de

cette circonstance, la loi qui, sans y avoir égard, ferait dépendre la validité de la donation de l'événement du décès du donateur dans les six jours suivans serait évidemment injuste. La fatalité déciderait ainsi le plus souvent du sort des dispositions les plus sages.

Ibid.   Art. 76. L'exception portée par cet article confirme l'observation précédente, et elle pourra donner lieu aux contestations pour la décision très-difficile des points de fait dont il s'agit.

1021   Art. 104. Cette disposition laisse sans effet la libéralité que le donateur veut exercer. Sa volonté étant une loi pour l'héritier, celui-ci devrait procurer la chose au donataire, ou lui en délivrer la valeur.

Il faut toujours procurer aux libéralités leur effet, et aux contrats leur e écution : *Plus est ut actus valeat quàm non valeat.*

1029   Art. 217. Les femmes mariées ou non mariées étant incapables de remplir les fonctions d'exécuteurs testamentaires, aucune loi, aucun usage ne les y ont admises.

Dans le sens des lois projetées, les femmes mariées ne pouvant rien faire sans le consentement du mari ou l'autorisation du juge, et étant réputées ainsi incapables d'agir pour elles-mêmes, comment seront-elles capables d'agir pour les autres?

TITRE X.

1393   Art. 11. La communauté de biens qui se forme par le seul contrat de mariage, quoique non stipulée, ne peut dériver de la nature de ce contrat, dont l'essence est l'union des personnes, et non la communauté des biens.

Cette disposition ne paraît pas équitable, en ce que la mise en société faite par la femme étant ordinairement moindre, quant au travail et à l'industrie, que celle du mari, la part de la femme aux profits est néanmoins égale, quoique la loi la considère toujours comme incapable et

toujours en minorité, en la faisant autoriser par son mari
ou par le juge.

La communauté de biens est sujète à des inconvéniens et
à des contestations, c'est pourquoi nul n'est tenu d'y rester
malgré lui : et la loi permet de la dissoudre à chaque instant.

Dans les pays où le contrat tacite a lieu, les difficultés et
les procès qui en résultent sont multipliés ; les créanciers,
pour parvenir au paiement de leurs créances, ne savent le
plus souvent sur quels biens ils doivent agir, sur ceux de la
communauté, ou sur les biens libres de la femme.

Il serait plus naturel et plus convenable qu'à défaut de
convention entre les époux, chacun restât libre et indépendant dans ses biens : les biens seraient libres ; mais les fruits,
même ceux des biens de la femme, resteraient affectés au
support des charges du mariage, sauf la portion qui lui en
serait réservée, s'ils étaient considérables ; ce qui serait déterminé par la loi.

Si les époux veulent établir entre eux une communauté
de biens, ou se constituer une dot, qu'ils puissent le faire
librement ; qu'ils s'imposent à cet égard la loi qu'ils jugeront
à propos ; qu'ils règlent, comme ils le voudront, les conditions et les conventions de leur union.

Art. 14. La communauté de biens se composant de cer- 1401
tains biens, non de certains autres, les difficultés pour séparer et diviser ces biens ou revenus, lors de la dissolution
de la société, varient à l'infini.

Les contestations pouvant avoir lieu sur tant d'objets mis
dans la communauté, elles devraient se régler par arbitres,
comme les discussions des commerçans au sujet de leurs sociétés. Les discussions sur les choses tenues en commun
naissent en foule : de là le grand inconvénient des sociétés et
des communautés de biens, de là, la faculté accordée par les
lois de les dissoudre par le seul effet de la volonté des parties,
ou d'une seule d'elles. Aussi, au lieu de supposer les sociétés

ou communautés de biens existantes dans le mariage, la loi
ne devrait les y reconnaître qu'en vertu d'une stipulation
particulière.

1405   Art. 18. N'y a-t-il pas quelque contrariété entre la disposition de cet article, portant que le mobilier échu à l'un des
époux à titre de donation pendant le mariage ne tombe
point en communauté, et la disposition de l'article 14 précédent, portant que la communauté se compose de tout le
mobilier qui échoit aux époux pendant le mariage à titre
de succession? On ne saisit pas la différence qu'il y a entre
l'acquisition qui se fait par donation et celle qui se fait par
succession, à l'effet de produire les différens effets mentionnés dans l'article 18.

1494   Art. 109. La renonciation de la femme ou de son héritier à la communauté, serait nuisible aux droits des créanciers qui ont contracté sur la foi de cette société, si la femme
n'était tenue envers eux que des dettes auxquelles elle se serait obligée conjointement avec son mari. Tant que la société dure, l'obligation de l'un des associés oblige l'autre;
l'objet de la créance par lui consentie en société étant toujours censé avoir à profiter à l'autre.

    Cette faculté de renoncer accordée aux femmes peut
d'ailleurs tirer à conséquence, et favoriser la fraude dans
les faillites.

    Il serait, au contraire, équitable qu'elles fussent tenues
subsidiairement des dettes contractées par le mari, ayant le
plus souvent donné lieu, par leurs dépenses excessives, au
dérangement de ses affaires.

1536-   Art. 116, 117, 118, 119 et 120. La disposition des arti-
1537-
1549- cles 116, 117 et 118, devrait être de droit sans stipulation
1574-
1575- particulière.
1576   Et celle des articles 119 et 120 devrait exclure la communauté légale, si la stipulation de dot n'est que pour une
partie des biens, le restant n'e devant être que paraphernal.

1538   Art. 122. Sur cet article, même observation que sur plusieurs autres, relativement à l'inutilité du consentement du mari dans les dispositions des femmes libres en leurs biens.

TITRE XI. — *De la vente.*

Art. 9. Dans l'usage, le mot *arrhes* est pris en deux sens 1590 différens, ou comme dédommagement de l'inexécution de la vente de la part de l'un des contractans, ou comme preuve que la vente est parfaite.

Dans le premier cas, la disposition de l'article est fondée : il n'en est pas de même dans le second ; les arrhes n'étant données que pour obliger les contractans à l'exécution de l'acte, la disposition de l'article n'est point applicable à ce cas.

Il paraît que les arrhes ont été données en dédommagement de l'inexécution de la vente, lorsque la somme de ces arrhes est considérable ; et qu'en les perdant ou les doublant, celui qui les a données ou reçues perd quelque chose qui peut tenir lieu à l'autre partie de dommages et intérêts résultant de l'inexécution.

Il paraît que les arrhes ont été données comme une preuve de la vente consommée, lorsqu'elles sont modiques, et que cette modicité ne saurait tenir lieu de dommages et intérêts résultant de l'inexécution.

Art. 14. La disposition de cet article devrait expliquer 1596 dans quel temps, dans quel cas, les personnes qui ne peuvent se rendre adjudicataires peuvent néanmoins acquérir, ou acheter aux adjudicataires mêmes, par exemple, si l'adjudication étant faite en faveur d'un tiers, celui-ci peut échanger la chose adjugée avec celle des personnes qui n'ont pu se rendre adjudicataires, ou bien si ce même adjudicataire peut ensuite la leur céder, vendre ou transporter après un certain délai ; et quel devrait être ce délai, pour que l'adjudication ne fût pas censée faite en fraude de la disposition de cet article, et par personnes interposées.

Art. 18. Même observation que celle faite ailleurs, rela- 1600 tivement aux arrangemens de famille, du consentement de la personne vivante.

ap-
1600 Art. 19. Cette disposition paraît porter atteinte au droit de propriété du cohéritier cédant, qui par là est réduit à la nécessité d'avoir affaire avec les autres cohéritiers, qui se prévaudront, à son préjudice, de la préférence qu'ils ont sur l'étranger ; préférence qui ne permet pas à celui-ci de porter la chose à son juste prix.

1614 Art. 35. Le principe que les fruits, étant l'accessoire du fonds, deviennent la propriété de l'acquéreur, appliqué à la vente et autres contrats translatifs de propriété, blesse trop l'équité naturelle pour qu'il ne doive pas être entendu de manière à ne pas porter atteinte aux droits d'un tiers sur ces mêmes fruits, tels que l'acheteur des fruits, le fermier partiaire ou à prix fixe, etc.

Si le droit de ces tiers sur les fruits est antérieur à celui de l'acquéreur du fonds, on ne voit pas sur quel fondement doit cesser ici la règle d'équité naturelle, *Qui prior est tempore, prior est jure.* Cette règle, naturellement applicable aux créances et droits hypothécaires, devrait pareillement avoir ici toute sa force, lorsque les droits des tiers sur les fruits dérivent d'actes portant hypothèque sur la généralité des biens du vendeur, et spécialement sur les fruits du fonds aliéné.

D'un autre côté, ces actes étant publics, et présumés connus de l'acquéreur, celui-ci est censé participer à la fraude et à la mauvaise foi du vendeur, qui, en disposant ainsi des fruits, disposerait de la chose d'autrui.

Ce serait, au surplus, fournir au propriétaire un moyen de se délivrer des baux qui ne seraient plus à sa convenance, et de rendre, par des ventes simulées, les droits des fermiers presque illusoires, et dépendans d'un recours toujours exposé aux plus grands inconvéniens.

Enfin, dans la rigueur et la subtilité des principes, le travail du fermier fait du consentement du propriétaire n'est-il pas un moyen légitime d'acquérir les fruits? dépend-il du propriétaire de les séparer ainsi de la propriété, et d'en transférer par fiction le domaine avant leur séparation du fonds ?

Toutes ces raisons puisées dans l'équité naturelle, et conformes aux principes qui doivent régler l'exécution des contrats, firent faire justice par l'Assemblée constituante, de la maxime mal entendue, *Vente coupe rente*, fondée sur la disposition de la loi *Emptorem*, source féconde d'injustices et de contestations.

Aussi la loi sur la police rurale (art. 2) maintient, en cas de vente, les baux à ferme dont la durée n'excède pas six années: le nouvel acquéreur n'en reste pas moins le propriétaire des fruits, desquels il jouit au moyen des fermages qui les représentent; et cette jouissance, qui n'est que celle qu'avait le vendeur, n'a pu être changée par la vente au préjudice et sans le consentement du fermier, et contrairement à l'équité qui doit régner dans les contrats.

Art. 49. Dans le cas de non garantie, le prix est toujours 1628 moindre. Si le vendeur venait à être aux droits d'un tiers, il ne pourrait les exercer contre l'acheteur, le fait lui étant devenu personnel; et cependant la chose resterait à l'acheteur toujours à moindre prix.

Dans ce cas, la disposition de l'article serait contraire aux droits du vendeur; il paraîtrait convenable d'expliquer en quels cas les faits personnels doivent porter obstacle aux droits du vendeur.

Il semble que lorsque ces droits lui ont été transmis ou cédés par un tiers postérieurement à la vente, il devrait pouvoir les exercer de la même manière que le tiers les exercerait lui-même contre l'acheteur.

Art. 51. Les frais à restituer à l'acheteur, à l'égard de la 1630 demande originaire, ne doivent être que ceux adjugés par l'ordonnance de 1667, art. 14, titre VIII, *des Garans;* disposition fondée en droit et en raison.

1635 Art. 56. Cette disposition ne devrait pas s'appliquer au cas où l'acquéreur aurait partagé la mauvaise foi du vendeur. Alors l'un ne doit pas avoir plus d'avantage que l'autre ; et l'inconvénient resterait à celui qui le souffre.

1641 Art. 62. Les dispositions relatives à la garantie des vices de la chose vendue devraient être déclarées communes aux vices des immeuble vendus qu'on n'aurait point achetés, s'ils eussent été connus, la raison de décider étant la même pour les deux cas.

1647 Art. 68. Cette disposition pourrait avoir lieu, même après la livraison, par exception à la règle générale, dans le cas de dépérissement par suite de la mauvaise qualité de la chose.

ap-
1673 Art. 95. 1° Les fruits pendans par les racines lors du rachat doivent donner lieu à différentes dispositions suivant les circonstances ; comme si les fonds sont affermés ; si , lors de la vente à faculté de rachat, il y avait ou non des fruits pendans ; si les terres étaient ensemencées, ou ne l'étaient pas, etc. ;

2° Il semble qu'on doit avoir égard à ces différens cas, lorsqu'ils n'ont été ni réglés ni prévus par le contrat ; car il serait vrai de dire que, si, lors du rachat, il y avait des fruits qui ne se trouvaient pas pendans par les racines lors de la vente, le vendeur en profiterait au détriment de celui qui aurait fourni les impenses, contre le principe, *Non licet cum alterius jacturâ locupletari.* Il trouverait, lors du rachat, plus qu'il n'avait délivré lors de la vente.

En suivant ce principe injuste, et par la raison des contraires, les dégradations ne devraient jamais, et dans aucun cas, être à la charge de l'acheteur à pacte de rachat ;

3° Il faut de plus , dans le partage des fruits , avoir égard à ce qui doit former la portion du propriétaire et la portion colonique, qu'il est naturel de réserver au fermier ou à l'acquéreur , comme le fruit de leur travail , de leur culture , de leurs semences, de leurs déboursés , conformément aux lois

sur la police rurale, et aux principes établis dans celles relatives aux baux des biens nationaux ;

4° Enfin, il est conforme à l'équité, et au droit de propriété, même à titre incommutable, que le retrayant maintienne les baux consentis par l'acquéreur, car ce dernier,
quoique sujet au pacte de réméré, ne jouit pas moins à titre
de propriétaire : or, à ce titre, il peut affermer et avec les
mêmes avantages que le propriétaire à titre incommutable.

Il est cependant aisé de comprendre que cette faculté serait
illusoire, si le retrait rompait les baux : les fermiers, ne
voulant pas alors s'exposer à un pareil événement, qui leur
est toujours nuisible, ou ne voudraient pas traiter, ou traiteraient avec moins d'avantage pour le bailleur, en se
ménageant l'indemnité de la perte résultant pour eux de la
résiliation du bail opérée par le rachat.

Pour obvier à ces inconvéniens, la loi doit, en pareil cas,
maintenir les baux, pourvu toutefois qu'ils ne soient pas à
longues années, et que leur prix ne soit pas excessif.

TITRE XIII. — *Du louage.*

Art. 14. Cette disposition entraînerait des inconvéniens, en
ce qu'il dépendrait du locataire de rendre le bail sans effet
par des sous-loyers ou des cessions de loyer, que le propriétaire n'est point tenu d'agréer ; ce qui lui occasionnerait la
perte des fruits de sa propriété.　　　ap-
1717

Art. 15. Cette indemnité ne serait pas suffisante, le propriétaire pouvant bien ne pas trouver l'occasion de relouer
sa maison　　　*Ibid.*

Art. 39. Il paraît nécessaire de déterminer après quel
temps de non paiement l'expulsion du locataire peut avoir
lieu.　　　ap-
1729

Art. 41. Ou s'il ne cultive pas en bon ménager et père de
famille, sans préjudice, dans tous les cas, des dommages
et intérêts pour le propriétaire.　　　1766

Art. 44. A moins d'usage contraire, que le plus ou le moins　　　1756 de frais fait varier dans les différentes villes, eu égard au plus ou moins de travail nécessaire pour cet objet.

1748   Art. 61. Le fermier des biens ruraux doit être averti un an à l'avance, à moins qu'il ne suffise d'un moindre délai, suivant l'usage des lieux et la nature de l'exploitation.

1817   Art. 97. Quant à la manière dont le bail à cheptel peut se faire, et quant au partage avant la fin du bail, il faut s'en rapporter aux usages des lieux, qui varient selon que le cheptel est plus ou moins utile au preneur.

Dans certaines contrées, les bestiaux donnés à cheptel ne s'estiment pas, et sont partagés à la fin du bail, entre le bailleur et le preneur avec le croît du bétail, sans que le bailleur puisse faire aucun prélèvement; en sorte que les pertes et les profits sont supportés par moitié, tant à l'égard de l'objet du cheptel qu'à l'égard du croît.

Si le bail est de certains bestiaux propres au travail et au croît, le preneur paie tous les ans au bailleur une redevance pour le prix de ce travail.

Dans d'autres pays, ce contrat se règle à peu près comme il est expliqué dans la présente section.

Dans cet état, il est indispensable de s'en rapporter aux usages des lieux.

Ce serait, au reste, nuire aux intérêts de l'agriculture, que d'empêcher la stipulation de certaines conventions dans le bail à cheptel, d'après les nécessités et les usages locaux, la règle ne pouvant être uniforme pour tous les lieux.

1826   Art. 104. Quoique les bestiaux que le fermier laisse ne soient pas pareils en nombre, ils paraissent suffisans, s'ils sont d'une valeur égale à celle de ceux qu'il a reçus.

ap-
1781   Art. 114. Pour éviter les frais d'une liquidation arbitraire, ne serait-il pas mieux de réduire l'indemnité à accorder au domestique ou à l'ouvrier, à un tiers, ou à un quart, ou à toute autre partie de son salaire?

Ibid.   Art. 115. Même observation que sur l'article précédent.

TITRE XIV. — *Du contrat de société.*

Art. 5. Même observation que sur la preuve testimoniale. 1834

Art. 19. Mais si elle est pour un certain genre d'affaires, 1844
elle ne doit être censée contractée que pour le temps de
la durée de cette affaire.

Art. 24. La disposition de cet article ne paraîtrait pas 1847
juste, si l'associé dont l'industrie fait la mise dans la société faisait un travail extraordinaire dont l'associé n'eût
point à souffrir, et dont il ne serait point censé s'être
privé : par exemple, le commis qui aurait promis son travail pour les écritures dans une société pourrait profiter
des écritures qu'il ferait pour autrui sans porter préjudice
à la société à laquelle il appartient, et à laquelle il ne
doit que le temps relatif au travail exigé pour les affaires
de la société.

Art. 31. Il semble qu'il n'y ait qu'une lésion notable qui 1854
puisse autoriser le recours contre la décision du tiers ou de
l'associé auquel on s'en est rapporté.

Art. 59. Lorsque la société a pour objet un genre d'af- av.
faires qui n'est pas consommé, tel qu'une ferme, entre- 1868
prise, etc. ; il ne paraît pas qu'elle puisse être dissoute par
la mort, ni même par la volonté de l'un des associés : il paraît, au contraire, que, dans ces cas, les héritiers de l'associé décédé doivent continuer la société, à moins que les
autres associés ne consentent à sa dissolution.

TITRE XV. — *Du prêt.*

Art. 27. La disposition de cet article ne peut que donner lieu 1900
à des contestations pour déterminer et prouver les moyens
et la possibilité où est l'emprunteur de payer le montant du
prêt : on les éviterait en laissant à l'emprunteur un terme
pour satisfaire à ce paiement, lequel terme serait fixé par le
juge.

TITRE XVI. — *Du dépôt et du séquestre.*

1923   Art. 12. Même observation que sur la preuve testimoniale.

ap-
1952
et art.
1953
   Art. 32 et 33. La disposition de ces deux articles doit s'appliquer aussi aux messagers, voituriers, maîtres de coches et de carosses, aubergistes, meuniers, etc.

TITRE XVII. — *Du mandat.*

1990   Art. 15. Si la femme mariée peut accepter un mandat, à plus forte raison celle qui, n'étant point mariée, a le libre exercice de ses droits.

TITRE XVIII. — *Du gage et nantissement.*

2074   Art. 2. La remise en gage d'une chose mobilière qui ne serait pas d'une valeur assez considérable pour exiger un acte devant notaire n'aurait besoin que d'une déclaration sous seing privé qui, sujète à l'enregistrement, préviendrait toute fraude.

Si la chose due et celle remise en gage étaient l'une et l'autre d'une valeur moindre de deux cents francs, la preuve testimoniale pourrait être admise.

2078   Art. 9. La dernière clause de cet article semble ôter la liberté que les parties ont naturellement de stipuler une vente en même temps que l'une d'elle reçoit un gage, vente qui serait censée faite sous pacte commissoire.

2081   Art. 11. Dans tous les cas, les intérêts sont dus au créancier lorsque le gage porte des fruits, n'étant pas naturel que le créancier, privé de l'intérêt de son argent, soit cependant tenu de rendre compte au débiteur, des entiers fruits que le gage a pu produire ; alors la compensation des fruits et des intérêts doit se faire naturellement.

2082   Art. 12. A quel caractère cet abus doit-il être connu, et comment y remédier ?

TITRE XIX. — *Des contrats aléatoires.*

Art. 3. Lorsqu'il s'agit d'un jeu prohibé, non-seulement 1967
l'action doit être déniée au gagnant, mais encore celle en
répétition doit être refusée au perdant : l'un et l'autre étant
coupables de contravention aux défenses de la loi devraient
être poursuivis par la voie de la police correctionnelle, et
punis d'une amende ; le gagnant, au surplus, condamné à
restituer la somme gagnée, au profit de quelque établissement de bienfaisance.

Art. 14. L'incertitude des événemens et le calcul des pro- ap-
babilités sur la durée de la vie ne permettant pas d'établir 1976
une règle uniforme en cette matière, il ne faudrait pas gêner
la liberté des contractans sur des stipulations dont le
sort dépend du pur hasard : cette gêne peut donner lieu à
beaucoup de contestations, et empêcher que des sommes considérables ne circulent dans le commerce.

Art. 19. Il paraît qu'on devrait laisser au propriétaire de 1977-
la rente le choix de demander le remboursement du capital 1978
à défaut du paiement des arrérages, ou de faire saisir et faire
vendre les biens du débiteur, et faire faire, sur le prix, l'emploi mentionné dans l'article.

Au cas de remboursement du capital au propriétaire de la
rente, celui-ci tiendrait à compte l'excédant du taux ordinaire des intérêts.

TITRE XX. — *De la prescription.*

Art. 18. Il devrait en être de même de celui qui, jouissant 2236
pour l'absent, ne jouit évidemment pas pour lui-même, mais
précairement.

Art. 27. Le délai de la clôture du procès-verbal de non- 2245
conciliation, fixé à huitaine, n'est pas assez long ; les inconvéniens de la brièveté de ce délai sont sensibles.

Art. 33. Il faudrait distinguer le mineur pupille du mineur 2252
pubère ; la prescription ne court pas contre le premier ; elle

court contre l'autre, qui néanmoins, dans les dix ans à compter du jour de sa majorité, peut se faire restituer envers le temps qui a couru pendant sa minorité.

2254 Art. 35. Cette disposition paraît contraire à la règle générale adoptée par le projet de Code, qui ne veut pas que la femme puisse aliéner, contracter, faire ni agir sans l'autorisation de son mari : tant qu'elle est mariée, elle est, d'après le même projet, sous la tutelle de son mari : ainsi, la prescription ne devrait pas courir contre elle : *contra non valentem agere non currit præscriptio*.

Ibid. Art. 36. Dans le cas d'une pareille stipulation, il faudrait distinguer si la prescription était déjà avant le contrat prête à s'accomplir : alors il ne paraîtrait pas naturel de la mettre à l'écart au préjudice de celui qui pourrait s'en aider, avec d'autant plus de raison, que la chose peut rester, pour ainsi dire, pendant un siècle en sa possession, sans que la prescription pût s'accomplir ; sinon, le domaine des choses restera toujours incertain contre le vœu de la loi, et au préjudice de la tranquillité publique.

2259 Art. 40. Si, pendant les trois mois, et les quarante jours pour délibérer, la prescription vient à s'accomplir, cet espace de temps ne devrait pas être compté, l'héritier ayant alors les mains liées, n'ayant pu ni agir ni prendre connaissance de l'état de la succession.

On observe de plus, sur la présente section, que parmi les causes qui suspendent le cours de la prescription, on devrait compter celle de la cohabitation du créancier et du débiteur, surtout lorsque celui-ci fournit les alimens à l'autre ; cette circonstance devrait être prise en considération, comme une reconnaissance constante de la dette de la part du débiteur.

2265 Art. 46. La différence que cet article présente entre la prescription de l'immeuble et celle des actions mentionnées en la section précédente paraît peu fondée. Le temps requis pour accomplir ces deux prescriptions devrait être le même, sans avoir égard au mérite ni à la forme des titres, ni à la bonne ou mauvaise foi, ni à l'absence ou présence de celui contre lequel on prescrit.

Il est aisé de concevoir à quelles contestations toutes ces prescriptions peuvent exposer; et combien il importe d'établir, à cet égard, une règle simple et uniforme, dont on a senti les avantages dans les pays même régis par le droit écrit, où l'expérience a fait rejeter toutes ces distinctions, dont le résultat tournait et au désavantage de la tranquillité publique, et à celui du droit de propriété.

Art. 60. Ce principe qu'en fait de meubles la possession 2279 vaut titre, pris dans sa généralité, conduit aux plus dangereuses conséquences. Il met à couvert le vol, par l'obligation qu'il impose à la partie volée de le justifier d'une manière directe et positive : ce qui ne peut se faire que par le témoignage de ceux qui auraient vu l'enlèvement ou la soustraction de la chose.

La difficulté de cette preuve, qui n'est pas petite dans le cas de vol, est encore plus embarrassante dans le cas de la perte de la chose. Ainsi, les conséquences du principe doivent le faire rejeter, surtout à l'égard des choses mobilières d'une certaine valeur, ou le faire restreindre à certains cas.

Par exemple, quel inconvénient y a-t-il qu'en achetant un cheval, les parties passent une police de vente ? Alors, le titre en vertu duquel on possède est justifié, ou par écrit, si la valeur excède une certaine somme, ou par témoins, si elle est moindre. Le propriétaire originaire qui revendique la chose a pour titre son ancienne possession, ne pouvant en avoir d'autre, surtout si la chose ne lui a pas été transmise par autrui, s'il l'a trouvée parmi ses biens, ou si elle est, comme l'on dit, de son cru.

C'est à ces cas et autres semblables qu'il faudrait restreindre le principe: *La possession vaut titre;* mais lorsqu'il y a eu transmission de la chose mobilière, lorsque, par exemple, un cheval n'est plus dans la maison du propriétaire origi-

30.

naire qui l'avait eu de ses propres jumens, le dernier possesseur devrait justifier son titre, ou par écrit, ou par témoins :
et alors la difficulté de justifier la perte ou le vol cesserait
d'exister.

Ce même principe devrait recevoir exception lorsque les
ventes ont été faites publiquement dans les foires et marchés,
encans publics, etc.; auxquels cas le propriétaire originaire,
d'après la preuve que la vente a été publique, serait tenu de
rembourser le prix qu'elle a coûté, en justifiant néanmoins
sa possession précédente, et sauf son recours contre le vendeur.

§ II.

Observations plus développées sur les dispositions systématiques
et les plus intéressantes du projet de Code civil.

Com.   Parmi les dispositions que présente le projet de Code, il
en est de plus ou moins importantes à raison de l'importance
même de la matière, ou de l'usage plus ou moins fréquent
et essentiel dont elles sont dans la société : il en est aussi qui
tiennent plus ou moins du système et de l'arbitraire. Pour
l'ordinaire, ces deux caractères se réunissent dans les mêmes
dispositions. Celles qu'on envisagera ici sous ce double point
de vue sont, les dispositions sur l'autorité maritale, la puissance paternelle avec les droits des enfans envers les pères, les
tutelles et les interdictions, le divorce, les principes sur
l'acquisition et la restitution des fruits, sur la possession et
la prescription, les hypothèques, et les ventes forcées des
immeubles, la communauté des biens et les droits des époux
dans le contrat de mariage, les successions légitimes, et les
dispositions testamentaires ou par donation entre vifs ou à
cause de mort.

On a senti que le peu qui a été dit sur certaines de ce
importantes matières dans les observations succinctes du paragraphe précédent n'est pas suffisant pour remplir la tâch

qui a été imposée à la commission : aussi, elle a cru devoir
y suppléer par les développemens particuliers que chacun de
ces objets intéressans doit trouver dans ce paragraphe, en
commençant par l'autorité maritale.

AUTORITÉ MARITALE.

Cette autorité ne peut pas être l'effet naturel du mariage.
L'union des époux n'élève pas l'un au-dessus de l'autre ; elle
est le lien de deux êtres égaux et indépendans, qui ne peut
produire que des droits et des devoirs réciproques. Le projet
de Code, en rendant hommage à ces principes, ne subor-
donne pas moins la femme à son mari. Il met l'empire du
côté de la force, sous la sauve-garde des mœurs. Mais cet
empire ne devrait pas s'étendre au-delà de la personne, qui
seule est entrée dans le lien du mariage. Comment pourrait-
il donc avoir prise sur les biens de la femme ? ce ne peut pas
être par l'effet naturel de l'union conjugale, qui ne saurait
embrasser le patrimoine des époux. Si ces biens entrent dans
le domaine du mariage, la convention seule peut les y amener : ainsi, sans stipulation particulière, les biens des époux
restent hors le contrat, et chacun est libre dans leur administration et jouissance.

Mais non ; ce principe est violé par le projet de Code. La
femme ne peut contracter ni ester en jugement sans l'autorisation de son mari. Cette gêne lui est même imposée lorsqu'elle
s'est expressément réservé la jouissance de ses biens, c'est-à-
dire, lorsqu'elle n'a pas voulu que son mari en profitât et se
mêlât de leur administration. C'est ainsi que la loi contre-
carre sa volonté, et tend à l'éloigner du mariage. Elle se
fonde sans doute sur la présomption de l'incapacité de la
femme mariée, de gérer les affaires ; comme si les veuves et
les femmes non mariées n'étaient pas dans le même cas de
cette présomption d'incapacité ou de minorité ; comme si
l'aptitude des femmes pour les affaires pouvait être mé-
connue.

[marginal note: l. 1er- tit. 5- ch. 6.]

PUISSANCE PATERNELLE, ET DROITS DES ENFANS ENVERS LES PÈRES.

l. 1ᵉʳ-
tit. 9.
Si, sous ce rapport, l'autorité du mari sur la femme devait être restreinte, celle du père sur ses enfans devrait acquérir plus de force que ne lui en donne le projet de Code. La puissance paternelle est dans la famille, ce que le Gouvernement est dans la société. L'une gouverne par les mœurs, et l'autre par les lois. Si le maintien de l'ordre social dépend de la force du Gouvernement, le maintien de l'ordre domestique, ou le bonheur des familles, tient aussi à l'efficacité de la puissance paternelle. La loi politique ne saurait donc lui donner trop de ressort, surtout dans les Etats libres où les mœurs sont le supplément des lois, et préparent l'obéissance.

Pourquoi la majorité des enfans, ou leur émancipation, anéantit-elle jusqu'au plus petit effet de la puissance paternelle? Si jusque là elle a été pour eux un bienfait, elle devrait être ensuite un motif de reconnaissance, d'égards et de respect de leur part envers leur père. Ce motif nécessite la déférence, de leur part, de demander le consentement du père à leur mariage, à quelque âge qu'ils le contractent, sauf à passer outre après le refus qui suivrait les sommations respectueuses. L'expérience a appris l'efficacité de pareilles mesures, qui ne sont jamais à négliger pour les mœurs. C'est par de semblables moyens qu'il faut tâcher de conserver l'ombre de l'autorité tutélaire des familles, et de maintenir les enfans dans la dépendance respectueuse de leur père, après qu'ils ne sont plus dans sa dépendance réelle.

Mais le moyen le plus efficace pour maintenir les enfans dans le lien de cette double dépendance jusqu'à la mort du père serait de mettre entre les mains de celui-ci la foudre de l'exhérédation. La disposition officieuse est le remède que le projet de Code a introduit pour le cas de dissipation notoire des enfans : mais la dissipation est une habitude vicieuse, et les enfans peuvent se livrer à des habitudes criminelles ou plus ou moins coupables. Les cas étant différens, l'expédient ne peut pas être le même. Et pourquoi l'enfant qui a été l'opprobre ou le tourment d'une famille, et dont la conduite présente une chaîne de désordres et d'actions déshonorantes, aura-t-il le même droit que l'enfant honnête et soumis, au patrimoine d'un père dont il aura compromis la tranquillité ou abrégé les jours? pourquoi faut-il qu'il ressente les mêmes effets de la bienfaisance paternelle, dont il est si indigne? pourquoi faut-il enfin que la vertu et le crime concourent aux mêmes bienfaits ou aux mêmes avantages? lors même que la succession paternelle serait un pur bienfait de la loi, la loi ne devrait-elle pas l'en priver comme indigne? Non, l'enfant qui a fait couler les larmes du père ne doit pas partager ses faveurs avec l'enfant qui les a essuyées; et celui qui a dévoré le patrimoine de ses pères cesse d'y avoir un droit égal à celui qui a travaillé à l'augmenter.

Peut-on douter qu'armée d'un tel pouvoir, la puissance paternelle n'obtienne de la crainte ce qu'elle ne peut pas toujours attendre de l'amour? Il faudrait moins connaître l'homme, pour ne pas sentir combien son intérêt doit le toucher. La peine ou la récompense sont le puissant ressort de ses actions, plus encore que l'amour de ses devoirs : on est le plus souvent ramené à ce sentiment par ces deux mobiles. L'enfant qui craindra la peine de l'exhérédation ne secouera donc pas le joug de la soumission et de l'obéissance ; ou, s'il le secoue, il y sera ramené. Le père sera servi et honoré, et l'enfant contractera les heureuses habitudes qui forment les mœurs privées et publiques.

Ce n'est que l'abus que le père peut faire de l'exhérédation qui a fait illusion à la philosophie, et lui a fait proscrire mal à propos ce remède. Prévenons donc l'abus, et que le remède subsiste. Dans cette vue, la loi doit déterminer et préciser les cas où l'exhérédation peut avoir lieu: un conseil de famille sera le jury qui établira l'existence du cas, et le père sera le juge qui, en appliquant la loi, prononcera l'exhérédation. Il ne pourra être alors ni capricieux ni injuste ; et le fils n'aura à craindre que ses propres désordres, ses écarts criminels ; ou, pour mieux dire, ses désordres et ses écarts affligeront moins les familles, parce qu'ils seront plus rares.

Mais si la loi renforçait ainsi les droits des pères, elle ne devrait pas méconnaître non plus les droits des enfans. Quand tout est réciproque entre les hommes, le sentiment de l'injustice ne met pas en jeu leurs passions, et ils vivent heureux. A côté de la puissance paternelle, la loi placerait donc très-à propos l'obligation des époux, non-seulement de nourrir et entretenir les enfans, mais encore de leur procurer un établissement par mariage ou autrement. L'établissement des enfans est le complément de l'obligation des pères, et il tient lieu aux premiers des alimens que ceux-ci leur doivent, et qu'ils leur procurent en effet en les mettant à portée de se les procurer eux-mêmes. En refusant aux enfans cet établissement, le projet de Code invite les pères à les oublier, et force les enfans à murmurer contre les pères. L'Etat se trouve privé à la fois et de professions utiles et de mariages assortis. Tout concourt donc, droit naturel et droit politique, à obliger le père à procurer, selon ses facultés, un établissement à ses enfans. Il appartiendrait au conseil de famille d'éclairer la justice dans l'application des règles à établir à cet égard, tant contre le père qui méconnaîtrait un pareil devoir, que contre l'enfant qui chercherait à abuser de ses droits.

C'est ainsi que la chaîne des droits et des devoirs continuerait toujours de lier réciproquement les pères et les enfans pendant tout le cours de leur vie ; tandis qu'à la majorité des enfans, ils deviendraient tout-à-fait étrangers les uns aux autres, suivant le projet de Code. Et que deviendraient surtout les filles, dans un pareil abandon de la loi, si le caprice ou le sordide intérêt d'un père s'opposait constamment à leur mariage? Elles ne pourraient s'en venger le plus souvent qu'au préjudice des mœurs et à la honte des familles.

TUTELLES ET INTERDICTIONS.

Le projet de Code semble avoir adopté une autre inconvenance, mais beaucoup moins essentielle, en adoptant la division de la tutelle en quatre espèces; c'est sans doute s'écarter sans nécessité de la simplicité qui doit caractériser les lois. Il est évident que cette division ne peut produire que confusion dans les dispositions relatives à chaque espèce ; et on ne devrait pas oublier que leur application est confiée aux juges-de-paix , souvent peu instruits dans les campagnes.

La tutelle naturelle ne saurait concourir avec la puissance paternelle ; et dans la possibilité de ce concours, ce ne serait plus que le même pouvoir. Dans ce cas, pourquoi des dénominations différentes et des règles particulières qui peuvent donner lieu à des méprises? D'ailleurs , il est de principe que la tutelle proprement dite n'est que pour remplacer la puissance d'un père à l'égard des enfans qui ont perdu cet appui.

La tutelle qui est déférée par le père ou par la mère n'a pas un caractère distinctif et propre qui puisse constituer une espèce particulière : sa nature et ses effets sont les mêmes, sans que le choix du tuteur confié au père et à la mère, et la confirmation de ce choix par le conseil de famille , puissent être considérés autrement que comme des circonstances étrangères à l'essence du pouvoir que la loi défère au tuteur.

Il en est de même de la tutelle légitime, qui, parce qu'elle doit être déférée à l'ascendant le plus proche par le conseil de famille, n'en a pas moins les mêmes attributs, et est soumise aux mêmes règles. Car, que ce soit le père qui nomme le tuteur, que ce soit l'ascendant le plus proche qui soit nommé, que le choix du père soit confirmé par le conseil de famille, que le plus proche ascendant soit nommé directement par ce conseil; dans tous ces cas, on trouve toujours le même pouvoir qui constitue la tutelle. C'est là encore la même tutelle avec la même étendue de pouvoir, que le conseil de famille défère dans tous les autres cas indistinctement.

N'est-il donc pas plus conforme à la raison, qui ne permet pas de multiplier les êtres sans nécessité, de laisser ces prétendues espèces de tutelle renfermées dans un genre unique, et de ne reconnaître qu'une seule tutelle, qui serait, dans tous les cas, déférée ou confirmée par le conseil de famille? Les circonstances du père et de la mère qui ont le pouvoir de choisir le tuteur qui doit être confirmé, ainsi que de l'ascendant le plus proche qui doit être nommé tuteur par le conseil de famille, rentrent parfaitement dans ce système d'uniformité.

Il y a plus; quelque éclairé que soit le choix du tuteur fait par le père, et quelle que soit l'affection des ascendans pour leurs pupilles présumée par la loi, le père et la loi peuvent par l'événement être trompés, et le conseil de famille peut réparer une méprise trop évidente, ou obvier à un cas qu'on n'avait pas pu ou su prévoir. De là l'utilité, pour ne pas dire la nécessité, de la seule et unique tutelle dative.

Il est vrai que le droit romain reconnaît aussi plusieurs espèces de tutelle; mais la division qu'il en fait a son fondement et son motif dans l'état différent des pupilles, et dans des dispositions et des subtilités qui ne se rencontrent pas et ne doivent pas se rencontrer dans notre droit.

Il n'en est pas ainsi de la sage et indispensable distinction que font les lois romaines entre le tuteur et le curateur, et entre le pupille et le mineur; distinction fondée sur la nature des fonctions des uns, et sur l'âge et l'état totalement différent des autres; distinction néanmoins que le projet n'admet pas, en confondant les choses les plus distinctes, les plus diverses et presque disparates.

En effet, les fonctions de tuteur s'attachent principalement à la personne du pupille. Le faire nourrir, entretenir, élever, le défendre en justice, sont les principaux soins dont se compose la surveillance du tuteur sur la personne du pupille. C'est par suite de cette surveillance que l'administration des biens pupillaires lui est dévolue. Mais l'autorité tutélaire à l'égard tant des biens que de la personne est telle, qu'elle remplace l'autorité paternelle, et qu'il ne reste, pour ainsi dire, au pupille, ni action ni volonté. Privé totalement de l'exercice de ses droits civils et politiques, son domicile ne peut être que celui de son tuteur, qui exerce en son nom tous ses droits et actions. Tous les actes se font au nom du tuteur, sans le concours du pupille, auquel son bas âge ne laisse pas supposer l'usage de la raison pour se conduire dans les affaires.

Au contraire, les fonctions du curateur ne viennent, pour ainsi dire, qu'à l'appui de l'usage que fait le mineur de sa raison et de son jugement dans la conduite de ses plus importantes affaires. Point de surveillance de la part du curateur sur la personne du mineur. C'est à celui-ci qu'est confiée l'administration de ses biens; l'exercice des droits et actions repose sur sa tête, et il conserve son domicile propre, où il exerce ses droits. L'intervention du curateur n'est nécessaire que pour les actes qui ne sont pas de pure administration, et qui sont trop importans pour que la loi puisse s'en rapporter, à cet égard, à sa prudence encore novice. Telle est l'aliénation des biens, l'obligation pour fortes sommes, ester en jugement, etc. Mais ces actes même ne se font qu'au nom du mineur et avec l'assistance du curateur.

Quant à l'âge, celui du pupille finissant à quinze ans, il ne peut rien avoir de commun avec celui du mineur, qui ne finit qu'à vingt-un ans. Quoique les extrémités de ces âges se touchent, on sent que l'enfant au-dessous de quinze ans, étant hors d'état de se conduire et de gérer ses biens, doit être dans la dépendance absolue de son tuteur, ainsi qu'il vient d'être expliqué. Mais on sent aussi qu'après l'âge de quinze ans, même jusqu'à dix-huit, l'incapacité du mineur n'est plus la même, et que d'absolue qu'elle était dans l'enfance, elle devient au moins relative dans la minorité; on sent enfin que c'est à cette incapacité que doit se mesurer l'étendue du pouvoir déféré au tuteur et au curateur pour y suppléer.

S'il est donc reconnu que les fonctions du tuteur sont et doivent être aussi différentes de celles du curateur que l'âge et l'état du pupille sont différens de l'âge et de l'état du mineur, la raison ne permet plus de réunir et de confondre sur la même tête de pareilles fonctions. Celui qui en est chargé peut être capable d'exercer les unes et être incapable d'exercer les autres; celui au profit duquel ces fonctions sont exercées peut avoir plus ou moins besoin d'un pareil secours.

Qu'on distingue donc entre les unes et les autres de ces fonctions, et les choix des fonctionnaires pourront être faits avec plus de discernement, avec plus d'avantage pour les pupilles et les mineurs, et avec moins d'inconvéniens pour ceux à qui ces charges sont déférées.

L'avantage des mineurs est ici évident, en ce qu'ils entrent plus tôt dans l'administration de leurs affaires, qu'ils gèrent par eux-mêmes, et en ce qu'ils économisent des frais de justice et d'administration qu'ils supportent en pure perte. Après quinze ans, le pupille peut faire par lui-même au moins les actes purement administratifs. Il peut même, suivant le développement de ses facultés intellectuelles plus ou moins précoces, faire un commerce, exercer une profession, etc. Le projet de Code lui permet de contracter mariage; comment peut-il donc rester à cet âge sous la main du tuteur, comme lorsqu'il était au maillot?

Le projet de Code fixe à dix-huit ans, ou à l'époque du mariage, l'émancipation du mineur, c'est-à-dire la faculté que la loi lui accorde d'administrer ses biens. Mais si le mineur en a plus tôt l'aptitude, pourquoi le priver de cet avantage inappréciable, d'autant qu'il ne peut pas avoir à en souffrir, d'après les précautions prises par la loi en pareil cas? Si l'aptitude se développe, d'après le cours ordinaire, à l'âge de quinze ans, pourquoi ce retardement? Si un cas extraordinaire exige une exception à la règle, le conseil de famille est là ; et lors de la reddition des comptes tutélaires, il prend cet objet en considération.

Dans ce systême, tout est simple et conforme aux situations de l'âge. Jusqu'à quinze ans le pupille ne sachant pour l'ordinaire se conduire ni gérer ses affaires, le tuteur y supplée en le prenant par la main. Après cet âge, le mineur a au moins quelque aptitude pour la conduite de ses affaires, et le tuteur, en lui rendant compte de sa gestion, lui en laisse l'administration; mais le premier choisit ou reçoit par précaution un curateur, qui de loin en loin le dirige dans ses affaires les plus importantes, et l'empêche ainsi de se porter préjudice par la voie des aliénations et des obligations.

C'est ainsi que la pénible administration de la tutelle finit plus tôt à l'avantage et du tuteur et du pupille. Rien ne se fait avec moins de frais et avec plus de célérité que la nomination du curateur, qui, choisi par le mineur même, est confirmé par le juge presque toujours sans l'intervention du conseil de famille. La curatelle est un léger fardeau pour celui qui le porte, et elle est une garantie suffisante contre les surprises auxquelles l'inexpérience peut exposer le mineur.

Certainement la prodigalité est un écueil bien plus dangereux que l'inexpérience du mineur, pour la fortune et les biens qui doivent être régis, et non dissipés ni dilapidés. L'inexpérience est rarement entreprenante ; et si elle n'encourage pas le mineur à acquérir, elle lui donne l'habitude de conserver. La prodigalité, au contraire, est toujours ac—

l. 1er-
tit.11-
ch. 2-
et 3.

tive pour dissiper et détruire le patrimoine qu'elle a reçu, et non acquis. Aveugle dans ses profusions et dépenses, elle ne sait leur donner ni une règle ni une fin. Le prodigue est ainsi comparé, avec juste raison, à l'insensé, qui ne met pas plus d'ordre et de raison dans ses dépenses, et qui court d'un même pas à sa ruine. Sur le fondement de cette ressemblance, et surtout d'après l'identité des résultats, la loi romaine n'avait pas hésité de traiter de la même manière l'un et l'autre sur le point essentiel de l'administration des biens qu'elle leur interdisait également à tous.

Cependant le projet de Code n'a pas senti la nécessité d'une pareille interdiction à l'égard des prodigues; tandis que, par un contraste frappant, il laisse les mineurs dans les liens et sous le poids d'une tutelle absolue, jusqu'à l'âge de dix-huit ans. Certes, ce n'est pas là proportionner le remède au mal, ni les précautions aux besoins.

On ne peut pas, sans doute, considérer le conseil volontaire établi par le projet de Code, pour le cas d'une espèce d'imbécillité, comme un remplacement de l'interdiction et de la curatelle pour cause de prodigalité. Quand on voit que c'est le prodigue lui-même qui devrait demander ce conseil, on désespère que ce malade, qui connaît rarement son mal, s'empressât de demander lui-même le remède, qu'il craint d'autant plus, que le mal est une de ses plus douces et agréables habitudes.

D'un autre côté, l'assistance du conseil volontaire n'est que pour les actes tendant à l'aliénation des immeubles, ou à les grever d'hypothèques : comme si le prodigue ne pouvait aller à la dissipation que par cette seule voie; comme si les obligations personnelles qu'il serait libre de contracter ne pourraient pas miner sa perte; comme si la dissipation de ses revenus laissés à sa main ne l'exposerait pas aux plus grands désordres, et ne le mettrait pas aux prises avec les plus pénibles besoins.

La prodigalité, comme la folie, a ses différens degrés

d'intensité. Il y a tel état de l'ame qui participe et de la folie ou imbécillité et du bon sens, et qui ne comporte pas l'interdiction des biens en entier. On a quelque capacité ou aptitude pour les affaires ordinaires, et pour le détail de l'administration; mais on en manque pour les affaires les plus importantes, et qui ne se présentent pas ordinairement. De même il y a tel prodigue qui a quelque ménagement et qui reconnaît quelque règle dans sa dépense, et dont la dissipation s'arrête à certaines bornes. C'est pour tous ces cas et d'imbécillité et de prodigalité que l'établissement du conseil volontaire est un remède suffisant pour prévenir les désordres et la ruine du patrimoine de ceux qui se trouvent dans cette espèce d'état mitoyen entre la capacité et l'incapacité de se conduire, ou entre la capacité de se conduire en certains cas, et l'incapacité de se conduire dans d'autres.

Mais on ne peut pas méconnaître un certain période de déraison ou de folie, et un certain période de prodigalité et de dissipation, qui sont entièrement, et dans tous les cas, incompatibles avec la conduite des affaires. L'expérience dispense ici d'entrer dans le détail, et elle justifie la sagesse de la mesure prise en pareil cas par la loi du pays, en interdisant l'administration entière des biens, tant pour cause de folie que pour cause de prodigalité; mesure d'autant plus nécessaire, que la conservation du patrimoine des familles en dépend, et qu'elle épargne plus d'un crime à la cupidité.

DIVORCE.

Mais il est un point encore bien plus important où les lois projetées contrarient nos anciennes lois, nos usages et nos habitudes : on entend parler de l'autorisation du divorce. L. 1er. tit. 6.

La question du divorce, agitée dans le discours préliminaire du projet de Code, paraît encore problématique sous le point de vue de ses avantages et de ses inconvéniens;

mais elle présente moins de doute sous le simple rapport du vœu de la perpétuité du mariage, qui forme l'essence de ce contrat. On pourrait dire qu'elle serait décidée, si elle devait l'être, par la considération de nos mœurs, de nos habitudes et des idées reçues parmi nous.

Le peuple français s'est trop long-temps familiarisé avec les sentimens religieux qui réprouvent ce genre de dissolution du plus saint des contrats, pour qu'il puisse en prendre encore une idée favorable. L'opinion qui doit préparer l'empire de la loi, plus révoltée du remède que du mal, condamnera sans ménagement les époux divorcés dont les tribunaux auront couronné les désirs. Les mœurs seront opposées aux lois ; le mépris et l'indignation vengeront les premières de l'outrage qu'elles recevront de celles-ci ; et tel sera le choc des principes qui gouverneront les Français, de l'opinion et de la loi.

Mais, s'écrie-t-on, la faculté du divorce doit se placer nécessairement entre la liberté naturelle de l'homme et le libre exercice des religions, adopté par l'acte constitutionnel.

Vaine théorie, que la pratique ne saurait justifier ! Et où ne serait-il pas entraîné, le législateur, s'il devait adopter toutes les conséquences qui dérivent rigoureusement des principes ? Sa raison pratique doit s'arrêter là où s'arrêtent les idées, les besoins et les avantages du peuple. C'est pour lui qu'il fait les lois, et il doit les adapter à son génie et à ses usages. Il ne s'agit donc pas de savoir si la faculté du divorce dérive des principes, mais si elle s'adapte à nos idées, à nos mœurs. La loi positive ne peut pas être toujours la copie exacte de la loi naturelle, que mille circonstances modifient, changent ou altèrent dans l'ordre social.

C'est ainsi que la religion catholique étant dominante en France, le dogme religieux, prohibitif du divorce, a dû l'emporter sur le droit naturel, qui peut l'autoriser : mais cette religion ayant cessé d'être dominante, il ne s'ensuit pas que le droit naturel puisse reprendre toute sa force contre le dogme religieux, auquel la loi civile ne prête plus un appui exclusif. Ce dogme a jeté les plus profondes racines dans le cœur et dans l'esprit des Français; et il ne domine pas moins leur raison, quoique la religion qui l'établit ait cessé d'être dominante en France. Et qui peut méconnaître la force insurmontable des préjugés religieux, qui s'augmente et s'irrite par les obstacles? Quel législateur sage osa jamais l'attaquer de front?

Tel est donc l'empire des circonstances actuelles, qu'en matière de divorce, le dogme religieux subsistant encore par ses effets, doit servir de base au dogme politique. Si la loi civile pouvait être mise ainsi en contradiction avec différens cultes qui tolèrent ou autorisent le divorce, il suffirait, sans doute, qu'elle se trouvât en harmonie avec le culte catholique, qui, pour avoir cessé d'être dominant, n'en est pas moins le plus universel, ou le culte presque universellement exercé. S'il est rare de voir la diversité des cultes dans l'union conjugale, il est possible de rencontrer dans cette diversité même le culte catholique; et les mariages des autres sectaires se perdent dans la foule des mariages du culte presque universellement adopté.

Non, la loi politique ne sacrifiera pas ainsi la presque totalité au petit nombre; et la considération des cas rares ne doit pas frustrer la multitude, des avantages d'une règle générale réclamée par ses habitudes et ses besoins.

Il est vrai que le divorce étant facultatif ne gêne point la croyance, et qu'il laisserait aux catholiques une vertu de plus à exercer, en s'abstenant d'en faire usage.

Mais il est vrai aussi que les plus graves inconvéniens résulteraient de cette perfectibilité mal entendue. La délicatesse et la conscience des époux n'étant pas la même, l'un trouverait dans la seule faculté du divorce l'impunité de ses torts; et l'autre, victime de ses excès, ne trouverait plus dans la loi aucun remède à ses maux. Celui-ci n'oserait pas

invoquer le divorce contre le cri de sa conscience, ou au
mépris de l'opinion; il ne pourrait pas non plus demander
la séparation de corps et de biens, cette ressource si naturelle que la loi approbative du divorce enlève au malheur
des époux. Combien n'y en a-t-il pas aujourd'hui qui gémis-
sent sous le joug de cette loi, qui n'offre à leur situation
fâcheuse qu'un moyen plus fâcheux de s'en délivrer! combien d'époux ne déshonorent-ils pas leurs cheveux blancs en
bravant enfin l'opinion pour demander le divorce, et en
demandant le divorce pour ne pouvoir pas réclamer la
séparation de corps et de biens!

C'est ainsi que la faculté du divorce devient une nécessité
de divorcer pour les époux même qui abhorrent ce genre de
dissolution du nœud conjugal. Que la loi cesse donc de les
mettre ainsi aux prises avec leur croyance et avec l'opinion,
et qu'elle leur restitue la faculté de réclamer la séparation
de corps et de biens!

Ce remède, moins violent, serait sans doute plus approprié aux cas moins graves, tels que sont les sévices et mauvais traitemens de l'un des époux envers l'autre, la diffamation et l'abandonnement. Lors même que le divorce pourrait être autorisé, il serait plus convenable, sans contredit,
de le faire remplacer, dans ces cas-là, par la simple séparation des époux, qui laisse toujours l'espoir consolateur
d'une réunion possible.

Il resterait l'attentat d'un époux à la vie de l'autre, et
l'adultère, que le projet de Code présente, avec plus de
fondement, comme des causes de divorce.

Si le divorce pouvait trouver place dans le Code de nos
lois, ce serait à ces deux cas seulement qu'il faudrait le
restreindre. Et encore telles circonstances pourraient se présenter, que la simple séparation des époux aurait moins d'inconvéniens. Telles seraient les circonstances de l'âge, de la
moralité et de la religion des époux, de l'existence des
enfans, gage infortuné d'une union qui ne doit pas être

dissoute pour faire place à une autre, qui leur serait si funeste.

Mais toutes ces circonstances devraient être prises en
considération par le conseil de famille, et pesées par les tribunaux.

Cependant, dans aucun cas et sous aucun prétexte, le divorce ne saurait jamais attaquer les unions contractées
sous l'empire des lois anciennes qui le proscrivaient. Les
époux, les familles, ont contracté sous la foi et sous la garantie de ces lois, qui promettaient l'indissolubilité du lien.
Les enfans sont nés à l'ombre de cette garantie et de la foi
publique. Comment les lois pourraient-elle rétrograder
pour les tromper tous? Non, la loi ne peut pas se jouer ainsi
de la foi publique et d'elle-même; elle ne peut pas avoir
un effet rétroactif aussi révoltant qu'inattendu.

A l'aide de tous ces tempéramens, et en substituant presque toujours au divorce la simple séparation des époux, on
pourvoit mieux à l'intérêt des enfans; on choque moins les
idées reçues; on laisse aux époux la possibilité et l'espoir
d'un retour réciproque, et le mérite de l'accorder et de
l'obtenir. Enfin, telle victime est arrachée au malheur en
obtenant la séparation, qui n'oserait pas provoquer le divorce. D'ailleurs, si le divorce peut être autorisé, il sera
toujours envisagé comme un moyen violent et odieux qu'il
faut renfermer dans les plus étroites bornes. Nulle considération politique, pas même le besoin de la population, ne
fait à la loi civile une nécessité de le favoriser.

ACQUISITION ET RESTITUTION DES FRUITS.

Un autre point de législation d'un genre différent, mais
fécond en conséquences dans la pratique, doit prendre ici
son rang dans le développement des observations qui font la
matière de ce paragraphe. C'est le principe adopté trop vaguement dans plusieurs pages du projet de Code; savoir,
que les fruits produits par la chose appartiennent à son pro-

548-
549

31.

priétaire, encore qu'ils aient été produits par les labours, travaux et semences faits par un tiers..... en sorte qu'ils doivent être restitués, avec la chose, au propriétaire qui les revendique (liv. II, tit. II, sect. 1re, art. 5 et 6).

Ce principe, puisé dans les lois romaines, conduit par sa généralité aux conséquences les plus contraires à l'équité et aux règles concernant l'exécution des contrats.

Appliqué au cas de la vente d'un fonds affermé, il rompait le bail, suivant la maxime, *Vente coupe rente;* disposition souverainement injuste de la loi *Emptorem,* féconde en contestations, et que l'Assemblée constituante s'empressa de modifier; disposition que le projet même de Code rejète entièrement (art. 56, s. IV, c. Ier, liv. III), en maintenant indistinctement les baux en cas de vente.

Mais le projet de Code ne remédie ainsi qu'à un seul cas, tandis qu'en généralisant l'exception placée à côté même du principe, il aurait pourvu à tous les autres cas à peu près du même genre. Pourquoi ne pas excepter généralement du principe ci-dessus rapporté, touchant la perception des fruits de la chose d'autrui, tous les cas *où un tiers a eu un titre ou un juste motif d'exploiter les fonds d'autrui et d'en percevoir les fruits ?*

Cette limitation générale, dictée par l'équité, ferait disparaître du projet de Code la disposition relative au résiliement des ventes des fruits par l'effet de la vente postérieure des fonds, au mépris de la règle, *Qui prior est tempore, potior est jure.*

Car on ne voit pas sur quel fondement cette règle ne serait pas applicable pour faire donner la préférence, toutes choses égales d'ailleurs, à l'antériorité du contrat de vente des fruits : applicable surtout aux créances et droits hypothécaires pour déterminer la préférence dans leur concours, elle devrait avoir toute sa force pour maintenir l'acheteur des fruits contre l'acheteur postérieur du fonds dans le concours de l'hypothèque de l'un et de l'autre.

D'autre part, il est aisé de voir à quels abus peut conduire la faculté qu'aura l'acheteur postérieur du fonds, de priver l'acheteur des fruits de l'objet de son acquisition. La fraude et la mauvaise foi n'auront plus de ménagement à garder, la connaissance des faits ne leur imposant pas la moindre gêne.

Une autre disposition, aussi peu équitable, dérivant de la généralité du même principe, et qu'on trouve dans le projet de Code (liv. III, c. VI, s. Ire, art. 95), est celle qui, dans le silence des parties, règle la perception des fruits en faveur du retrayant, lors du rachat du fonds vendu à ce pacte.

Car, en adjugeant indistinctement au vendeur qui fait usage de la faculté de réméré, les fruits pendans par les racines, à moins de stipulation contraire, le projet de Code lui attribue évidemment le fruit des travaux et des semences de l'acquéreur à pacte de rachat, surtout lorsqu'il n'avait pas trouvé sur ce même fonds, des fruits pendans lors de son acquisition : disposition d'autant plus injuste, qu'elle peut frustrer ce dernier de toute compensation de ses pertes à raison de la privation des sommes formant le prix de la vente et des impenses et travaux de culture, si la faculté de réméré est exercée avant l'époque de la première récolte.

L'inconvénient et la perte seraient encore plus fâcheux pour l'acquéreur à pacte de rachat, s'il y avait un fermier qu'il dût indemniser en pareil cas, ou s'il était survenu des dégradations dont il pût être tenu. Tout alors serait onéreux pour lui dans ce contrat, la loi n'en ayant pas réglé les conditions avec équité.

Au surplus, il est contre la nature du titre de l'acquéreur à pacte de rachat, que le retrayant ne maintienne pas les baux qu'il a passés ; car l'acquéreur à pacte de rachat, quoique soumis à ce pacte, ne jouit pas moins à titre de propriétaire. Or, à ce titre, il peut, sans contredit, affermer et avec les mêmes avantages que le propriétaire à titre incommutable : cependant il est aisé de comprendre que cette faculté serait illusoire, si le retrait rompait les baux ; alors les fermiers ne voulant pas s'exposer à un pareil événement, qui leur est toujours préjudiciable, ou ne voudraient pas traiter, ou s'ils le faisaient, ce serait toujours avec moins d'avantage pour le bailleur, en se ménageant l'indemnité de la perte résultant pour eux du résiliement du bail opéré par le rachat. Pour obvier donc à un pareil inconvénient, la loi doit en ce cas maintenir le bail ; mais pour que d'un autre côté on n'abuse pas de cet avantage au préjudice du retrayant, les baux ne devraient pas être pour longues années, ni leur prix au-dessous du taux ordinaire.

POSSESSION.

549   Enfin la règle générale qui dépouille le possesseur des produits de la chose (liv. II, tit. II, sect. Ire, art. 6), pour être restitués au propriétaire qui la revendique, excepté les cas de la bonne foi du possesseur, rencontre pareillement les plus graves inconvéniens dans la pratique.

1° Cette règle est un contraste frappant avec celle qui régulièrement ne fait courir les intérêts des sommes dues, que du jour que la demande en est formée en justice. On ne saurait cependant disconvenir que les intérêts ne soient, à l'égard des sommes dues, ce que les fruits sont à l'égard des fonds, c'est-à-dire le produit de la chose. Ainsi les uns et les autres devraient être soumis à une seule et même règle : *ubi eadem ratio, idem jus.*

2° La faveur de cette règle peut tourner en abus de la part du propriétaire, qui, pouvant toujours compter sur la restitution des fruits, trouverait commode ou conforme à ses vues, de différer de revendiquer la chose, sans cependant laisser accomplir la prescription ; procédé qui mérite encore beaucoup moins de ménagement que la négligence,

et qui produirait le double inconvénient de laisser incertain
le domaine des choses et d'opérer la ruine du possesseur.

3º La généralité de cette règle comprendrait même le cas
de la spoliation ou de la réintégrande, pour faire remettre
entre les mains du propriétaire les produits de la chose que
le possesseur aurait reçus de lui-même, en vertu de la restitution ordonnée par le jugement intervenu dans l'instance
au possessoire. Cependant cette restitution est envisagée
comme une peine prononcée contre l'auteur du trouble ; et
elle serait illusoire, si l'objet de la restitution devait encore
être restitué à ce dernier, lorsqu'il est reconnu propriétaire
dans l'instance au pétitoire. Il est certain que celui-ci a toujours à s'imputer d'avoir employé contre le possesseur les
voies de fait que la justice réprouve.

4º On ne peut pas se dissimuler combien les liquidations
des fruits donnent lieu à des discussions interminables, et à
des contestations dispendieuses, surtout lorsque la restitution remonte à des époques reculées.

5º L'exception donnée pour correctif à cette règle, et qui
est prise de la bonne foi qui dispense le possesseur de restituer les fruits, est elle-même sujète aux plus grandes difficultés, et quelquefois à l'arbitraire qu'il y a pour décider
de cette même bonne foi, qui repose sur des titres erro-
nés ou vicieux.

Aussi, ces puissantes considérations ont fait adopter la
règle contraire dans certains pays régis par le droit écrit.
Là, sans nulle différence de fruits, sans nulle distinction entre les actions de bonne foi et celles appelées *stricti juris*,
sans s'arrêter à la bonne ou mauvaise foi du possesseur, les
fruits des biens-fonds, tout comme les intérêts des sommes
dues, ne sont adjugés *régulièrement* que du jour de la demande judicielle. On y excepte cependant quelques cas particuliers dont le privilége se fait sentir, tels que celui de la
dot, celui de la légitime, le cas du vendeur qui retient la
chose après en avoir reçu le prix, et la spoliation.

Dans ce système, intérêts et fruits, tout se règle uniformément, quelle que soit la différence des circonstances ; et
si le propriétaire qui revendique la chose, et le créancier
qui réclame les sommes qui lui sont dues, n'obtiennent pas
respectivement les fruits et les intérêts perçus et discourus
antérieurement à leur demande, ils ont à s'imputer de ne
pas l'avoir formée plus tôt en justice. Ils sont ici punis de
leur négligence ou de leur retard, par la perte des fruits ou
des intérêts, comme ils le seraient par la perte même de
la chose ou des sommes capitales, s'ils laissaient accomplir
la prescription. C'est la tranquillité publique qui commande,
dans l'un et l'autre cas, le sacrifice de la propriété particulière. Tout est lié ; tout se tient dans un pareil système, qui
coupe court aux contestations dont la sagesse du législateur
doit toujours chercher à étouffer le germe.

PRESCRIPTION.

liv. 3-
tit. 20.
Il serait à désirer, sans doute, que la même simplicité
réglât les principes d'après lesquels la prescription s'accomplit. Comme les cas de la restitution des fruits et du
paiement des intérêts sont très-fréquens dans la pratique,
et que ces cas ont de l'analogie avec ceux de la prescription, le législateur ne saurait mieux faire que de jeter dans
le même moule les lois relatives à ces matières.

La différence de certains priviléges à l'égard des biens
étant abolie, rien ne paraît plus simple et plus convenable
que d'établir une règle unique en matière de prescription ;
règle qui n'admette aucune différence ni à l'égard des objets sujets à la prescription, ni à l'égard des titres, ni relativement à la bonne ou mauvaise foi du prescrivant, ni à
l'absence ou présence de celui contre lequel on prescrit,
non plus qu'à l'égard du temps pendant la durée duquel la
prescription doit s'accomplir ; différence qui, dans le projet
de Code, nuance singulièrement les dispositions relatives
aux différens cas.

Ainsi la prescription trentenaire devrait être la seule adoptée, à l'égard tant des immeubles que des droits personnels, réels et hypothécaires ; sans avoir égard à l'existence ni à la qualité des titres, à la bonne ou mauvaise foi du prescrivant, ni à l'absence ou présence de celui qui laisse prescrire.

On sent que toutes ces circonstances doivent être indifférentes, quand on pénètre le motif et le but de la loi qui introduit la prescription. Ce but est tout-à-fait politique ; il tend à faire cesser l'inquiétante incertitude sur le domaine des choses, qui doivent enfin avoir un maître certain. Le motif de la loi est de punir la négligence de celui qui laisse écouler un trop long espace de temps sans revendiquer la chose qui lui appartient. Or, rien de tout cela ne saurait nécessiter cette foule de distinctions dont le droit romain fourmille sur cette matière. La difficulté des précisions à faire sur la différence des cas donne précisément lieu aux contestations dont la prescription devrait être le préservatif. Que de preuves n'y a-t-il pas à faire pour justifier la nature de l'objet, la qualité du titre, la bonne ou mauvaise foi, et l'absence ou la présence des personnes dont il s'agit dans la prescription.

C'est ce que l'expérience a fait sentir encore dans les mêmes pays régis par le droit écrit dont il a été parlé ci-dessus. On y a adopté une législation plus simple et plus à portée de l'intelligence vulgaire, approchant de la règle qui vient d'être tracée.

HYPOTHÈQUES ET VENTES FORCÉES.

Mais pourquoi faut-il que ce caractère de simplicité des lois se fasse désirer encore davantage dans les dispositions du projet de Code relatives aux hypothèques et ventes forcées, qui, d'après l'ordre des matières, deviennent l'objet actuel de nos observations ? liv. 3. tit. 18.

A l'égard de ces objets, on ne se livrera pas au détail des

observations particulières que chacun d'eux pourrait faire naître et qui conduiraient trop loin. En jetant sur l'ensemble du système qui les lie un coup-d'œil rapide, on se bornera à quelques observations générales, et à indiquer quelque moyen de simplifier les dispositions trop compliquées de cette intéressante matière.

En effet, les formalités y sont tellement multipliées, fatigantes et ruineuses, qu'on dirait qu'elles ont pour but d'éloigner les hommes des affaires, et de les empêcher de contracter entre eux. Tout est entraves, tout est obstacle pour le créancier qui veut assurer son droit, ou qui agit pour obtenir le paiement de ce qui lui est dû. Tantôt sous prétexte de la conservation des droits des autres créanciers négligens ou qui restent dans l'inaction, tantôt sous prétexte que le débiteur ne soit exproprié avec trop de préjudice et de précipitation, la loi n'offre que rigueur et qu'embarras à celui qui est forcé d'employer son ministère pour retirer son bien des mains de la mauvaise foi ou de la négligence, qui cherche à s'en utiliser.

Ici les considérations d'humanité et de bienfaisance blessent évidemment les droits de la justice, en prenant même une fausse direction ; car si la faveur peut être de mise, ne devrait-elle pas plutôt venir au-devant du créancier en souffrance, et qui réclame un bien dont il est privé, que de tendre la main au débiteur qui en jouit et s'en sert injustement à son préjudice ? Cette même faveur ne devrait-elle pas se déclarer pour le créancier diligent qui poursuit en justice le paiement de ce qui lui est dû, au lieu de le fatiguer par cette multitude de formalités et de délais introduite aussi pour la conservation des droits des autres créanciers, qui jugent à propos, le plus souvent, de se tenir en arrière, pour obtenir sans peine un meilleur succès ?

Ces considérations devraient faire diminuer la rigueur des règles et réduire l'effrayante multitude des formalités sur ces matières. La loi ne devrait les introduire que dans la proportion rigoureuse du besoin pour prévenir les fraudes et les surprises.

Quant aux formalités relatives aux hypothèques, ce but paraît assez bien rempli au moyen de l'inscription du contrat aux registres publics du bureau de l'arrondissement de l'assiette des immeubles affectés aux obligations. Cette formalité a cet avantage sur la publicité du contrat et de son enregistrement ordinaire, qu'on ne peut pas se tromper sur le lieu du dépôt où elle doit être consignée, tandis qu'il est si aisé de donner le change sur le reste. Si le débiteur ou l'obligé peuvent être grevés par une pareille mesure, ils le seraient encore par la publicité du contrat même et de son enregistrement. D'ailleurs, si l'inconvénient est inévitable, ne doit-il pas plutôt peser sur eux que sur ceux avec qui ils doivent contracter ? Il serait seulement à souhaiter que le fisc n'eût point de droits à percevoir sur un objet de sûreté et de tranquillité publique.

Il semble donc que l'inscription des contrats sur les registres des bureaux des hypothèques est préférable à cette complication de formalités qui devraient la remplacer avec beaucoup plus d'inconvénient et moins d'avantage. Elle pourrait faire mettre de côté toutes les procédures tendant à purger les hypothèques et à obtenir à grands frais la sûreté qu'elle procure, en prévenant la fraude et la surprise.

Pour ce qui est des saisies réelles et des ventes forcées d'immeubles, si l'ordonnance de 1667 n'y avait pas suffisamment pourvu, le projet de Code ne semble-t-il pas avoir excédé la mesure par la multitude de ces formalités ruineuses et fatigantes, qui sont pour le débiteur autant de ressources de chicane dont l'expérience n'apprend que trop l'usage qu'il sait en faire ? *liv. 3. tit. 19.*

La briéveté du temps ne permettant pas d'entrer sur cette matière dans les longs détails dont elle est susceptible, on se bornera à désirer que, pour toutes les ventes forcées,

le législateur adopte un système plus simple et d'une exécution plus aisée que celui tracé dans le projet de Code.
La procédure indiquée par le chapitre VIII sur les ventes
forcées d'une valeur moindre de 4,000 francs, combinée
avec celle qui est prescrite dans l'ordonnance de 1667,
pourrait fort bien être étendue à toutes les ventes de ce
genre, quelle qu'en soit la valeur. Le saisi serait suffisamment averti et les délais suffisamment ménagés, pour que la
surprise et la fraude ne pussent lui nuire dans des ventes
d'ailleurs publiques. Et qu'aurait-il à risquer, le saisi, si la
loi lui accordait le bienfait de la rescision pour lésion d'outre-moitié du juste prix? C'est la meilleure précaution
qu'elle peut employer pour déjouer la fraude et tromper la
cupidité; toutes les autres formalités n'auraient rien d'aussi
efficace que cette mesure d'équité, dont l'application aux
ventes forcées paraît être encore plus particulièrement recommandée par le motif qui a fait introduire le remède de
cette rescision.

Du reste, les ventes forcées devraient seules purger les
hypothèques, par le seul effet de la consignation du prix,
avantage qui leur attirerait sans contredit plus de faveur. Il
resterait à la sagesse de la loi de pourvoir à la conservation
des droits des créanciers opposans, et de ceux qui n'auraient
pas encore formé l'opposition, sans compromettre néanmoins les droits et les avantages tant de l'adjudicataire que
du créancier poursuivant.

Or, elle pourrait les concilier tous ces droits, en autorisant
deux distributions du prix des ventes, l'une provisoire et
moyennant caution, et l'autre définitive. Si la sentence d'ordre était déjà rendue lors de l'adjudication, la distribution
provisoire pourrait être faite sur-le-champ, dans l'ordre et
de la manière prescrits dans ce jugement. Le créancier à qui
le prix serait provisoirement distribué moyennant caution,
en serait nanti à ce titre; et si dans l'année il ne se présen-
tait pas de créancier antérieur ou plus privilégié, la distri-

bution du prix deviendrait définitive et la caution serait déchargée. Si au contraire la sentence d'ordre n'était pas encore rendue lors de l'adjudication, le prix resterait consigné entre les mains du receveur des consignations, pour être distribué ensuite de la manière qu'on vient d'indiquer. Mais dans tous les cas, la seule consignation du prix, comme il a été dit, devrait purger les hypothèques. Les formalités prescrites pour le retirer seraient le garant et la sauve-garde des droits de tous les créanciers qui auraient à en exercer : ce qui néanmoins devrait être fait dans l'année ; temps suffisant sans doute, surtout si on considère les longs délais qui se seraient déjà écoulés avant l'adjudication et la publicité des procédures et des criées, contre laquelle on ne peut pas avec quelque fondement alléguer ignorance.

COMMUNAUTÉ DE BIENS ET DROITS DES ÉPOUX.

Une autre disposition du projet de Code contre laquelle les observations se présentent en foule, c'est la communauté des biens entre époux opérée par le seul effet du mariage, à moins de stipulation contraire.

*liv. 3-
tit. 5-
c. 1er-
et
1393*

D'abord, par cette disposition extraordinaire, le contrat de mariage acquiert une force et une vertu qu'il ne trouve pas dans sa nature ni dans son essence. Unir les époux, tel est l'effet naturel de ce contrat. Régler leurs biens, c'est l'affaire de leur consentement particulier, ajouté à celui qui fait l'essence de l'union conjugale. L'union des personnes ou, pour mieux dire, des volontés, n'a rien de commun avec la société des biens.

Ainsi, au lieu de voir la communauté des biens se placer entre mari et femme sans qu'ils l'aient appelée ni rejetée, il serait sans doute plus naturel de voir les époux libres et indépendans dans l'administration et jouissance de leurs biens respectifs, jusqu'à ce qu'il plût à leur volonté d'en disposer autrement par une stipulation expresse et parti-

culière. Les engagemens ne se présument pas, et la présomption est toujours au contraire en faveur de la liberté.

D'après ces principes, puisés dans la nature et dans la
raison, le contrat de mariage chez les Romains, et successivement dans les pays de droit écrit, n'a jamais emporté
par lui-même aucune société de biens entre époux, ni aucune libéralité de l'un en faveur de l'autre. S'il n'y avait
point de convention particulière à cet égard, les biens restaient libres comme auparavant sur la tête de chacun d'eux ;
si, au contraire, par une convention expresse, il était
promis ou donné quelque chose au mari pour en jouir pendant le mariage, afin d'en supporter les charges, ces biens
constituaient une dot, dont le mari avait la jouissance et la
femme la propriété. Cette dot était constituée, administrée
et restituée d'après la convention des parties, et, à défaut,
d'après des règles du droit qui suppléaient à leur silence.

Le contrat de mariage était en outre susceptible de tous
autres pactes entre époux qui voulaient exercer entre eux
des libéralités, telles que dons mutuels ou particuliers, pactes de retour, augment dotal, gain de noces ou de survie,
douaire préfix ou coutumier, etc. Ces pactes se réglaient ordinairement d'après les usages locaux.

Dans le pays de droit coutumier, au contraire, on ne
connaissait pas du tout, ou presque du tout, la constitution dotale, quoique certains autres des pactes ci-dessus
mentionnés y fussent en usage. Mais la communauté de
biens entre époux était le point de ralliement de toutes ou
de presque toutes les Coutumes particulières, qui attribuaient
au contrat de mariage la force et l'efficacité d'opérer cette
communauté sans stipulation préalable. Cependant, à côté
de cette uniformité quant à l'établissement de la communauté, les différences variaient à l'infini à l'égard des modifications que cette communauté recevait dans chaque Coutume particulière.

L'unité du système faisant une nécessité d'établir sur les

conventions matrimoniales une règle générale et uniforme , tant pour le pays de droit écrit que pour le pays de droit coutumier, le projet de Code (liv. III, tit. X, chap. I et II) base cette règle , 1° sur la liberté accordée aux époux de régler librement les conditions de leur union ; 2° sur la prohibition de stipuler que ces conditions ne seront réglées par aucune des lois, statuts, Coutumes et usages qui ont régi jusqu'à ce jour les diverses parties de la république ; 3° sur l'établissement de la communauté de biens entre les époux , suivant les règles contenues au projet de Code , lorsqu'il n'existe ni contrat de mariage, ni convention spéciale à cet égard.

Rien ne paraît plus propre à concilier la liberté des parties dans le plus essentiel des Contrats, avec le sacrifice des usages et des coutumes commandé par la règle générale , que les deux premiers points sur lesquels repose cette règle , si d'ailleurs leur exécution était aisée ; mais il n'en est pas ainsi du troisième point.

Les deux premiers points de la règle , en établissant l'uniformité par l'abolition des Coutumes et par la liberté de régler les conventions, traitent au pair toutes les parties du territoire de la république : les unes ne gagnent ni ne perdent pas plus de leurs usages que les autres , par l'établissement de cet ordre de choses.

Pourquoi cet équilibre ne se trouve-t-il pas dans la disposition du troisième point de la règle générale ? Ici on peut dire que les usages des pays coutumiers , ou les engagemens légaux qui y sont en vigueur, étendent leur empire sur la liberté naturelle dont jouissent les époux en pays de droit écrit relativement à l'administration de leurs biens, lorsqu'ils ne se sont pas imposé de loi à cet égard. C'est le combat de la gêne et de la liberté : celle-ci succombe lorsqu'il serait si naturel de lui assurer le triomphe.

En effet, les deux premières dispositions de la règle générale paraissent naturellement conduire à celle de laisser aux époux la libre administration de leurs biens, à défaut de convention de leur part ; car, dès lors qu'il leur est libre de régler à cet égard leurs conventions, et que tous usages locaux sur ce point sont abolis, on doit s'attendre que leur silence ne doit pas changer leur situation naturelle, et la transformer en un engagement des plus essentiels et des plus compliqués.

Certainement, en suivant cette indication de la raison naturelle, le législateur atteindrait mieux le but de l'utilité publique dans l'un et l'autre pays de droit écrit et de Coutume. Dans le premier de ces pays, où l'on s'accommode si bien de la libre administration des biens, surtout dans la classe peu aisée, on ne verrait pas introduire la nécessité de faire des conventions matrimoniales pour écarter la communauté légale, si contraire aux mœurs, aux usages, et même à l'intérêt des maris. De là, une économie précieuse de droits et de frais énormes résultant de pareils actes.

Dans les pays de droit coutumier, si la Coutume légale n'a pas lieu dans certaines parties, elle y produira les mêmes inconvéniens dont on vient de parler à l'égard des pays de droit écrit. Quant aux autres parties du territoire où la Coutume légale ou statutaire était établie, il sera rare que la volonté particulière des contractans n'ait rien à changer aux stipulations de la loi projetée ; et alors les avantages de pareilles stipulations deviennent illusoires, supposé que, dans le fait, elles puissent être éludées.

Car il y a plus ; la communauté établie par le projet de Code, avec les dispositions qui l'accompagnent, ne laisse elle-même qu'une liberté illusoire ou une faculté d'une exécution bien difficile, pour parvenir à faire des conventions particulières qui détruisent ou modifient cette communauté.

Pour s'en convaincre, il suffira d'observer que, quoique *les époux puissent régler librement les conditions de leur union,* ils ne peuvent pas néanmoins *stipuler qu'elles seront réglées par aucune des lois, statuts, Coutumes et usages qui ont régi jusqu'à ce jour les diverses parties du territoire de la république.*

Or, en réfléchissant un peu sur l'étendue des conventions matrimoniales, on sent l'impossibilité d'en régler tous les détails dans le contrat, et la nécessité de s'en rapporter, pour le surplus des dispositions qu'on ne saurait régler, à la disposition générale *de la loi ou de l'usage du pays.* Il n'y a pas de contrat de mariage où cette clause générale ne soit et ne doive être stipulée, ou tout au moins sous-entendue.

Lorsque, par exemple, on constitue une dot dans le pays de droit écrit, on se borne à promettre ou à donner ce qui fait la matière de cette dot. Les limites étroites dans lesquelles l'acte doit être circonscrit, celles de l'intelligence ordinaire des parties et des notaires, l'étendue et la difficulté de la matière, ne comportant pas les longs et difficiles détails sur tous les engagemens qui peuvent résulter, par l'événement, soit de la constitution même de la dot, soit de la manière dont elle doit être administrée pendant le mariage, soit enfin de la manière dont la restitution doit en être faite après que le mariage est dissous, il est certain qu'il faudrait faire un traité beaucoup trop long et trop difficile à rédiger, pour régler en détail toutes les conventions sur ces objets. La même difficulté existerait à l'égard des pactes accessoires renfermant une libéralité réciproque ou particulière d'un époux envers l'autre, telle que l'augment dotal, gain de survie, dons mutuels ou particuliers, etc.

Il en est de même dans le pays de droit coutumier, où la communauté de biens entre époux a lieu, et qui est d'un genre différent selon chaque coutume. Il n'est pas possible que, si les conventions sont rédigées par écrit, elles règlent le détail de tout ce qui est relatif à la communauté, de ce qui la compose, de la manière dont elle doit être administrée, de sa dissolution, du partage, etc.; il faudrait un volume pour déterminer tous ces détails.

Aussi on coupe court à toutes ces longueurs, d'ailleurs difficiles à détailler, tant dans le pays de droit écrit que dans le pays de Coutume ; on s'en rapporte, dans les contrats, aux règles établies pour chaque matière *dans la loi ou la Coutume du pays*, qui sont toujours le supplément des stipulations que les parties ne peuvent pas faire.

Or, le projet de Code, *en abolissant ces lois et ces Coutumes locales*, ne laisse plus aux conventions des parties ce supplément ou cette base qui en faisait le soutien pour tous les cas prévus et non prévus. Vainement il leur sera libre de régler leurs conventions matrimoniales : elles ne comprendront pas la majeure partie des cas ; et tous ces cas non exprimés et non prévus resteront du domaine de la communauté légale, que les efforts des contractans ne pourront pas écarter.

Ici les difficultés se présentent en foule. Ou le système des stipulations particulières des parties s'allie avec celui de la communauté légale, et alors le cas non prévu par la stipulation particulière peut trouver sa décision dans les règles générales de cette communauté, s'il y est prévu. Mais, s'il n'y est pas prévu, peut-il être décidé d'après la loi locale ou coutumière, qui est abolie ? Si, au contraire, le système des stipulations particulières est exclusif ou incompatible avec celui de la communauté légale, quel sera le supplément de ces stipulations, si les règles concernant cette communauté sont inapplicables, et si d'ailleurs la loi locale n'est plus en vigueur pour les cas non prévus ? D'un autre côté, la stipulation des clauses dérogatoires ou qui modifient la communauté légale, supposant la connaissance des règles compliquées de cette communauté, ne peut être guère à la portée des contractans, ni de la plupart des notaires chargés de rédiger les conventions ; et alors le désordre dans lequel ces conventions seront rédigées sera la source de toutes les dissentions que le contrat aurait dû prévenir.

Au milieu de tous ces embarras et de ces difficultés, le

parti qui resterait à prendre serait celui de faire forcément, et non sans frais, contrat de mariage, pour y déclarer qu'il ne doit point exister de communauté entre époux. C'est ainsi qu'ils parviendraient à peu près au point d'où la loi n'aurait pas dû les tirer, et qu'ils seraient privés des avantages d'une stipulation particulière qui aurait réglé plus convenablement leurs intérêts.

Indépendamment de tous ces inconvéniens qui résultent de la communauté des biens dans son point de contact avec les anciens usages, il en est d'autres qui sont le produit de son essence même, et qui doivent de plus en plus faire craindre l'établissement, surtout non volontaire, dans les pays où elle n'est pas connue.

Si on considère la manière dont elle se forme activement et passivement, comment elle s'administre, et les droits et engagemens qui en résultent entre époux, la dissolution, la séparation des biens, les rapports, les partages, les diverses conventions accessoires et dérogatoires, et enfin toutes les circonstances et les suites de ce nouvel ordre de choses, on ne sait y apercevoir qu'un chaos d'engagemens que les parties contractantes seront souvent loin de pouvoir comprendre, qu'une source intarissable de contestations, tant entre les époux et leurs héritiers respectifs, qu'à l'égard des tiers pour la discussion de leurs droits, et un labyrinthe où l'on se perdra, de plus, dans les embarras, les longueurs et les frais des ventes forcées, et des partages déjà si compliqués des successions, toutes les fois qu'il y sera question des biens soumis à la communauté.

Jamais le dire de la loi, *Communio jurgia parit atque lites*, ne peut mieux s'appliquer qu'au genre de communauté qu'on veut introduire malgré l'anathème prononcé contre les sociétés des biens en général. Que de procès ne voit-on pas dans le pays de Coutume, entre les époux communs en biens, leurs héritiers, leurs créanciers, et tous ceux enfin à qui la communauté ne devient pas étrangère? L'idée qu'on peut s'en former d'après les arrêtistes, qui ne rapportent, pour ainsi dire, que de ces sortes de contestations, ne pourrait trouver que de nouveaux motifs de conviction dans le relevé des registres des tribunaux civils. C'est là qu'on connaîtrait les effets de ce contrat, et qu'on pourrait y apprendre combien peu il est désirable pour la tranquillité des familles et des citoyens. On en fait assez l'essai dans le pays même du droit écrit, toutes les fois que la communauté des biens entre époux s'y introduit à l'aide des mariages contractés en pays coutumier : le seul vice de forme pris de la non-autorisation ou de l'autorisation insuffisante du mari, y prête trop et trop souvent à la chicane, pour qu'on puisse envier à ce dernier pays le présent qu'il entend faire à l'autre. C'est une pomme de discorde que le nord de la France veut jeter dans le midi : fruit que la barbarie des Francs avait cueilli, sans doute, dans les forêts de la Germanie, et qu'elle a apporté dans les Gaules, au milieu du tumulte de la victoire et de la licence des camps.

Peut-être même que dans ces climats méridionaux un pareil usage trouverait encore plus d'inconvéniens que dans la France septentrionale. Si ici l'aptitude des femmes pour les affaires laisse moins de différence entre elles et les hommes, il est certain qu'il y aura moins d'inégalité dans la mise en société de leur travail et de leur industrie, et que, par conséquent, le partage égal des profits et des pertes sera une disposition de la loi projetée qui sera d'autant moins injuste. Mais si le premier des rapports n'est plus le même en changeant de climat, il ne restera alors qu'un résultat faux et injuste, une égalité de profits pour une frappante inégalité de mise, ou le soin minutieux de mieux régler cet équilibre d'intérêts.

De plus, dans tous les climats de la France, la communauté des biens étant un moyen d'acquérir pour les femmes le désir du gain, prenant dans leur cœur la place de sentimens plus purs, pourrait souvent donner le change à leur

penchans et à leurs devoirs, et transformer en spéculation
de commerce le dévouement désintéressé qui doit caractériser leurs tendres sentimens. Alors l'amour des richesses
et de l'indépendance remplaçant l'amour conjugal, le luxe,
l'orgueil et la licence corruptrice du sexe, feraient tout
craindre pour les mœurs et pour la tranquillité des ménages.

Aussi les Romains, sentant le danger des richesses dans
la main des femmes, firent-ils des lois pour empêcher
qu'elles fussent instituées héritières ; et les Français, devenus républicains, voudraient, au contraire, faire aujour-
d'hui des lois pour ménager des richesses aux femmes,
même dans le contrat où l'on devrait s'en occuper moins!

S'il était vrai que la communauté de biens entre époux
n'eût pas produit de dangereux effets sur les mœurs dans les
pays de la France où elle a été en vigueur, il faudrait en
être moins surpris en se reportant au temps et aux mœurs
de la monarchie, qui s'accommodait mieux d'un pareil
usage. C'est Montesquieu qui nous apprend que la communauté de biens n'est pas si convenable dans une république
que dans une monarchie. Comment donc peut-on étendre
aujourd'hui à toute la France républicaine l'usage de cette
communauté, qui n'était pas même général et commun à
toute la France monarchique.

On pourrait ajouter que cet usage ne saurait convenir
non plus à aucun pays commerçant, monarchique ou répu-
blicain. L'exactitude dans les engagemens, et la bonne foi
qui doivent régner dans le commerce, ne trouvent que des
embarras et des écueils dans cette société de biens. Les
créanciers ne savent, le plus souvent, sur quels biens ils
doivent agir, à cause des différens effets de la communauté.
La femme, en y renonçant, peut tromper à tout moment
la foi publique. Quelle porte ouverte à la fraude dans les
faillites du mari, quelquefois nécessitées par les profusions
et le luxe de la femme, qui trouvera encore le moyen d'en
profiter !

Que la loi vienne donc au secours des femmes mariées, non par l'établissement de la société des biens, mais d'une manière plus analogue à leur situation, à l'intérêt des maris et à la tranquillité des familles. Qu'elle leur assure efficacement la conservation de leurs biens et de leurs dots; qu'elle leur accorde même des priviléges, tant contre les héritiers que contre les créanciers du mari, pour la restitution de leurs créances dotales.

L'expérience n'a que trop appris combien les veuves avaient à souffrir des lenteurs affectées, et quelquefois indispensables, qu'on apportait à la restitution de leurs dots. Dépourvues de ressources, elles n'avaient ni de quoi subvenir à leurs besoins, ni de quoi fournir aux frais des procédures, à l'effet d'obtenir justice. Dans cet état, le convol en secondes noces ne pouvait qu'avoir encore plus de difficulté.

La plupart des lois locales ont remédié à ces graves inconvéniens. D'un côté, les alimens et entretiens sont accordés aux veuves dans la maison du mari pendant l'année de deuil: d'autre part, et après cette époque, elles restent en pleine jouissance de la succession de ce dernier, dont elles prennent inventaire et dont elles acquittent pareillement les charges; avantage dont elles jouissent jusqu'au parfait remboursement du montant de leurs dots et créances dotales. Enfin des créanciers, mais postérieurs, procèdent par saisie sur les biens du mari; elles ne doivent pas attendre les longueurs des ventes forcées et des distributions; elles ont le privilége, en formant opposition à la saisie, de se faire adjuger sur-le-champ l'objet saisi, jusqu'à concurrence du montant de toutes leurs créances dotales, et d'après l'estimation qui en est faite en contradictoire défense.

Jamais il n'y eut plus de nécessité de venir au secours des veuves, par de pareils moyens ou autres semblables, que dans le système des lois projetées. Quand on se les représente, après la perte de leurs époux, abandonnées à elles-mêmes dans le dédale de toutes ces formalités, de ces délais

et de ces difficultés que le nouveau projet de loi enfante,
l'humanité commande des vœux pour qu'à la faveur d'un
privilége extraordinaire, elles aient une voie prompte et
assurée de parvenir efficacement au remboursement de leurs
créances, au milieu du choc de cette foule d'héritiers légitimes à la fois et testamentaires ou donataires, concourant
tous à partager à titre universel l'hérédité de leurs maris ;
partage d'ailleurs sujet à toute espèce d'incidens, et qui peut
même se compliquer avec les interminables procédures des
ventes forcées.

SUCCESSIONS LÉGITIMES.

La loi pourrait encore ménager aux époux d'autres fa- liv. 3-
veurs dans l'ordre de successibilité qu'elle établit pour re- tit.1er.
cueillir les successions légitimes, et sur lequel on présentera ici quelques observations.

Dans l'examen des dispositions du projet de Code relatives à la manière dont la loi défère les successions *ab intestat*, il paraît nécessaire de ne pas perdre de vue le principe qui dirige le législateur dans cette importante matière.
Ce principe, développé dans le discours préliminaire, est et
doit être la raison civile, les convenances particulières des
familles, l'équité, en un mot, la volonté présumée du propriétaire qui n'a pas disposé de ses biens avant sa mort. La
loi civile se met donc à sa place pour faire cette disposition,
indépendamment de toute vue politique et générale. Elle
prend pour règle des libéralités qu'elle fait l'affection présumée de celui qu'elle remplace ; elle présume cette affection dans les liens du sang ; et à ses yeux la proximité du
degré en est la mesure. Telle est la règle sagement adoptée,
qui défère les successions *ab intestat* aux plus proches
parens du défunt, dans les lignes descendante, ascendante et
collatérale.

Cependant la disposition du projet de Code (liv. III, t. 1er, 732-
c. III, sect. 1re, art. 27) semble s'écarter trop de cette règle, 733

en ne considérant, en aucun cas, ni la nature ni l'origine des biens, pour en régler la succession. Il semble surtout qu'à l'égard de la ligne ascendante, ce systême ne se concilie pas du tout avec la volonté présumée du défunt. Il peut arriver, par exemple, que l'aïeul qui aura fait donation de ses biens à son petit-fils décédé sans enfans verra passer ces mêmes biens dans des familles qui lui sont étrangères, ou que tout au moins il en sera privé, lorsque l'affection et la reconnaissance du donataire semblent lui accorder toute préférence. En effet, cette succession se divisant en deux parts égales, l'une pour les parens de la ligne paternelle, et d'autre pour les parens de la ligne maternelle, l'aïeul donateur sera exclu dans sa ligne par le père ou la mère survivans, et il n'aura aucune part dans l'autre ligne, à laquelle il est étranger.

Ce résultat d'une pareille disposition du projet de Code choque trop les convenances, l'équité, et les sentimens présumés du défunt, pour que l'observation n'en doive pas être présentée. Il semble accuser à la fois et la règle qui confond ici la nature et l'origine des biens pour les faire passer aux deux lignes, et la division même de ces deux lignes qui reçoivent les biens par égales portions. La combinaison de ces deux règles est un moyen assuré d'exproprier les familles de leurs biens, et de les transmettre aux étrangers par l'intermédiaire des ascendans, qui recueillent ainsi les biens d'une autre famille, qu'ils transportent ensuite à la leur.

Ce grave inconvénient est bien propre à faire regretter, dans la ligne ascendante, l'usage de la maxime, *paterna paternis, materna maternis*, que les anciennes lois romaines avaient adoptée, et qui a même été en vigueur dans plusieurs parties de la France. On n'entrevoit pas le motif qui a pu faire rejeter aujourd'hui cette maxime. Le point de vue général de la division des fortunes, ni toute autre raison d'État, ne se trouvant pas ici en opposition avec le grand principe d'équité qui en fait la base, on ne voit pas pourquoi l'ascendant qui a le malheur de survivre à l'enfant à qui il avait déjà remis le dépôt de sa fortune sera privé de la faible consolation de reprendre ce même dépôt, l'unique ressource de ses vieux jours. Ah ! qu'il serait cruel de le voir ainsi privé des dépouilles de son descendant, qui furent et qui doivent être encore son patrimoine ! Pourquoi ajouter à sa douleur le sentiment pénible de devoir les partager avec d'autres ?

Quoique la donation exproprie, les rapports de bienfaisance et de gratitude entre le donateur et le donataire semblent toujours ménager à l'exproprié certains droits ou une expectative sur les biens donnés. On dirait que toutes les donations sont faites sous la condition du retour en cas de décès du donataire sans enfans. On est tellement familiarisé avec cette idée, et elle est si naturelle, qu'on ne suppose pas qu'en pareil cas le donataire pût disposer en faveur de tout autre que de son donateur. De là, cette tendance vers le retour légal qui était presque universellement établi ; de là ; la sagesse de la maxime : *paterna paternis, materna maternis*.

Dans la ligne ascendante, le système de division de la succession en deux portions égales, pour les deux lignes paternelle et maternelle, conduit encore à d'autres résultats peu convenables, en ce que les avantages du droit de succéder se divisent ainsi d'une manière inégale, par l'effet même de la première division en deux portions égales. Car il peut arriver qu'il n'y aura qu'un seul ascendant dans la ligne précisément d'où les biens ne dérivent pas : celui-ci recueillera la moitié de la succession. Si, au contraire, dans l'autre ligne d'où proviennent les biens, ils sont deux, ils recueillent et partagent ensemble l'autre moitié.

Cet inconvénient se ferait sentir encore bien plus fréquemment dans la ligne collatérale, où a lieu aussi la division de la succession en deux parts égales, l'une pour les parens de la ligne paternelle, et l'autre pour les parens de la ligne maternelle, il pourrait arriver, et il arriverait souvent, qu'un parent en un degré très-éloigné d'une ligne, se trou-

vaut seul, recueillerait la moitié de la succession, tandis
que l'autre moitié serait partageable entre plusieurs parens
de l'autre ligne qui seraient dans des degrés infiniment plus
près. La loi ne fixant pas le degré où finit la parenté pour
succéder, il serait possible de voir un collatéral au vingtième
degré avoir lui seul dans la succession une part égale à celle
qui serait partageable entre vingt cousins-germains qui con-
courraient dans l'autre ligne. Il ne peut pas, sans doute, y
avoir moins d'accord entre les relations de libéralité et les
rapports présumés d'affection.

Il y a plus : on verrait encore ce même collatéral au vingtième degré (liv. III, tit. I\ier, chap. V, sect. Ire, art. 75) exclure l'époux survivant de la succession de l'époux qui est
mort.

On ne saurait pénétrer le principe qui peut diriger les
rédacteurs du projet de Code, dans des dispositions qui paraissent si peu convenables. Le développement qu'ils en ont
donné dans le discours préliminaire ne permet pas de penser que, dans les règles à établir pour le partage des successions *ab intestat*, ils aient incliné vers la raison d'Etat plutôt
que vers l'équité, pour fixer les droits et les convenances
de ceux que la loi doit appeler à recueillir les successions.
D'ailleurs, l'équité ne peut pas avoir dicté de pareilles dispositions, qui contrarient trop ses vues, et la raison d'Etat
ne peut pas avoir de vues qui justifient ces dispositions.

Ce sera donc là le résultat nécessaire, la conséquence non
pas assez prévue du principe systématique de la division de
la succession en deux lignes, paternelle et maternelle, entre
les ascendans et entre les collatéraux. Qu'on laisse de côté le
principe, et que la seule proximité du degré, sans avoir
égard aux lignes, ouvre le droit et établisse le concours dans
le partage des successions légitimes ; que, sans le concours
d'une pareille division par lignes, le frère consanguin con-
coure avec le germain, si l'on veut, en prenant la moitié de
la part de ce dernier, et ainsi de même dans les autres de-

grés ; que parmi les ascendans, la règle *paterna paternis*, *materna maternis*, fixe leurs droits en leur préparant le retour de leurs propres biens ; que les époux qui ne faisaient qu'un pendant leur vie cessent d'être considérés étrangers l'un à l'autre après la mort; qu'ils se succèdent mutuellement, à l'exclusion des collatéraux au moins éloignés, et que, dans tous les cas, la loi leur assure quelque droit sur leur succession réciproque.

liv. 3-
tit. 1-
ch. 4-
sec. 2.

Quand on rapproche le sort des époux dans le partage des successions légitimes, du principe qui a dirigé les rédacteurs du projet, c'est-à-dire, de la volonté présumée du défunt, on croirait à la méprise, en voyant les époux appelés à la succession après l'épuisement des degrés de toutes les lignes collatérales; avantage illusóire qu'on verrait rarement se réaliser. Non, ce n'est pas la place que leur assigne leur amour mutuel, cette douce tendresse, ce sentiment de préférence qui l'emporte sur tout autre sentiment ; ce n'est pas là le prix des soins touchans qu'ils se sont prodigués pendant leur vie, ni la récompense qu'ils en doivent trouver à la mort l'un de l'autre.

Chez les Romains, ces considérations avaient ménagé un meilleur sort aux époux sur leur succession réciproque. Ou ils y étaient appelés après le huitième degré des collatéraux ; ou, lorsqu'ils étaient dans le besoin, la quarte de commisération leur était réservée contre tous héritiers. Cette disposition bienfaisante était en vigueur au moins dans les parties de la France régies par le droit écrit : pourrions-nous aujourd'hui être moins justes ou moins humains?

Dans certains même de ces pays, ou la règle *paterna paternis*, *materna maternis*, déférait la succession des enfans décédés impubères, on adoptait le sage tempérament de réserver toujours au père ou à la mère la légitime, qui était le quart de la succession *. C'était un secours, un sou-

---

* Voyez l'art. 915 du Code civil.

lagement de la perte qu'ils venaient de faire ; avantage qui ne devrait jamais leur être refusé dans toutes les circonstances où cette maxime trouverait son application : c'est ainsi qu'il serait sagement pourvu à tous les cas, dans la succession déférée aux ascendans, par la disposition d'une règle générale fondée sur l'équité et la raison, et qui d'ailleurs ne saurait être mieux modifiée.

Au surplus, on ne peut pas passer sous silence l'inconvénient et les difficultés que fait naître le partage des successions par ligne paternelle et maternelle, dans les opérations multipliées de ce partage, et surtout dans les rapports qui doivent être faits à la masse. On peut s'en convaincre en jetant les yeux sur les parties du projet de Code où il est traité de ces rapports, et particulièrement au liv. III, t. IX, c. II, s. II, art. 22, déjà rapporté dans les observations contenues au paragraphe premier. On y verra que les dispositions y sont tellement compliquées par la complication même des cas, qu'il sera rare que la discussion des droits n'entraîne pas des contestations. Plus les lignes se prolongent dans les degrés éloignés, plus les cas se compliquent et les difficultés se multiplient.

Que cet ordre de partage par lignes, que la prolongation du lien jusqu'à des degrés éloignés, cèdent à un mode plus simple de partage, qui prévienne les difficultés et qui n'appelle pas le plus souvent des inconnus, au préjudice des plus proches, au préjudice des époux.

DISPOSITIONS TESTAMENTAIRES, OU PAR DONATION ENTRE VIFS, OU A CAUSE DE MORT.

liv. 3-
tit. 2-
ch. 3-
s. 1ʳᵉ.

Si le vœu de la nature n'est pas écouté dans l'ordre établi pour les successions *ab intestat*, il ne paraît pas moins contrarié dans la disposition du projet de Code, qui fixe (liv. III, t. IX, c. II, s. Iʳᵉ, art. 16) la portion disponible des biens, soit par acte entre vifs ou à cause de mort, au quart si le disposant laisse, à son décès, des enfans ou descendans ; à la moitié s'il laisse des ascendans ou frères et sœurs ; aux trois quarts s'il laisse des neveux ou nièces, enfans au premier degré d'un frère ou d'une sœur.

C'est ainsi que les nouvelles lois donneront aux hommes des successeurs qu'ils ne pourront pas écarter, et qu'elles vont porter atteinte à la libre disposition des biens, qui fait le caractère le plus essentiel de la propriété, et que la sagesse de la nouvelle législation devrait leur garantir. Aussi, ce système, contraire au droit naturel, proscrit par l'équité ou la raison civile, ne trouve pas même d'appui dans notre droit politique.

Le droit de disposer des biens n'est autre chose que le droit même de propriété ; et si le droit de propriété repose sur la base du droit naturel, c'est violer le droit naturel que de limiter et réduire le droit de disposer des biens.

Que le droit de propriété remonte à l'état de nature, et existe avant l'établissement de la société, c'est un fait dont la preuve incontestable est dans le travail et les facultés physiques de l'homme, dans ses besoins et dans les moyens naturels qu'il a de les satisfaire.

En entrant dans la société, il y a apporté sa personne avec ses droits naturels, la sûreté individuelle, l'égalité, la liberté et la propriété, droits qui se réunissent et se confondent, pour ainsi dire, dans celui de la propriété. La société s'est obligée à garantir ses droits et sa personne, et à les défendre par la réunion de la force de tous. Ce n'est donc pas pour les sacrifier, mais bien pour les conserver et en jouir, que ses droits individuels sont mis sous la protection de tous et sous la garantie de la force publique. Si le maintien de la société ou l'intérêt général en exige le sacrifice d'une partie, c'est pour assurer efficacement la paisible et entière jouissance de l'autre.

Ainsi ni l'institution sociale ni ses lois n'ont donné l'être au droit de propriété, déjà préexistant ; mais elles le garantissent et le défendent ; elles en règlent l'exercice sous les rapports de l'utilité et de la convenance générale, mais sans en détruire ni en altérer l'essence. C'est, encore une fois, la conservation et le paisible exercice de ce droit qui font le but et la condition essentielle du pacte social.

Si le droit de propriété n'est autre chose que celui de disposer par l'abus même de l'objet, nul doute donc que cette faculté ne soit naturelle à l'homme, qu'il ne puisse l'exercer dans l'état de nature sans l'intervention de la loi, et dans l'état civil avec l'intervention de la loi, qui assure et garantit l'effet de la disposition de l'homme.

D'où il suit que cette garantie est un engagement de la société, qui dirige moins qu'il ne maintient l'exercice du droit de propriété, et qui, au lieu de prendre la place de la volonté de l'homme pour exercer ce droit, assure, au contraire, l'effet de cette volonté et la disposition qui en est la suite.

D'où il suit encore que les actes que l'homme fait sur la disposition de ses biens, tant entre vifs qu'à cause de mort, sont un pur exercice de ses droits naturels, et non un bienfait de la loi civile, dont le ministère s'étend moins sur le fond et la substance de pareils actes, que sur la forme et les autres rapports extérieurs qui peuvent les modifier.

Et qu'on ne dise pas que le droit de propriété finit avec la vie du propriétaire, et que la disposition de ses biens, qui s'étend au-delà du tombeau, ne peut être que l'ouvrage de la loi, qu'il lui appartient de régler à son gré, sans consulter la volonté de l'homme.

Alors il ne devrait pas en être ainsi de la disposition que l'homme ferait de ses biens par acte entre vifs; et il n'appartiendrait donc pas à la loi de la régler, modifier et réduire, pour ne pas dire détruire, dans le sens du projet de Code civil. Il serait au moins facultatif de disposer par donation entre vifs, de plus du quart, du tiers et de la

moitié de ses biens : ce serait toujours un triomphe du droit
naturel sur la loi civile ou politique.

Mais ce triomphe paraît devoir être complet. Les dispositions à cause de mort, dérivant de la même source, ne
doivent pas avoir moins d'efficacité. C'est pendant la vie du
disposant qu'elles sont faites ; et elles ne sont pas moins
que les dispositions entre vifs la manifestation de sa volonté. La loi civile devrait prêter, au contraire, plus d'appui à leur exécution, après la mort de celui qui en est l'auteur, et qui paraît les lui avoir plus particulièrement
recommandées. Le temps de l'exécution des dispositions est
une circonstance trop indifférente et trop étrangère pour
qu'elle puisse tellement influer sur le droit de disposer,
qu'elle en empêche l'exercice et l'exécution. Qu'importe,
en effet, qu'une disposition soit pure et simple, ou qu'elle
soit conditionnelle ; que son exécution ait lieu à l'instant
même, ou qu'elle soit différée à un terme fixe ou incertain :
son effet n'en doit pas être moins, dans tous ces cas, garanti par la loi. Et que sont-ce les dispositions à cause de
mort, si ce n'est des actes dont l'effet révocable tient à
l'événement de la mort même ?

D'ailleurs cet effet, préparé pendant sa vie, s'opère moins
au-delà du tombeau, qu'au premier moment de la mort du
disposant, qui est le dernier moment de sa vie. C'est ce moment qui le dépouille, et le donataire se trouve dès lors
investi.

Non, la loi civile, qui est l'équité même et souvent la
loi naturelle écrite, ne peut pas sanctionner l'atteinte portée au principe le plus sacré du droit naturel, qui est la
propriété, ou le droit de disposer de ses biens ; droit fondamental, et qui est la base de toute société policée.

Une pareille atteinte ôterait sans doute le principal attrait de la propriété des biens. C'est en en disposant qu'on
en jouit ; et on paraît en perpétuer la jouissance, lorsqu'on
en dispose pour un temps après la mort. Priver ou gêner

l'homme dans la disposition de ses biens, c'est lui interdire ou le gêner dans ce doux commerce de bienfaits qui fait le charme de la vie. Dans la communication des services et des récompenses, le parent se rapproche du parent, et l'homme se rapproche de l'homme : en cherchant à mériter réciproquement les uns des autres, ils se rendent la vie plus douce par l'exercice des vertus sociales, dont la nature a placé le germe dans le cœur.

Ici, on voit le père environné de la confiance, de l'amour et du respect de ses enfans, qui voient dans l'auteur de leurs jours le rémunérateur de leur sagesse et de leur bonne conduite, l'arbitre de leur sort. Là, les soins empressés, les tendres sollicitudes de l'époux, préparent à l'époux des bienfaits et des récompenses qui en sont le digne prix. Le collatéral trouve dans les degrés plus éloignés de parenté l'intérêt de la proximité du sang fortifié par l'espérance. La vieillesse et l'infirmité ne restent jamais sans secours, par le dédommagement qu'un juste retour laisse toujours attendre. Enfin il existe un lien de plus entre les hommes, qui resserre celui de l'humanité, et supplée utilement à sa faiblesse.

Otez à l'homme la faculté de disposer de ses biens, ou réduisez-la jusqu'à un certain point : et toutes ces belles convenances disparaissent. Dans le choix aveugle que la loi fait de ses successeurs, on ne trouve ordinairement pour tout produit que l'ingratitude d'un côté, pour ne rien dire de plus, et presque toujours le mécontentement et le dépit, de l'autre. Si la loi civile doit choisir entre ces deux partis, certainement elle ne contrariera pas la nature, et elle favorisera au contraire tous les avantages que la faculté de disposer des biens produit dans les familles et entre les particuliers. C'est à régler leurs droits, à saisir leurs convenances, que son équité doit toujours incliner.

Comment pourrait-elle, la loi politique, entraînée par la vue d'un intérêt supérieur, sans s'arrêter à la barrière que

le droit naturel lui oppose, ni aux convenances adoptées par
la loi civile, enchaîner l'homme dans l'exercice du droit le
plus précieux de la propriété, ou, pour mieux dire, du droit
qui seul la constitue, la faculté de disposer de ses biens?

L'exagération des principes ne connaît pas de bornes dans
le pouvoir de la loi politique ; la raison y en trouve. Ces
bornes sont dans l'objet même de ce pouvoir ; et cet objet
est l'intérêt général de la société, préféré à l'intérêt individuel et aux convenances particulières. Lorsque l'intérêt
de l'individu choque celui de l'État, ce dernier l'emporte :
mais c'est à l'occasion de choc seulement qu'est bornée cette
préférence. Si la situation particulière de l'État ne peut pas
s'accommoder des rapports et des convenances établis par
la loi naturelle et civile entre les membres du corps social, l'intérêt de l'Etat en exige le sacrifice ou la modification. Il est dans l'intention de tous les membres que le
corps social se maintienne, et sa conservation devient le
grand objet de tous les sacrifices individuels : c'est donc
dans ce sens qu'il faut entendre la grande maxime d'Etat,
*que la loi politique sacrifie l'homme au citoyen, et la petite
famille à la grande;* sacrifice toujours déterminé et proportionné aux seuls besoins de l'Etat.

Or où est ici la nécessité du sacrifice que la raison d'Etat
peut exiger de l'homme et du citoyen, quant à la faculté
naturelle de disposer de ses biens? Loin de contraster avec
nos principes constitutionnels, l'usage de cette faculté y
trouve au contraire un nouvel appui. Ces principes, tendant à des préférences et à établir des différences politiques entre les citoyens, ne peuvent que s'allier parfaitement avec les principes des affections humaines, qui tendent
aussi aux préférences, et amènent de légères inégalités de
fortune, qui, étant inévitables dans l'ordre social, entrent
même dans le dessein de la loi politique.

Tel est l'heureux rapport de nos lois constitutionnelles
ou politiques avec nos lois civiles, qu'elles permettent à

celles-ci de se diriger par l'équité, qui ne choque personne,
dans les règles à établir sur l'intéressant objet de la disposition des biens. L'accord de ces lois justifie les unes et
les autres aux yeux de la raison et de la saine politique.
Si nos lois constitutionnelles avaient pu se mettre en opposition avec la nature, la raison civile et l'usage qui nous
ont toujours garanti la libre disposition des biens, elles
n'auraient pas sans doute obtenu cet assentiment libre et
général qui est le garant de leur sagesse et de leur convenance et on peut dire de leur durée. On admirera tant
qu'on voudra ces anciennes constitutions républicaines qu'on
appelle fortes, et qu'on appellerait mieux violentes, parce
qu'elles transforment et altèrent à la fois la constitution de
l'homme, contrarient et bouleversent la nature humaine.
Ces institutions éphémères nous ont appris qu'il n'y a que
la justice et la raison qui soient durables parmi les hommes,
parce qu'elles sont des émanations de l'impérissable nature.

Oui, la justice et la raison garantissent la durée de la
constitution d'un Etat, lorsque les rapports ou les convenances générales qui naissent tant de la situation locale que
du caractère national sont tellement saisis par le système
d'institution, que les mœurs se trouvent conformes aux lois,
et les lois aux principes politiques ou aux maximes qui
gouvernent l'Etat. C'est dans cette harmonie de tous les
rapports et de tous les principes, que se conserve et se
propage l'esprit de justice, qui maintient l'ordre général et
particulier dans les sociétés : en les mettant en opposition
les uns avec les autres, on les constitue dans un état de violence qui ne peut pas être de durée.

Or, en maintenant la libre disposition des biens, la loi
politique réunit tous ces objets généraux de convenance, qui
tombent si bien de concert avec les rapports naturels et
civils sur le point de la plus grande importance qui puisse
occuper le législateur.

D'un côté, on voit le père de famille ressaisir les rênes

d'un gouvernement que la défense de disposer de ses biens lui avait fait tomber des mains. Sous le gouvernement paternel, on verra renaître les mœurs domestiques, qui préparent les mœurs publiques. L'enfant plus docile soulagera la vieillesse du père qui pourra le récompenser. L'enfant hardi et entreprenant ne cumulera pas, au moins avec le même avantage, le produit de son industrie exercée hors la maison paternelle, avec le produit d'une autre industrie qui aura augmenté ou conservé le patrimoine de ses pères. L'enfant ingrat ou rebelle pourra être puni ou délaissé. Enfin, l'âge, le sexe, les infirmités et les talens des enfans, tout pourra entrer en balance dans les libéralités du père et dans la sage distribution de ses biens.

D'autre part, la sage destination du père de famille obviera à toutes les difficultés et aux inconvéniens qui résultent nécessairement d'un partage de biens qui est le seul effet de la loi. Dans ces partages, la rigueur exclut les convenances, et les licitations dénaturent les domaines. Le morcellement des propriétés y est inévitable, avec l'inconvénient des servitudes qui en résultent et de la diminution des moyens d'exploitation. Il y a des fonds dans les patrimoines destinés à l'exploitation des autres fonds, qui, dans les partages, produisent le double inconvénient de cesser d'avoir de la valeur et de diminuer celle des autres fonds dont on les détache. Tous ces inconvéniens graves pèsent surtout sur l'agriculture ; et on ne doit pas perdre de vue que la France est plus agricole que commerçante.

Enfin, le commerce et l'industrie acquerront une nouvelle activité, si le produit du travail devient une propriété réelle dont on puisse librement disposer. Si la disposition des revenus est une jouissance, la faculté de disposer des fonds ou des biens sera, sans contredit, une jouissance plus complète. C'est la faculté de jouir qui fait naître le désir d'acquérir ; et ce désir est le principal moteur de l'industrie humaine. Aussi le despotisme, en dévorant la pro-

priété ou la faculté de jouir, tue le désir d'acquérir, et avec
lui les arts, le commerce et l'industrie, qui font la prospérité des États modernes et proportionnent les ressources à
nos besoins, si multipliés.

Mais qu'on ne s'alarme pas des acquisitions et des capitaux que peut accumuler le commerce, ni de l'inégalité des
fortunes, qui peut résulter de son activité à en acquérir.

Ce mal politique ne peut pas aujourd'hui être porté à un
période qui puisse menacer ni les mœurs ni la liberté publique. Un remède plus analogue et moins violent que celui
de l'égalité dans les partages des successions agit sans
cesse par une vertu efficace contre les progrès du mal. Ce
remède se trouve dans l'abolition des institutions monarchi-
ques, qui étaient le moyen ou l'occasion de conserver ces
fortunes colossales qui se transmettaient aux aînés des familles, sans que les cadets y eussent à peine part. Les substitutions en faisaient des dépôts qui ne pouvaient recevoir
ou ne recevaient ordinairement que de l'accroissement par
l'accession d'autres fortunes que les mariages y unissaient.
La robe, l'épée et l'église offraient toute espèce de ressource à l'établissement des cadets et des filles, sans que le
patrimoine des pères dût beaucoup y contribuer. Mais cet
ordre de choses n'est plus, et la conservation des grandes
fortunes n'aura plus désormais la même facilité.

Du reste, on connaît assez l'usage où sont les commerçans d'associer leurs enfans à leur négoce, et d'avantager
considérablement les filles qu'ils marient. C'est là un partage
qu'ils font de leur fortune entre leurs enfans; et ce qu'ils
faisaient auparavant par goût et par choix, ils doivent le
faire aujourd'hui par nécessité et par l'impossibilité où ils
seraient de procurer autrement à leur famille des établissemens convenables. D'ailleurs, les fortunes que le commerce
enfante ne sont-elles pas assez sujètes aux coups du sort,
pour que la loi doive s'occuper avec sollicitude du soin de
les diviser et de les détruire?

On ne peut pas être touché non plus d'une autre considération qu'on met en avant pour introduire l'égalité dans les
partages des successions, sur le motif qu'en divisant les
fortunes, elle est favorable à un plus grand nombre de cohéritiers qui ont part à la succession.

Comme si l'intérêt de ces cohéritiers pouvait être mis en
opposition avec le droit sacré de propriété, qui assure la libre
disposition des biens à celui qui réunit ce droit! Comme
si l'intérêt d'un plus grand ou moindre nombre de cohéritiers pouvait prendre ici l'apparence d'un intérêt général, tel qu'il pût attirer à lui le sacrifice du droit
même de propriété, qui est le fondement de l'institution
sociale!

D'ailleurs, la loi ou la volonté générale ne peut statuer
que sur un objet d'utilité commune ou d'intérêt général :
or, en statuant sur un intérêt qui divise la totalité des membres de l'État en parties, la volonté cesse d'être générale,
comme l'objet sur lequel elle statue ; et la loi ne peut plus
régler les rapports du tout ainsi divisé.

C'est ainsi que l'abolition des dettes par *Solon* fut considérée comme une spoliation qui ne pouvait pas être justifiée par l'intérêt du plus grand nombre des citoyens qui en
profitèrent au détriment des autres. C'est ainsi que le changement de propriété en faveur des prolétaires serait une
révoltante usurpation, quoique les propriétaires dépouillés
restassent en moindre nombre. C'est ainsi enfin que l'effet
rétroactif de la loi du 17 nivose an 2 a été aboli par une
loi remplie d'équité, malgré les clameurs qu'on faisait entendre en faveur des cadets, qui étaient en plus grand nombre, et qui jouissaient de cet effet rétroactif, au préjudice
des aînés.

Ainsi, toutes les considérations d'intérêt général se réunissent aux convenances particulières, et les principes politiques coïncident avec la loi naturelle et civile, pour assurer
au père de famille, aux collatéraux et à tout propriétaire,

la libre disposition des biens, tant par contrats entre vifs que par actes de dernière volonté.

Ramené à ce point de sa liberté naturelle, l'homme pourra désormais se montrer avec franchise et avec confiance devant la loi, qui lui permet ce qu'il doit lui être si agréable de faire, c'est-à-dire, de disposer de ses biens. Plus d'inquisition à exercer envers les contrats qu'il lui plaira de passer; plus de contestations sur la validité des actes pouvant faire soupçonner une disposition prohibée des biens. Le système prohibitif, en commandant, pour ainsi dire, la fraude, ne fera plus violence à la probité même. Il ne forcera plus le propriétaire de se dépouiller, contre son gré, pour éluder ses gênantes dispositions, ou de passer des actes nuls, qui ne pouvaient profiter au fisc par les droits qu'ils opéraient. Tel est le sort des lois prohibitives, que leur exécution éprouve d'autant plus de difficultés qu'elles sont plus contraires au droit naturel, et qu'en familiarisant les hommes avec la fraude, elles contribuent puissamment à les rendre fourbes et méchans.

Aussi, si la liberté de disposer des biens peut être restreinte en faveur des descendans, si la crainte de l'abus de cette liberté naturelle lui fait trouver des bornes dans l'obligation également naturelle où sont les parens de nourrir et entretenir les enfans, la loi ne saurait être trop circonspecte ni user de trop de réserve en fixant les limites de cette faculté, qui est si nécessaire et doit être si précieuse aux chefs des familles. Restreindre dans les ascendans la faculté de disposer au quart des biens, c'est évidemment la détruire, ou la réduire à l'impossibilité d'opérer l'effet qu'on doit en attendre dans le sein des familles; c'est présumer trop mal de la tendresse parternelle ; c'est croire qu'il n'y a que des pères injustes ; c'est ne pas croire qu'il y ait des enfans ingrats ; c'est enfin s'écarter des lois de la nature, et de toutes les convenances, sans une indispensable nécessité. Que la disponibilité des biens des ascendans s'étende au contraire

jusqu'aux deux tiers de ces biens, et que l'autre tiers reste
affecté à l'obligation naturelle de la paternité : les pères auraient encore à réclamer contre cette gêne, qui ne serait
pas réciproque entre eux et leurs enfans.

Au surplus, on ne saurait mieux faire usage de la faculté
de disposer de ses biens, qu'en adoptant les règles établies
par les Romains à cet égard, dégagées des subtilités et de
tous les accessoires étrangers à nos principes et à nos institutions. On disposait chez eux et dans les pays de droit écrit,
soit entre vifs, soit à cause de mort, à titre particulier ou
à titre universel. Le premier de ces titres s'allie avec l'autre
dans la succession *ab intestat*, et dans la succession testamentaire : mais deux titres universels, c'est-à-dire, la succession testamentaire et la succession légitime, s'excluent,
ou, pour mieux dire, la première exclut celle-ci. Cette exclusion obvie aux embarras et aux difficultés qui naissent du
concours de deux titres qui s'entre-choquent, n'y ayant
qu'une seule succession ouverte, soit légitime, soit testamentaire : ce titre universel réunit l'universalité des biens
et droits, tant en actif qu'en passif; on sent que cette réunion, n'étant qu'une, peut représenter la personne du défunt, et que cette fiction est des plus heureuses pour donner
une consistance à l'hérédité, qui se soutient par ses propres
forces, avant même qu'elle ait été acceptée.

§ III.

*Observations générales sur l'ensemble du projet de Code civil
et de ses dispositions.*

Les observations qui ont été faites, dans les paragraphes Com.
précédens, sur les dispositions particulières du projet de
Code, doivent être la base et déterminer la plupart de celles
qu'on va tracer ici sur l'ensemble et sur les dispositions générales de l'ouvrage.

La première des réflexions générales qui peuvent résulter

des observations particulières dont on vient de parler, ne peut que se rapporter au caractère de simplicité qui ne paraît pas se montrer dans certaines dispositions importantes du projet de Code. Ce n'est pas qu'on ne sente la difficulté et l'inconvénient qu'il y a à trop simplifier les lois, surtout dans les matières qui sont elles-mêmes compliquées ; mais il semble que cette difficulté et cet inconvénient ne sont pas toujours insurmontables, et que peut-être ils pourraient céder ici à certains changemens qui ont été proposés, dans les paragraphes précédens, sur quelques points trop intéressans pour ne pas être traités avec toute la simplicité dont ils peuvent être susceptibles, et qui doit faciliter l'exécution dans la pratique.

Jamais la France ne fut dans une situation plus heureuse pour recevoir une législation simple et convenable. La réforme des abus, des privilèges, et de tant de points de droit difficiles et compliqués, que le nouvel ordre de choses a opérée, et la simplicité qui doit caractériser les institutions républicaines, paraissent bien propres à nous attirer le bienfait d'une législation et d'un ordre judiciaire les plus approchans de la simplicité et des convenances naturelles, où la justice, près du justiciable et plus à la portée de ses idées, lui assure ses droits avec le plus de célérité et le moins de frais.

Tous ces avantages d'une sage administration de la justice dépendent singulièrement de la simplicité des lois, qui prévient les contestations, facilite les décisions, et économise les frais en abrégeant les procédures. S'il n'est pas aisé de s'approprier en entier un pareil système législatif, on ne doit pas moins travailler à en former et à en réunir quelques parties. C'est toujours quelques pas de plus vers le but, qui pourront un jour nous conduire à celui tant désiré d'une justice rendue *administrativement et sans l'accessoire des formes judiciaires.*

Dans l'état où la législation projetée se présente, les

formes y semblent quelquefois un peu trop compliquées,
pour qu'il ne soit pas à craindre que les contestations ne se
multiplient avec les longueurs et les frais à faire pour les
terminer. Il est aussi à craindre qu'en trompant le vœu
exprimé dans le discours préliminaire, le fisc n'ait autant à
y gagner que le justiciable à y perdre.

En effet, les significations se multiplieront à l'infini dans
les matières concernant les tutelles, les partages, le concours de plusieurs copartageant les successions, dans les
licitations, dans tout ce qui a rapport aux hypothèques, saisies réelles, ventes forcées, etc. Le morcellement des propriétés résultant des partages, en donnant lieu à des arrangemens postérieurs, opère de nouveaux droits, comme la
nécessité de réduire en actes publics les conventions même
peu importantes. Il faut encore ajouter la prohibition qui
serait faite de disposer au-delà d'une portion des biens;
prohibition qui, contrariant la volonté et la liberté naturelle de l'homme, les force de saisir tous les moyens obli-
ques, et de simuler tous les contrats, pour éluder la loi qui
les gêne, et pour disposer d'une manière indirecte, frauduleuse, et toujours incertaine, d'un bien qu'elles ne veulent pas laisser à la disposition aveugle de la loi. Si c'est
là un grand inconvénient pour le propriétaire, ce n'est
pas un petit avantage pour le fisc, qui perçoit toujours
des droits à l'occasion de tous ces actes simulés ou frauduleux, sans que leur nullité même puisse jamais nuire à la
perception.

Qu'il soit permis de saisir ici cette occasion pour observer que ces droits sont aujourd'hui tellement excessifs, et
leur perception si onéreuse, que le particulier, forcé de s'y
soustraire, compromet sans cesse la sûreté de ses contrats,
en faisant tourner contre elle l'institution qui devait la garantir; situation fâcheuse vers laquelle le Gouvernement
devrait tourner ses regards, surtout en ce qui concerne
les actes d'échange, qui ne devraient pas opérer des droits

de mutation, pour favoriser leur heureux résultat de la réunion des fonds, si utile à l'agriculture.

liv. 2-
lit. 4.
Dans l'examen du projet de Code, il se présente un autre
point de vue général qui doit fixer l'attention du législateur ;
c'est la nécessité, et l'indispensable nécessité où il est de
connaître, de consulter et de se fixer sur les localités et les
usages nécessités par les circonstances du climat, du sol et
de la nature des choses. Ces circonstances ou localités sont
et doivent être la règle nécessaire et le motif déterminant
de la loi, dans toutes les matières où elle a pour objet im-
médiat les choses, et non les personnes : telles sont, par
exemple, les lois agraires, toutes celles qui ont trait à l'a-
griculture, aux servitudes réelles et services fonciers, etc.
Ces lois sont tellement modifiées par les localités, que celles
qui sont appropriées à une contrée ne conviennent pas souvent à la contrée voisine, et que celles qui s'appliquent avec
succès au plat pays s'exécutent avec inconvénient dans les
montagnes ; que celles enfin qui règlent les usages et les besoins de l'agriculture, quant aux terres arrosables, boule-
verseraient ces mêmes usages dans leur application aux fonds
de terre qui ne s'arrosent pas : c'est ainsi que la plupart des
dispositions de la loi sur la police rurale sont insuffisantes ou
inapplicables dans certaines contrées des départemens méridionaux, et que, dans d'autres contrées, elles trouvent une
application plus heureuse. De là, la nécessité de modifier,
par tout autant d'exceptions, la règle générale, supposé que
la diversité des localités permette de l'établir.

D'après ces principes, il ne paraît pas que dans le projet
de Code civil, on ait assez senti la difficulté, pour ne pas
dire l'impossibilité, d'asseoir un système de législation uniforme sur l'usage des eaux pour l'irrigation des terres et pour
l'exploitation des usines, sans distinguer assez entre la propriété particulière, commune ou publique de ces eaux, selon les circonstances ; car comment ce système peut-il
s'exécuter, s'il porte sur une base fausse dans la plupart des

lieux où l'usage des eaux est le plus nécessaire, et où cet usage ne se règle pas d'après l'utilité, ainsi que le projet de Code l'établit (liv. II, tit. IV, chap. Ier, art. 4 et 5), mais bien d'après la propriété qui en est acquise exclusivement à ceux qui sont en droit de s'en servir.

La même difficulté se présente à l'égard des conditions, de l'exploitation et de la durée des baux à ferme, qui doivent nécessairement varier, comme les contrées dans lesquelles ils ont lieu; surtout les baux à cheptel, qui, dans certains pays, comportent équitablement des stipulations que le projet de Code proscrit, et sans lesquelles ces contrats n'auraient pas lieu, au préjudice de l'agriculture : telle est, par exemple, la convention sur la rétribution annuelle d'une quantité de blé ou d'argent, que le bailleur perçoit dans certains départemens méridionaux à raison du travail auquel le preneur peut employer le gros bétail baillé à cheptel. *liv. 3-tit. 8.*

L'établissement des servitudes rurales, leur usage, surtout de celles qui sont naturelles, lequel est si diversement modifié par les circonstances; la nécessité de les prescrire, commandée plus ou moins impérieusement par les besoins; les engagemens réciproques des propriétaires des fonds joignans, relativement à la plantation des arbres dans la distance convenable, et aux autres obligations qui varient selon les lieux; la diversité des usages pour établir ou justifier les servitudes urbaines, comme les marques de non-mitoyenneté des murs, etc., etc.; tous ces objets, dont l'usage est si fréquent, ne peuvent pas, sans doute, s'arranger, comme dans le projet de Code, dans le cadre d'un système uniforme; mais les exceptions doivent toujours être à côté de la règle, et ces exceptions doivent être dictées par la connaissance exacte des localités. *liv. 2-tit. 4.*

Dire que la disposition générale du projet de Code pourvoit à tous ces inconvéniens, en laissant les anciens usages derrière les nouvelles lois, c'est ne pas se pénétrer assez de la difficulté à l'égard de tous les cas principalement où le

nouveau système abolit les anciennes lois, et fait même disparaître les usages par des dispositions contraires, ou qui
seraient inconciliables et dérangeraient leur économie.

Il y a aussi d'autres usages généraux qui ont divisé la
France en deux grandes parties, en pays de droit écrit, et
en pays de Coutume. Ces usages se confondent, par le projet de Code, dans l'unité du système, en les conciliant et
modifiant les uns par les autres. C'est une *transaction* qu'on
dit, dans le discours préliminaire, avoir été faite entre *le
droit écrit* et *les Coutumes*.

Pour apprécier cette *transaction*, et les avantages qui doivent en résulter pour l'un et l'autre pays, il paraît nécessaire de jeter un coup-d'œil sur les matières qui pourraient
être l'objet d'un pareil arrangement.

D'abord, les points importans, les matières civiles liées
aux grands changemens opérés dans l'ordre politique, n'ont
pas pu entrer ici en considération : la réforme, à cet égard,
était nécessitée par la Constitution même, qui a dû la régler.
Tels sont la plupart des points sagement traités dans le premier livre du projet de Code, concernant les personnes, les
peines contre les secondes noces, etc.

D'un autre côté, dans tout système de lois romaines ou
coutumières, il faut distinguer les dispositions ou principes
du droit naturel, dont l'équité est la règle nécessaire et invariable, appelés *la raison écrite*, et qui, tracés dans le droit
romain, n'en ont pas été moins suivis dans les pays de Coutume. Telles sont à peu près les matières traitées dans le
livre II du projet de Code, sur les biens et les différentes
modifications de la propriété ; telles sont encore la plupart
des matières du troisième livre, sur les différentes manières
dont on acquiert la propriété, comme les obligations en
général, les engagemens sans convention avec leurs accessoires, les contrats en particulier, et les libérations qui sont
la suite des engagemens.

Or, on sent que les rédacteurs du projet de Code n'ont pas

pu non plus considérer ces matières comme pouvant être
maniées au gré du législateur, pour recevoir la forme qu'il
voudrait leur donner. Sur ces objets de justice commutative,
l'équité se manifeste si clairement, qu'elle ne laisse, pour
ainsi dire, rien à faire au législateur ; n'ayant pas à choisir
entre telle ou telle disposition, son ministère semble être
forcé d'accepter celle que le droit rigoureux prescrit invariablement : il ne peut donc pas y avoir lieu à *transaction*,
à cet égard, entre *le droit écrit* et *les Coutumes*.

Il resterait à régler les formes selon lesquelles ces dispositions du droit naturel doivent être appliquées et suivies
dans la société : mais cet objet de police générale ne peut pas
être non plus un point de litige entre *le droit écrit* et *les Coutumes:* les réglemens généraux émanés de nos assemblées
nationales, et, avant, les ordonnances royales, y avaient
pourvu.

Les seuls points de législation qui pourraient donc entrer
dans ce litige, si on peut parler ainsi, seraient ceux non
mentionnés, et qui tiennent à la fois à l'ordre naturel et
civil, ainsi qu'à l'ordre politique ; aux simples rapports des
individus entre eux, et à ces mêmes rapports compliqués avec
ceux de la société ; à la justice commutative et à l'équité
particulière, de même qu'à cette convenance générale ou
raison d'État, où toutes les questions d'ordre, d'administration et d'utilité commune, se compliquent. C'est dans le vague
de tous ces rapports, que l'esprit de système crée les différentes combinaisons parmi lesquelles le législateur peut
choisir celle qui lui paraît la plus convenable.

C'est ainsi que les rédacteurs du projet de Code ont eu à
choisir entre les dispositions *du droit écrit* et les dispositions
du droit coutumier, principalement sur les points systématiques *de la puissance paternelle; des tutelles, minorités et interdictions; des successions; des donations entre vifs ou à cause
de mort; des droits des époux dans le contrat de mariage; des
prescriptions*, etc.

C'est là, pour ainsi dire, la seule matière, mais la plus importante, qui met le droit romain plus aux prises et en opposition avec les Coutumes, matière unique sur laquelle on a pu les faire *transiger*.

Mais qu'a-t-il été accordé ou soustrait *au droit écrit?* qu'a-t-il été accordé ou soustrait *au droit coutumier* dans cette *transaction?* et comment sinon les droits, les principes et les convenances y ont-ils été ménagés?

En se fixant d'abord sur le premier objet d'un pareil litige, qui est la puissance paternelle, on trouve que la Coutume obtient de placer à côté d'elle la communauté des biens entre époux, qui, si elle ne divise pas ce pouvoir, ne tend pas moins à l'affaiblir par le concours d'une égalité d'avantages qui peut mettre en opposition dans un ménage le crédit d'un époux avec l'autorité de l'autre époux.

On voit surtout que cette autorité tutélaire perd presque toute la force qu'elle tient du droit écrit, par l'avantage qui paraît être accordé à la Coutume d'ôter aux pères la faculté d'exhéréder leurs enfans, de disposer librement de leurs biens, et d'ôter aux enfans le droit d'exiger des pères un établissement convenable.

Si, dans les tutelles, *le droit écrit* l'a emporté dans sa disposition, peu convenable à nos usages, concernant la division de la tutelle en quatre espèces, *la Coutume* a triomphé dans les points beaucoup plus essentiels, où elle ne laisse pas distinguer entre tuteur et curateur, ni entre pupille et mineur ou adulte; confusion qui n'est pas sans inconvénient dans la pratique. Elle a triomphé encore, en mettant, à la place de l'interdiction pour cause de prodigalité, la disposition officieuse, si peu propre à la remplacer.

Dans les successions, on ne trouve plus ces grands traits de la législation romaine, qui ne déférait l'hérédité qu'à un seul titre universel, par la volonté de l'homme, et, à défaut, par la disposition de la loi; principe simple, dont les avantages étaient sentis dans la pratique. En écartant ce

---

Marginal notes:

l. 1er- tit. 9.

l. 1er- tit. 10- ch. 2- et tit. 11- ch. 3.

liv. 3- t. 1er.

principe, la Coutume fait concourir à la fois la succession légitime avec la succession testamentaire; et il y a tout autant de titres universels, qu'il y a de dispositions sur des portions ou quotes de biens, par quelque acte que ce soit. Le partage en deux lignes pour les ascendans et les collatéraux, contrarie, dans la plupart des cas, l'équitable disposition du droit écrit, en faisant passer les biens dans les familles étrangères, et en en dépouillant celles, et quelquefois l'individu même, d'où proviennent ces biens; système qui, par la prolongation des deux lignes à l'infini, prive les époux de tous les avantages que le droit écrit leur ménageait sur leur succession réciproque.

D'après ce qui a été dit dans le paragraphe deux, sur la libre disposition des biens dont l'homme ne saurait être privé, le droit écrit n'aurait pas dû succomber dans le maintien d'une faculté si naturelle à l'homme, si précieuse au citoyen, et si utile à la fois à la petite et à la grande famille. Les moyens qu'il employait avec succès contre la captation et la suggestion des libéralités, paraissent aussi devoir être maintenus; et leur efficacité aurait dû être moins restreinte à l'égard des actes et libéralités des fous, furieux ou imbécilles. *liv. 3-tit. 2.*

Quant aux droits des époux résultant du contrat de mariage, cette matière a été l'occasion du principal triomphe des Coutumes sur le droit écrit. Ce qui a été dit sur la communauté des biens entre époux, dispense d'entrer dans d'autres détails pour faire apprécier le mérite d'un pareil avantage: cependant il n'en serait pas moins de la plus grande influence dans la société, en réglant le sort des familles qui la composent. Comme cette disposition tient essentiellement aux principes politiques, la sagesse des Romains paraît devoir la faire chercher plutôt dans le droit écrit que dans les Coutumes, qui sont plus l'ouvrage des circonstances et du hasard, que le résultat de la méditation, des lumières et des principes. *liv. 3-tit. 5.*

Il est vrai que le droit écrit paraît avoir été adopté dans les différentes règles qu'il établit à l'égard des prescriptions, selon la nature de l'objet, le titre, la bonne ou mauvaise foi du prescrivant, la présence ou l'absence de celui contre lequel on prescrit. Mais, comme il a été observé dans le paragraphe deux, ces règles même, qui ne font que compliquer mal à propos les dispositions, n'auraient pas dû être maintenues ; c'est même le sort qu'elles ont subi dans une contrée de la France régie par le droit écrit, où le principe politique de l'ordre et de la tranquillité générale favorise indistinctement la prescription, presque de la même manière dans tous les cas et dans toutes les circonstances.

Il est à remarquer que ce n'est pas sur ce point seulement que le projet de Code rétablit la subtilité et la rigueur des règles du droit écrit, quoique modifiées et corrigées dans les pays même où ce droit est suivi comme loi générale. Il en est de même à l'égard de l'acquisition et de la restitution des fruits, de l'exigibilité des intérêts, et autres objets dont le détail serait trop long.

Ce serait donc ainsi qu'on aurait fait transiger *le droit écrit* et *les Coutumes*, en laissant à l'empire de la Coutume la presque totalité des points ou les points les plus importans sur lesquels elle pouvait être en concurrence avec le droit écrit, et en abandonnant au droit écrit les autres points qui sont ou de peu d'importance, ou dont la disposition peu convenable aurait été rejetée ou modifiée dans le pays même où ce droit est la loi générale.

Il ne sera peut-être pas hors de propos d'observer que, dans la plupart des pays de droit écrit, ce droit était modifié par les Coutumes particulières, qui y ajoutaient ou y dérogeaient selon les convenances ou les localités. Dans certains même de ces pays, ces changemens y avaient été faits avec d'autant plus de réflexion et de connaissance de cause, qu'ils y avaient été délibérés et consentis dans les assemblées des états généraux.

Tel pourra être donc le sort de ces pays, que par le nouveau système de législation, ils seront frustrés à la fois et des dispositions du droit écrit et de celles de leur Coutume particulière qui leur étaient convenables; et qu'ils recevront, à la place de ces lois qu'ils avaient choisies, des dispositions coutumières qui ne leur conviennent pas, et des dispositions du droit écrit déjà par eux rejetées ou modifiées.

Mais, quelles que soient les nouvelles lois qui seront données à la France, le législateur ne doit pas moins se tenir en garde contre les inconvéniens du point de rencontre des nouvelles lois avec les lois anciennes, pour les prévenir autant qu'il est possible, ou les corriger sans blesser la justice et l'équité. Tels sont l'effet compliqué ou l'empiétement des nouvelles lois sur l'effet des anciennes, les lacunes qui existent toujours entre ces lois, et le désordre de leurs nouveaux rapports.

Quant à l'empiétement des lois nouvelles sur les effets subsistans des anciennes lois, les exemples en sont frappans, surtout dans l'exécution des nouvelles lois, qui permettent de faire ce que les anciennes avaient défendu, et *vice versâ*. Il est certain que toutes les fois que, sur le fondement de la défense faite par la loi ancienne, il y aura des droits positivement acquis à des tiers, ces droits seront emportés par l'effet de la permission accordée par la loi nouvelle; et ce sera là un vrai empiétement de la loi nouvelle sur le domaine de l'ancienne loi, qui porte le caractère et réunit les effets de la rétroactivité.

En éclaircissant ce point par un exemple, on observera 644 que l'ancien droit commun ne permettait pas, sur le seul fondement de son utilité particulière, au propriétaire dont une eau courante borde le fonds, de se servir de cette eau, surtout lorsque l'usage exclusif en était acquis, en vertu d'un titre ou d'une possession suffisante, à d'autres propriétaires riverains ou à d'autres possesseurs d'usines. Au contraire, la nouvelle loi permettrait dorénavant (liv. II, tit. IV, c. Ier,

IV.   34

art. 4 et 5) un pareil usage de cette eau, sur le seul fondement de l'utilité de celui qui s'en servirait: dans ce cas, il
est évident que l'effet de cette permission de se servir ainsi
de l'eau à titre d'utilité est destructif du droit qu'aurait un
tiers de se servir de cette même eau à titre de propriété, et
en vertu d'une loi précédente portant défenses de s'en servir
autrement. C'est ainsi que l'ancien propriétaire se trouverait
dépouillé d'un droit acquis depuis des siècles, par le seul
effet actuel de la loi nouvelle. Il ne pourrait plus se servir de
l'eau qui lui serait soustraite par tout autre à qui il serait
utile de s'en servir aussi : il essuierait les plus grands dommages, après avoir fait, sur la foi de l'ancienne loi, des
constructions de ruisseaux ou canaux, de digues et de bâtimens qui lui deviendraient inutiles après la perte de l'usage
exclusif des eaux, qui aurait été le motif d'une pareille
dépense.

On ne citera pas d'autres exemples, pour s'empresser de
faire sentir la nécessité de prévenir l'inconvénient d'une
pareille rétroactivité des nouvelles lois, dans les cas qu'au
préjudice de droits acquis, elles permettent ou défendent
dans le sens contraire des anciennes, et que leur effet soit
nécessairement incompatible avec l'effet permanent de
celles-ci. Alors il est indispensable de maintenir, par une
disposition positive, l'effet de l'ancienne loi, subsistant dans
les droits qu'elle a acquis à des tiers.

Il paraît au moins douteux que cet inconvénient majeur
soit écarté par la disposition générale du projet de Code
(liv. prél. tit. IV, art. 2) qui établit en principe *que la loi
ne dispose que pour l'avenir, et qu'elle n'a point d'effet
rétroactif.*

Car les cas dont on vient de parler sont d'une spécialité
qui ne paraît pas comprise dans cette règle; en ce que,
quoiqu'à leur égard la loi ne dispose que *pour l'avenir*, son
effet n'est pas moins rétroactif. C'est en effet sur l'avenir que
se porte l'action directe et immédiate de la loi nouvelle, qui

permet ce que l'ancienne avait défendu. C'est *pour l'avenir*, *et non pour le passé*, qu'elle permettrait de se servir de l'eau, sur le seul fondement de l'utilité. Ainsi, sous ce rapport, l'effet de la loi nouvelle paraîtrait inattaquable sous prétexte de rétroactivité ; et cette considération ne manquerait pas de donner lieu aux contestations. Cependant la rétroactivité ne serait pas moins réelle, si, quoique la loi permette *pour l'avenir*, l'effet de cette permission emporte celui de la défense de l'ancienne loi, c'est-à-dire, les droits positifs dérivant de cette défense. Cette rétroactivité, quoique indirecte, ne serait pas moins fâcheuse ni moins injuste, pour que le législateur ne doive s'occuper particulièrement d'en prévenir les suites, ainsi que les difficultés auxquelles pourrait donner lieu le silence ou le défaut d'explication de la loi.

L'occasion semble permettre d'ajouter ici qu'il serait également à souhaiter que le législateur ne laissât plus de doute ni d'incertitude sur l'étendue que doit avoir l'effet de deux lois célèbres, dont l'exécution intéresse si essentiellement tant de citoyens et tant de familles.

La première de ces lois est le décret du... septembre 1791, qui déclare non écrites toutes clauses insérées aux actes, et qui seraient contraires aux mœurs ou aux nouvelles lois, à la liberté religieuse, naturelle et civile, et à celle de se marier ou remarier ; disposition dont l'explication embrasse expressément, dans les lois du 5 brumaire et 17 nivose an II, les clauses contenues aux actes d'une date antérieure à celle dudit décret ; sans qu'elle ait été classée parmi les effets rétroactifs de ces deux dernières lois, qui ont été rapportées par une loi postérieure du......vendémiaire an IV, rendue sur le rapport fait par *Lanjuinais*, le 2 messidor précédent, où la disposition précitée est même expressément maintenue.

La seconde de ces lois est celle des 24 octobre et 14 novembre 1792, qui prohibe les substitutions pour l'avenir, abolit celles qui se trouvaient alors établies, et maintient

34.

l'effet de celles seulement qui étaient ouvertes à cette époque.

Les tribunaux ont pensé que le législateur n'avait point vu d'effet rétroactif dans les susdites lois, ou que, s'il y en avait vu, il ne s'y était point arrêté, entraîné par la raison d'État, qui ne lui permettait pas d'envisager ces dispositions importantes sous d'autre rapport que celui de la nécessité de l'établissement d'un nouvel ordre de choses.

Ils ont d'ailleurs envisagé surtout la première de ces lois comme étant un corollaire des principes constitutionnels, corrigeant l'imperfection des lois précédentes, et comme étant un retour au droit naturel et à la raison, qui doit être la règle invariable du législateur. Sous tous ces points de vue favorables, ils n'avaient pas su voir non plus dans ces lois aucun vice de rétroactivité qui pût en restreindre l'effet.

Cependant le tribunal de cassation croit y trouver ce vice.

Pour faire cesser ce conflit, et les incertitudes qui en résultent, il serait à désirer que le législateur s'expliquât enfin sur le vrai sens et sur l'effet que doit avoir la propre expression de sa volonté dans ces lois. Il serait trop fâcheux de laisser flotter ainsi dans des doutes inquiétans les citoyens et les familles dont le sort se trouve lié aujourd'hui à celui de ces mêmes lois, qui font le destin de tant d'intérêts divers.

Le projet de Code ne règle rien à cet égard dans le peu qu'il dit touchant l'effet rétroactif des lois en général. Quoique celles dont il s'agit ici soient déjà promulguées, elles paraissent avoir trop de rapport avec le système des nouvelles lois, pour qu'en traitant de l'étendue de l'effet de celles-ci, le législateur ne règle pareillement l'étendue de l'effet des autres.

Com. et fin du Code. Ici les difficultés se présentent en foule à la sagacité du législateur, pour obvier ou remédier à l'inconvénient des lacunes presque inévitables que la loi nouvelle ne laisse que trop ordinairement subsister en remplaçant l'ancienne. Comme ces lacunes ne sont qu'une partie du vide même de la loi abrogée, qu'il est rare de voir d'abord complétement remplacée, il est toujours à craindre d'en voir augmenter le nombre dans la proportion de celui des points emportés de l'ancienne loi.

Or, dans le changemnent projeté de notre législation, cet inconvénient doit être pris d'autant plus en considération, que tous les points et l'ensemble de l'ancien système législatif sont emportés ou ébranlés par la loi nouvelle : car la disposition générale qui termine le projet de Code abroge sans exception toutes les lois anciennes, générales ou particulières et locales, dans les matières qui sont l'objet de cet ouvrage, pour être suivies, pour le surplus, comme usage ancien.

Dès lors disparaît l'édifice des anciennes lois, pour faire place à celui des lois nouvelles : mais ce dernier n'ayant pas son complément, qu'il trouve dans les ruines de l'autre, il y aura toujours des rapports entre les deux ; entre les lois nouvelles en vigueur et les lois anciennes abrogées, qui néanmoins seront le supplément des premières.

Ces rapports se compliquent aussi et se multiplient, comme les lacunes, à l'infini, eu égard à l'infinité des points et des matières que l'abrogation a frappés ; eu égard au contre-coup ressenti par les dispositions même qui n'auraient pas été abrogées, et aux points qui, quoique non emportés, n'en restent pas moins ébranlés ; eu égard encore à l'effet de l'abrogation des lois entièrement ou en partie abolies, et de celles à qui il restera toujours, en tout ou en partie, la force de l'usage ; eu égard enfin à la manière dont ces dernières lois doivent se lier aux lois nouvelles, pour ne former qu'une même disposition tendant au même but : résultat qu'on ne peut pas d'ailleurs attendre de deux dispositions incohérentes et inconciliables qui peuvent se rencontrer dans ce dernier cas.

Ainsi, régler les rapports, combler les lacunes, régulariser les effets compliqués des anciennes et nouvelles lois, suppléer à leur silence, pénétrer leur obscurité ; telle est la tâche immense qu'impose le perfectionnement du grand ouvrage de la législation nouvelle. C'est cette tâche que les rédacteurs du projet de Code semblent renvoyer à l'arbitrage des juges, pour la remplir à mesure qu'ils feront l'application des lois dans les cas particuliers ; et telle serait la jurisprudence qu'on entend placer à côté du sancturaire des lois.

Mais qui ne sent pas d'avance les inconvéniens et l'imperfection nécessaire de cette jurisprudence elle-même ? Quelle immensité d'objets n'aurait-elle pas à régler et à coordonner au système de législation dont ils font partie ! N'ayant d'autre règle que l'arbitraire, à quelle unité, à quel concert et à quel ensemble faudrait-il s'attendre de la part d'une pareille jurisprudence, ouvrage de tant de juges et de tant de tribunaux, dont l'opinion, ébranlée par les secousses révolutionnaires, serait encore si diversement modifiée ! Quel guide prendrait-elle pour conduire ses pas dans ce dédale, si d'ailleurs les principes sur l'interprétation des lois peuvent si facilement égarer? et quel serait enfin le régulateur de cette jurisprudence disparate, qui devrait nécessairement se composer de jugemens non sujets à cassation, puisqu'ils ne reposeraient pas sur la base fixe des lois, mais sur des principes indéterminés d'équité, sur des usages vagues, sur des idées logiciennes, et, pour tout dire en un mot, sur l'arbitraire ?

Pour ne pas donner à ce système incomplet de législation, un supplément aussi imparfait et aussi défectueux que paraît l'être une pareille jurisprudence, le législateur pourrait donc tourner ses vues sur son propre ouvrage, pour le compléter lui-même autant que la possibilité peut le permettre. Dans l'exécution de ce plan, il semble que le projet de Code ne devrait être considéré que comme les Institutes du droit français, à l'instar des Institutes de *Justinien* à l'égard du droit romain. Comme ces dernières, le projet de

Code contiendrait les principes généraux du droit, et, pour ainsi dire, le texte des lois. Le commentaire, le développement et les détails sur chaque matière, devraient être l'objet de tout autant de traités séparés, comme ils le sont à peu près dans le Code et dans le Digeste du droit romain. Chaque matière recevrait, dans ces traités, des développemens suffisans pour diriger le juge dans le détail des décisions particulières; et il serait infiniment plus aisé de lier les parties de l'ouvrage entre elles dans l'unité des principes, et d'en former un tout et un ensemble beaucoup plus complet et plus parfait.

Mais une autre méthode pourrait peut-être, avec beaucoup moins d'efforts, de travail et de secousses, conduire le législateur à un résultat non moins heureux, et plus propre encore à prévenir ou diminuer à la fois les inconvéniens inséparables d'un changement de législation, et à concilier en même temps l'unité du systême avec la diversité ineffaçable des habitudes et des convenances particulières.

Il est certain, pour le dire en passant, que la France est un Etat trop étendu pour que la différence des climats n'en nécessite une dans certaines lois que la nature des choses et celle du sol modifient nécessairement. Il est certain aussi que les habitudes de tant de peuples divers, successivement réunis à la France sous différens degrés de latitude, ne peuvent pas se fondre tellement dans l'unité du caractère national et de la loi qui lui est propre, qu'il n'en reste toujours des différences et des nuances sensibles, mais légères, qui s'appuient sur des usages particuliers.

D'un autre côté, l'unité dans le systême législatif est d'une utilité et d'une nécessité si évidentes, qu'elle doit être envisagée comme un dogme politique dont il ne peut pas être permis de s'écarter. Mais cette unité n'est pas rompue par ces légères différences des dispositions particulières, qui, sans choquer l'esprit et la règle générale, ne se rapportent qu'à un objet ou intérêt local. Elle peut donc se borner à embrasser et comprendre seulement les dispositions principales et essentielles du système, celles qui tendent à un intérêt d'ordre général, et qui sont liées au maintien de la loi politique.

Ainsi, laisser subsister les différences locales, en tout ce qu'elles ne choquent pas l'esprit général, et ramener le reste à l'uniformité : telle paraît être la tâche actuelle du législateur.

Pour atteindre ce but, faut-il marcher sur les ruines de l'ancien système? faut-il tout détruire, abroger toutes les lois anciennes, générales et particulières? On sent que ce bouleversement total, cette destruction générale, entraîne la nécessité indispensable de tout recréer, et ce qui doit être général et uniforme, et ce qui doit être particulier et différent. Alors, il faut recomposer un corps complet de lois, comme il a été dit ci-dessus.

Il paraîtrait donc plus simple et plus naturel de maintenir l'ancien système, en y *dérogeant* sur les points qui doivent être ramenés à l'unité et à l'uniformité, et surtout ceux dont notre nouvelle situation politique demande la modification ou la réforme.

Quant à ces derniers points, l'ouvrage paraît déjà porté à sa perfection dans le livre Ier du projet de Code, sur l'état des personnes, et dans les différentes lois rendues par nos assemblées nationales.

A l'égard des autres points sur lesquels doivent tomber le changement et la réforme nécessités par l'unité du système, il semble qu'on ne peut pas s'y méprendre, et qu'ils ne se présentent pas en si grand nombre. En effet, en laissant de côté toutes les dispositions ou principes du droit naturel, appelés *la raison écrite*, dont l'équité évidente s'allie avec tous les systèmes législatifs, sans rien perdre de son inflexibilité, il ne resterait précisément que les points de droit ou les matières que nous avons appelées plus haut *systématiques*, parce que leur règle est moins dans l'invariable nature, que dans la variable combinaison des convenances particulières et générales.

D'après ce plan, qui paraît si simple, les matières à traiter dans le nouveau Code se réduiraient à peu près *à la puissance paternelle, et aux obligations des pères envers les enfans, aux tutelles, minorités et interdictions; aux successions et aux donations entre vifs ou à cause de mort; aux droits des époux dans les contrats de mariage; aux hypothèques et aux ventes forcées, et aux prescriptions.*

Toutes les autres matières pourraient ainsi rester à leur place, et avec leur force, dans le dépôt des anciennes lois; et ces lois soit générales, soit particulières ou locales, continueraient d'être exécutées comme auparavant, dans tous les points généraux ou particuliers auxquels il n'aurait pas été dérogé par la loi nouvelle du Code.

On ne croit pas devoir se livrer au détail des avantages que cette méthode semblerait promettre ; mais on observera qu'elle pourrait réunir les deux objets d'importance majeure que le législateur doit avoir principalement en vue, l'utilité générale de l'unité du système avec les convenances particulières des localités. Ces deux grands avantages pourraient même être moins balancés par les inconvéniens dont il a été parlé, et qui sont inséparables d'un changement total dans le système des lois. Ici le changement, ne s'opérant que sur les points indispensables et par voie de dérogation aux lois anciennes, laisserait à leur place la plupart des dispositions qu'une abrogation générale anéantit, déplace ou bouleverse : le contact des lois anciennes et nouvelles sur un nombre de points infiniment moindre, faciliterait davantage leur cohérence et leur liaison. Avec beaucoup moins d'efforts, la législation serait plus complète, et la jurisprudence plus certaine. La règle ne manquerait pas au juge, et la contravention aux lois aurait un correctif. Au lieu de détruire, on ne ferait, pour ainsi dire, que réparer ; et le changement paraîtrait moins une innovation qu'une conservation de ce qu'il n'est pas nécessaire de détruire, et une amélioration de ce qu'il est utile de réformer ou de modifier.

Tel paraît être le modèle du Code que réclame la situation actuelle de la France. On croit le voir tracé en entier dans la maxime rappelée dans le discours préliminaire du projet, où il est dit *qu'il est utile de conserver tout ce qu'il n'est pas nécessaire de détruire*. En effet, les changemens dans les lois ne sauraient être trop réfléchis, et ils ne peuvent être justifiés que par une utilité évidente. *In rebus novis constituendis*, dit la loi romaine puisée dans les écrits de Platon, *evidens debet esse utilitas, ut recedatur ab eo jure quod diù æquum visum est.*

Les commissaires du tribunal d'appel séant à Montpellier, pour les observations sur le projet de Code civil. Signé PERDRIX, *président;* ALBAREL, RIBES.

***

SUPPLÉMENT.

Ce supplément contiendra deux parties : l'une concernant un mode ou réglement uniforme à établir dans la matière *des dots;* et l'autre relative à certaines dispositions pour compléter le *Code rural.*

liv. 3-
tit. 5.

SUR LES DOTS.

Le mode uniforme des constitutions dotales, dont on présente ici le plan, n'étant qu'un supplément aux observations du tribunal d'appel de Montpellier sur le projet de Code civil, on sent que le même esprit et les mêmes principes auront dicté l'un et l'autre ouvrage.

Les conventions matrimoniales roulent principalement sur deux objets: la communauté de biens entre époux dans le pays de Coutume, et la constitution de dot dans le pays de droit écrit. C'était par la convention que l'administration des biens de la femme sortait de ses mains pour passer dans celles du mari, ou par le contrat de communauté des biens, ou par celui de la constitution de dot.

Le projet de Code civil attribue à la loi, dans le silence des époux, la force de la convention pour établir entre eux une communauté légale de biens; en sorte que, pour que les biens restent libres entre les mains de la femme, elle doit se le réserver par contrat.

On trouve, au contraire, dans les observations du tribunal d'appel de Montpellier, le vœu fortement exprimé du maintien de l'administration des biens dans les mains de la femme, lorsque les époux n'ont rien réglé à cet égard.

Mais, quelque parti que le législateur prenne sur ce point important, il restera toujours aux époux la faculté de se constituer des dots. Il leur resterait pareillement la liberté d'établir entre eux la communauté de biens, lors même qu'elle ne résulterait pas de leur silence.

Dans tous les cas, le projet de Code civil offrirait néanmoins l'avantage d'un mode uniforme de communauté de biens entre époux, qui effacerait les différences que les diverses Coutumes ont multipliées à l'infini sur ce point. Mais il devrait pareillement offrir le même avantage relativement à un mode général et uniforme de constitutions dotales, auquel pourraient s'en rapporter les époux qui se fixeraient à ce genre de contrat : alors la loi pourvoirait aux besoins et aux désirs des deux pays de droit écrit et de Coutume.

Le Code ne laisserait rien à désirer en matière de conventions matrimoniales : il réglerait les deux contrats les plus importans des familles, et qui sont d'un si grand usage dans la société ; il laisserait tout faire à la convention sur les autres pactes moins essentiels dans lesquels les époux doivent trouver la plus grande facilité de se favoriser entre eux.

Dans le plan qu'on présentera ici d'un mode uniforme de

constitution dotale, on saisira l'occasion de tracer quelques règles concernant l'administration des biens de la femme, qui n'entrant pas dans la communauté ni dans la constitution dotale, sont appelés *extra-dotaux*. Il serait fâcheux qu'un cas si ordinaire dans le midi de la France restât, pour ainsi dire, sans règle, abandonné à l'arbitrage du juge. On présentera donc quelques dispositions à cet égard, dont le but tend à prévenir les contestations entre mari et femme ou leurs héritiers, et à favoriser le support des charges du mariage, sans porter atteinte aux droits de l'épouse.

En matière de conventions dotales, si usitées en pays de droit écrit, on distingue principalement la constitution, l'administration et la restitution de la dot. On entrera dans quelque explication sur certaines dispositions systématiques relatives à chacun de ces trois points, et qui sont tracées dans le projet de loi ci-après.

Dans la constitution de la dot, la disposition du projet qui doit fixer le plus l'attention est l'obligation de doter, qui est imposée non-seulement aux pères et ascendans paternels, mais même subsidiairement à la mère, aux ascendans maternels, ainsi qu'au frère riche de la sœur pauvre.

Nourrir, entretenir et élever les enfans selon leurs facultés, est la seule tâche que le projet de Code impose aux époux; mais l'établissement par mariage ou autrement n'entre pas dans cette obligation. Dans les observations du tribunal de Montpellier, on a réclamé contre cette limitation du devoir paternel. On a cru ici devoir rétablir en ce point les droits de la nature. La faveur du mariage en fait une nécessité à la loi politique, et l'intérêt des mœurs le commande au législateur.

La condition des pères n'est pas aggravée par la dot congrue qu'ils seraient tenus de fournir à leurs filles : c'est exiger de leur tendresse le simple tribut de leurs facultés; c'est exiger d'eux le capital des alimens et entretiens qu'ils cessent de fournir à la fille qu'ils marient. Si, chez les premiers peuples policés, le frère riche a fourni les alimens au frère pauvre, pourra-t-il refuser à sa sœur indigente, une dot représentant ces mêmes alimens, qui met fin à cette obligation, et qui peut faire le bonheur de celle qui lui tient de si près ?

Par ces devoirs et par ces droits réciproques, le lien des familles avait la plus grande force chez les Romains, et le nerf de l'État n'en avait que plus de vigueur.

· Dans quel isolement et dans quel abandon mutuel le projet de Code ne laisserait-il pas les pères, les enfans et les frères, lorsque ceux-ci seraient parvenus à un certain âge? Tous les rapports de famille finiraient entre eux, pour ainsi dire, à la majorité. Les garçons resteraient sans état, et les filles sans se marier. Quel désordre !...

La non-révocation de la dot par survenance d'enfans est aussi une autre disposition du projet présenté dans ce supplément qui pourrait donner lieu à quelque explication ; mais, comme elle se trouve conforme aux principes adoptés par le projet de Code civil, il serait inutile de justifier les motifs qui l'ont déterminée, et qui ne peuvent être que ceux des auteurs de cet ouvrage.

Quant à la régie des biens dotaux, en se rapportant aux observations précitées, on s'est fixé ici aux cas de séparation de corps et de biens, ou des biens simplement, pour ôter cette régie aux maris dans ce cas-là, et pour mettre la dot en sûreté, ou pour la confier à la femme.

La conservation de la dot a déterminé encore ici une autre précaution, celle d'accorder à la femme un privilége efficace contre les poursuites des créanciers moins privilégiés ou postérieurs à elle, qui procéderaient par saisies sur les biens du mari. Quoique ce privilége soit exorbitant, en ce qu'il tend à faire accorder à la femme la main-levée de ces saisies, et l'adjudication des biens qui en sont l'objet, il ne contient néanmoins rien d'injuste ; il ne fait qu'assurer l'effet des droits antérieurs ou plus privilégiés de la femme, en dégageant sa cause des formalités et des longueurs des ventes forcées et des distributions de prix , et en lui procurant pour sa dot le gage des biens qu'elle opte et dont elle se charge à l'estimation. Ce qu'elle obtient d'abord contre le créancier poursuivant elle l'obtiendrait également en fin de cause et avec plus de préjudice pour lui , lors de la distribution du prix , après la vente forcée des biens de son mari. Jamais l'efficacité d'un pareil privilége ne fut plus nécessaire aux femmes pour la conservation de leurs dots , que dans le système des nouvelles lois projetées , ainsi qu'il est établi dans les observations du tribunal , dont il a été parlé , et auxquelles on se réfère.

Parmi les dispositions relatives à la restitution de la dot *après la mort du mari*, celle du projet ci-après , qui fixe à une année le terme de cette restitution , lorsque la dot est en argent ou en effets mobiliers , paraît être de toute convenance, si elle n'était pas d'ailleurs recommandée par l'équité. Les héritiers proches parens du mari ne sont pas devenus entièrement étrangers à sa veuve , pour qu'elle ne doive user à leur égard de quelque ménagement. D'un autre côté , ce délai n'est-il pas nécessaire pour pouvoir effectuer , sans grave inconvénient, la restitution à la fois d'une somme considéble reçue pour l'ordinaire en différens paiemens ? Enfin , si la veuve est nourrie et entretenue sur les biens du mari pendant l'année du deuil , il n'y pas de nécessité pour elle, d'être , pendant cet intervalle , remboursée de sa dot ; et les biens du mari auraient trop à souffrir , s'ils devaient suffire à la fois à cette double obligation.

La nécessité d'une restitution de dot sans délai aurait autant d'inconvénient que la prompte expulsion de la veuve de la maison de son mari blesserait toutes les convenances. La mort du mari serait une trop cruelle catastrophe , si elle changeait ainsi tout à coup les rapports et les habitudes domestiques de sa famille en relations hostiles. C'est dans la propre maison du mari que sa veuve doit le pleurer et y puiser des consolations ; c'est là qu'elle doit être nourrie et entretenue pendant ce temps de douleur. La loi civile présume encore pendant ce temps la durée du mariage ; elle prohibe le convol en secondes noces ; et nos mœurs doivent s'applaudir de la décence et de l'humanité qui éclatent dans de pareilles dispositions.

Mais la jouissance entière des biens du mari, qui, par le présent projet, serait accordée à la veuve après l'année du deuil jusqu'à son parfait remboursement de la dot peut-elle se concilier avec les principes de justice et avec les droits des héritiers du mari ? Quoique ce privilége paraisse extraordinaire et exorbitant, il n'en est pas moins utilement en vigueur, sous différentes dénominations, dans la plupart des départemens méridionaux, où la loi politique a eu principalement en vue l'intérêt des dots. Entraînée par cette puissante considération et par la faveur des mariages, qui en est la base, la loi pourrait ne pas s'être arrêtée aux convenances particulières ni à la rigueur d'une exacte justice, pour se livrer à ces vues d'ordre et d'intérêt général auxquelles sont attachées si puissamment la conservation des dots et la faveur des mariages. Mais non..... l'équité même et l'exacte justice sanctionnent pareillement cette disposition.

Ici la veuve est une créancière privilégiée sur les biens de son mari, dont elle jouissait, en quelque façon, pendant l'union conjugale. Quoi de plus naturel qu'à l'exemple du créancier ordinaire, elle continue, pour ainsi dire, la jouissance de ces biens jusqu'à son remboursement ? Son débiteur est constitué en demeure depuis un an. C'est sa faute si l'inexécution de ses engagemens le prive de la jouissance de ses biens. Il l'obtient, cette jouissance, au moment qu'il veut remplir son obligation. Il ne dépendrait pas ainsi de la veuve de parvenir au remboursement de sa dot, si, dénuée d'un pareil nantissement, elle devait l'attendre de la volonté des héritiers du mari, ou du ministère, lent, dispendieux, et quelquefois inefficace, de la justice.

D'ailleurs, la jouissance provisoire de la veuve devient, le plus souvent, un bienfait pour ses propres enfans, pour les héritiers du mari, et pour le reste de la famille. Son obligation de pourvoir à leurs besoins, et l'habitude de vivre ensemble, leur laissent moins sentir la perte de leur chef; et une prompte restitution de la dot ne nécessite pas leur séparation ni le démembrement du patrimoine qui les fait vivre tous.

C'est ainsi qu'on croit pourvoir aux intérêts de la veuve qui est dotée. Celle qui ne l'est pas, ou presque pas, ou qui est devenue indotée sans sa faute, tandis que son mari, riche, a laissé une fortune considérable, sera-t-elle abandonnée par la loi à son malheureux sort? On reproduit dans le projet de loi ci-après tracé, la bienfaisante disposition de la loi romaine, qui, en pareil cas, accorde à la veuve la quarte ou une portion virile en usufruit ou en propriété, selon le cas, sur les biens de son mari. Cette quarte de commisération, qui est réciproquement accordée aux deux époux, est un monument de la bienfaisance et de l'humanité des anciens législateurs : pourrions-nous être moins humains ou moins bienfaisans dans ce siècle, où ces vertus sont si préconisées? Mais une autre vue politique justifie mieux encore la sagesse des Romains, qui a su si bien faire tourner en faveur des mariages le secours accordé au malheur. Le projet de Code n'offre rien, dans la disposition de la loi, qui puisse favoriser l'union conjugale. Les libéralités des époux dépendent uniquement de leur volonté, changeante et incertaine ; et la mort peut anéantir jusqu'aux plus petites traces de leurs anciens rapports.

Enfin, on s'est approprié, dans le même projet, une autre disposition bienfaisante que la législation romaine peut fournir au Code français. C'est ce qu'on appelle le bénéfice de compétence accordé au mari pauvre qui ne peut faire la restitution de la dot de sa défunte épouse sans rester exposé aux cruelles atteintes de l'indigence : faveur également accordée à tous ceux à qui les engagemens de la dot deviennent onéreux à ce point. Ces ménagemens dérivent aussi de la même source d'humanité et de bienfaisance, de morale et de politique, qui sont les élémens d'une législation dont la haute sagesse honore l'esprit humain. Autant les lois romaines montraient de rigueur contre les débiteurs ordinaires, autant elles usaient d'indulgence à l'égard des maris et des donateurs exposés à la misère et à la pauvreté par suite de l'exécution de leurs engagemens : elles ne voulaient pas que les uns fussent réduits à l'indigence par les héritiers d'une épouse qu'ils avaient choisie pour leur bonheur, et que les autres restassent victimes de leur bienfaisance, sans ressentir aucun effet d'un juste retour.

Telles sont les dispositions auxquelles on a cru devoir donner quelques développemens. Comme elles tiennent à la partie systématique du Code, les motifs qui doivent les faire adopter ou rejeter prêtent, sans doute, davantage à la discussion : quant aux autres dispositions moins importantes qui les accompagnent dans le projet tracé ci-après, on pense que l'équité, la convenance ou la justice s'y montrent trop évidemment, pour qu'il soit nécessaire de les y faire apercevoir à l'aide du commentaire.

Il reste à prévenir le reproche qu'on pourrait faire sur les détails auxquels on s'est livré dans le plan des dispositions concernant la matière des dots. Dans cette vue, on observera que, ce reproche serait-il fondé, il en coûte toujours moins de retrancher que d'ajouter. Quelle que soit l'affinité des matières dans l'administration de la dot et dans l'usufruit, les règles ne sont pas exactement les mêmes, et l'on ne peut guère, en parlant des biens dotaux, s'en rapporter aux dispositions relatives aux biens soumis à usufruit: d'ailleurs un Code de lois est moins un exposé de principes qu'un recueil de faits ; son but est plutôt de prévenir que de décider les contestations. L'abstraction des principes n'engendre que le doute et l'incertitude; le seul détail des cas peut les dissiper ou les prévenir : aussi, dans le

IV.   35

projet de loi ci-après, on a cru devoir tracer la règle à côté de l'exception, et présenter les cas parmi les circonstances plus ou moins essentielles qui les accompagnent. L'expérience n'a que trop appris combien le défaut d'explication dans les lois est une source intarissable de procès. Le ministère du juge qui les applique, n'est pas l'art de deviner.

PROJET DE LOI SUR LA DOT.

De la constitution de la dot.

liv. 3-
tit. 5-
com.
du
ch. 3.

Art. 1er. Si, par une convention expresse, il est promis ou donné quelque chose au futur époux ou au mari pour en jouir pendant le mariage, afin d'en supporter les charges, ces biens constituent une dot, dont le mari a la jouissance et la femme la propriété : cette dot est constituée, administrée et restituée ainsi et de la manière que les parties contractantes en conviennent, ou, à défaut, d'après les règles qui seront tracées ci-après.

2. Il y a des cas néanmoins où la dot est censée avoir été tacitement constituée ; et elle est acquise au mari sans nulle convention, comme lorsqu'il a été légué quelque chose à la femme pour lui servir de dot, ou qui est payable lors de son mariage, et lorsqu'elle a convolé à de secondes noces sans rien convenir ; cas auquel elle est censée apporter à son second mari la même dot qu'elle avait constituée à son premier époux, à moins qu'il n'y ait convention contraire.

3. Le mariage peut être contracté sans dot ; et il est libre à la fille qui se marie, de ne point se constituer en dot ses biens, quelque considérables qu'ils soient, et en quoi qu'ils consistent : elle peut aussi s'en constituer une partie et garder les autres ; les constituer tous à son mari et ne rien réserver pour elle. Les biens non constitués en dot ou *extra-dotaux*, demeurent à la femme en propriété et

en jouissance, et le mari n'en a l'administration qu'autant qu'elle veut le lui permettre.

4. Toute personne qui a la libre disposition de son bien, peut valablement constituer une dot à la fille ou femme qui se marie; la fille elle-même si elle a du bien, ses père, mère, frères, oncles, tantes, neveux, et toutes autres personnes, même étrangères, ont une pleine liberté de doter.

5. La fille mineure a besoin d'un curateur pour apporter ses biens immeubles en dot à son mari, ainsi que le mineur qui voudra la doter; et celui-ci doit en outre y être autorisé en justice, avec connaissance de cause, et d'après une raison légitime.

6. La dot légitimement constituée, même par un mineur, n'est point révoquée par la survenance des enfans du donateur; sauf le retranchement pour satisfaire leur légitime en cas d'insuffisance des restans biens de leur père, à l'époque de la mort de celui-ci, ou pour la constitution des dots à l'époque de cet établissement des enfans.

7. Si la dot constituée aux filles par leurs père et mère est inofficieuse par rapport à la légitime des autres enfans, elle est pareillement sujète à retranchement du vivant même du mari, quoiqu'elle consiste en argent consommé à la bonne foi, ou en biens-fonds dont le mari aurait joui pendant trente années, quoique la fille ait renoncé, en vue de cette dot, aux successions de ses père et mère, et quoique enfin la dot ne fût pas inofficieuse dès le commencement, et qu'elle le fût devenue après par l'événement; ce qui sera également observé dans le cas mentionné en l'article précédent.

8. C'est une obligation pour le père de marier ses filles dès qu'elles trouvent un parti convenable, ainsi que de leur constituer une dot selon la portée de ses biens et le nombre de ses enfans, laquelle ne puisse pas être moindre que le montant de leurs droits légitimaires, réduits néan-

moins à un taux moindre que celui des droits successifs actuels, et dont le paiement en différens termes soit moins onéreux pour le débiteur de la dot. Cette obligation du père a lieu, lors même que la fille serait riche, qu'elle aurait des biens maternels ou autres en son propre, ou qu'elle serait dotée par un parent ou un étranger, à moins que la dot ne soit donnée à la décharge du père.

9. Au défaut des biens du père, l'aïeul, et successivement les autres ascendans paternels, sont tenus de constituer la dot à leurs petites-filles, soit que le père vive encore ou qu'il soit mort.

10. Le père ne peut pas se dispenser de doter sa fille qui se marie contre son gré, pourvu qu'étant majeure, elle ait requis, avant de se marier, son consentement par trois sommations respectueuses. La fille peut impunément se marier à qui bon lui semble et demander sa dot, si le père ne répond rien à ces sommations ; si, au contraire, le père déclare ne point consentir à ce mariage à cause de l'indignité du mari, le tribunal devra régler les parties et sur le mariage et sur la dot.

11. Si la fille est mineure, le père peut refuser absolument son consentement, sans donner les raisons de son refus, et il n'est point tenu de lui restituer la dot.

12. Néanmoins, lorsque la fille mineure trouve un parti sortable, approuvé par ses parens les plus proches, et que le seul père improuve par pur caprice ou par un sordide intérêt, on peut suppléer au refus injuste du père ou de la mère par l'autorité de la justice, en assemblant les plus proches parens de la fille devant le juge-de-paix (ou tout autre) pour délibérer sur le parti qui se présente ; et s'il est approuvé par le plus grand nombre des parens, le père est tenu de donner les raisons qu'il a pour ne pas y consentir : le tribunal les examine ; et s'il ne les trouve pas fondées, il autorise la fille à contracter son mariage, du consentement de ses parens, malgré le refus injuste du père ou

de la mère; et, dans ce cas, ces derniers ne sont pas moins tenus, chacun en ce qui le concerne, de fournir une dot convenable.

13. Lorsque le père et les ascendans paternels n'ont pas de quoi fournir la dot, et que la fille n'a aucun bien en propre dont elle puisse se doter, la mère est tenue subsidiairement de doter la fille; et à défaut des biens de la mère, les autres ascendans maternels en sont tenus aussi subsidiairement. Si l'aïeul concourt avec l'aïeule, la dot sera prise plutôt sur les biens de l'aïeul tant paternel que maternel; mais dans le concours de la mère et de l'aïeule paternelle, l'obligation de celle-ci passe avant celle de l'autre.

14. Le frère riche est tenu aussi de doter de ses propres biens sa sœur germaine et consanguine qui est pauvre, et qui n'a pas été dotée des biens des ascendans paternels ou maternels, sans que cette obligation puisse passer aux autres collatéraux, quelque riches qu'ils soient.

15. Le père, les ascendans paternels et leurs héritiers, sont en outre tenus de constituer une seconde dot à la fille, si la première a dépéri par cas fortuit, par l'éviction des biens du mari, et surtout par leur faute et leur négligence *à pourvoir à la sûreté* de leur première dot.

16. La mère et le frère riches, qui sont tenus de fournir les alimens à la fille pauvre qui a perdu sa dot, ou à la sœur utérine qui n'a pas de quoi se doter ni de quoi vivre, sont tenus pareillement; savoir : la mère, de constituer une seconde dot à la fille; et le frère utérin, une première dot à sa sœur, eu égard au capital des alimens qui pourraient leur être taxés, pourvu que l'établissement de la fille ou de la sœur soit jugé avantageux, et que la mère ou le frère utérin n'en soient pas notablement incommodés, d'après l'avis des proches parens.

17. Si le père, en constituant la dot à sa fille, a expressément marqué ce qu'il donnait du sien, ou ce qu'il donnait des biens de sa femme ou de sa fille, qui étant pré-

sentes n'en réclament pas, il faut s'en tenir à la lettre de cette disposition; mais si la dot de la fille, à prendre sur les biens du père, n'est pas congrue ou convenable, elle pourra agir en supplément.

1545   18. Lorsque le père, après le décès de la mère, dote sa fille de ses biens propres et des biens tant paternels que maternels sans rien individuer, il est censé avoir doté d'abord sur les biens de la fille, ensuite sur les biens de la mère, s'ils sont certains, et enfin sur ses biens propres, lesquels dans tous les cas, doivent fournir une dot congrue. Si la mère est en vie, ou si ses biens sont incertains, le père n'est censé avoir doté alors que sur les biens de sa fille, et ensuite sur ses seuls biens.

19. Si c'est la mère qui, possédant des biens de la fille et de son mari, a doté la fille de ses biens propres, et des biens tant paternels que maternels sans rien individuer, la dot se prend aussi d'abord sur les biens de la fille, et le surplus doit être pris par moitié sur chacun des biens du père et de la mère. Il en est de même à l'égard du frère et de l'étranger qui constituent ainsi la dot à une fille; et si c'est la mère, les frères ou un étranger, qui dotent tous ensemble, la dot doit être prise par égales portions sur les biens de chacun des constituans.

20. Si la dot constituée aux filles n'égale pas le montant de leurs droits légitimaires paternels, elles pourront agir en supplément du vivant même de leur père, nonobstant toute renonciation aux biens paternels qu'elles pourront faire : si l'insuffisance de leur dot provient de l'augmentation des biens paternels après leur mariage, leur demande en supplément de légitime ne pourra avoir lieu qu'après la mort du père.

21. La renonciation aux droits ou biens paternels ou maternels, faite par les filles en acceptant leurs dots, ne sera d'aucun effet, si elle donne lieu à une lésion du tiers au quart, et si elle se rapporte à des droits ou à des succes-

sions à échoir dont les filles n'auront aucune connaissance.

22. On peut faire sur la dot toutes sortes de conventions, pourvu qu'elles ne donnent aucune atteinte à ses priviléges et à la sûreté en détériorant sa condition, et pourvu que d'ailleurs ces conventions ne blessent ni les lois, ni les mœurs naturelles ou civiles.

23. Si c'est un étranger qui constitue la dot, il lui est permis d'y mettre tous les pactes qu'il trouvera convenables, pourvu qu'ils ne soient pas contraires à l'essence du contrat, quoique d'ailleurs ils tendent à détériorer la condition de la dot.

24. En matière de dots, les parties sont toujours censées avoir contracté sous l'hypothèque générale de leurs biens; sans néanmoins que cette hypothèque puisse avoir la préférence sur les autres hypothèques antérieures et expresses, tant pour le paiement que pour la restitution de la dot.

25. Toute constitution de dot emporte avec elle la condition que le mariage ait son effet; en sorte que la dot ne peut être exigée qu'après le mariage, et qu'elle doit être restituée lorsque le mariage est dissous, annulé ou résilié pendant la vie des conjoints : s'il n'a pas été convenu du terme du paiement de la dot, le mari peut d'abord agir après le mariage; et de même quoiqu'il n'ait été rien dit sur la restitution de la dot, le mari ne doit pas moins la restituer dans tous les cas auxquels cette restitution peut avoir lieu.

26. Quant au douaire préfix ou coutumier, la libéralité que fait le mari à la femme pour prix de sa vertu, l'augment dotal fait en faveur de la même; le gain de survie qui est stipulé sur les biens du prémourant en faveur du survivant des deux époux; tous dons mutuels, même d'une somme ou d'une valeur inégale, et autres libéralités qu'ils sont dans l'usage de se faire dans un contrat de mariage, seront réglés ainsi et de la manière que les parties en conviendront, sans qu'aucun usage ou Coutume puisse exercer désormais son empire à cet égard.

27. Après que la dot a été constituée et que tous les pactes de mariage ont été faits et rédigés en acte public, il n'est pas permis d'y déroger par des contre-lettres, ni de quelque manière que ce soit; tout changement ou dérogation étant de nul effet.

1547   28. Ceux qui constituent une dot, soit en deniers ou en biens-fonds, ou d'autre nature, ne peuvent plus disposer de ce qu'ils ont donné ou promis; et dès que le fonds dotal est évincé, la garantie est due au mari dans tous les cas et contre toutes personnes qui ont constitué la dot. Il en est de même à l'égard des dettes cédées et autres choses constituées en dot.

Ibid.   29. Dans le cas d'éviction du fonds dotal, le mari peut exiger qu'il lui en soit donné un autre, d'une égale valeur et qualité, s'il est au pouvoir de la personne qui doit lui fournir l'éviction : autrement, il lui sera payé le prix actuel du fonds évincé, avec les dommages qu'il souffre par cette perte.

Ibid.   30. Si le fonds évincé avait été, lorsqu'il fut constitué en dot, simplement estimé sans devenir l'objet d'une vente, et s'il a ensuite augmenté de valeur autrement que par l'industrie du mari, le surplus ou l'augmentation du prix tournera au profit de la femme.

De l'administration de la dot.

1549   31. Le mari a l'administration et la jouissance du bien dotal: il peut agir en justice au nom de la femme, pour recouvrer la dot, contre tous débiteurs ou détenteurs. Néanmoins la femme peut aussi exercer les droits et actions qui en dépendent, non-seulement quand elle est séparée, pourvu qu'en ce dernier cas le mari y consente et qu'il l'autorise, ou qu'à son refus elle soit autorisée en justice.

1548   32. Si la dot n'est pas payée après le mariage ou au terme convenu, les intérêts courent en faveur du mari avant d'en faire la demande, et dès le jour qu'il a pu l'exiger. Il peut aussi stipuler de plus gros intérêts et accepter des biens-fonds en antichrèse, dont les fruits excèdent les intérêts ordinaires du capital de la dot, sans que l'excédant puisse être imputé sur ce même capital tant que dure le mariage.

33. Lorsque la dot consiste en argent comptant, dès que le mari la reçoit, il peut en faire ce que bon lui semble, et il n'est tenu qu'à la restituer en son cas. 1551

34. Si la dot consiste en quelques biens-fonds dont l'estimation ou la cession en fasse une vente en faveur du mari, celui-ci n'est tenu, envers la femme, qu'à la seule restitution du prix auquel les biens-fonds ont été estimés ou cédés : il peut disposer de ces fonds en vrai maître, à ses risques et à ses avantages. 1552

35. Si les fonds ont été donnés inestimés, ou si l'estimation ou la cession qui en a été faite ne caractérise pas la vente en faveur du mari, celui-ci n'en est pas le propriétaire, mais seulement l'administrateur ou l'usufruitier. Il doit en avoir le soin d'un bon père de famille, en percevoir les fruits sans en rendre compte, et il n'est responsable que des détériorations ou dépérissemens qui regardent le fonds ou la substance de la chose, sans être tenu des cas fortuits. Il doit en outre supporter en propre toutes les dépenses et charges ordinaires qui concernent l'entretien des fonds et la perception des fruits.

36. L'estimation des biens dotaux ne sera censée former une vente et transférer au mari la propriété, que lorsqu'il sera stipulé que le mari ne sera tenu qu'à la restitution du prix ou de la valeur de la chose estimée : dans les autres cas, l'estimation ne sera censée faite que pour connaître le montant de la dot.

37. Le fonds que le mari acquiert des deniers de la dot n'est pas dotal, mais il est propre au mari; à moins qu'il n'en ait fait l'acquisition pour la femme et du consentement de celle-ci. 1553

38. Lorsque la femme apporte en dot des droits universels ou de corps héréditaires, le mari doit être chargé en détail

par nombre, poids et mesure, de l'argent monnayé et des
denrées, pour être tenu, lors de la restitution de la dot,
d'en restituer la valeur suivant le prix qu'elles ont lorsqu'il
les reçoit, ou d'en restituer tout autant de la même qualité,
et pour en supporter la perte si elle survient.

1562   39. A l'égard de l'argent ouvré, des joyaux, des habits,
linge, ameublemens, ustensiles, et des cabaux ou bestiaux,
si ces choses sont données en dot au mari, estimées à une
certaine valeur, leur détérioration ou leur perte comme leur
profit regarderont ce dernier, qui sera tenu de rendre le
prix de celles même de ces choses que la femme aura con-
sommées pour son propre usage, ou qui auront dépéri sans
sa faute : mais s'il les a reçues sans estimation, le mari ne
doit en répondre qu'autant qu'il les aurait vendues, et il doit
seulement en restituer ce qui n'aurait pas été consommé
par l'usage, dans le même état où le tout se trouve après en
avoir usé comme un usufruitier.

40. Quant aux bestiaux qui composent un troupeau non
estimé, le mari doit les entretenir, et substituer du croît à
la place des bêtes mortes, pour les rendre et restituer, en
son cas et lieu, au même état qu'il les a trouvés. Si cependant le troupeau périssait par cas fortuit et sans sa faute, il
ne serait pas tenu de le remplacer.

41. Par la constitution dotale, toutes les actions actives
et passives passent au mari de plein droit ; en sorte que c'est
à lui à veiller à la conservation de tous les droits dépendans
de la dot et à la rentrée des dettes actives : il est responsable
de ce qu'il laisse perdre et prescrire, ainsi que de l'insolvabilité des débiteurs survenue pendant le mariage, s'il y a de
la négligence de sa part de n'avoir pas exigé d'eux ce qu'ils
devaient.

42. La prescription d'un fonds ou d'un droit dépendant
de la dot déjà commencée, et qui s'accomplit pendant le
mariage, peut être valablement opposée contre la femme ;
sauf son indemnité contre les biens de son mari, si la pres-

cription s'est accomplie après avoir laissé au mari un temps suffisant pour prendre connaissance des droits de sa femme pour agir.

43. La prescription du fonds dotal ne peut pas avoir lieu, si elle n'a commencé qu'après que le mariage a été contracté, le mari n'ayant pu aliéner ni par conséquent laisser prescrire ce fonds.

44. La prescription des dettes étant fondée sur la présomption du paiement, elle peut être opposée aussi directement à la femme qui a apporté des dettes actives en dot, et que son mari a laissé prescrire ; sauf son recours contre le mari, s'il y a de sa faute ou de sa négligence.

45 Le mari peut aussi prescrire, à son tour, un bienfonds d'autrui qui lui a été apporté en dot, ou quelque dette passive qu'on a négligé de lui demander : mais cette prescription tourne au profit de la femme, excepté la prescription des dettes que le mari doit payer sans répétition, laquelle tourne à son propre avantage.

46. Le fonds dotal devant être restitué en nature par le mari, celui-ci ne peut le vendre, l'aliéner, ni l'hypothéquer, même avec le consentement de la femme, à moins qu'il n'y soit autorisé en justice, et avec connaissance de cause, dans les cas seulement du paiement des propres dettes de la femme, des réparations nécessaires aux restans biens de celle-ci, pour subvenir aux pressans besoins de la famille, et pour son propre rachat de captivité ou des prisons où il serait détenu pour crime ou même pour dettes civiles. ¹⁵⁵⁴⁻¹⁵⁵⁸

47. Si la femme n'a pas des biens extradotaux, ou si elle ne fait pas un négoce à part et du consentement de son mari, les acquisitions qu'elle peut faire tournent au profit et à l'avantage de ce dernier.

48. La femme est censée permettre à son mari la régie de ses biens extradotaux, dès lors qu'elle en a connaissance,

sans en réclamer ; et dans ce cas, le mari n'est pas tenu de rendre compte des fruits qu'il en retire, lesquels sont censés être employés aux besoins communs de la famille.

49. Le mari ne sera responsable des fruits des biens extradotaux que lorsqu'il les aura perçus contre la volonté expresse de la femme, ou du consentement de celle-ci, avec la charge d'en rendre compte, ou lorsqu'il en aura profité et en sera devenu plus riche en son particulier par des acquisitions faites par échange de ces mêmes fruits, ou par des deniers en provenant évidemment.

50. Dans tous les cas, la femme n'est censée permettre à son mari la perception des fruits des biens extradotaux, qu'à la charge de les imputer sur les améliorations, ou de les compenser avec les impenses quelles qu'elles soient.

51. La régie et administration des biens dotaux est ôtée aux maris dans les cas de séparation de corps et de biens, ou de biens seulement, et en cas de nullité ou de dissolution des mariages ; tous lesquels cas sont déterminés par la loi.

1563   52. La séparation de biens peut avoir lieu quand le mari est prodigue ou dissipateur, ou quand il commence à faire mal ses affaires, en sorte qu'il y ait du danger que la femme ne perde sa dot ; il y a lieu alors à priver le mari de la régie et administration des biens et cas dotaux pour les confier à la femme, ou pour mettre sa dot en sûreté.

53. On met la dot en sûreté, en mettant les biens-fonds au pouvoir d'un séquestre pour les régir et en avoir soin ; et si la dot consiste en argent, on place cet argent qui est pris sur les biens du mari, chez un marchand, banquier ou autre personne solvable, pour le représenter à la femme ou à ses héritiers, le cas avenant de la vraie restitution de la dot : mais en attendant, les fruits des biens dotaux ou les intérêts de l'argent placé doivent être employés au support des charges du mariage.

54. La séparation même de biens, et la précaution de mettre la dot en sûreté, doivent être ordonnées en justice et avec connaissance de cause, après des preuves suffisantes.

55. Pour la conservation de la dot et autres cas dotaux, la femme peut aussi venir en opposition aux saisies et ventes des biens de son mari qui sont instées par les créanciers de ce dernier, en demandant l'adjudication de ces mêmes biens, qui lui sera accordée jusqu'à concurrence de sa dot et de ses cas dotaux; l'estimation de leur valeur préalablement faite avec les créanciers saisissans, qui ne pourront poursuivre pour leurs créances que la vente des autres biens, s'il en reste.

56. La femme ayant ainsi obtenu la main-levée de la saisie des biens de son mari, ces biens restent à ce dernier pour servir à la sûreté de la dot et au support des charges du mariage; et elle peut former l'opposition mentionnée en l'article précédent, dans le cas même où le mari est solvable, et qu'il a de quoi payer la dot et les créanciers qui poursuivent la vente de ses biens.

57. Pour que l'opposition de la femme puisse être fondée, il faut, 1° qu'il conste qu'elle a constitué une dot à son mari, et que cette dot lui a été payée en argent ou en effets mobiliers qui ont été vendus; 2° que la créance de la femme pour sa dot et cas dotaux, soit antérieure ou plus privilégiée que celle du créancier saisissant; 3° que la femme n'ait pas elle-même intervenu et n'ait point part à l'obligation pour le paiement de laquelle les biens de son mari sont saisis.

58. Quoique la femme ne puisse pas valablement s'obliger, même du consentement et avec son mari, elle n'est pas moins liée par les contrats qui ont tourné à son avantage, et son obligation subsiste jusqu'à concurrence du profit qu'elle en a retiré.

Restitution de la dot.

liv. 3-
tit. 5-
ch. 3-
com.
de
sec. 3.
59. La dot doit être restituée après la dissolution du mariage qui arrive par la mort de l'un ou de l'autre des époux, ou par le divorce.

60. Pour qu'il puisse y avoir lieu à la restitution de la dot, il faut qu'il conste par des quittances, qu'elle a été réellement comptée.

61. La quittance de la dot, faite dans les pactes mêmes du mariage ou après, ne peut être attaquée par la preuve testimoniale ; si elle contient la numération réelle ; mais si on y déclare avoir reçu l'argent à volonté, le mari ou ses héritiers peuvent prouver, même par témoins, que la dot n'a pas été comptée, pourvu qu'ils aient un bon commencement de preuve par écrit.

62. Si la quittance a été faite par le mari pendant le mariage, sans qu'il ait précédé aucun pacte ni promesse de dot, sans qu'il y soit fait mention de la réelle numération, ni qu'il puisse conster par de fortes présomptions ou par des faits prochains que le mari a vraiment reçu la somme portée dans la quittance, alors cette quittance tient lieu de donation à cause de mort ; et si le mari meurt le premier sans l'avoir révoquée, la femme peut retirer cette libéralité des héritiers du mari.

63. La disposition de l'article précédent a lieu aussi pour le cas où le mari fait quittance à la femme, pendant le mariage, d'une plus grande somme que celle qui avait été précédemment constituée en dot.

64. Les créanciers peuvent employer la preuve testimoniale pour impugner les quittances dotales comme simulées et frauduleuses, surtout si elles ont été faites dans un temps auquel le mari commençait à faire mal ses affaires, à devenir insolvable, ou était près de faire cession de biens.

1564-
1565
65. Après la mort du mari, ses héritiers ont une année de temps pour faire la restitution de la dot, si elle consiste

en meubles se mouvant, noms, droits et actions, ou en argent
comptant ; mais les immeubles doivent être restitués sans
délai.

66. Pendant cette première année de la mort du mari, la
femme doit être entretenue de tous les alimens nécessaires à
la vie et de tous autres objets ; de manière qu'elle soit nourrie
et habillée de deuil suivant l'état et condition de son défunt
mari, sans qu'elle paraisse avoir changé d'état, et sans avoir
égard, pour la taxe de ses alimens, à la portée des biens, ni
au nombre des alimentaires, mais à ce dont la femme a besoin pendant cette année pour vivre décemment comme
veuve du mari qu'elle a perdu.

67. Après la mort de son mari, la femme est censée
posséder de plein droit tous ses biens et hoirie, mais à la
charge de rendre compte des fruits par elle retirés pendant la
première année, distraction faite des dépenses et charges ordinaires, de ses alimens et habillemens de deuil, ainsi que
de ceux de toute la famille et des domestiques.

68. Après la première année de la mort de son mari, la
femme acquiert irrévocablement les fruits des biens et succession de ce dernier, et elle est tenue d'acquitter, sans répétition, les dépenses et charges ordinaires et annuelles, même
celles de la nourrriture et entretien de la famille, et, avec
répétition, toutes dettes et dépenses extraordinaires qui af-
fectent la propriété des biens jusqu'à ce qu'elle soit entièrement satisfaite de sa dot et autres avantages nuptiaux, quoique ces fruits excèdent de beaucoup les intérêts de la dot.

69. La disposition des deux articles précédens n'aura cependant lieu qu'autant que la veuve prendra inventaire, dans
les deux mois après la mort de son mari, de tous les biens
qui composent sa succession; sans quoi elle sera privée de la
possession et jouissance desdits biens.

70. Elle ne pourra pas pareillement jouir de ce bénéfice,
si elle est indotée, ou si elle n'a aucun douaire ni autre
avantage nuptial à prétendre sur les biens de son mari, ou

si elle n'a porté en dot que des biens meubles ou immeubles qui ne doivent pas être restitués en argent, mais en nature.

71. La veuve qui n'a pas joui des biens de son mari, et à qui on ne rend pas la dot aux termes convenus ou réglés par la loi, peut en exiger les fruits ou les intérêts depuis le jour de l'échéance.

72. Si le mariage a été contracté sans dot congrue, ou si, par événement et non par sa faute, la femme est restée indotée ou insuffisamment dotée, et qu'elle n'ait pas d'ailleurs de quoi vivre, tandis que son mari sera riche, elle succédera à celui-ci avec les enfans communs ou issus d'un autre mariage, en la quatrième partie des biens, s'il n'y a pas plus de trois enfans; et s'il y en a davantage, elle succédera en sa portion virile; le tout en usufruit, à moins que les enfans ne viennent à décéder ou qu'il n'en existe point; auxquels cas elle aura la quarte en propriété: et ce qui est disposé à l'égard de la femme pauvre, aura lieu aussi en faveur du mari pauvre sur les biens de sa femme riche prédécédée.

73. Ne sera point valable toute convention qui tendrait à priver la femme de la restitution de la dot, le cas échéant, ou à retarder le terme de cette restitution fixé par la loi; ce pacte ne pouvant produire d'effet qu'à l'égard de toutes autres personnes que la restitution de la dot peut intéresser.

74. Le cas de la restitution arrivant, la dot doit être restituée à la femme ou à ceux qui porteront droit d'elle, et non à ceux qu'il l'ont constituée, à moins qu'ils n'aient stipulé le retour; ce que les parens qui sont tenus de fournir la dot, ne pourront faire que pour l'excédant des droits légitimaires de la fille.

75. La dot doit être restituée dans le même état où elle était lorsqu'elle a été reçue; et si elle a été constituée en argent, la restitution doit être faite de même: si, au contraire, elle a été constituée en biens-fonds, ils doivent être restitués; comme aussi, si elle consiste en meubles et effets mobiliers; à moins que

ap-
1565

tous ces biens n'aient été remis au mari à la charge d'en restituer le prix.

76. Si les meubles et effets mobiliers ont été donnés au mari inestimés, il ne doit rendre ces choses que dans l'état où elles se trouvaient lors de la restitution, pourvu qu'il en ait usé en bon père de famille; et il n'est pas tenu de rendre compte de celles qui ont péri par l'usage ou par cas fortuit et sans sa faute.

77. Si c'est un troupeau qui a été donné en dot, le mari doit l'entretenir, et remplacer les bêtes mortes, et en user comme un vrai usufruitier.

78. S'il est survenu quelque augmentation au bien-fonds dotal, elle appartient à la femme, comme elle doit supporter les pertes et les détériorations : mais si le mari y fait des améliorations, il lui en sera tenu compte, en lui payant les dépenses qu'il aura faites à cet égard.

79. Le mari sera remboursé de tout le coût des impenses nécessaires qui regardent la conservation perpétuelle du fonds dotal, et sans lesquelles il ne saurait subsister, quand même ces impenses ou les réparations qui en sont l'objet n'existeraient plus lors de la restitution de la dot.

80. Le mari ne pourra pas répéter les dépenses utiles qui n'ont pas été faites du consentement de la femme, et qu'elle ne peut lui payer commodément, ou les impenses de fantaisie, si elles ne peuvent pas être emportées sans endommager l'édifice, ni les menues réparations, même nécessaires, qui tendent à conserver l'édifice, ni enfin celles relatives à la perception des fruits, quand elles tendraient à la conservation des fonds.

81. Le mari peut toujours répéter les frais des funérailles de la femme, ainsi que les frais de sa dernière maladie, si elle a été de longue durée, extraordinaire, et si elle a fait dépenser des sommes considérables au mari; et, en ce cas, il sera fait au préalable déduction ou imputation des intérêts de la dot.

IV.   36

82. En restituant la dot, le mari doit restituer aussi les fruits ou les intérêts perçus avant le mariage, à moins qu'ils ne lui aient été donnés.

83. Il doit pareillement rembourser les fruits ou les intérêts qu'il a perçus pendant le mariage, mais dans un temps où il n'en a pas supporté les charges, comme lorsqu'ayant renvoyé sa femme, il ne lui a rien fourni pour les entretiens, ni aux enfans issus de ce mariage.

84. Quant aux intérêts et aux fruits retirés par la femme pendant le mariage et du consentement du mari, ils sont censés lui appartenir, surtout si elle les a consumés sans en être devenue plus riche, ou sans en avoir augmenté sa fortune.

85. Mais les intérêts ou les fruits non retirés pendant le mariage appartiennent au mari ou à ses héritiers, à moins qu'ils n'aient dû être payés ou fournis par la femme ; auquel cas le mari est censé lui en avoir fait remise.

1571　86. A l'égard des fruits pendans ou des intérêts courans ou même perçus et retirés pendant la dernière année du mariage, ils doivent être partagés entre les conjoints ou entre le conjoint survivant et les héritiers du défunt, au prorata du temps qu'a duré le mariage, en comptant depuis le jour que le fonds dotal a été délivré au mari ou que la dot lui a été comptée.

87. Les fruits ou les intérêts de la dot non payée qui ont discouru après la mort de la femme n'appartiennent pas moins au mari, s'il y a des enfans qui fassent subsister les charges du mariage.

88. La femme ne peut demander les arrérages de la pension annuelle qui lui aura été faite pour ses menus plaisirs, ou qu'elle se sera réservée sur ses propres biens constitués en dot ; les pensions qui n'auront pas été exigées dans l'an ne pourront pas après être demandées.

89. Les présens faits à la fiancée par ses propres parens lui appartiennent exclusivement, ainsi que les petits présens qui lui sont faits par le fiancé et les parens du fiancé,

tels qu'une somme d'argent pour acheter des nippes ou
d'autres ornemens de peu de valeur; quant aux joyaux et
habits de parade dont le fiancé ou ses parens font présent à la
fiancée, celle-ci n'en a que l'usage, et la propriété reste au
mari, à l'exception cependant de la bague ronde, qui est acquise irrévocablement à la femme avec un autre joyau de
médiocre valeur.

90. Les habits que le mari fait à la femme pendant le mariage sont censés lui être donnés, si ce ne sont que des
habits usuels et ordinaires; mais si ce sont des habits de gros
prix et de parade, ils restent en propriété au mari, la femme n'en ayant que l'usage.

91. Les alimens que les parens de la femme se sont obligés de fournir pendant un certain temps aux mariés et à leur
famille sont censés faire partie de la dot, et le mari doit en
rendre la juste valeur ensemble avec la dot.

92. Si le mari à qui on demande la dot de sa femme décédée n'a rien en son propre pour vivre ou n'a pas de biens
ou des ressources suffisantes, il lui sera laissé toute la dot
ou partie pour en jouir pendant sa vie, et avoir par là de
quoi se procurer le seul nécessaire pour vivre ou pour ne
pas succomber aux besoins de la vie.

93. La faveur mentionnée en l'article précédent compète
aussi au beau-père de la femme qui a reçu la dot pour son
fils et s'est chargé de la rendre; elle compète également au
père de la femme et même à tout étranger quant au paiement de la dot qu'ils ont constituée.

94. Si le père et le fils qui se marie ont ensemble fait
quittance de la dot, c'est le père seul qui est censé l'avoir reçue, lorsque, suivant les pactes du mariage, le père s'est réservé de jouir de la dot dans la donation de ses biens qu'il
fait à son fils; et il est tenu de la restituer sur les biens qu'il
a pu s'être réservés, à moins qu'il ne grève de cette restitution ses biens donnés.

95. Le père est tenu, au moins subsidiairement, à la res-

titution de la dot, quoiqu'il ne se soit pas expressément obligé de la restituer et qu'elle ne soit pas parvenue à lui, lorsqu'ayant été présent aux pactes du mariage, il n'a rien donné à son fils pour assurer la dot que ce même fils devait recevoir, sans avoir d'ailleurs aucun bien en propre pour en
répondre.

96. Si le père et le fils marié qui, d'après les pactes du
mariage, devaient vivre ensemble, le père jouissant de la dot
et de ses biens donnés sous la réservation de l'usufruit, viennent à se séparer, la restitution et la prestation des alimens
seront exécutées ainsi que les parties l'auront réglé, en pré-
voyant ce cas; mais si ce cas n'a pas été prévu, le père est
tenu de restituer au fils et à sa belle-fille la dot, et une
pension pour tenir lieu des alimens promis à son fils et à sa
famille.

SUR LE CODE RURAL.

Le Code rural doit être considéré comme faisant partie
du Code civil; mais, destiné pour les campagnes, et son
exécution étant principalement confiée aux juges-de-paix, il
serait à désirer, ce semble, que le Code rural, étant détaché
de l'autre, présentât un tout complet dans ses dispositions.
Alors, il devrait s'approprier toutes les dispositions du Code
civil qui peuvent se rapporter aux lois rurales, telles que
les servitudes rurales ou les services fonciers, engagemens
des propriétaires des fonds joignans, usage des eaux d'irrigation, baux à ferme et à cheptel, etc.

La brièveté du temps ne permettant pas de présenter un
projet de Code rédigé d'après ce plan, on se bornera à donner
un aperçu de certaines dispositions qui peuvent manquer, et
de quelques autres qui paraissent insuffisantes ou défectueuses,
dans le Code rural aujourd'hui en vigueur: dans cette vue, on
parcourra rapidement les différentes parties qui le composent,
pour indiquer les additions ou les améliorations dont elles
peuvent être susceptibles.

TITRE Ier.

SECTION Ire.

On ne peut pas voir sans surprise le peu qui est dit dans le 538- 644- 645
Code rural sur la propriété et les prises d'eaux des fleuves et
rivières. Dans l'article 4 de cette section, on règle vaguement les droits sur les eaux des seuls fleuves navigables ou
flottables, en réservant la propriété exclusive des eaux, et
en en permettant les prises, sans en détourner ni embarras-
ser le cours au préjudice de la navigation et du bien général.

Certainement cette disposition est loin de suffire aux besoins des usines, et surtout de l'agriculture. La loi ne peut pas
s'empêcher d'entrer dans d'autres détails au sujet de l'irrigation, pour l'intérêt des pays où les récoltes sont le produit
de cette ressource de l'industrie.

Les prises d'eau, leur passage et conduite dans les fonds
intermédiaires, et leur distribution entre les copropriétaires
arrosans, sont autant d'objets qui ne peuvent qu'être pris en
grande considération par le législateur, dans le Code rural.

1° Les prises d'eau n'ont pas lieu seulement dans les fleuves navigables ou flottables. Dans le département des Pyrénées-Orientales, où l'agriculture ne peut pas se passer du secours de l'irrigation, les prises d'eau ne se font que dans de
petites rivières, et le plus souvent dans des ravins où l'eau
n'étant pas abondante, il est d'une indispensable nécessité
que la loi y règle ou y maintienne les droits de ceux qui
prétendent s'en servir ou qui s'en servent en la dérivant de
son cours.

Il est vrai que le projet de Code civil (liv. II, tit. IV,
chap. Ier, art. 4 et 5) règle ces droits d'après la seule utilité
de ceux qui sont dans le cas de faire des prises d'eau, de manière qu'à cet égard il paraît méconnaître toute possession ou
titre antérieur d'un usage exclusif.

Mais ce système a déjà été combattu dans les observations
faites par le tribunal d'appel de Montpellier : en s'y référant,

on ajoutera que le changement introduit par les lois nouvelles dans le droit français ne peut point influer sur ce point,
qui doit continuer d'être soumis à l'empire des anciens principes.

Ces principes s'appliquent aux différens usages auxquels
on peut employer les cours d'eaux ; car les eaux peuvent servir au lavage ou à l'abreuvage, et la nature ou le droit naturel ne comporte pas, à cet égard, l'établissement de l'u-
sage exclusif ni de la propriété ; mais elles peuvent servir
aussi à d'autres besoins moins essentiels à la vie, tels que
ceux de la navigation, du flottage, de l'irrigation, des usines, etc. Quant à ces usages, le droit exclusif s'est établi
comme à l'égard des autres objets qui sont entrés dans le
commerce.

De là, les rivières navigables ont fait partie inaliénable
du domaine public ; les petites rivières, torrens et ravins en
ont fait aussi partie, mais aliénable avec les fiefs ; et les propriétaires des fonds dans lesquels une source prend naissance
en ont toujours disposé à leur gré.

De là, les concessions des prises d'eau pour l'irrigation
ou pour l'usage des usines, qui ont été faites de tout temps
en faveur des particuliers par les officiers du domaine ou par
les ci-devant seigneurs hauts-justiciers, propriétaires, en
vertu de leurs fiefs, des petites rivières et des ravins.

L'effet de ces concessions n'a pu, sans doute, être respectivement emporté ni par le changement de forme du
gouvernement, ni par l'abolition de la féodalité. Les nouvelles lois ont respecté et dû respecter de pareils droits, acquis aux particuliers à titre même onéreux, ou par possession suffisante et à la bonne foi. Les anciens agens du domaine, comme les ex-seigneurs, ont disposé ainsi, sous
l'autorité de l'ancienne loi, de ce dont ils étaient respectivement administrateurs et propriétaires.

Si l'abolition des droits résultant de la puissance féodale a
dépouillé les ex-seigneurs du droit de faire, à l'avenir, de

pareilles concessions, la liberté qui pourrait en résulter pour les particuliers de se servir des cours d'eau sans ces concessions, ne pourrait jamais nuire aux anciens concessionnaires, à moins que la loi ne prît le caractère d'une odieuse rétroactivité. D'ailleurs, la puissance publique retiendrait toujours sur ces objets, sinon l'ancien droit de propriété, au moins celui de juridiction et de police.

C'est donc toujours à la puissance publique qu'il appartient de régler les droits des particuliers à cet égard, en n'autorisant de nouvelles prises d'eau qu'autant que les anciennes permises par titre ou par la possession n'auront point à en souffrir, et que l'intérêt général n'en recevra point atteinte. C'était aussi d'après ces règles que les anciennes lois l'autorisaient.

Or, telle est la disposition essentielle qui devrait trouver place dans le Code rural. Il est aisé d'en sentir l'utilité.

2° Le passage des eaux d'irrigation dans les fonds voisins et intermédiaires est un cas trop fréquent pour qu'il ne doive pas aussi trouver sa règle dans le Code rural.

A défaut de convention, ce passage doit-il être accordé moyennant indemnité? doit-il être refusé par la loi?

Si la loi autorisait indistinctement le passage des eaux d'irrigation dans le fonds d'autrui avec indemnité, il pourrait arriver qu'elle porterait atteinte au droit sacré de propriété, sans aucun dédommagement pour l'utilité publique. Ne pourrait-il pas se faire que, par fantaisie, caprice ou fausse vue d'intérêt, le passage des eaux fût demandé sur un ou plusieurs fonds très-précieux qui en seraient dégradés, pour servir à l'arrosement d'un ou plusieurs fonds de peu de valeur ou d'un mince produit? L'amélioration des récoltes par l'irrigation pourrait être nulle, ou de si peu de conséquence, qu'il n'en résulterait pas une augmentation sensible de denrées dans le canton, ni, par conséquent, un avantage public. Alors il n'y aurait de certain que le sacrifice de la propriété particulière, sans espoir d'une utilité générale, qui peut seule le justifier.

Dans le conflit des avantages particuliers, le droit de propriété ne peut qu'être maintenu, et il n'y a point de raison qui nécessite le changement des conditions.

Si, d'un autre côté, la loi refuse dans tous les cas cette faveur, malgré une juste indemnité, elle pourra tomber dans l'inconvénient de faire céder l'intérêt général à l'intérêt particulier ; car, si du nouvel arrosement des fonds, il résulte une augmentation des denrées dans le canton, qui présente un avantage public, si un nombre considérable de propriétaires sont intéressés dans le nouvel arrosement, ou si la dégradation des fonds traversés par les eaux n'est rien à côté des avantages qu'on peut se promettre de l'irrigation, c'est bien ici le cas où l'indemnité de la propriété privée doit être acceptée en faveur du bien et de l'avantage du plus grand nombre.

Ainsi, le Code rural ne devrait pas offrir la lacune d'un point aussi important pour l'agriculture, et il doit en faire une disposition expresse, qui, en prévenant les contestations, contribue à l'amélioration des fonds et des récoltes.

Mais cette disposition devrait être accompagnée d'une autre du même genre, relative au cas où un grand canal d'irrigation, pratiqué dans certains fonds, aurait une direction et une issue plus utiles et plus commodes, s'il était transporté sur d'autres fonds. Ne faut-il pas que la loi permette de faire ce changement moyennant l'indemnité des propriétaires des fonds nouvellement traversés ?

Cependant, ces deux cas devraient préalablement être vérifiés, pour constater l'utilité où le plus grand avantage qui doit en résulter, et pour fixer l'indemnité à laquelle il peut y avoir lieu.

Il semble que cette vérification, qui peut, selon les différentes circonstances, être plus ou moins importante, devrait être confiée aux prud'hommes du terroir où les fonds seraient situés, tant ceux qui devraient être arrosés que ceux à traverser par les eaux d'arrosement, ainsi qu'à des experts à nommer par les parties intéressées.

Au surplus, la conduite des eaux d'irrigation ou servant aux usines, paraît emporter avec elle la nécessité d'un passage aux francs-bords du canal qui porte les eaux, ainsi que d'un espace pour y jeter la vase et le curage. Ainsi, l'espace de terrain nécessité par ce double usage devrait être déterminé également et en même temps par les experts, et il deviendrait aussi la matière de l'indemnité des propriétaires tenus de le fournir. Il serait cédé, de même que le lit du canal, en propriété ou en servitude, d'après la convention des parties et au choix du cédant. Dans le doute, la servitude seulement serait présumée, sans la charge pour ce dernier de l'entretien des francs-bords; et à moins de convention contraire, l'espace cédé se réunirait aux fonds dont il fait partie, lorsqu'on cesserait, par quelque événement que ce fût, de se servir du canal ou ruisseau qui le traverserait. On sent que le sacrifice de la propriété, surtout envers des particuliers, doit ménager toute faveur à celui qui doit faire ce sacrifice.

Ce seraient là aussi tout autant de dispositions dont le Code rural devrait nécessairement se composer.

3° La distribution des eaux entre les différens propriétaires arrosans, au moyen d'un même canal, est encore un objet dont la loi rurale ne peut pas s'empêcher de s'occuper.

L'arrosement des champs, jardins et prés, se fait le plus souvent à l'aide de canaux ou ruisseaux communs à plusieurs propriétaires, et quelquefois à plusieurs terroirs et communautés d'habitans. Ces canaux traversent une étendue de terrain qu'ils arrosent en tout ou en partie. Mais si tous les coarrosans entendaient employer l'eau chacun à son usage particulier, au moment et de la manière qu'ils le trouveraient convenable, la confusion et le désordre, accompagnés de rixes, produiraient la pénurie là où la règle entretiendrait l'abondance. Ainsi, cet usage commun des eaux ne pouvant pas s'effectuer simultanément, la nécessité fait une loi de s'en servir successivement les uns après les autres. De là, le partage des eaux par temps et quelquefois par quantité entre tous les cointéressés.

Mais cette distribution des eaux peut être faite par équité ou en vertu de conventions particulières. L'équité peut se déterminer sur différentes vues relativement à la quantité, à la qualité et autres circonstances des terres arrosables ; les conventions, à cet égard, peuvent varier à l'infini. Ainsi, la loi est impuissante pour régler immédiatement et en détail de pareils objets ; elle ne peut que s'en rapporter à l'intérêt même des coarrosans, en prêtant son appui à la règle qu'ils doivent s'imposer sur tous les détails de la distribution et partage des eaux communes.

Le Code rural devrait donc autoriser les cointéressés à l'usage d'une eau commune servant à l'irrigation ou à des usines, à se réunir en une association ou corps qui peut s'assembler pour traiter des intérêts communs, et surtout pour faire des réglemens sur l'aménagement et le partage des eaux, avec faculté de nommer des préposés pour surveiller l'exécution des réglemens, dénoncer et poursuivre en justice les contraventions et le paiement des amendes, etc. Ces réglemens ne seraient faits qu'avec l'approbation de l'autorité compétente.

Cette même faculté devrait être accordée à tous autres cointéressés à un objet d'agriculture et d'utilité commune, tel, par exemple, que le curement des canaux servant à essuyer ou dessécher des fonds appartenant à plusieurs propriétaires et sujets aux inondations ou aux eaux croupissantes ; et tel que la construction et l'entretien des digues et ouvrages pour garantir les terres des différens particuliers, des ravages des eaux pluviales, etc.

Une autre observation se présente au sujet des digues servant aux prises d'eau, et au sujet des ouvrages destinés à ga-

rantir les fonds des ravages des eaux pluviales ; c'est que le
Code rural devrait contenir des dispositions pour empêcher
que ces constructions ne tournassent au préjudice des fonds
voisins et des intérêts de l'agriculture.

Quant aux digues ou chaussées pour les prises d'eau, il
n'est que trop ordinaire de voir qu'étant faites en forme
d'entonnoir et longeant presque les fonds qui sont au bord
des rivières, elles en font changer le cours en l'entraînant
avec la prise d'eau et en l'attirant à la propriété voisine. Il
n'en serait pas ainsi, si ces digues étaient construites de manière à couper le cours des eaux en ligne droite, jusqu'à une
certaine hauteur, et avec des ouvertures propres à ne dériver
que le volume d'eau nécessaire et proportionné au besoin ;
procédé qui ne peut pas être négligé, surtout dans le plat-
pays ; où le paisible courant des eaux le rend très-pra-
ticable.

Les plantations et les ouvrages qui se font sur les bords
des rivières ne garantissent ordinairement les fonds d'un
bord qu'en rejetant le danger des eaux sur les propriétés du
bord opposé. Tantôt c'est le lit des eaux qui est rétréci et qui
est rompu avec ravage lors des moindres crues ; tantôt c'est
un avancement formant un coude qui pousse le cours des
eaux contre la rive opposée : accidens qui font tous sentir la
nécessité de donner au cours des eaux un alignement et une
largeur convenables.

Toutes ces entreprises devraient cependant être prévues et
prises en considération par le Code rural. Ce n'est pas que
cette loi générale pût régler elle-même ces détails d'après
les localités, qui varient à l'infini. La règle devrait être établie par les administrations locales, d'après les besoins des
intéressés et l'utilité publique, sur les renseignemens des in-
génieurs près ces administrations. L'exécution du réglement
serait confiée au juge rural, qui constaterait la contravention et appliquerait la peine.

SECTION II.

liv. 3-
tit. 8-
ch. 2.   Cette partie du Code rural présente quelques dispositions sur les baux des biens de campagne, relativement à l'effet des conventions et de la vente des biens affermés, à la tacite réconduction, et aux droits seigneuriaux opérés par ce contrat. Ne serait-il pas à désirer qu'on donnât à ces dispositions leur complément par toutes celles qui peuvent prévenir ou décider les contestations dans le cas de résiliement, révocation du bail ou expulsion du fermier par le mésus qu'il peut faire physiquement ou moralement des biens affermés ; cas qui sont si fréquens, et qui devraient être décidés, avec autant d'économie que de célérité, par la justice de paix la plus rapprochée et la plus à portée de connaître les localités.

Ibid.
ch. 4.   Les baux à cheptel sont aussi d'un usage trop fréquent dans les campagnes, pour que la loi rurale ne doive pas pareillement tracer quelque règle sur ce contrat, d'autant que cette matière paraît être plus particulièrement encore de la nature de celles dont la justice de paix devrait connaître, tant à cause du peu de facultés des chepteliers, que de la nécessité d'une prompte expédition.

Du reste, l'attribution de ces matières à la justice de paix ou aux tribunaux ne doit pas précisément déterminer leur place dans le Code rural : c'est leur qualité, et non cette circonstance accidentelle, qui doit les y faire classer. Cependant, si la justice de paix étendait à cet égard sa compétence, cette classification n'en serait que plus convenable.

Mais, quoi qu'il en soit, on ne présentera pas ici le plan de ces matières, qui traîneraient trop en longueur, et qui, traitées d'ailleurs dans le projet de Code civil, peuvent toujours en être distraites pour être recueillies dans le Code rural.

SECTION IV.

ap-
648   On observera sur ce qui est dit dans cette section sur le parcours, la vaine pâture et la quantité de bétail qu'il est

facultatif à chaque propriétaire d'entretenir et garder par troupeau séparé, que le législateur paraît ne s'être fixé qu'à la nourriture ou dépaissance exclusive dans les propriétés particulières, ou à celle résultant du parcours ou de la vaine pâture, tandis que, dans certains pays, les pâtis et les communaux non réduits à culture fournissent la nourriture la plus abondante aux bestiaux des propriétaires et habitans du terroir.

Mais, quoi qu'il en soit de ces différentes ressources pour nourrir des bestiaux, il ne paraît pas que la règle tracée par l'article 13 de cette section, qui fixe dans chaque commune la quantité de bétail à tant de bêtes par arpent, proportionnellement à l'étendue du terrain, d'après les réglemens et les usages locaux, soit tout-à-fait sans inconvénient; surtout en ce qu'à défaut de documens sur cet objet, elle s'en rapporte au conseil général de la commune pour y pourvoir.

Car il est à remarquer que, dans les communes, les non-propriétaires de bestiaux se montrent autant contraires au système d'en nourrir et d'en élever, que les autres y sont attachés par un intérêt opposé. C'est selon que le conseil général de la commune sera composé et dominé par l'esprit des uns ou des autres de ces habitans, que la délibération sera contraire ou favorable à cet objet, et que le parti à prendre sera dicté par l'intérêt ou par le caprice.

Il est donc indispensable de saisir sur ce point une base fixe qui ne dépendra pas de l'arbitraire; et cette base sur la possibilité de nourrir des bestiaux dans un terroir ne peut être fournie que par l'expérience de ce qui a été fait à cet égard par le passé. Ainsi, on pourrait s'en rapporter au nombre de bestiaux nourri pendant les dix dernières années, pour fixer celui qui pourra être nourri dorénavant.

D'un autre côté, ce n'est pas, ce semble, seulement sur la quantité de terres qu'on exploite, mais sur leur quantité et qualité, qu'on doit fixer le nombre de bétail à pouvoir nourrir par chaque propriétaire; car, sous ce rapport, il y

a une grande différence à faire entre les différens fonds ; s'ils
sont en nature de pré, de jardin, de champ, et s'ils sont
plus ou moins dans le cas d'être en chaume ou en valeur. Il
est certain que plus les fonds sont productifs, plus ils peuvent
fournir de nourriture aux bestiaux, et plus, pour l'ordinaire,
ils exigent de fumier. C'est ainsi que les terres arrosables n'é-
tant jamais en jachère sont toujours couvertes de fruits; c'est
ainsi qu'étant continuellement épuisées par la production et
lavées par les eaux qui les arrosent, elles ont besoin aussi de
beaucoup plus de fumier, sans en excepter même les prés
dans la plupart des pays froids.

D'où il suit que la nécessité et la possibilité de nourrir des
bestiaux sont ordinairement en raison de la production des
fonds, et que, dans cette occurrence, on ne peut pas adopter une base plus convenable que cette même production,
qui en fait connaître la valeur, pour déterminer la quantité
proportionnelle de bétail que chaque propriétaire peut et
doit nourrir. Or, cette base se trouverait déjà établie dans la
matrice de la contribution foncière ; et, en l'appliquant à
cet objet, on parviendrait à l'équitable résultat de voir le
plus fort contribuable nourrir une plus grande quantité de
bestiaux.

Mais il est encore un soin plus important dont la loi rurale devrait s'occuper relativement à l'entretien des bestiaux
nécessaires à l'agriculture; c'est l'ordre à établir ou l'aménagement des pâturages communs, soit du parcours et de la
vaine pâture, soit des communaux ou des terres vagues et
vaines.

Il est aisé de comprendre que, suivant la nature et l'étendue des terroirs, il y a des parties où la dépaissance est plus
commode et généralement plus utile dans une saison que
dans une autre, et qu'il est de l'intérêt général des propriétaires de bestiaux de se conformer, pour les dépaissances, à cet ordre de localités, de manière que, sur la partie
la plus froide du terroir, la dépaissance ait lieu pendant l'été,

et, pendant l'hiver, dans les cantons qui sont plus tempérés.

On sent aussi que telle partie du terroir fournit des pacages plus propres à la nourriture d'une espèce de bétail qu'à celle d'une autre espèce ; que les meilleurs pâturages devraient être réservés aux brebis nourrissant les agneaux, comme aussi aux bestiaux de labour ; qu'il doit y avoir également des mesures à prendre relativement à la dépaissance du même bétail, pendant qu'il est employé au fumage des terres avec le parc, et qu'il faut enfin pourvoir aux besoins des bestiaux du non-habitant du terroir pour les labours et le fumage des terres qu'il y possède, sans cependant qu'il puisse en mésuser.

C'est encore ici le lieu d'observer qu'il n'est pas au pouvoir de la loi de régler de pareils détails par des dispositions appropriées à tous les cas qu'elle ne peut ni connaître ni prévoir. Mais ici, comme dans les réglemens pour la distribution des eaux d'irrigation, il est de sa sagesse de s'en rapporter à l'intérêt éclairé des propriétaires de bestiaux, pour établir dans les terroirs respectifs les règles analogues aux besoins, et pour déterminer le mode et le temps des dépaissances, conformément à l'avantage général.

Il paraît donc convenable que le Code rural renferme une disposition tendant à autoriser les habitans propriétaires de bestiaux, ou les conseils généraux des communes conjointement avec eux, à faire, sous l'autorité compétente, des réglemens pour l'aménagement des pâturages de toute nature dans chaque terroir, soit pour déterminer les parties ou cantons à mettre en devois, soit pour fixer le temps des dépaissances, soit pour empêcher l'introduction des bestiaux étrangers, sous la commination d'une amende, à l'exception du temps nécessaire pour les labours et le fumage des terres du non-habitant du terroir.

On ne saurait passer sous silence une mesure bien efficace à prendre pour favoriser la venue des pâturages si nécessaires à la prospérité de l'agriculture. Cette mesure consisterait dans la défense des défrichémens dans les communaux et les terres vagues et vaines, surtout sur le penchant des montagnes et des collines ; défense qu'il serait à propos d'étendre aux autres parties des terroirs dont l'exploitation n'offrirait pas à l'utilité publique le dédommagement de la perte des bois et des pacages. Ainsi les défrichemens ne pourraient avoir lieu dans aucune partie des terroirs que sur l'autorisation des administrations, d'après connaissance de cause et conformément à des réglemens.

Il est fâcheux que le Code rural n'ait pas pris en considération l'abus des défrichemens, qui est si préjudiciable à l'agriculture. La terre remuée sur le penchant des montagnes et des collines, n'a ni arbres, ni arbustes, ni gazon, pour en empêcher les éboulemens. Les eaux pluviales l'entraînent, et elles augmentent ainsi prodigieusement leur volume. Les montagnes ne sont plus qu'un tas de rochers, et la plaine un gravier à travers lequel le cours des eaux ne pouvant pas avoir de lit fixe, se répand et ravage au loin les fonds les plus précieux.

Tels sont les désordres occasionnés par les défrichemens, et dont les campagnes offrent l'image. Pour y remédier efficacement, la loi doit s'armer de sévérité. Comme ces délits se commettent ordinairement dans des lieux écartés, et que les menaces ou les ménagemens mutuels en empêchent la dénonciation, on ne saurait hésiter à faire usage du seul moyen, mais extraordinaire, qui peut y apporter du remède : c'est de rendre les communes responsables, sauf leur recours contre les auteurs des délits, qu'on sera forcé ainsi de dénoncer et de faire connaître.

SECTION VI.

650 Il n'est pas parlé, dans cette section du Code rural, des chemins qu'on appelle précisément *ruraux*, et qui semblent devoir intéresser le plus l'agriculture, ou tout au moins les propriétaires qui s'en servent pour des usages ruraux, et ceux dont ces chemins bordent les fonds. A la charge de

qui doit donc être la dépense de la confection, réparation
et entretien de ces chemins, qui n'aboutissent qu'à des
propriétés particulières ?

Dans certains pays, cette dépense regarde les propriétaires dont ces chemins bordent ou traversent les fonds,
chacun respectivement dans la longueur correspondante à
sa propriété. Mais c'est là un usage contraire aux principes ;
car il ne pourrait en être ainsi qu'autant que le chemin faisant partie des propriétés, serait la matière ou le sujet
d'une servitude. Mais un chemin rural est plutôt une propriété, sinon publique, au moins commune à tous ceux qui
s'en servent. Sous ce rapport, l'entretien devrait en être à
la charge des communiers, à l'exemple des chemins communaux, qui sont réparés aux frais des communes qui en
retirent l'avantage.

Cette règle devrait s'appliquer aussi à l'entretien et curement des canaux d'irrigation qui bordent ou traversent des
fonds. Dans certains cantons, on élève mal à propos la
prétention de rejeter cette charge sur les propriétaires riverains, dans la proportion de la longueur de leurs propriétés
respectives. Il serait temps que la loi proscrivît une prétention d'autant plus injuste, qu'elle tend à rendre particulière
une dépense commune, ayant pour objet un avantage commun, et à la faire supporter quelquefois à celui-là même
qui ne peut pas en profiter, ne pouvant pas arroser des
eaux du canal dont l'entretien serait mis à sa charge.

La dépense de tous ces objets doit donc être portée à la
charge de ceux qui en profitent, et dans la proportion de
l'avantage qu'ils en retirent.

SECTION VII.

Il n'est question ici que de l'établissement des gardes
champêtres, de leur nomination, de leur salaire et de leurs
fonctions. C'est l'agent dont la vigilance et l'activité doivent
garantir l'exécution des lois rurales. En vain les réglemens

seraient sages; ils ne produiraient aucun bien, s'ils n'étaient exécutés. C'est vers ce but que le législateur doit aussi tourner ses vues. Les délits champêtres se multiplient tous les jours; et on entend la voix publique les attribuer à l'inconduite des préposés de police, des gardes-champêtres, des gardes-forestiers, des banniers ou préposés à l'irrigation.

Tous ces agens sont nommés par les communes ou par les parties intéressées : ils exercent séparément leurs fonctions, qui sont différentes, et se rapportent à chaque objet différent de police. Jamais le crime ne montra plus d'audace, et il en impose au préposé de police seul et sans appui, qui n'ose ni le surveiller ni le dénoncer. La modicité du traitement expose ce fonctionnaire à la prévarication, ou à la nécessité de vaquer à un autre travail, sans que la loi s'occupe de le faire assez surveiller, ni de l'encourager. Telles paraissent être les causes de la négligence dans la poursuite, et de l'impunité dans la répression des délits ruraux.

Mais il semble que le mal n'est pas sans remède, et qu'on pourrait enchaîner les préposés de police à leur devoir, ou leur en faciliter la pratique, en formant de tous ces agens un corps qui, sous les autorités compétentes, eût une volonté subordonnée pour diriger ses mouvemens et mettre de l'ensemble et de la vigueur dans leur exécution, et en chargeant ce corps collectivement et individuellement de la surveillance sur l'exécution de tous réglemens et lois de police municipale, rurale, eaux et forêts, chasse et pêche, chemins et routes, etc.

Ces préposés seraient nommés pour les communes et terroirs, à raison de la population, de l'étendue et du besoin du service des forêts, de l'irrigation, de la garde des fruits, etc. Ils seraient affectés à la résidence des communes et terroirs dont ils connaîtraient les personnes et les localités, pour y exercer habituellement et individuellement leurs fonctions sur tous les objets de police indistinctement.

Leur résidence serait sujète à changement, afin de prévenir l'effet des affections locales; et les préposés d'un terroir devraient aussi exercer leurs fonctions individuellement et réciproquement dans les terroirs contigus.

Tous les préposés de police d'un canton ou de deux, suivant leur nombre, devraient former une escouade, avec un chef et sous-chef, sous les ordres desquels elle agirait; se porterait sur tous les points où il serait nécessaire de se porter, tant dans l'étendue du canton qu'ailleurs; ferait, de nuit et de jour, des tournées et contre-tournées, des visites domiciliaires conformément à la loi, et surtout pendant le temps des récoltes, et exercerait ainsi en ambulance ses fonctions.

Ces escouades de tous les cantons d'un arrondissement formeraient à leur tour une compagnie, sous les ordres d'un chef et de sous-chefs qui commanderaient les mouvemens de la compagnie, et, au besoin, des escouades, et feraient en masse ou avec telles escouades que le cas exigerait, les tournées et autres opérations nécessitées par les circonstances et le besoin du service ordinaire et extraordinaire.

Les agens de police, ainsi réunis en corps, seraient immédiatement surveillés par leurs chefs. Tous les objets de police en général étant de leur attribution, en exerçant leur surveillance sur les uns, ils seraient à portée de l'exercer sur les autres. Cette surveillance serait moins limitée par les terroirs, et la concurrence en garantirait l'activité. Les membres du corps se prêteraient un mutuel appui et en imposeraient par leur réunion : ils seraient successivement en station dans les communes, où ils agiraient individuellement, et en ambulance dans le canton ou dans l'arrondissement, où ils exerceraient leurs fonctions en corps; rien ne saurait les distraire de leur devoir, auquel ils seraient même attachés par des encouragemens.

Car leur traitement devrait être tel, qu'il les mît à l'abri du besoin et de la nécessité de vaquer à tout autre travail ; il devrait être partie fixe et partie éventuel et d'encouragement. Cette dernière partie serait prise du montant des amendes, et distribuée en proportion du travail et de l'activité des préposés.

On pourrait attribuer aux préposés de police les fonctions de garnisaires qui ont pour objet la rentrée des contributions, ce qui augmenterait d'autant leur traitement.

Ce corps pourrait pareillement être chargé de la surveillance pour le paiement du droit de passe, et améliorer ainsi cette branche de revenu public, qui ne saurait se maintenir dans l'état actuel, où elle est si à charge aux particuliers, sans procurer l'avantage public de subvenir efficacement à la dépense de l'entretien des routes.

La police correctionnelle et criminelle tirerait sans doute de grands avantages de cet établissement. On prévoit combien il peut rendre moins nécessaire le service si dispendieux et trop circonscrit de la gendarmerie, ou tout au moins l'utiliser davantage, en le combinant avec celui de ce nouveau corps.

Du reste, on pourrait peut-être trouver aussi dans cet établissement le moyen d'assurer aux vétérans une retraite utile, et de réaliser un projet dont il a été tant parlé.

TITRE II. — *De la police rurale.*

Ce titre est consacré à déterminer les délits ruraux, à fixer la compétence des autorités qui doivent en connaître, et à établir des peines pour leur répression.

Le premier inconvénient qu'on croit pouvoir y remarquer, c'est le mélange et la confusion qu'il offre des délits ruraux avec les délits de police municipale, procédé qui n'a pu que préparer des méprises sur la compétence de la justice de paix et des municipalités, surtout après que les notions sur cette même compétence ont été obscurcies par les lois postérieures, qui devaient les éclaircir.

Le nouvel ordre de compétence introduit ensuite par le Code des délits et des peines ne présente pas moins de difficultés. En donnant pour règle de la compétence le taux de l'amende, et en faisant dépendre ce taux du montant de l'estimation des dommages occasionés par les délits, cette loi établit une procédure préliminaire pour faire connaître la compétence, dont elle rend arbitre l'officier de police judiciaire chargé de retenir ou de renvoyer l'affaire aux différentes autorités qui peuvent respectivement en connaître, selon le cas. Ainsi le plus mince délit, comme le plus grand crime, donne lieu à cette procédure préliminaire, au mouvement des agens de police judiciaire, à des renvois aux autorités compétentes, à des frais et à des tracas qui ne rebutent pas moins la partie poursuivante qu'ils ne mettent le plus souvent dans l'embarras les officiers chargés de ces fonctions.

A ces difficultés pour connaître l'autorité qui doit réprimer le plus mince délit rural se joignent ensuite les formalités d'une procédure à faire devant tel ou tel autre tribunal ; quelquefois l'éclat des mandats d'amener, de comparution et même d'arrêt pour des délits plus graves; toujours la charge pour la partie lésée, de l'avance des frais d'une procédure trop dispendieuse, et la perte certaine qu'opèrent les déplacemens, à côté d'une mince et incertaine indemnité que peut promettre la justice.

Ainsi rien ne facilite la poursuite des délits ruraux, ni la manière de les surveiller, ni celle de les réprimer.

Il ne paraît pas, en effet, que la justice doive ainsi s'environner de formalités pour la répression de ces petits délits, qui devraient être jugés sans appel. Leur dénonciation, poursuite et jugement, tout devrait être fait verbalement, d'autant qu'il serait inutile qu'il en restât d'autres traces que celles d'une simple note sur un registre à ce destiné.

On ne disconvient pas qu'en police rurale, il peut aussi se présenter des délits assez graves pour que la procédure tendant à leur répression doive procurer au prévenu les avantages des formes judiciaires: mais la procédure, dans ces cas, devrait toujours être instruite suivant leur gravité.

Au surplus, le résultat de la réparation du délit rural, qu'il n'est pas si aisé d'obtenir, n'est pas non plus assez satisfaisant pour qu'on soit invité à le réclamer de la justice. Cette réparation que le Code rural accorde, se compose du dédommagement envers la partie lésée, et d'une amende envers la partie publique: cette amende est le montant, le double ou le triple du dédommagement.

Outre qu'il est rare de voir qu'une simple indemnité satisfasse une partie qui a souffert d'un délit, et qui est dans le cas de mettre en la chose où elle éprouve le dommage, un prix d'affection qu'on n'estime pas en justice, il n'est pas non plus aisé de priser toutes les fois cette indemnité, par l'effet de différentes circonstances qui y mettent obstacle. Tantôt c'est une dépaissance de bestiaux, dont le dommage est couvert bientôt par la pousse de l'herbe; tantôt c'est une dégradation de fruits ou de récoltes qui ne se montre pas à l'œil du priseur; tantôt le dommage est moins réel par la privation même ou l'usage moins satisfaisant de la chose, que par le trouble et le désagrément qu'il occasionne à la jouissance légitime.

On peut citer, entre autres, deux cas où le dédommagement pourrait être rarement une réparation complète du dommage occasioné par le délit rural. On entend parler des dépaissances qui se font en contravention dans les communaux et terres vagues et vaines d'un terroir étranger, ainsi que de l'arrosement d'un fonds, fait au préjudice d'un autre fonds en tour d'être arrosé par une eau commune et dont l'usage est divisé par temps. A l'égard du premier cas, il suffit de connaître ce que sont ordinairement les communaux et les terres vagues et vaines, pour sentir la presque impossibilité de priser les dommages d'une dépaissance qui laisse à peine des traces, d'ailleurs bientôt effacées, sur des

terrains en non-valeur, la plupart secs et arides. Dans le
second cas, la difficulté n'est pas moindre pour priser les
dommages résultant d'un défaut d'arrosement, qui quelquefois peut être lui-même indifférent ou nuisible à la récolte,
quelquefois très-avantageux, mais dont l'effet, plus ou moins
tardif, ne se prêterait pas au calcul de la prisée, sans un
terme exact de comparaison.

Or, cette difficulté, pour ne pas dire cette impossibilité,
de fixer le dédommagement du délit rural, ne peut qu'exposer à faire trouver l'illusion à la place de la peine prononcée par la loi : illusion à l'égard de l'indemnité de la
partie lésée ; même illusion à l'égard des amendes qui ont
pour base cette indemnité.

Cependant l'impunité, qui est le résultat nécessaire de
cette fausse mesure de la loi, ne peut entraîner après elle
que désordre et confusion. L'expérience en est trop fâcheuse,
surtout dans les cas qu'on a choisis pour exemples, où le
bouleversement et le chaos triomphent si facilement des efforts d'une règle impuissante. Non, l'agriculture ne peut
plus profiter des avantages inappréciables de l'aménagement
des pacages communs, ni des eaux servant à l'irrigation
commune.

Que la loi substitue donc à la peine du dédommagement
de la partie lésée une amende d'une somme fixe et certaine, outre ce dédommagement. Cette amende doit même
offrir les avantages d'une suffisante indemnité, qui dispensât
le plus souvent la partie lésée de faire des preuves pour tout
autre dédommagement. Alors la réparation des parties
privée et publique ne dépendrait plus de l'événement d'une
preuve incertaine et dispendieuse ; la procédure serait de la
plus grande simplicité, et le délit n'échapperait plus à la
peine.

Du reste, les délits beaucoup trop essentiels, au moins
par leur nombre, des dépaissances des bestiaux *dans les
communaux des terroirs étrangers*, et ceux des arrosemens

faits au moyen d'une eau commune et au préjudice du tour d'arroser acquis à un tiers, ne paraissent pas, surtout les derniers, avoir trouvé place dans la classification que fait le Code rural des délits de ce genre. Il y a lieu de penser que c'est là une omission qu'il suffit de rappeler pour la faire réparer, dans ce moment favorable où les lois tendent avec succès à leur perfectionnement. Que de troubles, de rixes et de dommages n'a-t-elle pas occasionés, cette omission, notamment dans le département des Pyrénées-Orientales !

On sent aussi la nécessité de trouver dans le Code rural, parmi la classe des différens délits, l'abus d'extraire des fonds d'autrui des terres pour servir à faire du mortier pour les bâtimens, comme si la faveur de bâtir pouvait autoriser ainsi, sans nécessité et sans indemnité, le sacrifice de la propriété particulière en faveur des particuliers.

Un autre abus qui a fait de funestes progrès dans les campagnes, c'est le râtelage du rotuble dans les champs, après l'enlèvement de la récolte, opération d'autant plus préjudiciable au fonds, qu'elle se fait avec un râtelier de fer, qui emporte à la fois le rotuble avec sa racine, et le fumier non consumé qui est sur la surface des terres, avec la pâture qui nourrit les bestiaux employés à les fumer. Ce n'est pas que le Code rural (tit. II, art. 21) ait autorisé cet abus, en fixant l'époque du glanage, râtelage et grapillage dans les lieux où ils sont usités ; car la contexture de l'article ne permet pas d'appliquer aux champs le râtelage, qui n'est que pour les prés ; mais, la plupart des préposés de la police l'ayant pris indistinctement pour les champs et pour les prés, l'abus ne peut céder qu'à la règle mieux expliquée et mieux entendue.

Enfin, rien n'égale les dommages occasionés aux oliviers par la coupe clandestine et intempestive qui se fait des rejetons et des branches de cet arbre, pour les faire servir d'instrument appelé *fléau*, qu'on emploie pour le battage du blé et autres grains : on dépouille ainsi et on rabougrit un arbre si précieux à l'agriculture, en détruisant la pousse des greffes qui doivent le conserver, et les branches de meilleure venue qui doivent produire le fruit ; dommage fait en pure perte, et avec d'autant moins de nécessité, que dans les pays même où cet abus s'est glissé, le bois d'olivier peut être commodément remplacé pour cet usage auquel on le fait servir, par toute autre espèce de bois dur, tel que le noisetier, le chêne-vert, l'if, et surtout le buis, qui abondent dans ces contrées.

Il est vrai que ce délit paraît être prévu par l'art. 14, tit. II, du Code rural. Mais à la peine que cet article prononce il faudrait ajouter une mesure efficace pour empêcher l'usage auquel on fait servir le bois d'olivier volé, et pour détruire ainsi le motif du vol. C'est pendant la nuit ou en cachette que ce brigandage se commet. Si on ne peut pas l'arrêter par la punition des coupables, dont le délit n'est pas aisé à prouver, il faudrait suivre la matière de ce même délit, qui ferait connaître ou ferait présumer les coupables. Il faudrait donc faire défense de se servir, et ordonner des visites dans les aires pour empêcher qu'on ne se servît, pour le battage des grains, de fléaux de bois d'olivier : le tout sous peine d'une amende, tant contre ceux qui s'en serviraient que contre les propriétaires de l'aire et des grains. On croit devoir indiquer ce moyen, comme seul efficace pour remédier à un désordre dont le propriétaire d'oliviers a tant à souffrir, particulièrement dans le département des Pyrénées-Orientales.

Servitudes rurales et engagemens des propriétaires des fonds joignans.

Les servitudes rurales et les obligations résultant du voisinage des fonds sont aussi la matière naturelle du réglement général que la loi doit donner à l'agriculture. Déjà certains points touchant ces servitudes et ces engagemens

651-
652

sont traités dans le projet de Code civil et dans le Code rural ; il ne resterait qu'à tracer l'aperçu des autres points, de ceux particulièrement qui ont trait aux obligations résultant de la contiguité des fonds.

Ces obligations peuvent se rapporter au bornage, à la clôture des fonds, aux changemens qui peuvent y être faits au préjudice du voisin, à ce qui peut tomber d'un fonds dans un autre, au passage des eaux près les fonds étrangers, et à la plantation des arbres à côté du fonds d'autrui.

1º Ce qui est dit ailleurs sur le bornage des fonds contigus laisse à désirer que la loi trace, en général, quelque règle pour diriger les prud'hommes dans le placement et dans la reconnaissance des bornes, en maintenant néanmoins les usages locaux. A défaut de bornes, elle devrait déclarer commun le bord inculte de deux fonds contigus et situés sur un terrain plat ; comme dans un terrain en pente, ce bord ou rive devrait appartenir au fonds plus élevé ; et les arbres des bords, dans toute espèce de terrain, devraient être adjugés aux propriétaires des fonds contigus, en proportion de ce qu'ils entrent dans chaque fonds par leur pied.

2º La hauteur des clôtures en murailles devrait être déterminée et fixée de manière à nuire au fonds voisin le moins possible par la projection de l'ombre. — Le voisin ne devrait contribuer à cette dépense que lorsque son fonds serait déjà ou viendrait à être clôturé des autres côtés, auquel cas le sol du mur devient aussi mitoyen, comme le mur même. — Si la clôture consiste en fossés, et si elle n'est pas mitoyenne ou faite d'accord avec le voisin, le fossé devra être, à l'égard de l'autre fonds, à une distance qui égale sa profondeur ; à moins qu'il ne soit pratiqué un mur le long de la ligne divisoire, du côté du fonds étranger, qui en empêche les éboulemens. — De même, si la clôture est en haie vive, elle doit être à la distance du fonds voisin, au moins de deux pieds, hors le cas de la mitoyenneté. — Le cours non continuel d'une eau dans un fonds ou entre deux fonds différens ne devrait pas en empêcher la clôture, pourvu que le passage de l'eau n'en fût pas rétréci.

3° Il ne peut pas être fait, dans les fonds inférieurs, des excavations qui ôtent au fonds plus élevé le terrain qui lui sert d'étai, en donnant lieu par-là à des éboulemens. Il doit en être aussi de même lorsque les fonds contigus sont situés sur un terrain qui n'est pas en pente. — Toutes rigoles ou canaux qui, dans les fonds supérieurs, réunissent les eaux pluviales avec plus de dommage pour les fonds inférieurs ne peuvent pas avoir issue sur ces derniers fonds, dont ils doivent s'éloigner au moins à la distance de douze pieds. — Les ouvrages et digues faits pour la défense d'un fonds contre le cours des eaux ne peuvent pas former de point saillant, ni sortir de l'alignement des bords pour jeter les eaux sur les propriétés de la rive opposée.

4° Nul dédommagement pour l'accident naturel de la chute d'un torrent d'eaux pluviales, de celle d'une muraille, d'un arbre ni d'un terrain éboulé dans le fonds voisin. — Faculté accordée au propriétaire de l'autre fonds d'en tout retirer, s'il le veut ou s'il le peut, dans un délai suffisant et à moins de dommages ; à défaut, permis au propriétaire du fonds encombré de le déblayer en disposant des décombres, et de se servir du fonds à son gré.

5° Placer des filières de pierres le long du mur près lequel passe l'eau qui doit arroser un fonds, et pratiquer un contre-mur d'un pied au-dessus d'un jardin près la maison voisine, le tout pour empêcher les eaux de filtrer. — Contre-mur à la hauteur des eaux, de la chaux ou du fumier, à côté du fossé ou bassin destiné à les contenir, et qui est placé près le mur voisin. — Distance de deux pieds entre un puits et la muraille voisine.

6° La distance des arbres entre eux doit être telle, qu'elle laisse pénétrer le soleil dans le fonds voisin ; mais leur distance de ce fonds doit être moindre pour les oliviers et autres arbres d'une hauteur médiocre : elle doit être plus grande pour les arbres qui s'élèvent plus haut, ou qui sont d'une hauteur moyenne, comme le saule, le mûrier ; et elle doit au moins être fixée à vingt pieds pour les arbres les plus hauts, et par conséquent les plus préjudiciables par leur ombrage et leurs racines, tels que le chêne, chêne-vert, peuplier, noyer, etc. — Cette distance devrait être beaucoup moindre lorsque les fonds sont séparés par des chemins ou par des ravins, sauf dédommagement; et si les fonds sont clôturés, l'ombre que les arbres projètent devrait être seule prise en considération pour l'indemnité du voisin. — Il devrait être facultatif aux propriétaires respectifs, de déroger à la règle sur la distance à laquelle les arbres doivent être plantés loin du fonds voisin. — Mais il devrait être permis de faire arracher ou couper l'arbre endommageant ou servant à escalader le mur du voisin, comme aussi de faire couper les branches qui pendent ou reposent perpendiculairement sur le fonds d'autrui; le tout sans égard à l'ancienneté de l'arbre ni à la clôture des fonds.

Tels sont les détails dans lesquels on a cru devoir entrer pour démontrer l'insuffisance et l'imperfection du Code rural, avec la convenance des dispositions présentées pour le perfectionnement de cette intéressante loi. Ces dispositions, par ce qu'elles contiennent de particulier, étendraient le bienfait de ce Code à celles des contrées de la France qui ont pu jusqu'ici moins en profiter; et par ce qu'elles contiennent de général, compléteraient ce même bienfait pour tous les pays de la république.

Mais il resterait à rédiger en articles et à faire entrer toutes ces dispositions dans un seul cadre avec celles qui composent le Code rural, et à fondre les unes et les autres dans une unité de plan et de système qui garantît les avantages de la clarté et de la simplicité.

Si ce travail n'a pas été fait, c'est que la briéveté du temps, et le dérangement de la santé de celui qui se proposait de le faire, ne l'ont pas permis dans ce moment au zèle qui le lui aurait fait entreprendre.

FIN DU SUPPLÉMENT.

N° 20. *Observations du tribunal d'appel séant à* NANCY.

LIVRE PREMIER.
TITRE Ier.

Art. 31. Si les condamnés à mort civile sont capables de 25 tous les actes qui sont du droit naturel, s'ils peuvent diriger des poursuites, il y a même raison de leur permettre de défendre aux actions intentées contre eux : c'est aussi un acte du droit naturel.

Art. 33 *et* 34. La nomination d'un curateur paraît inutile ; *Ibid.* les deux articles pourraient être supprimés : il n'y a pas plus d'inconvénient à leur permettre d'ester en jugement sans curateur, qu'à leur permettre tous les actes rappelés en l'article 31.

TITRE II.

Art. 8. Cet article veut impérativement que dans tous les 38 actes de l'état civil il soit fait mention que lecture en a été faite aux parties comparantes.

Les modèles d'actes qui sont à la suite de ce titre n'énoncent aucun cette mention de la lecture donnée aux parties. Les seuls actes de mariage font mention de la lecture faite aux témoins, *des actes préliminaires*, et non de celle de l'acte de mariage lui-même, la rédaction de ces modèles devra donc induire en erreur les officiers de l'état civil, qui s'astreindront strictement à s'y conformer.

La cause de cette inconciliation est dans l'adoption faite par le Code des modèles dressés par le ministre de l'intérieur, en exécution de l'arrêté des Consuls, du 19 floréal an VIII, modèles dont la rédaction est analogue aux dispositions de la loi du 20 septembre 1792, alors subsistante, et non aux dispositions du nouveau projet.

C'est aussi par cette raison que le modèle d'acte de publication de mariage porte que cette publication a été faite devant la porte extérieure et principale de la maison commune (mode de publication prescrit par la loi de 1792), tandis qu'aux termes de l'article 31, de l'édition in-4°, la publication doit se faire un jour de décadi, dans le lieu et à l'heure des séances municipales, en sorte qu'il y aurait contradiction entre le fait et la relation du fait.

Il est donc nécessaire que la rédaction de ces modèles soit plus spécialement adoptée aux formes prescrites par le nouveau Code. On doit même dire qu'en général les modèles annexés à l'arrêté du 19 floréal an VIII ont paru obscurs et compliqués, en cela même qu'on a voulu prévoir dans un même acte toutes les circonstances qui peuvent en varier la rédaction.

Ils offrent des redondances dans l'énonciation des noms et qualités des parties: ils ne présentent qu'un simple intitulé, *Acte de naissance d'un tel*, *acte de décès d'un tel*, etc.; tandis que leur destination est de déclarer un fait, savoir que tel jour, à telle heure, un tel est né ; que tel jour, à telle heure, un tel est décédé. C'est à la suite de cette déclaration qui forme l'essence et le caractère de l'acte, que doit venir la relation des circonstances accessoires des noms et qualités des déclarans et des témoins, et de la réception faite de leur déclaration par l'officier civil.

Enfin, le mode de rédaction étant susceptible de changemens et de modifications à mesure des inexactitudes et des abus que l'expérience y pourra découvrir, peut-être serait-il plus convenable d'en abandonner la direction au Gouvernement, que d'en faire la matière d'un article du Code civil, destiné à fixer les principes et à prescrire des règles aussi invariables qu'il est possible.

Art. 13. Des registres doubles doivent suffire ; il faudrait 40 supprimer celui que l'on destine à l'administration départementale. Indépendamment de l'économie à faire sur cet objet, il y aurait trop d'ouvrage à faire les registres triples; et dans les campagnes, il serait même impossible de trouver des officiers publics capables de remplir le vœu de la loi, si l'on exigeait d'eux de triples registres.

Il serait nécessaire de mettre les modèles des actes en tête des registres.

Art. 31. Les publications doivent être faites devant la 63 porte extérieure et principale de la maison commune (c'est l'expression du modèle), et non dans le lieu des séances municipales.

Voir ce qui a été dit sur l'art. 8.

Art. 32. Il paraît nécessaire d'ajouter à l'article, qu'il sera *Ibid.* fait mention si les époux sont majeurs ou mineurs.

Art. 65. L'article attache pour toujours à la preuve du 83-décès de l'individu condamné la preuve de son crime et de 85 son supplice, ce qui serait pour les familles une source de très-grands désagrémens, dont il est juste de les garantir ; car, encore que la loi répute les fautes personnelles et n'en fasse rejaillir aucune honte sur les familles des coupables, l'opinion, indépendante de la loi, attachera toujours une diminution d'honneur et de considération à là parenté avec un criminel frappé d'une mort infâme. Il est donc dur qu'une famille puisse être forcée, en certains cas, de produire elle-même la preuve de cette dégradation.

Une loi rendue par l'Assemblée constituante voulait que le décès des condamnés fût inscrit au registre des actes civils, de la même manière que celui de tout autre individu, et sans

aucune mention du genre de mort ; et il semble que cette disposition, plus humaine et plus favorable à l'honneur des familles, devrait être maintenue.

99 Art. 73. Vu l'importance de la matière, il conviendrait
d'accorder pour l'appel les délais ordinaires ; en tous cas,
donner un mois pour interjeter appel, et trois mois pour le
juger, le tout à compter de la signification du jugement. Il y
a d'autant moins d'inconvénient, que la seconde partie de
l'article admet d'une manière indéfinie la tierce opposition.

TITRE III.

103 Art. 5. Pour assurer l'intention, il serait nécessaire d'exiger une déclaration expresse sur les registres de la commune
dans laquelle on veut fixer son domicile, à peine d'être privé
jusqu'alors des droits politiques.

TITRE IV.

126 Art. 12. Pour ne pas distraire trop souvent le commissaire
du Gouvernement de ses fonctions près le tribunal, où sa
présence est toujours nécessaire, il faudrait le remplacer par
le maire ou son adjoint, et, en cas d'empêchement, par un
des suppléans du juge-de-paix.

Si l'on adoptait cette disposition, il y aurait d'ailleurs
moins de frais.

134 Art. 22. L'article laisse l'absent sans défense. Il faudrait
obliger les créanciers à lui faire établir un curateur, par le
danger de l'abus qu'ils pourraient faire d'une forme aussi
simple que celle qui est prescrite.

TITRE V.

162 Art. 18. La défense aux frères et sœurs de s'épouser est
une disposition politique et morale : la séduction serait
trop facile ; et l'intérêt public s'oppose à l'isolement des familles.

Les mêmes motifs doivent étendre la prohibition aux on- ·63
cles et nièces, aux tantes et neveux.

Art. 32. L'objet paraît trop important pour en attribuer 177-
la connaissance aux juges-de-paix ; ces sortes de causes doi- ¹⁷⁸
vent être portées aux tribunaux d'arrondissement, pour y
être jugées en première instance, sauf l'appel.

Il serait également convenable d'étendre le délai de l'appel, et l'on ne peut pas donner moins de dix jours ; sans
cela, il arriverait souvent qu'on n'aurait pas même le temps
de consulter.

TITRE VI.

Art. 45. La peine prononcée par cet article contre les l. 1ᵉʳ-
époux entre lesquels il y a collusion pour couvrir une sépa- tit. 6-
ration volontaire est beaucoup trop légère ; celle de déten- ch. 2-
tion pendant un temps conviendrait mieux : en tout cas, il faut fin de
autoriser le tribunal à prononcer une amende plus forte, et sect. 3.
à la prononcer par corps.

Dernière observation sur le titre du divorce.

Le divorce ne doit point faire cesser l'action en séparation l. 1ᵉʳ-
de corps : si l'on en craint les effets pour les mœurs, on peut ch. 5.
la rendre aussi difficile que le divorce.

S'il est vrai, comme on n'en peut pas douter, et comme
le disent eux-mêmes les rédacteurs du nouveau Code,
page *xxix* du discours préliminaire, édit. in-4°, qu'en admettant le divorce, le législateur n'entend point contrarier le
dogme religieux de l'indissolubilité, ni décider un point de
conscience, il est de la sagesse de la loi, qui ne veut point
tenir éternellement sous un joug insupportable la femme
qui aurait de justes motifs de divorce, mais à qui sa conscience et sa religion ne permettent pas d'en former l'action,
de ne point froisser ses opinions religieuses, ni de la forcer
à divorcer, tandis qu'elle peut lui accorder un remède égale-

ment salutaire, en lui permettant de se pourvoir en séparation de corps.

La séparation de corps serait sans inconvéniens, en laissant aux époux le droit respectif de faire prononcer le divorce, quand ils le voudraient, sur la simple représentation
du jugement qui aurait prononcé la séparation de corps, et
tout serait concilié.

Elle doit donc être rétablie par une disposition expresse : ce serait l'objet d'un article ou deux, dont on
pourrait faire un chapitre particulier, à la fin du titre du
divorce.

Sous un Gouvernement libre, dans tout Etat bien orga-
nisé, toutes les opinions religieuses doivent être tolérées, tous
les cultes protégés, quand ils n'ont rien de contraire à l'ordre public ; à plus forte raison le dogme morale et respectable de l'indissolubilité du mariage, chez un peuple dont les
sept huitièmes le professent.

TITRE VII.

316   Art. 7. Le délai fixé par le n° 2 de cet article paraît
trop long ; il n'y aurait aucun inconvénient à le réduire à
un mois.

Ibid.   Le délai du n° 3 paraît aussi trop long, et on pourrait le
réduire à trois mois.

Observation particulière relative à l'adoption.

l. 1er-   Les dispositions du titre VII, n'admettant que la filiation
tit. 8.   naturelle, rejètent sans doute implicitement la filiation
fictive résultant de l'adoption, mais sans s'expliquer positivement.

Cependant le principe de l'adoption a été solennellement
proclamé par la Convention, et la formule en est encore
conservée dans les modèles d'actes civils publiés en exécution
de l'arrêté des Consuls du 19 floréal an VIII. Cet état de la

législation paraît exiger une disposition formelle qui rejète l'usage de l'adoption.

Il est également nécessaire de statuer sur l'effet des adoptions qui ont été faites sur la foi des lois subsistantes ; si ce réglement ne paraît pas devoir faire partie du Code civil, il y a lieu de provoquer une loi particulière sur cet objet.

TITRE VIII.

Art. 7. Il serait bon d'ajouter à l'article, qu'en cas de partage, la mère aura voix pondérative. ^{ap-381}

Art. 12. Il faudrait substituer à l'expression *jusqu'à la majorité de ses enfans non émancipés*, celle qui suit, *jusqu'à l'émancipation de ses enfans.* ³⁸⁴

Art. 15. On doit regarder comme un grand bienfait de la législation nouvelle, le rétablissement de la disposition officieuse dont les idées exaltées d'égalité avaient entraîné la proscription. ^{l. 1er fin du tit. 9-et 1048}

C'est par cette raison-là même qu'on regretterait de voir la faculté de cette disposition restreinte au seul cas où l'enfant dissipateur a des enfans ou descendans actuellement vivans. Pourquoi des pères et mères seraient-ils empêchés de pourvoir, dans leur sollicitude, au sort d'un enfant dissipateur et à celui de ses enfans à naître, dans le cas où il n'en aurait pas encore de vivans? C'est lui-même, plus encore que sa postérité éventuelle, qu'a en vue la faveur d'une telle disposition. La nécessité de l'expression de la cause et de la vérification écarte tout danger de l'abus qu'on en voudrait faire ; et il reste à celui qui en serait frappé, s'il avait donné des gages suffisans d'une meilleure conduite, la ressource de la faire lever par le juge, sur l'avis d'un conseil de famille.

Ainsi, que l'enfant dissipateur soit marié ou non, à l'ouverture de sa succession, qu'il ait ou non des enfans vi-

vans, il faudrait étendre la disposition officieuse aux enfans
à naître.

L'intérêt des mœurs l'exige, et les créanciers n'auraient
pas à s'en plaindre, parce qu'ils pourraient être autorisés à
exercer leurs droits sur sa succession, s'il ne laissait point
d'enfans ; ils ne seraient que suspendus.

Si l'observation qui vient d'être faite était adoptée, il serait nécessaire de coordonner les articles suivans à la disposition nouvelle.

TITRE IX.

388   Art. 1er. La majorité sera-t-elle fixée à vingt-un ans? Le
tribunal a pensé qu'elle devait l'être à vingt-cinq ans.

On ne croit pas blesser la Constitution en proposant de
reporter la majorité à l'âge de vingt-cinq ans, parce que
l'acte constitutionnel n'a parlé que des droits politiques du
citoyen, et qu'ici il ne s'agit que des droits civils qui doivent être distingués dans leurs effets.

L'attachement à sa patrie, l'amour qu'on a pour elle, do-
minent toutes les autres passions. Le jeune homme, dans
l'exercice de ses droits de citoyen, est retenu, dirigé par
l'exemple qu'il trouve dans les assemblées ; en est-il de même
lorsqu'il est abandonné à ses goûts et à ses caprices ? Les lois
ne le croient pas encore capable à vingt-un ans de mériter
tous les droits politiques, puisquelles défendent de le nommer électeur, même simple huissier, avant vingt-cinq ans,
juré avant trente.

Plusieurs Coutumes avaient accordé des majorités précoces ; l'expérience, qui est la mère de toutes les scien
ces, a pressé leur réformation et le rétablissement des lois
de presque toutes les nations, qui fixent la majorité à vingt-
cinq ans.

Cette réformation a été faite particulièrement pour le ci-
devant duché de Lorraine, par un édit de 1723 ; cependant,
on sortait à peine des calamités du siècle précédent, qui

avaient dépeuplé cette province, l'avaient converti en forêts, et avaient habitué la jeunesse à la sobriété, à la simplicité des mœurs. Alors, l'enfant que le luxe n'avait encore pu
corrompre, accoutumé à travailler constamment à côté de
ses parens, parvenait plus rapidement à la maturité; il y
avait certainement moins de danger à le livrer à lui-même à
l'âge de vingt-un ans: mais les premières années d'un temps
plus doux donnèrent l'expérience de la nécessité de l'édit dont
on vient de parler.

La jeunesse française est-elle plus sage aujourd'hui? a-t-
elle reçu une meilleure éducation? a-t-elle montré plus de
modération dans ses passions? Si trop souvent elle tombe
dans la caducité au sortir de l'enfance, comme le remar-
quent très-sagement les rédacteurs du nouveau Code civil,
n'est-ce pas pour s'être trop livrée aux excès qu'entraînent les
passions? n'est-ce pas pour avoir épuisé son tempérament
et ses forces, en ruinant sa fortune? Quelles instructions,
quels exemples a-t-elle reçus depuis dix ans? Qu'on jète un
coup-d'œil sur la conduite qu'elle a tenue depuis le décret
du 20 septembre 1792, on n'y verra qu'insubordination, licence effrénée, débauche, ruines, mariages follement contractés et presque aussitôt dissous. Qu'on fouille les registres
des tribunaux correctionnels et criminels, on sera convaincu
que le plus grand nombre des accusés ont été des jeunes gens
qui, après avoir consumé leur patrimoine, se sont livrés à
toutes sortes d'excès et de crimes pour satisfaire des habitudes dépravées.

C'est la force physique, acquise à vingt-un ans, qui produit la faiblesse morale de cet âge; c'est l'effervescence des
passions à cette époque, qui exige plus impérieusement qu'on
le surveille et qu'on lui laisse un guide et un protecteur:
pourquoi l'en priver? Le jeune homme n'a que des bienfaits
à recevoir de ceux que la nature ou la loi ont chargés de le
diriger: il doit sans doute de la reconnaissance et du respect
à ses parens, aux auteurs de ses jours, à ceux qui ont pris

soin de son enfance. Si l'esprit de société et d'industrie, moins répandu qu'autrefois par le défaut d'instruction, l'a disposé à porter plus tôt le poids de sa propre destinée, il est assuré qu'ils en favoriseront les progrès; c'est le vrai, le plus doux bonheur des parens; il n'a aucun risque à courir de leur part.

Veut-on le mettre avec plus de célérité en état de contracter des dettes? ce serait équivalemment vouloir le ruiner et dépouiller les pères et mères de leur vivant, parce que leur tendresse et l'honneur les forceraient à tout sacrifier pour le soustraire aux contraintes par corps.

Puisqu'on a distingué une majorité relative au mariage, aux fonctions publiques, et même aux fonctions ministérielles, ne devrait-on pas également distinguer les enfans qui ont leurs pères et mères, de ceux qui sont sous la tutelle de collatéraux ou d'étrangers, et, dans tous les cas, modifier au moins la trop grande étendue de capacité qu'on donne au jeune homme de vingt-un ans?

Que le législateur s'examine lui-même; qu'il se demande quels étaient ses sentimens, ses goûts, ses inclinations, ses lumières, de vingt-un à vingt-cinq ans; quelle puissance il avait pour modérer ses passions; ce qu'il aurait fait s'il n'avait pas été contenu, et la question sera bientôt résolue.

407 Art. 27. On peut abuser de l'article pour faire beaucoup de frais inutiles. Il faut en restreindre l'effet à la convocation de six ou sept parens ou alliés résidant dans la commune et communes voisines, connus pour les plus proches, et même cinq ou six seulement; et à défaut, les remplacer par des amis et voisins.

412-413 Art. 28. Pour déterminer plus efficacement les parens et alliés convoqués, il serait convenable d'ajouter à l'article, en cas de non-comparution de quelqu'un d'eux (si une nouvelle convocation est nécessaire), la peine de trois francs d'amende contre chacun des non-comparans, outre les frais à faire pour la nouvelle convocation, solidairement entre eux.

Art. 61. Le juge-de-paix qui délibère lui-même ne peut pas être considéré comme ayant fait les fonctions de juge. Ce doit être au tribunal d'arrondissement à connaître en première instance des difficultés auxquelles la délibération du conseil de famille peut donner lieu, sauf l'appel au tribunal supérieur: on ne peut pas se dissimuler que ces sortes de causes ne soient souvent très-importantes.

Observation générale sur les sections VII et VIII relatives à l'administration du tuteur et aux comptes de tutelle.

1. 1er. tit. 10- ch. 2- sec. 8. et 9.

Les précautions indiquées pour la surveillance de l'administration du tuteur tendent à la conservation des droits des mineurs; mais elles sont si multipliées, que cela doit nuire à leur effet.

Il est sage de prendre des mesures contre la négligence ou la cupidité des tuteurs; mais (comme on l'observe très-sagement dans le discours préliminaire du nouveau Code) *il faut laisser quelque latitude à la confiance et à la bonne foi. Des formes inquiétantes et trop multipliées accablent sans protéger, ou ne produisent qu'une protection ruineuse aux citoyens.*

Ici, le tuteur est perpétuellement placé sous le contrôle du conseil de famille ; rien n'est donné à la confiance, rien n'est abandonné à sa sagesse, pas même le placement d'une somme modique de deniers. Cependant il est l'homme de la loi, l'administrateur direct, seul comptable, et garant, sur tous ses biens, des vices d'administration qui lui seraient imputables.

Le conseil de famille, composé de parens et souvent d'étrangers, sous le titre de voisins ou amis, indifférens au sort de la tutelle, ou mus par des vues d'intérêt particulier, fatigués de leurs fréquentes réunions, et empressés de se dissoudre, ou délibérera d'humeur, ou se laissera entraîner sans examen dans les mesures proposées. Le conseil de famille ne fera souvent qu'affaiblir par son suffrage la res-

ponsabilité de l'administrateur, sans rien ajouter à la garantie des droits des mineurs.

La multiplicité des formalités rend l'administration du tuteur plus difficile et plus dispendieuse. Sur vingt fortunes
pupillaires, surtout dans les campagnes, il en est dix-neuf
qui ne supporteront pas, sans en être sensiblement altérées,
les frais de ces convocations répétées ; sur vingt tuteurs, il
en est dix-neuf qui, capables de gérer de bonne foi, ne
sauront pas s'environner des formes prescrites, et seront
victimes de leur omission, quoique au fond exempts de re-
proches.

Administrer en bon père de famille, et rendre compte,
voilà la règle et la garantie de la gestion du tuteur ; on ne
peut exiger de personne qu'il fasse, dans l'intérêt d'autrui,
plus qu'il n'aurait su faire dans le sien propre. Ainsi, dans
le jugement de la conduite du tuteur, il est juste d'avoir
égard à l'importance de l'objet, à la difficulté des circonstances, au degré d'intelligence dont il est doué, et à la mesure de prévoyance et de précaution qu'elle donne droit
d'attendre de lui.

Ibid.
sec. 9.
Les comptes répétés d'année en année et de trois ans en
trois ans multiplieront aussi les frais et les entraves, sans
utilité réelle pour le très-grand nombre des mineurs ; cette
forme ne peut convenir qu'aux grandes fortunes. Ne suffirait-il pas que le subrogé tuteur, établi comme une sorte
de surveillant sur l'administration de la tutelle, pût provoquer un compte provisoire, lorsque l'importance de la fortune pupillaire, ou quelque inquiétude sur la gestion ou la
solvabilité du tuteur, lui paraîtrait l'exiger ?

L'intervention nécessaire du juge-de-paix et d'un jugement d'apurement sur le compte définitif sera aussi une
source de frais immenses. L'imagination s'effraie de la quotité des droits d'enregistrement auxquels donnera lieu là
production judiciaire de toutes les pièces justificatives nécessaires à l'appui de tous les comptes de tutelle qu'il écherra

de rendre dans la république, si l'on continue à exiger cet enregistrement des comptables, comme si les lois les y avaient soumis expressément, quoiqu'elles n'en fassent aucune mention, et que le législateur n'ait pu raisonnablement en avoir l'intention. La ruine de la plupart des mineurs en serait la suite nécessaire; et il serait même une foule de tutelles où les tuteurs seraient obligés d'en faire la dépense, sans espoir d'indemnité, pour obtenir leur décharge.

Cependant, l'intervention du juge-de-paix dégénérera, quant à l'intérêt des mineurs, en une vaine formalité; il sera le rédacteur passif des dires des parties, peu disposé à s'ériger en censeur d'une comptabilité qui rencontre dans l'oyant son contradicteur légitime. Les moyens de réclamation de l'oyant compte auraient été plus sûrement et plus utilement dirigés par un conseil qu'il aurait eu la liberté de s'adjoindre pour l'audition d'un compte amiable.

Art. 95. Dans les petites tutelles, on pourrait réduire à 500 francs les sommes qui doivent produire des intérêts. 456

Art. 100. Ce qui se fait devant le juge-de-paix ne doit être considéré que comme fait en bureau de conciliation; il serait mieux d'ordonner le compte général devant le tribunal d'arrondissement que devant un juge-de-paix, qui, presque nulle part dans les campagnes, n'aura les connaissances requises pour statuer sur les difficultés qui se présenteront. 471-473

Art. 107. Le mineur émancipé ne pouvant s'engager que pour une année de ses revenus, il ne doit pas être autorisé à recevoir ses capitaux; pour ces sortes de cas, il doit avoir un curateur ou subrogé tuteur qui les recevrait et en ferait l'emploi sous la direction du conseil de famille. 482

Art. 109. Il faudrait supprimer la troisième partie de l'article, comme contradictoire avec le droit que donne la loi à l'émancipé de s'obliger jusqu'à concurrence des revenus d'une année, sauf à les distribuer au marc le franc entre tous les créanciers. 484 2ᶜ

TITRE X.

488 Art. 1er. On pense avoir démontré que la majorité devait être fixée à vingt-cinq ans.

489-
513 Art. 4. Il faudrait ajouter l'inconduite, la dissipation, la prodigalité notoire, aux causes d'interdiction.

Dans une société bien réglée, on doit, autant qu'il est possible, prévenir la ruine des citoyens, et surtout pourvoir à la subsistance des enfans.

496 Art. 13. Il conviendrait de remplacer le juge-de-paix et ses assesseurs ou suppléans par un officier de santé à nommer par le tribunal; et dans tous les cas c'est assez du juge-de-paix, ou d'un de ses suppléans lorsqu'il sera empêché; souvent ils sont parens des parties.

ap-
498 Art. 15. Si l'on ne croit pas devoir accorder aux parens qui ont provoqué l'interdiction le droit d'appeler du jugement qui a rejeté la demande, il faudrait du moins l'accorder au commissaire du Gouvernement; mais il n'y aurait aucun inconvénient à l'accorder aux parens, sauf à les condamner aux dépens en cas de vexation évidente. Une cause de cette nature est assez importante pour conserver les deux degrés de juridiction.

Ibid. Art. 16. On pourrait supprimer la deuxième partie de l'article, vu qu'il est pourvu à la notification par l'article 20.

501 Art. 20. Il serait mieux, ce semble, de décharger le commissaire des diligences qui lui sont imposées, pour les mettre à la charge de la partie poursuivante, et pour diminuer les frais, notifier seulement au maire du domicile, et aux maires des communes où les biens seraient assis, et y ajouter, si l'on veut, la publication à cri public. On ne notifiait autrefois qu'au doyen des notaires.

507 Art. 29. Il serait prudent de conserver les deux degrés de juridiction; le conseil de famille n'est point un tribunal.

LIVRE II.

TITRE Ier.

Art. 8. Ne faudrait-il pas fixer, dans cet article, l'époque 5ao
à laquelle il serait permis de saisir les fruits?

Art. 9. Il faudrait ajouter : « Mais la coupe doit être faite 5a1
« en temps et saison convenables, et conformément à l'u-
« sage. »

TITRE II.

Art. 2. Il conviendrait d'ajouter, *et préalable....*   545·

TITRE III.

Art. 15. Après le mot *taillis*, il serait nécessaire d'ajouter : 5ga
« et l'exploitation au pied d'arbres dans les forêts où il est
« d'usage de marquer en jardinant, comme dans les sa-
« pinières. »

Art. 18. Il y a même raison d'obliger l'usufruitier à rem- 5g4
placer les arbres arrachés ou brisés, puisqu'il en profite
également : ainsi il faudrait supprimer la deuxième partie
de l'article.

TITRE IV.

Art. 15. La population ne paraît pas devoir influer sur 656
la disposition ; il faudrait commencer l'article par ces mots :
Les copropriétaires, et supprimer tout ce qui précède.

Art. 22. On fait la même observation que sur l'art. 15, pour 663
la base de la population, et l'on croit qu'en fixant à 10 pieds
(32 décimètres) de hauteur tous murs de séparation dans les
cours, il faudrait les mettre à 6 pieds, au lieu de 8, dans
les jardins et terrains au derrière des maisons, *sauf l'ancienne
possession pour les murs existans, et à se conformer aux titres,
s'il y en a.*

Art. 23. Il faudrait commencer l'article par ces mots: 666
Toutes haies, clôtures et fossés, etc.

Il faudrait aussi pouvoir forcer son voisin à clorre à frais communs, les jardins qui tiennent aux maisons, soit par un mur soit par une palissade, soit par une haie vive

Pour tous autres héritages, ce serait à celui qui veut clorre à le faire à ses frais et sur son propre terrain, avec cette distinction que, s'il plantait une haie vive, il serait obligé à la planter à un pied et demi en-deça des bornes, pour pouvoir la cultiver sans passer sur le voisin ; et le tout sans préjudice des servitudes anciennement établies.

676 Art. 29. Il faudrait ajouter à l'article ce qui suit : « Sans « que le voisin soit par là empêché de bâtir de son côté ; « auquel cas les jours et fenêtres seront supprimés, à moins « qu'il n'y ait titre au contraire. Lesdits jours et fenêtres « seront également supprimés dans le cas où le voisin juge- « rait à propos de payer la moitié du mur. »

LIVRE III.

DISPOSITIONS GÉNÉRALES.

711 Art. 1er. Il ne paraît pas exact de dire que les [biens s'ac-quièrent par la puissance paternelle.

715 Art. 2. On croit devoir observer, sur la chasse et la pêche, qu'il serait de l'intérêt public de les amodier l'une et l'autre, mêmes les petites chasses.

1° Ce serait le moyen de prévenir les brigandages et les meurtres, et tous les malheurs qui sont la suite du port d'armes, soit à la ville, soit à la campagne. On se plaint partout du pillage des récoltes, elles sont partout foulées aux pieds ; il y aurait moins d'ivrognes et de fainéans ; les mœurs y gagneraient sous tous les rapports.

2° Le produit des baux remplacerait avantageusement le produit des barrières, absorbé, pour une forte partie, par les frais de régie et le gaspillage. Le peuple supporte impatiemment l'impôt des barrières, qui nuit essentiellement à la circulation des denrées et du commerce ; et en appli-

quant à l'entretien des routes le produit de la pêche et de
la chasse, on applaudirait de toutes parts à la sagesse d'une
mesure aussi salutaire.

TITRE Ier.

L'article 39 est incomplet dans sa rédaction ; ce qui en
rend le sens obscur : il énonce que les enfans succèdent par
égales portions, *et par tête ou par souche, lorsqu'ils viennent
par représentation.*

Dans cet énoncé, les mots *par tête ou par souche* semblent
également se référer aux expressions suivantes : *lorsqu'ils
viennent par représentation;* cependant ces deux modes de
partage sont relatifs à deux espèces de successions distinctes, l'une à laquelle les descendans sont appelés de leur
chef, l'autre à laquelle ils viennent par représentation :
les deux cas ont donc dû être énoncés avec application à
chacun d'eux, du mode de partage auquel ils donnent lieu.

Ainsi on pourrait rédiger la seconde partie de l'article
dans les termes suivans :

« Les descendans succèdent par égales portions et par
« tête lorsqu'ils viennent à la succession de leur chef ; ils
« succèdent par souche lorsqu'ils viennent par représenta-
« tion : dans ce dernier cas, la portion échue à chaque
« souche se sous-divise par portions égales et par tête
» entre les individus qui en descendent; il ne se fait pas
« de distinction entre les enfans issus de différens mariage. »

Art. 27, 46, 47, 49 et 50. La combinaison de ces divers
articles laisse un grande incertitude sur l'étendue des droits
de successibilité attribués aux frères et sœurs non germains.

L'article 27 énonce que toute succession échue à des
descendans ou à des collatéraux se divise en deux patrimoines,
l'un paternel, l'autre maternel, respectivement dévolus aux
parens des deux lignes. L'article excepte les deux cas énoncés
aux articles 46 et 47.

Mais les cas prévus par ces deux articles sont ceux où le

745

732-
733-
748-
749-
750-
752

défunt a laissé, outre des frères ou sœurs, germains ou non germains, son père et sa mère, ou l'un d'eux, auquel cas la disposition appelle les père et mère survivans, ou celui des deux qui survit, à prendre un quart pour chacun dans la succession, délaissant la moitié ou les trois quarts restans aux frères, sœurs ou descendans d'iceux.

Il est clair qu'en ce cas la division de la succession en patrimoines paternels et maternels n'a pas lieu, et que, si le défunt n'a laissé qu'un frère consanguin, par exemple, avec leur père commun survivant, le père prenant un quart dans la succession, et le frère les trois autres quarts, la ligne maternelle du défunt demeure exclue, soit qu'elle soit représentée par des ascendans du défunt en degré plus éloigné que la mère, ou par des collatéraux issus de ces mêmes ascendans prédécédés.

Mais si le père du défunt était aussi prédécédé, en sorte que le défunt ne laissât qu'un frère consanguin, *quid juris?*

Ce frère emporterait-il la succession tout entière, à l'exclusion des aïeux ou des collatéraux maternels? ou la succession se diviserait-elle en deux parts, dont l'une serait déférée aux parens maternels à titre de patrimoine maternel? Tel est le doute qu'autorise l'expression des articles précités.

On dirait, pour les parens maternels, qu'il ne s'agit ici d'aucun des cas prévus par les articles 46 et 47, puisqu'il n'y a ni père ni mère survivans, et que, cessant l'exception portée en ces deux articles, le principe exprimé dans l'article 27 reprend sa pleine application, et commande qu'en toute succession échue à des collatéraux; la division en deux patrimoines soit opérée.

Vainement opposerait-on en faveur du frère que, suivant la disposition première de l'article 46, les frères ou sœurs, soit germains *ou non germains*, excluent tous les ascendans autres que les pères et mères; d'où il résulte qu'à plus forte raison ils excluent les collatéraux issus de ces

mêmes ascendans , qui, quoiqu'en degré plus proche , ne
seraient pas successibles s'ils vivaient.

On répondrait, pour les parens maternels, que ce n'est là
qu'une argumentation qui ne peut tenir contre l'expression
impérative et indéfinie de la disposition, qui veut qu'en toute
succession , *ascendante ou collatérale* , la division en deux patrimoines ait lieu.

La prétention des parens maternels se fortifierait , et de
la disposition de l'article 49, qui, traitant des successions
collatérales , y appelle , *pour le tout* , les frères ou sœurs
germains, sans aucune mention des non-germains; et de
la disposition de l'article 50, qui, déterminant le privilège
du double lien, exprime que la succession se divise *toujours*
en deux parts, l'une paternelle , l'autre maternelle.

Cependant il est impossible de concevoir et de penser que
le frère consanguin, qui , dans le cas de survie du père , re-
cueillait dès à présent les trois quarts de la succession de
son frère décédé , avec la perspective de retrouver l'autre
quart dans la succession de son père , soit réduit , en cas de
prédécès de son père , à la moitié de cette même succession,
et que les aïeux ou collatéraux maternels , qui , au premier
cas, demeuraient exclus, soient appelés , dans le second , à
recueillir moitié de la succession ; l'événement du prédécès du
père n'ôte rien à la faveur des droits des frères, comme il
n'ajoute rien à la faveur des droits des collatéraux. Les motifs
d'exclusion ou de concours sont les mêmes dans l'un et l'autre cas. La vocation des père et mère en concurrence avec
les frères est un droit personnel attribué aux ascendans
du premier degré seulement , contre leurs enfans ; lequel
droit cessant, celui des frères à la totalité de la succession
doit reprendre tout son effet, sans que cet événement
change rien à la condition des ascendans ou collatéraux
d'une autre ligne , auxquels il est étranger.

On doit donc croire que l'esprit de la loi proposée est de
donner à la proximité du lien , dans le premier degré de la

ligne collatérale , un tel degré de faveur, qu'il exclue toute
concurrence de collatéraux plus éloignés, sauf les descendans des frères , et d'ascendans hors les père et mère ; et
conséquemment qu'il exclue aussi toute division de patrimoine en paternel et maternel , lorsque les frères ou sœurs
survivans ne sont liés au défunt que par une des deux lignes.

En ce cas, il est indispensable de rendre cette intention
plus manifeste, en rectifiant dans la rédaction ce qui peut
présenter de l'équivoque.

Ainsi, l'article 27, plus généralisé dans son exception,
exprimerait que toute succession dévolue exclusivement à
des ascendans, ou échue à des collatéraux autres que les
frères, sœurs ou descendans d'eux, se divise en deux parts
égales, etc.

Les articles 46 et 47 réunis exprimeraient la vocation des
père et mère concurremment avec les frères et sœurs pour
moitié, si tous deux survivent, et pour un quart, si l'un
d'eux est prédécédé.

L'article 47 statuerait l'exclusion de tous acendans autres
que les père et mère, par les frères ou sœurs, même consanguins ou utérins, et par les descendans d'eux.

L'article 49, relatif aux successions collatérales, y appellerait (à défaut de descendans et de père et mère) exclusivement et en premier ordre, les frères ou sœurs , *germains ou
non-germains*, ou les descendans d'eux, soit de leur chef, ou
par représentation , etc.

Enfin, l'article 50, en modifiant l'expression trop générale
toujours, déterminerait seulement *qu'en cas de concours entre
des frères ou sœurs germains, et d'autres non-germains* , la succession se divise en deux parts, paternelle et maternelle, etc.

Alors, les termes où commence et finit la division de la
succession en patrimoines paternel et maternel seraient
clairement déterminés.

Mais il se présente une hypothèse qui ne paraît pas suffisamment prévue, c'est celle où le défunt laisserait à la fois

père et mère ou l'un d'eux, un ou plusieurs frères ou sœurs germains, et un ou plusieurs frères ou sœurs utérins ou consanguins : comment, en ce cas, se ferait le partage ?

Le principe de la division en patrimoines paternel et maternel appelle les germains à recueillir, seuls, la moitié dévolue à la ligne dont ils sont seuls descendans. La disposition de l'article 46 précité appelle les père et mère survivans à recueillir aussi une moitié, et cependant appelle encore les frères non-germains à prendre part à la succession. L'exercice de tous ces droits ne peut concourir ; il faut que la plénitude de l'un opère une réduction sur l'autre : lequel doit céder ?

Soit pour exemple l'hypothèse suivante :

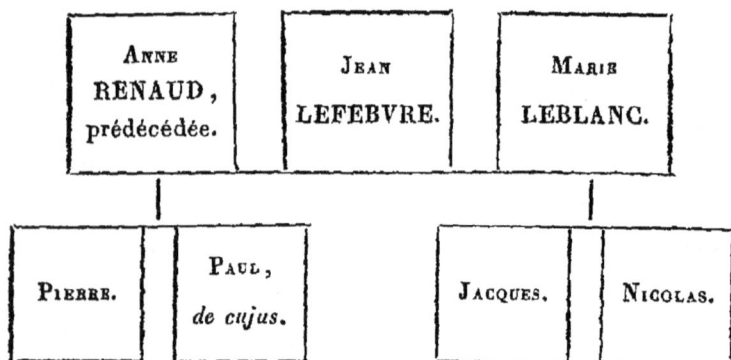

Jean Lefebvre a deux fils d'une première épouse décédée ; il a aussi deux fils de son épouse actuelle.

Paul, l'un des fils du premier lit, décédé, Pierre son frère germain prétend moitié dans sa succession, comme représentant la ligne maternelle ; plus, ledit Pierre conjointement avec les deux frères consanguins, prétendent aussi moitié comme représentant la ligne paternelle ; enfin le père survivant prétend un quart : comment concilier ces diverses prétentions ?

Il paraît que Pierre doit obtenir la moitié dévolue à la

ligne maternelle, qu'il représente seul, que le père doit obtenir un quart, et que conséquemment le droit des trois
frères, comme représentant la ligne paternelle, se réduit à un
quart divisible également entre eux.

Si maintenant on suppose que *Jacques*, fils du second lit,
vienne aussi à décéder, que *Nicolas* son frère germain prétende moitié dans sa succession comme représentant la ligne
maternelle ; que le même *Nicolas*, réuni à *Pierre*, frère
consanguin, prétende aussi moitié comme représentant
la ligne paternelle ; qu'enfin les père et mère survivans demandent chacun un quart : il paraît que ces prétentions
devront se concilier de cette manière :

La mère survivante prenant un quart, la portion du frère
germain du chef de la ligne maternelle se réduit à un
quart ; le père prenant aussi un quart, la portion divisible
entre les deux frères, comme représentant la ligne paternelle, est également réduite à un quart.

Pour donc fixer le mode de partage dans tous les cas, il
paraît indispensable d'exprimer en principe « qu'en cas de
« concours du père et de la mère survivans, ou de l'un
« d'eux, avec des frères ou sœurs germains ou non-ger-
« mains, la portion héréditaire attribuée au père est impu-
« table sur la moitié de la succession dévolue à la ligne pa-
« ternelle, et la portion attribuée à la mère imputable sur
« la moitié dévolue à la ligne maternelle, en sorte que les-
« dites portions tombent chacune respectivement en dimi-
« nution de la part que les représentans desdites lignes pa-
« ternelle et maternelle auraient été appelés à recueillir, si
« les père ou mère eussent été prédécédés. »

₇₅₇ Art. 55. En accordant le quart de la succession à un en-
fant naturel, lorsque le père n'a laissé ni descendans légitimes ni ascendans, il est évident qu'on a voulu, dans ce
cas-là, traiter plus favorablement l'enfant naturel ; cependant lorsqu'ils seront plusieurs, ce qui arrivera souvent,
chacun d'eux aura moins que si l'un d'eux était légitime. Il

faudrait donc corriger cet article dans les deux dernières parties, de la manière suivante :

« Lorsque le père ou la mère ne laisse ni descendans lé-
« gitimes, ni ascendans, s'il existe un enfant naturel, il
« aura le quart de la succession ; s'ils sont deux ou plu-
« sieurs, chacun d'eux aura autant que si l'un d'eux était lé-
« gitime. »

Art. 72. Il faudrait ajouter après *légitimes*, pour prévenir 766 toutes difficultés, *ou de représentans d'eux, etc.*

Art. 217. La disposition contenue en cet article est d'une ap-891 exécution difficile, et de nature à faire naître des difficultés. Il faudrait le supprimer, et le remplacer par un autre qui aurait pour objet de déterminer le délai dans lequel on se-rait tenu de se pourvoir, et vraisemblablement ce serait le délai de quatre ans comme pour les ventes.

TITRE II.

Art. 228. Lorsqu'il a été fait des actes récognitifs, on n'a 1337 pas dû prévoir la disposition nouvelle ; il ne pouvait y avoir d'inconvénient que pour les droits féodaux : mais le régime féodal est supprimé. Il serait donc convenable de supprimer l'article ; et si on le laisse subsister, il faudrait exprimer qu'il n'a aucun effet rétroactif, et que, *dans aucun cas, on ne pourra l'appliquer aux créances et dettes actives.*

Art. 229. Dès lors que l'acte confirmatif doit contenir la 1338 déclaration de donner à l'acte confirmé son exécution, l'in-tention de réparer est suffisamment manifestée ; il faudrait donc retrancher de la rédaction les mots, *avec l'intention de la réparer, et qu'il n'en rapporte la substance.*

Art. 253. L'affirmation peut être utile avec beaucoup de 1367 plaideurs, et il faudrait supprimer l'article.

Si on le laisse subsister, il serait peut-être mieux de le ré-diger de la manière suivante :

« Lors de l'interrogatoire sur faits et articles, il ne peut

39.

'« être exigé aucune affirmation de celui qui est inter-
« rogé. »

TITRE VI.

Art. 8. Il serait convenable d'accorder privilége aux propriétaires sur les meubles, soit que les baux soient authentiques ou non, mais pour une année d'arrérages seulement
et l'année courante, afin de prévenir par là un concert frauduleux sur les années antérieures. On maintiendrait également
le privilége pour les réparations locatives et pour tout ce qui
concerne l'exécution du bail.

TITRE VII.

Art. 51. Les créanciers non opposans ayant droit d'être
payés sur ce qui resterait du prix des biens, cet intérêt doit les
faire admettre à surenchérir, chirographaires et autres, c'est
aussi évidemment l'intérêt du débiteur.

TITRE VIII.

Art. 21. L'avoué peut être absent ou refuser de viser ; faudra-t-il lui faire un procès? Ne vaudrait-il pas mieux supprimer la formalité du visa?

Art. 26. La notification aux juges-de-paix est superflue ;
ce sont des frais inutiles : il faudrait la supprimer.

Art. 29. Il serait nécessaire d'indiquer la manière dont le
créancier se procurera la désignation des biens.

Art. 69. Il conviendrait de réduire à l'année les baux judiciaires des maisons, jardins et prés non dépendans d'un
corps de ferme, ainsi que ceux des vignes.

Art. 77. Au lieu de *il lui est adjugé*, dire *il pourra lui être
adjugé*.

Art. 79. La commission à donner par le président à l'huissier paraît superflue.

Art. 92. Si l'avoué de l'opposant meurt, il serait mieux
d'obliger le poursuivant à sommer l'opposant d'en nommer

un autre dans la décade, avec déclaration, que, s'il n'est pas satisfait à la sommation dans le délai, il sera procédé par défaut.

Art. 99. Dans aucun cas, on ne doit vendre les biens dont la distraction est demandée avant le congé d'adjuger, qu'il n'y ait été statué définitivement; ce qui ne retarderait pas la vente des autres biens.

Art. 114. Il est évidemment de l'intérêt des créanciers, comme de la partie saisie, que tous les frais soient pris sur le prix des biens; les curieux ne seraient pas incertains et sauraient à quoi ils peuvent porter leurs mises; on vendrait mieux.

Art. 146. On ne voit pas pourquoi on serait privé de l'opposition et de l'appel.

Art. 148. On peut avoir des bougies de cinq minutes pour la vente en gros; mais si elle devait durer autant pour les ventes en détail, les enchères ne finiraient pas, chaque fois on y serait plusieurs jours, la décade souvent ne suffirait pas; les curieux, fatigués, se retireraient, et l'on finirait par donner les biens pour rien. Il faut nécessairement que l'on s'en rapporte à la prudence des tribunaux sur la durée des feux, pour le bien même de la chose.

Art. 164. Il n'est pas juste de priver les parties de la voie de l'appel.

Art. 165. Il faudrait ajouter à l'article, après le mot *affirmer*, ceux-ci, *par lui ou par procureur fondé de pouvoir spécial.*

Art. 169. Les frais sont si énormes, qu'il sera utile d'élever la somme.

Art. 175. On pense qu'il faudrait laisser aux parties la voie de l'appel.

TITRE X.

Art. 16. L'exécution de l'article peut donner lieu à des dif- 1403 ficultés sans nombre; c'est une source de procès qui seront souvent très-difficiles à juger : il vaudrait mieux le supprimer pour y substituer celui qui suit :

« Les coupes de bois qui se font pendant le mariage tom-
« bent dans la communauté, pourvu qu'elles aient été faites
« selon les règles de l'administration forestière, et confor-
« mément à l'usage des lieux. »

1468   Art. 21. La réciprocité exige la suppression de la seconde partie de l'article.

1422   Art. 31. Il semble qu'il faille supprimer les mots : *avec réserve d'usufruit*, sans quoi il n'y aurait plus de tradition réelle.

1424   Art. 33. Il faudrait supprimer le mot *capital*, pour y substituer *n'emportant pas mort civile*.

1426   Art. 35. Il paraîtrait plus conforme aux principes de supprimer ces mots : *n'engagent point les biens de la communauté*, pour y substituer ceux-ci : *ne sont point valables*, et ajouter après *commerce*, ceux-ci : *auquel cas elle engage les biens de la communauté*.

1437   Art. 45. Il faudrait assurer la récompense pour les dettes personnelles aux époux, et pour les améliorations respectivement faites à leurs biens, et supprimer tout le reste comme une source de procès et de discussions longues et ruineuses : les fruits doivent compenser toutes les autres dépenses ; et c'est le moyen de simplifier les liquidations, qui deviendraient interminables.

ap-
1445   Art. 61. N'y aurait-il pas une sorte de contradiction à prononcer la séparation de biens pour cause de dilapidation, et à autoriser la femme à accepter la communauté ? L'article 57 donne les moyens de la séparation de biens ; et dans les cas prévus, il est impossible même que jamais la femme accepte la communauté.

1450   Art. 68. Il convient de le supprimer, en autorisant la femme à toucher ses fonds, et à les employer elle-même.

ap-
1450   Art. 69. Il devient inutile, si l'on admet l'observation qui vient d'être faite.

Art. 72. Inutile d'après l'article 91.

ap-1453

Art. 76. Il serait utile d'obliger la femme à faire encore sa renonciation en la justice de paix.

1457

Art. 86. On ne prélève que sur la communauté; les immeubles non vendus ou acquis en remploi n'en font point partie.

1470

Art. 123. Il serait nécessaire de publier et insinuer la stipulation.

ap-1539

Art. 139. Il faudrait supprimer les expressions, *soit depuis*, dans les deux paragraphes où elles se trouvent; c'est assez de la garantie des pertes, sans y ajouter celle des libéralités.

1513

TITRE XI.

Art. 30. *Délivrance* paraît impropre quand il s'agit d'immeubles.

1610

Art. 62. Il faudrait supprimer *les usages des lieux*, dernières expressions de l'article, pour laisser le tout à la prudence des juges.

1641

Art. 69. Il serait mieux de fixer des délais uniformes, que de renvoyer à l'usage des lieux.

1648

TITRE XIII.

Art. 53. Il faudrait ajouter après le mot *usufruit*, ceux-ci : *après l'expiration de l'année commencée.*

ap-1741

Art. 66. Il faudrait supprimer la deuxième partie de la phrase, pour y substituer : *s'il n'y a convention contraire.*

1778

Pour les baux continués depuis vingt ou trente ans, il serait impossible d'éclaircir les faits ; c'est aux fermiers à demander des engrais et des pailles en entrant, si cela leur convient.

Art. 68. La première partie de l'article ne paraît pas clairement rédigée ; mais par la seconde, le fermier ne pouvant prétendre de remise, si la perte est moindre de moitié, la rédaction de la première partie pourrait être faite de la ma-

1770

nière suivante : « Si le bail n'est que d'une année, et que la
« perte soit totale, le fermier n'aura rien à payer ; si elle
« est des trois quarts, il lui sera fait remise des trois quarts
« du prix ; et de moitié, si 'la perte est de moitié, sans con-
« sidération des fractions. »

1773   Art. 74. Effacer le mot *coulure*, comme trop arbitraire.

1810   Art. 86. Pour concilier cet article avec celui qui suit, il
faudrait supprimer les mots, *à moins de convention contraire.*

ap-
1812   Art. 90. Il faudrait supprimer *devenu authentique*, pour y
substituer : *ayant une date certaine.*

1819   Art. 99. On pourrait ajouter à la première partie de l'article : *à moins de convention contraire*, et supprimer la deuxième
partie ; il n'y a rien d'illicite à se réserver quelque partie du
produit et du travail des bestiaux.

ap-
1781   Art. 112, 113, 114 et 115. Il faudrait fondre les quatre
articles en un seul, et le rédiger de la manière suivante :

« Les domestiques et ouvriers à gages ne peuvent quitter
« leurs maîtres, sans cause grave, avant le temps convenu,
« à peine de payer moitié des gages par forme d'indemnité,
« à l'effet de quoi les maîtres sont autorisés à retenir les
« effets des domestiques et ouvriers. Ils peuvent être ren-
« voyés, en leur payant seulement leurs gages jusqu'à leur
« sortie : mais dans ce cas-là, si le domestique ou l'ouvrier
« l'exige, le maître sera tenu d'affirmer devant le juge-de-
« paix qu'il a de justes causes ; et s'il ne pouvait prêter cette
« affirmation, il paiera moitié des gages à titre d'indem-
« nité. »

1792   Art. 128. On ne doit pas exposer le propriétaire au
danger d'une preuve testimoniale. L'architecte doit prouver par écrit, qu'il a fait ses observations, et qu'on n'a
pas voulu s'y arrêter ; il serait encore peut-être mieux
qu'il ne pût, sous aucun prétexte, violer les règles de son
art, quand il s'agit de la solidité d'un édifice. L'intérêt
public l'exige.

TITRE XIV.

Art. 36. Les art. 37, 38, 39, 40, 41 ne sont que des paragraphes de l'art. 36 ; l'imprimeur s'est trompé, en faisant autant d'articles. 1859

TITRE XVIII.

Art. 2, 3 *et* 4. On devrait les supprimer comme trop dispendieux. 2074-2075-et ap-2075

TITRE XIX.

Art. 13, 14 *et* 15. A rayer, comme entraves à la liberté des conventions, et n'ayant rien d'ailleurs de contraire à l'ordre public. ap-1976

TITRE XX.

Art. 4. Il conviendrait d'ajouter à l'article ce qui suit : 2222
« Et cependant, si le mineur devenu majeur ne se pour-
« voit pas dans l'année, il ne peut plus se faire restituer, et
« l'action ne passe à ses héritiers qu'autant qu'il l'aura inten-
« tée lui-même. »

Art. 6. Il serait mieux de changer la disposition, en di- 2224
sant que « la prescription ne peut être opposée devant le
« tribunal d'appel, si elle n'a pas été proposée en première
« instance, à moins que le jugement dont est appel n'ait
« été rendu par défaut. »

Art. 7. Il faudrait supprimer l'article, comme contradic- 2225
toire avec l'art. 30, qui paraît beaucoup plus sage.

Art. 20. Le titre de la détention peut être souvent inter- 2238
verti de la part d'un tiers, par un concert frauduleux, dont
le vrai propriétaire ne pourrait pas se douter, puisque la
possession serait toujours précaire à ses yeux par la première qualité du possesseur ; et l'abus qu'il est si facile de
faire de la disposition de l'article exige que l'on supprime
ces mots : *soit par une cause venant d'un tiers, soit. . . .* pour

ne laisser subsister que le cas de la contradiction du possesseur au droit du propriétaire.

2239   Art. 21. Le vrai propriétaire, souvent éloigné, serait trop
facilement dépouillé, et il vaudrait beaucoup mieux supprimer l'article. En tout cas, y ajouter, *pourvu qu'ils n'aient pas
continué à posséder.*

2245   Art. 27. Le délai de huitaine est évidemment trop court.
On peut habiter à une très-grande distance ; il faut le temps
de recevoir des nouvelles et d'envoyer une procuration pour
poursuivre. On ne voit aucun inconvénient à porter le délai
à trois mois.

2247   Art. 29. Substituer *la* à *sa*, dans la phrase relative au possesseur, quatrième cas prévu par l'article.

2249   Art. 31. Il serait, ce semble, beaucoup plus équitable de
supprimer les trois dernières parties de l'article, et d'y substituer la phrase suivante :

« La prescription sera également interrompue contre
« tous les héritiers d'un débiteur, par la reconnaissance
« de l'un d'eux, ou l'interpellation judiciaire faite à l'un
« d'eux. »

Si l'on craint un concert frauduleux, on ne doit pas le
présumer légèrement, surtout quand il s'agit d'anéantir une
créance légitime, dont l'existence est reconnue par un héritier ; on peut d'ailleurs ne pas les connaître tous, et il serait trop rigoureux de priver un créancier de ses droits
contre eux.

2252   Art. 33. Il faut supprimer l'article, et y substituer la disposition contraire en ces termes :

« La prescription court contre les mineurs et les inter-
« dits, sauf leur recours contre leurs tuteurs et curateurs. »

La disposition que l'on propose ici, conforme à quelques
Coutumes, est beaucoup plus juste que celle du projet de
Code civil, qui l'admet d'ailleurs dans plusieurs cas ; et il
sera d'autant plus sage de s'écarter en ce point de la Coutume

de Paris, qu'en passant d'une minorité à l'autre il est possible qu'on ne prescrive pas dans un siècle.

Art. 36. Il faut ajouter à l'article la formalité de la publication et insinuation de la stipulation ; et peut-être vaudrait-il encore mieux supprimer l'article, soit parce que la femme peut agir sous l'autorité de la justice, soit parce qu'on peut lui réserver son recours contre le mari. 2255

Art. 43. On ne devrait pouvoir prescrire que de bonne foi ; quelques Coutumes l'exigent expressément, et en cela elles paraissent plus sages : ainsi il faudrait supprimer la dernière phrase de l'article, et même exiger l'affirmation de celui qui oppose la prescription. 2262

On doit, par tous moyens possibles, rappeler les hommes à la morale, à la bonne foi. Le Code civil sera entre les mains de tous les citoyens : si la phrase dont il s'agit n'était pas supprimée, la plupart croiraient que la mauvaise foi y est autorisée, et ce serait vraiment une cause nouvelle de démoralisation.

Art. 46, 47 et 48. Il serait beaucoup plus simple de prendre un terme moyen entre dix et vingt ans, et de fixer à quinze ans la prescription dont il est parlé dans ces trois articles, soit que l'on habite ou non dans le ressort du tribunal d'appel. 2265-2266-2267

Art. 56. L'objet de cet article est de prévenir l'abus que l'on peut faire des articles précédens, et il serait utile de terminer l'article par dire : « Tous autres moyens de défense « demeurent réservés, quand bien même l'action aurait été « intentée dans les délais. » 2275

Art. 57. Il paraîtrait convenable de réduire également à deux ans la prescription de cinq ans dont il est parlé dans la première partie de l'article. 2276

Telles sont, sur le nouveau projet de Code civil, les observations du tribunal d'appel de Nancy. Elles ne sont pas toutes également importantes ; mais elles tendent toutes au but que s'est proposé le Gouvernement, une plus grande perfection dans le Code proposé.

Il est des observations sur lesquelles on peut être divisé d'opinions ; il en est aussi qui semblent devoir les réunir ; il en est, on croit pouvoir le dire, qui sollicitent toute l'attention du Gouvernement.

Elles n'ont point été rédigées dans un esprit de critique, qui aurait eu pour objet d'affaiblir les justes éloges dus à la commission chargée du travail immense du nouveau Code : le tribunal applaudit, avec la France entière, à la sagesse, aux lumières, au zèle des citoyens respectables qui composaient cette commission ; il ont répondu à la confiance qu'ils avaient reçue ; ils ont bien mérité de la patrie, le tribunal se plaît à le répéter : mais il ne peut pas paraître étonnant que quelque chose échappe dans l'exécution d'un plan aussi vaste ; et les observations du tribunal, dictées uniquement par l'amour du bien public, qui anime les auteurs du projet, leur paraîtront à eux-mêmes conformes, pour la plupart, aux vues présentées par eux dans le discours préliminaire.

On aurait désiré que le projet de Code judiciaire fût présenté en même temps que le projet de Code civil : une foule de détails auraient pu en être tirés et placés dans le Code judiciaire ; auquel ils appartiennent ; les deux Codes auraient été coordonnés ; tandis que, s'ils sont publiés l'un sans l'autre, il est à craindre qu'ils ne se contrarient, et qu'il ne faille revenir sur plusieurs dispositions du Code civil ; inconvénient grave, qu'il serait nécessaire de prévenir.

Le tribunal croit également devoir exprimer ici le vœu de la diminution des droits d'enregistrement ; ils sont accablans. S'ils étaient modérés, on serait moins tenté de s'y soustraire : sous ce rapport, le Trésor public y perdrait peu, et l'on attendrait avec moins de peine l'époque à laquelle les besoins de l'Etat diminuant permettraient aussi une réduction plus considérable dans cette perception, qui ne doit point avoir les caractères d'un impôt, puisque l'établissement a essentiellement pour objet d'assurer l'existence des actes et conventions des administrés.

Le bonheur d'une nation est dans sa législation : il est assuré par des lois sages, fondées sur la morale et la justice ; et le Gouvernement, qui s'occupe avec tant de succès du bonheur du peuple français, trouvera, dans sa sagesse, les moyens de le fixer, en préparant les lois qui doivent à jamais lui servir de base.

Fait et arrêté en la chambre du conseil du tribunal, à Nancy, tous les membres présens, à l'exception du citoyen Balland, *absent, ce 1er prairial an IX de la République française. Signé* HENRY, *président;* SCHOUTTER, SALADIN, LELORRAIN, HAXO, JEANNOT, POIRSON, J. F. JACQUEMINOT, GRISON.

FIN DU DEUXIÈME VOLUME
DES OBSERVATIONS D'APPEL.